UNIVERSAL
DICTIONARY
LANGENSCHEIDT
DICTIONNAIRE
UNIVERSEL

LANGENSCHEIDT
DICTIONNAIRE UNIVERSEL

FRANÇAIS-ANGLAIS
ANGLAIS-FRANÇAIS

Nouvelle édition
entièrement remaniée

LANGENSCHEIDT
NEW YORK · BERLIN · MUNICH
VIENNE · ZURICH

LANGENSCHEIDT'S
UNIVERSAL DICTIONARY

FRENCH-ENGLISH
ENGLISH-FRENCH

Completely new and
revised edition

LANGENSCHEIDT

NEW YORK · BERLIN · MUNICH
VIENNA · ZURICH

Contents
Table des Matières

Abbreviations

Abréviations

The tilde ~ (when the initial letter changes Ọ) stands for the catchword at the beginning of the entry or the part of it preceding the vertical bar (|).

Le tilde ~ (avec cercle Ọ pour indiquer que le mot précédent prend une majuscule quand il doit être répété) remplace la totalité du mot précédent ou la partie du mot devant le trait vertical (|).

a. aussi, *also.*

abbr. abréviation, *abbreviation.*

adj. adjectif, *adjective.*

adv. adverbe, *adverb.*

Am. américanisme, *Americanism.*

arch. architecture, *architecture.* [*mobilism.*]

auto automobilisme, *auto-*

av. aéronautique, *aviation.*

bot. botanique, *botany.*

Br. anglicisme, *Anglicism.*

ch.d.f. chemin de fer, *railway.*

cin. cinéma, *cinema.*

cj. conjonction, *conjunction.*

com. commerce, *commerce.*

cuis. cuisine, *cooking.*

dr. droit, *jurisprudence.*

eccl. ecclésiastique, *ecclesiastical.*

élec. électricité, *electricity.*

etc. et cætera, *and so on.*

f féminin, *feminine.*

fam. langage familier, *familiar term.*

fig. sens figuré, *figuratively.*

f/pl. féminin pluriel, *feminine plural.*

int. interjection, *interjection.*

m masculin, *masculine.*

mar. marine, *nautical term.*

méd. médecine, *medicine.*

mil. militaire, *military.*

mot. moteur, *motor.*

m/pl. masculin pluriel, *masculine plural.*

mus. musique, *music.*

opt. optique, *optics.*

o.s. oneself.

paint. peinture, *painting.*

parl. parlement, *parliamentary term.*

phot. photographie, *photography.*

pl. pluriel, *plural.*

pol. politique, *politics.*

pop. populaire, *popular.*
poss. pronom possessif, *possessive pronoun.*
p.p. participe passé, *past participle.*
prét. prétérit, *past tense.*
pron. pronom, *pronoun.*
prp. préposition, *preposition.*
q. quelqu'un, *somebody.*
qc. quelque chose, *something.*
radio radio, *wireless.*
s. substantif, *substantive, noun.*

s.b. quelqu'un, *somebody.*
s.o. quelqu'un, *someone.*
sport sport, *sport.*
s.th. quelque chose, *something.*
su. substantif, *substantive, noun.*
télé. téléphone, *telephone.*
télév. télévision, *television.*
thé. théâtre, *theatre.*
typ. typographie, *typography.*
v. verbe, *verb.*
zo. zoologie, *zoology.*

Key to French and English Pronunciation
Tableau de Prononciation Anglaise et Française

The phonetic alphabet used in the following list is that of the International Phonetic Association. The examples given contain the nearest English equivalent to the original French sound. Long vowels are followed by the sign [:]. The stress is indicated by ['] preceding the stressed syllable. The consonants not listed should be pronounced the same as their English counterparts.

L'alphabet phonétique employé dans la liste suivante est celui de l'Association Phonétique Internationale. Les exemples donnés sont les équivalents les plus proches. Le signe [:] veut dire que la voyelle précédente se prononce longue. L'accent tonique est indiqué par ['] précédant la syllabe accentuée. La prononciation des consonnes non contenues dans la liste ne diffère pas de la prononciation française.

Sign	Examples		Signe	Exemples	
	French	English		Anglais	Français
a	patte	cup	ɑ:	far	pâte
ɑ	âgé	palm	ʌ	come	canne
e	clef	—	æ	bag	—
ɛ	sept	—	ɛə *(seulement devant r)*	pear	air
ə	me	above	ai	tie, dye	—
i	grippe	big	au	now	—
ɔ	poste	boss	ei	day	paie
o	chaud	molest	e	bed	—
u	goutte	room	ə	about	se
y	cru	—	ə:	bird	beurre
œ	beurre	girl	i	big	grippe
ø	jeûne	—	ɔ	god	forme
ã	sounds a, ɛ, ɔ, œ uttered while keeping the passage between throat and nose closely shut		o	molest	beau
ɛ̃			ou	boat	—
ɔ̃			ɔi	boy	—
œ̃			u	room	touffe
ʒ	manger	just	ʒ	large	génie
j	cahier, yes		j	yes	cahier, bâiller
	bâiller	—	ŋ	ring	—
ɲ	cogner	lenient	θ	thin	—
s	cime	so	ð	father	—
z	maison	pose	s	see	citron
ʃ	chanter	show	z	rise	jalousie
w	oui	we	ʃ	shake	cher
			w	will	oui

A

à [a] to; at; in; for; by; until; with; **~ la ...** (in the) ... fashion, in the manner of ...

abaiss|ement *m* lowering; **~er** lower, reduce; humble; **s'~er** fall, drop; *fig.* stoop.

abandon [abɑ̃dɔ̃] *m* desertion; renunciation; neglect; **à l'~** neglected; **~ner** abandon; forsake; give up.

abat-jour *m* lamp-shade.

abatt|ement *m* dejection; prostration; **~re** demolish; fell (*tree*); kill; bring down; lay low; **s'~re** fall down, drop; collapse; swoop down; *plane*: crash; abate; **~u** dejected.

abbaye [abɛi] *f* abbey.

abcès [apsɛ] *m* abscess.

abdi|cation [abdikasjɔ̃] *f* abdication; **~quer** abdicate, renounce.

abeille [abɛj] *f* bee.

abhorrer abhor, detest.

abîm|e *m* abyss; **~er** damage, spoil, ruin.

abjurer [abʒyre] abjure.

abnégation *f* abnegation; self-denial.

abois [abwa]: **aux ~** hard pressed; at bay.

abol|ir abolish; **~ition** [abolisjɔ̃] *f* abolition.

abond|ance [abɔ̃dɑ̃:s] *f* plenty; abundance; **~ant** abundant.

abonn|é *m* subscriber; **~ement** *m* subscription; season-ticket; **s'~er à** subscribe to.

abord [abɔ:r] *m* approach; access; **~s** *pl.* surroundings *pl.*; **au premier ~** at first sight; **d'~** at first; **tout d'~** first of all; **~er** land; approach; address, accost.

aboutir [abuti:r] **à** (*or* **dans**) lead to; result in.

aboyer bark, bay.

abrég|é *m* summary; **~er** shorten, abridge.

abreuver water; **s'~** quench one's thirst.

abréviation [abrevjasjɔ̃] *f* abbreviation.

abri [abri] *m* shelter; **à l'~ de** sheltered from, secure from; under the protection of.

abricot [abriko] *m* apricot.

abriter shelter (**de** from); accommodate; **s'~** take shelter.

abrupt abrupt, steep.

absen|ce [apsɑ̃:s] *f* absence; **~ce d'esprit** absent-mindedness; **~t** absent, away; missing.

absinthe [apsɛ̃:t] *f* absinth.

absolu absolute; complete;

~ment absolutely.

absorber absorb; soak up; swallow (up).

absoudre [apsudr] absolve.

abstenir: s'~ abstain (de from).

abstraction [apstraksjɔ̃] *f* abstraction; **faire ~ de** leave out of account; **~ faite de** apart from.

abstrait [apstrɛ] abstract.

absurde [apsyrd] absurd, senseless.

abus [aby] *m* abuse; **~er** deceive; **~er de** misuse; **s'~er** be mistaken; **~if** abusive; excessive; improper.

académi|e *f* academy; **~que** academic.

accabl|ant oppressive; crushing; **~é** worn out; depressed; **~é de** snowed under with; **~ement** *m* despondency; **~er de** overwhelm with.

accalmie *f mar.* lull; calm; *com.* dull (*or* dead) season.

accaparer take up, absorb; monopolize.

accéder à have access to; comply with, grant.

accéler|ateur *m* accelerator; **~er** accelerate, step up.

accent [aksɑ̃] *m* accent; stress; pronunciation; **~uer** stress, emphasize.

accept|ation [aksɛptasjɔ̃] *f* acceptance; **~er** accept; *com.* hono(u)r (*bill*).

accès [aksɛ] *m* access, approach; fit, outburst.

accessoires *m/pl* accessories *pl.*

accident [aksidɑ̃] *m* accident; **par ~** by chance; **~é** uneven, rough; **~el** accidental.

acclamer acclaim, cheer.

accommod|ant obliging; easy to deal with; **~er** arrange, fix; adapt (**à** to); **s'~er de** be content with; put up with.

accompagner [akɔ̃paɲe] accompany, escort.

accompl|ir accomplish; achieve; perform; **~isse-ment** *m* accomplishment; achievement.

accord [akɔːr] *m* agreement; harmony; *mus.* chord; **être d'~** be agreed; **d'~!** all right; **~er** grant; reconcile; *mus.* tune; **s'~er** agree.

accoter: s'~ à lean against.

accouch|ement *m* delivery, confinement, birth; **~er** be confined; **~er de** be delivered of (*baby*).

accoupl|ement *m* coupling, linking; **~er** join; couple.

accourir hasten up.

accoutum|ance *f* habit, usage; **s'~er à** get accustomed to, get used to.

accréditer accredit.

accroc [akro] *m* tear, rent; hitch; **sans ~** smoothly.

accrocher hang up; catch, hook, hold; *auto* collide with, run into; **s'~** get caught (**à** on); **s'~ à** hold on to.

accroître [akrwatr] increase,

enlarge; **s'~** grow.

accueil [akœ:j] *m* reception; welcome; **~lir** welcome, receive.

accumul|ateur *m* élec. accumulator; **~er** accumulate, hoard, pile up.

accus|ation [akyzasjɔ̃] *f* accusation, indictment; **~é** *m* dr. defendant; **~er (de)** accuse (of); charge (with); **~er réception** acknowledge receipt.

acerbe acrid, bitter.

acharn|é inveterate; keen; dogged; **~ement** *m* relentlessness; doggedness.

achat [aʃa] *m* purchase.

acheminer send, forward; **s'~** be on one's way, move, travel.

achet|er [aʃte] buy, purchase; **~eur** *m* buyer.

achever [aʃve] finish; finish off.

achoppement: pierre *f* **d'~** stumbling block.

acid|e [asid] acid; sour; **~ité** *f* acidity.

acier [asje] *m* steel.

acompte [akɔ̃:t] *m* instalment, part payment.

acquér|eur *m* purchaser; **~ir** acquire.

acquiescer [akjese] **à** grant (*request*); agree to.

acquis [aki] acquired; **~ition** *f* acquisition.

acquitter acquit; discharge.

âcre acrid, pungent; sharp.

acte *m* deed, document; act

(*a. thé.*); action; **~ de naissance** birth certificate.

acteur *m* actor.

actif *m* assets *pl.*; *adj.* active, busy.

action [aksjɔ̃] *f* action; act; effect; *com.* share; **~s** *pl.* stock; **~ner** set going, work, turn on.

activ|er activate, stir up, hasten; **~ité** *f* activity.

actualité *f* topicality; reality; topic of the moment; **~s** *pl.* news(reel).

actuel present, current; **~lement** now(adays), at present.

acuité [akɥite] *f* acuteness, sharpness.

adapt|ation *f* adaptation; **~er** adapt, adjust; **s'~er à** adapt o.s. to.

addition [adisjɔ̃] *f* addition; *restaurant*: bill, *Am.* check; **~ner** add up.

adéquat adequate.

adhér|ent [aderɑ̃] *m* adherent; *adj.* adhering; clinging; **~er** adhere.

adieu [adjø] *m, int.* farewell; good-bye; **faire ses ~x** take leave (**à** of).

adjacent adjoining.

adjoint [adʒwɛ̃] *m* assistant, deputy; *adj.* adjunct.

adjudication *f* adjudication; award.

adjuger [adʒyʒe] adjudge.

admettre [admɛtr] admit, allow.

administr|ateur *m* manag-

er, administrator; director;
~**atif** administrative; ~**ation** [administrasjɔ̃] *f* administration; management; **conseil** *m* **d'~ation** board of directors; ~**er** manage, direct, govern; administer.

admir|able [admirabl] admirable; ~**er** admire.

admiss|ible admissible; eligible; ~**ion** *f* admission; admittance.

adolescence [adɔlɛsɑ̃s] *f* adolescence.

adonner: s'~ à devote o.s. to; become addicted to.

adopt|er adopt; take up; ~**ion** [adɔpsjɔ̃] *f* adoption.

adorer adore, worship; love passionately.

adosser contre *or* **à** lean against (*a.* **s'~**).

adouci|r soften, soothe, smooth; alleviate; ~**sseur** *m* softener.

adresse *f* address; skill; ~**r à** send to; **s'~ r à** speak to; ask; apply to.

adroit [adrwa] skilful; dexterous.

adulte [adylt] *m, adj.* adult, grown-up.

adultère *m* adultery.

advenir happen; **advienne que pourra** come what may.

adver|saire [advɛrsɛ:r] *m* adversary; opponent; ~**sité** *f* adversity.

aér|age [aera:ʒ] *m* ventilation; ~**é** aerated; ~**er** air; **voyage** *m* ~**ien** air travel.

aéro|drome *m* airfield; ~**dynamique** streamline(d); ~**port** [aerɔpɔ:r] *m* airport.

affab|ilité *f* affability; ~**le** affable, amiable.

affaiblir weaken (*a.* **s'~**).

affaire [afɛ:r] *f* affair; business; matter; difficulty; ~**s** *pl.* business; belongings *pl.*; **avoir ~ à** have to do with; **chiffre** *m* **d'~s** turnover; **s'~r** be busy; fuss.

affaisser: s'~ collapse; give way, cave in.

affaler: s'~ drop, sink.

affam|é hungry, starving (**de** for); ~**er** starve.

affect|ation [afɛktasjɔ̃] *f* affectation; *funds:* appropriation; ~**er** affect; appropriate (*funds*); ~**ion** *f* fondness; *méd.* ailment; ~**ionné** affectionate; devoted; ~**ionner** like; ~**ueux** affectionate, loving.

affermir strengthen; consolidate; confirm.

affich|e [afiʃ] *f* poster, bill; ~**er** post up; display; *fig.* show off, make a show of; **s'~er** show off.

affiler sharpen; whet.

affilier affiliate; associate.

affirm|atif affirmative; ~**er** affirm; assert; **s'~er** assert o.s.; prove.

affli|ction [afliksjɔ̃] *f* misfortune; affliction; ~**ger** afflict; distress.

afflu|ence [aflyɑ̃:s] *f* crowd; **heures** *f/pl.* **d'~ence** rushhours *pl.*; ~ent *m* river: tributary; ~er flow; *people:* flock, crowd.

affol|ement *m* panic; ~er excite; drive mad; s'~er panic.

affranch|ir set free; release; stamp (*letter*); ~issement *m* liberation, release.

affres [afr] *f/pl.* throes *pl.*, pangs *pl.*

affreux frightful, dreadful.

affront [afrɔ̃] *m* insult, snub; ~er brave, face.

afin [afɛ̃]: ~ de in order to; ~ que in order that, so (that).

africain [afrikɛ̃] *adj.*, 2 *m* African.

Afrique *f* Africa; ~ du Sud South Africa.

agaçant irritating; annoying.

agac|ement *m* irritation. annoyance; ~er irritate; annoy.

âge [a:ʒ] *m* age; years *pl.*; old age; **quel** ~ **avez-vous?** how old are you?; **en bas** ~ in infancy; **à la fleur de l'**~ in the prime of life.

âgé aged, old; elderly; ~ de dix ans ten years old.

agenc|e [aʒã:s] *f* agency; branch office; ~ de voyages travel agency; ~er arrange, set up.

agenouiller: s'~ kneel.

agent [aʒã:] *m* agent; ~ de change stockbroker; ~ (de police) policeman; ~ de tourisme travel agent; ~ immobilier house agent;

Am. realtor.

agglomération *f* agglomeration, mass; cluster; town, village.

aggraver aggravate, make worse.

agil|e [aʒil] nimble, agile; ~ité *f* nimbleness; agility.

agio|tage [aʒjota:ʒ] *m* stockjobbing; ~teur *m* stockjobber.

agi|r [aʒi:r] act, behave; **il s'agit de ...** is concerned; **dont il s'agit** in question; ~ssements *m/pl.* doings *pl.*

agit|ateur *m* agitator; ~ation [aʒitasjɔ̃] *f* agitation; unrest; turmoil; ~é agitated; restless; upset; ~er shake, wave, stir; agitate; upset; discuss (*problem*); s'~er be agitated; bustle about.

agneau [aɲo] *m* lamb.

agoni|e [aɲo] *m* agony; ~ser agonize; be dying.

agrafe [agraf] *f* hook; clasp; ~er fasten, hook (up).

agrand|ir enlarge (*a. phot.*), increase; s'~ir expand, extend; ~issement *m* enlargement.

agré|able [agreabl] agreeable; ~é approved.

agrément *m* consent; pleasure; charm; **voyage** *m* **d'**~ pleasure trip.

agress|eur *m* aggressor; ~if aggressive; ~ion [agrɛsjɔ̃] *f* aggression.

agri|cole agricultural; ~culteur *m* farmer, peasant.

ahur|ir [ayri:r] dumbfound, flabbergast, bewilder; **~isse-ment** *m* stupefaction.

aide [εd] *f* help, assistance, aid; *m* assistant, helper; **à l'~ de** by means of, with; **~r** help, assist.

aïeu|l [ajœl] *m* grandfather; **~le** *f* grandmother; **~x** *m/pl.* ancestors *pl.*

aigle [εgl] *m* eagle.

aiglefin [ɛgl] *m* haddock.

aigre sour; shrill; sharp.

aigr|eur *f* sourness; bitterness (*a. fig.*); acidity; **~eurs** *pl.* (**d'estomac**) heartburn; **~ir** embitter; **s'~ir** become embittered; turn sour.

aigu [εgy] sharp; pointed; shrill.

aiguill|e [εgɥi:j] *f* needle; *ch. d. f.* switch; points *pl.*; **~er** switch, shunt; direct.

aiguillon [εgɥijɔ̃] *m* sting, goad; **~ner** goad, spur on.

aiguiser [εgɥize] sharpen; whet.

ail [aj] *m bot.* garlic.

aile [εl] *f* wing; *auto* mud-guard, *Am.* fender; **voler de ses propres ~s** stand on one's own feet.

ailleurs [ajœ:r] elsewhere; **d'~** besides, moreover; **par ~** apart from that.

aimable amiable, kind; pleasant.

aimant *m* magnet; *adj.* loving; **~er** magnetize.

aimer [εme] love, like; enjoy;

~ mieux prefer; **se faire ~ de** win the affection of.

aîné elder, eldest, senior.

ainsi [ɛ̃si] so, thus; **~ que** as well as; just as.

air [ε:r] *m* air; appearance; *mus.* tune; **avoir l'~ de** seem to (be), look like; **se donner des ~s** put on airs.

airain *m* brass, bronze.

aire [ε:r] *f* surface; ground; area; *auto* servicing area.

airelle *f bot.* bilberry.

aisance [εzɑ̃:s] *f* ease, comfort.

aise [ε:z] *f* ease, pleasure; **à l'~, à son ~** comfortable; **mettez-vous à votre ~** make yourself comfortable; **mal à l'~** ill at ease, uneasy.

aisselle *f* arm-pit.

ajourn|ement *m* adjournment; **~er** adjourn; put off, postpone.

ajouter add; **~ à** add to.

ajuster [aʒyste] adjust; aim (at); adapt, fit.

alacrité *f* cheerfulness.

alarme *f* alarm; **~ d'incendie** fire alarm; **~r** alarm; **s'~r** be alarmed (**de** at).

alcool [alkɔl] *m* alcohol; **~ique** alcoholic; **~isme** *m* alcoholism.

aléatoire uncertain.

alentours [alɑ̃tu:r] *m/pl.* neighbo(u)rhood; surroundings; vicinity.

alerte [alεrt] *f* alarm; **fausse**

~ false alarm; *adj.* alert, lively; **~r** alert, warn.

algèbre *f* algebra.

Algér|ie [alʒeri] *f* Algeria, **ᴢ ien** [alʒerjɛ̃] *adj.*, **~ien** *m* Algerian.

algue *f* [alg] *bot.* seaweed.

alién|ation *f* alienation; madness; estrangement; **~é** *méd. adj.* lunatic; *m* mental patient; **~er** alienate; estrange; **~iste** *m* psychiatrist.

alignement [alinəmɑ̃] *m* alignment.

aliment [alimɑ̃] *m* food; **~s** *pl.* food-stuff; **~ation** *f* feeding; nourishment; supply; grocery (shop, *Am.* store); **~er** feed; supply; **~eux** nourishing.

alit|é confined to bed; bed-ridden; **s'~er** take to one's bed.

allécher entice, tempt.

allée *f* path, walk, alley; **~set venues** *f/pl.* running about, hustle and bustle.

alléger lighten, relieve.

allégorie *f* allegory.

allégresse *f* gaiety, joy.

alléguer allege, assign.

Allemagne [alman] *f* Germany.

allemand [almɑ̃] *adj.*, **ᴢ** *m* German.

aller go, move; **~ à cheval** ride; **~ à pied** walk; **~ bien** be well, be in good health *clothes, etc.*: suit, fit; **~ chercher** go for; fetch;

~ **en bateau** sail; ~ **en voiture** drive; ~ **voir** go to see, call on; **s'en** ~ go away; **allez-vous-en!** go away!; **allons!, allez!** come on!

aller(-)retour *m* return, *Am.* round-trip (ticket).

alli|ance [aljɑ̃:s] *f* alliance; marriage; wedding-ring; **~é** *m* ally; **~er** ally; combine; mix, blend.

allô *int.* hello, hallo.

allocution [alɔkysjɔ̃] *f* allocution; address, speech.

allong|ement *m* lengthening; extension; **~er** lengthen, stretch; **s'~er** stretch out, lie down.

allouer [alwe] allow, grant (*money*).

allum|age *m* lighting: ignition; **couper l'~age** switch off the ignition; **~er** light; switch on, turn on; **s'~er** light up; **~ette** *f* match.

allure [aly:r] *f* gait, pace; bearing, style, distinction; look, appearance; **à toute** ~ at top speed.

allusion *f* hint; **faire** ~ **à** hint at, refer to.

aloi [alwa] *m* quality, standard.

alors [alɔ:r] then; ~ **que** whereas; **jusqu'~** until then.

alouette *f* lark.

alourdir [alurdi:r] make heavy; dull.

aloyau *m* sirloin.

Alpes [alp] *f/pl.* Alps *pl.*

alpha|bet *m* alphabet; **~bétique** alphabetical.

alpinisme *m* mountaineering.

altercation [alterkasjɔ̃] *f* quarrel, dispute, altercation.

altérer impair, worsen; make thirsty; **s'~** deteriorate; degenerate.

altern|atif alternate; alternating; **~ative** [alternati:v] *f* alternative; option; **~er** alternate; rotate.

alti|er haughty, lofty; **~mètre** *m* altimeter; **~tude** [altityd] *f* altitude, height.

alun *m* alum.

amabilité *f* amiability, kindness.

amadouer coax, wheedle.

amaigrir make thin; **s'~** grow thin, slim down, slenderize.

amaigrissant slimming, slenderizing.

amande *f bot.* almond.

amant *m* (**~e** *f*) lover.

amarr|age *m mar.* mooring; **~er** moor; fasten.

amas [ama] *m* heap; mass; pile; **~ser** collect; heap (up); **s'~ser** pile up; crowd together.

amateur [amatœ:r] *m* amateur, lover, dilettante.

ambages [ɑ̃ba:ʒ]: **sans ~** without beating about the bush, freely.

ambassa|de *f* embassy; **~deur** *m* ambassador.

ambiance [ɑ̃bjɑ̃:s] *f* surroundings *pl.*; environment; atmosphere.

ambigu [ɑ̃bigy] ambiguous; equivocal; **~ïté** *f* ambiguity.

ambiti|eux ambitious; **~on** [ɑ̃bisjɔ̃] *f* ambition.

ambre *m* amber.

ambulance [ɑ̃bylɑ̃:s] *f* ambulance.

ambulant itinerant; strolling; **marchand** *m* **~** hawker.

âme [ɑ:m] *f* soul; mind; sentiment; **sans ~** unfeeling; soulless; **tranquillité** *f* **d'~** peace of mind; **grandeur** *f* **d'~** magnanimity.

amélior|ation *f* [ameljɔrasjɔ̃] *m* improvement; **~er** ameliorate, improve (*a.* **s'~er**).

aménag|ement *m* arrangement; **~er** arrange, lay out.

amend|able [amɑ̃dablə] improvable; **~e** *f* fine, penalty; **~e honorable** apology; **~ement** *m* improvement; amendment; **~er** improve; reform; **s'~er** mend one's ways.

amener bring; bring in; bring round; lead; *fam.* **s'~** turn up.

aménité *f* affability; amiability.

amer [ame:r] bitter.

américain [amerikɛ̃] *adj.*, **⁓** *m* American.

Amérique [amerik] *f* America; **États** *m/pl.* **Unis d'~** United States of America;

du Nord North America; ~ **du Sud** South America; ~ **latine** Latin America.

amertume *f* bitterness.

ameublement *m* furnishing.

ameuter rouse (*mob*).

ami *m* friend; **~e** *f* girl-friend; **un de mes** ~ a friend of mine; *adj.* friendly; **~able**, **~cal** amicable, friendly; **à l'~able** amicably.

amidon *m* starch; **~ner** starch.

amincir [amɛ̃siːr] make (look) thin; (grow) slim.

amincissant slimming, slenderizing.

amitié [amitje] *f* friendship; affection; **par** ~ out of friendship; **~s** *pl.* kind regards *pl.*; **présentez mes ~s à** remember me to.

amnésie *f méd.* amnesia.

amnistier amnesty.

amoindrir [amwɛ̃driːr] lessen; belittle; **s'~** diminish.

amollir soften; *fig.* enfeeble.

amonceler heap up (*a.* **s'~**); **~lement** *m* accumulation.

amont: **en** ~ upstream, **en** ~ **(de)** above.

amorce [amɔrs] *f* bait; detonator; *fig.* beginning; **~er** bait; *fig.* start, get under way.

amorphe amorphous; shapeless.

amortir deaden, muffle, dull, cushion; pay off (*debt*); **~issable** *com.* redeemable.

~isseur *m* shock-absorber.

amour [amuːr] *m* love; **faire l'~ à** make love; **s'~acher de** fall for; **~eux** *m* lover; *adj.* in love (de with); loving; love ...; **tomber ~eux (de)** fall in love (with); **~~propre** *m* self-esteem.

ample [ɑ̃pl] ample, wide; abundant; **~eur** *f* width, spaciousness; *fig.* extent, dimensions *pl.*

amplificateur *m radio* amplifier; *phot.* enlarger.

amplifier amplify; magnify; **~tude** *f* amplitude.

ampoule *f méd.* blister; *élec.* (incandescent) bulb; ~ **(de) flash** flash-bulb.

amputation [ɑ̃pytasjɔ̃] *f* amputation; **~er** amputate.

amusant amusing; **~ement** [amyzmɑ̃] *m* amusement, entertainment; **~e-gueule** *m* appetizer, cocktail snack; **~er** amuse, entertain; **s'~er** enjoy o.s., have a good time; dally, dawdle.

amygdale [amigdal] *f* tonsil; **~ite** *f* tonsillitis.

an [ɑ̃] *m* year; **il y a un ~ a** year ago; **jour** *m* **de l'~** New Year's Day; **l'~ dernier** last year; **tous les ~** every year.

analogue analogous.

analyse [analiz] *f* analysis; **~r** analyze.

ananas [anana] *m bot.* pineapple.

anarchie [anarʃi] *f* anarchy.

anatomie *f* anatomy.

ancêtres *m/pl.* ancestors *pl.*, forefathers *pl.*

anchois [ãʃwa] *m* anchovy.

ancien [ãsjɛ̃] ancient; senior; former, one-time; late; **~neté** *f* seniority; antiquity.

ancre *f* anchor; **~r** cast anchor; **s'~r** establish o.s, take root.

andouille [ãdu:j] *f* chitterlings *pl.*; *pop.* fool, sap.

âne *m* donkey, ass.

anéant|ir annihilate, ruin, destroy; **~issement** *m* annihilation, destruction.

anémie *f méd.* an(a)emia.

ânerie *f* stupidity.

anesthésie *f* an(a)esthesia.

ange [ã:ʒ] *m* angel; **~ gardien** guardian angel.

angine *f méd.* sore throat; tonsillitis.

angle [ã:gl] *m* angle.

anglais [ãglɛ] English; **≳ m** Englishman; **~e** *f* Englishwoman.

Angleterre [ãglǝtɛ:r] *f* England.

angoiss|e [ãgwas] *f* anxiety; pang; **~er** anguish, distress.

anguille [ãgi:j] *f* eel.

angulaire angular.

animal [animal] *m* animal, beast; **~ favori** pet; *adj.* animal; brutish.

anim|ation [animasjɔ̃] *f* animation; liveliness; **~é** lively, spirited; **dessin** *m* **~é** film: cartoon; **~er** animate, enliven; **s'~er** become lively; **~osité** *f* animosity; spite.

anis [ani] *m bot.* anise, aniseed.

annales *f/pl.* annals *pl.*

anneau *m* ring; link; hoop.

année *f* year.

annex|e *f* annex; **~er** annex; **~ion** *f* annexation.

annihiler [aniile] annihilate; annul.

anniversaire *m* anniversary; birthday.

annonc|e [anɔ̃:s] *f* advertisement; announcement; **~er** announce, declare; advertise; **s'~er bien** be promising; **~iation** *f* annunciation; **(Fête *f* de l')~iation** Lady Day.

annot|ation [anɔtasjɔ̃] *f* annotation **~er** annotate.

annuaire *m* **des téléphones** telephone directory.

annuel annual, yearly.

annuité *f* annuity.

annulaire *m* ring-finger; *adj.* ringlike.

annul|ation *f* cancellation; **~er** [anyle] cancel; annul.

anode *f élec.* anode.

anodin anodyne; harmless.

anomalie *f* anomaly.

anonyme anonymous; **société** *f* **~** limited (liability) company.

anormal abnormal.

anse [ã:s] *f* handle.

antécédent [ãtesedã] *m* antecedent; *adj.* previous.

antenne [ãtɛn] *f* feeler, antenna; *radio* aerial.

antéri|eur [ãterjœ:r] an-

terior; previous; **~orité** f
priority.

anthracite m anthracite.

antialcoolique m teetotaller;
adj. teetotal.

antibiotique m, adj. anti-
biotic.

antichambre [ɑ̃tiʃɑ̃:br] f
antechamber, waiting room.

anticip|ation [ɑ̃tisipasjɔ̃] f
anticipation; **~er** anticipate;
forestall.

antidater antedate.

antidérapant tire: non-skid.

antidote m antidote.

antigel [ɑ̃tiʒɛl] m anti-freeze.

antipathie [ɑ̃tipati] f
antipathy.

antiqu|e [ɑ̃tik] ancient;
antique; **~ités** f/pl. anti-
quities pl.; antique shop.

antirévolutionnaire anti-
revolutionary.

antisémitique anti-Semitic.

antiseptique [ɑ̃tisɛptik] adj.,
m antiseptic.

anxi|été [ɑ̃ksjete] f anxiety,
anxiousness; **~eux** anxious.

août [u,ut] m August.

apais|ement m appeasement;
calming; **~er** allay, appease;
satisfy (hunger); quench
(thirst); **s'~er** subside,
calm down.

apathique apathetic(al).

apercev|able perceivable,
perceptible; **~oir** [apɛrsə-
vwa:r] perceive; observe;
s'~oir de notice, realize; fig.
look through (scheme); **ne
pas s'~oir de** overlook.

aperçu [apɛrsy] m glimpse;
sketch; short account;
estimate.

apéritif, fam. **apéro** m aperitif, appetizer.

à peu près nearly, about,
approximately.

apiculteur m bee-keeper.

apitoyer excite pity; **s'~ sur**
feel sorry for.

aplanir smooth; flatten,
plane, level; smooth away
(obstacles).

aplatir flatten; **s'~** fall flat,
fall over; crouch; fig. cringe.

aplomb [aplɔ̃] m poise, balance; fig. assurance, self-
possession; impudence;
cheek; **d'~** vertical(ly), upright.

apogée [apɔʒe] m peak;
zenith.

apologie [apɔlɔʒi] f vindication; defence.

apoplexie stroke, apoplexy.

apostasier renounce one's
faith.

apostrophe [apɔstrɔf] f
apostrophe.

apôtre m apostle.

apparaître [aparɛtr] appear;
become visible.

apparat m pomp, display.

appareil [aparɛj] m appliance; apparatus; machine;
gear; telephone; **~ (photographique)** camera; **~ à
jetons** slot-machine; **~lage**
m installation.

apparemment apparently.

apparence [aparɑ̃:s] f ap-

pearance; probability; **sauver les ~s** save one's face;
en ~ apparently; **apparent**
[aparã] apparent, visible,
evident.

apparenté related.

apparition f apparition;
phantom; vision.

appartement [apartəmã] m
set of rooms; apartment; flat;
~ meublé furnished flat.

appartenir à belong to; **s'~**
be one's own master.

appât [apa] m bait; eny
ment; **~er** bait; lure.

appauvrir impoverish.

appel m call; appeal; **faire ~
à** a call (up)on, turn to, summon up; **~ interurbain**
trunk call; **~ téléphonique**
telephone call; **~er** call (up);
s'~er be called.

appendi|ce [apɛ̃dis] m appen-
dix; **~cite** f appendicitis.

appentis m shed, lean-to.

appesantir: s'~ sur insist
on, linger over (*details*).

appét|issant [apetisɑ̃] appetizing,
tempting; **~it** m appetite.

applaud|ir [aplodir] applaud, clap;
approve; **~issements** m/pl.
applause; acclamation.

appli|cable [aplikabl] applic-
able; appropriate; **~cation**
[aplikasjɔ̃] f application; assiduity; **~qué** applied; diligent, assiduous.

appliquer apply; lay on; give,
land (*blow*); **s'~** apply; **s'~ à**
apply o.s. to; give one's
attention to.

appoint [apwɛ̃] m contribution; *com.* balance;
~ements m/pl. salary; **~er**
pay a salary (to).

apport m contribution, share;
~er bring; fetch.

apposer fix, put, place, set.

appréci|ation [apresjasjɔ̃] f
appreciation; estimation;
~er appreciate; value;
appraise.

appréhender apprehend;
arrest.

apprendre [aprɑ̃dr] learn;
find out, hear (*news*); **~ qc. à
q.** teach s.o. s.th.

apprenti [aprɑ̃ti] m apprentice; **~ssage** m apprentice-
ship.

apprêt m preparation; *fig.*
affectation; **~er** prepare;
s'~er get ready; dress.

apprivois|é [aprivwaze]
tame; **~er** tame; *fig.* make
sociable.

approba|teur [aproba...] approving; **~-
tion** f approval; consent.

approch|ant near; about; not
unlike; **~e** f approach; **~es** pl.
outskirts pl.

approcher bring near(er) (**de**
to); come close(r) (**de** to),
approach; **s'~ de** approach.

approfondi thorough; **~r**
make deeper, deepen; study
or examine thoroughly.

approprié appropriate; suit-
able; **~er** adapt (**à** to); **s'~er**
appropriate, usurp.

approuver approve (of),
agree to.

approvisionner de supply with.

approximati|f approximative; approximate; **~vement** approximately.

appui [apyi] *m* support; prop.

appuyer [apyije] place, put, lean, rest, press; support, help; **~ sur** emphasize; **~ sur le bouton** push the button; **~ sur l'accélérateur** accelerate; **s'~ sur** lean on; rest on; rely on.

âpre rough, harsh, gruff; sour; *fig.* severe, austere.

après [aprɛ] after, next to; **d'~** from, according to; **~ tout** after all; **~-demain** the day after tomorrow; **~-midi** *m* afternoon.

apt|e apt, qualified; **~itude** *f* aptitude; qualification.

aquarelle [akwarɛl] *f* paint. water-colo(u)r.

aqueduc [akdyk] *m* aqueduct; culvert.

arabe [arab] Arab; Arabian; Arabic; **⁂ m** Arab.

arable arable; tillable.

arachide [araʃid] *f* peanut.

araignée *f* spider.

arbitr|age *m* arbitration; **~aire** arbitrary; despotic; **~ m** arbitrator, umpire; **~er** arbitrate; referee.

arborer raise; hoist (*flag*); *fig.* show off, sport.

arbre *m* tree; (driving-)shaft; *auto* axle.

arbrisseau *m bot.* shrub.

arc [ark] *m* bow, arch.

arcade [arkad] *f* arcade.

arc-en-ciel *m* rainbow.

archevêque [arʃəvɛːk] *m* archbishop.

architect|e [arʃitɛkt] *m* architect; **~e paysagiste** landscape-gardener; **~ure** [arʃitɛkty:r] *f* architecture.

archives [arʃiv] *f/pl.* archives *pl.*

arctique arctic.

ard|ent [ardɑ] ardent; keen; eager; fervent; passionate; **~eur** *f fig.* fire, ardo(ur); heat.

ardoise [ardwa:z] *f* slate.

ardu arduous; steep; *fig.* difficult.

arène *f* arena, bull-ring.

arête *f* fish-bone; crest, ridge.

argent [arʒɑ] *m* silver; money; **~ comptant** cash; **~ liquide** ready money; **~é** silvery; plated; **~erie** *f* (silver) plate, silverware, **~in** silvery; clear.

argile [arʒil] *f* clay.

argot *m* slang; cant.

argument [argymɑ̃] *m* argument; proof; **~ation** *f* reasoning.

aride arid; barren; dry.

aristocrate *m* (*f*) aristocrat.

armat|eur *m* ship-outfitter; shipowner; **~ure** *f* framework, braces *pl.*

arme [arm] *f* arm, weapon; **à ~s égales** on equal terms.

armée *f* army.

armement *m* armament.

armer arm; equip, fit out (**de** with); reinforce.

armistice [armistis] *m* armistice.

armoire [armwa:r] *f* cupboard; **~~-pharmacie** *f* medicine chest.

arôme *m* aroma, flavo(u)r.

arpent|er stride along; pace (*room*); **~eur** *m* (land-) surveyor.

arqué [arke] arched.

arracher pull (out, up), draw; snatch; **~ à** tear (away) from, tear out of.

arrang|eant accommodating; **~ement** [arãʒmã] *m* arrangement; agreement; terms *pl.*; **~er** arrange; settle; suit; **s'~er** get ready; manage; come to an understanding; **cela s'arrangera!** that will be all right!

arrérages *m/pl.* arrears *pl.*

arrestation *f* arrest, apprehension; capture.

arrêt [arɛ] *m* stop; pause; detention, arrest; **~é** *m* decision; order; by-law; **~er** stop; interrupt; arrest; fix, appoint; decide; **s'~er** stop; halt, pull up; stay; cease.

arrhes [a:r] *f/pl.* deposit.

arrière [arjɛ:r] *m* rear, back; **en ~** back, backwards; behind; **en ~ de** behind; **~-goût** *m* aftertaste; **~-pensée** *f* ulterior motive; **~-plan** *m* background; **~-saison** *f* late season; **~-train** *m auto* rear.

arriéré backward; behind the times; mentally retarded.

arriv|age *m* arrival; *com.*

consignment, shipment; **~ée** *f* arrival; **~er** arrive; happen; manage (**à faire qc.** to do s.th.); **~iste** *m* pusher, climber.

arrogant [arɔgã] arrogant, overbearing.

arrond|ir round (off); **s'~ir** get (*or* grow) round; **~issement** *m* roundness; district.

arros|er water, wet; sprinkle; **~euse** *f* sprinkling-cart; **~oir** *m* watering-can.

arsenic *m* arsenic.

art [a:r] *m* art; **les beaux ~s** *pl.* the fine arts *pl.*

artère *f* artery; thoroughfare; **~ principale** arterial road.

arthrite *f méd.* arthritis.

artichaut *m* artichoke.

article *m* article; thing.

articulation [artikylasjɔ̃] *f* joint; articulation.

artific|e [artifis] *m* artifice; contrivance; **feu** *m* **d'~e** fireworks; **~iel** artificial; **~ieux** artful, cunning.

artisan [artizã] *m* artisan, craftsman; workman.

artist|e *m* artist; **~ique** artistic.

as [ɑ:s] *m* ace (*a. fig.*).

ascendan|ce *f* ascendancy; **~t** *m* influence, sway; *adj.* ascending, upward; **~ts** *pl.* ancestry.

ascens|eur [asɑ̃sœ:r] *m* lift, *Am.* elevator; **~ion** *f* ascent; climb; rise; **Ꙃ ion** *f* Ascension-day.

assorti

asiatique [azjatik] *adj.*, ⚥ *m* Asian.

Asie *f* Asia.

asile [azil] *m* asylum.

aspect [aspɛ] *m* aspect; sight; appearance.

asperge [aspɛrʒ] *f bot.* asparagus.

asperger sprinkle, spray (**de** with).

asphyxier [asfiksje] *méd.* asphyxiate, suffocate.

aspirant *m* candidate.

aspirateur *m* vacuum cleaner.

aspirer inhale, suck in; ~ **à** aspire to *or* after.

assaill|ant *m* assailant; aggressor; ~**ir** attack, assail.

assainir make healthy; *fig.* stabilize.

assaisonne|ment *m cuis.* seasoning; dressing; ~**r** *cuis.* season, flavo(u)r; dress.

assassin [asasɛ̃] *m* murderer, assassin; *adj.* murderous; ~**at** *m* murder; assassination; ~**er** assassinate.

assaut *m* assault; **donner l'**~ **à** storm.

assembl|age *m* assemblage; gathering; joining; *élec.* coupling; ~**ée** *f* assembly, meeting; ~**er** bring together; gather; **s'**~**er** meet.

assentiment *m* consent; assent.

asseoir [aswa:r] seat, place; **s'**~ sit down, take a seat.

assermenter swear in.

assertion [asɛrsjɔ̃] *f* assertion.

assez [ase] enough; rather; ~ **bien** pretty well; **j'en ai** ~! I'm tired of it; ~**!** that will do!; ~ **souvent** pretty often.

assidu assiduous, diligent; steady; ~**ité** *f* assiduity.

assiéger besiege, surround.

assiett|e [asjɛt] *f* plate; *fig.* seat; state of mind; **ne pas être dans son** ~**e** feel bad; ~**ée** *f* plateful.

assigner [asiɲe] assign.

assimiler assimilate; compare (**à** to).

assistance [asistɑ̃s] *f* audience; spectators *pl.*; attendance; assistance; ~ **sociale** social welfare (work).

assistant [asistɑ̃] *m* helper; asistant; onlooker, witness.

assister assist; help; ~ **à** attend, be present at, witness.

associ|ation [asɔsjasjɔ̃] *f* partnership; participation; association; ~**é** *m* partner; associate; ~**é commanditaire** silent partner; ~**er** associate (**à** with); take into partnership; **s'**~**er** share in; combine with; enter into partnership with.

assoiffé thirsty.

assombrir darken; sadden.

assomm|ant tiring, boring; ~**er** knock down, slug; stun; *fig.* bore.

Assomption *f eccl.* Assumption.

assorti assorted; matching, to match; **bien** ~ well-stocked; ~**ment** *m* assortment;

matching; **~r** match; **~r à** suit to.

assoup|ir make sleepy; **s'~b** get drowsy; fall asleep; **~issant** dull.

assujettir [asyӡɛti:r] submit; compel; fix, fasten.

assurance [asyrɑ̃:s] f assurance; confidence; insurance; **~vie** life insurance; **~voyages** travel insurance.

assur|é adj. confident, sure; m insured; **~ément** certainly; **~er** assure; ensure; insure; **s'~er** make sure (**de** of); **~eur** m insurer.

asthme [asm] m asthma.

astre m star.

astreindre à compel to.

atelier m workshop; studio; **~** (**de réparations**) repairshop; **chef** m **d'~** foreman.

Atlantique [atlɑ̃tik] m Atlantic.

athlète [atlɛt] m athlete.

athlétisme m athletics pl., Am. track and field.

atmosphère [atmɔsfɛ:r] f atmosphere.

atome [ato:m] m atom; particle.

atout [atu] m trump.

âtre m hearth, fire-place.

atroc|e atrocious; dreadful; grim; **~ité** f atrocity.

attache [ataʃ] f leash, tie; bond; **~ment** m attachment; affection; **~r** tie, fasten; attach; **s'~r à** become fond of.

attaqu|e f attack; méd. fit; **~er** attack.

attard|é belated; oldfashioned; mentally retarded; **s'~er** be late; linger (around), loiter, dally.

atteindre [atɛ̃dr] reach, attain; hit; seize.

atteinte [atɛ̃t] f blow; harm; **hors d'~** out of reach; **porter ~ à** injure, harm.

attenant adjoining, adjacent; contiguous.

attendre [atɑ̃dr] wait; wait for, await; **faire ~** keep waiting; **s'~ à** expect.

attendri|r move, touch; soften; **s'~r sur** feel pity for; **~ssement** m compassion, pity.

attente [atɑ̃t] f expectation; waiting; **contre toute ~** against all expectations; **être dans l'~ de** be waiting for; **salle** f **d'~** waiting-room.

attentif [atɑ̃tif] attentive, mindful.

attention [atɑ̃sjɔ̃] f attention; regard; **~!** look out!; **faire ~** (**à**) pay attention (to), be careful (of).

atténuer extenuate, reduce.

atterrer overwhelm, stun.

atterr|ir av. land; **~issage** m landing.

attest|ation f certificate; **~er** certify.

attirail m gear; utensils pl.; **~ de pêche** fishing tackle.

attirer attract, allure; **s'~** bring upon o.s., incur.

attitude [atityd] f posture; attitude.

attraction [atraksjɔ̃] f attraction; attractiveness; **~s** pl.
entertainment.

attrait m charm.

attrape f trap; trick; take-in;
~r catch; cheat; fam. scold,
tell off; **~r froid** catch (a)
cold.

attribu|er assign, allot; **~er
qc. à** attribute (or ascribe)
s.th. to; **~tion** f allocation;
~tions pl. competence.

attrister grieve, sadden.

aube [o:b] f dawn, day-break.

auberge [oberʒ] f inn; **~ de la
jeunesse** youth hostel.

aubergine [oberʒin] f
eggplant.

aubergiste [oberʒist] m
innkeeper.

aucun [okœ̃] none, no, not
any; **~ement** by no means;
not at all.

audacieux daring.

au-deçà on this side.

au-dedans (de) inside.

au-dehors (de) outside.

au-delà (de) beyond.

au-dessous [od(ə)su] **(de)**
below, beneath.

au-dessus [od(ə)sy] **(de)**
above; on top (of).

au-devant de: aller ~ go to
meet; anticipate.

audi|ence f hearing; dr. sit-
ting; **~teur** m listener.

augment|ation f increase;
rise; **~er** increase; raise; rise.

aujourd'hui [oʒurdɥi] today;
nowadays.

aumône f alms; **faire l'~**

give alms.

aune m bot. alder-tree.

auparavant previously,
before.

auprès [oprɛ] near (by); **~ de**
close to, near, with; com-
pared with.

aurore [ɔrɔ:r] f dawn; daybreak; fig. beginning; **~ bo-
réale** northern lights pl.

auspice [ospis] m auspices pl.

aussi also, too, so, as, equally;
and so; therefore; **~ bien**
que as well as.

aussitôt immediately; **~ que**
as soon as.

aust|ère austere; severe, stern;
~érité f austerity; sternness.

Australie [ostrali] f
Australia.

australien [ostraljɛ̃] adj., ᶻ m
Australian.

autant as (so) many; as (so)
much; as good as; as far as;
d'~ by so much; **d'~ plus
que** the more so as, especially
as; **~ que** as far as.

autel m altar.

auteur m author; maker;
originator; **droit m d'~** roy-
alty; copyright.

authenti|cité f authenticity;
~que authentic; genuine.

auto [oto] f (motor-)car, automobile; **~bus** m bus; **~-
école** f driving school.

automat|e [ɔtɔmat] m auto-
maton; **~ique** automatic(al).

automne [otɔn] m autumn,
Am. a. fall.

automobilis|me [ɔtɔmɔbilism] *m* motoring; **~te** *m* motorist.

auto|nome self-governed; **~nomie** *f* autonomy, self-government.

autori|ser authorize; permit; license; **~taire** authoritative; **~té** *f* authority; power.

autoroute [otorut] *f* motorway, express way, Am. a. speedway.

auto-stop *m* hitch-hiking; **faire de l'~** hitch-hike; **~peur** *m* hitch-hiker.

autour (de) (a)round, about.

autre [o:tr] other, different; **à d'~s!** tell it to the Marines! **l'~ jour** the other day; **~fois** formerly; **~ment** otherwise; (or) else.

Autriche [otriʃ] *f* Austria.

autrichien [otriʃjɛ̃] *adj.*, **2** *m* Austrian.

autruche *f* ostrich.

autrui others *pl.*, other people.

auxiliaire [oksiljɛ:r] *m* aid; *adj.* auxiliary.

aval *m* com., *fig.* endorsement; **en ~** downstream.

avalanche [avalɑ̃:ʃ] *f* avalanche.

avaler swallow.

avanc|e [avɑ̃s] *f* advance; start, lead; com. loan, advance; **à l'~e, d'~e** beforehand, in advance; **en ~** be, arrive early; **~ement** *m* promotion; progress, improvement; **~er** advance, push; suggest, propose; **s'~er** move

forward; approach.

avant [avɑ̃] *prp.*, *adv.* before; in front; far; **en ~** forward; in front (**de** of); **~ que** before; *m* front (part), forepart.

avantag|e [avɑ̃ta:ʒ] *m* advantage, success; **avoir l'~e** win, prevail; **~er** favo(u)r; **~eux** advantageous; beneficial, profitable; becoming.

avant|-hier the day before yesterday; **~-propos** *m* introduction; **~-scène** *f* proscenium.

avar|e *m* miser; *adj.* stingy; miserly; **~ice** *f* stinginess; avarice; **~icieux** avaricious.

avarie *f* mar. damage to goods (during conveyance); average; **sans ~** without mishap.

avec with; with it.

avènement *m* coming; accession; advent, arrival.

avenir [av(ə)ni:r] *m* future; *fig.* posterity; **à l'~** in future.

Avent *m* eccl. Advent.

aventur|e [avɑ̃ty:r] *f* adventure; chance, fortune; **à l'~e** at random; **s'~er** venture; **~eux** venturesome.

avenue [av(ə)ny] *f* avenue; walk, drive.

avérer: s'~ prove (to be).

averse *f* shower, down-pour; *fig.* flood.

aversion [avɛrsjɔ̃] *f* aversion, dislike.

avert|ir warn; inform; **~issement** *m* advice; warning, notice; preface, fore-

word; **~isseur** *m* alarm
(bell); *auto* horn, hooter.

aveu *m* admission; avowal;
confession.

aveugl|e [avœgl] blind;
~ement *m* blinding; blindness; *new* blind; *fig.* dazzle; **à
l'~ette** like a blind person,
groping about.

aviat|eur *m* aviator; pilot;
~ion *f* aviation; air traffic.

avid|e greedy (**de** of); avid;
~ité *f* avidity, greediness.

avil|ir debase; dishono(u)r;
degrade; **~issement** *m* de-
gradation; *com.* depreciation.

avion [avjɔ̃] *m* aeroplane, *Am.*
airplane; **~ à réaction** jet
aircraft; **par ~** by airmail.

aviron *m* oar.

avis [avi] *m* opinion; notice,
information; **~ au public**
public notice; **à mon ~** in my
opinion; **changer d'~**
change one's mind; **~é** cir-
cumspect, wise.

aviser notice; inform, notify;
~ à consider; think about;
take care of, see to; **s'~ de**
notice, realize; take it into
one's head to, dare (to).

aviver enliven; brighten; stir
up; *fig.* sharpen.

avocat *m* advocate; barrister;
lawyer; **~ général** Public
Prosecutor, *Am.* Attorney
General.

avoine [avwan] *f* oats *pl.*

avoir [avwa:r] *v.* have; get;
qu'avez vous? what's the
matter with you?; *m* possessions *pl.*; credit, assets *pl.*

avoisin|ant neighbo(u)ring,
nearby; **~er** border on, be
close to.

avou|é *m* solicitor; **~er** admit,
confess, own up (to).

avril *m* April; **poisson *m* d'~**
April-fool-joke.

axe [aks] *m* axis, axle.

azote [azɔt] *m* nitrogen.

azur [azy:r] *m* azure, blue.

B

babeurre *m* buttermilk.

babil [babil] *m* chatter, prattle; **~lard** *m* babbler, chat-
terbox; *adj.* talkative; **~ler**
babble, chatter.

bâbord *m mar.* port side.

bac[1] *m* ferry, ferry-boat; tank,
vat; can, bin.

bac[2] *m fam.* = **baccalauréat**
m leaving certificate (of
French schools).

bâch|e [bɑ:ʃ] *f* tarpaulin;
awning; **~er** cover with a
tarpaulin.

bachot *m fam.* = **bac**[2]; **~er**
fam. cram.

bacille [basil] *m* bacillus.

bâcler do hastily; scamp
(*work*).

badin [badɛ̃] playful; **~age** *m*
playfulness; joking; **~er** joke,
play; trifle.

bafouill|age *m* nonsense; **~er** stammer; *auto* splutter.

bagage [baga:ʒ] *m* baggage; **~s** *pl.* luggage, baggage; **~s à main** hand baggage; **plier ~** *fam.* pack up and be off.

bagarre *f* fight, brawl.

bagatelle *f* trifle.

bagnole *f* *pop.* jalopy.

bague [bag] *f* ring; **~ de fiançailles** engagement ring.

baguette [bagɛt] *f* wand, rod; long thin loaf of bread; **~s** *pl.* **de tambour** drumsticks *pl.*

bahut [bay] *m* chest, cupboard; *fam.* school.

baie[1] *f* *bot.* berry.

baie[2] *f* bay.

baign|er [beɲe] bathe; *fig.* wash; **se ~er** go swimming; **~eur** *m* bather; **~oire** *f* bathtub; *thé.* ground-floor box.

bail [ba:j] *m* lease.

bâiller yawn.

bailleur *m* lessor; **~ de fonds** silent partner.

bain [bɛ̃] *m* bath; **salle** *f* **de ~** bath-room; **~ de boue** mud-bath; **~-douche** shower-bath; **~ de vapeur** vapo(u)r-bath; **~s** *pl.* watering-place, spa.

bain-marie *m* *cuis.* water-bath.

baiser [beze] *m* kiss.

baiss|e *f* lowering, going down; *a. com. prices:* fall; **en ~e** falling; **~er** lower, put down, bend (down); sink, go down, drop; **se ~er** bend, stoop.

bal *m* ball; dance.

balad|e [balad] *f* stroll, ramble; trip, excursion; **se ~er** stroll, walk about; **~euse** *f* trailer.

balai *m* broom.

balance [balɑ̃:s] *f* balance; scales *pl.*; **~r** swing, rock (*a.* **se ~r**); *fig.* hesitate; *fam.* throw, chuck.

balay|er sweep; **~eur** *m* sweeper; scavenger.

balbutier [balbysje] lisp; stammer.

balcon [balkɔ̃] *m* balcony; *thé.* dress circle.

baleine *f* whale.

balise *f* *mar.* beacon; buoy; *av.* ground light; **~r** mark out.

baliverne *f* bosh, rubbish.

ballast [balast] *m* ballast.

balle *f* ball; bullet; bale.

ballon *m* balloon; football.

ballot [balo] *m* bundle, package.

ballottage *m* *elections:* second ballot.

Baltique: mer *f* **~** Baltic Sea.

balustrade [balystrad] *f* balustrade; handrail.

bambou *m* *bot.* bamboo.

ban [bɑ̃] *m* ban; proclamation; **~ de mariage** banns *pl.*

banal commonplace; **~ité** *f* banality; commonplace.

banane *f* banana.

banc [bɑ̃] *m* bench; seat; pew; **~ de sable** sandbank.

band|age [bɑ̃da:ʒ] *m* bandage; bandaging.

bande [bɑ̃d] *f* band, tape, strip; gang, bunch, herd; ~ **magnétique** recording tape; ~**r** bandage; tighten, bend; ~**r les yeux à** blindfold.

banderole *f* streamer.

bandit [bɑ̃di] *m* bandit.

banlieue [bɑ̃ljø] *f* suburbs *pl.*; ~ **de villas** residential suburbs.

bannière *f* banner; flag.

bannir banish, exile.

banqu|e [bɑ̃k] *f* bank; banking business; ~**eroute** *f* bankruptcy; **faire ~eroute** go bankrupt; ~**et** *m* banquet; ~**ette** *f* bench; ~**ier** *m* banker; ~**ise** *f* pack-ice.

bapt|ême [batɛːm] *m* christening; ~**iser** christen.

baquet *m* tub.

bar *m* bar; counter.

baragouin *m* gibberish.

baraque [barak] *f* hut, hovel; stall.

barbare *m* barbarian; *adj.* barbaric, uncivilized.

barbe *f* beard; *fam.* nuisance; **se faire la ~** shave; ~ **à papa** candy floss, floss candy; **fil** *m* **de fer ~lé** barbed wire.

barboter splash about; *pop.* steal, pinch.

barbouiller [barbuje] daub, smear, soil; scrawl on; mess up.

barbu [barby] bearded.

barbue *f zo.* brill.

bardeau [bardo] *m* shingle.

baril [bari] *m* barrel, keg.

barman [barman] *m* bartender.

baromètre [barɔmɛtr] *m* barometer.

baroque *m, adj.* baroque; *adj. a.* odd, curious.

barque *f* boat, barque.

barrage [baraːʒ] *m* blocking (up); barrage; dam.

barr|e *f* bar; *mar.* helm; ~**e d'appui** handrail; ~**eau** *m* small bar; *dr.* the Bar; **route ~ée** road sign: "no thoroughfare"; ~**er** bar, block (up); cross out (*word*); cross (*cheque*); ~**icader** barricade; ~**ière** *f* gate, fence; barrier.

bas[1] [bɑ] [bɑ, bɑːs] low, shallow; mean; vile; **en ~** below, down there; downstairs.

bas[2] *m* bottom; lower part; **en** (*or* **au**) ~ **de** at the bottom of.

bas[3] *m* stocking; ~ *pl.* **nylon** nylons *pl.*

bascule [baskyl] *f* seesaw; ~**r** swing, rock; tip, tilt (up).

base [bɑːz] *f* base, foot; basis; foundation; **sans** ~ unfounded; ~**r** base, ground.

bas-fond *m mar.* shallow; ~**s** *fig.* dregs *pl.*

basse|-cour *f* poultry yard; ~ **pression** *f weather:* depression, low pressure.

bassin [basɛ̃] *m* basin; dock; ~**er** *pop.* bore, get on *s.o.'s* nerves.

bas-ventre *m* abdomen.

bataill|e *f* battle; **livrer ~e à**

join battle with; **~eur** adj. (m) quarrelsome (person).

bâtard m bastard; adj. illegitimate.

bateau [bato] m boat; **monter un ~** à hoax, kid; **~ à rames** rowing-boat; **~ à vapeur** steamer; **~ à voiles** sailing-boat; **~ citerne** tanker; **~ de pêche** fishing-boat.

batelier [batəlje] m boatman.

bâtiment [batimɑ̃] m building; building trade; vessel, ship.

bâtir build; **terrain** m à **~** building-site.

bâton [batɔ̃] m stick; staff; **~ de rouge à lèvres** lipstick; **~s** pl. **de ski** ski-sticks pl.; à **~s rompus** talk incoherently, work by fits and starts; **~ner** beat, cudgel.

batt|age m threshing; beating; fig. fuss; **~ant** m bell: clapper; shutter, etc.: leaf; adj. beating; **porte** f **~ante** folding door; **~ement** m beat(ing); clap(ping); throb(bing); stamp(ing); bang(ing); **~erie** [batri] f battery; **~erie de cuisine** metal kitchen utensils pl.; **~eur** m beater; **~euse** f threshing-machine.

battre beat; strike; defeat; bang; throb; shuffle (cards); **~ des mains** clap (one's hands); **se ~** fight.

bavard talkative (person); **~age** m gossip, chatter; **~er** chatter, gossip.

bavarois [bavarwa] adj., **ᴢ** m Bavarian.

bave f slaver; ooze; **~r** dribble.

Bavière [bɑvjɛr] f Bavaria.

bazar m bazaar; bargain store; fam. things pl.; jumble.

bd. (short for: **boulevard**) boulevard.

béant gaping, yawning.

béat [bea] smug; **~itude** f beatitude; bliss.

beau [bo], **belle** beautiful, fine, handsome; **il fait beau** the weather is fine; **au beau milieu** in the very middle; **avoir ~ faire** do in vain.

beaucoup [boku] much, many, a lot; **de ~** by far.

beau|-fils m (beaux-fils pl.) son-in-law; stepson; **~-frère** m (beaux-frères pl.) brother-in-law; stepbrother; **~-père** m (beaux-pères pl.) father-in-law; step-father.

beauté [bote] f beauty.

beaux-parents m/pl. parents-in-law pl.

bébé m baby.

bec [bɛk] m beak, bill.

bécane f fam. bicycle, bike.

bêche f spade; **~r** dig.

bée [be]: **bouche ~** gaping, all agape.

bégayer [begeje] stutter, stammer.

bégueule f prude.

beige [bɛːʒ] beige.

beignet m cuis. fritter.

bel n **beau**.

belette f zo. weasel.

bien

belge [bɛlʒ] *adj.*, *z m* Belgian.
Belgique [bɛlʒik] *f* Belgium.
belle *f of* beau; **~-fille** *f*
daughter-in-law; stepdaughter; **~-mère** *f* mother-in-law:
stepmother; **~-sœur** *f* sister-in-law; stepsister.
belli|gérant *m* belligerent;
~queux warlike, quarrelsome.
belvédère *m* belvedere;
terrace.
bénédiction *f* blessing.
bénéfic|e [benefis] *m* profit;
benefit; gain; **~iaire** *m* recipient, payee; **~ier de** have
or get (the benefit of), enjoy.
bénévole benevolent, kind.
bénignité [beniɲite] *f* kindness; *méd.* mildness.
béni|n, **~gne** good-natured;
benign; *méd.* mild.
bénir bless, consecrate.
béquille [bekij] *f* crutch.
berc|eau [bɛrso] *m* cradle;
arbo(u)r; vault; **~er** rock;
soothe; nurse (*a. fig.*); **~euse** *f*
lullaby.
béret [berɛ] *m* beret.
berge *f* bank, embankment.
berg|er [bɛrʒe] *m* shepherd;
~ère *f* easy chair; **~erie** *f*
sheep-fold.
berne: en **~** *flag:* at half-mast.
berner make a fool of.
besogne *f* [b(ə)zɔɲ] *f* work;
task; piece of work.
besoin *m* [b(ə)swɛ̃] *m* need;
want; **au ~** if necessary;
avoir ~ de want, need.

bestial beastly, brutish.
bêta *m* simpleton, blockhead.
bétail *m* (**bestiaux** *pl.*)
[beta:j, bɛstjo] cattle.
bêt|e [bɛt] *f* animal, beast;
fam. duffer; *adj.* silly, stupid;
faire la ~e behave foolishly;
~e noire pet aversion; **~ise** *f*
silliness; nonsense, foolish
thing; blunder.
béton *m* concrete; **~ armé**
reinforced concrete.
betterave [bɛtra:v] *f* beet-root.
beugler low, bellow.
beurr|e [bœ:r] *m* butter; **~er**
butter; **~ier** *m* butter-dish.
bévue [bevy] *f* blunder.
biais [bjɛ] *m* slope, bent, slant;
fig. angle; shift, expedient; **de**
(*or* **en**) **~** aslant, askew;
regarder de ~ throw a side-glance at.
bibelot [bib(ə)lo] *m* knick-knack, trinket.
biberon *m* feeding-bottle.
bible [bibl(ə)] *f* Bible.
biblio|thécaire *m* librarian;
~thèque *f* library.
bicolore two-colo(u)red.
bicyclette [bisiklɛt] *f* bicycle;
aller à (*or* **en**) **~** cycle.
bidon [bidɔ̃] *m* can, tin; **~ville**
f shantytown, slums *pl.*
bien [bjɛ̃] *adv.* well; properly;
much, very, quite; **eh ~!** now
then! well then! **~ que**
although; **si ~ que** so that;
être ~ avec be on good
terms with; **vouloir ~** be
willing; *m* good; welfare; **~s**

pl. possessions *pl.*, property; goods *pl.*; **~-aimé** *m* (**bien-aimés** *pl.*) darling, beloved; **~-être** *m* well-being; comfort; **~faisance** *f* charity; **~faisant** benevolent; charitable; **~fait** *m* kind action; blessing, benefit; **~faiteur** *m* benefactor; **~fonds** *m* landed property; **~heureux** blessed, happy.

bienséan|ce [bjɛ̃seɑ̃:s] *f* propriety; decorum; **~t** becoming, decent; fitting.

bientôt [bjɛ̃to] soon; before long; **à ~!** so long!

bienveillan|ce *f* kindness, good-will; **~t** kind.

bienvenu welcome; **soyez le ~ (la ~e)** you are welcome.

bière[1] [bjɛ:r] *f* beer; **~ blonde** light ale; **~ brune** stout.

bière[2] *f* coffin.

biffer strike out, cross out.

bifteck *m* steak.

bifur|cation [bifyrkasjɔ̃] *f* branching off, bifurcation, forking; **~quer** fork, branch off.

bigame *m* bigamist; *adj.* bigamous.

bigarré motley, variegated.

bigler [bigle] *fam.* squint.

bigot *m* bigot; *adj.* bigoted; **~erie** [bigɔtri] *f* bigotry.

bigoudi *m* hair curler.

bijou [biʒu] *m* jewel; *fam.* darling; **~x** [biʒu] *pl.*; **~terie** [biʒutri] *f* jewel(le)ry.

bilan *m com.* balance-sheet;

fig. result, outcome.

bil|e *f* gall; *fig.* anger; **se faire de la ~e** worry; **~ieux** bilious; choleric; testy.

bilingue bilingual.

billet [bije] *m* note, ticket; **~ de banque** bank-note; **~ d'aller** simple ticket; **~ aller-retour** return (*Am.* round-trip) ticket; **~ d'entrée** entrance ticket; **~ de faveur** free ticket; **~ doux** love-letter; **~ à ordre** promissory note.

billot *m* (chopping-)block.

binette *f* hoe.

biologie [bjɔlɔʒi] *f* biology.

bis[1] [bi] *adj.* brown; **pain** *m* **~** brown bread.

bis[2] [bi:s] *house numbers:* A, ½; *thé.* encore.

biscornu odd, queer.

biscotte *f* rusk.

biscuit [biskɥi] *m* biscuit, *Am.* cookie.

bise [bi:z] *f* north wind; *fam.* kiss.

bisquer *fam.* be angry, be mad.

bisser *thé.* encore.

bissextile: année *f* **~** leap-year.

bistre brown, swarthy.

bistrot [bistro] *m* pub, bar, café.

bitume *m* bitumen; asphalt.

bizarre [biza:r] odd, bizarre, strange.

blafard livid, sallow; wan.

blague [blag] *f* tobacco-pouch; hoax, story, joke;

sans ~ no kidding.

blaireau¹ *m zo.* badger.

blaireau² *m* shaving-brush.

blâm|e [blɑ:m] *m* blame, reproach; **~er** blame, find fault with.

blanc¹ *m* whiteness; blank; white man.

blanc², **blanche** [blɑ̃, blɑ̃:ʃ] white, clean, pure.

blanc-bec *m* greenhorn.

blanch|âtre [blɑ̃ʃɑ:tr] whitish; **~eur** *f* whiteness; **~ir** whiten; bleach; wash; **~issage** *m* washing; whitewashing; **~isserie** [blɑ̃ʃisri] *f* laundry; **~isseuse** *f* laundry woman.

blanquette [blɑ̃kɛt] *f* white sparkling wine; ~ **de veau** veal stew in white sauce.

blasé indifferent, blasé.

blason [blazɔ̃] *m* coat of arms.

blé [ble] *m* corn, wheat.

bled [blɛd] *m* fam. hole (of a place), hick town, sticks *pl.*

blêm|e ghastly; pale; **~ir** turn pale (*or* livid).

bless|er wound; *fig.* offend; **~ure** *f* wound.

bleu [blø] *adj* blue; *m* blue; bruise; blueness; **~âtre** bluish; **~et** *m* corn-flower; **~ir** make (*or* turn) blue.

blind|age *m* armo(u)r-plating; **~er** armo(u)r.

bloc *m* block; log; bolder; lump; pad; *fam.* jail; **en** ~ wholesale; **~-notes** writing-pad.

blocus [blɔkys] *m* blockade;

faire le ~ (de) blockade.

blond [blɔ̃] fair(haired); light.

bloquer block (up); jam; combine.

blottir: se ~ crouch.

blous|e [blu:z] *f* blouse; **~on** [bluzɔ̃] *m* (**en cuir** leather) jacket.

bluet [blyɛ] = **bleuet**.

bluffer [blœfe] bluff.

bobard *m fam.* lie, tall story.

bobine *f* bobbin, reel; spool; *élec.* coil.

bocage *m* grove.

bocal *m* glass jar, bocal.

bœuf *m* (**bœufs** *pl.*) [bœf, bø] ox; beef; ~ **bourguignon** *cuis.* beef in red wine sauce.

bohémien *m* gipsy.

boire [bwa:r] drink; *fig.* drink in; ~ **comme un trou** drink like a fish.

bois [bwa] *m* wood; shaft; frame; *pl.* antlers *pl.*; ~ **de chauffage** firewood; ~ **contre-plaqué** plywood; **~é** wooded.

boisson [bwasɔ̃] *f* drink; **~ non-alcoolique** soft drink.

boîte [bwat] *f* box; case; tin, *Am.* can; *fam.* school, office, shop, *etc.*; ~ **à outils** tool kit; ~ **d'allumettes** box of matches; ~ **aux lettres** letter-box, *Am.* mailbox; ~ **de nuit** nightclub; **mettre q. en** ~ pull s.o.'s leg.

boit|er limp; **~eux** lame; limping.

bol *m* bowl, basin.

bolcheviste *m* Bolshevist.

bolide *m* meteorite; *fig.* auto racing-car.

bomb|e *f* bomb; **~e atomique** A-bomb; **~e à hydrogène** H-bomb; **faire la ~e** go out on a spree; **~er** bulge, swell.

bon|(ne *f*) [bɔ̃, bɔn] *adj.* good; right; **~ à** good for; **la ~ne clé** *etc.* the right key, *etc.*; **~ne affaire** bargain; **~ marché** cheap, inexpensive; **à quoi ~?** what is the use of it (*or* of doing s.th.)?; **c'est ~** that will do; *m* good; coupon, voucher, ticket.

bonasse simple, overkind.

bonbons *m/pl.* sweets *pl.*, *Am.* candy.

bond [bɔ̃] *m* leap; bounce.

bond|e *f* bung; bung-hole; **~é** packed, (over)crowded.

bond|ir leap, jump; bound; skip; **~issement** *m* bounding; bouncing.

bonheur [bɔnœːr] *m* happiness.

bonhom|ie [bɔnɔmi] *f* good nature; **~me** *m* fellow, guy.

boni *m* surplus; profits *pl.*; **~fier** improve (*a.* **se ~fier**); **~ment** *m* claptrap.

bonjour [bɔ̃ʒuːr] good morning, good day; good afternoon.

bonne *f* maid, housemaid; **~ à tout faire** maid-of-all-work.

bonnement simply; frankly.

bonnet [bɔnɛ] *m* cap; **~ de bain** bathing-cap; **gros ~**

fam. big shot; **~erie** *f* hosiery.

bonsoir good evening; good night.

bonté *f* kindness, goodness.

bord [bɔːr] *m* border, edge; rim; verge; *river:* bank; shore; **à ~** on board; **~ de la mer** seashore; **~ de la rivière** riverside; **~ de la route** roadside, wayside; **~ du trottoir** curb, kerb.

border [bɔrde] border, hem; tuck in (*sheets*).

bordereau [bɔrdəro] *m* (itemized) list; note.

bordure *f* border, edging; kerb, curb.

borgne [bɔrɲ] one-eyed; *fig.* disreputable.

borne *f* milestone; limit; boundary; **dépasser les ~s** *fig.* go too far.

borné stupid, dull; limited.

borner limit, bound; **se ~ à** content o.s. with; stick to.

bosquet *m* grove.

bosse *f* bump; hump; *fam.* gift, talent; **~ler** emboss; dent.

bossu *m* hunchback; *adj.* hunchbacked.

botanique *f* , botany; *adj.* botanical.

bott|e *f* boot; bundle, bunch; truss; **~er** supply with boots; kick; *fam.* suit, please.

bottin *m* directory.

bouch|e [buʃ] *f* mouth; opening; **~e d'incendie** fire-hydrant, fire-plug; **~ de**

métro underground (*Am.* subway) entrance; **~ée** *f* mouthful, bite.

boucher[1] [buʃe] plug (up); block (up); cork, stop up.

boucher[2] *m* butcher; **~ie** [bu-ʃri] *f* butcher's shop; *fig.* massacre.

bouchon [buʃɔ̃] *m* plug; bung; cork; stopper.

boucl|e [bukl] *f* buckle; curl; bend; **~s** *pl.* **d'oreilles** earrings *pl.*; **~er** curly; **~er** buckle (up); *fam.* shut up; curl.

bouder sulk; be sulky with.

boudin [budɛ̃] *m* black pudding, *Am.* blood sausage.

boue [bu] *f* mud, dirt.

bouée [bwe, bue] *f* buoy.

boueux *adj.* muddy; *m* dustman, *Am.* garbage-collector.

bouff|ant puffed out; **~e** *f* *pop.* eats *pl.*, eating, guzzling; **~ée** *f* wind: gust; smoke: puff; **~er** puff out; *pop.* eat.

bouffi puffed (up), swollen; **~r** swell; **~ssure** *f* swelling.

bougeoir [buʒwa:r] *m* candlestick.

bouger [buʒe] move, stir.

bougie [buʒi] *f* candle; **~ d'allumage** *auto* sparking plug, spark-plug.

bouillabaisse [bujabɛs] *f* *cuis.* soup (*or* stew) of various fish.

bouill|ant boiling, scalding; **~i** *adj.* boiled; *m* boiled beef; **~ie** *f* pap; **(faire) ~ir** [buji:r] boil; **~oire** *f* kettle; **~on** *m* *cuis.* broth; **~onner** boil

(up), seethe; **~otte** *f* hot-water bottle.

boulanger baker; **~ie** [bu-lɑ̃ʒri] *f* baker's shop, bakery.

boule [bul] *f* ball; **jouer aux ~s** play bowls.

bouleau *m* *bot.* birch.

boulevard [bulva:r] *m* boulevard.

boulevers|ement *m* overthrow; confusion; **~er** overthrow, upset; stun.

boulot [bulo] *m* *fam.* work.

bouquetière *f* flower-girl.

bouquin *m* *fam.* book; **~iste** *m* dealer in second-hand books.

bourbeux muddy.

bourdon [burdɔ̃] *m* *zo.* bumble-bee; **~ner** buzz.

bourg [bu:r] *m* market town; **~eois** *m* citizen; *adj.* middle-class; civilian; *fam.* Philistine.

bourgeon [burʒɔ̃] *m* bud, shoot; **~ner** bud.

bourrage *m* stuffing.

bourrasque *f* squall; *fig.* fit.

bourré de stuffed *or* packed with.

bourreau *m* hangman.

bourrer wad; stuff; cram.

bourru *adj.* surly, gruff.

bourse [burs] *f* purse, bag; **2** *com.* Stock Exchange; **~ d'études** scholarship.

boursoufl|é swollen, bloated; **~ure** *f* swelling.

bousculer [buskyle] jostle; upset; hustle, rush.

bousiller [buzije] botch; ruin,

2*

smash up.
boussole *f* compass.
bout [bu] *m* end; tip; bit, piece; **être à ~ de . . .** be out of . . .; have run out of . . .; **venir à ~ de** master, manage; **à ~ portant** point-blank; **au ~ du compte** after all.
boutade [butad] *f* sudden whim, outburst; fit.
bouteille [butɛj] *f* bottle.
boutiqu|e *f* small shop (*or* workshop); boutique; **parler ~e** talk shop; **~ier** [butikje] *m* shopkeeper.
bouton [butɔ̃] *m* button; knob; bud; pimple, blister; **~s** *pl.* **de manchettes** cuff links *pl.*; **~-d'or** *m bot.* buttercup; **~ner** button (up); **~nière** *f* buttonhole.
box|e *f sport* boxing; **· ~er** [bɔkse] box; **~eur** *m* boxer.
boyau [bwajo] *m* bowel, gut; narrow passage.
boycottage *m* boycotting.
bracelet [bras(ə)lɛ] *m* bracelet; watch strap; **~-montre** *m* wrist watch.
braconn|er poach; **~ier** *m* poacher.
brailler bawl, yell, holler.
brais|e *f* embers *pl.*; live coals *pl.*; **~er** *cuis.* braise.
brancard *m* stretcher; litter; **~ier** *m* stretcher-bearer.
branche [brɑ̃ʃ] *f* branch; **~r** *élec.* plug in.
brande *f* heather.
brandiller dangle, stir.

brandir brandish, flourish.
branle [brɑ̃l]: **mettre en ~** set in motion; **~r** shake; wag; be shaky.
bras [bra] *m* arm.
braser solder.
brasier *m* brazier, blaze.
brasiller sparkle; grill.
brass|ard *m* armlet; badge; **~ée** *f* armful; *swimming:* stroke.
brasserie [bras(ə)ri] *f* brewery; restaurant.
bravache *m* swaggerer, braggart.
brave [bra:v] brave, courageous; worthy, honest.
brav|er [brave] defy, brave; **~oure** *f* bravery, courage.
brèche *f* breach, gap.
bredouiller [brəduje] stammer, stutter.
bref, brève brief, short; curt; **en bref** in short.
Brésil [brezil] *m* Brazil; **żien** *adj.*, **~ien** *m* Brazilian.
bretelles *f/pl.* braces *pl.*, *Am.* suspenders *pl.*
breuvage *m* drink, draught.
brevet [brave] *m* certificate; patent; diploma; **~ de pilote** pilot's licence; **~ de capitaine** master's certificate; **~er** grant a patent.
bribes [brib] *f/pl.* bits *pl.*, snatches *pl.*, fragments *pl.*
bric-à-brac *m* curios *pl.*; odds and ends *pl.*
bricoleur *m* potterer; jack-of-all-trades.

bride [brid] f bridle; rein; fig. restraint; **à ~ abattue** at full speed; **~r** bridle, check.

brièvement [brijεvmᾶ] briefly; **~té** f brevity.

brigand m brigand, robber.

brillant [brijᾶ] m brightness, lustre; adj. brillant; bright, resplendent; **~er** glitter, shine, glow; fig. be conspicuous, stand out.

brin [brε̃] m blade, sprig; bit.

brindille [brε̃dij] f twig; sprig.

brioche f cuis. bun; fam. belly, paunch.

brique [brik] f brick; **~et** m cigarette lighter; **~et à gaz** gas lighter.

bris m breaking open.

brisant m breaker, shoal.

brise [bri:z] f breeze.

briser [brize] break; smash; fig. weary; **~ure** f crack, break.

britannique [britanik] British.

broc [bro] m jug, pitcher.

brocante f (dealing in) second-hand goods; **~eur** m dealer in second-hand goods.

brocart [brɔka:r] m brocade.

broche [brɔʃ] f brooch; cuis. spit; **~er** stitch; **~et** m zo. pike; **~ette** f cuis. small spit; skewer; **~ure** f pamphlet, booklet.

broder embroider; fig. exaggerate; **~ie** [brɔdri] f embroidery.

brome m bromine; **~ure** m bromide.

broncher [brɔ̃ʃe] stumble, trip; falter; stir, budge; flinch.

bronches f/pl. bronchi(a) pl.; **~ite** f bronchitis.

bronzé suntanned; **se ~er** tan.

brosse f brush; **~e à cheveux** hairbrush; **~e à dents** tooth-brush; **~e à habits** clothes-brush; **~e à ongles** nail-brush; **cheveux** m/pl. **en ~e** crew-cut; **~er** brush (up or down).

brouette f wheelbarrow.

brouhaha m [bruaa] hubbub, hum(ming).

brouillage [bruja:ʒ] m radio jamming, interference.

brouillard [bruja:r] m mist, fog; com. waste-book.

brouille [bruj] f discord, quarrel; **~er** mix up, muddle up; scramble (eggs); **se ~er** become entangled, tangle up; blur, dim; fall out, quarrel.

brouillon m rough copy; adj. muddle-headed.

brouissure f blight.

broussailles [brusa:j] f/pl. brushwood.

brouter browse.

broyer crush, grind.

bru f daughter-in-law.

bruine f fine drizzle, mist; **~r** drizzle.

bruire [brɥi:r] rustle, murmur.

bruit [brɥi] m noise, row; din;

fig. rumo(u)r, talk; fuss.

brûl|er burn; scorch; scald; be hot; **~er le pavé** hurry; **~er de** be dying to; **~ure** *f* burn, scald; **~ures** *pl.* **d'estomac** heartburn.

brum|e *f* mist, haze; **~eux** misty, foggy, hazy.

brun brown; **~âtre** brownish; **~ette** [brynεt] *f* brunette.

brusqu|e curt, blunt; unexpected; **~er** treat harshly; hurry, rush; **~erie** *f* rudeness.

brut [bryt] raw; unfinished; crude; *com.* gross.

brutal [brytal] brutal, savage; fierce.

brute [bryt] *f* brute; ruffian.

bruyant [bruijã] noisy; loud.

bruyère [bryjε:r, brɥi-] *f* heath; heather; briar.

buanderie *f* laundry.

bûche *f* log; *fig.* blockhead; *pop.* fall.

bûcher *m* woodshed; stake; *v. fam.* grind; cram.

budget [bydʒε] *m* budget.

buée [bye] *f* vapo(u)r; steam; mist.

buffet [byfε] *m* buffet; sideboard; refreshment room.

buffle [byfl] *m* buffalo; buff.

buis *m* bot. boxwood.

buisson [bɥisõ] *m* bush; **~neux** bushy.

bulb|e *f* bulb; **~eux** bulbous.

bulgare *adj.*, ⁓ *m* Bulgarian.

Bulgarie *f* Bulgaria.

bulle *f* bubble; blister.

bulletin [byl(ə)tε̃] *m* bulletin; report; ticket; **~ de bagage** luggage-ticket; **~ de vote** voting paper; **~ météorologique** weather report.

buraliste *m* clerk; tobacconist.

bureau [byro] *m* office; writing-desk; **~ des objets trouvés** lost property office; **~ des paris** betting office.

burette *f* oilcan; oiler.

burin [byrε̃] *m* chisel; engraving.

bus [bys] *m fam.* bus.

buse *f* buzzard.

busqué arched, curved.

buste [byst] *m* bust; **en ~** half-length.

but [by(t)] *m* aim, purpose; goal; **droit au ~** to the point.

buté obstinate, stubborn.

buter [byte] support, prop; **~ contre** run against, stumble over; *fig.* meet with (*difficulties*); **se ~** be obstinate, insist; **se ~ à** run against.

butin [bytε̃] *m* booty.

butoir *m* buffer.

butte [byt] *f* mound; **être en ~ à** be exposed to.

buvable drinkable.

buv|ette [byvεt] *f* refreshment room; soda-fountain; **~eur** *m* drinker, drunkard.

C

ça [sa] = cela.

çà [sa] here; **~ et là** here and there.

cabale *f* intrigue, plot.

cabane *f* hut, cottage.

cabaret *m* cabaret.

cabas *m* basket, grip.

cabine [kabin] *f* cabin; **~ téléphonique** call box, telephone booth.

cabinet [kabinε] *m* small room, study; lavatory; *pol.* cabinet; **~ (d'aisances)** water-closet; **~ de consultation** surgery.

câble [kɑ:bl] *m* cable; **~r** cable.

caboche *f fam.* head, nut.

cabosser dent, bump.

cabrer: se ~ *horse:* rear; *fig.* revolt.

cabriol|e *f* caper, leap; **~et** *m auto* convertible.

cacahuète [kakawεt] *f* peanut.

cacao *m* cocoa.

cache-|cache *m* hide-and-seek; **~col** *m*, **~nez** *m* scarf, muffler.

cachemire [kaʃmi:r] *m* cashmere.

cacher hide (*a.* **se ~**).

cachet [kaʃε] *m* seal; imprint; stamp; *fig.* style.

cachette *f* hiding-place; **en ~** secretly.

c.-à-d. (*short for:* **c'est-à-dire**) that is to say, i.e.

cadavre *m* corpse, carcass.

cadeau [kado] *m* present, gift.

cadenas [kadna] *m* padlock.

cadence [kadɑ̃:s] *f* rhythm; *fig.* rate.

cadet younger, youngest; junior; **il est mon ~ de deux ans** he is two years younger than I.

cadran [kadrɑ̃] *m* dial, face.

cadre [kadr] *m* frame; setting; **~s** *pl.* persons *pl.* in a managerial position; **~r** tally; frame.

cadu|c, ~que [kadyk] decaying, declining, decrepit, tumbledown.

cafard *m:* **avoir le ~** be down in the dumps.

café [kafe] *m* coffee; café, coffee-house; **~ glacé** iced coffee; **~ine** *f* caffeine.

cafétéria [kafeterja] *f* coffee bar.

cafe|tier *m* café-owner; **~tière** *f* coffee-pot; percolator.

cage [ka:ʒ] *f* cage.

cahier [kaje] *m* paper book; exercise book; notebook; copybook.

cahot [kao] *m* jolt; bump; **~er** jolt, jerk; **~eux** *road:* bumpy.

caille [kaj] *f* quail.

caill|é *m* curdled milk; **~er** curdle, clot (*a.* **se ~**).

caillou [kaju] *m* pebble.

caiss|e *f* box, chest; till, cashbox; pay-desk; ticket-office;

~ier *m* cashier.
calamit|é *f* calamity; ~eux
calamitous, disastrous.
calcaire *m* limestone; *adj.*
calcareous.
calcul [kalkyl] *m* calculation;
reckoning; sum; *méd.* calcu-
lus; **faux** ~ miscalculation;
~er reckon; count; calculate;
mal ~er miscalculate.
cale [kal] *f* wedge; *mar.* hold.
caleçon [kal(ə)sɔ̃] *m* under-
pants *pl.*; *Am.* shorts *pl.*; ~ **de
bain** bathing trunks *pl*
calembour *m* pun.
calendrier [kalɑ̃drie] *m*
calendar.
calepin *m* notebook.
caler wedge; *mot.* stall.
calice [kalis] *m* cup, chalice.
califourchon: à ~ astride.
calleux callous, hard.
calm|ant *m méd.* sedative,
tranquillizer; *adj.* soothing;
~e [kalm] *m* calm, quiet; ~er
calm, soothe; **se** ~er get
calm, calm down.
calomni|ateur *m* slanderer;
~e *f* slander; ~er slander.
calorie [kalɔri] *f* calorie.
calotter cuff, slap.
calquer [kalke] trace, copy.
calvitie [kalvisi] *f* baldness.
camarade *m* comrade, mate.
cambr|é curved, arched; ~er
curve, arch.
cambriol|age *m* burglary;
~er break into, burgle; ~eur
m burglar.
camelot [kamlo] *m* street-
vendor; news-boy.

camelote *f* cheap goods *pl.*;
rubbish.
camion [kamjɔ̃] *m* truck,
lorry; ~nette *f* delivery-van,
pick-up.
camomille [kamomij] *f* camomile (tea).
camouflage [kamufla·ʒ] *m*
camouflage.
camp *m* camp; ~agnard *m*
peasant, rustic; ~agne *f*
country, countryside; campaign; ~er camp; ~ing [kɑ̃-
piŋ] *m* camping.
Canad|a [kanada] *m*
Canada; ~ien [kanadjɛ̃] *adj.*,
~ien *m* Canadian.
canaille [kanaːj] *f* rabble,
mob; cad.
canal [kanal] *m* channel;
canal.
canapé [kanape] *m* couch,
settee.
canard *m* drake, duck; hoax;
false news; *fam.* piece of sugar
dipped in coffee, brandy, *etc.*
canari *m* canary.
cancan *m* cancan; ~s *pl.*
gossip; ~er gossip.
cancer [kɑ̃seːr] *m méd.* cancer.
cancéreux *adj.* cancerous.
cand|eur *f* cando(u)r, frank-
ness, artlessness; ~idat *m*
candidate; ~ide frank,
guileless.
canevas [kanva] *m* canvas;
fig. outline.
canif *m* penknife.
caniveau *m* gutter.
canne *f* cane; walking-stick; ~
à pêche fishing rod; ~ler

channel, flute.

cannelle f cinnamon.

cannelure f arch. fluting.

canon[1] m cannon, gun.

canon[2] m eccl. canon.

canot m (small) boat; ~ **de sauvetage** life-boat; ~ **auto-mobile** motor boat; ~ **pneu-matique** rubber dinghy.

cantatrice f (professional) singer.

canton [kɑ̃tɔ̃] m district.

caoutchouc [kautʃu] m rubber.

cap [kap] m cape.

capable [kapabl] capable, able, fit; ~**acité** f capacity; ability.

cape [kap] f cape; **rire sous** ~ laugh up one's sleeve.

capitaine m captain; leader.

capital [kapital] m capital, funds pl.; adj. chief, principal; essential; ~**e** f capital, metropolis.

capot m auto bonnet, Am. hood; av. cowling; ~**e** f cloak; auto top; ~**er** capsize, overturn.

câpre f bot. caper.

caprice [kapris] m caprice, whim, fancy.

capsule [kapsyl] f capsule; bottle cap.

capt|er obtain, win, catch; radio pick up, tune in on; ~**tieux** [kapsjø] cunning, insidious.

captif [kaptif] captive.

capti|ver captivate, charm; ~**vité** f captivity, bondage.

captur|e [kapty:r] f capture; ~**er** capture; seize, catch.

capuchon [kapyʃɔ̃] m hood, cowl.

car[1] for, because.

car[2] m motorcoach, bus, van.

caractère m character; type, letter.

caractéristique [karakteris-tik] f characteristic, salient feature; adj. typical.

carafe f bottle, decanter; ~**on** m small decanter.

carambol|age m collision; ~**er** run or bump into.

caramel [karamel] m cara-mel, burnt sugar; toffee.

caravane f caravan.

carbone m carbon; **papier** m ~ carbon-paper.

carbur|ant [karbyrã] m motor-fuel; ~**ateur** m carburettor.

cardiaque cardiac.

cardigan [kardigã] m cardigan.

carême m Lent.

caresser caress, fondle.

cargaison f cargo, freight.

cari|e f méd. caries; ~**er** rot, make carious; **se** ~**er** decay, rot.

carillon m chimes pl.; ~**ner** chime, peal.

carnage [karna:ʒ] m massa-cre, slaughter.

carnet [karnɛ] m notebook; ~ **de chèques** cheque-book, Am. checkbook; ~ **(de mé-tro)** book of ten tickets.

carotte f bot. carrot.

carpe [karp] f carp.

carpette f rug.

carr|é m, adj. square; **~eau** m square; tile; pane; cards: diamonds pl.; **à ~eaux** cloth: checked; **~efour** m crossroads pl.; **~eler** pave, tile; check (cloth).

carrière [karjɛ:r] f quarry; career; **donner ~ à** give free rein to.

carross|e m coach; **~erie** f body (of motor-car).

carrure f breadth (of shoulders).

carte f card; map; chart; bill of fare, menu; **~ blanche** full power; **~ postale (illustrée)** (picture) postcard; **~ routière** road map.

cartel m com. combine.

carton [kartɔ̃] m cardboard; cardboard box, carton; **~ bitumé** roofing felt; **~né** book: in boards.

cartouche f cartridge.

cas [ka] m case; event, circumstance; **en ~ que, au ~ où** in case, if; **en tout ~** by all means, in any case; **en aucun ~** by no means; **faire (grand) ~ de** value (highly); **faire peu de ~ de** care little about.

cascade [kaskad] f waterfall; cascade.

case [ka:z] f hut, cabin.

caser place, find a place for.

caserne f barracks pl.

casier [kazje] m rack, box, cabinet; **~ judiciaire** police record.

casqu|e m helmet; **~ette** f cap.

cass|able breakable; **~ant** brittle; rigid; fam. tiring, trying; **~e** f breaking; breakage; fam. fight, trouble; **~é** broken; broken down.

casse|-croûte [kaskrut] m snack, light meal; **~-noix** m nutcracker; **~-pieds** m fam. bore.

casser break; crack; beat; **à tout ~** big, great, tremendous(ly); drive, etc. at top speed; **~ les pieds à q.** get on s.o.'s nerves.

casserole f cuis. saucepan.

casse-tête m cudgel; fig. puzzle, problem.

cassis [kasis] m black-currant (liqueur or syrup).

castel m castle.

catalogue [katalɔg] m catalog(ue).

catastrophe [katastrɔf] f catastrophe.

catégori|e [kategɔri] f category; **~que** categorical.

cathédrale [katedral] f cathedral.

catholique [katɔlik] adj., m catholic; **pas ~** fam. fishy.

cauchemar [koʃma:r] m nightmare.

cause [ko:z] f cause, motive, reason; dr. lawsuit; **à ~ de** on account of, because of; **en ~** in question.

caus|er cause; talk, chat; **~erie** [kozri] f, **~ette** f chat; **~eur** m talker; adj. chatty.

talkative; **~euse** f settee.
caustique caustic.
cauteleux hypocritical.
caution [kosjɔ̃] f bail.
cavalier m rider; trooper;
partner; *chess*: knight.
cav|e [ka:v] f cellar; wine-
cellar; **~eau** m small cellar,
vault.
caverne f cavern.
cavité f cavity; hollow.
ce (cet) m, **cette** f, **ces** pl. this,
that, these, those, it; **c'est
vrai** it is true; **c'est moi** it is
me; **ce sont** these (those) are;
ce qui (ce que) what.
ceci this, this one.
cécité [sesite] f blindness.
céder give (up), yield, give in
(à to).
cèdre m *bot.* cedar.
ceindre [sɛ̃dr] surround; encircle; gird (on).
ceinture [sɛ̃ty:r] f belt, girdle;
~ de sauvetage lifebelt; **~
(de sécurité)** safety belt;
auto seat belt; **attacher la ~**
buckle up.
cela that; **c'est ~** that is it;
comme ~ like that.
célèbre [selɛbr] famous.
célébrer celebrate.
célébrité f fame; famous
person.
celer [sole] conceal.
céleri [selri] m *bot.* celery.
célérité f speed.
céleste celestial, heavenly.
célibat m celibacy; **~aire** m
bachelor; f spinster; *adj.*
single, unmarried.

cellier m (wine-)cellar.
cellule f cell.
celui m, **celle** f, **ceux** m/pl.,
celles f/pl., he, she, they who;
**celui-ci, celle-ci, ceux-ci,
celles-ci,** this (one); these;
**celui-là, celle-là, ceux-là,
celles-là** that (one), those.
cendr|e [sɑ̃dr] f ashes pl.;
cinders pl.; **~ier** m ash-tray.
censé supposed to.
censeur m censor, critic.
censure [sɑ̃sy:r] f censorship.
cent [sɑ̃] m hundred; **~aine** f
about a hundred.
centenaire m, adj. cente-
narian; centenary.
centimètre [sɑ̃timɛtr] m centi-
metre; tape measure.
central [sɑ̃tral] central; **~** m
téléphonique telephone exchange; **~e électrique**
power station; **~iser** central-
ize; concentrate.
centre [sɑ̃:tr] m centre; **~**
commercial shopping centre; **~ récréatif** recreation
centre.
centuple hundredfold.
cépage m vine-plant.
cependant however, yet.
céramique [seramik] f
ceramics.
cerceau [sɛrso] m hoop.
cercle m circle; hoop; **~r**
encircle.
cercueil [sɛrkœ:j] m coffin.
céréales [sereal] f/pl. *bot.*
cereals pl.
cérémoni|e [seremɔni] f
ceremony; **~eux** formal.

cerf [sɛːr] *m* stag; **~-volant** *m* stag-beetle; kite.

ceris|e [s(ə)riːz] *f bot.* cherry; **~ier** *m* cherry-tree.

cerné: **avoir les yeux ~** have rings under the eyes.

cerner encircle, ring; husk.

certain [sɛrtɛ̃] certain.

certes [sɛrt] indeed, certainly.

certifi|cat [sɛrtifika] *m* certificate, testimonial; **~cat médical** health certificate; **~er** certify, attest; authenticate.

certitude [sɛrtityd] *f* certainty.

cerveau [sɛrvo] *m* brain; *fig.* intellect.

cervelas *m* saveloy.

cervelle *f* brain; mind; **se creuser la ~** rack one's brains.

cess|e *f* ceasing; rest; **sans ~** ceaselessly; **~er** cease; **faire ~er** stop; **~ible** transferable; **~ion** *f* transfer.

c'est-à-dire namely, that is to say.

chacun each, each one; anyone.

chagrin *m* grief, sorrow.

chahuter kick up a row.

chaîn|e [ʃɛn] *f* chain; **~e roulante** assembly line; **~e de montagnes** mountain range; **~on** *m* link (of chain).

chair [ʃɛːr] *f* flesh; *fruit:* pulp.

chaire *f* pulpit; professorship, chair.

chaise *f* chair.

châle *m* shawl, comforter.

chalet *m* Swiss cottage.

chaleur *f* heat, warmth; fire; *fig.* enthusiasm; **~eux** warm; *fig.* ardent.

chambre [ʃɑ̃ːbr] *f* room, chamber; **~ à air** inner tube; **~ à coucher** bedroom; **~ d'ami** guest room, spare room; **~ d'enfants** nursery.

chameau [ʃamo] *m* camel.

chamois [ʃamwa] *m* chamois; **peau** *f* **de ~** shammy (-leather).

champ [ʃɑ̃] *m* field; ground; scope, space; **~s** *pl.* country; **sur-le-~** immediately; **~agne** [ʃɑ̃paɲ] *m* wine: champagne; **~être** rural, rustic.

champignon [ʃɑ̃piɲɔ̃] *m* mushroom.

chance [ʃɑ̃ːs] *f* chance; luck, fortune; **~s** *pl.* odds *pl.*

chancelier *m* chancellor.

chandail *m* sweater.

chandelle *f* candle.

chang|e [ʃɑ̃ːʒ] *m* change; exchange; **bureau de ~e** exchange office; **lettre** *f* **de ~e** *com.* bill of exchange; **~eant** variable, fickle, unsteady; **~ement** *m* change; **~er** change; exchange; alter; **~eur** *m* money-changer.

chanson [ʃɑ̃sɔ̃] *f* song; **~nier** *m* singer.

chant *m* singing; song; **~age** *m* blackmail(ing); **~er** sing; warble; crow; **faire ~er** blackmail; **~eur** *m* singer, vocalist; blackmailer.

chantier *m* works *pl.*, building site; **~ naval** ship-yard.

Chantilly [ʃɑ̃tiji] *m* (*a.* **crème** *f* **~**) whipped cream.

chaos *m* chaos, confusion.

chapeau [ʃapo] *m* hat.

chapelier *m* hatter.

chapelle [ʃapɛl] *f* chapel.

chapit|eau *m* column: capital; **~re** [ʃapitr] *m* chapter.

chapon *m* capon.

chaque [ʃak] each, every.

char *m* car, chariot.

charbon *m* coal; **~ de bois** charcoal.

charcu|terie [ʃarkyt(ə)ri] *f* pork-butcher's shop, delicatessen; meats and sausages *pl.*; **~tier** *m* pork-butcher.

chardon *m bot.* thistle.

charg|e [ʃarʒ] *f* burden; charge; duty; office; responsibility; **~ement** *m* loading; load; cargo; **~er** load; charge; register; **~er q. de qc.** entrust somebody with; **se ~er de** take in hand, take charge of; undertake; **je m'en ~e** I'll see to it.

chariot [ʃarjo] *m* cart.

charit|able charitable; **~é** *f* charity; alms *pl.*; **demander la ~é** beg.

charme [ʃarm] *m* charm; **~r** charm, fascinate, delight; captivate.

charnel carnal, sensual.

charnière [ʃarnjɛːr] *f* hinge.

charpentier [ʃarpɑ̃tje] *m* carpenter.

charrette *f* cart.

charrier carry, transport; *fam.* hoax, kid.

charrue *f* plough.

chass|e *f* chase, hunting; *cuis.* venison; **partir en ~e** go shooting; **~e-neige** *m* snow-plough; **~er** hunt, chase; drive away; **~eur** *m* hunter; bell-boy, bell-hop.

châssis [ʃasi] *m* frame(work); *auto* chassis.

chaste [ʃast] chaste, pure.

chat [ʃa] *m* cat.

châtaign|e [ʃatɛɲ] *f* chestnut; **~ier** *m bot.* chestnut-tree.

châtain [ʃatɛ̃] (chestnut-) brown.

château [ʃato] *m* castle, mansion.

châti|er chastise, punish; **~ment** *m* punishment.

chatouiller [ʃatuje] tickle; *fig.* titillate.

chaud [ʃo] *adj.* hot, warm; *m* warmth, heat; **avoir ~** be warm; **il fait ~** it is warm.

chaudière *f* boiler; kettle.

chauffage *m* heating; **~ cen-tral** central heating.

chauff|er heat, warm; get hot; **~eur** *m auto* driver; **~eur de taxi** taxi (*or* cab) driver; **sans ~eur** car: self-drive.

chaussée [ʃose] *f* causeway, road.

chausse-pied *m* shoehorn.

chauss|er put (shoes) on; **~ette** *f* sock; **~ure** [ʃosyːr] *f* shoe, boot; **~ures** *pl.* **de gymnastique** sneakers *pl.*

chauve [ʃo:v] bald; **~-souris** f bat.

chaux f lime.

chef [ʃɛf] m chief, head, leader; **de son propre ~** on one's own (authority); **~ (cuisinier)** chef; **~ d'atelier** foreman; **~ de gare** station-master; **~ d'œuvre** m [ʃɛdœ:vr] masterpiece; **~-lieu** m [ʃɛfljø] chief town, count(r)y town.

chemin [ʃ(ə)mɛ̃] m way, road, path; **~ de fer** railway, Am. railroad; **~ faisant** on the way; **~eau** m tramp; **~ée** f chimney, fire-place; **~er** walk, plod, trudge.

cheminot m railwayman.

chemise [ʃ(ə)mi:z] f shirt; wrapper; **~ de nuit** nightgown.

chêne m bot. oak.

chenil.[ʃ(ə)ni(l)] m kennel.

chenille f caterpillar.

chèque [ʃɛk] m cheque, Am. check; **de voyage** traveller's cheque.

cher, chère [ʃɛ:r] dear, beloved; costly, expensive.

chercher seek, look for; hunt for; look up; **à** try to; **aller ~** call for, go to fetch; **envoyer ~** send for.

chère [ʃɛ:r] f: **faire bonne ~** live well.

chéri(e) [ʃeri] m (f) darling, sweetheart, honey.

chérir love, cherish.

cherté f expensiveness.

chétif puny, thin; sickly.

cheval m horse; **~ de course** racehorse.

chevalet m easel; trestle.

chevalier m knight.

cheval-vapeur m auto horsepower; abbr. **CV** h.p.

chevelure [ʃəvly:r] f (head of) hair.

cheveu [ʃ(ə)vø] m hair; **en ~x** bareheaded; **tiré par les ~x** far-fetched.

cheville f peg, pin, bolt; ankle.

chèvre [ʃɛ:vr] f goat; **(fromage m de) ~** goat's cheese.

chevreau m kid(-skin).

chevreuil m roe-deer; cuis. venison.

chevroter voice: quaver.

chez [ʃe] in, at; to; with; **~ nous** at our house; in my country; **~ soi** at home.

chic [ʃik] chic, stylish.

chicane f, **~r** cavil, quibble.

chiche [ʃiʃ] stingy.

chicorée f bot. chicory.

chien m dog.

chiffon m rag; **~ner** crumple; fig. vex, trouble; offend.

chiffre [ʃifr] m figure, number; cipher; code.

chimie f chemistry.

Chine [ʃin] f China.

chinois [ʃinwa] adj., ʒ m Chinese.

chiot m puppy.

chirurgien [ʃiryrʒjɛ̃] m surgeon.

choc m collision, clash; impact; blow, shock.

chocolat [ʃɔkɔla] m chocolate.

chœur [kœ:r] *m* choir.

choisir [ʃwazi:r] choose.

,choix [ʃwa] *m* choice; selection; pick; **de ~** first-rate.

chôm|age [ʃoma:ʒ] *m* unemployment; **~er** be out of work; **~eur** *m* unemployed worker.

chope [ʃɔp] *f* beer-mug.

choqu|ant shocking; **~er** knock, strike against; shock, scandalize; **~er les verres** clink glasses.

chose [ʃo:z] *f* thing, matter, affair; **petite ~** trifle; **autre ~** another thing; something else.

chou [ʃu] *m bot.* cabbage; **mon petit ~** *fam.* my darling; **~ de Bruxelles** Brussels sprouts *pl.*; **~-fleur** *m* cauliflower; **~x** *pl.* frisés savoy.

chrétien [kretjɛ̃] *m, adj.* Christian.

christianisme *m* Christianity.

chrome [krom] *m* chromium.

chronique [krɔnik] *adj.* chronic; *f* chronicle.

chronologique [krɔnɔlɔʒik] chronological.

chuchoter [ʃyʃɔte] whisper.

chut! [ʃyt, ʃt] hush!

chute [ʃyt] *f* fall; **~ d'eau** waterfall.

ci here; **par-~** par-là here and there; **~-après** farther on.

cible *f* target.

cicatrice [sikatris] *f* scar.

ci-contre opposite; annexed.

ciboulette [sibulɛt] *f* chives *pl.*

ci-dessous below.

ci-dessus above.

cidre [sidr] *m* cider.

ciel [sjɛl] *m* sky, heaven.

cierge *m* wax candle, taper.

cigale *f* cicada.

cigare [siga:r] *m* cigar.

cigarette [sigarɛt] *f* cigarette.

cigogne *f* stork.

ci-inclus enclosed.

ci-joint herewith.

cil [sil] *m* eyelash.

cime *f* summit, top, peak.

ciment [simɑ̃] *m* cement; **~er** cement.

cimetière [simtjɛ:r] *m* cemetery; churchyard.

cinéma *m* cinema, *Am.* movies *pl.*; movie theatre.

cinq [sɛ̃k] five.

cinquant|aine *f* about fifty; **~e** fifty; **~ième** fiftieth.

cinquième fifth.

cintre [sɛ̃tr] *m* arch; coathanger.

cirage *m* shoe-polish; waxing.

circon|férence [sirkɔ̃ferɑ̃:s] *f* circumference; **~scrire** encircle; circumscribe; **~spect** [sirkɔ̃spe] cautious, circumspect; **~stance** *f* circumstance.

circuit [sirkɥi] *m* circuit.

circul|aire *f* circular letter; *adj.* circular; **~ation** [sirkylasjɔ̃] *f* traffic; circulation; **~er** move about, run; circulate; **~ez!** move on!

cire *f* wax; **~r** wax.

cirque *m* circus.

ciseau [sizo] *m* chisel; **~x** *pl.* scissors *pl.;* **~x à ongles** nail-scissors *pl.*

citadins [sitadɛ̃] *m/pl.* towns-people *pl.*

citation [sitasjɔ̃] *f* quotation; *dr.* summons.

cité *f* city; large town; group of buildings.

citoyen [sitwajɛ̃] *m* citizen.

citron *m bot.* lemon.

citrouille *f* pumpkin.

civière *f* stretcher, litter.

civil [sivil] *m* civilian; layman; **en ~** in plain clothes; **~isation** [sivilisasjɔ̃] *f* civilisation.

civique civic.

clair [klɛ:r] *adj.* clear, bright, light; *beard, soup, etc.:* thin; **(y) voir ~** understand, find out; *m* light; **~ de lune** moonlight; **tirer au ~** clear up (*mystery, etc.*); **~ière** *f* clearing, glade.

clairvoyant perspicacious.

clandestin clandestine, co-vert, stealthy.

claque *f* slap; **~r** clap; slap, smack; bang.

clarifier clarify, clear.

clarté *f* light; *fig.* clarity.

classe [klas] *f* class; **~ moyenne** middle-class; **~ touriste** tourist class; **~ment** *m* classification; **~r** class, classify; file.

classique *adj.* classic(al); *m* classic(al) (author); standard work.

clavicule *f* collar-bone.

clavier *m* keyboard.

clé, clef [kle] *f* key (*a. mus.*); **fermer à ~** lock (up); **sous ~** under lock and key; **fausse ~** skeleton key; **~ anglaise** monkey-wrench.

clémence [klemã:s] *f* mercy, clemency.

clergé *m* clergy.

cliché *m phot.* negative; *fig.* cliché, commonplace.

client [klijã] *m* customer; **~èle** *f* clients *pl.;* customers *pl.; méd.* patients *pl.*

clign|er [kliɲe] wink; **~otant** *m auto* winker, direction indicator; **~oter** blink; twin-kle; flicker.

climat [klima] *m* climate; region; **~ique** climatic; **~isé** air-conditioned.

clin [klɛ̃] *m* twinkle; **en un ~ d'œil** in the twinkling of an eye.

clinique *f* infirmary, hospital; *adj.* clinical.

clochard *m* bum, habitual loafer.

cloche [klɔʃ] *f* bell; dish cover; *méd.* blister.

clocher[1] *m* steeple, belfry.

clocher[2] limp, hobble; *fig.* not to run smoothly, be wrong.

cloison [klwazɔ̃] *f* partition, dividing wall.

cloître *m* cloister.

clopiner hobble.

cloque [klɔk] *f* blister.

clos [klo] *m* enclosure; vineyard; *adj.* closed.

clôture f enclosure, fence; end, closing.

clou [klu] m nail; fig. chief attraction; méd. boil; fam. pawnshop; **~er** nail (up or down); fix.

club [klœb] m club.

coaguler coagulate; curdle, clot (a. **se ~**).

coche f notch, nick.

cocher m coachman.

cochon [kɔʃɔ̃] m pig, swine; **~nerie** f filth(iness); obscenity; foul trick.

code [kɔd] m code, law; **~ de la route** highway code, traffic regulations pl.; **~ postal** zip code; **(phare) ~ auto** low beam; **se mettre en ~** dip (Am. dim) one's headlights.

cœur [kœːr] m heart; **par ~** learn by heart; **avoir mal au ~** feel sick.

coffre m chest, trunk; auto boot; **~-fort** m safe; **~t** m small box.

cogner hit, knock; bump.

cohue [kɔy] f crowd; mob, throng.

coiff|e f head-dress; cap; **~er** put (a hat, etc.) on s.o.'s hair; **~er sainte Catherine** get on the shelf; **~eur** [kwafœːr] m hairdresser; barber; **~euse** f dressing-table; **~ure** f hair-style; hairdressing.

coin [kwɛ̃] m corner, nook; wedge; fam. pinch, nab; corner; **se ~cer** stick, jam.

coing [kwɛ̃] m bot. quince.

col m collar; mountain-pass.

colère [kɔlɛːr] f anger, temper.

coléreux quick-tempered.

colérique choleric, irascible.

colis m package, parcel.

collaborer collaborate.

collant adj. tight; close-fitting; m tights pl.; pantyhose.

colle f paste, glue.

collection [kɔlɛksjɔ̃] f collection; **~ner** collect (stamps, etc.); **~neur** m collector.

collège [kɔlɛːʒ] m secondary school.

collègue [kɔllɛg] m colleague.

coller paste, glue; stick, cling; pop. run, work; **ça colle** it works.

collier [kɔlje] m necklace.

colline f hill.

collision [kɔlizjɔ̃] f collision; **entrer en ~** collide.

colombier m dove-cot.

colonie f colony.

colonne f column.

colorant m colo(u)ring.

colorer colo(u)r, dye.

colporter peddle; spread (news).

combat [kɔ̃ba] m fight, struggle; **~tant** m combatant, fighter; **~tre** combat, fight.

combien [kɔ̃bjɛ̃] how much?; how many?; **~ de fois** how often?

combin|aison [kɔ̃binɛzɔ̃] f combination, arrangement; overalls pl.; lady's slip; **~er** combine; contrive.

combl|e *m* attic; *fig.* height, maximum, summit, limit; **de fond en ~e** from top to bottom, entirely; *adj.* full, crowded; **~é** happy, content; **~er** fill (up); satisfy; gratify; **~er le** shower with.

combustible [kɔ̃bystibl] *m* fuel; *adj.* combustible, inflammable.

comédien *m* actor.

comestible *adj.* edible; **~s** *m/pl.* food, provisions *pl.*

comique comical, funny.

comité [kɔmite] *m* committee, board, commission.

command|e [kɔmɑ̃:d] *f* order; control, lever; **~ement** *m* order, commandment; **~er** command, order, rule; control.

comme like, as; how; since, because; **~ si** as if.

commen|çant *m* beginner; **~cement** *m* beginning; **~cer** begin, start.

comment [kɔmɑ̃] how; **~?** what?

comment|aire [kɔmɑ̃tɛ:r] *m* comment; **~er** comment upon.

commérage *m* gossip.

commerçant [kɔmɛrsɑ̃:] *m* merchant, tradesman; *adj.* mercantile; commercial, shopping ...

commerc|e [kɔmɛrs] *m* trade, business; **~ial** commercial, trading.

commettre commit.

commissaire *m* commis-

sioner; inspector of police.

commissariat *m* police station.

commission [kɔmisjɔ̃] *f* commission; errand, message; **~naire** *m* commission agent; porter, messenger.

commode *f* chest of drawers; *adj.* convenient; handy; easy (to deal with); convenience; comfort. **~ité** *f*

commotion *f* **cérébrale** concussion (of the brain).

commun [kɔmœ̃] common; **en ~** in common; **~auté** *f* community; **~auté des biens** *dr.* joint estate (of husband and wife).

commun|e [kɔmyn] *f* parish; **~ication** [kɔmynikasjɔ̃] *f* communication; **~ication locale** (or **urbaine**) *télé.* local call; **~ier** take the sacrament; **~iquer** communicate.

communis|me [kɔmynism] *m* communism; **~te** *adj.*, *m*.

commutateur *m* switch.

compa|gne *f* female companion; **~gnie** *f* company; society; **~gnie de navigation** shipping line; **~gnon** *m* companion, mate; fellow.

compar|aison *f* comparison; **~er** compare.

compartiment *m* compartment.

compas [kɔ̃pɑ] *m* compass; (pair of) compasses *pl.*; **~sé** regular; stiff; stilted.

compassion f pity.

compatible compatible.

compatissant compassionate, sympathetic.

compatriote m fellow-countryman.

compétence [kɔ̃petã:s] f competence; dr. powers pl.; skill.

compétent competent.

compétit|if competitive; **~ion** [kɔ̃petisjɔ̃] f competition; contest.

complaire [kɔ̃plɛ:r] please; **se ~re à** or **dans** take pleasure in; **~sance** f complacency; self-satisfaction; **~sant** obliging, complacent.

compl|et m clothes: suit; **~veston** lounge suit; adj. complete; full (up); **~ètement** wholly, completely; **~éter** complete.

complexe m complex; adj. complicated, complex.

complication [kɔ̃plikasjɔ̃] f complication; complexity.

complice [kɔ̃plis] m accomplice, accessory.

compliment [kɔ̃plimã] m compliment; **~s** pl. regards pl.

comport|ement m behavio(u)r; **~er** comprise; involve; **se ~ er** behave.

compos|é m, adj. compound; **~er** compose; **~er un numéro de téléphone** dial; **~er de** consist of; **~iteur** m composer.

comprendre [kɔ̃prã:dr]

understand; include.

comprim|é m méd. tablet, pill; **~er** compress; check, hold back.

compris understood; included; **y ~** including.

compromettre [kɔ̃promɛtr] compromise, jeopardize.

compt|abilité [kɔ̃tabilite] f book-keeping; **~able** m accountant.

compte [kɔ̃t] m account; calculation; **~ en banque** bank account; **~ courant** current account; **en fin de ~** after all; **tenir ~ de** take into account (or consideration); **se rendre ~ de** realize; **~ rendu** m report.

compt|er [kɔ̃te] count; reckon; intend; **~er sur rely** (or count) on; **à ~er de ... from ~ on**; **~eur** m meter; **~oir** [kɔ̃twa:r] m counter.

comt|e [kɔ̃t] m count, earl; **~é** m county; **~esse** f countess.

concentr|ation [kɔ̃sɑ̃trasjɔ̃] f concentration; **(se) ~er** concentrate (**sur** on).

concept [kɔ̃sɛpt] m concept; **~ion** f conception.

concern|ant concerning; **~er** concern, regard; **en ce qui ~e** with regard to.

concert m concert; **de ~** together, in agreement; **~er** plan; concert.

concession [kɔ̃sesjɔ̃] f concession; **~naire** m licence-holder.

concev|able conceivable;

~oir conceive; understand.
concierge [kɔ̃sjɛrʒ] *m, f* porter, door-keeper.
conciliant conciliatory.
concitoyen *m* fellow citizen.
conclu|re conclude; **~sion** *f* conclusion.
concombre *m* cucumber.
concourir converge; **~** à concur to(ward); **~ pour** compete for.
concours [kɔ̃ku:r] *m* competition; concourse; help, aid.
concurren|ce [kɔ̃kyrɑ̃:s] *f* rivalry; competition; **~t** *m* rival, competitor.
condamner [kɔ̃dane] condemn; fine, sentence.
condenser condense.
condition [kɔ̃disjɔ̃] *f* condition; state, rank; **à ~ que** on condition that; **~s** *pl.* **de payement** terms *pl.* of payment; **sans ~s** unconditional.
conducteur *m* leader, conductor; *auto* driver.
conduire [kɔ̃dɥi:r] conduct, lead, guide; drive (*car*); **se ~** behave.
conduit *m* pipe, tube; **~e** *f* conduct; behavio(u)r; leading; escorting; *auto* driving, steering; pipe, main; management.
confection [kɔ̃fɛksjɔ̃] *f* make, making; ready-made clothes *pl.*; **de ~** ready-made.
confédérer confederate.
conférence *f* conference, lec-

ture; **~ au sommet** summit conference.
confess|ion [kɔ̃fɛsjɔ̃] *f* confession; **~er** confess; **se ~er** confess (one's sins).
confian|ce *f* confidence, trust; **faire ~** à trust, confide in; **~t** confiding, confident.
confi|dence [kɔ̃fidɑ̃:s] *f* secret; **~dent** *m* confidant; **~dentiel** confidential.
confier entrust; **se ~** à confide in, trust in.
confins [kɔ̃fɛ̃] *m/pl.* confines *pl.*, limits *pl.*
confirmer confirm.
confis|erie *f* confectionery; **~eur** *m* confectioner.
conflit *m* conflict, clash.
confondre mingle; mix (up); mistake for; be mistaken; confuse; confound.
conforme à in conformity with; in keeping with.
confort [kɔ̃fɔ:r] *m* comfort, ease; **~able** comfortable, cosy.
confrère *m* colleague.
confronter confront; compare (*texts*).
confus [kɔ̃fy] confused, vague; **~ion** [kɔ̃fyzjɔ̃] *f* confusion; muddle; error, mistake.
congé [kɔ̃ʒe] *m* leave, dismissal; holiday, vacation; day off; **prendre ~** take leave; **donner son ~** à give notice.
congédier dismiss, discharge.

congel|é frozen; **~er** congeal, freeze.

congénital *méd.* inborn; congenital.

congrès [kɔ̃grɛ] *m* congress.

conique conical; tapering.

conjecture [kɔ̃ʒɛkty:r] *f* conjecture, surmise.

conjointement [kɔ̃ʒwɛ̃tmɑ̃] jointly, together.

conjugaison *f* conjugation.

conjurer avert, stave off, stem; conjure, beseech.

connaiss|ance [kɔnɛsɑ̃:s] *f* knowledge; consciousness; acquaintance; **~eur** *m* expert, connaisseur; *adj.* expert.

connaître [kɔnɛ:tr] know, be acquainted with; **s'y ~ en** be an expert in.

connexion [kɔnɛksjɔ̃] *f* connection, relation.

conquête *f* conquest.

consacr|er consecrate; dedicate, devote; grant; **expression** *f* **~ée** usual expression.

conscien|ce [kɔ̃sjɑ̃:s] *f* conscience; consciousness; **~t** conscious.

conseil [kɔ̃sɛj] *m* advice, counsel; council; board; **~ municipal** town council; **~ler** *v.* advise; recommend; **~** *m* councillor.

consent|ement *m* approval; **~ir (à)** consent, assent, agree (to).

conséquence [kɔ̃sekɑ̃:s] *f* consequence; *fig.* impor-

tance; **en ~** accordingly.

conserv|ation [kɔ̃sɛrvasjɔ̃] *f* conservation; preservation; **~es** *f/pl.* tinned (*Am.* canned) foods *pl.*; **~er** preserve, keep (*a.* **se ~er**).

considér|able considerable; **~ation** *f* consideration; *fig.* esteem; **~er** consider, regard.

consigne *f* left luggage office, checkroom.

consist|ance *f* consistency; *fig.* stability; firmness; **~er en** (*or* **dans**) consist of; **~er à** consist in; be.

consol|ation [kɔ̃sɔlasjɔ̃] *f* consolation, comfort; **~er** console, comfort (**de** for).

consolider consolidate.

consomm|ateur *m* consumer; **~ation** *f* consuming, consumption; drink; **~er** consume; use up; eat; drink.

conspir|ation *f* conspiracy, plot; **~er** plot; conspire.

consta|mment [kɔ̃stamɑ̃] constantly; **~nt** [kɔ̃stɑ̃] constant; certain, steadfast.

constater state; notice; find (out), establish.

consterner dismay, astound.

constitu|er constitute, make up; **~tion** *f* constitution.

construction [kɔ̃stryksjɔ̃] *f* construction; building.

construire [kɔ̃strɥi:r] build, construct.

consulat [kɔ̃syla] *m* consulate.

consult|ation [kɔ̃syltasjɔ̃]

consultation; ~er consult.
contact [kɔ̃takt] *m* contact;
relation; ~er contact.
contagieux [kɔ̃taʒjø] contagious, infectious.
contaminer contaminate.
conte *m* short story; tale.
contempler contemplate.
contemporain *m*, *adj.*
contemporary.
conten|ance [kɔ̃tnã:s] *f* capacity; *fig.* bearing; ~ir
[kɔ̃tni:r] contain; hold.
content [kɔ̃tã] content; satisfied; pleased; happy, glad (**de**
with, about, to *do, etc.*);
~ement *m* contentment;
~er content, satisfy, please;
se ~er **de** content o.s. with.
contenu *m* contents *pl.*
conter relate, report, tell.
contester contest; dispute.
contigu adjoining.
continent [kɔ̃tinã] *m* continent; ~al continental.
contingences *f/pl.* contingencies *pl.*
contingent *m* quota.
continu uninterrupted; ~er
continue, go on (with); ~er
de (*or* **à**) go on *doing s. th.*
contorsion *f* contortion.
contour *m* outline,
shape; ~nement bypass;
~ner go (a)round, bypass.
contraceptif *adj.*, ~ *m* contraceptive.
contracter contract (*a. fig.*;
a. **se** ~).
contradic|tion [kɔ̃tradiksjɔ̃]
f contradiction; ~toire con-

tradictory; conflicting.
contrain|dre [kɔ̃trɛ̃:dr] force,
compel; **se** ~**dre** restrain
o.s.; ~**te** *f* constraint;
restraint.
contraire *m*, *adj.* contrary;
au ~ on the contrary.
contrarier oppose, thwart;
annoy; vex.
contraste [kɔ̃trast] *m*, ~**r**
contrast.
contrat [kɔ̃tra] *m* contract.
contravention [kɔ̃travãsjɔ̃] *f*
infraction, infringement;
traffic ticket; fine, penalty.
contre [kɔ̃tr] against, close to;
~**bande** *f* smuggling; **à** ~-
cœur reluctantly; ~**coup**
m rebound, repercussion;
~**dire** contradict.
contrée *f* region.
contre|façon [kɔ̃trəfasɔ̃] *f*
imitation, forgery; ~**faire**
imitate, counterfeit;
~**maître** *m* foreman;
~**poids** *m* counterpoise,
counterbalance; **à** ~**temps**
inopportunely; ~**venir à** infringe; ~**vent** *m* shutter.
contribu|able *m* taxpayer;
~**er** contribute; ~**tion**
[kɔ̃tribysjɔ̃] *f* contribution;
tax; duty.
contrôle *m* checking, examination; control; ~**r** check,
examine.
controversé controversial.
contusion [kɔ̃tyzjɔ̃] *f*, ~**ner**
bruise.
convaincre [kɔ̃vɛ̃:kr] convince.

conven|able [kɔ̃vnabl] suitable, fitting; proper; **~ance** f, **~ances** pl. propriety; **~ir à** suit; **~ir de** admit, agree; decide on or to; **~u** agreed.

conversation [kɔ̃vɛrsasjɔ̃] f talk; conversation.

convertir convert.

conviction [kɔ̃viksjɔ̃] f belief, conviction.

convive m guest.

convoi [kɔ̃vwa] m convoy; train; funeral.

convoit|er [kɔ̃vwate] covet; **~eux** covetous; **~ise** f cupidity.

convoquer summon; convene; call up.

coopé [kɔpe] f fam. co-op.

coopérer co-operate.

copain m fam. chum, mate, pal, buddy.

copier copy.

copieux copious, plentiful.

copine f fam. friend.

coq m cock; **~ d'Inde** turkey.

coque f shell; mar. hull.

coqueluche f méd. whooping-cough; favo(u)rite, darling.

coquet coquettish; smart, natty; a. fig. tidy; **~terie** [kɔketri] f coquetry.

coquillage [kɔkijaʒ] m shell; shellfish; **~s** pl. cuis. cockles pl., scallops pl.

coquille f shell; **~ Saint-Jaques** scallop.

coquin m rascal; adj. mischievous.

cor m bugle, horn; **~ au pied**

corn (on the foot).

corail m coral.

corbeau m raven.

corbeille [kɔrbɛj] f basket; **~ à papier** wastepaper basket.

corde f rope, cord, string.

cordial [kɔrdjal] cordial (a. m), hearty.

cordon [kɔrdɔ̃] m string; lace; rope; ribbon; cordon; **~ bleu** excellent cook; **~nier** m shoemaker.

corn|e f horn; hoof; **~e à souliers** shoehorn; **~ée** f méd. cornea.

corneille f rook.

cornet m paperbag.

cornichon m gherkin; pop. duffer, sap.

corporation [kɔrpɔrasjɔ̃] f corporation.

corporel bodily.

corps [kɔːr] m body, corpse; substance; group; corps.

corpulen|ce [kɔrpylɑ̃ːs] f corpulence, stoutness; **~t** stout.

corpuscule m particle.

correct [kɔrɛkt] correct; **~ion** f correction; correctness; reproof, punishment.

correspondance [kɔrɛspɔ̃dɑ̃ːs] f correspondence; ch.d.f. connection.

correspondant m correspondent; adj. corresponding.

correspondre correspond, exchange letters; **~ à** correspond to, agree with.

corridor [kɔridɔr] m corridor.

corriger correct.

corroder corrode.

corrompre corrupt; bribe.

corruption [kɔrypsjɔ̃] f corruption.

cortège m procession; retinue.

cosse f husk, pod; pop. laziness; ~**u** wealthy.

costume [kɔstym] m costume, dress; suit; ~ **tailleur** ladies' suit.

cote [kɔt] f com. quotation, share, quota.

côte [koːt] f rib; coast; hill.

côté [kote] m side; direction; **à** ~ **near** (by); next; **à** ~ **de** beside, next to; **de ce** ~ **this** way, on this side; **d'un** ~ **on** the one hand; next; **à** ~ **de** on the other hand; **de l'autre** ~ (**de**) across; **du** ~ **de** in the direction of; at, near.

coteau [koto] m hill, hillside.

côtelette f cuis. cutlet, chop.

coter mark; classify; number; com. quote.

coton [kɔtɔ̃] m cotton.

cou m neck.

couchant adj. sun: setting; m west.

couche [kuʃ] f layer, coat (-ing); stratum; nappy, diaper.

couché [kuʃe]: **être** ~ lie; be in bed.

coucher [kuʃe] v. lay down, put to bed; sleep, spend the night; **se** ~ go to bed; lie down; sun: set; m going to bed; lodging; ~ **du soleil** sunset, sundown.

couchette f sleeping-berth.

coude m elbow; bend.

coudre [kudr] sew; stitch.

coul|age m leakage; ~**ant** flowing; easy; ~**e** flow; leak; run; glide; time: pass; sink; cast (metal); **se** ~**er dans** steal into.

couleur [kulœːr] f colo(u)r; paint.

coulisse f slide; sliding door, etc.; **en** ~ glance: sidelong; ~**s** pl. thé. wings pl.

couloir m passage; strainer.

coup [ku] m blow, knock, stroke, bump, tap, kick, shot, bit; **boire un** ~ have a drink; **tout à** ~ suddenly; ~ **d'envoi** sport kick-off; ~ **d'œil** glance; ~ **de télé-phone** telephone call.

coupable m culprit; adj. guilty.

coupe[1] [kup] f cut; cutting.

coupe[2] f cup, goblet.

couper cut, cut off, slice; cut short; ~ **le vin** add water to the wine.

couple [kupl] m couple; pair; ~**r** couple.

coupole f arch. cupola.

coupure f cut.

cour f yard; dr. court.

courage [kuraːʒ] m courage.

couramment [kuramã] fluently; currently.

courant m current; ~ **d'air** draught, Am. draft; ~ **alternatif** élec. alternating current; ~ **continu** élec. continuous (or direct) current; **au ~** informed; up to date; *adj.* running, flowing, current.

courbe *f* curve; *adj.* curved; **~r** bow, curve, bend (*a. a.* **~r**).

coureur *m* runner, racer.

courge· [kurʒ] *f* gourd, squash, pumpkin.

courir run, race; run after.

couronn|e *f* crown, wreath; **~er** crown.

courrier *m* mail, post.

courroie *f* strap, belt.

cours [ku:r] *m* course; flow; lecture, class, lesson; price, rate; **~ d'eau** river, stream; **au** *or* **en ~** in the course of.

course [kurs] *f* run(ing); excursion; race; errand; **~ d'automobiles** motor-race; **~ de chevaux** horse-race; **~ cycliste** cycle-race.

court[1] [ku:r] short; **à ~ de** short of (*money, etc.*).

court[2] [kɔrt] *m* tennis court.

courtage *m* brokerage.

court-circuit *m* élec. short circuit.

courtepointe *f* quilt.

courtier [kurtje] *m* agent, broker.

courtois [kurtwa] courteous.

cousin [kuzɛ̃] *m*, **~e** [kuzin] *f* cousin.

coussin *m* cushion; **~et** *m* pad.

coût [ku] *m* cost; **~ de la vie** cost of living.

couteau [kuto] *m* knife.

coût|er cost; **~e que ~e** at all costs; **~eux** expensive.

coutum|e [kutym] *f* custom; **de ~e** usual(ly); **~ier** customary; habitual.

coutur|e *f* sewing; seam; dressmaking; fashion; **~ier** *m*, **~ière** *f* dressmaker.

couvent *m* monastery, convent.

couver hatch (*a. fig.*); smoulder.

couvercle *m* cover, lid.

couvert *m* cover(ing); place (at table); knife, fork, and spoon; cover charge; **mettre le ~** lay the table; *adj.* covered; **~ure** *f* cover; blanket.

couvrir [kuvri:r] cover (up).

crabe [krab] *m* crab.

cracher spit; sputter.

craie *f* chalk.

craindre [krɛ̃:dr] fear, dread, be afraid of.

craint|e [krɛ̃:t] *f* fear; **de ~ de** for fear of; **de ~e que** lest; **~if** timid.

cramoisi [kramwazi] crimson.

crampe *f* méd. cramp.

crampon *m* clamp; cramp-iron; *fam.* bore; **se ~ner à** cling to.

cran *m* notch; cog, tooth, catch; *fam.* pluck, guts *pl.*

crâne [kran] *m* skull.

crapaud *m* toad.

crapule *f* scoundrel; mob, rabble.

craqueler crack(le).

craqu|er crack; collapse, tumble (down), topple (over); **~eter** crackle.

crasseux filthy, sordid.

cratère m crater.

cravate f necktie.

crayon m pencil; **~ de couleurs** colo(u)red pencil.

créancier [kreã:sje] m creditor.

créa|teur m creator; **~tion** f creation; work; **~ture** [kreaty:r] f creature.

crèche f day-nursery.

crédit [kredi] m credit; credence; prestige; **à ~** on credit; **~eur** m creditor; **~er** credit.

crédul|e credulous; **~ité** f credulity.

créer [kree] create.

crémaillère [kremaje:r] f: **pendre la ~** have a housewarming.

crème [krɛm] f cuis. cream; custard; cream soup; fig. the best, the pick; **(café m) ~** coffee with milk; **~ à raser** shaving-cream; **~de beauté** face cream.

crémerie f dairy.

crémeux creamy.

crêpe f cuis. pancake.

crépuscule [krepyskyl] m dawn, twilight.

crête f crest, ridge; cockscomb.

creuser dig; hollow (out).

creux hollow (a. m); period: slack.

crevaison [krəvɛzõ] f puncture, blowout, flat.

crevass|e f crevice; crack; **~er** crack, chap.

crever burst, blow up, puncture; wear out, kill; perish, pop. die; **~ les yeux** be obvious.

crevette f shrimp, prawn.

cri m shriek, scream, shout, cry; **dernier ~** latest fashion.

crible m sieve; **~r** riddle.

cric [krik] m auto jack.

crier shout, cry, scream, creak, squeal.

crim|e [krim] m crime; **~inel** m, adj. criminal.

crinière f mane.

crise [kri:z] f crisis; fit, attack; **~ cardiaque** heart-attack; **~ du logement** housing shortage.

crisper contract (a. se ~), clench; fam. get on s.o.'s nerves.

critiqu|e m critic; f criticism; adj. critical; **~er** criticize, find fault with.

croc [kro] m hook; fang; boar: tusk.

crochet [krɔʃɛ] m hook; sharp turn.

croire [krwa:r] believe; think; **faire ~** persuade.

crois|ée f crossing; casement-window; **~ière** f cruise; **~ement** m crossing; **~er** cross; meet (a. se **~er**); cruise.

croissance [krwasã:s] f growth.

croissant adj. growing; m

crescent; *cuis.* crescent roll.
croître [krwa:tr] grow; increase.
croix [krwa] *f* cross.
croquer crunch, munch, eat; sketch.
croquis *m* sketch; rough draft.
croul|ant tumbledown; ~**er** crumble, collapse; *fig.* fall through.
croupir stagnate.
croustillant crisp.
croûte [krut] *f* crust; *méd.* scab; **casser la** ~ take a snack, eat.
croy|able [krwajabl] credible; ~**ance** *f* belief; ~**ant** *m* believer.
cru[1] raw, uncooked; coarse.
cru[2] *m* vintage, wine.
cruauté *f* cruelty.
cruche *f* jug, pitcher.
crudité *f* crudity; coarseness.
crue *f* swelling, flood.
cruel [kryɛl] merciless; cruel, unkind.
crustacés *m/pl.* shellfish.
cube [kyb] cube.
cueillir [kœji:r] gather; pick.
cuiller, cuillère [kɥijɛ:r] *f* spoon; **cuillerée** *f* spoonful.
cuir [kɥi:r] *m* hide, skin; leather.
cuire [kɥi:r] cook, bake; smart, burn.
cuisin|e *f* kitchen; cooking; **faire la** ~**e** cook; ~**ière** *f* cook; kitchen-range, cooker.
cuisse [kɥis] *f* thigh; leg.

cuisson *f* cooking, baking.
cuit [kɥi] cooked, done.
cuivre [kɥi:vr] *m* copper; ~ **jaune** brass.
cul [ky] *m* seat, bottom, posterior; ~~**-de-jatte** *m* cripple; ~~**-de-sac** *m* blind alley.
culbut|e *f* fall; somersault; ~**r** overturn.
culinaire culinary.
culot [kylo] *m* base, bottom; cheek, nerve.
culotte *f* breeches, shorts, panties *pl*.
culpabilité [kylpabilite] *f* culpability, guilt.
culte *m* worship; creed.
cultiv|ateur *m* farmer; ~**é** cultivated; ~**er** till; cultivate; foster; raise, grow.
culture [kylty:r] *f* culture.
cupid|e covetous, greedy; ~**ité** *f* greed.
curable curable.
cure [ky:r] *f* cure; ~ **de repos** rest-cure.
curé *m* parish priest; vicar.
cure|-dent *m* toothpick; ~~**-pipe** *m* pipe cleaner.
curer clean; pick (*teeth*); dredge (*river*).
curi|eux [kyrjø] curious; ~**osité** *f* curiosity; ~**osités** *pl.* sights *pl*.
cuv|e *f* tub, vat; ~**er** ferment; ~**ette** *f* basin.
cycl|e [sikl] *m* cycle; ~**isme** *m* cycling; ~**iste** *m* (*f*) cyclist.
cygne [siɲ] *m* swan.
cylindre [silɛ̃:dr] *m* cylinder; roller.

cylindrée *f auto* cylinder capacity.

cynique cynical.

cyprès [sipɾɛ] *m* cypress.

D

dactylo *f* typist; **~graphier** type.

daigner [deɲe] deign.

daim [dɛ̃] *m* (fallow-)deer; suede; buckskin.

dallage *m* pavement.

daltonisme *m* colo(u)r-blindness.

damas *m* damask.

dame [dam] *f* lady; *cards, checkers:* queen.

damner [dane] damn.

Danemark *m* Denmark.

danger [dɑ̃ʒe] *m* danger, peril; **~eux** dangerous.

danois [danwa] *adj.* Danish; **2** *m* Dane.

dans in, inside, into; within.

dans|e [dɑ̃:s] *f* dance; **~e folklorique** folk dance; **~er** dance; **~eur** *m* dancer.

dard *m* dart, sting; **~er** dart, hurl.

dat|e [dat] *f* date; **~er** date; **à ~er de ce jour** from today on.

datte *f bot.* date.

daub|er *m* stew, braise; **~ière** *f* stew-pan.

davantage [davɑ̃ta:ʒ] more; longer.

de of, from, on, for, to, than, as, by, upon, in; **~ jour** (**~ nuit**) *travel, etc.* by day (by night).

dé *m* die; thimble; **~s** *pl.* dice *pl.*

déambuler saunter, stroll.

débâcl|e [debɑkl] *f* breakdown, downfall; rout.

déballer unpack, unwrap.

déband|ade *f:* **à la ~ade** in disorder, topsy-turvy; **~er** unbend; unbind.

débar|cadère *f mar.* landing place; **~quement** *m* landing, arrival; **~quer** land, disembark; unload.

débarrasser relieve, rid; clear; **se ~ de** get rid of.

débat *m* debate, discussion, dispute; **~s** *pl.* court hearing; proceedings *pl.*

débattre debate, discuss; **se ~** struggle.

débauch|e [debo:ʃ] *f* debauchery; **~é** *m* debauchee; **~er** lay off (*workers*); *fam.* distract, divert.

débet *m* balance due.

débil|e [debil] weakly, sickly; **~iter** enfeeble, weaken.

débit [debi] *m* (retail) sale; shop, store; *com.* debit (side); **~ant** *m* dealer; retailer; **~er** sell, retail; *fig.* utter, tell (*lies etc.*); *com.* debit.

débiteur *m* debtor.

déblayer clear.

déboire [debwa:r] *m* disappointment; trouble.

déboiser deforest.

déboîter [debwate] dislocate; *auto* filter.

débonnaire [debɔnɛːr] good-natured.

débord|é [deboṛde] snowed under (**de** with), very busy; **~ement** *m* overflowing, flood (*a. fig.*); **~er** overflow, flow over; project beyond.

débouch|é [debuʃe] *m* opening; *fig.* market; **~er** clear; uncork, open; come out.

déboucler [debukle] unbuckle.

débourser disburse; spend.

debout [d(ə)bu] standing, upright, up.

déboutonner unbutton.

débraillé untidy, careless.

débrancher [debrɑ̃ʃe] *élec.* disconnect.

débrayer disengage (*clutch etc.*).

débris *m/pl.* fragments *pl.*, remains *pl.*

débrouill|ard [debruja:r] clever, smart, resourceful; **~er** unravel, disentangle; clear (up); **se ~er** manage, get along, get by.

début [deby] *m* start, beginning; **~ant** *m* beginner, learner; **~er** begin; come out; *thé.* make one's first appearance.

deçà [d(ə)sa] on this side.

décacheter [dekaʃte] unseal, open (*letter*).

décadence *f* decline, decay.

décamper flee, make off.

décéder die.

déceler disclose; betray.

décembre [desɑ̃:br] *m* December.

décence *f* decency, decorum.

décennal decennial.

décent [desɑ̃] decent; fit; **peu ~** unseemly.

décentraliser decentralize.

décerner award (*prize*).

décès [desɛ] *m* dr. decease.

déce|vant disappointing; **~voir** [desəvwa:r] disappoint.

déchaîner unchain; unleash (*a. fig.*); **se ~** break out; rage.

déchanter *fam.* change one's tune, come down a peg.

décharg|e [deʃarʒ] *f* discharge; unloading; receipt; **~er** discharge; unload; free, exempt (**de** from); relieve; fire (*rifle*).

déchéance *f* decay; downfall; *dr.* reverse.

déchet [deʃɛ] *m* waste; loss.

déchiffrer decipher, decode.

déchiqueter [deʃikte] shred, tear up.

déchir|ant heart-rending; **~er** rend, tear; defame; **~ure** *f* rent, tear.

décid|é decided; resolute; **~er** decide; determine; **se ~er** make up one's mind, decide.

décis|if decisive; **~ion** [desizjɔ̃] *f* decision.

déclar|ation [deklarasjɔ̃] *f* declaration; statement; **~er** declare (*a.* at customs), state; **se ~er** disease, fire: break out; **se ~er pour** (**contre**) declare for (against).

déclencher release; *fig.* trigger.

déclin [deklɛ̃] *m* decline; decay; waning; **~er** decline.

décocher let fly, discharge.

décoll|age *m av.* take-off; **~er** *av.* take off.

décolor|é discolo(u)red, faded; **~er** bleach, fade (*a.* se **~er**).

décombres [dekɔ̃br] *m/pl.* ruins *pl.*

décommander cancel, countermand; call off.

décomposer decompose; se **~** get spoiled, rot.

décompte [dekɔ̃:t] *m* discount; deduction.

déconcert|é taken aback; **~er** disconcert, baffle; **se ~er** lose countenance.

déconseiller [dekɔ̃seje] dissuade from, advise against.

déconvenue *f* disappointment, discomfiture.

décor *m* decoration; setting; **~s** *pl. thé.* scenery; **~ation** [dekɔrasjɔ̃] *f* decoration; **~er** decorate.

découler result, follow.

découper [dekupe] cut up; carve; se **~** stand out.

décourager [dekuraʒe] discourage, dishearten; se **~** lose heart.

décousu unsewn; incoherent.

découvert uncovered; bare; open; unprotected; **à ~** act, *etc.* openly.

découverte [dekuvɛrt] *f* dis-

covery; **aller à la ~** go exploring.

découvrir [dekuvri:r] discover; se **~** take off one's hat; *sky:* clear up.

décrasser clean, wash.

décret *m* decree.

décrier disparage, discredit.

décrire describe.

décrocher unhook, take down; disconnect.

décroissance [dekrwasɑ̃:s] *f* decrease.

décroître [dekrwɑ:tr] decrease; decline; *days:* draw in.

décrotter clean, brush.

déçu [desy] disappointed.

dédaign|er [dedɛɲe] scorn, disregard, *fam.* sniff at; **~eux** disdainful.

dédain *m* disdain; scorn; contempt.

dedans [dədɑ̃] inside; **au ~ (de)** inside.

dédicace *f* dedication.

dédier dedicate; inscribe (*book*); devote.

dédommager compensate, make up (**de** for).

déduction [dedyksjɔ̃] *f* deduction; inference.

défaill|ance *f* failing; fainting fit; **~ant** failing; weak (-ening); **~ir** weaken; fail; faint.

défai|re undo; unmake; upset; **~t** undone; in disorder; defeated; *face:* drawn; **~te** *f* defeat.

défaut [defo] *m* fault; want,

lack, absence; **faire** ~ be wanting; **à** ~ **de** for want of; **en** ~ at fault; **mettre en** ~ baffle.

défav|eur f disgrace; **~orable** unfavo(u)rable; disadvantageous.

défect|ion [defɛksjɔ̃] f defection; **faire** ~**ion** desert, defect; **~ueux** defective, faulty.

défendeur m dr. defendant.

défend|re [defɑ̃:dr] defend, protect; forbid, prohibit; **à son corps ~ant** fig. reluctantly.

défense [defɑ̃:s] f defence; interdiction; **légitime** ~ self-defence; ~ **de fumer** no smoking; ~ **d'entrer** no entry.

défér|ence [deferɑ̃:s] f respect, regard; **à** ~ defer to, accede to; dr. refer to.

défi m challenge; defiance; **~ance** f distrust, suspicion; **~ant** suspicious, distrustful, wary.

déficit [defisit] m deficit, shortage.

défier [defje] challenge; brave; defy; **se** ~ **de** distrust.

défigurer disfigure; fig. distort (truth).

défil|é m defile, (narrow) pass; **~er** march (past).

défin|ir define; **~itif** finitive, final; **~ition** [definisjɔ̃] f definition; **en ~itive** after all.

déflation [deflasjɔ̃] f deflation, devaluation.

déformation [deformasjɔ̃] f deformation, distortion.

défraîchi shop-soiled, shop-worn; faded; stale.

défrayer defray.

défunt m deceased.

dégagement m disengagement; clearing; release, relief; exit.

dégager free, set free, disengage; give off, give out; **se** ~ get free; (get) clear; emerge, come out.

dégâts [dega] m/pl. damage.

dégel [deʒɛl] m thaw; **~er** [deʒle] thaw.

dégénérer degenerate (**en** into).

dégonfler deflate; **se** ~ go flat; fam. lose heart, sing small.

dégourdi sharp, smart; **se ~r les jambes** stretch one's legs.

dégoût [degu] m disgust; dislike; **~ant** disgusting, loathsome; **~é** disgusted; **~er** disgust; **se ~er de** take a dislike to.

dégoutter drip, trickle.

dégrad|ation f degradation; **~er** degrade; damage; tone down (colours).

degré m degree; step.

dégrever relieve of taxes.

déguiser [degize] conceal, disguise (a. voice).

déguster taste; relish.

dehors [dɔɔ:r] adv. outside; outdoors; **en** ~ (**de**) outside;

m exterior; outside; appearances *pl.*; **au ~ (de)** outside.

déjà [deʒa] already.

déjeter warp (*timber*); buckle (*metal*).

déjeuner [deʒœne] *m* lunch(eon); *v.* have lunch *or* breakfast; **petit ~** breakfast.

déjouer baffle, outwit; thwart.

délabré *adj.* dilapidated; *health:* shattered.

délai [dele] *m* time(-limit); respite; **sans ~** immediately; **à bref ~** at short notice.

délaisser abandon.

délasser relax; **se ~** rest; take a recreation.

délateur *m* informer.

délayer thin, water, dilute.

délégué [delege] *m* delegate.

délibér|ation [deliberasjɔ̃] *f* deliberation; **~é(ment)** deliberate(ly); **~er** deliberate.

délicat delicate, dainty; fragile, sensitive; **~esse** *f* delicacy; tact.

délic|e [delis] *m* delight; **faire ses ~es** (*f.pl.*) **de** delight in; **~ieux** delicious.

déli|é fine; *mind:* penetrating; **~er** untie; undo; release; **sans bourse ~er** without spending a penny.

délimit|ation [delimitasjɔ̃] *f* delimitation, demarcation; **~er** delimitate, define.

délinquant *m* *dr.* culprit, offender.

délir|ant delirious, frenzied;

~e *m* delirium; frenzy; **~er** be delirious, rave.

délit [deli] *m dr.* transgression, misdemeanour; **prendre en flagrant ~** catch redhanded; **~ de fuite** hit-and-run-offence.

délivr|ance *f* deliverance; rescue; relief; delivery; **~er** (set) free; rescue; deliver; **se ~er de** get rid of.

déloger move out, go away; dislodge, turn out.

déloy|al disloyal; dishonest; unfair, foul; **~auté** *f* disloyalty, treachery.

déluge [dely:ʒ] *m* deluge, flood; *fig.* great quantity.

démagogue *m* demagogue.

démailler: **se ~** *stocking:* ladder, run.

demain [d(ə)mɛ̃] tomorrow.

demande *f* request; question; demand; **sur ~** on request; **~r** ask (**à q.** s.o.); ask for; request; demand; require; **~r** wonder.

demandeur *m dr.* plaintiff.

démang|eaison *f* itch; **~er** itch; **ça me ~e de** (*inf.*) I am itching to.

démanteler dismantle.

démarcation [demarkasjɔ̃] *f* demarcation, boundary.

démarche [demarʃ] *f* gait, walk, bearing; *fig.* step, measure.

démarquer mark down (*prices*).

démarr|er *auto* start; *fig.* get under way; **~eur** *m* starter.

démasquer unmask, expose.

démêl|é *m* dispute; difficulty, trouble; **~er** disentangle, clear up, get straight.

déménag|ement [demenaʒmã] *m* removal, moving; **~er** move house, move out.

démence [demã:s] *f* madness, insanity.

démener: se ~ struggle.

démenti [demãti] *m* denial; contradiction; **~r** belie, contradict; **se ~r** fail.

démesuré excessive, immoderate.

démettre dislocate; **se ~ de** resign, give up.

demeur|e [d(ə)mœ:r] *f* mansion, manor; dwelling place; delay; **à ~** permanently; **~er** live, dwell; stay.

demi *adj.* half; semi, demi; **à ~** half, by halves; **~cercle** *m* semicircle; **~jour** *m* twilight; *m* glass of beer.

démission [demisjõ] *f* resignation; **~ner** resign.

demi-tarif *m* half fare.

démocra|tie [demɔkrasi] *f* democracy; **~tique** democratic.

démodé out of style; old-fashioned.

demoiselle *f* young lady; spinster; *zo.* dragon-fly.

démoli|r demolish, destroy; **~tion** *f* demolition.

démon [demõ] *m* demon; imp.

démonstration [demõ-strasjõ] *f* demonstration.

démont|able detachable;

~er dismantle; *fig.* upset; **se ~er** be put out.

démontrer [demõtre] prove clearly; demonstrate, show.

démoraliser demoralize.

démordre de let go, give up.

dénatalité *f* declining birthrate.

dénatur|é unnatural, cruel; **~er** pervert, distort.

dénégation *f* denial.

dénicher find, unearth.

dénier [denje] deny.

dénigrer disparage.

dénom|ination [denomi-nasjõ] *f* name, denomination; **~mer** denominate, call, name.

dénonc|er denounce; inform against; **~iateur** *m* informer, stool-pigeon; **~iation** *f* denunciation.

dénoter denote, indicate, show, point to.

dénou|ement *m* issue, solution; **~er** untie, loosen; **se ~er** come undone; *fig.* end, denouement.

denrée [dãre] *f*: **~s** *pl.* **alimentaires** food(stuffs *pl.*).

dens|e [dã:s] dense, compact; **~ité** *f* denseness, density.

dent [dã] *f* tooth; cog; prong; **~elé** indented; notched; **~eler** indent; jag; **~elle** *f* lace; **~ier** *m* false teeth *pl.*; **pâte** *f* **~ifrice** tooth-paste; **~iste** *m* dentist.

dénu|ement *m* destitution, poverty; **~é de** void of, without.

déodorant [deɔdɔrɑ̃] *m*
deodorant.

dépann|age *m auto* break-
down service; ~**er** repair;
fam. help out; ~**eur** *m* car
mechanic; ~**euse** *f* breakdown lorry, *Am.* wrecking
truck, wrecker.

dépaqueter [depakte]
unpack, unwrap.

départ [depa:r] *m* departure;
start; starting; outset; ~
usine *com.* ex works.

département [departəmɑ̃] *m*
department, section; province.

départir distribute, allot; se
~ **de** depart from; part with,
give up.

dépaysé out of one's element,
embarrassed.

dépecer [depəse] cut up.

dépêch|e [depeʃ] *f* dispatch;
telegram; ~**er** hasten, dispatch; **se** ~**er** make haste,
hurry.

dépend|ance [depɑ̃dɑ̃:s] *f*
dependency; dependence;
~**ances** *pl.* outhouse, out-
buildings *pl.*; ~**re** take
down (*picture etc.*); ~**re (de)**
depend (on); **cela dépend** it
depends.

dépens [depɑ̃] *m/pl. dr.* costs
pl.; **aux** ~ **de** at the expense
of; **à mes** ~ to my prejudice.

dépens|e [depɑ̃:s] *f* expendi-
ture, expense, consumption;
~**er** spend; ~**ier** extravagant.

dépérir waste away; decline,

dwindle.

dépeupler depopulate; thin
(*wood etc.*).

dépister track down (*criminal*); discover, find.

dépit [depi] *m* resentment;
grudge; **en** ~ **de** in spite of;
par ~ out of spite; ~**é**
disappointed; ~ hurt.

déplac|é displaced; mis-
placed, out of place; ~**ement**
m displacement; removal;
travel(l)ing; **frais** *m/pl. du*
~**ement** travel(l)ing expenses *pl.*; ~**er** (re-)move,
shift; **se** ~**er** move; travel.

déplai|re displease; ~**sant**
unpleasant, objectionable.

dépli|ant *m* folder; ~**er** un-
fold, open (*a. se* ~**er**).

déploiement *m* show, display.

déplor|able [deplɔrabl] de-
plorable, wretched; ~**er** regret, deplore; mourn.

déployer [deplwaje] unfurl;
spread (out); display, show
(*a. fig.*).

déportation *f* displacement,
deportation.

dépos|er deposit; put down,
lay down; drop (*a. person*);
check (*baggage, etc.*); depose
(*a. dr.*); ~**ition** *f dr.*
statement.

dépôt [depo] *m* deposit;
warehouse.

dépouiller [depuje] skin,
strip; rob, deprive; take
off; verify (*account*); ~ **se** ~
strip off; cast off; rid o.s. of.

dépourvu: ~ **de** stripped of;

devoid of; **au** ~ unawares.

déprav|ation depravity; **~er** corrupt, deprave.

dépréciation [depresjasjɔ̃] *f* depreciation; *a. com.* wear and tear.

dépression [depresjɔ̃] *f* depression; hollow.

déprimer depress.

depuis [d(ə)pɥi] since; from; ever since; ~ **longtemps** for a long time; ~ **quand?** how long? ~ **que** since.

déput|ation [depytasjɔ̃] *f* deputation; **~é** *m* deputy.

déraciner uproot; eradicate.

dérailler *ch. d. f.* run off the rails, be derailed; *fig.*, *fam.* be off the rails.

déraisonnable unreasonable.

dérange|ment [derãʒmã] *m* disturbance; trouble; **~r** put into disorder; derange; trouble; upset (*plans*); disturb.

déraper *auto* skid, slip.

déréglement *m* irregularity; disorder.

dérégler put out of order.

déris|ion [derizjɔ̃] *f* mockery; **~oire** [derizwaːr] derisive; ridiculous; absurd.

dériver divert; drift; *fig.* ~ **de** be derived from.

derni|er [dɛrnje] last; latest; final; preceding; extreme; **~èrement** lately, recently.

dérobée: à la ~ stealthily.

dérober steal, take away; conceal; **se** ~ slink off, steal away; **se** ~ **à** hide from;

dodge, shirk (*duty*, *etc.*).

déroger à deviate from.

dérouler unroll, unfold; **se** ~ take place; *story*, *etc.*: be told.

déroute [derut] *f mil.* rout; *fig.* disorder; **~er** lead astray, baffle.

derrière [dɛrjɛːr] behind; (at the) back of; **par** ~ from behind.

dès [dɛ] from, since; as early as; ~ **à présent** from now on; ~ **que possible** as soon as possible; ~ **lors** from that moment on; ~ **que** as soon as, when.

désaccord *m* discord, disagreement.

désagré|able disagreeable, nasty; **~ment** *m* unpleasantness.

désappointement [dezapwɛ̃t(ə)mã] *m* disappointment.

désapprobateur *adj.* disapproving.

désapprouver disapprove (of).

désarçonner [dezarsɔne] baffle, nonplus.

désarm|ement *m* disarmament; **~er** disarm.

désastre *m* disaster.

désavantag|e [dezavɑ̃taːʒ] *m* disadvantage; **~er** put at a disadvantage, handicap; **~eux** unfavo(u)rable; detrimental.

désav|eu *m* disavowal; disowning; **~ouer** disavow, disown; deny.

descend|ance [desɑ̃dɑːs] *f*

descent; descendants *pl.*;
~ant *m* offspring.

descendre [desã:dr] descend;
come down, go down; put up
(*at a hotel*); get off, land,
alight; bring down; ~ **chez q.**
stay with s.o.

descente [desã:t] *f* descent;
slope; police raid; ~ **de lit**
bedside rug.

description [dɛskripsjõ] *f*
description.

désenchantement *m* disenchantment, disillusion.

désenivrer sober up.

désert [deze:r] *m* desert; wilderness; *adj.* deserted, lonely;
~er desert, abandon; ~eur
m deserter.

désespér|ant heart-breaking;
~é hopeless, desperate.

désesp|érer despair (**de** of);
be the despair of; **se** ~**érer** be
in despair; ~**oir** *m* despair;
desperation.

déshabiller [dezabije] undress (*a.* **se** ~).

déshabituer [dezabitɥe]: ~ **de** cure of
(*habit*); **se** ~ **de** give up
(*smoking, etc.*).

déshériter [dezerite] disinherit.

déshon|neur [dezɔnœ:r] *m*
dishono(u)r; ~**orant** disgraceful; ~**orer** dishono(u)r;
spoil, taint.

désigner point out (*a.* ~ **du
doigt**); appoint.

désillusionner disillusion.

désinfect|ant [dezɛ̃fɛktɑ̃]
adj., m disinfectant; ~**er**

disinfect.

désintéressé unselfish; impartial; **se** ~**er de** become
indifferent to.

désir *m* desire; wish; ~**er** wish
(for), want; ~**able** [dezirabl]
desirable; ~**eux** desirous (**de**
of); ~**eux de** anxious to
do, etc.

désobéir disobey.

désobligeant [dezɔbliʒã] disobliging; uncivil.

désodorisant *adj.*, *m*
deodorant.

désol|ant distressing; ~**é**
desolate; sorry; ~**er** grieve.

désordonné disorderly;
untidy.

désordre *m* disorder; confusion; *fig.* riots *pl.*

désormais [dezɔrmɛ] from
now on; henceforth.

dessécher dry (up); wither.

dessein [desɛ̃] *m* design,
purpose.

desserrer loosen; release.

dessert [desɛ:r] *m cuis.*
dessert.

desservir clear the table;
ch. d.f., etc. ply between, serve.

dessin [desɛ̃] *m* drawing;
design; pattern; ~**er** draw;
outline; **se** ~**er** appear, show,
take shape.

dessous [d(ə)su] *adv.* underneath, below; *m* underside,
bottom; wrong side, ugly
side; *pl.* ladies' underwear;
fig. secrets *pl.*

dessus [d(ə)sy] *adv.* above,
over, on top, on it, on them;

bras ~ bras dessous arm in arm; *m* upper side, top; avoir le ~ have the upper hand.

destin [dɛstɛ̃] *m* fate; destiny; doom; ~ataire *f* addressee; ~ation *f* destination; à ~ation de bound for; ~ée *f* destiny; fate; ~er à destine for, mean for, intend for.

destituer dismiss.

destruct|ion [dɛstryksjɔ̃] *f* destruction; ~if destructive.

désuet obsolete.

désunir disjoint, separate.

détach|ant *m* stain remover; ~é detached, indifferent; ~ement [detaʃmã] *m* indifference; ~er detach, untie, undo; remove stains from; ~er work loose, come off, separate; stand out (sur against).

détail [detaj] *m* detail; com. retail; ~s *pl.* particulars *pl.*; ~ler sell by retail; detail.

détecter detect.

déteindre: se ~ lose colo(u)r, fade.

détendre [detãdr] loosen, slacken, relax (a. se ~).

détenir [detni:r] possess, hold; keep *s.o.* prisoner, detain.

détente [detãt] *f* trigger; relaxation; dur à la ~ *fig.* close-fisted.

détention [detãsjɔ̃] *f* imprisonment; ~ préventive detention pending trial.

détenu *m* prisoner; adj.

detained.

détergent [detɛrʒã] adj., *m* detergent.

détériorer deteriorate, worsen (a. se ~); spoil, ruin.

détermin|é determined; specific, ~er determine, decide (a. se ~er).

déterrer disinter.

détestable detestable.

détour [detu:r] *m* turning, bend, winding; detour, roundabout route *or* way (a. fig.); ~ner avert; turn away, turn aside; divert; hijack (plane); fig. embezzle.

détresse *f* distress; signal *m* de ~ distress signal (S.O.S.).

détriment [detrimã] *m* au ~ de to the prejudice of.

détritus [detrity] *m* rubbish, refuse, garbage; debris.

détroit *m* straits *pl.*

détromper open *s.o.'s.* eyes.

détruire [detrɥi:r] destroy; ruin.

dette *f* debt, obligation.

deuil [dœj] *m* mourning; bereavement.

deux [dø] *m* two; tous les ~ both; tous les ~ jours every other day; ~ième second; ~pièces *m* two-piece suit.

dévaliser rob, rifle, strip.

dévaloris|ation [devalɔri-zasjɔ̃] *f* devaluation; ~er devaluate.

dévalu|ation [devalɥasjɔ̃] *f* devaluation; ~er devaluate.

devanc|er precede; go ahead of; anticipate (wishes, etc.).

~ier *m* predecessor.

devant [d(ə)vã] *prp.* before; in front of; *adv.* ahead; *m* front, forepart; **aller au~~** de go to meet; *fig.* anticipate (*wishes, etc.*); ~ure *f* façade; display; shop window.

dévaster devastate, ravage.

développ|**ement** [devlɔpmã] *m* development; ~er develop (*a.* **se** ~er).

devenir [dəvnir] become, get, grow, turn.

dévergondé shameless.

déverser pour (*a.* **se** ~).

dévêtir undress (*a.* **se** ~).

déviation [devjasjɔ̃] *f* deviation; *auto* detour.

dévider reel off.

dévier deviate, swerve.

deviner guess, divine.

devis [d(ə)vi] *m* estimate.

dévisager stare at.

devise [d(ə)viːz] *f* motto; ~**s** *pl.* **étrangères** foreign currency.

dévisser unscrew.

dévoiler unveil.

devoir [d(ə)vwaːr] *v.* owe; (*when followed by an infinitive*) have to, must, should, ought, need; *m* duty; *com.* debit; *school:* homework.

dévorer devour; consume; swallow; eat up.

dévot devout.

dévou|**é** devoted (**à** to); **se** ~**er** sacrifice o.s.; volunteer.

dextérité *f* dexterity, skill.

diabète *m méd.* diabetes.

diab|**le** [djaːbl] *m* devil; **tirer le ~le par la queue** be hard up; ~**olique** diabolic(al), devilish.

diagnosti|**c** *m* diagnosis; ~**quer** diagnose.

diagonale [djagɔnal] *f* diagonal (line); **en** ~ diagonally.

diagramme *m* diagram, graph.

dialogue [djalɔg] *m* dialog(ue).

diamant [djamã] *m* diamond.

diaphane transparent.

diapositive *f phot.* slide.

diapré variegated.

dictat|**eur** *m* dictator; ~**ure** *f* dictatorship.

dictée *f* dictation.

diction *f* diction; style.

dictionnaire [diksjɔnɛːr] *m* dictionary.

diète *f* diet; **à la** ~ on a diet.

dieu [djø] *m* god; **z merci!** thank God!

diffam|**ant** libel(l)ous; ~**a-teur** *m* defamer; slanderer; ~**er** slander.

différ|**ence** [diferãːs] *f* difference; discrepancy; ~**encier** differentiate; ~**end** *m* difference, disagreement; ~**ent** different; ~**er** differ; defer; put off.

diffi|**cile** difficult; ~**culté** *f* difficulty; **faire des ~cultés** raise objections, make difficulties.

difformité *f* deformity.

diffus diffuse; ~**er**

diffuse; spread; broadcast; distribute; **~ion** f diffusion; broadcasting; spreading; prolixity.

digérer digest; *fig.* swallow, stomach.

digest|ible [diʒɛstibl] digestible; **~if** *adj.* digestive; *m* after-dinner drink; **~ion** [diʒɛstjɔ̃] f digestion.

digital digital; **empreintes** f/pl. **~es** fingerprints pl.

dign|e worthy, dignified; **~e de confiance** trustworthy, reliable; **~ité** f dignity.

digue [dig] f dike, dam.

dilapider squander.

dilat|er dilate, distend; **~oire** *dr.* dilatory.

diluer [dilɥe] dilute.

dimanche [dimɑ̃ʃ] *m* Sunday.

dimension f dimension.

diminu|er [diminɥe] diminish, lessen; *com.* reduce (*prices*); **~tion** f decrease; diminution; reduction, cut.

dindon *m* turkey.

dîn|er *m* dinner; *v.* dine, have dinner; **~eur** *m* diner.

diplôm|e *m* diploma, certificate; **~é** certified.

dire say; tell; **cela va sans ~** it goes without saying.

direct [dirɛkt] direct, straight.

direc|teur *m* director, manager; principal; **~tion** [dirɛksjɔ̃] f direction; management; manager's office; **~tives** f/pl. instructions pl.

diriger direct; guide; manage; *mus.* conduct; **mal ~** misconduct.

discerner discern; perceive.

disciple [disipl] *m* disciple, follower.

discophile *m* record fan.

discord|ance f discordance; **~e** f discord, dissension.

discothèque f discotheque.

discour|ir sur discourse upon; **~s** *m* speech, discourse; **~ treatise.**

discrédit *m* discredit; disrepute; **~er** bring discredit (up)on.

discussion [diskysjɔ̃] f discussion; debate; argument; dispute.

discuter discuss, debate; argue; question, dispute.

disette f dearth, lack.

diseuse f **de bonne aventure** fortune-teller.

disgrâce [disgrɑːs] f disgrace.

disloquer dislocate.

disparaître [disparɛːtr] disappear, vanish.

disparate ill-matched.

dispar|ition [disparisjɔ̃] f disappearance; **~u** *adj.* disappeared; *m* missing person.

dispenser dispense; **~ de** exempt from; excuse from.

dispers|er disperse, scatter; **~ion** f dispersion; dispersal; dissipation (of energy, *etc.*).

disponible [disponibl] available; vacant.

dispos [dispo] fit, in good form; **~é** disposed (à to); **~é**

à *a.* willing to; ~**er** dispose; ~**er de** have at one's disposal; **se ~er à** get ready to; ~**ition** *f* disposition; disposal.

disput|er dispute; *fam.* tell off, blow up; **se ~er** quarrel; argue; ~**eur** quarrelsome.

disque *m* disk, record; ~ **longue durée** long-playing record.

dissembl|able dissimilar; ~**ance** [disãblã:s] *f* unlikeness, dissimilarity.

disséminer scatter (*seeds*); spread (*germs*), disseminate (*ideas*).

dissen|sion [disãsjõ] *f* discord, dissension; ~**timent** *m* disagreement, difference.

dissertation *f* treatise, essay.

dissident [disidã] dissenting, dissident.

dissimilitude *f* dissimilarity.

dissimuler conceal, hide (*a.* **se ~**).

dissiper dissipate; waste, squander; scatter.

dissolu dissolute; ~**ble** dissoluble.

dissoudre [disu:dr] dissolve.

dissuader de dissuade from.

distan|ce [distã:s] *f* distance; **commande *f* à ~ce** remote control; ~**cer** overtake, outrun; outstrip; ~**t** distant, far.

distiller [distile] distil; *fig.* spread.

distinct [distẽkt] distinct; clear; ~**ion** [distẽksjõ] *f* distinction; **sans ~ion**

indiscriminately.

distingu|é [distẽge] distinguished; ~**er** distinguish; **se ~er** differ; distinguish o.s.

distraction [distraksjõ] *f* absence of mind, inadvertance; distraction; amusement.

distrai|re distract, divert; amuse, entertain; ~**t** inattentive, absent-minded.

distribu|er distribute; ~**teur** *m* **(automatique)** slot-machine, vending machine; ~**tion** [distribysjõ] *f* distribution; *mail:* delivery; *thé.* cast.

divaguer [divage] talk wildly.

divan *m* couch, divan.

diver|gence *f* divergence, difference; ~**ger** diverge.

divers [divɛ:r] different; various; ~**ion** *f* [divɛrsjõ] *f* diversion.

divert|ir entertain, amuse; **se ~ir** have a good time, relax; ~**issement** [divɛrtismã] *m* entertainment, hobby.

divin holy, divine.

divination *f* divination.

divinité *f* divinity, deity.

divis|er divide (*a.* **se ~er**); ~**ion** *f* [divizjõ] *f* division.

divorc|e [divɔrs] *m* divorce; ~**é(e)** divorced man (*or* woman); **se ~er** be divorced; ~**er d'avec q.** divorce s.o.

divulguer divulge; make known.

dix ten; ~**ième** tenth; ~~**huit** eighteen; ~~**neuf** nineteen; ~~**sept** seventeen.

docile docile, manageable.

doct|eur *m* doctor; physician; **~orat** *m* Doctor's degree.

doctrine *f* doctrine, tenet.

document [dɔkymɑ̃] *m* document; **~s** *pl.* papers; **~ation** *f* documentation; (information) material; **~er** document; inform (**sur** about).

dodu plump, fat.

doigt [dwa] *m* finger; **~ de pied** toe; **montrer du ~** point at; **~é** *m* skill; tact.

doléance *f* grievance, complaint.

domaine [dɔmɛn] *m* estate, property; *a. fig.* domain.

dôme [dom] *m* dome; cupola.

domestique *m, f* servant; *adj.* domestic.

domicil|e [dɔmisil] *m* domicile, residence, dwelling; **franco à ~** carriage paid, *Am.* free delivery; **livrer à ~e** home-deliver; **~ié** domiciled, resident, living (**à à** at).

domin|ant dominant; **~ation** [dɔminɑsjɔ̃] *f* domination; **~er** dominate (over); tower above; overlook.

dommage [dɔmaːʒ] *m* damage; loss; **c'est ~** it is a pity; **quel ~!** what a pity!

dommages-intérêts *m/pl. dr.* damages *pl.*

dompt|er [dɔ̃te] tame; subdue; **~eur** *m* tamer.

don *m* gift; donation; *fig.* talent; **~ation** *f* donation, gift.

donc [dɔ̃k] therefore, consequently, then.

donner give; provide; attribute; yield (*harvest*); express (*opinion*); **~ contre** run into (*or* against); **~ dans** fall into; **~ sur** look out on, face.

dont whose, of whom, of which.

doré gilt, golden.

dorénavant [dɔrenavɑ̃] henceforth.

dorer gild.

dorm|eur *m* sleeper; **~ir** sleep; **~ir à poings fermés** sleep like a log; **~ir trop longtemps** oversleep.

dortoir [dɔrtwaːr] *m* dormitory; **cité** *f* **~** dormitory town.

dorure *f* gilt.

dos [do] *m* back; **voir au ~!** turn over!

dose *f* dose, quantity.

dossier *m* back (of chair); file, record.

dot [dɔt] *f* dowry; **~er** endow; equip; favo(u)r.

douan|e *f* customs *pl.*; custom-house; **droits** *m/pl.* **de ~e** customs duty; **~ier** *m* customs officer; *adj.* customs.

doubl|e [dubl] *m* double; duplicate; *adj.* double; **~er** double; line (*clothes*); *auto* overtake, pass; **~ure** *f* lining.

douc|ement [dusmɑ̃] softly, gently; slowly; **~eur** *f* sweetness; kindness; mildness; **~eurs** *f/pl.* sweets *pl.*, candy.

douch|e [duʃ] *f* shower-bath; **se ~er** take a shower-bath.

dou|é gifted; **~er** endow.

dou|**leur** f pain; sorrow; **sans
~leur** painless; **~loureux**
painful; aching; *fig.* sad.

dout|**e** m doubt; misgiving;
sans ~e doubtless; of course;
~er (de) doubt, question;
se ~er de suspect, expect;
~eux dubious, doubtful,
uncertain.

doux, douce [du, dus] sweet,
gentle, soft.

douz|**e** [du:z] twelve; **~aine** f
dozen; **~ième** twelfth.

doyen m dean.

dragées f/pl. sugar-almonds
pl.; *méd.* pills *pl.*

draguer dredge.

dram|**atiser** dramatize; **~e**
m drama.

drap [dra] m cloth; sheet;
~eau m flag; **~er** drape;
~erie [drapri] f drapery,
drape.

dresser raise, erect; set up;
pitch (*tent*); set (*table*); draw
up (*list, etc.*); prick up (*ears*);
train (*animal*); **se ~** rise, rear;
stand; **se ~ contre** turn
against.

dressoir m sideboard,
dresser.

droit [drwa] m right; privilege;
fee, duty; law; **avoir ~ à** be
entitled to; be eligible for or
to; *adj.* straight; direct; up-

right; *angle, side, etc.*: right;
tout ~ straight ahead; **~e**
[drwat] f right-hand side;
right (hand); **à ~e** to (or on)
the right.

drôle [dro:l] funny; **une ~
d'histoire** a funny story; **un
~ de chapeau** a funny hat.

dru thick(set); **tomber ~** fall
thick(ly).

dû due, owing.

duc m duke.

duchesse f duchess.

dûment duly; in due form.

dup|**e** [dyp] f dupe; **~er** fool,
take in; **~erie** f dupery,
trickery; **~eur** m cheat.

duplicata m duplicate, copy.

duplicité f duplicity; double
dealing.

dur m hard; harsh; **avoir
l'oreille ~e** be hard of
hearing; **~able** lasting.

durant [dyrɑ̃] during.

durcir harden; crust.

dur|**ée** f duration; **~ée (de
validité)** validity; **de ~ée
durable;** lasting; **~er** last;
remain.

dureté [dyrte] f hardness,
harshness; hard-heartedness.

duvet m down; **~é** [dyvte]
downy.

dynamo [dinamo] f dynamo;
auto a. generator.

E

eau [o] f water; **aller aux ~x**
go to a watering-place; **ville**
d'~x spa; **~ bénite** holy

water; **~ douce** fresh water;
~ gazeuse soda-water; **~
glacée** ice-water; **~ miné-**

rale mineral water; **~‑de‑vie** f brandy.

ébats m/pl. frolic, gambol.

ébauche [ebo:ʃ] f sketch; **~r** sketch, make a rough sketch of; **~r un sourire** give the hint of a smile.

ébène f ebony.

ébéniste f cabinet-maker.

éblouir [eblui:r] dazzle.

éboul|ement m landslide; **(s')~er** collapse, fall in, crumble down.

ébranl|ement [ebrᾶləmᾶ] m shaking; shock; **~er** shake; unsettle, put in motion; **s'~er** begin to move, start; totter.

ébrécher f/ig. jag; fam. make inroads upon (one's fortune).

ébullition [ebylisjɔ̃] f boiling, ebullition; fig. commotion, turmoil; **point** m **d'~** boiling-point.

écaill|e [eka:j] f scale; shell; **~er** scale; **s'~er** scale off, peel off.

écaler shell, husk.

écarlate f (a. adj.) scarlet.

écart [eka:r] m difference, gap, variation, digression; **à l'~** aside, apart, out of the way; **à l'~ de** away from, clear of; **~é** wide apart; lonely, isolated; **~er** spread out; remove, push aside, move away; stave off; **s'~er** spread, open; move away, deviate (**de** from).

écervelé adj. scatter-brained, thoughtless.

échafaud m scaffold; **~age** m scaffolding.

échange [eʃᾶ:ʒ] m exchange; com. barter; **libre ~** free trade; **~r** exchange; barter.

échangeur m auto interchange.

échantillon [eʃᾶtijɔ̃] m sample, pattern, specimen.

échappement m: **gaz** m **d'~** exhaust gas; **tuyau** m **d'~** exhaust pipe.

échapper: à escape, slip; **l'~ belle** have a close (or narrow) shave; **laisser ~** let go; miss; drop; **s'~** escape; get away.

écharde f splinter; spine.

écharpe f sash; scarf; méd. sling.

échauder scald.

échauff|é heated, warm; fig. excited, vexed; **~er** heat, warm; inflame; fig. excite, vex; **s'~er** grow warm (or excited); run hot.

échéan|ce [eʃeᾶ:s] f com. maturity; expiry; **le cas ~t** if necessary.

échec [eʃɛk] m check; setback; failure; **~s** pl. chess.

échelle f ladder; scale.

échelon [eʃlɔ̃] m rung; stage, level; degree; echelon; **~ner** stagger, space out.

échev|eau m skein; **~elé** [eʃəvle] dishevelled.

échine [eʃin] f backbone, spine.

écho [eko] m echo.

échotier m columnist, gossipwriter.

échouer [eʃue] be stranded, strand (*a. fig.*); *fig.* fail, be a failure; *plans:* fall through.

échu de *f.*

éclabousser [eklabuse] splash.

éclair [eklɛːr] *m* lightning; *cuis.* éclair; **~age** *f* lighting, illumination; **~cie** *f* clear spot, bright interval; **~cir** clear up; thin (*hair*); brighten (up) (*a.* s'**~cir**); **~er** light, illuminate; brighten; inform; make clear.

éclat [ekla] *m* splinter; burst, explosion; peal, clap; brightness, glow, glare; *fig.* splendo(u)r, glory; sensation; **~ant** bright; dazzling; piercing; *fig.* conspicuous, brilliant; **~er** split; burst; explode, blow up; *fig.* break out; **~er de rire** burst out laughing.

éclipse *f* eclipse; **~r** outshine, eclipse.

éclisse *f méd.* splint.

éclore hatch, be hatched; blossom: open.

écœur|ant nauseating; **~er** disgust; discourage; **~ement** *m* disgust, loathing.

école *f* school; **faire ~e** set a fashion; **~ier** *m* schoolboy; **~ière** *f* schoolgirl.

économ|e *m, f* house-keeper; steward; *adj.* economic(al); sparing; **~ie** *f* economy; thrift; **~ie dirigée** planned economy; **~ie domestique**

domestic economy, housekeeping; **~ie politique** political economics *pl.*; **~ies** *pl.* savings *pl.*; **~iser** save (up); use sparingly, husband; economize (**sur** on); **~iseur de** labo(u)r, *etc.* -saving; **~iste** *m* economist.

écorce [ekɔrs] *f*, **~r** bark, skin, peel.

écorch|er [ekɔrʃe] flay, skin; scratch; graze; *pop.* fleece (*customers*); murder (*language*); **~ure** *f* scratch.

écossais Scotch, Scottish; **~** *m* Scot, Scotsman.

Écosse *f* Scotland.

écosser shell, husk.

écoul|ement *m* [ekulmã] flowing; sale; **~er** sell well (*wares*); **s'~er** flow out, run out; *fig. time:* pass.

écourter shorten, curtail.

écout|e [ekut] *f* listening(-in); **~er** listen (to); **~eur** *m* (telephone-)receiver.

écran [ekrã] *m* film, television, *etc.:* screen.

écras|é flat; **~er** crush; **s'~er** crash; **se faire ~er** get run over; **~eur** *m fam.* road hog, scorcher.

écrémer skim; *fig.* take the best part of.

écrevisse [ekrəvis] *f* crayfish.

écrier: s'~ exclaim, cry out.

écrin [ekrɛ̃] *m* casket; jewel-case.

écrire write; spell; **machine** *f* **à ~** typewriter; **s'~** be written.

écri|t [ekri] *m* writing; docu-

ment; **par** ~t in writing;
~**teau** m bill, poster; notice;
~**ture** f writing; handwriting;
records pl.; **les saintes
Écritures** pl. the Holy Scriptures pl.

écrivain [ekrivɛ̃] m writer,
author.

écrou m (screw-)nut; ~**er**
imprison.

écrouler: s'~ collapse; drop; fig. crumble
away; come to nothing.

écru unbleached, raw.

écu m scutcheon.

écueil [ekœːj] m reef; rock; fig.
obstacle, danger.

écume [ekym] f foam; froth.

écureuil m squirrel.

écurie f horses: stable.

édenté toothless.

édifi|ce [edifis] m building;
edifice; ~**er** build; fig. edify.

édit m edict; ~**er** edit,
publish; ~**eur** m publisher;
editor; ~**ion** f edition; issue;
~**orial** m leading article,
leader, editorial.

édredon [edrədɔ̃] m eiderdown.

éducat|if [edukatif] educative, educational; ~**ion** [edykasjɔ̃]
f education; training,
breeding.

éduquer [edyke] bring up,
rear, raise; train; educate.

effacer [efase] efface, erase,
wipe out; **s'~** disappear, fade
away; fig. step back, keep in
the background.

effar|é scared, frightened;
~**er** scare, startle.

effect|if effective, real; ~**ivement** in fact, actually; ~**uer**
effect, realize, perform;
s'~uer come off, take place.

efféminé effeminate.

effervescence [efɛrvesɑ̃ːs] f
effervescence; excitement.

effet [efɛ] m effect; result;
impression; ~**s** pl. belongings
pl.; com. negotiable instruments pl.; **en** ~ indeed.

effeuiller: s'~ shed its leaves
(or petals).

efficace efficacious; efficient.

effleurer touch lightly, graze,
skim.

effondr|ement m collapse,
ruin, breakdown; **s'~er** collapse, cave in, give way.

efforcer: s'~ try (hard) to,
do one's best to.

effort [efɔːr] m effort.

effraction f housebreaking,
burglary.

effray|ant frightening,
dreadful; ~**er** frighten, scare;
s'~er be scared (**de** at).

effréné unrestrained, frantic,
unchecked.

effroi [efrwa] m terror.

effront|é impudent; ~**erie**
[efrɔ̃tri] f impudence.

effroyable [efrwajabl] horrible, frightful; hideous.

égal m equal; adj. equal, level;
smooth; regular; **sans** ~
matchless, unequalled; **cela
m'est** ~ it is all the same to
me; ~**ement** likewise, equally, as well; ~**er** equal; ~**iser**

equalize; level; **~ité** f equality; evenness.

égard [ega:r] m respect; consideration; regard; **plein d'~s** attentive, considerate; **à l'~ de** with respect to; **eu ~ à** in consideration of.

égar|ement m disorder; bewilderment; **~er** lead astray; mislay; mislead; bewilder; **s'~er** go astray, get lost.

égayer cheer; **s'~** make merry, amuse o.s.

église f church.

égoïs|me m selfishness; **~te** m, f egoist; adj. selfish.

égorger cut the throat of.

égout [egu] m drain; sewer; sink; **~ter** drain (a. **s'~ter**).

égratign|er [egratiɲe] scratch; **~ure** f scratch.

Égypte [eʒipt] f Egypt; **ℓien** [eʒipsjɛ̃] adj., **~ien** m Egyptian.

élaborer elaborate; work out.

élan [elɑ̃] m spring, bound, dash; fig. enthusiasm.

élanc|ement [elɑ̃smɑ̃] m shooting pain, twinge; **~er** hurt, twinge; **s'~er** rush, dart.

élarg|ir enlarge; widen; release (prisoner); **~issement** m enlargement.

élastique m elastic, rubber, elastic band; adj. elastic.

élec|teur m elector; voter; **~tion** [elɛksjɔ̃] f election; polling; **~torat** m electorate.

électr|icien [elɛktrisjɛ̃] m electrician; **~icité** f electric-

ity; **~ique** electric: **~iser** electrify; **~onique** adj. electronic; f electronics.

électrophone m record player, Am. phonograph.

élégamment [elegamã] elegantly.

élégan|ce [elegɑ̃:s] f elegance; **~t** elegant, stylish.

élément m element; élec. cell; **~aire** elementary, basic.

éléphant m elephant.

élevage m cattle-raising, cattle-breeding.

élévation [elevasjɔ̃] f height; elevation; raising; rise; increase.

élève m, f pupil, student.

élev|é high; **~er** [elve] raise, lift; build, erect; bring up (children); rear (a. cattle); **s'~er** rise, arise; **s'~er à** a. amount to; **~eur** [elvœ:r] m breeder.

élimin|ation [eliminasjɔ̃] f elimination; **~er** eliminate; cancel; get rid of.

élire elect.

elle (pl. **elles**) she, it, her (pl. they); **~-même** herself (pl. **s-mêmes** f/pl. themselves pl.

éloign|é [elwaɲe] far (away); distant, remote, faraway; **~er** remove, send away; stave off; postpone; **s'~er** go away, leave; depart (**de** from).

élucider elucidate; clear up.

éluder elude; evade; shun.

émail [emaj] m enamel.

émancip|ation [emãsipasjɔ̃] *f*
emancipation; **~er** emancipate.

emballage *m* packing.

emballer [1] wrap up; pack (in
or up).

emballer [2] race (*engine*); **s'~**
horse: bolt, run away; *engine*:
race; *fig.* get excited.

embar|cadère *m* landing-
stage; **~quement** *m* embarkation; **~quer** embark;
fam. arrest.

embarras [ãbaʀɑ] *m* embarrassment; confusion; difficulty; *fam.* pinch; **~sant**
situation, etc.: awkward;
~ser embarrass; puzzle,
nonplus.

embaucher [ãboʃe] hire,
engage.

embaumer [ãbome] embalm; smell sweetly of.

embellir embellish, beautify;
improve, become more
beautiful.

embêt|ant [ãbɛtã] *fam.* tiresome, annoying; **~ement** *m*
nuisance; **~er** annoy, bore.

emblée: **d'~** instantly,
straight off.

emblème *m* emblem.

emboîter fit in.

embouchure [ãbuʃyʀ] *f*
river, etc.: mouth.

embouteill|age [ãbutɛjaːʒ] *m*
traffic jam; **~er** block,
obstruct.

embranchement *m* road
junction.

embrasser kiss; embrace;

hug; *fig.* comprise.

embray|age [ãbʀɛjaːʒ] *m*
coupling; clutch; **~er** couple;
auto let in the clutch.

embrouiller tangle; confuse,
trouble; **s'~** get entangled;
become confused.

embûche *f* ambush; snare.

émeraude [emʀoːd] *f*
emerald.

émerger [emɛʀʒe] emerge,
appear.

émeri [emʀi] *m* emery.

émerveiller [emɛʀveje]
amaze; **s'~** marvel (**de** at).

émetteur *m* radio transmitter; broadcasting station;
com. drawer (*of a bill*).

émettre emit, give out;
transmit, broadcast; express
(*opinion, etc.*); issue (*bank-
notes, etc.*).

émeute *f* riot.

émietter crumble; waste.

émigr|é *m* emigrant, refugee;
~er emigrate.

éminen|ce [eminãːs] *f*
eminence, prominence; **~t**
eminent, outstanding.

émissaire *m* emissary, messenger; **bouc** *m* **~** scapegoat.

émission [emisjɔ̃] *f* broadcast, transmission; issue;
utterance.

emmagasiner [ãmagazine]
store (up).

emmêler entangle.

emménager [ãmenaʒe] move
in.

emmener [ãmne] lead away,
take (away).

emmitoufler [ãmitufle] wrap up, muffle up.

émoi *m* emotion, commotion, turmoil.

émoluments [emɔlymã] *m/pl.* salary; emoluments *pl.*

émotion [emɔsjɔ̃] *f* emotion; excitement.

émoussé blunt; **~er** blunt; dull.

émouvoir [emuvwa:r] arouse; move; **s'~** be moved; get excited.

empaqueter [ãpakte] pack (up), wrap up.

emparer: s'~ de seize, take possession of.

empêcher [ãpeʃe] hinder, prevent (**de** from); **n' empêche que** ... all the same; **s'~** de keep *or* refrain from; **je ne peux pas m'~ de rire** I cannot help laughing.

empereur *m* emperor.

empesé stiff, formal.

empiéter sur encroach upon, trespass upon; infringe.

empiler stack, pile up; *fam.* cheat, rob.

empire [ãpi:r] *m* empire; domination; rule; authority; **~ sur soi-même** self-control.

empirer worsen; make worse; get worse.

emplacement [ãplasmã] *m* place, site, location.

emplette *f* purchase; **faire ses ~s** go shopping.

emplir fill (up).

emploi [ãplwa] *m* use; employment; occupation; **mode** *m* **d'~** directions for use.

employ|é(e) [ãplwaje] *m*, *f* employee, clerk; **~er** use; employ; spend; **s'~er à** devote o.s. to; **~eur** *m* employer.

empocher pocket (*money etc.*).

empoigner [ãpwaɲe] grasp, take hold of.

empoisonner poison.

emport|é quick-tempered; **~er** carry away; take away; remove; **l'~er sur** get the better of, prevail over; **s'~er** get angry; lose one's temper.

emprein|dre [ãprɛ̃:dr] imprint; impress; **~te** *f* imprint; foot-mark.

empress|é zealous; eager, fervent; **s'~er** make a lot of fuss; **s'~er de** hasten to.

emprisonne|ment *m* imprisonment; **~r** imprison.

emprunt [ãprœ̃] *m* loan; **~er** borrow (**à** from); take (*road*).

ému moved, stirred.

en [ã] in, as, like, on, at, to, into; of (from, with, by) him, her, them, it.

encadrer frame, surround.

encaisser collect, get in (*money*); *fig.* pocket (*insults*).

en-cas *m* emergency snack.

encastrer fit in, embed.

enceindre [ãsɛ̃dr] enclose, surround.

enceinte [ãsɛ̃t] *f* enclosure; precincts *pl.*, walls *pl.*; *adj.*

pregnant.

encens [ãsã] *m* incense.

encercler encircle, surround; shut in.

enchaîner chain (up); link (up), connect.

enchant|ement [ãʃãt(ə)mã] *m* delight; charm; **~é** delighted; delightful; **~er** enchant, fascinate; **~eur** *m* sorcerer; *adj.* bewitching, charming.

enchères [ãʃɛ:r] *f*/*pl*.: **vente aux ~** public auction.

enchevêtrer: s'~ get entangled (*or* confused).

enclin à inclined to; prone to.

enclos [ãklo] *m* enclosure, close.

enclume *f* anvil.

encombr|ant bulky, clumsy; **~ement** *m* traffic jam; obstruction; **~er** obstruct, hinder; litter; glut, overstock.

encore [ãkɔ:r] still; again; more; **~ un** another; **~ un peu (de ...)** some more (...); **pas ~** not yet; **~ que** although.

encourager encourage.

encourir incur, run (*risk etc.*).

encre *f* ink.

endetter: s'~ run into debt.

endive [ãdiv] *f* endive.

endommager [ãdɔmaʒe] damage, injure.

endormi asleep; **~r** send to sleep; **s'~r** go to sleep; fall asleep.

endoss|ement [ãdosmã] *m* com. endorsement; **~er** put

on (*clothes*); com. endorse.

endroit [ãdrwa] *m* place; spot; right side, face.

endui|re [ãdɥi:r] coat; **~t** *m* coat(ing).

endurance [ãdyrã:s] *f* endurance; stamina.

endurcir harden, inure.

endurer bear, endure, go through.

énerg|ie [enɛrʒi] *f* energy; **~ique** energetic; vigorous.

enfan|ce [ãfã:s] *f* childhood; infancy; **~t** [ãfã] *m* child; **~tin** childish.

enfer [ãfɛ:r] *m* hell.

enfermer shut up; lock in *or* up; enclose.

enfil|ade *f* string, series; **~er** thread; string; slip on, put on (*clothes*); take (*road*).

enfin at last; finally; in short.

enflammer kindle (*a. fig.*); inflame; *fig.* excite.

enfl|er swell, bloat; **~ure** *f* swelling.

enfoncer drive in (*nail, etc.*); break open (*door*); **s'~** sink; penetrate; plunge.

enfreindre [ãfrɛ̃:dr] infringe, transgress.

enfuir: s'~ flee, run away; *fig. time:* pass rapidly.

engag|ement [ãgaʒmã] *m* engagement; obligation; **~er** engage; hire; take on; bind, oblige (à to); enter into, open; pledge, pawn; **s'~er** commit o.s.

engelure [ãʒly:r] *f* chilblain.

engendrer engender.

engin [ãʒɛ̃] *m* device, tool, instrument; missile; *fam.* gadget.

englober comprise, include.

engloutir swallow; engulf.

engouffrer swallow.

engourdi numb; **~r** (be-) numb; **s'~** grow numb.

engraisser fatten; get fat.

engrenage *m* gear, cogwheels *pl.*; *fig.* network.

enhardir [ãardi:r] encourage; **s'~** take courage.

énigme *f* riddle, enigma, puzzle.

enivr|ement [ãnivrəmã] *m* intoxication; *fig.* ecstasy; **~er** intoxicate; *fig.* excite; **s'~er** get drunk.

enjamber [ãʒãbe] stride, stride over.

enjeu [ãʒø] *m* bet, stake.

enjoindre enjoin.

enjoliveur *auto* hubcap.

enjoué playful, gay.

enlèvement [ãlɛvmã] *m* removal; carrying off; abduction.

enlever [ãl(ə)ve] remove; take away; abduct.

ennemi [ɛnmi] *m* enemy.

ennoblir [ãnɔbli:r] ennoble.

ennu|i [ãnɥi] *m* trouble, nuisance, bother; boredom; grief; **~yer** [ãnɥije] annoy; bore; bother; **s'~yer** be bored; **~yeux** annoying; boring, dull.

énoncer enunciate; state.

enorgueillir [ãnɔrgœji:r] make proud; **s'~ de** pride

o.s. on, take pride in.

énorme enormous; huge.

enquérir: s'~ de inquire about.

enquête [ãkɛt] *f* inquiry; investigation; **~r** investigate.

enracin|é deep-rooted; **s'~er** take root.

enrager fume, be furious; **faire ~** vex, enrage.

enregistre|ment *m* registration; recording; **droit** *m* **d' ~ment** booking-fee; **~r** register; book; record (*a. music*).

enrhumer [ãryme]: **s'~** catch cold.

enrichir enrich.

enrou|é hoarse; **s'~er** become hoarse.

enrouler roll (up), wind (*a.* **s'~**).

enseign|e [ãsɛɲ] *f* sign, signboard; **~ement** [ãsɛɲmã] *m* teaching, instruction; **~er** teach, instruct.

ensemble [ãsãbl] *adv.* together; at the same time; *m* whole; set; ensemble; **~~ pantalon** *m* pantsuit.

enserrer enclose.

ensevelir [ãsəvli:r] bury.

ensoleillé [ãsɔleje] sunny.

ensommeillé sleepy; drowsy.

ensuite [ãsɥit] afterwards, next, then.

ensuivre [ãsɥi:vr] follow; result; **il s'ensuit que** it follows that.

entacher stain, taint.

entaill|e [ãta:j] *f* gash.

groove; ~**er** notch, cut.

entam|e f first slice; ~**er** cut into; eat into; break into; impair; fig. begin, enter into; ~**ure** f incision.

entasser heap up, pile up; hoard (money).

entendre [ătã:dr] hear; understand; intend, mean; **s'**~ agree, get on, get along; be obvious.

entendu [ătãdy] settled, understood, agreed; **bien** ~! of course!

entente [ătã:t] f understanding; agreement.

enterr|ement [ãtɛrmã] m burial; ~**er** bury.

en-tête m heading.

entêt|é obstinate; stubborn; **s'**~**er à** persist in.

enthousiasme [ătuzjasm] m enthusiasm.

entier [ătje] entire, whole; **en** ~ wholly, completely; in full.

entièrement [ătjɛrmã] wholly, entirely.

entonn|er barrel (liquid); mus. intonate, strike up (song); ~**oir** m funnel.

entorse f sprain.

entortiller [ătɔrtije] twist, wind, curl (autour de round; a. **s'**~); fam. get round s.o., take in, wrap up).

entour: à l'~ **de** around.

entourage [ătura:ʒ] surroundings pl.; entourage.

entourer surround; encircle.

entracte m thé. interval, intermission.

entraider: s'~ help one another.

entrailles [ătra:j] f/pl. entrails pl.; bowels pl.

entrain [ătrɛ̃] m enthusiasm, fire.

entrain|ement m training; ~**er** drag, carry, lead (away); induce; involve, entail; train; ~**eur** m trainer.

entrant [ătrã] incoming.

entrav|e f shackle, fetter; fig. obstacle; ~**er** shackle; impede, hinder.

entre [ătr] between, among; ~**bâiller** half open (door); set ajar; ~**chat** m caper.

entrée [ătre] f entrance; way in; entry; admission; meal: first course; ~ **interdite** no admittance.

entre|faites f/pl.: **sur ces** ~**faites** meanwhile; ~**lacer** intertwine; ~**mêler** intermix, intermingle; ~**mets** [ătrəme] m sweet dish; ~**mise** f mediation; intervention; ~**pôt** m storehouse; warehouse; ~**prenant** enterprising; ~**prendre** undertake; take in hand; ~**preneur** m contractor; entrepreneur; ~**prise** f enterprise; undertaking.

entrer [ătre] enter; come in; go in; **faire** ~ show in (visitor).

entre|sol m arch. mezzanine; ~**temps** meanwhile; in the meantime; ~**tenir** [ătrətni:r] maintain; keep up

s'~tenir (have a) talk, converse; **~tien** [ɑ̃trətjɛ̃] m maintenance; upkeep; conversation; **~voir** catch a glimpse of; **~vue** f meeting.

entr|ouvert ajar; **~ouvrir** half open (door).

énumérer enumerate.

envahir invade, infest; seize, overcome; encroach upon.

envelopp|e [ɑ̃v(ə)lɔp] f envelope; wrapper; **~er** envelop, wrap up.

envenimer poison; fig. aggravate, worsen.

envergure [ɑ̃vɛrgy:r] f av. wing-spread; fig. scope, importance, standing.

envers [ɑ̃vɛ:r] prp. towards, to; m reverse, back, wrong side; fig. seamy side; **à l'~** inside out; upside down.

envi|e f envy; desire, longing; **avoir ~e de** wish (for), want (to), feel like; **~er** envy.

environ [ɑ̃virɔ̃] about; **~s** m/pl. neighbo(u)rhood.

envisager envisage; consider.

envoi [ɑ̃vwa] m sending off, dispatch; consignment, shipment.

envol m av. take-off; **s'~ler** fly away; flee.

envoy|é m envoy, messenger; **~er** send.

épais, ~se thick; dense; fig. dull (-witted); **~seur** f thickness; **~sir** thicken; grow stout.

épancher pour out.

épanouir [epanui:r] cheer up;

s'~ bloom, open, blossom out (a. fig.).

épargn|e [eparɲ] f saving; economy; **caisse f d'~e** savings-bank; **~er** save; spare.

éparpiller [eparpije] scatter; disperse.

épars scattered; dishevelled.

épat|ant fam. wonderful, great; **~er** fam. flabbergast.

épaule [epo:l] f shoulder; **hausser les ~s** shrug the shoulders.

épave [epa:v] f wreck.

épée f sword.

épeler [eple] spell.

éperdu bewildered; **~ment** very much, madly.

éperon [eprɔ̃] m spur.

épi m grain; ear; spike.

épi|ce f spice; **pain m d'~ce** gingerbread; **~cé** highly spiced, spicy (a. fig.); **prix m ~cé** stiff price; **~cer** spice; season; **~cerie** [episri] f grocery; **~cerie fine** delicatessen; **~cier** m grocer.

épidémie f epidemic.

épier watch; spy.

épiler depilate.

épinard(s) [epina:r] m(/pl.) spinach.

épin|e f thorn; **~e dorsale** spine; **~eux** prickly.

épingle [epɛ̃gl] f pin; **~ à cheveux** hairpin; **~ de sûreté** safety-pin; **tiré à quatre ~s** carefully dressed, spick and span; **~r** pin (on or down).

épître f epistle; (long) letter.

éplucher pick; clean (*vegetables*); peel, pare (*potatoes, etc.*); sift.

éponge *f* sponge.

époque *f* epoch, period; time; **(d')~** *furniture:* period; **faire ~** mark an epoch.

épous|e [epu:z] *f* wife; **~er** marry.

épousset|er [epuste] dust off; **~te** *f* dust-cloth.

épouvant|able frightful; horrible; **~ail** *m* scarecrow; **~er** terrify; horrify.

époux [epu] *m* husband; *pl.* husband and wife.

éprendre: s'~ de fall in love with; take a fancy to.

épreuve [eprœ:v] *f* trial; test; *phot.* print; **à l'~ de** proof against, ...proof; **à toute ~** well-tried, firm.

éprouv|er [epruve] test; try (*a. fig.*); feel, experience; **~ette** *f* test-tube.

épuis|é exhausted; sold out; **~er** exhaust; drain; wear out; use up; **s'~er** wear o.s. out; run out, run low.

épurer purify; refine.

équateur [ekwatœ:r] *m* equator.

équilibre *m* balance.

équip|age [ekipa:ʒ] *m* outfit; *ship:* crew; **~e** *f* team; **~ement** [ekipmɑ̃] *m* equipment, outfit; **~er** equip, fit out.

équitable just, fair.

équitation [ekitasjɔ̃] *f* riding.

équité *f* equity, justice.

équivalent [ekivalɑ̃] equivalent.

équivoque doubtful, ambiguous, equivocal.

érable *m bot.* maple(-tree).

érafler scratch, graze.

ère [ɛ:r] *f* era; epoch.

éreinter wear out; *fig.* slash, slate; **s'~** toil, slave.

ériger erect, raise.

err|ant wandering, errant; **~er** [ɛre] wander, ramble; *fig.* err, be mistaken; **~eur** [ɛrœ:r] *f* error, mistake; fallacy; **~oné** wrong, faulty, mistaken.

érudit *adj.* learned; *m* scholar.

éruption [erypsjɔ̃] *f* eruption; *méd.* rash.

ès [ɛ(s)] **(en en les)** of; **licencié** *m* **ès lettres** Bachelor of Arts.

escabeau *m* stool.

escale *f av.* intermediate landing; *mar.* port of call; **faire ~** à call at.

escalier *m* stairs *pl.*; staircase; **~ roulant** escalator; **~ de secours** fire escape; **~ en vis** spiral staircase.

escalope *f* cutlet.

escamot|er juggle away; rob, pilfer; **~eur** *m* juggler; pilferer.

escargot *m* snail.

escarp|é steep; **~ement** *m* steep, slope; **~ins** *m/pl.* (dancing) slippers *pl.*; **~olette** *f* (children's) swing.

esclandre *m* scandal, scene.

esclav|age *m* slavery; bond-

age; ~e m, f slave.

escompte [εskɔ̃:t] m discount; **taux m d'~** bank rate; **~r** [εskɔ̃te] com. discount; fig. expect, count on.

escorter escort.

escrime f fencing; **faire de l'~** fence, go in for fencing; **s'~r** endeavo(u)r, try hard.

escroc [εskro] m crook.

espace m space; **~r** space (out).

Espagn|e [εspaɲ] f Spain; **♀ol** adj., **~ol d'** Spanish.

espèce [εspεs] f kind; species; **~s** pl. cash; **~ d'imbécile!** you idiot!

espér|ance f hope; **~er** hope, trust; expect.

espiègle [εpjεgl] mischievous, roguish, arch.

espion [εspjɔ̃] m spy; **~ner** spy; watch.

esprit [εspri] m ghost; spirit; mind; wit.

esquisse f sketch, plan; **~r** sketch.

essai [εsε] m attempt; trial; test; **à l'~** on trial.

essaim m. swarm.

essay|age m trying(-on), fitting; **~er** [εseje] try; attempt (**de** to); try on (or out).

essence [εsã:s] f petrol, Am. gasoline; **poste m d'~** filling station; **prendre de l'~** refuel.

essentiel [εsãsjεl] m chief point; adj. essential.

essieu [εsjø] m axle.

essor m flight, soaring; fig.

rise, upswing.

essoufflé out of breath.

essuie-|glace m auto windscreen (Am. windshield) wiper; **~-main** m towel.

essuyer [εsɥije] wipe, dry; fig. suffer, endure, undergo.

est [εst] m east.

estaminet m tavern.

estampe f print, plate; **~r** stamp; imprint; fam. cheat, do; **~ille** f trade mark.

estim|able [εstimabl] worthy; estimable; **~ation** f estimate, valuation; **~e** f esteem, high regard; **~er** esteem; estimate; think, consider.

estival summer-like.

estomac [εstɔma] m stomach.

estrade f platform, stand, stage.

estropier cripple, maim.

estuaire m estuary.

et [e] and; **et... et...** both ... and ...

étable f cattle-shed.

établir establish; create; set up; draw up, work out; **s'~** settle (down).

établissement [etablismã] m establishment; setting.

étag|e m floor, storey; **~ère** f shelf.

étain m pewter; tin.

étal|age m show; display; shop window; **~er** display; spread; stagger.

étanche tight; watertight; **~r** stem (blood); quench (thirst).

étang [etã] m pond.

étape [etap] f stage, distance;

stopping place; **faire** ~ stop
(over), put up.

état [eta] *m* state; condition;
profession; list.

États-Unis [etazyni] *m/pl.*
United States *pl.*

été *m* summer.

éteindre extinguish; put out,
switch off; **s'**~ *fire, etc.*: go
out; *fig.* die (away); fade
away.

étend|re [etã:dr] stretch;
spread; lay; floor; extend;
s'~re lie down; stretch, extend; ~**u** vast; extensive; ~**ue**
f expanse, stretch.

étern|el eternal, perpetual;
~**ité** *f* eternity.

éternuer sneeze.

étincel|er [etɛ̃sle] sparkle;
flash; ~**le** *f* spark.

étiquet|er [etikte] label; ~**te** *f*
label, tag; etiquette.

étoffe *f* cloth, material, fabric;
stuff (*a. fig.*); ~**s** *pl.* drapery;
~**r** pad out (*speech, etc.*).

étoile [etwal] *f* star; ~ **filante**
shooting star.

étonn|ant astonishing;
~**ement** *m* astonishment;
~**er** astonish; amaze; **s'**~
be astonished.

étouff|ant stifling, sultry,
close; ~**ée** *f* stew(ing); ~**er**
stifle, suffocate, choke.

étourd|erie *f* thoughtless-
ness, distraction; blunder,
thoughtless act; ~**i** thoughtless, careless, absent-minded;
~**ir** stun; numb, deaden;
deafen; ~**issant** stunning;

deafening; bewildering.

étrang|e [etrã:ʒ] strange,
queer; odd; ~**er** *adj.* foreign;
unknown, strange; *m*
stranger; foreigner, alien;
foreign country; **à l'**~**er**
abroad; ~**eté** [etrã:ʒte] *f*
strangeness; oddness.

étrangler strangle; choke.

être [ɛtr] *v.* be; ~ *m* **humain**
human being.

étrécir: s'~ narrow, shrink.

étrein|dre [etrɛ̃:dr] clasp,
grasp, grip; ~**te** *f* embrace;
grasp.

étrenn|e [etrɛn] *f* New Year's
gift; ~**er** use for the first
time.

étrier *m* stirrup; **le coup** *m*
d'~ one for the road.

étroit [etrwa] narrow; tight; **à
l'**~ cramped; ~**esse** *f* nar-
rowness; tightness.

étude *f* study; research; **faire
ses** ~**s** study.

étudi|ant(e *f*) *m* student; ~**er**
study.

étui *m* case; ~ **à cigarettes**
cigarette case.

étuver [etyve] stew.

Europe [ørɔp] *f* Europe.

européen [ørɔpeɛ̃] *adj.*, ⚥ *m*
European.

eux-mêmes *m/pl.* themselves.

évacuer evacuate, empty.

évader: s'~ escape.

évaluer value; estimate.

évanou|ir: s'~ faint, swoon;
~**issement** *m* fainting fit.

évaporer: s'~ evaporate.

évas|é flared; **~er** widen (*a.* **s'~er**).

évasion [evazjɔ̃] *f* escape; evasion; **~ de l'argent** flight of capital.

éveiller [eveje] awaken; arouse; **s'~** wake up.

événement [evɛnmɑ̃] *m* event; occurrence.

évent|ail *m* fan; **~er** fan; ventilate; discover.

éventuel [evɑ̃tɥɛl] possible.

évêque *m* bishop.

évidemment [evidamɑ̃] evidently; of course.

évident evident, obvious.

évier *m* sink.

éviter avoid; shun; **~ qc. à q.** spare s.o. s.th.

évolution [evɔlysjɔ̃] *f* evolution; development.

évoquer evoke; call up; conjure up.

exact [ɛgzakt] exact; correct; punctual; **~ement** exactly; **~itude** *f* accuracy; exactitude; correctness.

exagérer [ɛgzaʒere] exaggerate.

examen [ɛgzamɛ̃] *m* examination; inspection; **~ médical** checkup.

examiner examine.

excéd|ent *m* surplus; excess; **~ent de bagage** excess baggage; **~er** exceed; go beyond; *fig.* annoy, wear out.

excellen|ce [ɛksɛlɑ̃:s] *f* excellency; excellence; **par ~** in the highest degree; **~t** excellent.

exceller excel.

except|é except, save; **~er** except; **~ion** *f* exception; **~ionnel** exceptional, unusual.

excès [ɛksɛ] *m* excess; abuse; **~ de vitesse** speeding.

excessif excessive; extreme.

excit|ation [ɛksitasjɔ̃] *f* excitement; instigation; **~er** excite, rouse; stimulate; stir up.

exclam|ation [ɛksklamasjɔ̃] *f* exclamation; **s'~er** exclaim.

exclu|re exclude; shut out; **~sion** *f* exclusion.

excursion [ɛkskyrsjɔ̃] *f* trip; tour; route; excursion.

excus|e [ɛksky:z] *f* excuse; apology; **~er** excuse; **s'~er** apologize; **se faire ~er** ask to be excused.

exécut|er perform; execute; **~ion** *f* execution; performance.

exempl|aire *m* book, *etc.*; copy; *adj.* exemplary; **~e** *m* example; **par ~e** for instance, for example; indeed!

exempt [ɛgzɑ̃] exempt; free; **~ d'impôts** tax-free; **~ de droits** duty-free; **~er** exempt (**de** from); **~ion** *f* exemption.

exerc|er exercise, train; exert; carry on (*profession, etc.*); **s'~er** practise; **~ice** *m* exercise; training; practice.

exhaler exhale, breathe out.

exhiber [ɛgzibe] exhibit.

exhorter exhort; urge.

exig|eant [ɛgziʒɑ̃] exacting,

demanding, hard to please;
~ences f/pl. demands pl.,
conditions pl., requirements
pl.; **~er** exact; require;
demand.

exigu exiguous, scanty.

exil [εgzil] m exile; banishment; **~é** m exile; adj. exiled;
~er exile, banish.

existence [εgzistãːs] f existence; **~er** exist.

exonérer exonerate; free.

expatrier banish; **s'~** leave
one's country.

expédier send (off), ship,
dispatch; **~tion** f forwarding; expedition.

expérience [εksperjãːs] f experience; experiment.

experimenté experienced;
~er experience; test, try.

expert [εkspεːr] m, adj. expert; **~ comptable** certified
public accountant; **~ise** f
expert valuation.

expier expiate, atone for.

expiration f expiration; end;
expiry; **~er** expire; breathe
out; die.

explication [εksplikasjɔ̃] f
explanation.

expliquer explain; **s'~** explain o.s.; **s'~ avec** have an
argument with.

exploit [εksplwa] m exploit;
~ation f exploitation; **~er** exploit, work, cultivate; make
use of; fig. turn to account.

explorateur m explorer; **~er**
explore.

exploser explode, blow up.

exportateur m exporter;
adj. exporting; **~ation**
[εkspɔrtasjɔ̃] f export(ation);
~ations pl. exports pl.

exposé m statement,
account; **~er** expose; show,
exhibit; **~ition** [εkspozisjɔ̃] f
exposition, show; exposure.

exprès [εksprε] adj. express,
definite; express, Am. special
delivery letter; adv. on
purpose.

express [εksprεs] m fast train.

expressément expressly;
specially; **~if** expressive;
~ion [εksprεsjɔ̃] f expression.

exprimer express, utter;
squeeze (out).

exproprier expropriate.

expulser expel, eject.

exquis exquisite, choice.

extase f ecstasy, rapture.

extension [εkstãsjɔ̃] f extension, extent.

exténuer weaken, wear out.

extérieur [εksterjœːr] m exterior; outside; foreign countries pl.; adj. exterior; foreign.

exterminer exterminate.

externe external.

extincteur m fire-extinguisher; **~ion** [εkstε̃ksjɔ̃] f
extinction.

extirper extirpate, uproot,
root out.

extorquer extort.

extraction [εkstraksjɔ̃] f
extraction.

extrader extradite.

extraire extract, pull out.

extrait m extract; **~ de**

naissance birth certificate.

extraordinaire [ɛkstra-ɔrdinɛːr] extraordinary.

extrême [ɛkstrɛːm] adj., m extreme.

extrémité [ɛkstremite] f extremity; end; **~s** pl. hands pl.

and feet pl.; **à l'~** dying; **à l'~ de** at the far end of.

Extrême-Orient m Far East.

exubérant [ɛgzyberɑ̃] exuberant; superabundant.

F

fable [faːbl] f fable; story; fiction.

fabri|cant m manufacturer; **~cation** [fabrikasjɔ̃] f fabrication, manufacture; **~que** f factory; **~quer** make; manufacture.

fabuleux fabulous; incredible.

façade f façade; front.

face [fas] f face; **en ~ (de)** opposite; **faire ~ à** face, meet, cope with.

fâch|er irritate; vex; **se ~er** get angry; **~eux** annoying; tiresome.

facil|e easy; **~ité** f facility; easiness; gift, aptitude; **~iter** facilitate, make easy; **~ités** pl. **(de paiement)** easy terms pl.

façon [fasɔ̃] f make, cut; manner, way, fashion; **~s** pl. ceremony, fuss; **à la ~ de** like, in the style of; **de ~ à** so as to; **de ~ que** so that; **de toute ~** in any case, anyway; **~ner** fashion, form, make.

facteur m postman, mailman; maker, manufacturer; factor.

factur|e f com. bill, invoice;

~er com. invoice.

facult|atif optional; **~é** f faculty, power; school, department.

fade [fad] insipid, tasteless.

fagot m faggot, bundle.

faibl|e adj. weak; faint; feeble; thin; m weakness, foible; **~esse** f weakness; weak point; **~ir** weaken; give way.

faill|ir [fajiːr] fail; com. go bankrupt; **j'ai ~i tomber** I almost fell; **~ite** f bankruptcy; **faire ~ite** go bankrupt.

faïence [fajɑ̃ːs] f earthenware, crockery.

faim [fɛ̃] hunger; **avoir ~** be hungry; **mourir de ~** be starving.

fainéant m sluggard, idler; adj. idle, lazy.

faire [fɛːr] make; do; cause; **ça ne fait rien** it doesn't matter, never mind; **~ qc.** get or have s.th. done; **se ~** grow, become; **se ~ à** get accustomed to; **c'est bien fait pour vous** serves you right.

faisable [fəzabl] feasible;

practicable.

faisan [fəzɑ̃] *m* pheasant.

faisceau [fɛso] *m* bundle, pile, stack, cluster.

fait [fɛ] *m* fact; deed; exploit; *adj.* done; made (**de** of); ripe, mature; **en ~** as a matter of fact; **en ~ de** as regards, in the way of; **~s** *pl.* **divers** news item; **en venir au ~** come to the point.

faîte *m* top; summit; ridge; *fig.* height.

falaise [falɛːz] *f* cliff.

falloir [falwaːr] be necessary; want; need; must; ought; should; **il me faut de l'argent** I need (some) money; **comme il faut** proper, correct.

falsifier falsify; tamper with; forge (*documents*).

famélique famished.

fameux famous; renowned; well-known; *fig.* capital, pretty good, terrific.

famil|ier familiar; domestic; intimate; **~le** *f* family; household.

famine [famin] *f* famine; starvation.

fanal *m* beacon, lantern.

fanat|ique fanatical; **~isme** *m* fanaticism.

faner make hay; fade, wither (*a.* **se ~**).

fanfar|e *f mus.* flourish; brass band; **~on** *m* boaster, braggart.

fange [fɑ̃ːʒ] *f* mud, mire; *fam.* muck; **~eux** muddy, miry;

filthy.

fantaisie *f* fancy; imagination.

fantastique fantastic.

fantôme *m* ghost, spirit.

farce *f* stuffing, filling; trick; joke.

farci stuffed; **~r** stuff.

fard [faːr] *m* paint, rouge, makeup; **piquer un ~** flush, blush.

fardeau burden; load.

farder paint, make up; *fig.* disguise; **se ~** put on makeup.

farin|e *f* flour; **~eux** mealy, farinaceous.

farouche [faruʃ] wild, grim, fierce; shy, timid.

fascin|ation [fasinasjɔ̃] *f* fascination, charm; **~er** fascinate.

faste *m* pomp; display.

fastidieux tedious, dull.

fastueux gorgeous; pompous; sumptuous.

fat [fat] *m* fop; *adj.* foppish; conceited.

fatal [fatal] fatal; inevitable; **~ité** *f* fatality, calamity, misfortune.

fatig|ant tiring; wearisome; **~ue** *f* weariness; fatigue; strain, wear; **~ué** tired, weary; threadbare, worn; **~uer** [fatige] tire, weary; **se ~uer** get tired.

faubourg [fobuːr] *m* suburb; outskirts *pl.*

fauch|er mow, cut, reap; **~euse** *f* mowing-machine;

faucille f sickle.

faucon m falcon.

faufiler tack, baste; **se ~** sneak, slip.

fauss|aire m forger; **~er** falsify; warp; bend; pervert, distort; force (lock); **~eté** [foste] f falseness; duplicity; lie.

faute [fot] f fault; error; mistake; **~ de** for want of; **sans ~** without fail.

fauteuil [fotœj] m arm-chair, easy chair; **~ d'orchestre** stall, orchestra seat; **~ roulant** wheel chair.

fauve m wild beast; adj. fawn-colo(u)red.

faux[1] [fo] f scythe.

faux[2] m forgery; falsehood.

faux[3], **~sse** false, wrong, untrue; counterfeit; forged.

faux-filet m sirloin.

faux-monnayeur m counterfeiter.

faveur f favo(u)r; **à la ~ de** under cover of; **en ~ de** on behalf of; in favo(u)r of, to the advantage of; **billet** m **de ~** complimentary (or free) ticket; **prix** m **de ~** preferential price.

favor|able [favɔrabl] favo(u)rable; **~i** m, adj. favo(u)rite; is m/pl. whiskers pl., sideburns pl.; **~iser** favo(u)r.

fécond fertile; fruitful; fig. productive; **~er** fertilize; **~ité** f fecundity, fertility.

fécule f starch.

fédér|al federal; **~ation** [federasjɔ̃] f federation, confederation; **~é** adj., m federate.

fée f fairy; **conte** m **de ~s** fairy-tale; **~rique** magic, enchanting.

feindre [fɛ̃:dr] feign, sham; **~ de** pretend to.

feinte [fɛ̃:t] f feint, pretence; bluff.

fêler crack; fracture (glass etc.).

félicit|ation [felisitasjɔ̃] f congratulation; **~é** f felicity; **~er q. de** congratulate (or compliment) s.o. on.

félonie f treason.

femelle f, adj. female.

fémin|in feminine; female; womanly; **~isme** m feminist movement; **~iste** f feminist.

femme [fam] f woman; wife; **~ de chambre** chambermaid; **~ de ménage** charwoman.

fendre [fɑ̃:dr] split, cleave, rend; **se ~** split, crack.

fenêtre f window.

fenouil m bot. fennel.

fente [fɑ̃:t] f crack; slit; cleft; rent.

fer [fɛ:r] m iron; **~ à cheval** horseshoe; **~ à repasser** flatiron; **~-blanc** m tin.

férié: jour m **~** (public) holiday, bank holiday.

ferme[1] f farm; farmhouse.

ferme[2] firm; tough; strong; steady; **travailler ~** work hard.

fermé closed; shut; off.

ferment [fɛrmɑ̃] *m* ferment; **~ation** *f* fermentation; *fig.* excitement, unrest.

ferm|er shut (up); close; lock; block (up); switch off, turn off; **on ~e!** closing-time!; **la ~e!** *pop.* shut up!; **~eté** *f* firmness; strength; **~eture** *f* closing (time); fastening; **~eture à glissière** zip-fastener, zipper; **~oir** *m* clasp, fastener, snap.

féroc|e [ferɔs] ferocious; **~ité** *f* ferocity.

ferraille *f* scrap(-iron).

ferré skilled, expert; **voie** *f* **~e** railway line.

ferroviaire railway ..., railroad ...

ferrure *f* iron fitting.

fertil|e fertile; **~iser** manure; **~ité** *f* fertility.

ferv|ent [fɛrvɑ̃] *m* enthusiast, *fam.* fan; *adj.* fervent; zealous; **~eur** *f* fervo(u)r, earnestness.

festin *m* feast, banquet.

festival [fɛstival] *m* (musical) festival.

feston *m* festoon; scallop.

fête [fɛt] *f* feast; holiday; name-day; birthday; **℥-Dieu** *f* Corpus Christi; **~r** celebrate; entertain, fête.

fétiche *m* fetish.

feu¹ [fø] *m* fire; **~ de joie** bonfire; **donnez-moi du ~** give me a light; **~ arrière** tail-light; **~ de position** parking light; **~x** *pl.* **de**

circulation (*or* **rouges**) traffic lights *pl.*; **coup** *m* **de ~** gunshot; **~ follet** will-o'-the-wisp.

feu² late, deceased.

feuill|age *m* foliage; **~e** [fœj] *f* leaf; sheet of paper; newspaper; **~eter** leaf through, skim through.

feutre *m* felt; felt hat.

fève *f* bean.

février *m* February.

fiançailles [fjɑ̃sɑːj] *f/pl.* engagement.

fianc|é *m* (**~ée** *f*) fiancé(e); **se ~er** become engaged.

fibr|e [fibr] *f* fibre; filament; **~eux** fibrous.

ficel|er [fisle] tie up, do up; **mal ~é** *fam.* badly dressed; **~le** *f* string.

fich|e *f* peg; plug; (indexing) card, slip of paper; **~er** drive in (*peg*); *fam.* give; do; put; throw, chuck; **~e(z)-moi la paix!** leave me alone!; **se ~er de** laugh at, make fun of; not to care about; **~ier** *m* card index.

fichu [fiʃy] *m* neckerchief; *adj. fam.* ruined, lost; damned, bloody; **mal ~** in poor shape; **~ de** capable of, feeling up to.

fictif fictitious.

fiction [fiksjɔ̃] *f* fiction.

fid|èle faithful; loyal; **~élité** *f* faithfulness.

fiel *m* bile; gall (*a. fig.*).

fier¹ [fje] se **~ à** trust, rely on.

fier², fière [fje, fjɛːr] proud.

fierté f pride.

fièvre [fjɛːvr] f fever.

fiévreux [fjevrø] feverish.

figer [fiʒe] congeal, curdle, clot; stiffen (a. **se ∼**).

figue [fig] f fig.

figurant m super(numerary), extra.

figuratif figurative.

figur|e [figyr] f face; figure; shape; form; **∼es** pl. **de cire** waxworks; **∼er** figure; represent; appear; **se ∼er** imagine.

fil m thread; **∼ de fer** wire; **∼ électrique** flex; **coup** m **de ∼** fam. telephone call.

fil|e [fil] f file; row; **∼er** spin; run; go; shadow (person); fam. give; make off, make tracks; **∼er à l'anglaise** take French leave.

filet m net, netting; trickle; liquid: dash; cuis. fillet; tenderloin steak; **∼ à bagages** luggage rack; **∼ à provisions** shopping bag, string bag.

filial filial; **∼e** f subsidiary company, branch.

fill|e [fij] f daughter; girl; **∼ette** f little girl; **∼eul** m godson; **∼eule** f goddaughter.

film m film; **∼ documentaire** documentary film; **∼ en couleurs** colo(u)r film; **∼er** film.

fils [fis] m son.

filtre m filter; **(bout** m**) ∼** filter tip; **∼ jaune** phot. yellow (light) filter; **∼r** strain; filter.

fin[1] [fɛ̃] f end, ending, close; aim, purpose.

fin[2] fine, thin, delicate; clever, subtle.

final [final] final, last; **∼e** f sport final(s pl); **∼ement** finally; eventually.

financ|e [finɑ̃ːs] f finance; **∼es** pl. finances pl.; resources pl.; **∼er** finance; **∼ier** m financier; adj. financial.

finaud sly, cunning.

fine [fin] f brandy.

finesse f fineness; nicety; delicacy.

fini finished, ended; done; over; done for; **∼r** finish, end.

finlandais adj. Finnish; **⍺** m Finn.

Finlande f Finland.

firme [firm] f com. firm.

fisc m treasury, internal revenue; **∼al** fiscal.

fissure [fisyːr] f fissure, crack.

fix|e adj. steady, fixed, settled; m regular salary; **∼er** fix, fasten; settle; stare at.

flagorner fawn upon.

flagrant [flagrɑ̃] flagrant; obvious.

flairer scent, smell.

flamb|ant flaming, blazing; **∼ant neuf** brand-new; **∼er** burn, flame, blaze; singe; **∼oyant** blazing.

flamme f flame; fig. passion.

flanc [flɑ̃] m flank, side; **∼ de coteau** hillside.

flân|er stroll; **∼eur** m stroller; idler.

flanquer flank; fam. give;

throw, chuck; ~ **à la porte** kick out.

flaque *f* puddle, pool.

flasque flabby; limp.

flatt|er flatter; caress, stroke; gratify; **~erie** [flatri] *f* flattery; **~eur** *m* flatterer.

fléau *m* flail; *fig.* scourge, pest.

flèche [flɛʃ] *f* arrow; steeple; **monter en ~** rocket (up).

fléchir bend; persuade; give way, yield.

flegmatique phlegmatic.

flet [flɛ] *m* flounder.

flétan [fletɑ̃] *m* halibut.

flétrir fade, wither (*a.* **se ~**); *fig.* dishono(u)r.

fleur [flœːr] *f* flower, blossom; *fig.* prime (of life); élite, pick; **à ~ de** level with; **~i** flowery; **~ir** flower; flourish; deck with flowers; **~issant** flowering; **~iste** *m, f* florist.

fleuve [flœːv] *m* river.

flexib|ilité *f* flexibility; **~le** flexible; pliant.

flic [flik] *m* pop. policeman, bobby, cop(per).

flocon *m* flock; flake; **~s** *pl.* **d'avoine** rolled oats *pl.*

florissant flourishing, thriving.

flot [flo] *m* wave; flood; tide; crowd; **à ~** afloat; **à ~s** in torrents; **~tant** floating; flowing; **~te** *f* fleet; *fam.* water; rain; **~ter** float; *fam.* rain; **~teur** *m* float.

fluctu|ation [flyktɥasjɔ̃] *f* fluctuation; **~er** fluctuate.

fluide [flɥid] *m, adj.* fluid.

flûte *f* flute; *fig.* long thin loaf (of bread).

fluvial fluvial.

flux [fly] *m* flow; *fig.* flood, torrent; flux.

fluxion *f* inflammation; congestion.

foi [fwa] *f* faith; belief; trust; **bonne ~** honesty, sincerity, loyalty; **mauvaise ~** dishonesty.

foie *m* liver; **pâté** *m* **de ~ gras** goose-liver pie.

foin *m* hay.

foire [fwaːr] *f* fair.

fois [fwa] *f* time; **une ~** once; **deux ~** twice; **trois ~** three times; **cette ~** this time; **une ~ pour toutes** once and for all; **à la ~** at the same time.

foison *f*: **à ~** in abundance.

folâtre playful.

folie *f* madness; mania; **à la ~** madly.

fol(le) = fou.

fomenter stir up, foment.

fonc|é dark; **~er** dash, rush; darken.

foncier: **propriétaire** *m* **~** landowner; **propriété** *f* **foncière** real estate.

fonction [fɔ̃ksjɔ̃] *f* function; office; **faire ~ de** serve as; **~naire** *m* official; functionary; civil servant; **~nement** *m* working, running, operation; **~ner** function, work, run; operate (*a.* **faire ~ner**); act.

fond [fɔ̃] *m* bottom; end; background; **à ~** thoroughly;

au ~, dans le ~ after all; coeur à ~ sink; ~amental basic, fundamental; ~ateur *m* founder; ~ation *f* foundation; ~é grounded; justified; ~ement [fɔ̃dmɑ̃] *m* foundation; fig. basis; ~er found, establish; base (sur upon); se ~er sur be based upon.

fonderie *f* ironworks pl.

fondre [fɔ̃:dr] melt; smelt; cast (metal); ~ sur swoop down on.

fonds [fɔ̃] *m* funds pl.; stock; fund; capital.

fondu melted.

fondue *f* dish of melted cheese; ~ bourguignonne cubes of raw meat dipped into boiling oil.

fontaine *f* fountain.

fonte [fɔ̃t] *f* cast-iron; melting; smelting.

football [futbol] soccer.

force [fɔrs] *f* strength, force, power, might; à ~ de by (means of), through; ~r force; force open; strain.

forer bore; perforate.

forestier *m* forester.

foret *m* drill; gimlet.

forêt *f* wood, forest.

forg|e [fɔrʒ] *f* smithy; foundry; ironworks pl.; ~er forge; fig. make up; ~eron *m* blacksmith.

form|alité *f* formality; ~at *m* size, format; ~ation [fɔrmasjɔ̃] *f* formation; training, background; ~e *f* form; shape; ~el formal; explicit; strict; ~er form; train; constitute.

formidable enormous; fam. terrific, great.

formul|aire *m* form, blank; ~e *f* formula; form, blank; ~er formulate.

fort [fɔ:r] adj. strong, vigorous; powerful; firm; loud; thick; stout; large, big; adv. very, greatly; strongly; tightly; *m* strong point; forte; fort; ~ifier strengthen; fortify.

fortuit fortuitous.

fortune [fɔrtyn] *f* fortune; chance; luck; faire ~ make a fortune.

foss|e [fo:s] *f* pit; hole; grave; ~é *m* ditch, trench.

fou, fol (folle *f*) mad, crazy (de about); devenir fou go mad.

foudr|e [fudr] *f* lightning; thunderbolt; (le) coup de ~e love at first sight; ~oyant striking, crushing.

fouet *m* whip; ~ter whip.

fouille *f* excavation; dig; ~r (dans) search, rummage.

foulard *m* scarf.

foul|e *f* crowd; mob; ~er trample down, tread, crush; se ~er sprain (one's ankle, etc.); ~ure *f* sprain.

four [fu:r] *m* oven; kiln; fig. failure, flop; petits ~s pl. fancy biscuits pl., cookies pl.

fourche [furʃ] *f* (pitch)fork; forking; ~tte *f* fork.

fourgon *m* van, truck; *ch. d. f.* luggage van; ~**nette** *f* delivery van.

fourmi *f* ant; ~**lière** *f* anthill; ~**ller** swarm.

fourn|aise *f* furnace; ~**eau** [furno] *m* kitchen-range; stove; **haut** ~**eau** blast furnace.

fourni supplied; *beard, etc.*: close, thick; ~**r** furnish, supply (**de** with); ~**sseur** *m* supplier, contractor, purveyor, tradesman; ~**ture** [furnity:r] *f* supplying; supplies *pl.*

fourrage *m* fodder.

fourré *m* thicket.

fourreau *m* sheath, case.

fourr|er put, stick, poke; line with fur; ~**ure** *f* fur, skin.

foyer [fwaje] *m* hearth; fireplace; home; centre, club; *thé.* foyer.

fracas [fraka] *m* noise, din; ~**ser** smash (*a.* **se** ~**ser**).

fract|ion [fraksjɔ̃] *f* fraction; ~**ure** [frakty:r] *f* fracture.

fragile [fraʒil] fragile, frail, weak; ~**ité** *f* fragility; frailty; weakness.

fragment [fragmã] *m* fragment; bit, scrap.

fraîch|eur *f* coolness; freshness; ~**ir** get colder.

frais¹ (**fraîche**) [frɛ, frɛʃ] fresh, new; *paint:* wet; cool, chilly.

frais² *m/pl.* expenses *pl.*; cost; **faire les** ~ **de** pay for, defray; ~ **de voyage** travelling expenses *pl.*; **faux** ~ incidental expenses *pl.*

fraise [frɛːz] *f* strawberry.

framboise *f* raspberry.

franc¹ [frã] *m* coin: franc.

franc² (**franche**) [frã, frã:ʃ] free; frank; sincere; ~ **de port** carriage paid.

français [frãsɛ] *adj.* French; ⚤ *m* Frenchman.

France [frã:s] *f* France.

franch|ir get (*or* jump *or* pass) over; cross; ~**ise** *f* frankness, liberty.

franc-maçon *m* freemason.

franco free (of charge).

frange [frã:ʒ] *f* fringe.

frapper strike, beat, tap, knock; hit; coin; stamp; surprise, take aback; ice, chill (*drinks*); **se** ~ get alarmed.

fratern|el brotherly; ~**ité** *f* brotherhood.

fraud|e [fro:d] *f* fraud; cheat; smuggling; ~**eur** *m* cheat; smuggler; ~**uleux** fraudulent; bogus.

frayer [freje] trace, open up (*path*); ~ **le chemin à** pave the way for; ~ **avec** associate with.

frayeur [frɛjœ:r] *f* fear.

fredonner hum.

frein [frɛ̃] *m* bit, bridle; brake; *fig.* check; restraint; ~ **à main** handbrake; ~ **à pied** footbrake; ~**er** brake, apply the brakes; check, curb.

frêle [frɛl] frail.

frelon *m* hornet.

frémi|r quiver, shudder;

~ssement *m* shuddering, quivering.

frêne *m* ash(-tree).

frénésie *f* frenzy.

fréque|mment [frekamɑ̃] frequently, often; **~nce** *f* frequency; **~nt** [frekɑ̃] frequent; **~nter** frequent; visit (with); associate with.

frère [frɛːr] *m* brother; friar.

fret [frɛ] *m* freight; cargo.

fréter charter.

friand|de [friɑ̃] fond of; **~ises** *f/pl.* sweets *pl.*, candies *pl.*, delicacies *pl.*

fric *m fam.* money, dough.

friche: en ~ fallow.

fricoter *fam.* cook, stew; do, be up to.

friction [friksjɔ̃] *f* friction; **~ner** rub.

frigidaire [friʒidɛːr] *m* refrigerator.

frigo *m fam.* fridge.

frigorifi|er refrigerate; **viande** *f* **~ée** frozen meat.

frileux sensitive to cold.

frimas *m* hoarfrost.

fringale *f* ravenous hunger, craving.

fringant dashing, smart.

frire [friːr], **faire ~** fry.

friser curl; *fig.* get near, skim, graze.

frisson *m* chill; shiver; thrill; **donner le ~ à** give *s.o.* the creeps; **~ner** shudder, shiver.

frit [fri] fried; **~es** [frit] *f/pl.* French fried potatoes; **~ure** *f* fried fish.

froid [frwa] *adj.*, *m* cold;

avoir ~ feel cold; **il fait ~** it is cold; **attraper ~** catch (a) cold; **en ~** on chilly terms; **~eur** *f fig.* coldness, indifference.

froisser [frwase] crumple, crease; *fig.* hurt, offend; **se ~** feel vexed.

fromage [frɔmaːʒ] *m* cheese.

froment *m* wheat.

froncer wrinkle, pucker; **~ les sourcils** frown.

front [frɔ̃] *m* forehead; brow; front; front part, face; nerve, cheek; **de ~** head-on; abreast.

frontière [frɔ̃tjɛːr] *f* frontier, border.

frotter rub; polish; strike (*match*); **se ~ à** attack.

fructueux fruitful; lucrative.

fruit [frɥi] *m* fruit.

fugace fleeting, transient.

fugitif *m*, *adj.* runaway; fugitive.

fui|r [fɥiːr] flee; leak; **~te** *f* flight, escape; leak.

fulguration *f* sheet lightning.

fulminer rage, storm.

fumé *cuis.* smoked.

fume-cigarette *m* cigarette-holder.

fumée [fyme] *f* smoke.

fum|er [fyme] smoke; *fam.* rage; manure; **~et** *m* flavo(u)r, aroma; **~eur** *m* smoker; **~eux** smoky; **~ier** *m* dung(hill).

funèbre funereal; dismal.

funérailles [fynera:j] *f/pl.* funeral.

funeste fatal, deadly.
funiculaire *m* cable railway.
fur [fy:r]: **au ~ et à mesure** in proportion.
fureter (dans) rummage.
fureur *f* fury; **faire ~** be a smash hit.
furie *f* fury, rage.
furieux mad, furious.
furtif stealthy, furtive.
fusée *f* rocket; missile.
fus|er fuse; flash; **~ible** *adj.*

fusible; *m* fuse (wire).
fusil [fyzi] *m* gun, rifle.
fusionner amalgamate.
fût [fy] *m* cask; *arch.* shaft (of a column).
futaie [fytɛ] *f* forest; **de haute ~** fully grown.
futile [fytil] petty, vain, frivolous.
futur [fyty:r] *m, adj.* future; **~e maman** *f* expectant mother.

G

gabardine *f* gabardine.
gâch|er [gɑʃe] bungle, mess up; spoil, ruin; waste, squander; **~ette** *f* trigger; **~is** *m* mess.
gaffe *f* boat-hook; *fam.* blunder; **fais ~!** *pop.* look out!, watch out!
gage [ga:ʒ] *m* pawn, pledge; **mettre en ~** pawn; **~s** *pl.* wages *pl.*, pay.
gagnant [gaɲɑ̃] *adj.* winning; *m* winner.
gagne-pain *m* livelihood; bread-winner.
gagn|er [gaɲe] win; earn; get; gain; reach; improve; **~ du terrain** gain ground.
gai gay, jolly, cheerful; tipsy; **~eté** *or* **gaîté** *f* gaiety.
gaillard [gaja:r] *m* vigorous person; *fam.* (jolly) fellow; *adj.* vigorous; jolly, jovial; ribald.
gain [gɛ̃] *m* gain, profit; benefit; **~s** *pl.* earnings *pl.*,

winnings *pl.*
gaine [gɛn] *f* sheath; case; girdle.
galère *f* galley; **vogue la ~!** come what may!
galerie [galri] *f* gallery.
galet *m* pebble.
galetas [galta] *m* hovel.
galette *f* flat cake; *fam.* money, dough.
galimatias [galimatja] *m* nonsense, gibberish.
galon *m* braid; gold lace; **~ner** trim, braid.
galop *m*, **~er** gallop; **~in** *m* urchin, scamp.
galvaniser galvanize; *fig.* excite, electrify.
gambade *f* gambol.
gamin [gamɛ̃] *m* street urchin, scamp; *fam.* boy, youngster; *adj.* roguish; **~e** *f* street-girl; *fam.* girl.
gamme *f mus.* scale; *fig* range, series.
gant [gɑ̃] *m* glove; **~s** *pl.* **de**

peau leather-gloves pl.

garag|e [gara:ʒ] m garage; repair shop; **~iste** m car mechanic.

garant m guarantor; guarantee; **~ie** [garãti] f guarantee; **~ir** guarantee; protect (**de** from).

garçon [garsõ] m boy, lad; bachelor; waiter; **~ d'honneur** best man; **~nière** f bachelor's apartment.

garde f guard, care, custody; watch; hold; watch over, look after; **se ~ food:** keep; **se ~ de** beware of; **se ~ de faire** etc. take care not to do, etc.

garde-robe f wardrobe.

gardeur m keeper; herder.

gardien [gardjɛ̃] m keeper; guardian; attendant; caretaker; **~ de but** goalkeeper; **~ de la paix** policeman; **~ne** f attendant; **~ne d'enfants** kindergartener.

gare[1] f ch.d.f. station; **~ centrale** central station.

gare[2]! look out!, watch out!

garenne [garɛn] f warren.

garer park (motor-car); **se ~**

get out of the way; seek shelter; park (one's car); **se ~ de** avoid.

gargariser: se ~ gargle.

gargouille f arch. gargoyle; waterspout; **~r** gurgle; rumble.

garnir trim; furnish, fit out (**de** with); **se ~ room:** fill.

garnison f garrison.

garniture [garnity:r] f fittings pl.; trimmings pl.; lining.

gaspill|age [gaspija:ʒ] m squandering, **~er** squander, waste; **~eur** wasteful; spendthrift.

gastrite f gastritis.

gastronom|e m gastronome; **~ie** f gastronomy.

gâteau [gato] m cake.

gâter [gate] spoil (a. child); **se ~** deteriorate; food, etc.: go bad.

gauch|e [go:ʃ] adj. left; awkward, clumsy; warped; f left-hand side; left (hand); **à ~e** to the left; on the left; **~er** left-handed; **~erie** [goʃri] f clumsiness; **~ir** warp; distort; **~iste** adj., m leftist.

gaufre f waffle; **~tte** f wafer.

gaver cram, stuff.

gaz [ga:z] m gas; **couper les ~** throttle down; **mettre les ~** open out the throttle, Am. step on the gas; **usine** f **à ~** gas-works pl.

gaze [ga:z] f gauze.

gazon m lawn; turf.

gazouiller [gazuje] warble; twitter.

géant *m* giant; *adj.* gigantic.

geindre [ʒɛ̃:dr] moan, whimper.

gel *m* frost; freezing.

gélatine *f* gelatin(e).

gel|ée *f* frost; jelly; **~ée blanche** hoarfrost; **~er** freeze (*a.* **se ~er**).

gém|ir groan, whimper; **~issement** [ʒemismɑ̃] *m* groan(ing).

gemme *f* gem; **sel** *m* ~ rock-salt.

gênant [ʒɛnɑ̃] troublesome; inconvenient; awkward.

gencive *f* gum.

gendre [ʒɑ̃:dr] *m* son-in-law.

gêne [ʒɛn] *f* uneasiness; embarrassment; trouble; (financial) straits *pl.*, want; restraint; **sans** ~ *adj.* unconstrained; *m* unconstrained.

gêner hinder, be in the way (of); embarrass, trouble, disturb; *shoe, etc.*: pinch; **se** ~ be shy; **ne vous gênez pas!** *a.* just go ahead!, don't be shy!

général [ʒeneral] *m, adj.* general; **~iser** generalize; **~iser** spread; **~iste** *m* general practitioner.

générateur *m* generator, *Am.* dynamo.

génération [ʒenerasjɔ̃] *f* generation.

généreux generous, liberal.

génial [ʒenjal] of genius, ingenious.

génie *m* genius; spirit.

genou *m* knee; **à** ~**x** on one's knees.

genre [ʒɑ̃:r] *m* kind; manner, style; race; gender; species; **faire du** ~ be affected.

gens [ʒɑ̃] *m/pl.* people *pl.*, folks *pl.*

gentil [ʒɑ̃ti] nice, kind; pretty; **~homme** [ʒɑ̃tijɔm] *m* man of gentle birth; **~lesse** [ʒɑ̃tijɛs] *f* kindness.

géographie *f* geography.

geôle [ʒo:l] *f* jail, prison.

géologie *f* geology.

géran|ce *f* management; **~t** *m* manager.

gerbe *f* sheaf; ~ **de fleurs** bunch of flowers.

ger|cer chap, crack; **~çure** [ʒɛrsy:r] *f* chap.

gérer manage, run.

germain germane; **cousin** *m* ~ first cousin.

germ|e [ʒɛrm] *m* germ, seed; **~er** germinate, sprout; **~icide** germicidal.

gésir lie.

gest|e *m* gesture; sign; **~iculer** gesticulate.

gestion [ʒɛstjɔ̃] *f* management.

gibier *m* game.

giboulée [ʒibule] *f* (sudden) shower.

gifle *f* slap (in the face).

gigantesque [ʒigɑ̃tɛsk] gigantic.

gigot *m* leg of mutton, *etc.*; **~er** *fam.* kick, fidget.

gilet *m* waistcoat; vest; cardigan; ~ **de sauvetage** life-jacket.

gingembre [ʒɛ̃ʒɑ̃br] *m* ginger.

girofle m bot. clove.

girouette f weathercock.

gisement m metal, oil: deposit, layer.

gitane [ʒitan] f gipsy (woman).

givr|age m icing; **~e** m hoarfrost; **~é** frosty, rimy.

glabre hairless, smooth.

glac|e [glas] f ice; glass, plateglass; mirror, looking-glass; ice-cream; **~er** freeze; ice; chill; frost, glaze; **~ial** icy, freezing; **~ier** [glasje] m glacier; ice-cream vendor.

glaçon [glasɔ̃] m icicle; floe.

glaire f white of egg.

glaise f clay, loam.

gland m acorn; tassel.

glande f méd. gland.

glaner glean.

glapir yelp, squeak.

glèbe f soil.

gliss|ade f slide, slip, glide; **~ant** slippery; **~er** slide, slip, glide; **se ~er** creep, sneak, slip.

global global; total; gross.

globe [glɔb] m globe; ball; **~ de l'œil** eyeball.

gloire [glwa:r] f glory.

glori|eux glorious; **~fier** glorify; **se ~fier** boast.

glousser cluck; chuckle.

glouton [glutɔ̃] m glutton; adj. gluttonous.

glu f glue; **~ant** sticky.

go [go]: **tout de ~** straight away; immediately.

gobelet [gɔblɛ] m tumbler.

gober swallow (a. fig.); fam.

like.

godet m mug; small cup.

gogo [gogo]: **à ~** fam. in plenty, galore.

golf m golf; **terrain m de ~** golf links pl.

golfe m gulf.

gomme f eraser, rubber; **~r** erase, rub out.

gond [gɔ̃] m hinge; **sortir de ses ~s** fly off the handle.

gondole f gondola.

gonfl|able inflatable; **~er** blow up, inflate; swell; **se ~er** swell (up); be swollen; **~eur** m air-pump.

gorg|e [gɔrʒ] f throat; gorge; groove; **~ée** f mouthful, gulp; **boire à petites ~ées** sip; **~er** gorge, cram.

gosier [gozje] m throat; gullet.

gosse m, f kid, youngster.

gothique Gothic.

goudron m tar; pitch; coaltar; **toile f ~née** tarpaulin.

gouffre [gufr] m abyss; gulf; fig. ruin.

goujat m lout, boor.

goujon [guʒɔ̃] m gudgeon; fig. bait.

goulot m neck of a bottle.

goulu gluttonous.

goupille [gupij] f, **~r** pin, peg, bolt.

gourd numb(ed), stiff.

gourde f gourd; watercanteen; fam. fool; adj. foolish.

gourdin m cudgel.

gourmand [gurmɑ̃] m gourmand, lover of food; adj.

fond of food; **~ de** fond of, avid of; **~er** rebuke, scold; **~ise** f fondness of food; **~ises** pl. sweetmeats pl., delicacies pl., titbits pl.

gourme m: **jeter sa ~** sow one's wild oats.

gourmet [gurmε] m gourmet, epicure, connaisseur.

gourmette f bracelet; chain.

gousse f pod, husk.

gousset m vest-pocket.

goût [gu] m taste; flavo(u)r; fig. liking, predilection; manner, style; **de bon ~** in good taste, tasteless; **c'est une affaire de ~** that's a matter of taste; **~er** v. taste, try; have a snack; fig. appreciate, like, enjoy; m (afternoon) snack.

goutt|e [gut] f drop; méd. gout; **boire la ~e** fam. have a drink; **~er** drip; **~ière** f gutter; spout; eaves pl.

gouvern|ail [guvεrnaj] m rudder, a. fig. helm; **~ante** f governess; **~ement** m government; **~er** govern, rule; mar. v. steer; **~eur** m governor.

grâce [grɑːs] f grace; favo(u)r; mercy; pardon; **~ à** thanks to; **de bonne ~** willingly, gladly, readily; **~s** pl. thanks pl.; **faire des ~s** attitudinize; **faire ~ à q. de qc.** spare s.o. s.th.

graci|er pardon, reprieve; **~eux** graceful; pleasing; gratuitous, free; **à titre**

~ieux, ~ieusement gratis, free (of charge).

gracile [grasil] slender, slim.

grad|e m grade; rank; school, university: degree; **en ~ins** m step; row; tier; **~uation** f graduation; scale; **~uel** f gradual; **~uer** graduate.

grain [grε̃] m grain; coffee: bean; berry; grape; bead; speck; mar. sudden squall; **~ de beauté** beauty mark, beauty-spot; **~s** pl. cereals pl.; **à gros ~s** coarse-grained; **~e** f seed.

graiss|age m greasing, lubrication; **~e** f fat; grease; **~er** grease, lubricate; **~er la patte à** fam. bribe; **~eux** greasy, fatty.

grammaire f grammar.

gramme [gram] m gram(me).

gramophone m record-player; gramophone, Am. phonograph.

grand [grɑ̃] adj. big, great; tall; wide; grown-up; **un homme ~** a tall man; **un ~ homme** a great man; m grown-up; great; **pas ~-chose** not much; **~e Bretagne** f Great Britain.

grand|eur f grandeur, greatness; size; **~ir** increase, grow; grow up; magnify.

grand|-mère f grandmother; **~-père** m grandfather; **~-route** f highway; **~-rue** f main street; **~s-parents** m/pl. grandparents pl.; **~**

teint *colours:* fast.

grange [grɑ̃:ʒ] *f* barn.

granit [grani(t)] *m* granite.

granul|aire granular; **~e** *m* granule; **~eux** granular.

graphique *m* diagram, chart, graph; *adj.* graphic.

grappe *f* bunch, cluster.

grappin [grapɛ̃] *m:* **mettre le ~ sur** get hold of, *fig.* hook.

gras [grɑ] fat; greasy; **~double** *m* tripe.

gratifi|cation [gratifikasjɔ̃] *f* bonus, gratuity; reward; **~er** reward; **~er de** present with, give.

gratitude [gratityd] *f* gratefulness, gratitude.

gratt|e-ciel *m* sky-scraper; **~er** scrape; scratch; erase (*word*); *fig.* make small profits; *fam.* outdo, beat; *pop.* work, drudge; **~oir** *m* eraser.

gratuit [gratɥi] gratuitous, free; **~ement** gratis.

grave [grɑ:v] grave; serious; *tone, voice:* low.

graver engrave; imprint.

gravier *m* gravel.

gravir climb, ascend.

gravité *f* gravity; seriousness.

gravure [gravy:r] *f* engraving; etching; print.

gré *m:* **au ~ de** to *s.o.'s* liking; **à la merci of**; **de bon ~** willingly, gladly; **de son plein ~** of one's own free will; **bon ~, mal ~** willy-nilly; **contre le ~ de** against the will of; **savoir ~ de** be grateful for.

grec (*f* **grecque**) [grɛk] *adj.*, **Grec** *m* Greek.

Grèce [grɛs] *f* Greece.

greffe[1] *m* registry; clerk's office.

greff|e[2] *f* graft; grafting; **~er** graft.

greffier *m* dr. clerk of the court, registrar.

grégaire gregarious; **instinct** *m* **~** herd instinct.

grêle[1] *adj.* slender, slim; thin.

grêl|e[2] *f* hail; **~er** hail; damage by hail; **~on** *m* hailstone.

grelot *m* bell; **~ter** shiver, tremble; tinkle.

grenier [grənje] *m* granary; attic.

grenouille [grənu:j] *f* frog.

grésiller sizzle.

grève *f* beach, shore; strike, walkout; **faire ~** (be on) strike; **en ~** on strike; **se mettre en ~** go on strike, walk out; **~ de la faim** hunger-strike.

grever burden, encumber.

gribouill|age *m*, **~er** scrawl, scribble, daub.

grief [griɛf] *m* grievance; cause for complaint.

grièvement [griɛvmɑ̃] seriously, severely.

griff|e *f* claw, talon; clip; *fig.* mark, imprint; **coup** *m* **de ~** scratch; **~er** claw, scratch.

grignoter [griɲɔte] nibble; pick at.

gril [gri] *m* gridiron, grill-

~**lade** f roast meat; ~**lage** m grilling, roasting; grating, lattice-work; ~**le** [grij] f grating, railing; grid; gate; ~**é** [grije] grilled; ~**ler** [grije] grill, roast, toast; scorch; burn; rail in.

grillon m zo. cricket.

grimac|e [grimas] f grimace; **faire des ~es** make faces; ~**er** grimace.

grimper climb.

grincer creak, grate; ~ **les dents** gnash one's teeth.

grincheux grumpy, surly.

grippe f méd. influenza, flu; fig. **prendre en** ~ begin to dislike; ~**r** stick, jam.

gris [gri] grey; dreary; tipsy; ~**âtre** greyish; ~**er** intoxicate, make drunk; fig. excite.

grisonner turn grey.

grive f zo. thrush.

grogn|ement [grɔɲəmã] m grunt; grumbling; ~**er** grunt; grumble, grouch; ~**on** grouchy or grumpy (person).

grommeler [grɔmle] mutter, grumble.

gronder growl, grumble; scold.

groom [grum] m bellboy.

gros [gro] m main part; **commerce** m **en** ~ wholesale trade; adj. big, thick, stout; fig. coarse.

groseille [grozɛj] f currant; ~ **à maquereau** gooseberry.

gross|esse f pregnancy; ~**eur** f size; stoutness; swelling;

~**ier** coarse, rough; cross; rude; ~**ir** grow (big or stout); increase; swell (up); make look bigger (or stouter); magnify.

grotte f cave.

groupe m group, set, party; ~**r** group (a. se ~r).

gruau m wheaten flour; oatmeal.

grue f crane; pop. prostitute.

grumeleux gritty, clotty, lumpy.

gruyère m gruyère (cheese).

gué [ge] m ford (of a river).

guenilles [gənij] f/pl. rags pl., tatters pl.

guêp|e f wasp; ~**ier** m wasps' nest (a. fig.).

guère [gɛːr]: **ne** ... ~ little; hardly; scarcely.

guéridon m small round table, stand.

guér|ir cure (**de** of); heal (up); recover (a. se ~**ir**); ~**ison** f recovery.

guerre f war; ~ **mondiale** world war.

guet [gɛ] m watch, lookout; ~~**apens** [gɛtapã] m ambush.

guetter watch for, lie in wait for.

gueule [gœl] f animals: mouth; opening; pop. mouth, trap; face; ~ **de bois** hangover; (**ferme**) **ta** ~! pop. shut up!; ~**r** fam. bawl; pop. grumble, protest.

gui [gi] m bot. mistletoe.

guichet [giʃɛ] m booking

office, ticket window; *thé.* box office; *bank:* pay-desk.

guide [gid] *m* guide; guide-book; **~s** *f/pl.* reins *pl.*; **~r** guide, lead, direct.

guidon *m* handle-bar.

guigne [giɲ] *f* black cherry; *fam.* hard luck, bad luck.

guignol [giɲɔl] *m* Punch; Punch and Judy show.

guillemets *m/pl.* quotation-marks *pl.*

guilleret lively, gay.

guimauve *f* marsh mallow.

guimbarde *f fam.* rattletrap, jalopy.

guindé [gɛ̃de] stiff, formal, constrained.

guinguette *f* tavern.

guirlande *f* garland, wreath.

guise [gi:z] *f* manner; **en ~ de** by way of; instead of; **faire à sa ~** do as one likes.

guitare *f* guitar.

gymnas|e *m* gymnasium; **~te** *m* gymnast; **faire de la ~tique** do gymnastics, go in for gymnastics.

gynécologue [ʒinekɔlɔg] *m* gynaecologist.

gypse *m* gypsum; *com.* plaster of Paris.

H

No liaison should be made where the mark (') precedes the bold-faced main entry.

habile [abil] clever, skilful (**à** at); able, capable; **~té** *f* cleverness, skill, skilfulness.

habill|ement *m* clothing; clothes *pl.*; **~er** [abije] dress (*a.* **s'~er**); **~er bien** be very becoming.

habit [abi] *m* dress; costume; **~s** *pl.* clothes *pl.*

habit|able (in)habitable; **~ant** *m* inhabitant; inmate; **~ation** [abitasjɔ̃] *f* habitation; dwelling; residence; housing; **~er (à)** inhabit; live (in).

habitude [abityd] *f* habit, custom; **d'~** usually; **comme**

d'~ as usual; **avoir l'~ de** be in the habit of; be used to; **j'en ai l'~** I am used to it.

habit|ué *m* frequenter; regular customer; *adj.* **~ué à** used to; **~uel** habitual, customary, usual; **(s')~uer à** get used to.

hableur *adj.* boastful; *m* braggart.

'hach|e [aʃ] *f* axe; **~er** chop, hack; hash, mince; **~ette** *f* hatchet; **~e-viande** *m* mincer; **~is** *m* minced meat; hash, mince; **~oir** *m* chopper, cleaver; chopping-board.

'haie [ɛ] *f* hedge; line; **faire la ~** be lined up.

'haillon [ajɔ̃] *m* rag; **~s** *pl.* tatters *pl.*

'hain|e [ɛ] *f* hatred; hate; **~eux**

spiteful, hateful.

'**haï|r** hate; **~ssable** hateful.

'**hâl|e** *m* sunburn, tan; **~é** sunburnt, tanned.

haleine [alɛn] *f* breath; **d'une (seule) ~** at one stretch, without interruption; **de longue ~** long-range ..., long-term ...

'**hâler** tan, burn.

'**haleter** [alte] pant, puff.

'**hall** [ɔl] *m* entrance hall; lounge.

'**halle** [al] *f* covered market; **les ~s** *f/pl.* former central market of Paris.

'**halte** [alt] *f* halt, stop; stopping place; **faire ~** stop.

'**hamac** [amak] *m* hammock.

'**hameau** *m* hamlet.

hameçon [amsõ] *m* fish-hook; **mordre à l'~** *fig.* swallow the bait.

'**hampe** *f* staff, handle.

'**hanche** *f* hip; haunch.

'**hangar** [ãga:r] *m* shed; **~ à canots** boat-house.

'**hanneton** [antõ] *m* cockchafer.

'**hanter** haunt.

'**happer** catch; snap at.

'**harangue** [arã:g] *f* speech, address; *fam.* severe lecture.

'**harasser** tire out.

'**harceler** plague, worry, nag, harass.

'**hardes** *f/pl.* (old and worn) clothes *pl.*

'**hardi** bold; daring; forward, impudent; **~esse** *f* boldness; daring; impudence.

'**hareng** [arã] *m* herring.

'**hargneux** surly, peevish.

'**haricot** *m* French bean; **c'est la fin des ~s!** *fam.* that is the limit!

harmon|ie *f* harmony; agreement; **~ieux** harmonious; *voice:* melodious; **~iser** harmonize (*a.* **s'~iser**).

'**harpe** *f* harp.

'**harpon** *m*, **~ner** harpoon.

'**hasard** [aza:r] *m* chance, risk; hazard; **~s** *pl.* dangers *pl.*; **au ~** at random; **par ~** by chance; **~er** risk, venture (*a.* **se ~er**); **~eux** perilous, risky.

'**hât|e** [ɑ:t] *f* haste, hurry; **~er** hasten, push on, hurry; **se ~er** hurry, hasten; make haste (**de** to); **~if** early, premature.

'**hauss|e** *f* rise, increase; **~r** raise; increase; lift; **~r les épaules** shrug one's shoulders; **se ~r** rise.

'**haut** [o] *adj.*, *adv.* high; tall; loud; *m* top, upper part; **en ~** from above; up; **en ~** above; up; upstairs; **en ~ de** at the top of; **de ~ en bas** from top to bottom; **~ain** haughty, proud.

'**haute fidélité** *f* high fidelity, hi-fi (...).

'**hauteur** *f* height; *fig.* haughtiness; **à la ~ de** on a level with; *fig.* equal to, up to.

'**haut-parleur** *m* loudspeaker.

'**hâve** drawn, haggard.

'**havre** *m* haven.

hebdomadaire *adj.*, *m* weekly.

héberger lodge, accommodate, put up.

hébr|aïque Hebraic, Hebrew; **~eu** *m* Hebrew; **c'est de l'~eu pour moi!** *fam.* that is all Greek to me!

hélas! [elɑːs] alas!

'**héler** hail; call.

hélice [elis] *f mar.* screw; *av.* propeller; **escalier** *m* **en ~** winding stairs *pl.*

hélicoptère [elikɔptɛːr] *m* helicopter.

hémorragie [emɔraʒi] *f* hemorrhage, bleeding.

'**hennir** [enːr] neigh, whinny.

herb|age *m* pasture; **~e** [ɛrb] *f* grass; herb; *fam.* grass, pot; **en ~** budding; **fines ~es** *pl.* seasoning herbs *pl.;* **mauvaise ~** weed; **~eux** grassy.

hérédit|aire [eredi:tɛːr] hereditary; **~é** *f* heredity.

hérétique *m* heretic; *adj.* heretical.

'**hériss|é** bristling (**de** with); **~er** bristle (*a.* **se ~er**); **~on** *m* hedgehog.

hérit|age [erita:ʒ] *m* inheritance; **~er (de)** inherit; **~ier** [eritje] *m* heir; **~ière** [tjɛːr] *f* heiress.

héroï|ne *f thé.* heroine; *drug:* heroin; **~que** heroic, heroical; **~sme** *m* heroism.

'**héron** *m zo.* heron.

'**héros** *m* hero.

hésit|ation *f* hesitation; **~er** hesitate; falter, waver.

'**hêtre** *m bot.* beech.

heure [œːr] *f* hour; time; **de bonne ~** early; **quelle ~ est-il?** what time is it?; **il est deux ~s** it is two o'clock; **être à l'~** be on time; **~ légale** standard time; **~ d'été** summer time, daylight saving time; **~s** *pl.* **d'ouverture** business hours *pl.;* **~s** *pl.* **de service** *or* **de bureau** office hours *pl.;* **~s** *pl.* **de travail** working hours *pl.*

heureux [œrø] happy; fortunate; lucky.

'**heurt** [œːr] *m* shock, bump, blow; **sans ~** without a hitch; **~er** [œrte] hit, strike, knock (*or* run) against; *fig.* wound (*feelings*); **se ~er** collide (with), clash.

hiberner hibernate.

'**hibou** *m* owl.

'**hideux** hideous, horrible.

hier [iɛːr] yesterday; **~ soir** last night; **né d'~** *fam.* born yesterday, without experience.

hiérarchique hierarchical; **par voie ~** through official channels.

hilarité *f* laughter, mirth.

hippi|que horse ...; **concours** *m* **~que** horse-show; **~sme** *m* riding.

hippodrome *m* race-course.

hirondelle *f* swallow.

hirsute [irsyt] dishevel(l)ed.

hispanique Spanish.

'**hisser** hoist; lift (up); **se ~**

rise; climb.

histoire [istwaːr] f history; story; matter; ~ **de** fam. (in order) to, for.

histor|ien [istɔrjɛ̃] m historian; ~**ique** historic(al).

hiver [iveːr] m winter; ~**nal** wintry, winter...

'**hocher** [ɔʃe] **la tête** shake the head; nod.

'**hockey** m hockey; ~ **sur glace** ice hockey.

'**hollandais** [ɔlɑ̃dɛ] adj. Dutch; ⁊ m Dutchman.

'**Hollande** [ɔlɑ̃ːd] f Holland, Netherlands pl.

'**homard** m lobster.

homicide [ɔmisid] m homicide; ~ **volontaire** murder; ~ **involontaire**, ~ **par imprudence** manslaughter.

hommage m homage; ~**s** pl. respects pl., compliments pl.

homme [ɔm] m man (pl. men); l'~ mankind; ~ **d'État** statesman.

'**Hongrie** [ɔ̃gri] f Hungary.

'**hongrois** [ɔ̃grwa] adj., ⁊ m Hungarian.

honnête honest, respectable; ~**té** [ɔnɛtte] f honesty.

honneur m hono(u)r.

honor|able [ɔnɔrabl] hono(u)rable; respectable; honest; ~**aires** m/pl. fee(s pl.), lawyer: retainer; ~**er** hono(u)r, respect; ~**er une traite** hono(u)r a draft; s'~**er de** be proud of; ~**ifique** honorary.

'**hont|e** [ɔ̃ːt] f shame; disgrace;

confusion; **avoir** ~**e** be ashamed (**de** of; to do); **sans** ~**e** shameless; ~**eux** shameful; disgraceful; ashamed (**de** of); shamefaced.

hôpital m hospital.

'**hoquet** [ɔkɛ] m hickup.

horaire [ɔrɛːr] m time-table; schedule; signal: **signal** ~ radio time-signal; **vitesse** f ~ speed per hour.

horizon [ɔrizɔ̃] m horizon; skyline; ~**tal** horizontal.

horlog|e [ɔrlɔːʒ] f clock; ~**er** m watch-maker; ~**erie** [ɔrlɔʒri] f watch-maker's shop.

'**hormis** except, safe, apart from.

horr|eur [ɔrœːr] f horror; disgust; horrible thing; horrible action; repugnance; **faire** ~**eur à** horrify; **avoir** ~**eur de**, avoir (or **prendre**) **en** ~**eur** hate, detest; ~**ible** horrible.

'**hors** [ɔːr] (**de**) outside; beside; except; ~ **de doute** unquestionable; ~ **de vue** out of sight; ~ **de soi** beside oneself (with rage, etc.).

'**hors-d'œuvre** [ɔrdœːvr] m hors d'œuvres pl., starters pl.

hospice m home.

hospital|ier [ɔspitaljə] hospitable; ~**iser** hospitalize; ~**ité** f hospitality.

hostil|e hostile; unfriendly; ~**ité** f hostility.

hôte [oːt] m host; guest, visitor; inmate.

hôtel [otɛl] m hotel; mansion,

town-house; ~ **de ville** town
hall; **~ier** m hotel-
proprietor; **~lerie** f hostelry,
inn; hotel trade.

hôtesse f hostess; ~ **de l'air**
air-hostess.

'**hotte** f basket.

'**houblon** m bot. hops pl.

'**houe** f hoe; **~r** hoe.

'**houill|e** f coal, **~e blanche**
water-power; **~ère** f coal-
mine; colliery; **~eur** m
collier.

'**houl|e** f swell, surge; **~eux**
sea: rough.

'**houppe** f tuft; bunch; tassel;
powder-puff.

'**hublot** m porthole.

'**huer** hoot; boo (*actor, etc*).

huil|e f oil; ~ **de table**
salad-oil; **~e de coude** f.
elbow-grease; **~e brute**
crude oil; ~ **lourde** Diesel
oil; **moteur m à l'~e lourde**
Diesel engine; **~er** oil; lubricate; **~eux** oily.

huis [ɥi]: **à ~ clos** dr. behind
closed doors; in private.

huissier [ɥisje] m bailiff;
usher.

'huit [ɥi(t)] eight; ~ **jours** a
week; **~aine** f about eight;
about a week; **~ième** eighth.

huitre [ɥitr] f oyster.

humain [ymɛ̃] adj. human;
humane; m/pl.: **les ~s** mankind, humanity.

human|iser humanize; fig.
tame; **~ité** f humanity;
mankind.

humble [ɛ̃:bl] humble.

humecter moisten, wet.

'**humer** inhale; smell.

humeur f humo(u)r, temper,
disposition; **être de bonne
(mauvaise)** ~ be in a good
(bad) mood; **être d'~** f feel
like, be in the mood to.

humid|e [ymid] moist, damp;
~ité f moisture, dampness,
humidity.

humili|er humiliate; **~té** f
humility.

humour [ymu:r] m (sense of)
humo(u)r.

'**hurl|ement** m howl(ing);
roar(ing); yell(ing); **~er** [yrle]
howl; roar; yell; bawl.

'**hutte** f hut, cabin.

hydroglisseur m hovercraft.

hygiène [iʒjɛn] f hygiene.

hypocrite m hypocrite; adj.
hypocritical.

hypothèque f mortgage.

hypothèse f hypothesis.

hystér|ie f hysteria; **~ique**
hysterical.

I

ici here; **jusqu'~** until now,
so far; **par ~** this way;
here(abouts); ~ **même** right
here; **d'~ demain** by to-

morrow; **d'~ peu** before
long; **d'~ là** in the meantime,
by then; **d'~ (à) trois jours**
within three days; **~-bas**

here below, on earth.
idéal [ideal] *adj. m* ideal;
~**isme** *m* idealism; ~**iste** *m, f*
idealist; *adj.* idealistic.
idée *f* idea; mind; **changer**
d'~ change one's mind; ~
fixe obsession.
identi|fier identify; ~**que**
identical; ~**té** *f* identity;
carte *f* **d'~té** identity card.
idiot *m* idiot; *adj.* idiotic; ~**ie**
[idjɔsi] *f* idiocy.
idol|âtrie *f* idolatry; ~**e** *f* idol,
god.
ignifuge non-inflammable,
fire-proof.
ignoble base, mean, low.
ignor|ance [iɲɔrɑ̃:s] *f* ignor-
ance; ~**ant** *m* ignoramus; *adj.*
ignorant (**de** of); ~**é** unknown; ~**er** not to know; be
unaware of; **ne pas ~er** be
fully aware (of).
il (*pl.* **ils**) he; it (*pl.* they).
île [il] *f* island, isle.
illégal illegal, unlawful.
illégitime illegitimate.
illettré unlearned.
illicite illicit, unlawful; **con-**
currence *f* ~ unfair competition.
illimité boundless; un-
limited; indefinite.
illisible illegible; unreadable.
illumin|ation [ilyminasjɔ̃] *f*
illumination; ~**er** illuminate.
illusion [ilyzjɔ̃] *f* illusion;
self-deception.
illustr|ation [ilystrasjɔ̃] *f*
illustration; picture; explanation; ~**er** illustrate.

îlot *m* small island, islet; block
of houses.
image [ima:ʒ] *f* picture;
image.
imagin|aire imaginary;
~**ation** [imaʒinasjɔ̃] *f* imagination; fancy; ~**er** imagine;
invent, conceive; **s'~er**
imagine, picture, think.
imbécile [ɛ̃besil] *m* fool,
idiot, nut; *adj.* foolish,
idiotic.
imbiber soak; imbue;
impregnate.
imbu de imbued with.
imit|ation [imitasjɔ̃] *f* imita-
tion; ~**er** imitate, copy; forge
(signature); mimic *(person)*.
immaculé immaculate;
stainless, spotless.
immangeable [ɛ̃mɑ̃ʒabl]
uneatable.
immanquable [ɛ̃mɑ̃kabl] infallible; quite certain;
inevitable.
immatricul|ation [immatri-
kylasjɔ̃] *f* registration; **pla-**
que *f* **d'~ation** *auto* number
plate; ~**er** register.
immédiat immediate.
immense [immɑ̃:s] immense,
huge.
immerger immerse, plunge,
dip.
immérité undeserved.
immersion *f* immersion,
plunging, dipping.
immeuble *m* building, apartment house, block of flats.
immigr|ant *m.* immigrant;
~**ation** [immigrasjɔ̃] *f* im-

migration; ~er immigrate.
imminent [imminã] impending, imminent.
immiscer: s'~ interfere.
immobile motionless; firm, immovable; ~ier real estate …; ~iser immobilize; fix; lock up (money).
immodéré immoderate.
immonde [immɔ̃:d] filthy.
immoral immoral; ~ité f immorality, licentiousness.
immortel m immortal; ~s pl. The Immortals pl. (= members of the French Academy); adj. immortal; everlasting.
immunité f immunity.
impair [ɛpɛ:r] adj. uneven, odd; m fam. blunder.
impardonable unforgivable.
imparfait imperfect (a. m), defective; unfinished.
impartial [ɛparsjal] impartial, unbiased; ~ité f fairness, impartiality.
impasse f blind alley, dead end (a. fig.).
impassible impassible, unmoved; unimpressionable.
impatience [ɛpasjã:s] f impatience; ~t impatient; ~t de anxious to; ~ter exasperate; s'~ter lose patience, fret.
impayable fig. priceless, killing; **il est ~** he is a perfect scream.
impeccable [ɛpɛkabl] impeccable, faultless.
impénétrable impenetrable; inscrutable.
impénitent impenitent, ob-

durate.
impératrice f empress.
imperceptible imperceptible; indiscernible.
imperfection [ɛpɛrfɛksjɔ̃] f imperfection; flaw; blemish.
impérieux imperious, domineering; urgent.
impérissable imperishable.
imperméab|ilisé, ~iliser waterproof; ~le adj. waterproof, watertight; m (fam. imperm) raincoat, mackintosh.
impertinen|ce [ɛpɛrtinã:s] f impertinence, nerve, cheek; dr. irrelevance; ~t impertinent, cheeky, fresh.
imperturbable [ɛpɛrtyrbabl] imperturbable; unshaken, unmoved.
impétueux impetuous; passionate.
impie [ɛpi] m impious person; adj. impious; blasphemous.
impitoyable pitiless; unrelenting; ruthless.
implacable [ɛplakabl] implacable.
implanter implant; s'~ fig. take root.
implicite [ɛplisit] implicit, tacit; ~quer imply; implicate, involve.
implorer implore, beseech.
impoli rude; ~tesse f incivility, rudeness.
impondérables m/pl. intangible factors pl., contingencies pl.
impopulaire [ɛpɔpylɛ:r]

unpopular.

import|ance [ɛ̃portãːs] *f* importance; weight; consequence; **~ant** *adj.* important; **m** main thing, essential point; **faire l'~ant** act big.

importateur *m* importer; *adj.* importing.

importation [ɛ̃portasjɔ̃] *f* importation; **~s** *pl.* imports *pl.*

importer[1] import.

import|er[2] matter, import, be of importance; **n'~e!** it does not matter; never mind! **n'~e qui** anyone; **n'~e quoi** anything; **n'~e où** anywhere; **qu'~e?** what does it matter?

importun [ɛ̃portœ̃] troublesome (person), unwelcome (person); **~er** annoy, bother, inconvenience.

impos|able taxable; **~ant** imposing, impressive; **~er** impose; inflict; command; tax (*merchandise*); **s'~er** *a.* be indispensable; assert o.s.

impossible [ɛ̃pɔsibl] impossible; impracticable.

imposteur *m* impostor, cheat.

impôt [ɛ̃po] *m* tax, duty; **~ sur le revenu** income tax.

impotent *m* cripple; *adj.* crippled; powerless.

impraticable impracticable; unfeasible; impassable.

imprégner impregnate, soak (**de** with; *a. fig.*).

impression [ɛ̃presjɔ̃] *f* impression; sensation, feeling;

print(ing); **~nant** impressive; **~ner** impress, affect.

imprévu unforeseen; unexpected; sudden; **en cas d'~** in case of an emergency.

imprim|er print, imprint; impress; **~erie** [ɛ̃primri] *f* printing; printing shop (*or* office); **~és** *m/pl.* printed matter; **~eur** *m* printer.

improbable [ɛ̃prɔbabl] improbable, unlikely.

improbité *f* dishonesty.

improductif [ɛ̃prɔdyktif] unproductive.

impropre unsuitable, unfit.

improviste: à l'~ unexpectedly, unawares.

imprud|ence [ɛ̃prydãːs] *f* imprudence; unwariness; heedlessness; **~t** imprudent, unwise; incautious; reckless.

impud|ence [ɛ̃pydãːs] *f* impudence; **~ent** impudent, shameless.

impuiss|ance [ɛ̃pɥisãːs] *f* powerlessness; *méd.* impotence; **~ant** powerless; vain; *méd.* impotent.

impuls|if impulsive; **~ion** *f* impulse; impetus.

impunité *f* impunity.

impur impure; unclean; tainted; **~eté** *f* impurity.

imputer impute (**à** to).

inabordable inaccessible; too expensive.

inacceptable [inaksɛptabl] unacceptible.

inaccoutumé unaccustomed, unusual.

114

inachevé [inaʃve] unfinished.
inaction f inaction, idleness.
inadéquat [inadekwa] inadequate, unsuitable.
inadvertance [inadvertɑ̃:s] f inadvertence, oversight.
inaliénable unalienable.
inaltéré unchanged, unaltered.
inanimé inanimate, lifeless.
inaperçu [inapersy] unseen; **passer** ~ escape notice.
inappréciable invaluable.
inapte unqualified, unfit (**à** for).
inattendu [inatɑ̃dy] unexpected.
inaugurer inaugurate; open; unveil (*monument*); usher in (*era*).
incandescence [ɛ̃kɑ̃desɑ̃:s] f: **lampe** f **à** ~ *élec.* incandescent bulb.
incapable incapable; unable; inefficient; unqualified.
incassable unbreakable.
incendi|aire [ɛ̃sɑ̃dje:r] m, adj. incendiary; ~**e** m fire, conflagration; **avertisseur** m **d'**~**e** fire-alarm; ~**e volontaire** dr. arson; ~**er** set on fire.
incert|ain uncertain; questionable; ~**itude** f uncertainty; doubt.
incessamment [ɛ̃sesamɑ̃] immediately, at once.
inchangé unchanged.
incident [ɛ̃sidɑ̃] m incident; occurrence; difficulty; adj. incidental.

incis|er incise; cut; ~**if** fig. sharp, cutting; ~**ion** f incision, cut; cutting.
inciter incite; induce.
incivil impolite, rude.
inclinaison [ɛ̃klinɛzɔ̃] f incline, slant, slope, gradient; inclination.
inclination [ɛ̃klinasjɔ̃] f bow, courtesy; nod; inclination; tendency; fig. affection.
incliné sloping, slanting; inclined.
incliner bow, bend; slope, slant, lean, (a fig.) incline; s'~ bow (**devant** to).
inclure [ɛ̃kly:r] include.
inclus included; including.
incolore colo(u)rless (a. fig.).
incomber à be incumbent on; devolve upon.
incombustible incombustible, fireproof.
incommod|e inconvenient; unhandy; awkward; ~**er** annoy, trouble, disturb.
incomparable [ɛ̃kɔ̃parabl] incomparable.
imcompatible [ɛ̃kɔ̃patibl] incompatible.
incompétent incompetent; dr. unqualified.
incomplet incomplete; unfinished.
imcompréhensible [ɛ̃kɔ̃preɑ̃sibl] incomprehensible; unintelligible.
incompris [ɛ̃kɔ̃pri] misunderstood.
inconcevable inconceivable.
inconditionnel uncondi-

tional.

inconfortable [ɛ̃kɔ̃fɔrtablə]
uncomfortable.

inconnu [ɛ̃kɔny] adj.
unknown (**à, de** to); m
unknown person; stranger;
~e f unknown quantity.

inconscient [ɛ̃kɔ̃sjɑ̃] un-
conscious.

inconséquent inconsistent;
inconsequential.

inconsidéré thoughtless;
unconsidered.

inconsolable [ɛ̃kɔ̃sɔlablə]
inconsolable.

incontestable [ɛ̃kɔ̃testablə] incontestable, indisputable.

inconv|enance f impro-
priety; **~enant** unseemly,
improper, indecent; **~énient**
m disadvantage, incon-
venience; objection.

incorporer incorporate.

incorrect [ɛ̃kɔrɛkt] incorrect, inaccurate.

incrédibilité f incredibility.

incrédul|e adj. incredulous,
unbelieving; m unbeliever;
~ité f incredulity; disbelief.

incrimin|ation [ɛ̃kriminasjɔ̃]
f incrimination; **~er** in-
criminate.

incroyable [ɛ̃krwajablə] incredible, unbelievable; hard
to believe.

inculp|é m accused; dr. de-
fendant; **~er** accuse, indict.

inculte uncultivated; fig. un-
educated, uncultured.

incur|able [ɛ̃kyrablə] in-
curable; **~ie** f negligence;

carelessness.

incursion [ɛ̃kyrsjɔ̃] f inroad;
raid.

indécis irresolute, undecided;
vague.

indéfini indefinite; undefined;
~ssable undefinable, non-
descript.

indélicat indelicate; coarse;
tactless; unscrupulous.

indémaillable ladder-proof.

indemne [ɛ̃dɛmn] unhurt.

indemni|ser indemnify (**de**
for); **~té** f indemnity.

indéniable undeniable, indisputable.

indépendan|ce [ɛ̃depɑ̃dɑ̃:s] f
independence; **~t** independ-
ent; self-employed.

Indes [ɛ̃d] f/pl. Indies pl.; **~**
occidentales West Indies.

indescriptible indescribable.

index [ɛ̃dɛks] m forefinger;
index; table of contents.

indicateur m indicator;
ch.d.f. timetable; directory;
gauge; informer, spy; **~ de**
l'huile oil gauge; **~ de**
vitesses speedometer.

indic|ation [ɛ̃dikasjɔ̃] f
indication; sign, mark;
~ations pl. instructions,
directions pl.; **~e** m sign,
mark; prices, etc.: index;
~ible unspeakable, ineffable.

indifféren|ce [ɛ̃diferɑ̃:s] f in-
difference; **~t** indifferent (**à**
to).

indigence [ɛ̃diʒɑ̃:s] f poverty,
need.

indigène m, adj. native.

indigent poor, needy.

indigest|e [ɛ̃diʒɛst] indigestible; ~ion [ɛ̃diʒɛstjɔ̃] f indigestion.

indign|ation [ɛ̃diɲasjɔ̃] f indignation; ~e unworthy (de of); act: shameful; ~er make indignant; s'~er get indignant.

indiqu|é advisable; ~er indicate, show, point out.

indirect [ɛ̃dirɛkt] indirect.

indiscret [ɛ̃diskrɛ] tactless; indiscreet; prying.

indiscutable indisputable, obvious.

indispensable [ɛ̃dispɑ̃sabl] indispensable.

indisponible unavailable.

indisposé indisposed; unwell.

indistinct [ɛ̃distɛ̃(kt)] indistinct, hazy, dim.

individu [ɛ̃dividy] m individual; ~el individual; private.

indivisible indivisible; inseparable.

indomptable untamable; ungovernable.

indu hour: late, fam. unearthly.

indubitable unquestionable; undeniable.

indulgen|ce [ɛ̃dylʒɑ̃:s] f indulgence, leniency; ~t indulgent; lenient.

industri|e [ɛ̃dystri] f industry; ~e de base key industry; ~el industrial; ~eux ingenious.

inébranlable unshakeable,

firm.

inédit [inedi] new, novel; unpublished.

ineffable unspeakable; unutterable.

ineffaçable ineffaceable; ineradicable, indelible.

inégal unequal; irregular, uneven; ~ité f inequality; irregularity; unevenness; disparity.

inept|e silly, stupid; ~ie [inɛpsi] f silliness; absurdity.

inépuisable [inepɥizabl] inexhaustible.

inert|e inert; ~ie [inɛrsi] f inertia, listlessness.

inespéré unhoped-for, unexpected.

inestimable invaluable.

inévitable [inevitabl] inevitable, unavoidable.

inexact inexact; inaccurate; unpunctual.

inexorable unrelenting.

inexpéri|ence f inexperience; ~menté inexperienced; untested, untried.

inexplicable inexplicable, unaccountable.

inexprimable inexpressible.

infaillible [ɛ̃fajibl] infallible; unerring; unfailing.

infâme disgusting, vile.

infamie f infamy.

infatigable indefatigable; untiring.

infect [ɛ̃fɛkt] foul, stinking, unwholesome; ~er pollute; méd. contaminate; infect; ~ieux infectious; ~ion f infection; stench.

inférieur [ɛ̃ferjœːr] inferior (à to); lower, bottom . . .

infernal infernal, hellish.

infertile sterile, barren.

infidèle unfaithful.

infime minute; very small.

infini m infinity; **à l'~** infinitely; adj. endless, infinite; **~ment** so much, extremely.

infirm|e m invalid, disabled (person); **~erie** f infirmary; **~ier** m (male) nurse; **~ière** f nurse.

inflammation [ɛ̃flamasjɔ̃] f inflammation.

inflation [ɛ̃flasjɔ̃] f inflation.

inflex|ible inexorable, unbending, adamant; **~ion** f inflexion; deflection.

influ|ence [ɛ̃flyɑ̃ːs] f influence; **~encer** influence; **~ent** influential; **~er sur** have an influence over (or on), affect.

information [ɛ̃fɔrmasjɔ̃] f information; inquiry; **centre** m **des ~s** inquiry-office; **les ~** pl. radio news pl.

informe unformed, misshapen; shapeless.

informer inform; **s'~** inquire, ask (**de** about).

infortun|e f misfortune; **~é** unfortunate, unlucky.

infraction [ɛ̃fraksjɔ̃] f infraction, infringement, breach (**à** of).

infranchissable impassable; fig. insuperable.

infrangible unbreakable.

infra-rouge [ɛ̃frastryk-] infra-red.

infrastructure [ɛ̃frastryk-tyːr] f infrastructure.

infroissable wrinkle-resistant.

infructueux unfruitful; unsuccessful; unavailing.

ingéni|er:s'~er à try hard to, do one's best to; **~eur** m engineer; **~eux** clever, ingenious; **~osité** f ingenuity.

ingénu [ɛ̃ʒeny] ingenuous; artless; simple-minded; frank.

ingérence f interference, meddling.

ingrat ungrateful; **~itude** f ingratitude.

ingrédient [ɛ̃gredjɑ̃] m ingredient.

inhabit|able uninhabitable; **~é** uninhabited.

inhaler inhale.

inhérent inherent, intrinsic.

inhumain inhuman.

inimitié f enmity; hostility; antipathy.

ininterrompu [inɛ̃terɔ̃py] uninterrupted, continuous.

iniqu|e iniquitous, unjust; **~ité** f iniquity.

initial [inisjal] adj., **~e** f initial.

initiative [inisjativ] initiative.

initier [inisje] initiate (**à** into).

inject|é de sang eyes: bloodshot; **~er** inject; **~ion** [ɛ̃ʒɛksjɔ̃] f injection.

injur|es [ɛ̃ʒyːr] f/pl. abuse, bad language; **~ier** insult;

~ieux offensive.

injust|e [ɛ̃ʒyst] unjust, unfair; ~ice [ɛ̃ʒystis] f injustice.

inlassable untiring.

innavigable innavigable.

inné innate, inborn.

innocen|ce [inɔsɑ̃:s] f innocence; guiltlessness; artlessness; ~t innocent, harmless.

innocuité f innocuousness, harmlessness.

innombrable innumerable.

innovation [inɔvasjɔ̃] f innovation; novelty.

inoccupé unoccupied; unemployed.

inoffensif inoffensive, innocuous, harmless.

inond|ation [inɔ̃dasjɔ̃] f inundation; flood; ~er inundate, flood; fig. overwhelm.

inopiné unexpected.

inoubliable [inubliabl] unforgettable.

inouï [inui] unheard-of; extraordinary.

inoxydable rust-proof; stainless.

inqui|et [ɛ̃kjɛ] uneasy, anxious; ~étant alarming; ~éter make uneasy, worry, alarm; s'~éter be alarmed; worry (de about); ~éter de a. bother to enquire; inquire about (or after); ~étude f concern; uneasiness.

insalubre unhealthy; insanitary.

insatiable [ɛ̃sasjabl] insatiable.

insatis|faisant unsatisfactory; ~fait unsatisfied; malcontent; unfulfilled.

inscription [ɛ̃skripsjɔ̃] f inscription; registration.

inscrire inscribe; enter (name); s'~ enroll, register.

inscrutable inscrutable; unfathomable.

insect|e [ɛ̃sɛkt] m insect, fam. bug; ~icide m insecticide.

insensé senseless, mad.

insensible [ɛ̃sɑ̃sibl] insensible.

insérer insert; wedge in.

insertion f insertion.

insidieux insidious.

insign|e [ɛ̃siɲ] m badge, token; adj. remarkable; a. notorious; ~ifiant insignificant, unimportant.

insinu|ant insinuating; ~er insinuate, suggest; s'~er insinuate o.s., worm one's way (in).

insipid|e [ɛ̃sipid] insipid; tasteless; dull; ~ité f tastelessness; dullness.

insistant insistent, stubborn.

insister insist (sur, pour, à on); ~ sur a. emphasize, make a point of.

insociable unsociable.

insolation f méd. sunstroke.

insolent [ɛ̃sɔlɑ̃] impudent, insolent.

insolite unusual.

insolvable com. insolvent, bankrupt.

insomnie [ɛ̃sɔmni] f sleep-

intenter

lessness, insomnia.

insonor|e soundproof; sound-deadening; **~isé,** **~iser** soundproof.

insouci|ance [ɛ̃susjɑ̃:s] f unconcern, carelessness; **~ant** heedless, careless, thoughtless.

insoumis disobedient; **~sion** f insubordination.

insoutenable untenable; indefensible.

inspect|er inspect; **~eur** m inspector, surveyor; **~tion** [ɛ̃spɛksjɔ̃] f inspection; examination.

inspirer inspire; **s'~ de** be inspired by.

instable unstable, unsteady; *furniture, etc.:* rickety.

installation [ɛ̃stalasjɔ̃] f installation; fitting up, fixing; equipment; **~s** pl. a. facilities pl.

installer install; set up; fix; **s'~** install o.s.; settle.

instamment [ɛ̃stamɑ̃] earnestly, urgently.

instance [ɛ̃stɑ̃:s] f dr. authority; **avec ~** earnestly; **en ~ de** on the point of; **~s** pl. entreaties, requests pl.

instant [ɛ̃stɑ̃] m instant, moment; **à l'~** immediately, at once.

instantané m phot. snapshot; adj. instantaneous.

institu|er institute, establish; **~t** [ɛ̃stity] m institute; **~t de beauté** beauty parlo(u)r; **~teur** m (grade) school

teacher, **~tion** [ɛ̃stitysjɔ̃] f institution; establishment.

instrui|re teach; inform; **~t** informed; educated.

instrument [ɛ̃strymɑ̃] m instrument; **~ de musique** musical instrument.

insu: à l'~ de without the knowledge of.

insuccès m failure.

insuffisant [ɛ̃syfizɑ̃] insufficient; incapable.

insulaire insular.

insulte [ɛ̃sylt] f insult; **~r** insult, abuse, outrage.

insupportable unbearable.

insurg|é m rebel; insurgent; **s'~er** revolt, rebel; riot.

insurrection f insurrection.

intact [ɛ̃takt] intact, untouched; undamaged, unbroken, whole.

intégr|er integrate (**dans** into; a. **s'~**).

intègre upright, honest.

intellect [ɛ̃telɛkt] m intellect, understanding; **~uel** adj., m intellectual.

intelli|gence [ɛ̃teliʒɑ̃:s] f intelligence; fig. understanding; **~ent** [ɛ̃teliʒɑ̃] intelligent, clever, bright; **~ible** intelligible; comprehensible, audible.

intempér|ance [ɛ̃tɑ̃perɑ̃:s] f intemperance; insobriety; **~ies** f/pl. bad weather.

intens|e [ɛ̃tɑ̃:s] intense; **~if** intensive; **~ité** f intensity; intenseness.

intent|er: ~er un procès à

dr. bring an action against; **~ion** [ɛ̃tãsjɔ̃] *f* intention; **avoir l'~ion de** intend to; **à votre ~ion** expressly for you; **~ionnel** intentional.

intercaler intercalate, interpolate, insert.

intercéder intercede.

intercepter intercept.

intercesseur *m* intercessor.

interchangeable interchangeable, commutable.

interdiction [ɛ̃tɛrdiksjɔ̃] *f* interdiction.

interdire forbid; prohibit; ban.

interdit forbidden; *fig.* speechless, dumbfounded; **~ aux piétons**, *etc.* no pedestrians, *etc.*

intéress|ant interesting, advantageous; *price:* attractive; **~é** *m* interested party; *adj.* interested, concerned; **~er** interest, concern, attract; **s'~er à** take an interest in, be interested in.

intérêt [ɛ̃terɛ] *m* interest (*a. com.*); **sans ~** uninteresting.

intérieur [ɛ̃terjœːr] *m* inside; interior; **à l'~ (de)** inside; *adj.* inner, interior; internal, domestic; indoor.

inter|mède *m* interlude; **~médiaire** *m* mediator; intermediary, go-between; *com.* agent; *adj.* intermediate.

interminable [ɛ̃tɛrminabl] interminable, endless.

international [ɛ̃tɛrnasjɔnal]

international.

interne internal, inner; **~r** intern, confine.

interpeller call to, shout to *or* at.

interphone [ɛ̃tɛrfɔn] *m* intercom, *Am.* interphone.

interposer interpose (*a.* **s'~**).

inter|prète *m* interpreter; **~préter** interpret.

interroger question, examine; consult.

interrompre interrupt; cut off, stop; break (*conversation*); **s'~** break off, stop, pause.

interrupt|eur *m* élec. switch, contact-breaker; **~ion** [ɛ̃terypsjɔ̃] *f* interruption; break(ing); severance; stoppage.

intervalle [ɛ̃tɛrval] *m* interval; space, distance.

intervenir interfere; intervene.

interview [ɛ̃tɛrvju] *m*, **~er** interview.

intestin *m* intestine, bowel.

intime [ɛ̃tim] *adj.* intimate, close; private; familiar; *m* close friend; **~ment** intimately.

intimider intimidate, frighten; bully.

intimité *f* intimacy.

intituler entitle.

intolérable intolerable, unbearable.

intoxication [ɛ̃tɔksikasjɔ̃] *f* poisoning; **~ alimentaire** food poisoning.

intoxiquer poison.

intransigeant [ɛ̃trɑ̃ziʒɑ̃] uncompromising, unbending, intransigent, die-hard.

intrépide fearless, dauntless.

intrigue f intrigue, plot; **~r** [ɛ̃trige] intrigue, scheme, plot; puzzle, perplex.

intrinsèque intrinsic.

introduction [ɛ̃trɔdyksjɔ̃] f introduction; insertion.

introduire [ɛ̃trɔdɥiːr] introduce; show (or usher) in; insert; **s'~** get in; penetrate.

introuvable unobtainable; not to be found.

intrus [ɛ̃try] m intruder; adj. intruding.

intuiti|f intuitive; **~ion** [ɛ̃tɥisjɔ̃] f intuition; insight.

inusable unwearable, everlasting.

inutil|e useless, unavailing, unprofitable; unnecessary; needless; **~ement** in vain; **~isé** unused; **~ité** f uselessness, inutility.

invalid|e [ɛ̃valid] m invalid; disabled veteran; adj. invalid; **~er** invalidate, nullify; **~ité** f disability.

invariable [ɛ̃varjabl] invariable; unchanging; unalterable.

invasion [ɛ̃vazjɔ̃] f invasion.

invectives f/pl. abuse, bad language.

invendu [ɛ̃vɑ̃dy] unsold.

inventaire m inventory; stock-taking; **faire l'~** take stock (**de** of).

inven|ter invent; make up

(excuse, etc.); **~teur** m inventor; **~tion** [ɛ̃vɑ̃sjɔ̃] f invention; imagination.

inverse adj., m inverse, contrary, opposite; **en sens ~** in the opposite direction.

investigation [ɛ̃vɛstigasjɔ̃] f investigation.

investi|r invest; **~ssement** m investment; **~sseur** m investor.

invétéré inveterate; confirmed.

invincible invincible, unconquerable; unsurmountable.

inviolable inviolable.

invisible [ɛ̃vizibl] invisible.

invit|ation [ɛ̃vitasjɔ̃] f invitation; **~é** m guest; **~er** invite; ask, request.

involontaire involuntary; unintentional; unwilling.

invoquer invoke.

invraisemblable unlikely; implausible.

iode [jɔd] m iodine.

irlandais [irlɑ̃dɛ] adj. Irish; **~e** m Irishman.

Irlande [irlɑ̃:d] f Ireland.

ironi|e f irony; **~e du sort** irony of fate; **~que** ironical.

irréconciliable [irrekɔ̃siljabl] irreconcilable.

irrécupérable irretrievable.

irréfléchi unconsidered, rash; inconsiderate; thoughtless.

irréfutable [irrefytabl] irrefutable.

irrégulier irregular; uneven; disorderly.

irrémédiable [irremedjabl] irremediable.

irréparable irreparable.

irréprochable irreproachable; blameless.

irrésistible [irrezistibl] irresistible.

irrésolu irresolute; unsolved.

irrigation [irrigasjɔ̃] f irrigation.

irrit|able irritable; **~er** [irite] irritate; **s'~er** get angry.

Islande [islɑ̃:d] f Iceland.

isol|ant adj. insulating; **bande** f **~ante** insulating tape; m élec. insulator; **~é** isolated; lonely, solitary; **~ement** m isolation; loneliness; **~er** isolate;

segregate; élec. insulate; **s'~er** cut o.s. off, keep to o.s.

Israël m Israel.

israélien [israeljɛ̃] adj., ₂ m Israeli.

issu: ~ **de** born, descended, sprung from; **~e** [isy] f issue, outlet; way out; end.

Italie f Italy.

italien [italjɛ̃] adj., ₂ m Italian.

itinéraire m itinerary, route.

ivoire [ivwa:r] m ivory.

ivr|e [i:vr] drunk; ~ **mort** dead drunk; **~esse** f drunkenness, intoxication; fig. ecstasy; **~ogne** m drunkard.

J

jacinthe f bot. hyacinth.

jade m jade.

jadis [ʒadis] formerly, in olden times.

jaillir [ʒaji:r] gush (out), spring, flow; spurt, fly up, flash.

jalon [ʒalɔ̃] m stake; **~ner** stake out, mark (out).

jalou|sie [ʒaluzi] f jealousy; envy; Venetian blind; **~x** jealous; envious; **~x de plaire** anxious to please.

jamais [ʒamɛ] ever; **à ~** for ever; **ne ~** never.

jambe [ʒɑ̃:b] f leg.

jambon [ʒɑ̃bɔ̃] m ham; **~neau** m knuckles pl. of ham.

jante [ʒɑ̃:t] f rim.

janvier [ʒɑ̃vje] m January.

Japon [ʒapɔ̃] m Japan.

japonais adj., ₂ m Japanese.

jaquette f jacket, coat.

jardin [ʒardɛ̃] m garden; ~ **anglais** landscape garden; ~ **des plantes** botanical gardens pl.; **~age** m gardening; **~ier** m gardener; **~ière** f window box; cuis. dish of vegetables.

jargon m jargon.

jarret m hollow (or back) of the knee; cuis. knuckles pl.; **~ière** f garter.

jaser, **~ie** f chatter; gossip.

jasmin m bot. jasmine.

jatte f bowl, basin.

jaug|e [ʒo:ʒ] f gauge; mar.

tonnage; **~e d'essence** petrol-gauge, *Am.* gasoline-gauge; ~ **er** gauge; measure; *fig.* size up.

jaunâtre yellowish.

jaun|e [ʒɔn] *adj.* yellow; *m* yolk (of egg); **rire ~** give a sickly smile; **~ir** make yellow; grow yellow; **~isse** *f méd.* jaundice.

jazz *m* jazz.

je *pron.* I.

jersey [ʒɛrzɛ] *m* jersey.

jet [ʒɛ] *m* throw; jet, gush; shoot; spout; **~ d'eau** fountain; **premier ~** first sketch; **d'un seul ~** at one go.

jetée *f* pier, jetty; mole.

jeter [ʒ(ə)te] throw, hurl, cast, fling; throw away; drop; **se ~** throw o.s., jump, pounce.

jeton *m* chip, token, counter.

jeu [ʒø] *m* game; play; playing; gambling; *thé.* acting; *keys, tools, etc.*: set; *cards*: pack, deck; **~ d'esprit** witticism; **~ de mots** pun; play upon words; **en ~** at stake.

jeudi *m* Thursday; **⁂ saint** Maundy Thursday.

jeun [ʒœ̃]: **à ~** on an empty stomach.

jeune [ʒœn] *adj.* young; new, unripe; **~ fille** girl; **(les) ~** *m/pl.* young people.

jeûn|e [ʒøːn] fast(ing); **~er** fast.

jeunesse *f* youth; boyhood; girlhood; young people.

jiu-jitsu *m* ju-jutsu.

joaill|erie   [ʒɔɑjri]   *f*

jewel(l)er's shop; jewel(le)ry; **~ier** *m* jewel(l)er.

joie [ʒwa] *f* joy, gladness; pleasure, delight; **avec ~** gladly; **se faire une ~ de** be delighted to; **~ de vivre** joy of living.

joindre [ʒwɛ̃:dr] join; connect; clasp (*hands*); get in touch with; meet; **~ à** add to, combine with; **se ~ à** join (in).

joint [ʒwɛ̃] *m* joint; join; **trouver le ~** *fig.* hit upon the right plan; *adj.* joined, united; clasped; **~ure** *f* joint, articulation, knuckle.

joli good-looking; pretty; nice, fine; **~ment** prettily, nicely; much, very.

jonc [ʒɔ̃] *m* rush, reed, cane; rattan.

jonché de strewn with.

jonction *f* joining; junction; meeting.

jongler juggle.

joue [ʒu] *f* cheek; **mettre en ~** aim at.

jou|er [ʒwe] play; gamble; act; perform; risk, stake; fool, take in; *wood*: warp; **faire ~er** bring into play; set going; **se ~er de** laugh at; with ease; **~et** *m* toy; plaything; *fig.* victim; **~eur** *m* player; gambler; speculator; performer; **beau ~eur** good loser.

joug [ʒu] *m* yoke; *fig.* slavery; bondage.

jouir [ʒwiːr] **de** enjoy; possess;
~ **d'une bonne santé** be in
good health.

jouissance f enjoyment, delight; use.

jour [ʒuːr] m day; daylight;
light; opening; **petit** ~ dawn;
il fait ~ it is (growing) light;
se faire ~ break through; **en
plein** ~ in broad daylight (a.
fig); **vivre au** ~ **le** ~ live
from hand to mouth; **être
(mettre) à** ~ be (bring) up
to date; **de nos** ~**s** in our
time; **du** ~ **au lendemain**
overnight; **l'autre** ~ the
other day.

journ|al [ʒurnal] m news-
paper; journal; diary; ~**al
parlé** radio, télév. news;
~**alier** daily, everyday;
~**alisme** m journalism;
~**aliste** m journalist; **les
~aux** pl. the press.

journée f day; daytime; day's
work; **dans la** ~ in the course
of the day; **femme** f **de** ~
charwoman; **toute la** ~ all
day long.

journellement daily, every
day.

jovial [ʒɔvjal] jovial, jolly.

joyau [ʒwajo] m jewel; gem.

joyeux [ʒwajø] joyful; merry.

jubil|é m jubilee; golden
wedding; ~**er** jubilate; be
pleased.

jucher perch (a. **se** ~); perch
up high, lift, raise.

judici|aire judicial; judiciary;
forensic; ~**eux** judicious;

prudent; sensible.

juge [ʒyːʒ] m judge; justice; ~
d'instruction examining
magistrate; ~**ment** [ʒyʒmɑ̃]
m judgment; verdict, sen-
tence; opinion; ~**ote** f fam.
horse sense; ~**r** judge; estimate; consider, think,
deem; ~**r de** imagine.

Juif m (f **Juive**) Jew; **z** adj.
Jewish.

juillet [ʒɥijɛ] m July.

juin [ʒɥɛ] m June.

julienne f vegetable soup.

jum|eau m twin ~**eaux** pl.
twins pl.; ~**eler** pair; twin;
~**elles** pl. field glasses pl.;
opera-glasses pl.; binoculars
pl.

jument f mare.

jungle [ʒœ̃gl, ʒɔ̃gl] jungle.

jup|e [ʒyp] f skirt; ~**on** m
petticoat.

jur|é m juryman; juror; ~**er**
swear (**de** to); curse; colours:
clash.

juridic|tion f jurisdiction;
fig. province; ~**que** juridical;
legal.

juron m swear word.

jury [ʒyri] m jury; examining
board.

jus [ʒy] m juice; gravy; fam.
coffee; élec. current.

jusant m ebb (tide).

jusqu|e, ~**à** till, until; up to,
down to; as far as; even; ~**à
ce que** until; ~**à présent** so
far, up to now.

just|e [ʒyst] just, right (a.
adv.); righteous; fair; lawful;

legitimate; proper; exact; true; **au** ~**e** exactly, precisely; ~**ement** just, exactly, precisely; ~**esse** f exactness; correctness; **de** ~**esse** narrowly, barely, only just.

justi|ce [ʒystis] f justice; law; **faire** (or **rendre**) ~**ce à** do

justice to; ~**fication** [ʒystifikasjɔ̃] f justification, vindication; ~**fier** justify, vindicate; prove; ~**fier de** give proof of.

juteux juicy.

juvénile youthful, juvenile.

juxtaposer place side by side.

K

képi [kepi] m mil. cap.

kermesse f (village) fair.

kilo|(gramme) m kilogram; ~**métrage** m mileage; ~**mètre** m kilometre.

kiosque [kjɔsk] m kiosk; ~ **à**

journaux newsstand.

klaxon m horn, hooter; ~**ner** blow the horn, hoot.

kyrielle [kirjɛl] f flood, avalanche, long string, no end (**de** of).

L

la (l') the; her, it; ~ **voici** here she (it) is.

là there; **par** ~ this way; ~**bas** down (or over) there; ~**haut** up there.

labeur m labo(u)r, toil.

laboratoire [labɔratwar] m laboratory.

laborieux diligent; hard-working; painstaking.

labour [labur] m tillage; **labo(u)r** ~**age** m ploughing; ~**er** plough; ~**eur** m ploughman; husbandman; **Am.** farm hand.

lac [lak] m lake.

lacer lace.

lacérer lacerate; tear.

lacet [lasɛ] m lace; shoe-lace; noose; snare; **road:** hairpin bend.

lâch|e m coward; **adj.** loose; slack; cowardly; ~**er** loosen; slacken; let go; discharge; chuck up; quit; ~**er pied** give way; ~**eté** [lɑʃte] f cowardice; ~**eur** m **fam.** unreliable fellow.

lacrymogène: gaz m ~ tear-gas.

lacté milky, lacteous; **voie** f ~**e** Milky Way.

lacune f gap; void; blank.

là|-dedans in there, therein; ~**dessous** underneath, beneath that; ~**dessus** thereupon; upon that.

ladre avaricious; stingy.

laid [lɛ] ugly, nasty; ~**eron** m ugly young woman; ~**eur** f ugliness.

lain|age m wool(l)en goods

pl.; **~e** [lɛn] *f* wool; **~e peignée** worsted; **~eux** woolly, fleecy.

laïque lay, secular; **école** *f* **~** undenominational school.

laisse *f* lead, leash.

laisser [lese] leave; let, allow to; let alone; bequeath; **~ aller** *m* freedom; unconstraint.

lait *m* milk; **~ condensé** condensed milk; **~ en poudre** powdered milk; **~erie** [lɛtri] *f* dairy.

laiton *m* brass.

laitue [lɛty] *f* lettuce.

lambeau *m* rag, scrap.

lambris *m arch.* wainscot, panel-work.

lam|e [lam] *f* blade; **~ (de rasoir)** razor-blade; wave; **~elle** *f* lamella; foil.

lament|able [lamɑ̃tabl] woeful; **~er** lament; **se ~er** complain (**sur** about, of).

lamin|er laminate, roll; **~oir** *m* rolling-mill.

lampadaire [lɑ̃padɛr] *m* lamp-post; standard lamp.

lampe *f* lamp; *radio* valve (*or* tube); **~ de poche** torch, *Am.* flashlight; **~ de travail** reading-lamp.

lampion *m* Chinese lantern.

lamproie [lɑ̃prwa] *f* lamprey.

lanc|ement *m* launching (*of ship*); **~er** throw, hurl; start; give; dart; **~er des regards** cast looks.

lande *f* moor, heath.

langage [lɑ̃gaʒ] *m* language;

style.

lange [lɑ̃ʒ] *m* diaper; **~s** *pl.* swaddling-clothes *pl.*

langoureux languishing; languid.

langouste *f* lobster.

langue [lɑ̃g] *f* tongue; language; **~ maternelle** mother-tongue; **mauvaise ~** scandalmonger; **~s** *pl.* **vivantes** modern languages *pl.*

langu|eur [lɑ̃gœːr] *f* languor; languidness; apathy; *com.* dullness; **~ir** [lɑ̃giːr] languish (**après** for); *fig.* pine away; flag; **~issant** languid, drooping; *com.* dull.

lanière *f* thong.

lantern|e *f* lantern; streetlamp; **~er** dally, dawdle.

lapin *m* rabbit; *fig.* cunning fellow; **poser un ~ à q.** stand s.o. up.

laps [laps] *m* lapse (*of time*).

laque [lak] *f* **à ongles** nail enamel; **~r** lacquer.

lard [laːr] *m* bacon; **~er** lard (*a. fig*); pierce.

larg|e [larʒ] *m* breadth, width; open sea; *adj.* broad, large, wide; generous; **prendre le ~e** stand out to sea; **~esse** *f* liberality; **~eur** *f* width, breadth.

larm|e *f* tear; **pleurer à chaudes ~es** weep bitterly; **~oyant** tearful; in tears; **~oyer** weep, snivel.

larron *m* thief; robber.

larynx [larɛ̃ks] *m* larynx.

las (lasse) [lɑ, lɑ:s] tired; weary; **~ser** tire, weary; **~ser de** get tired (*or* weary) of; **~situde** *f* weariness.

latent [latɑ̃] latent, hidden.

latéral lateral; **rue** *f* **~e** side-street.

latin [latɛ̃] Latin.

latitude [latityd] *f geography:* latitude; *fig.* freedom.

latte *f* lath.

lauréat *m* prize-winner.

laurier *m bot.* laurel; **se reposer sur ses ~s** rest on one's laurels.

lavable washable.

lavabo [lavabo] *m* wash-basin; washroom, toilet.

lavage *m* washing.

lavande *f bot.* lavender.

lavasse *f pop.* thin (*or* watery) soup (*or* wine).

lave *f* lava.

lav|er wash; **~erie automatique** launderette; **~ette** *f* dish-cloth; **~euse** *f* washerwoman; **~oir** *m* wash-house; **~ure** *f* dish-water.

laxatif *m* laxative.

laxité *f* laxity, looseness.

layette *f* layette.

le [lə] (**l'**) *m* the; him, it; **~ voici** here he (it) is.

lécher lick; *fig.* polish, elaborate.

leçon [ləsɔ̃] *f* lesson; lecture; *fig.* reprimand.

lect|eur *m* lecturer; reader; **~ure** *f* reading; perusal.

ledit *m dr.* the aforesaid.

légal [legal] lawful, legal; *méd.* forensic; **~iser** *dr.* legalize; certify; **~ité** *f* lawfulness.

légation *f* legation.

légende *f* legend; caption; inscription.

léger light, slight; trifling; fickle.

légère *f* of **léger: à la ~** lightly; rashly; **prendre à la ~** make light of; **~té** [leʒɛrte] *f* lightness, nimbleness; levity; frivolity; slenderness.

légion *f* legion; **~ étrangère** foreign legion; **~ d'honneur** Legion of Hono(u)r.

législation *f* legislation; laws *pl.*, regulations *pl.*

légitim|e rightful, legitimate; **~er** legitimate; justify; **~ité** *f* legitimacy; lawfulness.

legs [lɛ] *m* legacy; bequest.

léguer bequeath; leave.

légume [legym] *m* vegetable; **~s** *pl.* **verts** greens *pl.*; **grosse ~** *f big* shot.

lendemain [lɑ̃dmɛ̃] *m* next (*or* following) day; **le ~ (de ...)** the day after (...).

lent [lɑ̃] slow, tardy; **~eur** *f* slowness, tardiness.

lentille *f bot.* lentil; *opt.* lens; **~s** *pl.* **cornéennes** contact lenses *pl.*

lequel *m*, **laquelle** *f*, **lesquels** *m/pl.*, **lesquelles** *f/pl.* who, whom, which, that.

les *pl.* them; the.

lés|er wrong, injure; **~ion** *f* wrong, injury; *méd.* lesion, injury.

lessive f lye; wash(ing), laundry; washing-powder; **faire la ~** do the washing.

leste nimble, brisk; active; sharp; agile.

léthargie [letarʒi] f lethargy.

lettre f letter; **à la ~** literally; **affranchir une ~** stamp a letter; **mettre une ~ à la poste** post (or mail) a letter; **~ de change** com. bill of exchange; **~ de créance** credentials pl.; **~ exprès** express letter, Am. special delivery; **~ recommandée** registered letter; **~ par avion** air-mail letter; **~s pl.** arts pl.; humanities pl.; literature; **boîte f aux ~s** letter-box; **homme m de ~s** man of letters.

lettré m scholar; adj. learned, literate.

leur their; them; **le ~, la ~,** les **~s** theirs.

leurrer lure, decoy; bait.

levain [ləvɛ̃] m yeast.

levant rising; m east; **~in** Levantine.

levée f rising; raising; breaking up; mil. levy; mail: collection.

lever [ləve] m raising, rise; **~ du jour** daybreak; **~ du soleil** sunrise; v. raise; lift; break up (meeting); **se ~** rise, get up.

levier m lever; **~ de (changement de) vitesse** gear-lever, Am. gearshift.

lèvre [lɛvr] f lip.

lézard [leza:r] m lizard; **faire le ~** fam. bask in the sun; **~é** crevice; **~é** cracked; **(se) ~er** crack, split.

liaison [ljɛzɔ̃] f joint; junction; connection; love-affair; mus. slur.

liant supple; flexible.

liasse f papers etc.: bundle.

libellule f dragon-fly.

libér|al [liberal] liberal; generous, wide; **~alité** f liberality; generosity; **~ateur** m deliverer; adj. liberating; **~er** liberate, release, (set) free (**de** from).

liber|té f liberty; freedom; **~tin** licentious; profligate.

librair|e m bookseller; **~ie** f bookshop, bookstore.

libre free; unoccupied; **~ échange** m free trade; **~ service** m self-service.

licenc|e [lisã:s] f licence; **prendre sa ~e** graduate; **~ié** m licentiate; **~ié ès sciences** Bachelor of Science; **~ié ès lettres** Master of Arts; **~ier** dismiss; discharge; **~ieux** licentious.

licite licit, lawful.

lie [li] f dregs pl., scum.

liège [ljɛ:ʒ] m cork.

lien [ljɛ̃] m tie, band; **~s pl.** fetters pl.

lier [lje] tie, bind, link; fasten; attach (**à** to); connect (**à** with); **~ amitié** strike up a friendship, make friends; **~ conversation** strike up a conversation.

lierre m bot. ivy.

lieu *m* place; spot; **au ~ de** instead of; **au ~ que** whereas; **avoir ~** take place; **en haut ~** in high quarters; **en premier ~** in the first place; **~ de destination** place of destination; **~x** *pl.* premises *pl.*; scene of (crime); **~x communs** commonplaces *pl.*

lieue *f* league (*ancient linear measure*).

lièvre [ljɛ:vr] *m* hare.

ligne [liɲ] *f* line; rank; **~ aérienne** airline; **hors ~** excellent; **~ de pêche** fishing-line; **pêcher à la ~** fish; **~r** draw lines in, line.

lignite *m* lignite, *Am.* soft coal.

ligue [lig] *f* league; alliance.

lilas *m bot.* lilac.

limaçon [limasɔ̃] *m* snail.

lim|e [lim] *f* file; **~e à ongles** nail file; **~er** file, polish.

limitation *f* limitation.

limite [limit] *f* limit; boundary; **~ de prix** price limit; **vitesse** *f* **~** maximum speed; **~r** limit.

limon *m* mud, slime; *bot.* lemon; **~ade** *f* lemonade; **~eux** muddy.

limpide [lɛ̃pid] clear, limpid.

lin *m* flax, linen.

linéaire linear.

linge [lɛ̃:ʒ] *m* linen.

lingerie *f* linen goods *pl.*; underwear, undergarment; **magasin** *m* **de ~** lingerie store.

linguiste *m* linguist.

linoléum *m* linoleum.

linon *m* buckram.

lion [ljɔ̃] *m* lion; **la part du ~** the lion's share.

liquéfier liquefy, melt.

liquid|ation *f* liquidation; settlement; clearance sale, selling off; **~e** [likid] *m* liquid; **argent** *m* **~e** ready money; **~er** *com.* liquidate, sell off.

lire read, study (intensely).

lis [lis] *m bot.* lily.

liséré *m* border, trimming.

lisible legible, readable.

liss|e smooth, glossy; **~er** smooth, gloss, polish.

liste *f* list; **~ d' attente** waiting-list; **~ des prix** price list.

lit [li] *m* bed; layer; **~ de camp** cot; **~-couchette** berth; **~s** *pl.* **jumeaux** twin beds *pl.*

litanie *f* litany; *fig.* rigmarole.

litière *f* litter.

litige [liti:ʒ] *m* litigation.

litre *m* litre (*about two pints*).

littér|aire literary; **~ature** [literatyr] *f* literature.

littoral [litoral] *m* coastline; *adj.* littoral.

livr|able *com.* to be delivered; **~aison** *f* delivery; shipment; **~ com.** instalment.

livre[1] *m* book; **~ de cuisine** cook-book, cookery book; **~ de poche** paperback; **grand ~** *com.* ledger.

livre[2] *f* pound (weight *or* money).

livrer deliver; hand over; **se ~ à** devote o.s. to; indulge in.

livret *m* booklet.

livreur *m* delivery-man.

local [lɔkal] *adj.* local; *m* building; **~iser** localize; localize, spot; **~ité** *f* locality, place.

locataire *m* tenant.

location *f* hiring, letting; **~ de voitures** car hire; **bureau** *m* **de ~** booking-office.

locomotive [lɔkɔmɔtiːv] *f* locomotive, engine.

locution *f* expression, term.

log|e [lɔːʒ] *f* hut, lodge; cell; **~ement** *m* lodging, accommodation; housing; **~ement garni** furnished room; **~er** lodge, dwell; put up; **~eur** *m* landlord; **~euse** *f* landlady.

logique *f* logic; *adj.* logical.

loi [lwa] *f* law, rule; **homme** *m* **de ~** lawyer; **mettre hors la ~** outlaw.

loin [lwɛ̃] far, distant, remote; **au ~** far off; at a distance; **de ~ en ~** at intervals; once in a while; **~tain** *m* distance; *adj.* remote, far-off.

loisir [lwaziːr] *m* leisure, spare time; **à ~** leisurely; at leisure.

long[1] *m* length.

long[2] **(longue)** [lɔ̃, lɔ̃ːg] *m* **le ~ de, au ~ de** along; during; **f à la ~ue** in the long run.

longer [lɔ̃ʒe] skirt; follow.

longitude *f* geography: longitude.

longtemps long (time).

longueur [lɔ̃gœːr] *f* length; **à ~ de journée** all day long; **~ d'onde** wave-length.

longue-vue *f* telescope.

lopin [lɔpɛ̃] *m* bit, plot of (ground).

loquac|e [lɔkwas] *f* loquacious; talkative; **~ité** *f* loquacity; talkativeness.

loque *f* rag.

loquet *m* latch.

lorgner [lɔrɲe] stare at, ogle (at).

lorgnette *f* opera-glass.

lors then; **~ de** at the time of; **dès ~** from that time; **~ même que** even when.

lorsque when.

lot [lo] *m* share; portion; lot; *lottery:* prize; **~erie** *f* lottery; raffle.

lotion [losjɔ̃] *f* lotion, **~ner** lotion, bathe.

lot|ir divide into lots; share out, allot; **~issement** *m* allotment.

louable praiseworthy.

louange *f* praise.

louch|e [luʃ] *f* soup-ladle; *adj.* suspicious, phoney, funny; **~er** squint.

louer[1] praise, commend; **se ~ de** be pleased with.

louer[2] hire rent; hire out, let (rooms).

loueur[1] *m* one who hires out; lender.

loueur[2] *m* (base) flatterer.

loup [lu] *m* wolf; **entre chien et ~** at dusk; **à pas de ~** stealthily.

loupe f magnifying glass, lens.
lourd [lu:r] heavy; weighty; dull; clumsy; **~aud** m fam. blockhead; **~eur** f heaviness, dul(l)ness; sultriness.
loyal [lwajal] faithful, true, loyal; fair.
loyer m rent, rental.
lubie f whim, fad.
lubri|fiant m lubricant; adj. lubricating; **~fier** lubricate, oil.
lucarne f garret-window; skylight.
lucide [lysid] clear, lucid.
lucratif lucrative.
lueur f gleam, glimmer, light; flash.
luge|e [ly:ʒ] f toboggan; bobsleigh; **~er** toboggan.
lugubre dismal, lugubrious.
lui he, him, her; to him, to her; to it; **~même** himself.
luire [lɥi:r] shine, gleam.
luisant [lɥizɑ̃] shiny, glossy; m shine, gloss.
lumbago [lɔ̃bago] m lumbago.
lumière [lymjɛ:r] f light; **~ du jour** daylight; **~ du soleil** sunlight.
lumin|eux luminous; fig. clear, lucid; **~osité** f luminosity.
lun|aire lunar; **~atique** fantastical; whimsical.
lundi m Monday.
lune f moon; **~ de miel** honeymoon; **clair** m **de ~**

moonlight.
lunette f field-glass; telescope; **~s** pl. spectacles pl.; **~s de plongée** goggles pl.; **~s de soleil** (or **solaires**) sunglasses pl.
lustr|e [lystr] m gloss, lustre; chandelier; **~er** glaze; give a gloss to.
lut m lute, chemist's clay.
luth [lyt] m mus. lute.
lutin m goblin, imp; adj. roguish.
lutt|e [lyt] f struggle, fight; wrestling; **~e contre le bruit** noise abatement campaign; **~e des classes** classwarfare; **~er** struggle, wrestle, fight; **~eur** m wrestler, fighter.
luxation f luxation, dislocation.
luxe [lyks] m luxury.
Luxembourg [lyksɑ̃bu:r] m Luxembourg.
luxer: se ~ dislocate, sprain (one's ankle, etc.).
luxueux luxurious.
luxu|riant [lyksyrjɑ̃] exuberant, luxuriant; **~rieux** lustful, lewd.
luzerne f lucern; Am. alfalfa.
lycé|e ;n lycée, state secondary school; **~en** [liseɛ̃] m pupil (of a secondary school).
lynx [lɛ̃:ks] m zo. lynx.
lyri|que lyric(al); **~sme** m lyricism.

M

M (*short for:* **Monsieur**) Mr.

ma my.

macabre gruesome.

macaron *m* macaroon; **~i** *m* macaroni.

mâcher chew, masticate.

machin [maʃɛ̃] *m* thing, gadget; **~al** mechanical; **~ateur** *m* plotter; **~ation** *f* plot, scheme.

machine [maʃin] *f* machine; engine; **~ à coudre** sewing-machine; **~ à dicter** dictaphone; **~ à écrire** typewriter; **~ électrique** dynamo; **~ à laver** washing-machine; **~r** plan, plot.

mâchoire [maʃwa:r] *f* jaw, jaw-bone; **~s** *pl.* **de frein** *auto* brake-shoes *pl.*

mâchonner mumble; munch.

maçon [masõ] *m* mason.

macule *f* spot; stain; **~r** stain.

madame [madam] *f* (**mesdames** *pl.*) Madam, mistress (*abbr.* Mrs.).

mademoiselle [madmwazɛl] *f* (**mesdemoiselles** *pl.*) miss; young lady, girl.

madone *f* madonna.

magasin [magazɛ̃] *m* shop, store; warehouse; **grand ~** department store; **~age** *m* *com.* storing.

magazine [magazin] *m* magazine, periodical.

magie [maʒi] *f* magic.

magique magical.

magistrat *m* town councillor; municipal authorities *pl.*; **~ure** *f* *dr.* bench.

magnanime magnanimous; high-minded; generous.

magnét|ique [maɲetik] magnetic; **~ophone** *m* tape recorder.

magnifique [maɲifik] magnificent, grand, splendid.

mai [mɛ] *m* May.

maigr|e [mɛgr] meagre, thin, lean; **~eur** *f* thinness; **~ir** make thin; grow thin, lose weight.

maille [ma:j] *f* mesh, stitch; **~ qui file** stockings: ladder, *Am.* run.

maillet [majɛ] *m* mallet.

maillot [majo] *m* jersey, tights *pl.*; (**a. ~ de bain** *or* **de plage**) swim suit, bathing-suit; (**a. ~ de corps**) vest.

main [mɛ̃] *f* hand; hand-writing; **de première ~** first-hand; **fait (à la) ~** hand-made; **de sa propre ~** *letter:* in his own hand; **~-d'œuvre** *f* workers *pl.*

maint [mɛ̃] many a; **~es fois** many a time.

maintenant [mɛ̃tnã] now, at present.

maintenir [mɛ̃tni:r] maintain; keep up; **se ~** remain, continue.

maintien [mɛ̃tjɛ̃] *m* maintenance; keeping, bearing.

mair|e [mɛ:r] *m* mayor; **~ie** *f* town hall.

mais [mɛ] but; ~ **non!** of course not!; ~ **oui!** certainly!

maïs [mais] *m* maize, *Am.* corn; Indian corn.

maison [mɛzɔ̃] *f* house; home; *com.* firm; **à la** ~ at home; ~ **de commerce** commercial establishment; firm; ~ **de campagne** country house; **~nette** *f* bungalow, cottage.

maître *m* master; *school:* teacher; lawyer's title; **être** ~ **de** control; **trouver son** ~ meet one's match; ~ **chanteur** blackmailer; ~ **d'hôtel** head waiter; steward; ~ **nageur** swimming-master.

maîtresse *f* mistress; lady; teacher; *adj.* chief, leading, main.

maîtris|e *f* mastery; mastership; **~e de soi-même** self-control; **~er** *v* control.

majestueux majestic; stately.

majeur [maʒœːr] *m* middle finger; *adj.* major; of age; **~e force** *f* **~e** Act of God.

majorité *f* majority.

majuscule *f* (*a. adj.*) capital (letter).

mal *m* evil, wrong; harm; illness, pain; trouble; hardship, misfortune; **du** ~ (**à**) harm, hurt; **faire** ~ hurt, ache; **avoir du** ~ **à** find it hard to; **avoir** ~ **au cœur** feel sick; **avoir** ~ **aux dents** have a toothache; ~ **de l'air** air sickness; ~ **de gorge** sore throat; ~ **du pays** homesickness; ~ **de tête** headache;

adj. bad; *adv.* badly ill; wrong; amiss; ~ **comprendre** misunderstand; **de** ~ **en pis** from bad to worse; **se trouver** ~ faint; **pas** ~ **de** quite a lot of.

malad|e *m* sick person; patient; *adj.* ill, sick, diseased; **~ie** *f* sickness, illness, disease; **~ie professionnelle** occupational disease; **~if** ailing, sickly.

mal|adresse *f* clumsiness; blunder; **~adroit** clumsy, awkward.

malais|e [malɛːz] *m* discomfort; indisposition; uneasiness; **~é** difficult.

malappris ill-bred.

malchance [malʃɑ̃ːs] *f* bad luck; mischance.

mâle [mɑːl] *adj., m* male.

malédiction *f* curse.

malencontr|e *f fam.* mishap; misfortune; **~eux** unfortunate, unlucky.

malentendu *m* misunderstanding; mistake.

mal|faisant harmful; spiteful; mischievous; **~faiteur** *m* evil-doer; **~famé** notorious; of bad repute.

malgré in spite of; ~ **cela**, ~ **tout** yet, all the same, nevertheless.

malheur [malœːr] *m* misfortune, mishap, ill luck, hard luck; **par** ~, **~eusement** unfortunately; **~eux** unlucky, unhappy; miserable.

malhonnête dishonest; **~té** *f*

dishonesty.

mali|ce [malis] *f* spite; trick; **~cieux** malicious, mischievous; spiteful.

malignité *f* malignity.

mali|n (**~gne**) [malɛ̃, maliɲ] malignant, wicked; *fig.* cunning; **joie** *f* **~gne** malicious glee, gloating.

mall|e *f* trunk; **~ette** *f* suitcase.

malodorant smelly.

malpropre dirty; **~té** *f* dirtiness.

mal|sain [malsɛ̃] unhealthy; unwholesome; **~séant** unseemly; unbecoming.

malt *m* malt.

maltraiter ill-treat.

malveill|ance [malvɛjɑ̃:s] *f* ill will, malevolence; **~ant** spiteful, ill-willed.

malversation *f* embezzlement.

maman [mamɑ̃] *f* mamma.

mamelle *f* breast, teat.

mammifère *m* mammal.

manager [manadʒɛ:r] *m* manager.

manche[1] *m* handle; stick; **~ à balai** broomstick.

manche[2] *f* sleeve; **la ≥** the English Channel.

manchette *f* cuff; *newspaper:* headline.

mandarine [mɑ̃darin] *f* tangerine.

mandat [mɑ̃da] *m* mandate; commission; order; *com.* draft; **~ d'arrêt** warrant; **~ postal**, **~-poste**, **~-**

lettre money order, postal order; **~aire** *m* agent; representative.

manège [manɛ:ʒ] *m* horsemanship; *fig.* trick; **~ de chevaux de bois** merry-go-round.

mang|eable [mɑ̃ʒabl] eatable; **~eoire** *f* manger, crib; **~er** eat; consume; *fig.* squander (*money*); corrode (*metal*); *m fam.* eats *pl.*; **~er trop** overeat (o.s.); **~eur** *m* eater.

maniable [manjabl] manageable, wieldy.

mani|aque *m* lunatic; *adj.* mad; **~e** *f* mania, fixed idea; **~er** handle; manage; use; **~ère** [manjɛ:r] *f* manner, kind, way; **de ~ère à** so as to; **de ~ère que** so that; **~ère de parler** way of speaking; **~éré** affected.

manif *f fam. pol.* demonstration.

manifest|ation *f* manifestation; *pol.* demonstration; **~e** evident; plain; **~er** show; manifest; demonstrate; **se ~er** appear.

manipul|ation *f* manipulation; **~er** manipulate; handle; transport.

manivelle *f* crank; winch.

mannequin [mankɛ̃] *m* dummy; (fashion) model.

manœuvre[1] *m* worker.

manœuvre[2] *f* manipulation; manœuvres *pl.*; **~er** manœuvre.

manomètre *m* manometer, pressure gauge.

manqu|ant [mā:kā] missing; **~e** [mā:k] *m* want; **~e d'appétit** lack of appetite; **~é** unsuccessful; **~er** miss; be missing; fail; not to keep, break (*promise, etc.*); **il me ~e** I miss him; **~er à** not to have; not to keep, lack; **elle a ~é (de) mourir** she nearly died.

mansarde *f* attic, garret.

mansuétude [māsyetyd] *f* gentleness, kindness.

manteau *m* coat, overcoat; cloak.

manucure *f* manicurist.

manuel [manyel] manual, hand…; *m* handbook. text-book.

manufactur|e [manyfakty:r] *f* factory; **~er** manufacture.

manuscrit *m* manuscript; *typ.* copy; *adj.* handwritten.

maquereau [makro] *m* mackerel; *pop.* pimp.

maquette *f* model, design.

maquill|age *m* (heavy) make-up; **~er** make up (*face*); *fig.* fake, distort, falsify.

maquis [maki] *m* scrub; *fig. pol.* underground movement.

marais *m* marsh; bog.

marauder prowl; filch.

marbre *m* marble; *typ.* slab.

marc [ma:r] *m* grape brandy.

marchand *m* tradesman; dealer, merchant; **~ de journaux** news agent; **~er** haggle over, bargain for; **~ise** *f* wares *pl.*; goods *pl.*

marche [marʃ] *f* march, walk; gait; step, staircase; *fig.* progress; way; **~ arrière** reverse (gear); **~ à vide** neutral (gear).

marché *m* market; market-town; deal, bargain; **~ des valeurs** stock market; **à bon ~** cheap; **à meilleur ~** cheaper; **par-dessus le ~** moreover, into the bargain; **~ commun** Common Market.

marchepied [marʃəpje] *m* footboard; step-ladder.

marcher [marʃe] march, walk; go; run, work, function; **faire ~** *fam.* fool, kid.

mardi *m* Tuesday; **~ gras** Shrove Tuesday.

mare [ma:r] *f* pond, pool.

marécageux [mareka3ø] marshy, boggy.

marée *f* tide; *com.* (fresh) sea-fish; **~ basse** low tide; **~ haute** high tide.

marge [mar3] *f* border; edge; margin.

mari *m* husband; **~age** *m* marriage, married life; wedding; **~é** married; *m* bridegroom; **~ée** *f* bride; **~er** marry; unite, join; **se ~er** get married.

marin [marɛ̃] *m* sailor; marine; **~e** *f* marine, navy; **~é** pickled.

marmite *f* pot, saucepan.

marmotter mumble, mutter.

maroquin *m* Morocco leather.

marqu|ant [markɑ̃] prominent, striking.

marque *f* mark; **~ de fabrique** trade mark; brand; **de ~** of distinction, choice; **~** **déposée** registered trademark; **~r** mark; stamp; indicate; score.

marquis *m* marquess.

marraine *f* godmother.

marron *m* chestnut; *adj.* chestnut-colo(u)red, brown.

mars [mars] *m* March.

mart|eau *m* hammer; **~eau** **pneumatique** pneumatic drill; **~eler** hammer; *fig.* torment.

martyr *m* martyr; **~iser** torture, torment.

masculin [maskylɛ̃] masculine, male.

masque *m* mask; **~ de beauté** face pack; **~r** mask.

massacre *m* massacre; slaughter.

massage *m* massage.

masse *f* mass; lump; heap.

massif *m* mass (of mountains); *adj.* clumsy, bulky; *gold, etc.*: solid.

massue *f* club; **coup *m* de ~** stunning blow.

masti|c *m* putty; **~quer** masticate.

mat [mat] mat, dull; unpolished.

mât [mɑ] *m* mast, pole.

match [matʃ] **(de boxe, de football)** *m* (boxing, foot-

ball) match.

matelas [matla] *m* mattress.

matelot [matlo] *m* sailor.

matériaux *m/pl.* materials *pl.*

matériel *m* equipment; furniture; stock; *adj.* material.

matern|el maternal; **(école)** **~elle** *f* nursery school; **~ité** *f* maternity; motherhood; maternity hospital.

mathémati|cien *m* mathematician; **~ques** [matematik] *f/pl.* mathematics *pl.*

matière [matjɛːr] *f* matter; **~ plastique** plastic (material); **~ première** raw material.

matin [matɛ̃] *m* morning; **ce ~** this morning; **de bon ~** early in the morning; **~al** morning ...; early; **être ~al** get up early; **~ée** *f* morning; *thé.* afternoon performance; **faire la grasse ~ée** sleep late.

matou *m* tom-cat.

matricule *f* register.

matrimonial matrimonial.

maturité *f* maturity; ripeness.

maudire curse.

mauvais [movɛ] bad, evil, wicked; wrong; unfavo(u)rable; **avoir ~e mine** look ill; **il fait ~** the weather is bad.

mauve [moːv] mauve.

me me, to me; myself; **~ voici!** here I am!

mec *m pop.* guy, chap.

mécani|cien [mekanisjɛ̃] *m* engine-driver; *Am.* ch.d.f. engineer; **~que** *f* mechanics

ménager

pl.; machinery; adj. mechanical; **~sme** m mechanism; works pl.

méchan|ceté [meʃãste] f wickedness; spitefulness; malice; **~t** bad, evil, wicked; dog; that bites.

mèche f wick; lash; fuse; hair; lock; fam. **de ~ avec** in cahoots with; **vendre la ~** spill the beans.

mécompte [mekɔ̃:t] m deception; com. miscalculation.

méconnaître [mekɔnɛ:tr] fail to recognize; belittle.

mécontent dissatisfied, displeased; **~ement** m dissatisfaction; displeasure.

médaille f medal.

médecin [mɛtsɛ̃, medsɛ̃] m doctor; physician; **~e** f (art of) medicine.

média|teur m mediator; **~tion** f mediation.

médic|al [medikal] medical; **~ament** m medicine; **~ation** f medical treatment.

médiéval medi(a)eval.

médiocre [medjɔkr] mediocre, poor, moderate.

médire de slander, vilify.

médit|atif meditative; **~er** meditate (on or upon).

Méditerranée f Mediterranean (Sea).

méfait m misdeed.

méfiance [mefjɑ̃:s] f mistrust.

méfier: se ~ be on one's guard; **se ~ de** distrust, beware of.

mégarde f inadvertence; **par**

~ inadvertently; by mistake.

mégot [mego] m cigarette-butt.

meilleur [mɛjœ:r] m best; adj. better; **le ~, la ~e** the best.

mélancolie f melancholy, gloom.

mélange [melɑ̃:ʒ] m mixture; blend; **~r** mix; blend; fig. mess up, mix up.

mêler mix; join; add; shuffle (cards); **se ~ de** meddle in; dabble in; get down to, take up; **se ~ à** join (in).

mélodie f melody.

melon m melon; **~ d'eau** water melon.

membre [mɑ̃:br] m member; limb.

même adj. same, self; very; very same; **moi-~** myself; adv. even; moreover; **être à ~ de** be able to; **de ~** likewise; **de ~ que** just as; **quand ~, tout de ~** all the same.

mémoire [memwa:r] f memory; **en ~ de** in memory of; m memorandum; dissertation; com. account; **~s** pl. memoirs pl.

mémorable [memɔrabl] memorable, noteworthy.

menace [mɔnas] f menace, threat; **~r** threaten.

ménage m household; housekeeping; (married) couple; **~ment** [menaʒmɑ̃] m caution, care; consideration.

ménager[1] spare; use sparingly; treat gently; make,

arrange; **se ~** be careful of one's health, take it easy.

ménager[2] sparing, thrifty; household ...; **appareils** *m/pl.* **~s** household appliances.

ménagère *f* housewife; housekeeper.

mendi|ant *m* beggar; **~er** beg.

men|ée *f fig.* intrigue, plot; **~er** lead, conduct, guide; drive; manage (*business*); **~eur** *m* driver; leader.

mensonge [mɑ̃sɔ̃ːʒ] *m* lie, falsehood; **~er** false, lying, deceitful.

mensu|alité *f* monthly payment; **~el** monthly.

mental [mɑ̃tal] mental.

mentalité *f* way of thinking.

menthe *f* mint.

mention [mɑ̃sjɔ̃] *f* mention; **~ner** mention, make mention of.

mentir lie (**à** to), tell lies; **sans ~** in truth.

menton *m* chin.

menu *m* bill of fare; (**a. ~ à prix fixe**) set menu; **par le ~** in detail; *adj.* thin, slender; tiny, small; **~s frais** *pl.* small expenses *pl.*; **~s propos** *pl.* small talk.

menuisier *m* carpenter; joiner.

méprendre: se ~ sur (*or* **au sujet de**) be mistaken about.

mépris *m* contempt; **~able** contemptible; **~ant** scornful;

~e *f* mistake; **~er** [meprize] despise; scorn.

mer [mɛr] *f* sea.

mercantile mercantile.

mercenaire *m mil.* mercenary.

mercerie *f* haberdashery; *Am.* notions *pl.* (shop).

merci [mɛrsi] *m* thanks *pl.*; **~!** thank you! (**de, pour** for); **~ beaucoup!**, **~ bien!** thank you very much!; *f* mercy; pity; **à la ~ de q.** at someone's mercy.

mercredi *m* Wednesday; **~ des Cendres** Ash Wednesday.

mercure [mɛrky:r] *m* mercury.

merde [mɛrd] (bull-, horse-) shit.

mère *f* mother.

méridional southern.

mérit|e *m* merit; worth; **~er** deserve, be worthy of; **~oire** deserving.

merlan *m* whiting.

merle *m* blackbird.

merluche *f* dried cod.

merveill|e *f* wonder; **à ~e** admirably; **~eux** marvellous; wonderful.

mes *m(f)/pl.* my.

mésalliance *f* misalliance.

mésaventure *f* misadventure; mishap; mischance.

mésestimer underrate, underestimate.

mésintelligence *f* disagreement.

mésinterpréter misconstrue.

mesquin [mɛskɛ̃] mean, paltry; poor; shabby.

messag|e [mesa:ʒ] *m* message; **~er** *m* messenger; **~eries** *f/pl.* transport service.

messe *f eccl.* mass.

messieurs [mesjø, me-] *m/pl.* gentlemen (*a.* Messrs.); **☆ Dames!** Ladies and Gentlemen!

mesur|e [məzy:r] *f* measure, gauge; standard; **à ~e que** in proportion as; **être en ~ de** be able to; **outre ~e** unbounded; **sur ~e** made to order, tailor-made, custommade; **~é** measured; moderate; **~er** measure.

métal [metal] *m* metal; **~ brut** crude metal; **~lique** metallic.

météo *f fam.* (*a.* **bulletin m de la ~**) weather forecast; **~rologie** *f* meteorology.

méthode [metɔd] *f* method; system.

méticuleux [metikylø] fastidious, punctilious.

métier [metje] *m* trade, profession; loom.

métrage *m* measurement; **court ~** *film:* short.

mètre *m* metre, *Am.* meter; **~ à ruban** tape-measure; **~ carré** square metre; **~ cube** cubic metre; **~ pliant** carpenter's rule.

métrique *m.*

métro *m* Paris Underground, *Am.* Paris subway.

métropol|e *f* of a country: capital; **~itain** metropolitan.

mets [mɛ] *m* food: dish.

metteur *m*: **~ en scène** *thé.,* *film:* director.

mettre put; place; put on (*garment, etc.*); lay (*table*); take (*time*); **~ à profit** make use of; **~ au point** work out; focus (*lens*); tune (*motor*); **~ de côté** lay aside; **~ du rouge à lèvres** put on lipstick; **~ en colère** make angry; **se ~ en route** start; **se ~ à faire qc.** start doing something.

meubl|e *m* piece of furniture; **~es** *pl.* furniture; **~er** furnish.

meule *f* grindstone; millstone; haystack.

meunier *m* miller.

meurtr|e [mœrtr] *m* murder; **~ier** *m* murderer; *adj.* murderous, deadly.

meurtr|ir bruise; **~issure** *f* bruise.

meute *f* hounds: pack.

mévente *f com.* stagnation.

mexicain *adj.,* **☆ m** [mɛksikɛ̃] Mexican.

Mexique [mɛksik] *m* Mexico.

mi half; **~-chemin** halfway; **à ~-hauteur** half-way up; **~-temps** *f sport* half-time; **à ~-voix** in an undertone.

miche *f bread:* round loaf.

micheline *f* electric rail-car.

microbe [mikrɔb] *m* microbe, germ.

microphone [mikrɔfɔn] *m*

microphone.

microsillon [mikrɔsijɔ̃] *m* long-playing record.

midi *m* noon; midday; ⁊ *m* South of France.

mie *f* crumb.

miel [mjɛl] *m* honey; **~leux** *fig.* sugary, bland. .

mien [mjɛ̃]: **le ~** *m*, **les ~s** *m/pl.*, **la ~ne** [mjɛn] *f*, **les ~nes** *f/pl.* mine.

mieux [mjø] *m* better; best; *adv.* better; rather; **aimer ~** prefer; **au ~** at best; **de son ~** as well as he can; **tant ~** so much the better.

mignon [miɲɔ̃] *m* darling; *adj.* pretty; dainty, sweet; *Am.* cute.

migraine [migrɛn] migraine, headache.

migration *f* migration.

mijoter [miʒɔte] simmer, stew.

milieu [miljø] *m* middle; midst; surrounding; **au ~ de** in the middle of; **le juste ~** the golden mean.

milit|aire *m* soldier; *adj.* military; **~er** militate.

mille [mil] *m* (*a. adj.*) thousand.

milliaire: pierre *f* **~** milestone.

milliard [miljaːr] *m* milliard, *Am.* billion.

million [miljɔ̃] *m* million; **~naire** *m, f* millionaire.

minauder mince, simper.

minc|e [mɛ̃ːs] thin, slim; scanty; **~eur** *f* slenderness.

mine[1] [min] *f* looks *pl.*, appearance; **avoir bonne ~** look well.

min|e[2] *f* mine; **exploiter une ~e** work a mine; **~er** undermine, sap; **~erai** *m* ore.

mineur[1] *m* miner.

mineur[2] minor (*a. su.*); under age; smaller.

miniature [minjatyːr] *f* miniature.

minime very small.

minimum [minimɔm] *m* minimum; **~ vital** minimum wage.

ministère *m* ministry; department, office.

ministre *m* *pol.* minister, secretary.

minorité *f* minority; *dr.* nonage.

minuit [minɥi] *m* midnight.

minuscule [minyskyl] tiny.

minut|e [minyt] *f* minute (of time *or* deed); *fig.* moment; **à la ~e** instantly; **~e!** one moment!; **~ieux** very particular; thorough.

mira|cle [mirakl] *m* wonder; prodigy; **~culeux** marvel(l)ous; **~ge** *m* mirage.

mir|e [miːr] *f* aim; **~oir** *m* mirror.

mise [miːz] *f* placing, putting; stake; bid; *com.* investment; (manner of) dressing, dress, attire; **de ~** allowable, admissible; **~ en bouteilles** bottling; **~ en marche** *engine, project, etc.:* starting; **~ en plis** *hair:* setting; **~ au**

point *mechanism:* adjustment, tuning; *scheme:* working out; *thé.* ~ **en scène** staging; direction.

misère *f* misery, poverty.

mitaine *f* mitten.

mit|e [mit] *f* moth; **~é** moth-eaten.

mitiger [mitiʒe] mitigate; abate, soften.

mitrailleuse *f* machine-gun.

mixer [miksœr] *m* mixer.

mixte mixed, joint.

Mlle (*short for:* **Mademoiselle**) Miss.

MM (*short for:* **Messieurs**) gentlemen.

Mme (*short for:* **Madame**) Mrs.

mobil|e [mɔbil] *m* motive; moving body; *adj.* movable, changeable; **~iaire** *m* furniture; **~iser** mobilize; convert; **~ité** *f* mobility; *fig.* fickleness.

mode [mɔd] *m* mode, method; **~ d'emploi** directions *pl.* for use; *f* manner, way; fashion; **~s** *f/pl.* fancy goods *pl.*; millinery; **à la ~** in fashion; **à la ~ de** after the fashion of.

modèle [mɔdɛl] *m* model, pattern; example.

modeler [mɔdle] mould, form, shape.

modér|ation *f* moderation, **~é** moderate; **~er** check, moderate, abate.

modern|e [mɔdɛrn] modern, new; **~iser** modernize.

modest|e modest, unassum-ing; simple; bashful; **~ie** *f* modesty.

modicité *f* smallness; **~ du prix** low price.

modifi|cation [mɔdifikasjɔ̃] *f* modification; change; **~er** modify, alter.

modique moderate; *value:* small; *price:* reasonable.

modiste *f* milliner.

moduler modulate.

moell|e [mwal] *f* marrow, pith; **~eux** soft; mellow.

mœurs [mœrs] *f/pl.* customs *pl.*; manners *pl.*

moi I, me; **à ~!** help!; **chez ~** at my house, at home; **c'est à ~** this is mine; **~-même** myself.

moindre [mwɛ̃:dr] less; lesser, smaller; **le ~** *m* (**la ~** *f*) the least, the slightest.

moine [mwan] *m* monk.

moineau *m* sparrow.

moins [mwɛ̃] *adv.* less, fewer; **à ~ que** unless; **au ~, du ~, pour le ~** at least; **le ~** (the) least; *prp.* less, minus; **~value** *f* depreciation.

mois [mwa] *m* month; **par ~** monthly.

moisir grow mo(u)ldy.

moisson *f* harvest; *a.* time of harvest; **~ner** harvest, reap; **~neuse-batteuse** *f* combine-harvester.

moite moist.

moitié [mwatje] *f* half; **à ~** half; **à ~ prix** at half-price.

molaire *f* molar (tooth).

môle [mo:l] *m* mole, pier.

molester molest, annoy.

moll|esse *f* softness; slackness; indolence; **~et** *m leg.*: calf; **~ir** grow soft; soften; *fig.* faint, flag.

môme *m*, *f fam.* kid, child.

moment [momɑ̃] *m* moment, instant; **au ~ où** just when; **du ~ que** since; **par ~s** at times; **pour le ~** for the time being; **un ~!** listen!, wait a minute!; **~ané** momentary.

mon *m*, **ma** *f*, **mes** *pl.* my.

monar|chie [monarʃi] *f* monarchy; **~que** *m* monarch.

monastère *m* monastery.

monceau *m* heap.

mond|ain [mɔ̃dɛ̃] worldly, fashionable; **~anités** *f/pl.* gossip, society news *pl.*; **~e** *m* world; people *pl.*; **tout le ~** everybody; **recevoir du ~** entertain; **~ial** world-wide.

monétaire monetary.

moniteur *m* monitor; *sport* instructor, coach.

monn|aie [monɛ] *f* money; change; **~ayeur** *m* coiner.

monopol|e *m* monopoly; **~iser** monopolize.

monotone [monoton] monotonous, dull.

monseigneur *m* title given to high personages; *a.* crow-bar.

monsieur [məsjø] *m* gentleman; sir; mister *(abbr.* Mr.)

monstre [mɔ̃:str] *m* monster; *adj.* huge, colossal.

mont *m* mountain, mount; hill, elevation.

montage *m* carrying up; setting; *élec.* wiring; fitting.

montagn|ard *m* highlander; **~e** [mɔtaɲ] *f* mountain; **~es** *pl.* **russes** switchback, scenic railway; **~eux** mountainous.

montant *m* amount, total; upright; flood(-tide); post; *adj.* rising, uphill.

mont-de-piété *m* pawnshop.

monte-charge *m* goods lift, *Am.* freight elevator.

montée *f* ascent, rise; climbing; slope.

monter ascend; go up, climb up; rise; set; get on *(train)*; mount *(horse)*; lift; *fig.* excite; *élec.* connect up; **se ~** be wound up *(or excited)*; **se ~ à** amount to; **se ~ en** fit o.s. out with.

montre *f* watch; show; display; shop window; **faire ~ de** show off, exhibit; **~-bracelet** *m* wristlet watch; **~ à déclic** stop-watch.

montrer show.

montueux hilly.

monture [mɔ̃ty:r] *f* setting; spectacles etc.: frame; *animal:* mount.

monument [monymɑ̃] *m* monument; **~s** *pl.* sights *pl.*

moqu|er: se ~er de laugh at; not care for *(or* about); **il s'en ~e** he doesn't care; **~erie** *f* mockery, jeering; **~eur** *m* scoffer; *adj.* mocking.

moral [moral] *m* morale, spirits *pl.*; *adj.* moral, ethical; **~e** *f* morals *pl.*; *of a story:*

moral; **faire la ~e à q.** lecture s.o.

morbide morbid.

morc|eau [mɔrso] *m* piece, bit; passage; **~eler** cut up.

mord|ant biting, sarcastic, satirical; **~re** bite; nip; *fig.* criticize.

morfondre: se ~ kick one's heels waiting; be bored.

morgue[1] [mɔrg] *f* conceit; arrogance.

morgue[2] *f* morgue, mortuary.

moribond *m* dying person; *adj.* dying.

morne dismal, gloomy.

morose [mɔro:z] surly, sullen, peevish.

morphine *f* morphine (or morphia).

morsure *f* bite; sting.

mort [mɔ:r] *f* death; *adj.* dead; lifeless; stagnant; *p.p.* of **mourir il est ~ l'année dernière** he died last year; *m* dead person; **les ~s** the dead.

mortel mortal; fatal.

morte-saison *f* slack (or dead, low, off) season.

mortifier mortify, humiliate.

morue [mɔry] *f* cod; **~ sèche** stock-fish.

mot *m* word, expression; cue, key; **bon ~** witticism; **~s** pl. croisés crossword puzzle.

motard [mɔta:r] *m fam.* motor cyclist; speed cop.

motel [mɔtɛl] *m* motel.

moteur [mɔtœ:r] *m* motor; ~

(à l')arrière rear engine; **~ à combustion** combustion engine; **~ à deux temps** two-stroke engine; *adj.* moving, motive.

motif *m* motive; cause; motif; *dr.* grounds *pl.*

motion [mosjɔ̃] *f* motion, movement; proposal.

moto|cyclette *f* motor cycle; **~cycliste** *m* motor cyclist; **~godille** *f* outboard motor.

motte *f* clod (of earth); butter pat.

mou (mol, molle) [mu, mɔl] soft; *fig.* spineless; effeminate.

mouchard *m fam.* informer; police-spy; *Am.* stool-pigeon; **~er** *fam.* squeak.

mouche *f* fly. *fig.* beauty-spot; **prendre la ~** take offence.

mouch|er wipe someone's nose; se **~er** blow one's nose; **~eron** *m* gnat; **~oir** *m* handkerchief.

moudre [mudr] grind.

moue *f* pouting; **faire la ~** pout; sulk; make a wry face.

moufle *m* pulley block.

mouill|é [muje] wet; **~er** moisten, wet, soak; **~er l'ancre** *mar.* anchor.

moule[1] *f* mussel.

moul|e[2] *m* mo(u)ld; **~er** model, cast; **~in** [mulɛ̃] *m* mill; **~in à vent** windmill; **~u** ground; *fig.* bruised.

mourant *m* dying.

mourir [muri:r] die; pass away; perish; **~ de faim** starve; **se ~** be dying; ~

d'envie de die for (or to).

mousse f moss; on beer: froth, foam; soap: lather.

mousser froth, foam; sparkle, fizz; **~eux** sparkling, frothy.

mousson f monsoon.

moustache [mustaʃ] f moustache; animal: whiskers pl.

moustique [mustik] f mosquito-net; **~e** m mosquito.

moût [mu] m grape juice, must.

moutarde f mustard.

mouton m sheep; meat: mutton.

mouvant moving, stirring; **sables** m/pl. **~ants** quicksand; **~ement** [muvmã] m motion, movement; stir.

moyen [mwajɛ̃] adj. middle, mean, average; **le ~ âge** the Middle Ages pl.; **m** means pl., way, manner; **au ~ de** by means of; **y a-t-il ~?** is it possible (**de** to)?; **~s** pl. means pl., fortune; gifts pl., powers pl.; **~nant** (in return for; **~ne** f average; **en ~ne** on an average.

moyeu m hub, nave.

muet [mɥɛ] mute, dumb; silent.

mufle [myfl] m muzzle, snout; lout, boor.

mugir low; bellow; roar; **~issement** m lowing; bellowing; roaring.

mulâtre m half-caste; half-breed.

mule¹ [myl] f slipper.

mule² f mule.

multiple [myltipl] multiple, manifold.

multiplication [myltiplika-sjɔ̃] f multiplication; **~er** multiply.

multitude f multitude; crowd.

municipal [mynisipal]: **conseil** m **~** town council.

munir de provide with, supply with, fit out with.

munitions f/pl. ammunition.

munster [mœstɛr] soft cow's milk cheese from Alsace.

mur m wall.

mûr ripe; mature.

muraille f thick wall.

mûre f mulberry; **~ sauvage** blackberry.

mûrir [myriːr] mature.

murmure [myrmyːr] m murmur; whisper; grumble; rustle; **~er** whisper; grumble; rustle.

muscade f: **fleur** f **de ~** mace; **noix** f **de ~** nutmeg.

muscadet [myskadɛ] m dry white wine from the Loire region.

muscle [myskl] m muscle.

museau [myzo] m muzzle; snout.

musée [myze] m museum.

museler muzzle; **~ière** f muzzle.

musette f: **bal** m **~** popular dance.

musicien m musician; adj. musical; **~que** [myzik] f music.

mutation [mytasjɔ̃] f mutation; change.

mutilé *m*: **~ de guerre** disabled ex-serviceman.

mutiler mutilate; maim.

mutin [mytɛ̃] *m* mutineer; rebel; *adj.* intractable; roguish; rebellious; **~erie** *f* mutiny.

mutuel [mytɥɛl] mutual.

myop|e short-sighted; **~ie** *f* short-sightedness.

myosotis [mjɔzɔtis] *m* forget-me-not.

myrtille *f* bilberry.

myst|ère *m* mystery, secrecy; **~ifier** mystify, hoax.

myth|e [mit] *m* legend, myth; **~ique** mythical.

N

nabot *m* shrimp, runt.

nacr|e *f* mother-of-pearl; **~é** pearly.

nag|e [na:ʒ] *f* swimming; **être tout en ~** be dripping with sweat; **~eoire** *f* fin; **~er** swim; float; **~eur** *m* swimmer.

naguère formerly, lately.

naïf (naïve) naive, artless.

nain [nɛ̃] *m* dwarf; midget; *fam.* runt.

naissance [nɛsã:s] *f* birth.

naître [nɛtr] be born; **~ de** spring from; **faire ~** give rise to.

nantissement *m* pledge; security.

nappe *f* table-cloth; *water, etc.*: sheet; layer.

narcose [narkoz] *f* narcosis.

narcotique *m* narcotic.

narguer [narge] defy; jeer (at).

narine *f* nostril.

narrat|eur *m* narrator; **~ion** *f* narrative.

narrer [nare] relate; tell; narrate.

natal native; **~ité** *f* birth-rate.

natation *f* swimming.

natif *m, adj.* native.

nation [nasjɔ̃] *f* nation.

nationalisation *f* nationalization, naturalization.

nationalité *f* nationality, citizenship.

nationaux [nasjono] *m/pl.* citizens *pl.* of a state.

natt|e *f* mat; plait, tress (of hair); **~er** cover with mats; plait.

naturaliser naturalize.

natur|e [naty:r] *f* nature; **contre ~e** unnatural; *adj. cuis.* plain; *coffee:* black; **~el** *m* disposition, nature; *adj.* natural; *child:* illegitimate; **~ellement** naturally.

naufrag|e [nofraʒ] *m* shipwreck; **~é** *m* shipwrecked person.

nauséabond loathsome; nauseating.

nausée *f* nausea; disgust.

navet *m bot.* turnip; *fig.* tripe, trash.

navette *f* shuttle; **faire la ~**

go to and fro, ply.

naviga|ble [navigabl] navigable; **~tion** f (**aérienne**) (aerial) navigation.

navire m ship, vessel.

navré heart-broken; grieved; **je suis** ~ I regret.

ne: ~ ... **pas** not; ~ ... **plus** no longer; ~ ... **jamais** never; ~ ... **rien** nothing.

né born; **bien** ~ of good family.

néanmoins [neãmwɛ̃] nevertheless; still.

néant m nothing, nothingness.

nébuleux nebulous; *fig.* obscure.

nécess|aire [neseseːr] m necessity; dressing-case; **~aire de toilette** toilet-case; **faire le ~aire** do what is necessary; *adj.* necessary, needful; requisite; **~ité** f necessity; need; **~iter** necessitate; **~iteux** needy.

néerlandais [neɛrlãdɛ] *adj.* Dutch; **~** m Dutchman.

nef [nɛf] f church: nave.

néfaste unlucky, fatal; **jour** m ~ fatal day.

négati|f m negative; **épreuve** f **~ve** *phot.* negative.

néglig|é m negligee; **~ence** [negliʒãːs] f carelessness; **~ent** [negliʒã] neglectful; **~er** neglect.

négoc|e [negɔs] m com. trade, business; **~iable** negotiable; **~iant** m merchant; **~iateur** m negotiator; **~iation** [ne-

gɔsjasjɔ̃] f negotiation; **~ier** trade; negotiate.

nègre m, **négresse** f negro.

neig|e [nɛːʒ] f snow; **~er** snow; **~eux** covered with snow; snowy.

néon [neɔ̃] m neon.

nerf [nɛr] m nerve; **taper sur les ~s à q.** get on s.o.'s nerves.

nerveux nervous; sinewy, vigorous.

net [nɛt] clean; clear; net; **s'arrêter** ~ stop dead; **~tement** plainly.

nett|eté f distinctness, neatness; **~oyage** m à sec dry-cleaners *pl.*; **~oyer** clean; **~oyer à sec** dry-clean.

neuf[1] nine.

neuf[2] (**neuve**) fresh; new; novel; **à** ~ like new.

neutre neuter.

neuvième ninth.

neveu m nephew.

névralgie f neuralgia.

nez [ne] m nose.

ni nor; ~ ... ~ neither ... nor; ~ **l'un** ~ **l'autre** neither.

niais [njɛ] simple, foolish.

niche f recess; kennel; *fam.* prank, practical joke; **~r** lodge, *fam.* hang out; **se ~r** hide.

nid [ni] m nest; **~-de-poule** pot-hole.

nièce [njɛs] f niece.

nier [nje] deny.

nigaud simple, silly.

niveau m level; **~ de vie** standard of living; **de** ~ **avec**

on a level with.

niveler [nivle] level.

Nᵒ (*short for:* **numéro**) number.

noble noble; **~sse** f nobility.

noc|e [nɔs] f wedding; wedding-party; **faire la ~e** live it up; **~eur** m reveller.

nocif noxious.

nocturne nocturnal.

Noël [nɔɛl] m Christmas.

nœud [nø] m knot, tie; **~ papillon** bow tie.

noir [nwa:r] black; dark; **~cir** blacken.

noisette f bot. hazel-nut; adj. hazel-colo(u)red.

noix [nwa] f bot. walnut.

nom [nɔ̃] m name; gram. noun; **petit ~** Christian name; **~ de famille** surname; **~ de jeune fille** maiden name; **de ~** by name.

nombrable numerable.

nombr|e m number; **sans ~** countless; **~er** number; count; **~eux** numerous.

nomination f nomination; appointment.

nomm|é named, called; appointed; **~er** name, call, nominate; **se ~er** be named (or called).

non [nɔ̃] no, not; **~ pas** not at all; **~ plus** no more.

nonchalant [nɔ̃ʃalɑ̃] careless; indifferent; unconcerned.

nonobstant notwithstanding.

non-valeur f person or thing of low value; com. loss; bill of

no value.

nord [nɔ:r] m north.

Norvège [nɔrvɛʒ] f Norway.

norvégien [nɔrveʒjɛ̃] adj., **~** m Norwegian.

nos our.

nostalgi|e [nɔstalʒi] f homesickness; nostalgia; **~que** homesick; wistful.

notable m leading (or notable) man; adj. considerable, leading.

notaire m notary.

notamment [nɔtamɑ̃] especially.

not|e [nɔt] f mus. note; mark; hotel: bill; **~er** note (down); mark; take note of; **~ice** [notis] f notice, short account; **~ifier** notify.

notion [nosjɔ̃] f idea, notion.

notoire notorious, wellknown.

notoriété f notoriety.

notre our.

nôtre: le ~, la ~, les ~s ours.

nouer [nwe] tie; knot.

nougat [nuga] m candy made of sugar and almonds.

nouilles [nuj] f/pl. noodles pl.

nourr|ice f wet-nurse; **~ir** feed; nourish; rear; foster; keep; **~isson** m infant; **~iture** f food, nourishment.

nous we, us; **~-mêmes** ourselves.

nouveau¹ m new, novice, novelty.

nouv|eau² (**~el, ~elle**) new, novel, fresh; **de ~eau** anew, again; **~eauté** f novelty, innovation; **~elle** f news; **vous avez de ses ~elles?** have you heard from him?; **~ellement** recently.

novateur m innovator.

novembre m November.

novice m, f novice, probationer; adj. inexperienced.

noyau [nwajo] m stone, pit, core; nucleus.

noyer[1] [nwaje] m walnut-tree.

noyer[2] drown; swamp; **se ~** be drowned.

nu naked, bare.

nuag|e [nɥa:ʒ] m cloud; **~eux** cloudy.

nuance [nɥɑ̃:s] f shade, nuance.

nucléaire [nyklɛɛ:r] nuclear.

nudité f nudity.

nu|e [ny] f cloud; **tomber des ~es** be flabbergasted; **~ée** f

(thunder-)cloud; multitude; swarm.

nuire [nɥi:r] harm, injure.

nuisible harmful, injurious.

nuit [nɥi] f night, darkness; **~ blanche** sleepless night; **il fait ~** it is dark.

nul (nulle) adj. no, null; of no value; pron. no one, not any; **~le part** nowhere.

null|ement [nylmɑ̃] by no means; **~ité** f nullity.

numéro m number; item; newspaper: copy; **~ter** number.

nu-pieds barefooted.

nuptial nuptial.

nuque f nape of the neck.

nu-tête bare-headed.

nutri|tif nutritive; nourishing; **~tion** f nutrition.

nylon [nilɔ̃] m nylon.

O

obéir [ɔbei:r] obey (**à q.** s.o.); **se faire ~** command obedience.

obéissance f obedience.

obèse [ɔbɛ:z] fat, obese.

objectif m phot. lens, a. fig. aim, end; **~ transfocateur** zoom lens; adj. objective.

objection [ɔbʒɛksjɔ̃] f objection.

objet m object, subject; gram. complement; **~s** pl. **de valeur** valuables pl.

obligation [ɔbligasjɔ̃] f obligation; duty; Stock

Exchange: bond; com. debenture.

obligatoire binding, compulsory.

oblig|é [ɔbliʒe] obliged; **~eance** [ɔbliʒɑ̃:s] f obligingness; kindness; **~eant** obliging, courteous; **~er** oblige; compel, bind.

oblique slanting; devious; fig. crooked.

oblitérer obliterate; cancel; deface (stamps); efface.

obscène obscene, lewd.

obscur dark; gloomy; indistinct; *fig.* unknown; **~cir** dim, fog; obscure; **s'~cir** grow dark; **~ité** *f* darkness; obscurity; vagueness.

obséder beset; haunt, obsess.

obsèques [ɔpsɛk] *f*/*pl.* obsequies *pl.*; funeral.

observ|ateur *m* observer; **~ation** *f* observation, remark; observance; **~atoire** *m* observatory; **~er** observe; **s'~er** be careful.

obstacle [ɔpstakl] *m* obstacle.

obstin|ation *f* obstinacy, self-will; **~é** stubborn; **s'~er** insist; persist (**dans** in).

obstru|ction *f* obstruction; **~er** obstruct.

obtempérer comply (**à** with).

obtenir get, obtain.

obtur|ateur *m phot.* shutter; **~er** stop (*tooth*).

obtus [ɔpty] blunt; obtuse; *fig.* dull.

obus [ɔby] *m* shell.

obvier obviate; prevent.

occasion [ɔkazjɔ̃] *f* opportunity; cause; *com.* bargain; **d'~** second-hand; **~ner** cause; provoke; give rise to.

Occident [ɔksidɑ̃] *m* Occident; **ʒal** western.

occulte [ɔkylt] occult, hidden.

occupation [ɔkypasjɔ̃] *f* occupation; business, work.

occupé busy; engaged.

occuper occupy; employ; **s'~ de** give one's attention to; mind; attend (to); give rise to; see to.

occurrence [ɔkyrɑ̃:s] *f*: en

l'~ in the circumstances.

océan *m* ocean, sea.

octobre *m* October.

octro|i *m* grant; concession; toll; **~yer** grant, concede.

ocul|aire ocular; **témoin** *m* **~aire** eyewitness; **~iste** *m* oculist.

odeur *f* smell, odo(u)r, scent; **~s** *pl.* perfumes *pl.*

odieux *person:* odious, hateful; *crime:* heinous.

odor|ant [ɔdɔrɑ̃] fragrant; **~at** *m* sense of smell.

œil [œ:j] *m* (*pl.* **yeux** [jø]) eye; sight; opening; **coup** *m* **d'~** glance, look.

œil-de-perdrix *m feet:* corn.

œillet *m* eyelet; *bot.* pink, carnation.

œuf [œf] *m* (*pl.* **~s** [ø]) egg: **à la coque** soft-boiled egg; **~ dur** hard-boiled egg; **~s** *pl.* **brouillés** scrambled eggs *pl.*; **~s** *pl.* **(au) plat** fried eggs *pl.*

œuvre [œ:vr] *f* work; deed; production; institution; act; **~ d'art** work of art; *m* collected (*or* complete) works *pl.* (of artist *or* author).

offens|e [ɔfɑ̃:s] *f* offence; trespass; **~er** offend; **s'~er de** take offence at.

office[1] [ɔfis] *f* pantry.

offic|e[2] *m* office; duty; employment; function; *eccl.* service; **d'~e** officially; **~iel** official; *visit:* formal.

officier *m* officer.

officieux semi-official; unofficial.

offr|e f offer; proposal; **~ir** offer, present.

offusquer offend, irritate; **s'~** take offence (**de** at).

oie [wa] f goose (pl. geese).

oignon [ɔɲɔ̃] m onion; bulb.

oiseau [wazo] m bird; **~ de passage** bird of passage; **à vol d'~** as the crow flies.

ois|eux idle, useless; **~if** idle, lazy; **~iveté** [wazivte] f idleness; sloth.

oléagineux oily.

oliv|e [ɔli:v] f, adj. olive; **~ier** m olive-tree.

ombrag|e m shade; fig. umbrage; **~er** shade, shelter; **~eux** easily offended, suspicious.

ombr|e f shadow; shade; **~ à paupières** eye-shadow; **~er** shade; **~eux** shady.

omelette [ɔmlɛt] f omelet.

omettre omit; overlook.

omission [ɔmisjɔ̃] f omission; oversight.

omnibus m: (**train** m **~**) slow train.

on [ɔ̃] (often **l'on**) people; one; someone; they.

once [ɔ̃:s] f ounce.

oncle m uncle.

onct|ion f unction, anointment; **~ueux** unctuous, oily (a. fig.).

ond|e f wave; **~e ultracourte** radio ultra-short wave; **~é** wavy; **~ée** f shower.

on-dit m rumo(u)r.

ondoyer undulate.

ondul|ation f undulation; **~é** undulated, wavy.

onéreux burdensome.

ongle m finger: nail; bird: claw; **coup m d'~** scratch.

onguent [ɔ̃gɑ̃] m ointment; liniment.

onze [ɔ̃:z] eleven.

opaque [ɔpak] opaque.

opéra m opera; opera-house.

opér|ateur m operator; méd. surgeon; **~ation** f operation; **~er** work, effect; perform; **s'~er** take place.

opiniâtr|e obstinate, stubborn; **s'~er à** persist in, remain stubborn about; **~eté** f obstinacy.

opinion [ɔpinjɔ̃] f opinion, estimate.

opportun opportune; **~ité** f opportuneness.

oppos|ant m opponent, adversary; adj. opposite, adverse; **~é** m opposite; adj. opposed, contrary; **~er** oppose, contrast (**à** with); **s'~er à** object to; opposition (a. pol.).

oppresseur oppress.

opprimer oppress, crush.

opprobre m shame.

opter choose.

opticien m optician.

optimisme m optimism.

optimiste m optimist; adj. optimistic.

option [ɔpsjɔ̃] f option, choice.

optique f optics pl.; adj. optical.

opulence [ɔpylɑ̃:s] f opulence,

wealth.

or[1] *m* gold; **d'~** golden.

or[2] now; now it happens (*or* happened) that.

orag|**e** [ɔraːʒ] *m* storm, thunderstorm; **~eux** *weather etc.*: threatening; stormy.

oraison *f* oration; speech; prayer.

oral [ɔral] oral, verbal.

orang|**e** [ɔrãːʒ] *f, adj.* orange; **~er** *m* orange-tree.

orateur *m* speaker.

orbe *m* orb; globe, sphere.

orchestre [ɔrkɛstr] *m* orchestra; **chef** *m* **d'~** conductor.

ordinaire [ɔrdinɛːr] *m* usual practice; *adj.* ordinary, common; usual; **vin** *m* **~** cheap wine.

ordonn|**ance** *f* order; arrangement; *méd.* prescription; **~é** tidy; **~er** order; arrange.

ordre [ɔrdr] *m* order; rank, class; **de premier ~** first-class.

ordures *f/pl.* garbage, refuse; **boîte** *f* **à ~** garbage can, dustbin.

ordurier filthy; obscene.

oreille [ɔrɛj] *f* ear, hearing; **avoir l'~ dure** be hard of hearing; **prêter l'~ à** listen to; **~r** *m* pillow.

orfèvre *m* goldsmith; jewel(l)er.

organe *m* organ; voice.

organis|**ation** *f* organization; **~er** organize.

orge *f* barley.

orgue *m mus.* organ.

orgueil [ɔrgœj] *m* pride; **~leux** proud, haughty.

Orient [ɔrjã] *m* Orient; **2al** eastern.

orientation [ɔrjãtasjõ] *f* orientation, direction; **~ professionnelle** vocational guidance.

orienter direct, guide; orientate; **s'~** find one's bearings.

orifice *m* opening; hole.

origin|**aire** native, innate; **~al** [ɔriʒinal] *m, adj.* original; **~e** [ɔriʒin] *f* beginning, origin; **~el** original, primitive.

oripeau [ɔripo] *m* tinsel, trash.

orme *m bot.* elm(-tree).

ornement *m* ornament; **~er** decorate (**de** with); adorn.

ornière *f* rut, groove, track.

orphelin [ɔrfəlɛ̃] *m, adj.* orphan; **~at** *m* orphanage.

orteil *m* (big) toe.

orthographe *f* spelling.

ortie [ɔrti] *f bot.* nettle.

os [ɔs, *pl.* o] *m* bone.

osciller [ɔsile] oscillate; *fig.* waver.

osé bold, daring.

oseille [ozɛj] *f* sorrel.

oser dare, venture.

osier *m bot.* willow; wicker.

oss|**ements** *m/pl.* bones *pl.*; **~eux** bony; **~ifier** ossify.

ostensible [ɔstãsibl] ostensible; patent.

otage [ɔtaːʒ] *m* hostage, guarantee.

ôter take away, remove; take off (*garment*); **s'~** get away, get out of the way.

otite *f méd.* otitis.

ou or; **~ bien** or else; **~ ... ~** either ... or.

où where; when; at (in, to) which; **d'~** where ... from; **par ~** which way.

ouate [wat] *f* cotton wool; **~er** wad, quilt.

oubli *m* forgetfulness; oblivion; oversight; **~er** forget; **~eux** forgetful (**de** of); oblivious; unmindful.

ouest [west] *m* west; (**d'**)~ western.

oui [wi] yes.

ouï-dire *m* hearsay.

ouïe [wi] *f* hearing; **~s** *pl. fish:* gills *pl.*

ouïr hear.

ouragan *m* hurricane.

ourl|er hem; **~et** *m* hem.

ours [urs] *m* bear; **~ blanc** polar bear.

oursin [ursɛ̃] *m* sea-urchin.

outil [uti] *m* tool; **~lage** *m* tools *pl.*, equipment; **~ler** equip (with tools).

outrag|e [utra:ʒ] *m* outrage; **~er** insult, outrage.

outrance *f* excess; **à ~e** to

excess; **~ier** *m* extremist.

outre [utr] beyond, above; besides; further; **en ~** besides; **en ~ de** in addition to; **passer ~** go on.

outré exaggerated, overdone.

outre-mer beyond the seas, overseas.

ouvert [uvɛ:r] open; **~ure** *f* opening; *mus.* overture; **heures** *f/pl.* **d'~ure** business hours *pl.*

ouvrable [uvrabl]: **jour ~** working day.

ouvrag|e [uvra:ʒ] *m* work; piece of work; **~ à l'aiguille** needlework; **~é** wrought; figured.

ouvre|-boîte(s) *m* tin-opener, *Am.* can-opener; **~-bouteille(s)** *m* bottle-opener; **~-lettres** letter-opener.

ouvreu|r *m thé., cin.* usher; **~se** *f* usherette.

ouv|rier [uvrie] *m* worker, workman; **classe** *f* **~rière** working class.

ouvrir [uvri:r] open; unlock; *élec.* switch on; **s'~** open.

ovale [oval] *adj.*, *m* oval.

oxygène [ɔksiʒɛn] *m* oxygen.

P

pacifi|cateur *m* pacifier; **~er** pacify, appease; **~que** pacific, peaceful; peaceable; (**Océan**) **~que** *m* Pacific Ocean.

pact|e *m* pact; agreement; **~iser** form an alliance; come to terms.

pagaie [pagɛ] *f* paddle.

pagaïe, pagaille [pagaj] *f*

fam. disorder, mess.

pagayer paddle.

page [pa:ʒ] *f* page.

paie [pɛ:j] = **paye;** **~ment** [pɛmɑ̃] = **payement.**

païen [pajɛ̃] *m, adj.* heathen, pagan.

paillasson *m* doormat.

paill|e [pɑ:j] *f* straw; **~é** straw-colo(u)red.

pain *m* bread; loaf; *soap, etc.:* cake; **gagner son ~** earn one's living; **~ complet** whole-meal bread; **~ d'épice** gingerbread; **petit ~** roll.

pair [pɛ:r] *m* equal; *com.* par; *adj.* equal, even; **au ~** *com.* at par; *girl:* au pair; **hors de ~** matchless.

paire [pɛ:r] *f* pair; couple.

paisible peaceable, peaceful; placid, quiet.

paître graze; feed.

paix [pɛ] *f* peace; quiet; rest.

palais [palɛ] *m* palace; law-court; palate, roof of the mouth.

palan *m* tackle; pulley.

pâle pale; wan, pallid.

paletot [palto] *m* overcoat.

pâleur *f* paleness; pallor.

palier [palje] *m* landing (of staircase).

pâlir turn pale; fade.

palis *m* paling.

palm|e [palm] *f bot.* palm; **~ier** *m* palm-tree.

palourde [palurd] *f* clam.

palpit|ant fluttering; thrilling; tating, throbbing; palpi-

~ation [palpitasjɔ̃] *f* palpitation; throbbing; **~er** flutter; throb.

pâmoison *f* swoon.

pamphlet *m* pamphlet.

pamplemousse *m* grape-fruit.

pan [pɑ̃] *m coat:* skirt; *wall:* piece.

panach|e [panaʃ] *m* plume; smoke: trail; **~é** plumed; streaked; variegated; *m* mixed drink of beer and lemonade, shandygaff.

panais *m bot.* parsnip.

pancarte *f* placard; label.

panier [panje] *m* basket; hamper.

panique *f* panic; sudden fright.

panne *f* breakdown; engine trouble; **tomber en ~** break down; **tomber en ~ d'essence** run out of petrol (*Am.* gas).

panneau *m* panel; signboard; *fig.* snare; **donner dans le ~** be caught in a trap.

pansement *m* bandage, dressing.

panser dress (*wound, etc.*).

pantalon *m* trousers *pl.*, pants *pl.*, slacks *pl.*

panteler [pɑ̃tle] pant, gasp for breath.

panthère *f* panther.

pantoufle *f* slipper.

paon [pɑ̃] *m* peacock.

papa *m* daddy.

pape [pap] *m* pope.

paperasse *f* red tape.

papeterie *f* stationery; stationer's shop; paper-mill.

papier [papje] *m* paper; ~ **argent** tinfoil; ~ **d'emballage** wrapping paper; ~ **de soie** tissue paper; ~ **peint** wallpaper; ~ **valeur** *m* security; bond.

papillon [papijɔ̃] *m* butterfly; *a.* leaflet; ~**ner** flutter (about).

paquebot [pakbo] *m* steamer, liner.

Pâques [pɑːk] *m/pl.* Easter; ~ *f/pl.* **fleuries** Palm Sunday.

paquet *m* parcel, packet, bundle.

par by, from, about; through; in; at; by means of; ~ **an** per annum; ~ **conséquent** consequently; ~ **exemple** for instance; ~ **jour** per day; ~ **où?** which way?; ~ **personne** per person; ~ **trop** much too, far too.

parachutiste *m* paratrooper, parachutist.

parad|e [parad] *f* display; parade; ~**er** show off.

paradis [paradi] *m* paradise; *thé.* upper gallery.

paraf|e *m* paraph; ~**er** initial (documents, etc.).

paragraphe *m* paragraph.

paraît: il ~ **que** it seems (or appears) that; there is a rumour that.

paraître [parɛtr] appear; seem; become manifest; **faire** ~ publish; **vient de** ~ just published.

parallèle[1], *f, adj.* parallel.

parallèle[2] *m* comparison.

paraly|ser paralyse; ~**sie** *f méd.* paralysis; ~**tique** paralytic; paralysed.

paraphe(r) = parafe(r).

para|pluie [paraplɥi] *m* umbrella; ~**sites** *m/pl.* radio atmospherics *pl.*; ~**sol** *m* sunshade; parasol; *auto* sun visor; ~**tonnerre** *m* lightning-conductor; ~**vent** *m* screen.

parc [park] *m* park; ~ (à **voitures**) car-park; parking lot; ~**mètre** *m* parking meter.

parcelle *f* particle, small part; plot of ground.

parce que because.

parchemin *m* parchment.

parcimonie *f* parsimony; stinginess.

par-ci, par-là here and there.

parcourir go over (or about or through), travel, cover; wander about; glance over; explore.

parcours [parkuːr] *m* course; route; distance; trip.

par|-dessous [pardǝsu] below, beneath; ~~**dessus** [pardǝsy] above.

pardessus *m* overcoat.

pardon [pardɔ̃] *m* pardon; ~! excuse me!; ~? I beg your pardon?; ~**ner** forgive; pardon (qc. à q. s.o. s.th.).

pare|-boue *m* mudguard, *Am.* fender; ~**-brise**

windscreen, *Am.* wind-
shield; **~-chocs** *m* bumper.

pareil [parɛj] like; similar;
equal; same; **sans ~(le)**
matchless.

parent [parɑ̃] *m* parent; relative; **~s** *pl.* parents *pl.*; **~s**
nourriciers foster parents;
adj. related; **-é** *f* relationship;
relatives *pl.*

parer adorn; dress; trim;
ward off (*blow, etc.*); **se ~**
guard against; **se ~** dress up.

paress|e *f* laziness; idleness;
~eux idle, lazy.

parfait [parfɛ] perfect; complete; thorough; faultless; *m*
cuis. ice-cream (dessert).

parfois sometimes; now and
then.

parfum [parfœ̃] *m* perfume,
scent.

pari *m* bet, wager; **~er** bet.

parité *f* parity.

parjure [parʒy:r] *m* perjury;
adj. perjured; **se ~r** perjure
o.s.

par-là this way; in this way;
by this means; thereby.

parlant speaking; *m* sound-
film.

parlement [parləmɑ̃] *m*
Parliament; **~aire** *m* member
of Parliament; **~er** come to
terms.

parler speak, talk (**à** to); **se**
~ speak to each other; **sans**
~ de besides, not to
mention.

parmi amid(st), among(st).

parodie *f* parody.

paroi [parwa] *f* partition
(-wall); wall; inner surface.

paroiss|e *f* parish; **~ien** *m*
parishioner.

parole *f* word; speech; language; **~s** *pl.* dispute; words
pl. (of a song).

parquer enclose; *auto* park.

parquet *m* *dr.* bar; French
floor; *thé.* orchestra.

parrain *m* godfather.

parsemer strew, stud.

part [pa:r] *f* part, share,
portion; *cake, etc.:* piece;
d'une ~ on the one hand;
d'autre ~ on the other hand;
faire ~ de inform of;
prendre ~ à participate in;
billet *m* **or lettre** *f)* **de**
faire ~ announcement (of a
person's birth, marriage,
etc.); **de la ~ de** on behalf of;
from; **à ~** aside, apart; **autre**
~ elsewhere; **nulle ~** nowhere; **quelque ~** somewhere.

partag|e [parta:ʒ] *m* division;
distribution; sharing; portion;
~er share; divide; *fig.* take
part in.

partenaire [partənɛ:r] *m*
partner.

parterre *m* flower-bed (*or*
-garden); *thé.* pit.

parti [parti] *m* party; resolution; profit; *marriage:*
match; **~ pris** prejudice; **en**
prendre son ~ put up with
it; **tirer ~ de** make use of;
turn to account.

partial [parsjal] partial;

biased; one-sided.

participer à take part in; take a share in.

particul|e f particle; **~ier** m private person; detail; adj. particular; peculiar; private; strange.

partie [parti] f part; portion; dr. party; game, match; excursion; **en ~** partly; **faire ~ de** be part of, belong to.

partiellement in part; partly; partially.

partir depart; go away; start; go off; leave; be off; set out; pull out; **à ~ de ...** from ... on.

partisan m partisan, follower.

partition f mus. score.

partout [partu] everywhere; on all sides; **~ où** wherever; **un peu ~** everywhere.

parure f ornament; dress, attire.

parven|ir à reach, arrive at; succeed in; **~u** m upstart.

pas [pɑ] m pace, step, gait; stride; stair; threshold; fig. progress; **au ~** slowly; **faux ~** slip; blunder; adv. **ne ... ~** not; **ne ... ~ de** no, not any; **du tout** not at all; **~ encore** not yet; **~ plus** no more.

passable [pasablɘ] fair, middling; acceptable.

passag|e [pasa:ʒ] m passing, passage; way; thoroughfare; transition; change; **crossing** (point); **~e à niveau** level

crossing, grade crossing; **~e clouté** crosswalk, zebra crossing; **~er** m passenger; adj. passing, fleeting; **oiseau** m **~er** bird of passage.

passant m passer-by; **chemin** m **~** frequented road.

passe [pɑ:s] f time: pass; **mauvaise ~** be in a tight corner; **mot** m **de ~** password.

passé m time: past; adj. past, finished; faded.

passe|-partout m masterkey; **~-passe** m sleight-of-hand; **~port** [paspɔ:r] m passport.

passer pass; go (or walk) by; cross; go through; proceed; slip on; exceed; surpass; pass away; go over; spend (time); hand, give; **se ~** pass away; pass each other; happen; **se ~ de** do without; **~ pour ...** have the reputation of being ..., be considered ...; **se faire ~ pour ...** give o.s. out to be ...

passereau m sparrow.

passerelle [pasrɛl] f footbridge; gangway.

passe-temps m pastime.

passi|f m passive; com. liabilities pl.; adj. passive.

passion [pasjɔ̃] f passion; **~nant** exciting, thrilling; **~né** ardent, eager; m fan; **~ner** interest keenly, thrill; **se ~ner pour** have a keen interest in, go in for.

passoire f strainer.

pastel *m* pastel, crayon.

pastèque [pastɛk] *f* watermelon.

pasteur *m* shepherd; *eccl.* minister.

pasteurisé sterilized.

pastiche *m* imitation.

pastille *f* lozenge.

pastis [pastis] *m* aperitif made from aniseed.

patauger [patoʒe] splash; flounder.

pâte [pat] *f* paste, dough.

pâté [pɑte] *m* pie, pasty, meat paste; *houses:* block.

patent [patɑ̃] patent, evident, manifest.

patère *f* hat-peg; coat-peg.

paternel paternal; fatherly.

pâteux doughy; *tongue:* thick.

patience [pasjɑ̃:s] *f* patience; forbearance; **jeu** *m* **de ~** puzzle; *card-game:* solitaire; **prendre ~** be patient.

patient [pasjɑ̃] *m* *méd.* patient; sufferer; *adj.* patient, forbearing; long-suffering; **~er** have patience, be patient.

patin *m* skate; **~ à roulettes** roller skate; **~age** *m* skating; **~er** skate; **~eur** *m* skater; **~oire** *f* skating-rink.

pâtisserie [pɑtisri] *f* pastry; pastry shop; **~ier** *m* pastrycook.

patois [patwa] *m* dialect.

pâtre *m* shepherd.

patricien *m, adj.* patrician.

patrie *f* fatherland, native country; birth-place; home.

patrimoine *m* patrimony.

patron *m* patron; master; employer; *pop.* boss; pattern; stencil; **~age** *m* patronage; protection.

patrouille *f* patrol.

patte *f* paw, foot; *animals:* leg; *pocket:* flap; *pop.* foot (or hand) of human being.

paume [po:m] *f* *hand:* palm; **jeu** *m* **de ~** ballgame.

paupière *f* eyelid.

pause *f* pause, stop; rest; **~café** coffee-break; **~r** pause.

pauvre [po:vr] *m* poor person; *adj.* poor, needy, destitute; **~eté** *f* poverty, destitution, want.

pavé *m* pavement; paving-stone; *fig.* street; **être sur le ~é** be homeless; *fig.* be out of work; **~er** pave.

pavillon [pavijɔ̃] *m* pavilion; flag.

pavoiser adorn with flags.

pavot *m* *bot.* poppy.

payable due, payable; **~ant** liable to pay, not free; **~e** [pɛ:j] *f* pay, salary; wages *pl.*; **~ement** *m* payment; **~er** [peje] pay (for); repay; **se ~er** afford; **~eur** *m* payer.

pays [pei] *m* country, land, native country (or town); *fam.* countryman; **~age** [peiza:ʒ] *m* landscape, scenery; **~an** [peizɑ̃] *m* peasant.

Pays-Bas *m/pl.* Netherlands.

péage *m* toll; toll-gate; **autoroute** *f* **à ~** toll-road, *Am. a.* turnpike.

peau f skin; hide; peel.
pêche[1] f bot. peach.
pêche[2] f fishing; ~ **à la ligne** angling.
péch|é m sin; ~**é mignon** weak point; ~**er** sin.
pêcher fish; ~ **à la ligne** angle.
pécheur m sinner.
pêcheur m fisher.
pédagogique pedagogic(al).
pédale f pedal.
pédicure m, f chiropodist.
pègre f underworld.
peign|e [pɛɲ] m comb; **se donner un coup de ~e** comb one's hair; ~**er** comb; ~**oir** m dressing-gown.
peindre [pɛ̃:dr] paint; portray; fig. describe.
peine [pɛn] f penalty, punishment; pain; grief; toil; labo(u)r; misery; **à ~** scarcely, hardly; **valoir la ~** be worth while.
pein|é grieved; ~**er** afflict; se ~**er** toil; take pains.
peint [pɛ̃] painted.
peintre m painter.
peinture f painting; **attention à la ~!** wet paint!; ~ **à l'huile** oil-painting.
péjoratif pejorative.
pelé naked, bare.
pêle-mêle [pɛlmɛl] m confusion, disorder; mess; mell-mell; adv. helter-skelter; disorderly.
peler peel (off), skin.
pèlerin [pɛlrɛ̃] m pilgrim; ~**age** m pilgrimage.

pelle f shovel, dustpan; **ramasser une ~** come a cropper.
pelleter shovel.
pelletier m furrier.
pellicule [pelikyl] f thin skin; phot. film; ~ **en bobines** roll film; ~**s** pl. dandruff.
pelote [plɔt] f wool, etc.: ball; pincushion; **faire sa ~** fam. make one's pile (of money); **se ~r** fam. pet, neck.
peloton m mil. platoon; **se ~ner** huddle up.
pelouse [plu:z] f lawn.
pelu hairy.
peluche [plyʃ] f plush.
pelure [ply:r] f rind; peel; skin.
pench|ant [pãʃã] m slope; fig. decline; inclination; liking; **suivre son ~ant** follow one's bent; adj. sloping, declining; ~**é** leaning, bent; ~**er** incline; slope; lean over, tilt; bend (down); **se ~er** stoop; lean out.
pendant [pãdã] m counterpart; **faire ~** (**à**) match; adj. hanging; pending; prp. during; ~ **que** while.
pend|re hang; suspend; ~**u** hanged, hung, hanging; suspended.
pendule[1] m pendulum.
pendule[2] f small clock.
pêne m bolt.
pénétrant penetrating; keen; searching; piercing.
pénétrer penetrate; ~ **dans** enter; ~ **de** fill with; **se ~ de**

permis

become imbued with.

pénible painful; difficult, hard; distressing.

pénicilline f penicillin.

péninsule f peninsula.

péniten|ce [penitɑ̃:s] f repentance; penance; **~t** m, adj. penitent.

pénombre f dusk.

pens|ée [pɑ̃se] f thought; bot. pansy; **~er** [pɑ̃se] think (**à** of, about); **~eur** m thinker; **~if** pensive, thoughtful.

pension [pɑ̃sjɔ̃] f pension; boarding-house; room and board; **~ complète** full board; **~naire** boarder; **~nat** m boarding-school.

pente [pɑ̃:t] f slope; declivity; ascent; descent; fig. tendency.

Pentecôte [pɑ̃tko:t] f Whitsuntide, Pentecost.

pénurie f dearth; penury.

pépier chirp.

pépin m fruit: pip; fam. trouble; **~ière** f (tree) nursery.

perçant piercing; penetrating; acute, sharp.

perce-neige m bot. snowdrop.

percept|eur m (tax-)collector; **~ible** noticeable.

percer pierce, bore, drill; tap; stab; open; come out; go (or break) through; fig. leak out.

percevoir [pɛrsəvwa:r] collect (taxes); perceive, sense.

perch|e f pole, perch; (**se**) **~er** perch; **~oir** m perch.

percolateur m percolator.

percussion [pɛrkysjɔ̃] f percussion.

perdition f loss; waste; perdition; destruction.

perdre [pɛrdr] waste; lose; spoil; fig. ruin; **se ~** be lost; lose one's way, get lost; disappear.

perdrix [pɛrdri] f partridge.

père m father.

péremptoire peremptory.

perfectionn|ement [pɛrfɛksjɔnmɑ̃] m perfecting; improvement; **~er** perfect, improve.

perfide perfidious, false.

perforer perforate.

péril [peril] m danger; **~leux** dangerous.

périmètre m perimeter.

période [perjɔd] f period.

periodique adj., m periodical.

périr perish.

périssable perishable.

périssoire f light canoe.

perl|e f bead, pearl; **~er** bead; fall in drops.

perlon m perlon.

permanent [pɛrmanɑ̃] permanent; without interruption; **~e** f perm.

permanente: se faire ~ have one's hair permed.

perméable permeable; pervious (**à** to).

permettre permit, allow; enable; make possible; **se ~** take the liberty (**de** of).

permis allowed; m permit;

licence; ~ **de conduire** driving licence, *Am.* driver's license; ~ **de séjour** residence permit; ~ **de travail** work permit; ~ion [pɛrmisjɔ̃] *f* leave; permission; *mil.* furlough.

pernicieux [pɛrnisjø] harmful, pernicious.

perpendiculaire [pɛrpɑ̃dikylɛr] perpendicular.

perpétu|er perpetuate; ~**ité** *f* perpetuity; **à ~ité** for ever.

perplexe perplexed; puzzled.

perquisition [pɛrkizisjɔ̃] *f dr.* perquisition; ~ **à domicile** house search.

perron *m* flight of steps (to the front of a building).

perroquet [pɛrɔkɛ] *m* parrot.

perruque [peryk] *f* wig.

persécut|er persecute; worry, pester; ~**eur** *m* persecutor; ~**ion** *f* persecution.

persévér|ance [pɛrseverɑ̃:s] *f* perseverance; ~**er** persevere, persist.

persienne *f* shutter, blind.

persifler banter, chaff.

persil [pɛrsi] *m bot.* parsley.

persister persist.

personn|age [pɛrsɔna:ʒ] *m* character; person, individual; *thé.* part; ~**alité** *f* personality; personage.

personne [pɛrsɔn] *f* person; *pron.* anybody; anyone; **(ne)** ~ nobody.

personnel [pɛrsɔnɛl] *m* staff; personnel; *adj.* personal; private.

perspective [pɛrspɛkti:v] *f* perspective, prospect; **en** ~ in view.

perspicac|e clear-sighted; keen; discerning; ~**ité** *f* penetration; perspicacity.

persua|der [pɛrsɥade] persuade, convince.

perte *f* loss; ruin; **à** ~ at a loss; **à** ~ **de vue** as far as the eye can see; ~ **de temps** loss of time.

pertinent pertinent; relevant.

perturba|teur *m* perturbator; disturber; ~**tion** *f* perturbation; trouble, disorder.

pervertir pervert; corrupt.

pesage *m* weighing; *racecourse:* paddock.

pesant weighty, heavy; ~**eur** *f* weight; heaviness (*a. fig.*).

peser weigh; *fig.* consider, dwell upon.

pétard *m* (fire-)cracker.

pétiller crackle; sparkle.

petit [p(ə)ti] *m* little one; baby; child; *adj.* small, little; petty; mean; slight; ~ **à** ~ little by little; gradually; ~**e-fille** *f* granddaughter; ~**s-fils** *m* grandson.

pétrin [petrɛ̃] *m fam.* trouble, mess, tight corner.

pétrir knead; *fig.* mould, form.

pétrol|e *m* petroleum, (mineral) oil; paraffin, *Am.* kerosene; ~**ier** *m* tanker; **industrie** *f* ~**ière** oil-industry.

pétulant petulant.

peu [pø] *m* small quantity, little; bit; *adv.* little; few; **~ aimable**, *etc.* unkind, *etc.*; **~ de** few; little; **~ à ~** little by little, slowly; **quelque ~** somewhat; **sous ~** soon, before long; **~ de chose** not much.

peupl|e [pœpl] *m* nation, people; **~er** people.

peuplier *m bot.* poplar.

peur [pœːr] *f* fear, fright; dread; terror; **avoir ~** be afraid, be scared; **de ~ de** for fear of; **de ~ que** lest, for fear that; **faire ~ (à)** frighten; **~eux** [pœrø] timid, fearful.

peut-être perhaps, maybe.

p. ex. (*short for:* **par exemple**) for instance, e.g.

phare *m* lighthouse; searchlight; *auto* headlight.

pharmac|ie [farmasi] *f* pharmacy; **~ien** [farmasjɛ̃] *m* chemist, druggist.

phoque [fɔk] *m* seal.

photogène photogenic.

photo [fɔto] *f* photo; **~copie** *f*, **~copier** photostat, photocopy; **~graphe** *m* photographer; **~graphie** *f* photograph; photography; **~graphier** photograph; **appareil** *m* **~graphique** camera; **~mètre** *m* exposure meter.

phtisie [ftizi] *f méd.* consumption.

physicien [fizisjɛ̃] *m* physicist.

physique [fizik] *f* physics *pl.*; *adj.* physical.

piailler chirp; *child:* squeal, cry.

piano *m* piano; **~ à queue** grand piano.

pic *m* pickaxe; peak; *zo.* woodpecker; **à ~** perpendicularly.

picoter pick; prick; sting; irritate.

pie [1] *f zo.* magpie.

pie [2] pious.

pièce [pjɛs] *f* piece; room; coin; document; *thé.* play; **donner la ~** give a tip; **~ de résistance** principal dish; **~ d'identité** identity card; **~ détachée** (*or* **de rechange**) spare part; **~ jointe** enclosure.

pied [pje] *m* foot; *table, etc.:* leg; **à ~** on foot; **être sur ~** be up; **~-à-terre** *m* temporary lodging; **~s** *pl.* **nus** barefoot.

piège [pjɛːʒ] *m* snare, trap.

pierre [pjɛːr] *f* stone; **~ à briquet** flint; **~ fausse** imitation(-stone); **~ précieuse** precious stone; **~ d'achoppement** stumbling-block.

pierreux stony.

piété *f* piety.

piéton *m* pedestrian.

piétonnière: rues *f/pl.* **~s** pedestrian precinct.

pieu *m* stake, pile.

pieuvre [pjœvr] *f* octopus.

pieux pious, devout.

pigeon [piʒɔ̃] *m* pigeon, dove; **~nier** *m* dove-cot.

pignon *m* pinion; gable.

pile [pil] *f* heap; élec. battery; *coin:* reverse; **~ atomique** atomic pile.

piler crush, pound; bruise.

pilier *m* pillar; post.

pill|age [pija:ʒ] *m* plunder; **~er** plunder, ransack, pilfer.

pilori *m* pillory.

pilotage *m* piloting, guiding.

pilote [pilɔt] *m* pilot; **~ d'essai** test pilot; **~r** pilot; guide.

pilule [pilyl] *f* pill.

piment *m* red pepper.

pin *m bot.* pine, fir.

pinacle *m* top, summit, pinnacle.

pinc|e [pɛ̃:s] *f* pinch, pinching; clamp; pincers *pl.*; tongs *pl.*; crow-bar; **~é** affected, stiff; pinched.

pinceau [pɛ̃so] *m* paint. paintbrush.

pinc|er pinch; *fig.* catch; **~ette(s)** *f* (*pl.*) pincers *pl.*, tongs *pl.*, tweezers *pl.*

pinson *m zo.* finch.

pioche *f* pickaxe; **~r** dig; *fam.* grind, cram.

pipe *f* pipe.

piquant *m* thorn, spike; flavo(u)r; pungency; *adj.* pricking, sharp; keen; spicy; pointed; *fig.* witty.

piqu|e [pik] *f* pike, spear; *cards:* spades *pl.*; **~é** wormeaten; *wine:* sour; **~nique** *m*, **~e-niquer** picnic;

~er prick, sting; stitch; *fig.* excite; fam. take; **se ~er de** pride o.s. upon; **~et** *m* peg; tent-peg; **~er** mark with spots; picket; **~ette** *f* poor wine.

piqûre [piky:r] *f* sting, bite; injection, shot.

pire worse; **le ~** the worst.

pirouett|e *f* whirl, whirling, pirouette; **~er** whirl (around); turn (round).

pis[1] [pi] *m* udder.

pis[2] *adv.* worse; **le ~** the worst; **de mal en ~** from bad to worse; **au ~ aller** at the worst.

piscine [pisin] *f* swimming-pool; **~ couverte** indoor swimming-pool.

piste *f* trail, track; **~ (de courses)** racecourse; **~ (de roulement)** *av.* runway, landing-strip.

pistolet *m* pistol.

piston [pistɔ̃] *m* piston, valve; *fig.* pull, backing.

piteux piteous.

pitié *f* pity, compassion; **par ~** out of pity; **sans ~** pitiless.

pitoyable piteous, deserving pity; wretched, pitiful.

pittoresque [pitɔrɛsk] picturesque; pictorial.

pivot *m* pivot; *fig.* central motive.

placard *m* poster, notice; cupboard; **~er** post (*bill*), placard.

place [plas] *f* place; room, space; spot; seat; *in a town:*

square; post; *thé.* reservation;
à la ~ de instead of; à votre
~ if I were you.

placement [plasmã] *m com.*
investment; selling; **bureau**
m (or **agence** *f)* **de ~** employment agency.

placer put, set; sell; place;
com. invest; find a place for.

plafond *m* ceiling (*a. av.*); *fig.*
maximum.

plage [pla:ʒ] *f* coast, beach,
shore; seaside.

plagiat *m* plagiarism.

plaid|er *dr.* plead; **~oyer** *m*
speech for the defence.

plaie *f* wound, sore.

plaignant *m dr.* plaintiff.

plaindre [plɛ̃:dr] pity; **se ~
de** complain of.

plaine [plɛn] *f* plain.

plain-pied: de ~ level.

plainte *f* complaint; *dr.*
accusation, charge.

plaire [plɛ:r] please; **cela
vous plaît?** do you like (*or*
enjoy) it?; **s'il vous plaît**
please; **se ~ à** take pleasure
in.

plaisan|ce [plɛzã:s] *f* plea-
sure; **~t** pleasant; comical;
humorous; **~ter** joke, kid,
make fun (of); **~terie** *f*
[plɛzãtri] joke; trick, prank.

plaisir *m* pleasure; **faire ~ à
q.** please s.o.; **à ~** without
reason; wantonly; **avec ~**
gladly.

plan [plã] *m* plan; plane; map;
scheme; *av.* wing; **arrière-**
background; **premier**

foreground; **laisser en ~**
fam. let *s.o.* down; chuck up,
drop; *adj.* plane, even; level.

planch|e [plã:ʃ] *f* board;
plank; shelf; **~e de bord** *auto*
dashboard; **~es** *pl. thé. fam.*
stage; **~er** *m* floor; **~ette** *f*
small board.

planer hover, soar.

planète *f* planet.

planeur *m av.* glider.

planifier plan.

plant|ation *f* cultivation;
plantation; **~e** *f* plant; **~e du
pied** sole of foot; **~er** plant;
drive in; **~er là** *fam.* leave in
the lurch; chuck up.

plaqu|e *f* (door-)plate; badge;
~e commémorative me-
morial tablet; **~e d'immatriculation** (*or* **minéralogi-
que**) *auto* number (*or* licence)
plate; **~er** plate; veneer;
paste, plaster; *fam.* walk out
on.

plastron *m* shirt-front.

plat [pla] *m* flat; dish; course;
adj. flat, dull; level; **à ~** flat;
fig. depressed.

plateau [plato] *m* tray;
tableland; platform; *thé.*
stage.

plate-forme *f* platform; flat
roof.

platine *f* platinum.

platitude *f* platitude, banal
remark.

plâtr|e *m* plaster; **~é** white-
washed; **~er** plaster.

plausible [plozibl] plausible.

plébiscite *m* plebiscite.

plein [plɛ̃] *m* full, middle; *adj.*
full, filled; whole; complete;
~e saison high (*or* peak)
season; **en ~ air** in the open
air; **en ~ été** in the height of
summer; **en ~ hiver** in the
middle of winter; **en ~ jour**
in broad daylight; **en ~ rue**
in the open street; **faire le ~
(d'essence)** *auto* fill the
tank.

plénipotentiaire *m* plenipo-
tentiary.

plénitude *f* plenitude, ful(l)-
ness; abundance.

pleurer weep, cry (for);
mourn (for).

pleuvoir [plœvwa:r] rain; **il
pleut** it is raining.

pli *m* fold; crease; wrinkle;
envelope; **~ permanent**
permanent press; **sous ce ~**
enclosed; *fig.* **prendre un ~**
get into a habit; **~able** flexible; folding; **~ant** flexible; folding; supple; *fig.*
yielding; **chaise** *f* **~ante**
folding chair; **~er** fold, bend;
give way; yield; **se ~er à**
conform to.

plomb [plɔ̃] *m* lead; shot;
plumb-line; *élec.* fuse; **à ~**
vertical(ly); **faire sauter le
~** blow the fuse; **~age** *m*
plumbing, stopping (*or*
filling) of teeth.

plongée *f* diving, dive;
plunge; slope; *fig.*
plunge; dip; **~eur** *m* diver.

ployer bend; fold up; yield.

pluie [plɥi] *f* rain; **craint la ~!**

to be kept dry!

plum|age [plyma:ʒ] *m* plum-
age; feathers *pl.*; **~e** *f* feather;
quill, pen; **~er** pluck, plume;
fig. fleece.

plupart *f* the greater part;
bulk; majority; **pour la ~**
mostly; generally; **la ~ du
monde** most people; **la ~ du
temps** most of the time.

plus *m* the most; the utmost;
adv. more; **~ grand** bigger;
le ~ grand the biggest; **de ~**
moreover; **en ~** besides, in
addition; **ne ... ~** no more,
no longer; not again; **ne ... ~
jamais** never again; **non ~**
neither; **tout au ~** at the
most; **sans ~ ... ~** without
further ...

plusieurs [plyzjœ:r] several.

plus-value *f* (**plus-values**
pl.) *value:* increase.

plutôt [plyto] preferably;
rather; sooner.

pluvieux rainy.

pneu [pnø] *m* tyre, tire; **~
crevé** flat; **~ de rechange**
spare tyre.

pneumonie *f* *méd.* inflammation of the lungs; pneumonia.

poch|e *f* pocket; bag; pouch;
~é *egg:* poached; **~ette** *f*
pouch.

poêle[1] [pwal] *m* stove.

poêle[2] *f* frying-pan.

poème *m* poem.

poé|sie *f* poetry; **~tique**
poetical.

poids [pwa] *m* weight; *fig.*

importance; **~ brut** gross weight; **~ léger** light-weight; **~ lourd** heavy-weight; *auto* (heavy) truck, lorry.

poignard *m* dagger; **~er** stab.

poignée [pwaɲe] *f* handful; handle; hilt; grip; **~ de main** handshake.

poignet [pwaɲɛ] *m* wrist, cuff.

poil [pwal] *m* hair; bristle; fur, coat; **à ~** naked; **~u** hairy, shaggy.

poinçon [pwɛ̃sɔ̃]: **~ m de contrôle** hallmark; **~ner** punch; cancel (*ticket*).

poindre dawn; appear; sprout.

poing [pwɛ̃] *m* fist; **coup m de ~** punch, blow.

point¹ [pwɛ̃] *m* point; spot; stitch; instant; degree; note; full stop, *Am.* period; **à ~** *steak:* medium; **~ de côté** stitches *pl.* in one's side; **~ de départ** starting-point; **~ de repère** landmark; **~ de vue** point of view; **~ du jour** daybreak; **être sur le ~ de** be about to; **sur ce** on that score; **~ mort** *auto* neutral.

point² = **pas**; **~ du tout** not at all.

pointe [pwɛ̃:t] *f* point; nail; top; foreland; peak; very small quantity; **en ~e** pointed; tapering; **à la ~e du jour** at daybreak; at dawn; **~er** prick; dot; sharpen; point, aim; check, tick off;

appear; rise; sprout.

pointill|é *m* dotted line; **~er** dot (*drawing*); **~eux** particular, punctilious, meticulous.

point|u pointed; peaked; sharp; **~ure** *f* shoes, gloves, *etc.:* size.

poir|e [pwa:r] *f bot.* pear; *fam.* dupe; **~eaux** *m/pl.* leek; **~ier** *m bot.* pear-tree.

pois [pwa] *m bot.* pea; **petits ~** *pl.* green peas *pl.*; **purée** *f* **de ~** pea soup; *fig.* dense fog.

poison [pwazɔ̃] *m* poison.

poisson *m* fish; **~ frit** fried fish; **~nerie** *f* fish shop.

poitrine *f* breast, chest.

poivr|e [pwa:vr] *m* pepper; **~er** pepper; spice.

poix [pwa] *f* pitch.

polaire polar.

pôle *m* pole; **~ Nord** North Pole; **~ Sud** South Pole.

poli *m* polish; gloss; *adj.* polite; polished; bright; refined.

police¹ *f* police; **agent** *m* **de ~** policeman; **faire la ~** keep order; **~ secours** flying squad, *Am.* riot squad.

police² *f* (**d'assurance**) insurance policy.

policer civilize; refine.

policier *m* policeman; **roman** *m* **~** detective story.

polir polish; *fig.* cultivate; refine.

polisson *m* scamp; mischievous child; *adj.* naughty.

politesse *f* politeness; civility;

urbanity; good breeding.
politi|cien *m* ' politician; **~que** *f* politics *pl.*; policy; *adj.* political; *fig.* diplomatic; **économie** *f* **~que** political economics *pl;* **homme** *m* **~que** politician.
Pologne *f* Poland.
polonais Polish; ꝯ *m* Pole.
poltron *m* coward; *adj.* cowardly; craven.
polycopier multigraph, mimeograph.
pomm|e *f* apple; **~e de terre** potato; **~es** *pl.* **frites** chips *pl.*, French fries *pl.*; **~es** *pl.* **mousseline** mashed potatoes *pl.*; **~es** *pl.* **vapeur** boiled potatoes *pl.*; **~ette** *f* cheekbone; **~ier** *m* apple-tree.
pomp|e *f* pomp; display; parade; pump; **~e à essence** petrol (*Am.* gasoline) pump; **~e à incendie** fire-engine; **~e pneumatique** air-pump; **~er** pump (up); **~es** *pl. fam.* shoes *pl.*, boots *pl.;* **~eux** pompous; **~ier** *m* fireman.
ponct|ion *f* puncture, pricking; **~ualité** *f* punctuality; **~uel** punctual; exact; **~uer** punctuate; point.
pondérer balance; poise.
pondre lay (*eggs*).
poney [pɔnɛ] *m* pony.
pont [pɔ̃] *m* bridge; *mar.* deck; **~ élévateur** *auto* lifting ramp; **~ suspendu** suspension bridge; **~ tournant** swing bridge; **faire le ~** take off the day between two holidays; **~ arrière** rear axle.
ponton *m* pontoon.
popeline [pɔplin] *f* poplin, *Am.* broadcloth.
popul|arité *f* popularity; **~ation** [pɔpylasjɔ̃] *f* population; **~eux** populous.
porc [pɔ:r] *m* pig; pork.
porcelaine [pɔrsəlɛn] *f* china(-ware).
poreux porous, permeable.
port[1] [pɔ:r] *m* port, harbo(u)r; quay; **~ de mer** seaport; **arriver à bon ~** arrive safely.
port[2] *m* carriage; bearing; wearing; postage; **~ de retour** return postage; **~ dû** carriage-forward; **~ payé** post-free, prepaid.
portable portable.
portail *m* portal; chief doorway.
portant supporting; **bien (mal) ~** in good (bad) health; **à bout ~** point-blank.
portatif portable.
porte [pɔrt] *f* door; gate; entrance; **mettre à la ~** turn out; **~ à ~** next door (to each other); **~ cochère** carriage entrance; **~ tournante** revolving door; **~-affiches** *m* notice-board, *Am.* bulletin board; **~-avions** *m* aircraft carrier; **~-bagages** *m* luggage-rack; **~-bonheur** *m* mascot, (lucky) charm; **~-cigarette** *m* cigarette-

holder; **~-documents** m
attaché-case.

porté: **~ à** inclined to;
~ manquant reported
missing.

portée f litter, brood; (power
of) comprehension; range,
reach, scope; **à (la) ~ de**
within (the) reach of; **à la ~
de toutes les bourses** that
everybody can afford.

portefaix [pɔrtəfɛ] m porter.

porte|feuille [pɔrtəfœj] m
wallet; fig. portfolio; com.
commercial bills pl.; **~man-
teau** m coatstand; **~mine**
m propelling pencil; **~
monnaie** m purse; **~
parapluies** m umbrella-
stand; **~parole** m spokes-
man; **~plume** m penholder.

porter bear, carry,
wear; support; bring forth;
yield; lead; reach; **sur**
concern; bear on; refer to;
~ à la tête wine: go to the
head; **~ sur les nerfs** get on
the nerves; **se ~** go, direct
o.s.; **se ~ bien** be well;
**comment vous portez-
vous?** how are you?

porteur m bearer, carrier;
com. holder.

portier m door-keeper,
porter, doorman, janitor.

portière [pɔrtjɛːr] f door of
carriage; door-curtain.

portion [pɔrsjɔ̃] f portion,
helping; part, share.

portique m porch, portico.

portrait [pɔrtrɛ] m portrait,

likeness.

portugais adj., **⁀** m [pɔrtygɛ]
Portuguese.

Portugal m Portugal.

pos|e [poːz] f placing, laying,
setting up; hanging; attitude;
phot. time-exposure; fam.
affectation; **~é** serious; quiet;
cautious; staid; sedate;
~emètre m exposure meter.

poser [poze] put, place, lay;
hang; rest; pose; **~ une
question** ask a question; **se
~ en** play the part of, set (o.s.)
up as; **se ~er** bird, etc.:
alight on.

positif [pozitif] m phot. print;
adj. positive; certain; definite,
practical.

position [pozisjɔ̃] f position,
situation.

posséder possess; own; **se ~**
contain o.s.

possess|eur m owner, pos-
sessor; **~ion** f possession;
ownership; belongings pl.

possibilité f possibility.

possible [pɔsibl] m what is
possible; **faire tout son ~**
do one's best; adj. possible;
pas ~! you don't say so!; **le
plus souvent (vite) ~** as
frequently (soon) as possible.

poste¹ [pɔst] f post; mail;
(bureau m de) ~ post office;
~ aérienne air mail;
mettre à la ~ post, Am.
mail (letter); **~ restante**
poste restante, Am. general
delivery.

poste² [pɔst] m post, place; **~**

(de TSF) radio, wireless; ~ de police police-station; ~ de secours first-aid post; ~ de télévision television set; ~ d'essence service station; ~ d'incendie fire house (or station).

poster [pɔste] place; post, Am. mail.

postér|ieur m posterior; adj. posterior, later; ~iorité f posterity.

postiche artificial, false.

postuler apply for (post); postulate.

posture [pɔsty:r] f posture; attitude; position.

pot [po] m pot; jug; ~ au lait milk-jug; ~ de lait jug containing milk; ~ d'échappement auto silencer, muffler; ~ aux roses secret plot; tourner autour du ~ beat about the bush.

potable [pɔtabl] drinkable, potable; fig. passable; eau f ~ drinking-water.

potag|e [pɔta:ʒ] m soup; ~er m kitchen garden.

potasse f potash.

pot-au-feu m cuis. boiled beef; soup-pot; fig. stay-at-home.

poteau m post, stake; ~ indicateur signpost.

pot|erie [pɔtri] f pottery; earthenware; ~erie de grès stoneware; ~ier m potter.

potion [posjɔ̃] f méd. potion, draught.

pou m louse; ~x pl. lice pl.

poubelle f dustbin, Am. garbage can.

pouce [pus] m thumb; big toe; inch.

poudr|e [pudr] f powder; dust; en ~e powdered, ground; café m en ~e instant coffee; sucre m en ~e castor sugar; ~er powder; sprinkle; ~eux powdery, dusty; ~ier m (powder) compact.

pouffer (de rire) burst out laughing.

poulailler [pulaje] m hencoop; poultry-yard; thé. pop. upper gallery.

poulain m colt, foal.

poule f hen; ~ d'Inde turkey-hen; chair f de ~ goose-flesh.

poulet [pulɛ] m chicken; fam. letter.

pouls [pu] m pulse.

poumon m lung, lungs pl.

poupe f mar. poop; stern.

poupée f doll; puppet.

pour [pu:r] for; to; in order to; on account of; in the interest of; ~ cent per cent; ~ que in order that.

pour|boire m gratuity, tip; ~centage m percentage.

pourparler m parley; conference; negotiations pl.

pourpr|e [purpr] m purple colour; adj. purple, crimson; ~é purple.

pourquoi [purkwa] m cause; reason; adv. (a. cj.) why; what for; wherefore; c'est ~, voilà

~ that is why.

pourr|i rotten; **~ir** grow rotten; decay; *fig.* corrupt; **~iture** *f* rottenness; *fig.* corruption.

poursui|te [pursɥit] *f* pursuit; chase; *dr.* proceedings *pl.*; **~vre** [pursɥi:vr] pursue; chase; follow; go on with; continue; *dr.* prosecute; **se ~vre** follow its course.

pourtant [purtɑ̃] however, still.

pourtour *m* circumference.

pourvoir: ~ **à** provide for; see to; ~ **de** supply (*or* provide) with.

pourvu que provided that.

pouss|e *f* growth; shoot, sprout; **~ée** *f* push; pressure; **~er** push; drive; shove; thrust; urge; utter (*cry*); heave (*sigh*); push on (*work*); grow; sprout; **~ette** *f* baby-carriage.

poussière *f* dust.

poutre *f* beam.

pouvoir [puvwa:r] *m* power; influence; authority; government; **~s** *pl.* competence; *v.* be able; be allowed; have power; **je peux** I can, I may; **se** ~ be possible; **cela se peut** that may be; **il se pourrait que** it might happen that.

prairie [preri] *f* meadow.

praline *f* burnt almond.

pratiqu|able practicable; feasible; passable (*road*); *thé.* real; **~e** [pratik] *f* practice;

experience; method; custom; routine; conduct; *adj.* practical, useful; **~er** practise; exercise (*profession*); make; frequent; contrive; cut (*road*).

pré *m* small meadow.

préalable *m* preliminary; **au** ~ previously; *adj.* previous, preliminary.

préavis *m* forewarning; **sans** ~ without notice.

précaire precarious; uncertain; unsettled.

précaution [prekosjɔ̃] *f* precaution; prudence; caution; **~s** *pl.* precautionary measures *pl.*; **se ~ner contre** take precautions against.

précéd|ent [presedɑ̃] *m* precedent; *adj.* preceding, previous, former; **sans ~ent** unheard(-of); **~er** precede; go before; have precedence of.

précept|e *m* precept; rule; **~eur** *m* tutor; teacher.

prêch|er preach; extol; **~eur** *m* preacher.

précieux [presjø] precious, costly, valuable.

précipice [presipis] *m* precipice, chasm.

précipit|amment [presipitamɑ̃] precipitantly, hastily, hurriedly; **~ation** *f* haste, hurry; **~é** precipitate, hasty, rash; **~er** precipitate; hurry; throw down; **se ~er sur** (*or* **dans**) rush upon (*or* into).

précis [presi] *m* résumé, summary; *adj.* precise,

accurate; exact; **~ément**
precisely, exactly, just so; **~er**
state precisely; specify;
~ion f precision; preciseness.

précité above-mentioned,
aforesaid.

précoc|e [prekos] precocious,
early; **~ité** f precocity.

préconçu preconceived;
opinion: foregone.

précurseur m precursor,
forerunner.

prédécesseur m predecessor;
~s pl. ancestors pl.

prédestiner predestinate;
predetermine.

prédica|teur m preacher,
predicant; **~tion** f preaching;
sermon.

prédiction f prediction;
prophesy.

prédilection [predilɛksjɔ̃] f
predilection, preference;
taste; **de ~** favo(u)rite.

prédire predict, foretell;
prophesy.

prédominer predominate,
prevail.

prééminent [preeminɑ̃] pre-
eminent; promising; superior.

préface f preface; foreword.

préfecture f prefecture;
administrative district (in
France); **~ de police** police
headquarters pl.

préfér|able preferable;
~ence f preference; **de
~ence** preferably.

préférer [prefere] prefer (**à**
to); like better; **je ~ais ...**
I would rather ....

préfet m prefect; **~ de police**
chief of the police.

préjudic|e [preʒydis] m in-
jury; wrong; damage; **au ~e
de** to the prejudice of; **sans
~e de** without prejudice to;
~iable prejudicial; injurious.

préjugé [preʒyʒe] m prejudice.

prélever [prelve] deduct
(*money*) previously; set apart
(in advance); take (*sample*).

préliminaire m, adj. preliminary.

prélude [prelyd] m prelude.

prématur|é premature; **~ité**
f precocity.

préméditer premeditate.

premier [prɔmje] m first;
leader; first floor; *Am.* second
floor; adj. first; **~ ministre**
Prime Minister, premier; **au
~ abord** at first sight; **en ~
lieu** in the first place.

première [prɔmjɛːr] f thé.
first performance; first night;
adj. first (f).

prémonition [premɔnisjɔ̃] f
premonition, foreboding.

prendre [prɑ̃ːdr] take, seize;
take, have (*bath, etc.*); eat,
drink; freeze; take root; catch
(*cold*); buy (*ticket*); make
(*decision*); milk: curdle; **~ le
dessus** get the upper hand;
aller ~ q. call for somebody;
~ congé de take leave of, say
good-bye to; **~ en mau-
vaise part** take amiss; **~ à
droite (gauche)** turn to the
right (left); **à tout ~** on

the whole; **s'en ~ à** blame; **se ~** get caught; **s'y ~** go about it, manage.

prénom [prenɔ̃] *m* Christian name, first name.

préoccuper preoccupy; worry, trouble; care about.

prépar|atifs *m/pl.* preparations *pl.*, arrangements *pl.*; **~ation** *f* preparation, preparing; **~er** prepare (for), get ready.

prépondéran|ce *f* preponderance; **~t** preponderant; **voix** *f* **~te** casting vote.

prépos|é *m*, **~ée** *f* check room, *etc.*: attendant; put in charge of.

prérogative [preroɡatiːv] *f* prerogative, privilege.

près [prɛ] near, close; **~ de** close to, near; nearly; **à ... ~** except for ...; **à peu ~** nearly, just about; **de ~** closely; **tout ~** very near.

présage [preza:ʒ] *m* omen, foreboding.

presbyte *méd.* long-sighted, *Am.* far-sighted.

prescription [prɛskripsjɔ̃] *f* regulation(s *pl.*), direction(s *pl.*); *dr.* limitation.

prescrire prescribe, order.

présence [preza:s] *f* presence; attendance; **en ~ de** in the presence of; in view of.

présent [prezɑ̃] *m* present time; *adj.* present; **à ~** at present, right now; **pour le ~** for the time being; **~ation** *f* presentation, introduction;

com. get-up; **~er** present; introduce.

préserver de preserve (*or* save) from; protect from.

présid|ence *f* presidency; chairmanship; **~ent** [prezidɑ̃] *m* president; chairman; **~er (à)** preside over (*or* at).

présompt|if presumptive; **héritier m ~if** heir apparent; **~ion** *f* presumption; **~ueux** presumptuous.

presque [prɛsk] almost; nearly; **~ jamais** hardly ever; **~ rien** hardly anything.

presqu'île *f* peninsula.

pressant [presɑ̃] pressing, urgent.

presse [prɛs] *f* crowd; (printing) press.

pressé [prese] in a hurry; urgent; pressed, squeezed; **citron ~** lemon squash, lemonade.

present|iment *m* presentiment, misgiving; **~ir** foresee; have a presentiment of.

presse-papiers *m* paperweight.

presser press; squeeze; hug; urge on; rush; hasten; hurry; **se ~** throng; hurry.

pression [presjɔ̃] *f* pressure; **~ arterielle** blood pressure; **~ atmosphérique** atmospheric pressure; **~ d'huile** oil pressure; **~ des pneus** tire pressure; **bouton m à ~** patent fastener; **bière f (à la) ~** draught (*Am.* draft) beer; **groupe m de ~** pressure group, lobby.

pressurer   172

pressurer press, squeeze; *fig.* oppress.

prestige [prɛsti:ʒ] *m* prestige.

présumer presume, assume.

prêt [prɛ] *m* loan; *adj.* ready; prepared; **~-à-porter** *m* ready-made clothes *pl.*

préten|dre [pretɑ̃dr] pretend; claim; maintain; aspire to; ~**dre** à aim at; aspire to; ~**du** alleged, pretended, would-be; ~**tieux** pretentious; assuming; ~**tion** *f* pretension; claim.

prêter [prete] lend; ascribe, attribute; stretch; ~ **la main** give help; ~ **serment** take an oath; ~ **attention** pay attention; ~ **à** give rise to; be fit for; **se** ~ lend o.s. to.

prêteur *m* **sur gages** pawnbroker.

prétexte *m* pretext; excuse.

prêtre *m* priest.

preuve [prœ:v] *f* proof; testimony; test; evidence; **faire** ~ **de** show, display.

prévaloir prevail; **se** ~ **de** take advantage of.

préven|ance [prevnɑ̃:s] *f* obligingness, kindness; civility; ~**ant** engaging, obliging, considerate.

préven|ir [prevni:r] inform; warn; prejudice; anticipate; prevent; ~**tif** preventive; ~**tion** *f* prejudice; prevention; safety measures *pl.*; *dr.* custody; ~**u** *m dr.* accused person; *adj.* warned; prejudiced.

prévision *f* prevision; supposition; ~**s** *pl.* **météorologiques** weather-forecast.

prévoir [prevwa:r] foresee; anticipate; provide for; plan, design.

prévoyan|ce *f* foresight; ~**ce sociale** public assistance; ~**t** prudent, provident.

prévu: comme ~ according to plan.

prier [prie] pray (to); beg; **je vous en prie!** (if you) please!

prière [prie:r] *f* prayer; entreaty, request.

primaire primary.

prim|e [prim] *f* premium, bonus; prize; bounty; gift; *adj.* first; **de** ~**e abord** at first sight; ~**é** [prime] prize-winning, prize ...; ~**ers** surpass; ~**eurs** *f/pl.* early fruit, early vegetables *pl.*

primevère *f bot.* primrose.

primordial [primɔrdjal] essential, capital.

prince [prɛ̃s] *m* prince.

princip|al *m* principal (thing); main (point); capital (money); *adj.* principal, chief, main; ~**e** *m* principle; origin; **dès le** ~**e** from the very first.

printemps [prɛ̃tɑ̃] *m* spring, springtime.

priorité *f* priority; ~ **(de passage)** right of way.

prise [pri:z] *f* capture; taking; hold; influence; *méd.* dose; ~ **de contact** first (preliminary) talks *pl.*; ~ **de corps** arrest; ~ **de courant** wallsocket; **~ d'eau** fire-plug; **~ en considération** consideration, regard; **donner ~ à** expose o.s. to (*criticism, etc.*); **être aux ~s avec** grapple with.

pris|er estimate, value, prize; **~eur** *m* appraiser.

prison [prizɔ̃] *f* prison, jail; **~nier** *m* prisoner.

privation [privasjɔ̃] *f* privation, want.

privauté *f* familiarity, **~s** *pl.* liberties *pl.*

priv|é private; confidential; tame; **~é de** bereft of; **~er de** deprive of.

prix [pri] *m* price; cost; value; prize; award; **à tout ~** at any price; **au ~ de** at the cost of; **~ à débattre** asking price; **~ courant** market price; price-list; **~ coûtant** cost price; **~ du voyage** fare; **~ élevé** steep price; **~ unique** single price; **~fixe** fixed price; **à vil ~** under price; *fam.* dirtcheap; **hors de ~** extravagantly dear; **~ de gros** wholesale price; **dernier ~** lowest price.

probab|ilité *f* probability; **~le** [prɔbabl] probable.

probant convincing.

probité *f* honesty; integrity; probity.

problème [prɔblɛm] *m* problem; question.

procéd|é *m* proceeding, process; dealings *pl.*; **~er** act;

~er de proceed from; **~ure** *f* practice; procedure. proceedings *pl.*

procès [prɔsɛ] *m* dr. lawsuit; **~verbal** minutes *pl.*; *police:* report.

processus [prɔsesys] *m* process.

prochain [prɔʃɛ̃] *m* fellowbeing; *adj.* next; neighbo(u)ring; nearest; **~ement** shortly, soon.

proche [prɔʃ] near, close; at hand; **~ de** near, close to; **~s** *m/pl.* relatives *pl.*

procur|ation *f* power (of attorney); proxy; **~er** procure, obtain; **se ~er** get for o.s.; **~eur** *m dr.* attorney; public prosecutor.

prodigieux prodigious; amazing.

prodigu|e [prɔdig] *m, adj.* spendthrift, prodigal; **~er** lavish; squander.

produ|cteur *m* producer; **~ctif** productive; fruitful; **~ction** [prɔdyksjɔ̃] *f* production; output; **~ire** produce; cause; bring forth; yield; **se ~ire** happen, occur; appear; *thé.* perform.

produit [prɔdɥi] *m* product, produce; proceeds *pl.*; **~s** *pl.* **de beauté** cosmetics *pl.*

proférer utter, express.

profess|er profess; teach; practise; **~eur** *m* professor; master; teacher.

profession [prɔfesjɔ̃] *f* profession; occupation; trade; **~nel** *adj., m* professional.

profit [prɔfi] *m* gain, benefit; profit; **~s** *pl.* **et pertes** *pl. com.* profit and loss; **~able** [prɔfitabl] profitable.

profiter [prɔfite] get on, thrive; **~ à** be profitable to; **~ de** profit by; take advantage of; make good use of, seize (*opportunity, etc.*).

profond deep, profound; **~eur** depth.

profusion [prɔfyzjɔ̃] *f* profusion, abundance.

programme [prɔgram] *m* program(me); list; bill; **divertissant** *radio* light program.

progrès [prɔgrɛ] *m* progress; advancement; improvement.

progressif [prɔgresif] progressive.

prohibit|er prohibit, forbid; **~ion** *f* interdiction; prohibition.

proie [prwa] *f* prey; **en ~ à** a prey to, affected by.

projecteur *m* searchlight; projector.

projectile [prɔʒɛktil] *m* projectile, missile.

projection *f* projection; **éclairage** *m* **par ~** flood-light(ing).

projet [prɔʒɛ] *m* plan; project; design; **à l'état de ~** in the blueprint stage; **~er** [prɔʒte] plan, project; design; cast, throw.

prolét|aire *m* proletarian; **~ariat** *m* proletariat.

prolixe diffuse, wordy.

prolong|ation [prɔlɔ̃gasjɔ̃] *f* prolongation; extension; *sport* extra time; **~er** lengthen, prolong; **se ~er** continue, go on, last.

promenade [prɔmnad] *f* walk; promenade; trip; ride; excursion; **~ en voiture** drive; **faire une ~** go for a walk (trip, *etc.*).

promen|er [prɔmne] take for a walk (*etc.*); **se ~er** (go for a) walk; **~eur** *m* walker.

promesse *f* promise; pledge; *com.* promissory note; **tenir sa ~** keep one's word.

prometteur attractive, promising.

promettre promise.

promis promised.

promontoire *m* promontory; headland.

promouvoir [prɔmuvwa:r] promote.

prompt [prɔ̃] quick; speedy; **~itude** [prɔ̃tityd] *f* promptness; promptitude; speed.

promulguer [prɔmylge] promulgate; issue.

prononc|é pronounced, decided, marked; **~er** pronounce, utter; **se ~er** speak out; give one's opinion (*or* decision); **~iation** *f* pronunciation.

propagande *f* propaganda; advertising, publicity.

propagation [prɔpagasjɔ̃] *f* diffusion, spreading, propagation.

propension *f* propensity.

propice favo(u)rable.

proportion [prɔpɔrsjɔ̃] *f* proportion; ratio; size.

propos [prɔpo] *m* resolution; talk; remark; *fam.* gossip; à ~ at the right moment; to the point; à ~! by the way!; à ~ de ... speaking of ...; **mal** à ~ ill-timed, out of place.

propos|er propose, suggest; offer (*price*); *parl.* move (*resolution*); **se ~er** intend (**de** to); **~ition** *f* proposal; motion; suggestion.

propre [prɔpr] *m* characteristic; proper sense; *adj.* proper, clean; suited; own; **mot** ~ right word; **nom** *m* ~ proper name; **sens** *m* ~ literal meaning; ~ **à** qualified for, fit for; **~té** *f* cleanliness, tidiness.

propriét|aire *m* proprietor, owner; landlord; **~é** *f* property; nature, quality; propriety; fitness; **~é privée** private property.

propulser propel, drive.

proroger prolong; adjourn.

proscrire proscribe; outlaw, banish.

prospectus [prɔspɛktys] *m* prospectus, handbill.

prospère prosperous, successful, flourishing.

prospér|er prosper, thrive; succeed; **~ité** *f* prosperity.

protagoniste *m* protagonist, principal character.

protecteur *m* protector, patron.

protéger protect, shelter (**de, contre** from, against).

protest|ant [prɔtɛstã] *m, adj.* Protestant; **~ation** *f* protest; protestation; **~er** protest.

protêt *m com.* protest.

proue *f mar.* prow, bow.

prouver [pruve] prove, make good.

provenance [prɔvnãːs] *f* origin.

proven|ant de proceeding from; **~ir** arise, proceed.

proverbe *m* proverb, saying.

province [prɔvɛ̃ːs] *f* province; country.

provision [prɔvizjɔ̃] *f* provision, stock, store; **~s** *pl.* provisions *pl.*, supplies *pl.*; **faire ses** (*or* **aller aux**) **~s** do one's shopping.

provisoire [prɔvizwar] provisional, temporary.

provoc|ant provoking; provocative, aggressive; **~ateur** *m* provoker, aggressor; *adj.* provoking.

provoquer incite, challenge; provoke; cause; entail, bring on.

proximité *f* proximity, nearness; **à ~ de** in the neighbo(u)rhood of.

pruden|ce [prydãːs] *f* caution, discretion, carefulness; **~t** careful, cautious; advisable.

pruderie *f* coyness; prudishness.

prun|e [pryn] *f* plum; **pour des ~es** *pop.* for nothing;

~eau [pryno] m prune; *pop.*
bullet; ~ier m *bot.* plum-tree.

psaume [pso:m] m psalm.

pseudonyme [psødɔnim] m pseudonym;
fictitious name.

psychanalyser [psikana-
lizer] **se faire ~** have o.s.
analysed.

psychanalyste [psikanalist]
m (psycho)analyst.

psychiatre [psikjatr] m psy-
chiatrist.

psychologie [psikɔlɔʒi] f
psychology; ~**ique** psycho-
logical; ~ue m psychologist.

puant stinking; fetid; disgusting; **mensonge** m ~ im-
pudent lie; ~**eur** f stench,
offensive smell.

publi|c [pyblik] m, adj public;
~**cation** f publication; pub-
lishing; ~**ciste** m publicist,
journalist; advertising agent;
~**cité** f publicity, advertising;
(**film** m **de**) ~**cité** commercial; **office** m **de** ~**cité**
advertising office; ~**er** publish; bring out.

puce f flea; (**marché** m **aux**)
~**s** pl. flea-market.

pudeur f bashfulness; modesty;
sense of decency; **sans** ~
shameless.

pudicité f chastity.

pudique chaste, modest.

puer [pɥe] stink; smell badly,
reek; ~ **l'alcool** *etc.* stink of
alcohol, *etc.*

puéril childish, puerile.

puis [pɥi] then, afterwards,
next; **et** ~ and then, besides.

puiser draw (water); *fig.* ~
dans draw on.

puisque [pɥiskǝ] as, since,
seeing that.

puissamment powerfully.

puissance [pɥisɑ̃:s] f power,
strength; ~ **au frein** brake
power; ~ **d'achat** purchas-
ing power; ~ **en chevaux**
horsepower; ~ **lumineuse**
illuminating power.

puissant [pɥisɑ̃] powerful;
mighty, strong.

puits [pɥi] m well; *mine:* shaft;
~ **d'aérage** air shaft.

pull-over [pylɔvɛr] m pull-
over.

pulluler swarm; multiply.

pulsation f pulsation.

pulvéris|er reduce to dust;
annihilate, smash; atomize;
~**ateur** m atomizer.

punaise f bug; drawing-pin,
Am. thumbtack.

pun|ir punish, chasten;
~**ition** f punishment; **pour**
~**ition** as a punishment.

pupille [pypil] m pupil (of the
eye).

pupitre m desk; lectern.

pur [py:r] pure, genuine;
stainless; mere; *liquor:* neat,
straight; **en** ~ **perte** to no
purpose; **par** ~**e bonté** out
of sheer kindness; ~**e sottise**
downright nonsense.

purée [pyre] f thick soup;
mash.

pureté f [pyrte] purity; innocence; chastity.

purgat|if m *méd.* purgative;

adj. purging; **~oire** *m* purgatory.

purger [pyrʒe] *méd.* purge; purify; *fig.* cleanse; clear (**de** of.).

purifi|cation *f* purification; **~er** purify, cleanse, refine; **se ~er** become refined.

pur-sang *m* thoroughbred.

pus [py] *m* méd. pus, matter.

pustule [pystyl] *f* méd. pimple, pustule.

putré|faction *f* putrefaction; **~fier** putrefy; rot; decompose; **se ~fier** become rotten, rot away.

putride putrid.

pyjama [piʒama] *m* pyjamas *pl.*, Am. pajamas *pl.*

pylône [pilo:n] *m* pylon, tower.

pyramide *f* pyramid.

Pyrénées [pirene] *f/pl.*: **les ~** the Pyrenees.

Q

quadrangulaire [kwadrɑ̃-gyle:r] quadrangular.

quadrillé [kadrije] chequered.

quadruple [kwadrypl] fourfold, quadruple.

quai [ke] *m* quay; wharf; *river:* embankment; *ch.d.f.* platform.

qualifier qualify; call.

qualité [kalite] *f* quality; property; excellence; rank; title; **~ de membre** membership; **en ~ de** in one's capacity of.

quand when; whenever; **depuis ~?** since when?; **~ même** all the same; nevertheless.

quant à as for, as far as … is concerned.

quantième *m* date; day of the month.

quantit|atif quantitative; **~é** *f* quantity; amount.

quarantaine *f* about forty; quarantine.

quarante [karɑ̃t] forty.

quart [ka:r] *m* quarter; *mar.* watch; **~ d'heure** quarter of an hour.

quartier [kartje] *m* quarter; piece; part; neighbo(u)rhood; district; **~ (Latin)** students' quarter in Paris; **~ résidentiel** residential quarters *pl.*; **bureau** *m* **de ~** branch office; **~ général** *mil.* headquarters *pl.*

quatorz|e [kato:rz] fourteen; **~ième** fourteenth.

quatre [katr] four.

quatre-vingt-dix ninety.

quatre-vingts eighty.

quatrième fourth.

quatuor [kwatyo:r] *m* mus. quartet(te).

que *pron.* which, whom; that; when; what?; *cj.* that; whether; *adv.* how, how much; **afin ~** in order that; **de sorte ~** so that; **ne … ~** but, only, merely.

quel(le) what, which; whoever; **quel dommage!** what a pity!; **quelle heure est-il?** what time is it?

quelconque [kɛlkɔ̃:k] whatever; undistinguished, commonplace.

quelque adj. some; any; a few; **~s** pl. some, a couple of; **~ chose (de bon)** something (good); adv. some, nearly; what; **~ ... que** however; **~ part** somewhere.

quelquefois sometimes.

quelqu'un(e) some one, any one; **quelques-uns** m/pl., **-unes** f/pl. some, any.

querell|e [karɛl] f quarrel, row, brawl; **chercher ~e à** pick a quarrel with; **~er** scold; **se ~er** quarrel; **~eur** quarrelsome.

qu'est-ce que? what?; **~ c'est?** what is this?

qu'est-ce qui? what?; fam. who?

question [kɛstjɔ̃] f question; **... en ~** ... in question, ... involved; **mettre en ~** doubt; **~naire** m questionnaire; form; **~ner** question.

quêt|e f quest; collection (in church, etc.); **~er** seek for; make a collection.

queue [kø] f tail; end; billiards: cue; mil. stem, stalk; **à la ~ leu leu** in file; **en ~** in the rear; **faire la ~** queue up; Am. line up.

qui who, whom, which, that; **à ~ est-ce?** whose is it?

quiche [kiʃ] f **(lorraine)** pastry filled with cheese, beaten eggs, diced ham, etc.

quiconque [kikɔ̃:k] whoever; whosoever; whomever; whomsoever.

quiétude f quietness.

quille[1] [ki:j] f ninepin; skittle.

quille[2] f mar. keel.

quincaill|er m ironmonger; **~erie** [kɛ̃kajri] f ironmongery, hardware; hardware store (or shop).

quinine f quinine.

quintal m hundredweight.

quinte [kɛ̃t] f fit (of coughing); mus. fifth; fig. sudden whim.

quintessence [kɛ̃tesɑ̃:s] f quintessence; fig. essential part.

qui-vive [kivi:v] m: **être sur le ~** be on the alert.

quinteux moody, crotchety, fretful.

quintuple quintuple, fivefold.

quinzaine [kɛ̃zɛn] f about fifteen; a. fortnight.

quinze [kɛ̃:z] fifteen; **~ jours** m/pl. fortnight.

quinzième fifteenth.

quittance [kitɑ̃:s] f receipt; discharge; **donner ~** give a receipt.

quitt|e clear, rid, quit (of debts); **nous sommes ~es** we are even; **~e à** at the risk of; **~er** leave; **ne ~ez pas!** telephone: hold the line!; **se ~er** part.

quoi [kwa] what, which; that;

~! what!; ~ **donc!** what then!; **à ~ bon** what for, for what; **avoir** ~ *fig.* be comfortably off; **de ~** whereof; of which; **pas de ~!** don't mention it!; ~ **qu'il arrive** whatever may happen; ~ **qu'il en soit** at any rate; **sans ~** or else; **sur ~** whereupon.

quoique [kwakə] though, although.

quote-part *f* share, quota.

quotidien [kɔtidjɛ̃] *m* daily paper; *adj.* daily, everyday, quotidian.

quotité *f* part, share.

R

rabâcher repeat, rehash, harp on.

rabais [rabɛ] *m* discount, reduction, cut.

rabaisser reduce; disparage; humble.

rabatt|re turn down, lower; beat down; flatten; deduct (**de** from *price*); **se ~re sur** fall back upon; **~u** turned down, *etc.*

râblé strong, sturdy.

rabot [rabo] *m* plane; **~er** plane, smooth; **~eux** rough, uneven; knotty.

rabougri stunted; skimpy.

racaille *f* rabble, riff-raff.

raccommoder mend, darn.

raccord *m* joining; **~ement** *m* connection; *ch.d.f.* junction; **~er** connect.

raccourci *m* road, *etc.*: short cut; *book, etc.*: abridgement, digest; **... en ~** a summary of ...; **~r** shorten.

raccrocher hang up again; *fam.* recover; retrieve; *télé.* ring off; **se ~ à** cling to; hang on to.

race [ras] *f* race; tribe; breed; **de ~** pedigreed, pure-bred.

rachat [raʃa] *m* repurchase; redemption.

racheter [raʃte] buy back; redeem; make up for.

racine [rasin] *f* root; *fig.* origin; beginning; **prendre ~** take root.

racler scrape, rake; **se ~ la gorge** clear one's throat.

raconter relate, tell.

rade [rad] *f mar.* roadstead.

radeau [rado] *m* raft, float.

radi|aire radiate; **~ateur** *m* radiator (*a. auto*); *élec.* heater; **~ation** [radjasjɔ̃] *f* radiation; **~er** efface, cross out; **~eux** radiant; *fig.* beaming (with joy).

radio [radjo] *f* radio, wireless (set); X-ray photograph; **~-diffusion** *f* broadcasting (station); **~graphie** *f* X-ray (photograph); **~graphier** X-ray; **se faire ~graphier** have o.s. X-rayed.

radis *m bot.* radish.

radoucir soften, appease; pacify; mollify.

rafale [rafal] *f* gust, squall.

raffermir strengthen; harden; secure.

raffin|age *m* sugar: refining; *oil:* distilling; **~ement** *m* refinement; polish; subtleness; **~é** refined, subtle; shrewd; **~er** refine; **~erie** [rafinri] *f* refinery.

raffoler de be wild about; dote upon.

rafraîch|ir refresh, cool; freshen up; **~issement** *m* cooling; refreshment.

rag|e [ra:ʒ] *f* hydrophobia; frenzy, fury; rage, intensive suffering; **~e de dents** violent toothache; **~er** *fam.* rage, fume; **~eur** *m* ill-tempered person.

ragoût [ragu] *m cuis.* stew; **peu ~ant** disgusting.

raid|e [rɛd] stiff; inflexible; steep; rigid; *fig.* unyielding; *fam.* exaggerated; **~eur** *f* stiffness; steepness; *fig.* inflexibility; tenacity.

raidir stiffen; **se ~** get stiff; **~ contre** resist, offer resistance to.

raie [rɛ] *f* line, streak; *hair:* parting.

raifort [rɛfɔ:r] *m* horseradish.

rail [ra:j] *m* rail.

raill|er [raje] make fun of, laugh at; **~erie** *f* joking, jest, banter.

raisin [rɛzɛ̃] *m* grape; **~s** *pl.* **secs** raisins *pl.*

raison [rɛzɔ̃] *f* reason; sense; cause; motive; *dr.* claim; **~ sociale** *com.* firm (name); **avoir ~** be right; **à plus forte ~** so much the more; **avoir ~ de** get the better of; **en ~ de** in consideration of; **donner ~ à** decide in favo(u)r of; **~nable** reasonable, fair; judicious; sensible; *price:* moderate; **~nement** *m* reasoning, argument; **~ner** argue; reason (with).

rajeunir [raʒœni:r] rejuvenate.

rajouter add (again); **en ~** exaggerate, overdo.

rajuster readjust; put to rights; *fig.* reconcile.

ralent|i [ralɑ̃ti] *m* slow motion; **au ~i** at a slow pace (*or* rate); *adj.* slow(er); **~ir** slacken; slow down.

rallier [ralje] rally; rejoin; **se ~** rally.

rallonger lengthen.

rallumer relight, rekindle; **se ~** *fig.* break out again.

ramass|age *m* collection; **~er** pick up; gather, collect; **se ~** roll o.s. up; crouch; pick o.s. up.

rame [ram] *f* oar.

rameau *m* bough; **dimanche** *m* **des ~x** Palm Sunday.

ramener bring back, take home; *fig.* restore.

ram|er row; **~eur** *m* rower; oarsman; **~eux** branchy; **~ification** *f* ramification;

subdivision; **se ~ifier** ramify.

ramollir soften; *fig.* enervate; **se ~** get soft; *fig.* relent.

ramoneur *m* chimney-sweep.

rampant [rɑ̃pɑ̃] creeping; *fig.* cringing, servile.

rampe [rɑ̃:p] *f* flight of stairs *pl.*; banisters *pl.*, rail; incline, slope; *thé.* footlights *pl.*

ramper creep, crawl; *fig.* grovel, cringe.

ramure *f* branches *pl.*; antlers *pl.*

rance [rɑ̃:s] rancid.

rancir get rancid.

rancœur [rɑ̃kœ:r] *f* ranco(u)r.

rançon [rɑ̃sɔ̃] *f* ransom.

rancune *f* grudge; spite.

randonnée *f* excursion, trip, outing.

rang [rɑ̃] *m* rank; row; order; **de premier ~** first-class; **~ social** social status.

rangée [rɑ̃ʒe] *f* row, line.

ranger [rɑ̃ʒe] range; class; set in order, put away; arrange; **se ~** stand aside; place o.s.; get out of the way; *fig.* reform.

ranimer revive; rouse.

rapace rapacious; greedy.

râp|e *f* rasp, grater; **~é** grated; threadbare, shabby; **~er** grate, rasp.

rapid|e [rapid] *m* rapid; *ch. d. f.* fast train, *Am.* express train; *adj.* rapid, swift, speedy; fast; **~ité** *f* rapidity, speed.

rapiécer [rapjese] mend, patch.

rappel *m* recall; revocation; roll-call; **~ à l'ordre** *parl.* call to order; **~er** [raple] call back; recall, remind; muster (*courage*); **~er à la vie** restore to life; **se ~er qc.** remember s.th.

rapport [rapɔ:r] *m* produce, yield; revenues *pl.*; report; account; **par ~ à** in comparison with; **~er** bring back; bring in; produce; yield; be profitable, pay; report; cancel; **se ~er à** refer to; correspond to; tally; **s'en ~er à** rely upon; **~eur** *m* reporter; stenographer; *fam.* telltale, informer.

rapprochement [raprɔʃmɑ̃] *m* reconciliation relation; comparison.

rapprocher bring together; **~ de** bring close to; **se ~** approach; come near (**de** to); *fig.* get reconciled.

rapt *m* kidnapping.

raquette *f sport* racket.

rar|e scarce, rare; unusual, uncommon; few; *hair:* thin; **se ~éfier** become scarce; **~ement** [rarmɑ̃] seldom; **~eté** [rarte] *f* rarity; scarceness.

ras [rɑ] short-haired; close-shaven; smooth; open; flat; even; level; **à ~ de** level with; **à ~ bords** to the brim; **faire table ~e** make a clean sweep; **en avoir ~ le bol** *fam.* be fed up with it.

ras|er [raze] shave; pull down (*edifice*); pass close to, graze, skim; *fam.* bore; **se ~er** shave; **~eur** *m fam.* bore; **~oir** *m* (**de sûreté**) (safety) razor.

rassasier satisfy, satiate.

rassembler reassemble; collect; unite; **se ~** meet, assemble.

rasséréner calm; reassure; **se ~** *weather*, *etc.*; clear up.

rassis *bread:* stale; *fig.* settled, calm; unmoved.

rassurer reassure, encourage; **se ~** stop worrying.

rat [ra] *m* rat; **~ de bibliothèque** bookworm.

ratatiner: se ~ shrivel (up).

ratatouille [ratatuj] *f* vegetable stew, Mediterranean style.

rate [rat] *f* spleen.

raté [rate] *m* failure; **~ d'allumage** *auto* misfire; *adj.* miscarried, ineffectual; unsuccessful; missed.

rât|eau *m* [rɑto] rake; **~eler** [rɑtle] rake; **~elier** [ratəlje] *m* set of false teeth.

rater fail; misfire; bungle; miss (*train*, *etc.*); be unsuccessful; *fig.* fail to obtain.

ratifier ratify.

ration [rasjɔ̃] *f* ration, allowance; share; **~aliser** rationalize; **~nel** rational; **~ner** ration.

ratisser rake; scrape.

rattacher tie (*or* fasten) (again); **se ~ à** be attached

(*or* connected) to.

rattraper catch (*or* take) again; catch up with; overtake; make up for; **se ~** make up for loss, *etc.*; **se ~ à** catch hold of.

rature *f* erasure; **~r** cross out (*word*); efface; cancel.

rauque [ro:k] hoarse.

ravag|e [rava:ʒ] *m* ravage, havoc; **~er** devastate, ravage.

ravaler swallow; *fig.* keep back (*anger*, *etc.*).

ravauder mend, darn, patch.

rave [ra:v] *f bot.* turnip.

ravin [ravɛ̃] *m* ravine; gully.

ravir ravish, carry off; *fig.* charm, delight; enrapture.

raviser: se ~ change one's mind.

raviss|ant ravishing, charming; **~eur** *m* kidnapper.

ravitaill|ement *m* supplying; provisioning; refuel(l)ing; **~er** supply (**en** with), provision; refuel.

raviver revive, rouse.

ray|é striped; **~er** stripe, streak; cross out; **~on** [rɛjɔ̃] *m* ray, beam (*of light*, *etc.*); department; shelf; **~ure** *f* streak, stripe; erasure.

raz [rɑ] *m*; **~ de marée** spring tide.

réaction *f* reaction; **~ en chaîne** chain reaction; **avion** *m* **à ~** jet(-propelled) plane.

réalis|able practicable, feasible; **~ation** [realizasjɔ̃] *f* realization; fulfilment; **~er** realize, carry out; *com.* convert into (ready) money; **se ~er** come true; **~me** *m* realism; **~te** *m* realist.

réalité [realite] *f* reality; **en ~** really, actually.

rebell|e *m* rebel; *adj.* rebellious; **~er** revolt, rebel; **~ion** *f* rebellion, revolt.

rebond *m* rebound, bounce; **~ir** rebound, bounce; start again.

rebord [rəbɔːr] *m* brim, edge; border.

rebours [rəbuːr] *m:* **à ~** the wrong way, against the grain; **compte** *m* **à ~** countdown.

rebrousser brush up (*hair*); **~ chemin** retrace one's steps.

rébus [reby:s] *m* puzzle.

rebut [rəby] *m* scrap, reject; rubbish, garbage; **au ~** on the scrap-heap; **~er** put off, dishearten; **se ~er** be discouraged.

récapitulation *f* recapitulation; summing up.

recel|er conceal; harbo(u)r; receive (and hide) stolen goods; **~eur** *m* receiver of stolen goods.

récemment recently.

récent [resã] recent, new, fresh.

récépissé *m* receipt; acknowledgment.

récept|acle *m* receptacle, container; **~eur** *m* receiver; *adj.* receiving.

réception [resepsjɔ̃] *f* reception; welcome; receipt; *hotel:* reception desk (*or* office); **accuser ~ de** acknowledge receipt of; **~niste** *m* receptionist.

recette [rəsɛt] *f* receipts *pl.*, returns *pl.*, takings *pl.*; taxcollector's office; *cuis.* recipe.

recev|able receivable, admissible; **~eur** *m* taxcollector; *bus, etc.:* conductor.

recevoir [rəsəvwaːr] receive, get, accept; entertain; welcome; admit; take.

rechange [rəʃɑ̃:ʒ] **... de ~** spare ...; **vêtements** *m/pl.* **de ~** change of clothes.

recharger [rəʃarʒe] recharge.

réchaud *m* dish-warmer; **~ à gaz** gas-ring; **~ à alcool** spirit-stove; **~ électrique** hot-plate.

réchauffer warm (up); *fig.* revive.

recherch|e [rəʃɛrʃ] *f* search, pursuit; inquiry; **~é** sought after, much in demand; *fig.* studied, affected; **~er** search (for), seek; investigate.

récif *m* reef.

récipient [resipjã] *m* container, vessel.

récit [resi] *m* narrative, report; account; **~al** [resital] *m* recital; **~er** recite.

réclamation *f* claim; complaint, protest; **bureau** *m* **des ~s** claims department, *Am.* adjustment bureau.

réclame [reklam] f advertisement, advertising; **~ lumineuse** illuminated sign; **faire de la ~** advertise; **~r** claim, need, call for; complain, protest.

réclusion f reclusion; seclusion; solitary confinement.

récolte f crop, harvest; fig. profits pl.; **~r** reap, gather (in), harvest.

recommander recommend, enjoin; register (letter).

recommencer recommence, begin again.

récompense [rekɔ̃pɑ̃s] f reward; **~r** recompense, reward.

réconcilier reconcile.

reconduire [rəkɔ̃dɥiːr] lead back; see s.o. home; show out (visitor).

reconnaiss|ance [rəkɔnɛsɑ̃ːs] f gratitude; recognition; acknowledgment; mil. reconnoit(e)ring; exploration; **~ant** grateful, thankful.

reconnaître [rəkɔnɛtr] recognize; identify; mil. reconnoitre; investigate; acknowledge.

reconstituer reorganize, restore, reconstruct.

record [rəkɔːr] m sport, etc.: record; **détenir le ~** hold the record; **~man** m sport record holder.

recourber bend (back).

recourir à have recourse to, resort to.

recours [rəkuːr] m **à** recourse

to; **avoir ~ à** resort to.

recouvrer recover, regain.

recouvrir cover (up); fig. a. mask.

récréation [rekreasjɔ̃] f amusement; school: break.

récrier: se ~ cry out.

récriminer complain; **~ contre** criticize sharply.

recru|e f mil. recruit; **~ter** recruit, enlist.

rectang|le [rɛktɑ̃gl] m rectangle; adj. right-angled; **~ulaire** rectangular.

recti|fier rectify; set right; straighten; correct; **~tude** f uprightness, straightness; correctness.

reçu [rəsy] m receipt; **au ~ de** on receipt of; adj. received, admitted; **être ~ à** pass (exam).

recueil [rəkœːj] m collection; **~lir** gather; reap; fig. collect; **~lir des renseignements sur** gather information about.

recul [rəkyl] m recoil; distance; **~é** remote, distant; **~er** draw (or move) back; retreat; put back; postpone; **à ~ons** backwards.

récupérer [rekypere] recover; recuperate (losses).

récurer clean, scour.

rédacteur m writer; editor; **~ en chef** chief editor.

reddition f surrender.

redevable: être ~ de qc. à q. owe s.th. to s.o., be indebted to s.o. for s.th.

redevenir become again.

rédiger [rediʒe] draw up.

redire retell; divulge; **trouver à** ~ find fault (with).

redoutable [redutabl] formidable; dreadful.

redress|ement m reparation, redress; ~er straighten; put up again; set right; **se ~er** straighten (up).

réduction [redyksjɔ̃] f reduction, cut(s pl.), cutting down, decrease.

réduire [reduiːr] reduce (**en, à** to); decrease, cut down.

réduit [redui] m retreat; corner; hovel; adj. reduced.

rééducation f rehabilitation; ~ **professionnelle** retraining.

réel real, actual.

référ|ence [referɑ̃ːs] f reference; **se ~er à** resort to, rely on; **en ~er à** leave the decision to; confide in.

réfléchir [refleʃiːr] reflect; think, consider; ~ **à** (or **sur**) think over.

réflecteur m reflector.

reflet [rəflɛ] m reflection; reflected light.

réflexion [reflɛksjɔ̃] f reflection; thought; **toute ~ faite** all things considered.

reflux [rəfly] m ebb.

réforme f reform; amendment; ~r reform, rectify.

refouler [rəfule] drive back; repel; hold back, contain.

refréner restrain, check.

réfrigér|ateur m refrigerator; ~er refrigerate, cool.

refroidi: ~ **par l'air** air-cooled; ~r [rəfrwadiːr] cool, chill; ~ssement m cooling, chill; méd. cold.

refuge [rəfyːʒ] m refuge; retreat; shelter.

réfug|ié m refugee; displaced person; **se ~ier** take refuge.

refus [rəfy] m refusal; ~er refuse.

réfuter refute, disprove.

regagner [rəgaɲe] regain; return to.

régaler treat, entertain.

regard [rəgaːr] m look, glance; consideration; concern; fig. eyes pl.; **en ~** facing; ~**ant** thrifty, stingy; ~**er** look at; **ça me ~e!** fig. that is my own business!

régates [regat] f/pl. regatta, boatraces pl.

régime [reʒim] m form of government; system; diet.

région [reʒjɔ̃] f region.

régi|r govern, rule; ~**sseur** m thé. stage manager.

règle f rule; ruler; **en ~** in order; **de ~** usual.

réglé regular; steady.

règlement m regulation, rule; com. settlement.

réglementaire in conformity with regulations.

régler regulate, settle; put in order; settle up, pay.

régner reign, rule; fig. dominate.

regret [rəgrɛ] m regret; **à ~** reluctantly; ~**table** regrettable; ~**ter** regret; be sorry (for); miss.

régularité f regularity; punctuality; steadiness.

régulier [regylje] regular; exact.

réhabiliter rehabilitate.

rehausser [rəose] raise, enhance; set off.

rein [rɛ̃] m kidney.

reine [rɛn] f queen.

réitérer repeat; reiterate.

rejaillir [rəʒaji:r] gush out; spurt; be reflected.

rejet|er [rəʒte] reject; throw back; cast off; dr. disallow; **~on** [rəʒtɔ̃] m offspring; shoot, sprig.

rejoindre [rəʒwɛ̃:dr] rejoin; catch up with; **se ~** meet.

réjou|ir [reʒwi:r] gladden; divert; delight; **se ~ir (de)** be happy (to); be glad (to, of); **~issance** f rejoicing; merry-making.

relâch|e m interruption; break; thé. closing; **~ement** m slackening, relaxing; **~er** set free; relax; loosen; **se ~er** get slack, abate.

relater relate, state.

relatif à referring to.

relation [rəlasjɔ̃] f narrative; connection, relation; **~s** pl. **publiques** public relations pl.; **être en ~ avec** be in touch with.

relayer [rəleje] relieve; **se ~** take turns.

reléguer [rəlege] relegate.

relève f relief.

relevé m statement, summary; adj. raised, erect; dish, etc: spicy, hot.

relèvement m lifting, raising; rising; statement.

relever [rəlve] set up; pick up; turn up; hold up; revive; enhance; season; collect (mail); improve; remove; point out; relieve (shift, sentry); **~ de** belong to, fall under; **se ~** recover (de from); get up again.

relief [rəljɛf] m relief.

relier bind (books); connect; fig. unite, join.

religion [rəliʒjɔ̃] f religion.

reliure f books: binding.

relui|re [rəlɥi:r] shine, glitter; **~sant** shiny.

remanier alter, change, remodel.

remarqu|able remarkable, outstanding; **~e** f observation; remark; **~er** notice; remark; observe; **se faire ~er** make o.s. felt; attract attention.

rembourrer [rãbure] pad, stuff.

rembours|ement m reimbursement, refund, repayment; **contre ~ement** cash on delivery, C.O.D.; **~er** reimburse, refund, repay.

remède m remedy.

remédier à remedy.

remerci|ements [rəmɛrsimã] m/pl. thanks pl.; **~er** thank (de for); **je vous ~** thank you very much.

remettre [rəmɛtr] put back, replace; put on again; put off, postpone; restore; reinstate; hand (over); deliver; entrust; **~ à neuf** redecorate, renovate; **se ~** recover (**de** from); **se ~ à** recommence; **s'en ~ à** rely on.

remise f money: remittance; delivery; delay; postponement; discount; shed; garage; **~ en état** repair.

remonte-pente m skilift.

remonter get up again, climb again; ascend; wind up (clock); restock; fig. cheer up.

remontrance [rəmɔ̃trɑ̃:s] f remonstrance.

remords [rəmɔ:r] m remorse, compunction.

remorque [rəmɔrk] f towing; auto trailer; **~ de camping** caravan; **prendre en ~** take in tow; **se ~** tow; tug.

rémoulade f cuis. sharp sauce.

remous [rəmu] m eddy; mar. backwater; fig. movement; turmoil.

remplaçant m substitute; deputy.

remplacer replace, take the place of, deputize for.

rempl|ir fill (up, in, out); perform (duty); fulfil; **~issage** m filling.

remporter carry (or take) back; win (prize, etc.).

remue-ménage m stir, bustle, rush.

remuer [rəmɥe] stir, move;

dig up; fig. touch, affect.

rémunér|ation [remyne-rasjɔ̃] f payment, remuneration; **~er** remunerate, reward.

renâcler à shirk, balk at.

renaître [rənɛtr] revive; reappear.

renard m fox.

renchérir prices: rise; **~ sur** outdo.

rencontre [rɑ̃kɔ̃:tr] m meeting; encounter; **~r** meet (with); encounter; run into, come across; **se ~r** meet (each other); be met with; be found.

rendement [rɑ̃dmɑ̃] m produce; yield; output.

rendez-vous [rɑ̃devu] m place of meeting; date, appointment.

rendre [rɑ̃dr] give back (or up or out); repay; bring in; yield; produce; vomit; translate; make; render; **~ visite à** call on; **se ~** surrender; **se ~ à** go to; **se ~ compte de** be aware of, realize.

rendurcir make harder.

rêne f rein.

renfermer contain, include.

renfler swell, bulge.

renforcer strengthen; reinforce; intensify.

renfort m strengthening.

rengorger: se ~ put on airs.

renier deny; disown.

renifler sniff; snuffle.

renne [rɛn] m reindeer.

renom [rənɔ̃] *m* renown; **~mée** *f* reputation; fame; **~mer** rename; reappoint.

renoncer à renounce; give up; swear off; waive.

renouvel|er renovate, renew; regenerate; **~lement** *m* renewal; increase.

rénovation [renɔvasjɔ̃] *f* renovation, renewal.

renseigne|ment *m* information; intelligence; **prendre des ~ments sur** inquire about; **bureau** *m* **de ~ments** inquiry office; **~r** give information; **se ~r** inquire (*sur* about).

rente [rɑ̃ːt] *f* income, rent; annuity.

rentrée *f* return; *school, etc.:* reopening.

rentrer re-enter; come in; come home, go home; re-open; bring in, take in; pull in; **~ dans** run into, collide with.

renvers|ement *m* reversing; overturning; upsetting; confusion; **~er** throw down; knock down (*or* over); turn upside down, upset; spill (*liquid*); *fig.* amaze, stupefy, flabbergast.

renvoi [rɑ̃vwa] *m* return; dismissal; reference.

renvoyer [rɑ̃vwaje] send back; dismiss, fire; adjourn; **~ à** refer *s.o.* to.

repaire *m* haunt, den.

répandre spread; pour, spill; shed; exhale; **se ~** spread; circulate.

répandu widespread; well-known.

réparable reparable.

répar|ation [reparasjɔ̃] *f* repair; *fig.* amends *pl.*; **~er** repair, mend, fix; make up for.

répart|ir distribute; share out; **~ition** *f* allotment; distribution.

repas [rəpa] *m* meal.

repass|age *m* pressing, ironing; **sans ~age** *shirt:* wash and wear; **~er** call again; pass again; iron, press; sharpen; think (*or* go) over.

repentir **~ (de)** regret; repent (of); *m* repentance; remorse; penitence.

répercussion *f* repercussion.

repère *m* guide mark; landmark.

repérer locate, spot; **se ~** find one's way.

répertoire [repɛrtwaːr] *m* index; repertory; *thé.* stock.

répéter repeat; rehearse.

répit *m* respite.

replacer replace; reinvest.

repli *m* fold, plait; coil; winding; **~er** fold (*or* coil) up, turn back (*a.* **se ~er**).

répliquer reply, retort.

répondre [repɔ̃dr] answer, reply; **~ à** reply to; answer; respond to; **~ à une lettre** answer a letter; **~ de** be responsible for.

réponse *f* answer, reply.

report|age [rəpɔrtaːʒ] *m* reporting, report, coverage;

~er [rǝpɔrtɛ:r] *m* reporter.

repos [rǝpo] *m* rest; repose; **~ant** restful.

reposer [rǝpoze] put back, replace; rest; **se ~** rest (up); **se ~ sur** confide in.

repoussant disgusting; **~er** drive back; repulse; reject, decline; postpone; grow again.

reprendre [rǝprɑ̃:dr] retake; get back; resume; reprove; begin again; go on (with), continue.

représailles *f/pl.* reprisals *pl.*; retaliations *pl.*

représent|ant *m* agent; representative; **~atif** representative; **~ation** [rǝprezɑ̃tasjɔ̃] *f* production; representation; *thé.* performance; **~er** represent; show, perform.

réprimand|e *f* reproach; **~er** reprimand; admonish.

réprimer repress.

reprise *f* resumption; revival; darning, mending; trade-in; **à plusieurs ~s** repeatedly; **~r** darn.

réprobation [rǝprɔbasjɔ̃] *f* reproval, censure.

reproche [rǝprɔʃ] *f* reproach, blame; **~r qc. à q.** reproach s.o. with s.th.

reproduction [rǝprɔdyksjɔ̃] *f* reproduction, copy.

reproduire [rǝprɔdɥi:r] reproduce; **se ~** happen again.

républi|cain *m, adj.* republican; **~que** [repybli:k] *f* republic.

répulsion [repylsjɔ̃] *f* repulsion; disgust.

réputation [repytasjɔ̃] *f* reputation.

requérir ask, claim; require.

requête *f* request, petition.

requin *m* shark.

requis [rǝki] required; necessary.

réseau [rezo] *m* net; network.

réservation [rezɛrvasjɔ̃] *f* reservation, booking.

réserve *f* reserve; caution; **sans ~** unreservedly; **~r** reserve, keep, save; book (*seats*).

réservoir [rezɛrvwa:r] *m* tank; reservoir; **~ d'essence** petrol (*Am.* gas) tank.

résid|ence [rezidɑ̃:s] *f* residence; **~ent** [rezidɑ̃] *m, adj.* resident; **~er** reside, dwell.

résidu *m* residue; remnant.

résigner [rezine]: **se ~ à** resign o.s. to.

résilier cancel.

résin|e *f* resin; **~eux** resinous.

résist|ance [rezistɑ̃:s] *f* resistance; **la ~ance** French resistance movement; **~er à** resist, withstand; endure.

résolu resolute, resolved; **~tion** *f* resolution.

résonner resound, echo.

résoudre [rezudr] resolve; dissolve; solve, settle (*question*).

respect [rɛspɛ] *m* respect; **~able** respectable; **~er** respect; show consideration for; **~if** respective.

respectueux respectful.

respir|ation [respirasjɔ̃] f respiration, breathing; **~er** breathe.

resplendir shine brightly; be resplendent.

responsab|ilité [rɛspɔ̃sabilite] f responsibility, liability; **~le** responsible, liable (**de** for).

ressac [rəsak] m mar. surf.

ressaisir [rəsezi:r] seize again; **se ~** regain self-control, recover.

ressembl|ance [rəsɑ̃blɑ̃:s] f resemblance, similarity, likeness; **~ant** similar (a. **se ~**); **~er à** be like, resemble; **se ~er** resemble each other.

ressemeler [rəsəmle] resole (shoes).

ressent|iment [rəsɑ̃timɑ̃] m resentment, grudge; **~ir** feel; experience; resent.

resserrer [rəsɛre] tighten; contract; narrow (a. **se ~**).

ressort [rəsɔ:r] m watch, etc.: spring; resilience; dr. resort, department.

ressortir go out again; follow, result; fig. stand out; **faire ~** set off; **~ à** dr. be dependent on.

ressource [rəsurs] f resource, means, expedient.

restant [rɛstɑ̃] m remainder, rest; adj. remaining.

restaur|ant [rɛstɔrɑ̃] m restaurant; **~ation** f restoration; **~er** restore, repair; revive.

reste m remainder, rest; **de ~** left over, to spare; **du ~, au**

~ besides.

rester [rɛste] remain, be left, stay, stop.

restitu|er restore, give back; **~tion** f restitution; restoration.

restreindre [rɛstrɛ̃:dr] restrict, limit; **se ~ à** restrict (or confine) o.s. to.

restriction [rɛstriksjɔ̃] f restriction; reserve.

résult|at m outcome; result; **~er** follow, result (**de** from).

résumé m summary; **en ~** in a nutshell.

rétablir restore, reinstate; **se ~** recover.

retard [rəta:r] m delay; slowness; **être en ~** be late; be slow; be in arrears; **~er** delay; put back (watch); be late; be slow.

retenir [rətni:r] hold back; retain; detain; hire, engage; keep back; **se ~** restrain o.s.

retent|ir resound, ring; **~issant** loud, ringing.

reten|u [rətny] detained; booked; reserved, modest; discreet; money: deduction; restraint; discretion; detention.

réticence [retisɑ̃:s] f reticence; concealment.

retir|é isolated; secluded; retired; **~er** withdraw; take (or draw) back; take out; take off; remove; **se ~er** retire, retreat.

retouche f retouching, touching up; **~r** retouch, touch up.

retour [rǝtu:r] *m* return; **billet** *m* **de** ~ return ticket; **match** ~ return match; **être de** ~ be back; **par** ~ **du courrier** by return of post.

retourner [rǝturne] turn (over *or* inside out); turn out; send back; return; **se** ~ turn round.

retrait *m* withdrawal; **~e** *f* retreat; retirement; **prendre sa** ~ retire; **~er** pension off.

retrancher retrench; cut off; subtract; excise.

rétrécir make (*or* get) narrower; take in; **se** ~ shrink.

rétrograde retrograde.

retrouver recover; **se** ~ meet again.

rétro(viseur) *m* rear-view mirror.

réun|ion [reynjɔ̃] *f* meeting; collection; **~ir** unite; assemble; collect; **se ~ir** meet.

réussi successful, well-done; **~r** be successful, thrive; bring off; **~r à** succeed in; **~te** *f* success; result.

revanche [rǝvã:ʃ] *f* revenge, retaliation; **en** ~ in return.

rêve *m* dream; **faire un** ~ (have a) dream.

réveil *m* awakening; *fig.* disillusionment; (*a.* **~le-matin** *m*) alarm-clock; **~ler** awake, arouse; **se ~ler** wake up.

révél|ation [revelasjɔ̃] *f* revelation; disclosure; **~er** reveal; disclose; **se ~er** show, appear; prove, turn out to be.

revenant [rǝvnã] *m* ghost.

revendeur *m* retailer; second-hand dealer.

revendi|cation [rǝvãdikasjɔ̃] *f* claim, demand; **~quer** claim.

revendre [rǝvã:dr] sell again.

revenir [rǝvni:r] come back; return; reappear; please; **~ à** amount to; cost; **~ de** get over (*surprise, etc.*).

revenu [rǝvny] *m* income, revenue.

rêver dream; rave.

réverbère *m* street-lamp.

révérer revere, hono(u)r.

rêverie *f* daydream.

revers [rǝve:r] *m* reverse; wrong side; back; lapel; *fig.* setback.

revêt|ement [rǝvetmã] *m* clothing; coat(ing); **~ir** cover, clothe; coat, line; put on; assume.

rêveur *m* dreamer.

revient [rǝvjɛ̃] *m*: **prix** *m* **de** ~ cost price.

revirement *m* sudden change; about-face.

revis|er revise; examine; overhaul (*car*); **~ion** *f* revision; review; overhaul.

révoc|able revocable; **~ation** *f* revocation.

revoici [rǝvwasi], **revoilà** [rǝvwala]: **me** ~ ! here I am again!

revoir [rǝvwa:r] revise; see (or look over) again; **au** ~! good-bye!

révol|te revolt, rebellion; **se**

~ter revolt, rebel; ~ution f
revolution; rotation.

révoquer revoke; *dr.* repeal.

revue [rəvy] f review; *thé.*
revue.

rez-de-chaussée [redʃose] m
ground floor, *Am.* first floor.

rhubarbe f *bot.* rhubarb.

rhum [rɔm] m rum.

rhumatisme m *méd.* rheu-
matism.

rhume [rym] m *méd.* cold; ~
des foins hay fever.

ricaner sneer, grin, giggle.

rich|e [riʃ] m rich man; *adj.*
rich, wealthy; ~esse f riches
pl.; richness.

ricin m: huile f de ~ castor
oil.

ricoche|r, ~t m rebound,
ricochet.

ride [rid] f wrinkle.

rideau [rido] m curtain; ~
de fer Iron Curtain.

rider wrinkle, ruffle.

ridicul|e [ridikyl] m ridicule;
adj. ridiculous; absurd;
~iser ridicule, deride.

rien [rjɛ̃] m trifle; nothing;
pron. anything; (ne) ~ nothing; ~ du tout nothing at all;
pour ~ for nothing; de ~
don't mention it.

rieur m laugher; *adj.* laughing; mocking.

rigid|e [riʒid] rigid, stiff; *fig.*
severe; ~ité f rigidity; *fig.*
severity.

rigol|e f furrow; trench; ridge;
~er make ridges; *fam.*
laugh; ~o *fam.* jolly, funny.

rigoureux severe, strict;

harsh, hard.

rigueur [rigœ:r] f rigo(u)r,
severity; à la ~ at a pinch; de
~ obligatory, required.

rillettes [rijet] f/pl. *cuis.*
minced meat baked in fat.

rincer [rɛ̃se] f rinse.

ripost|e f riposte; repartee;
~er retort.

rire m laughter; laugh; *v.*
laugh (de at); ~ de *a.* make
fun of; ~ aux éclats (*or*
éclater de ~) burst out
laughing.

ris [ri] m *cuis.* sweetbread.

risqu|e m risk, danger; à ses
~es et périls *com.* at one's
own risk; ~é risky; ~er risk;
venture; ~e-tout m dare-
devil.

rivage m shore, beach.

rival [rival] m rival, com-
petitor.

rive f riverbank.

river river.

riverain m resident.

rivet [rive] m rivet, clamp;
~er rivet.

rivière f river.

riz [ri] m rice.

robe [rɔb] f dress; gown,
frock; ~ de chambre
dressing-gown.

robinet [rɔbinɛ] m tap,
faucet.

robuste [rɔbyst] strong, sturdy.

roch|e f rock, boulder; stone;
~er m high, steep rock, cliff;
~eux rocky.

rodage [rɔdaːʒ] m: en ~ *auto*

running in.

roder run in, break in (*motor, etc.*).

rôder rove, ramble; prowl.

rogner [rɔɲe] clip, pare.

rognon [rɔɲɔ̃] *m cuis.* kidney.

rogue [rɔg] haughty, arrogant.

roi [rwa] *m* king.

rôle *m* roll, list; scroll; *thé.* part; **à tour de ~** in turns.

roman [rɔmɑ̃] *m* novel; *fig.* romance; **~ policier** detective story.

romand: la Suisse ~e French-speaking Switzerland.

romanti|que [rɔmɑ̃tik] romantic; **~sme** *m* romanticism.

rompre [rɔ̃pr] break (up, off); interrupt; **à tout ~** furious(ly).

rompu broken; worn out.

rond *m* round, ring, circle; *adj.* round; plump; *sum:* even; *fam.* tipsy.

ronde *f* round; rounds *pl.*; **à la ~** around.

rondelet [rɔ̃dlɛ] roundish; *sum:* tidy.

rond-point *m* roundabout, traffic circle.

ronfl|ant snoring; *fig.* high-sounding, bombastic; **~ement** *m* snoring; roaring; **~er** snore; snort; hum.

rong|er [rɔ̃ʒe] gnaw, nibble; corrode; **~eur** *m zo.* rodent; *adj.* gnawing.

ronronner purr.

rosaire *m* rosary.

rosbif *m* roast beef.

rose [ro:z] *f* rose; *adj.* pink, rosy.

rosé [roze] *m* light red wine.

roseau [rozo] *m* reed.

rosée *f* dew.

rosier *m* rose-tree.

rosse *f* old hag; *adj.* rude, nasty.

rossignol [rɔsiɲɔl] *m* nightingale; *fam.* picklock; unsaleable article.

rôti [roti] *m* roast meat; **~ de ...** roast ...; **~r** roast, toast.

rôtisserie [rotisri] *f* grillroom.

rouage *m* wheels *pl.*, works *pl.*

roue [ru] *f* wheel.

roué *m* crafty (person).

rou|elle *f* round slice; little wheel; **~er de coups** thrash, beat up.

rouge [ru:ʒ] *m* rouge, red colo(u)r; **~ à lèvres** lipstick; *adj.* red; **~âtre** [ruʒɑ:tr] reddish; **~ole** *f méd.* measles *pl.*

rougeur *f* redness; blush.

rougir blush, get red.

rouille [ruj] *f* rust; *bot.* blight.

rouillé [ruje] rusty.

rouleau *m* roll; roller; coil; rolling-pin; **au bout de son ~** at one's wits' end.

roulement *m* **à billes** ball-bearing.

rouler [rule] roll, turn (over); run, travel; roam; *fam.* cheat, do (down).

roulette *f* roulette, castor;

patin *m* à ~s roller-skate.

roumain *adj.*, ≥ *m* Romanian.

Roumanie *f* Romania.

roupill|er *fam.* doze; ~on *m fam.* snooze.

roussâtre russet.

rousseur *f* redness; taches *f/pl.* de ~ freckles *pl.*

roussi *m* smell of burning.

rout|e [rut] *f* road; route; en ~e on the way; ~ier *m* long-distance lorry driver, *Am.* long haul truck driver; **ré-seau** *m* ~ier system of roads; carte *f* ~ière road map.

routine [rutin] *f* routine; habit.

rouvrir open again.

roux (rousse) [ru, rus] red; red-haired.

royaume [rwajo:m] *m* kingdom; realm.

ruban *m* ribbon.

rubis [rybi] *m* ruby.

ruche *f* beehive; ruffle.

rud|e [ryd] rough; coarse; harsh; difficult; formidable; ~esse *f* roughness; rudeness;

harshness.

rudiments [rydimã] *m/pl.* rudiments *pl.*

rue [ry] *f* street; ~ barrée! no thoroughfare!

ruée *f* run, rush; attack.

ruelle *f* lane, alley.

ruer: se ~ sur rush upon.

rugir roar; bellow.

ruine [rɥin] *f* ruin; downfall; ~r ruin, destroy.

ruisseau [rɥiso] *m* small stream, brook; gutter.

ruisseler [rɥisle] stream; trickle, run; ~ de drip (with).

rumeur *f* uproar, noise; hum; rumo(u)r.

rupture [rypty:r] *f* rupture; breach; breaking off.

rus|e *f* trick, artifice; ~é cunning, crafty.

russe *adj.*, ≥ *m* Russian.

Russie *f* Russia.

rustique rustic; rural.

rustre *m* bumpkin; churl; *adj.* boorish.

rythm|e [ritm] *m* rhythm; au ~e at the rate of; ~ique [ritmik] rhythmical.

S

sa his, her, its, one's.

S.A. (*short for:* société ano-nyme) limited company, ltd.

sabl|e [sa:bl] *m* sand, gravel; ~é *m cuis.* shortbread (cookie); ~er sand; swig (*champagne*); ~ière *f* sand-pit.

sabot *m* clog; wooden shoe; hoof; skid; ~age *m* sabotage.

~er mess up; scamp; sabotage.

sabre *m* sword.

sac [sak] *m* bag; sack; ~ à dos rucksack; ~ (à main) handbag, purse; ~ de couchage sleeping-bag; ~ de voyage travel(l)ing case, grip.

saccad|e *f* jerk, jolt; par ~es

by jerks; **~é** jerky.
saccager plunder, ransack;
deprecate.
saccharine [sakarin] *f*
saccharin.
saccoche *f* (money-)bag; tool
bag, tool kit.
sachet [saʃɛ] *m* small (paper)
bag.
sacr|é holy, sacred; *fam.*
damned, bloody; **~ement** *m*
sacrament; (*or*) consecrate;
crown; *fam.* swear.
sacri|fier sacrifice; **~lège** *m*
sacrilege; *adj.* sacrilegious;
~stain *m* sexton; **~stie** *f*
vestry.
sagac|e [sagas] clever,
shrewd; sagacious; **~ité** *f*
sagacity, shrewdness.
sage [sa:ʒ] *m* wise man; *adj.*
wise; modest; well-
behaved; **~-femme** *f* (**~s-
femmes** *pl.*) midwife.
sagesse *f* wisdom, prudence;
good behavio(u)r.
saign|ant [sɛɲɑ̃] bleeding;
cuis. underdone, rare; **~ée** *f*
blood-letting; *fig.* loss, drain;
~er bleed; drain.
saill|ant projecting, protrud-
ing; outstanding; **~ie** *f* start,
spurt; *fig.* witticism; **~ir**
[saji:r] stick out; project;
start; gush; spurt.
sain [sɛ̃] healthy; sound;
wholesome; **~ et sauf** safe
and sound.
saindoux *m* lard.
saint *m* saint; *adj.* holy,
sacred, saint; **~eté** *f* holiness;

sanctity; **~-siège** *m* Holy
(Apostolic) See.
saisie *f* seizure (*a. dr.*).
saisir seize; grasp; compre-
hend; get hold (of); understand; lay hold on; **chercher
à ~** snatch at.
saisiss|ant impressive; start-
ling; thrilling; **~ement** *m*
chill; *fig.* emotion, shock.
saison [sɛzɔ̃] *f* season; **de ~**
seasonable, opportune; **hors
de ~** out of place; off season.
salade [salad] *f* salad;
jumble; **~s** *pl.* stories *pl.*, lies
pl.
salaire [salɛ:r] *m* wages *pl.*;
pay; reward.
salari|at *m* salary and wage
earning class; **~é** salaried.
salaud [salo] *m fam.* son of a
bitch.
sale [sal] dirty, soiled; filthy,
foul.
salé [sale] *m* salt pork; *adj.*
salted; *fam.* price, *etc.*: steep;
story: risqué.
saler salt; pickle.
saleté *f* dirtiness; dirt, filth;
dirty thing (*or* trick);
obscenity.
salière *f* salt-cellar.
salin [salɛ̃] saline, briny; **~e** *f* salt-
mine.
salir dirty, soil.
salive *f* saliva, spittle.
salle *f* hall; large room; *thé.*
house; **~ à manger** dining-
room; **~ d'attente** waiting-
room.
salon [salɔ̃] *m* drawing- (*or*

living-) room; exhibition; show; **~ de beauté** beauty parlo(u)r; **~ de thé** tea-room, tea-shop.

salope *f pop.* slattern.

salopette *f* overalls *pl.*

salubr|e healthy, salubrious; **~ité** *f* **publique** public health.

saluer [salɥe] salute; greet; say 'hello' to.

salut [saly] *m* safety; salvation; bow, greeting; **~!** *fam.* hello!; see you!; **~ public** public (*or* common) weal; **~aire** salutary; **~ation** *f* greeting, salutation.

samedi [samdi] *m* Saturday.

sanctifier sanctify, hallow.

sanction [sɑ̃ksjɔ̃] *f* sanction; penalty; approval.

sandwich [sɑ̃dwitʃ] *m* sandwich.

sang [sɑ̃] *m* blood.

sang-froid *m* composure; **garder son ~** keep one's cool.

sanglant bleeding, bloody.

sangl|e *f* strap; girth; **~er** strap together; lace (up).

sanglot *m* sob; **~er** sob.

sanguin [sɑ̃gɛ̃]: **groupe** *m* **~** blood-group; **vaisseau** *m* **~** blood-vessel.

sanitaire sanitary; hygienic.

sans [sɑ̃] without; unless; but for; **~cœur** heartless (person); **~gêne** *m* free and easy behavio(u)r.

santé *f* health; **maison** *f* **de ~** private nursing home.

sap|er sap, undermine; **~eur-pompier** *m* fireman.

saphir *m* sapphire.

sapin *m* fir (tree).

sarcasme *m* sarcasm.

sarcler weed.

sardine *f* sardine; **~s** *pl.* **à l'huile** sardines *pl.* in olive oil.

sardonique sardonic.

satiété [sasjete] *f* satiety; repletion; **à ~** to satiety.

satin [satɛ̃] *m* satin; **~é** satiny, smooth; **~ette** *f* sateen.

satis|faction [satisfaksjɔ̃] *f* satisfaction, contentment; **~faire** satisfy, please; gratify; **~faire à** fulfil (*duty*); meet (*condition, etc.*); **~fait** satisfied, pleased, content.

saturer saturate.

sauc|e [so:s] *f cuis.* sauce; **~ière** *f* sauce-boat.

sauciss|e [sosis] *f* (uncooked) sausage; **~on** *m* (ready-to-eat) sausage.

sauf¹ except (for), excepting.

sauf² (**sauve** *f*) safe, unhurt; **~-conduit** *m* (**~-conduits** *pl.*) safe conduct.

saugrenu [sogrəny] queer, absurd.

saule [so:l] *m bot.* willow; **~ pleureur** weeping willow.

saumon *m* salmon.

saumure *f* brine, pickle.

saupoudrer de (*or* **avec**) sprinkle with.

saur [sɔ:r] cured, smoked; **hareng** *m* **~** red herring.

saut [so] *m* jump, leap, vault; **~**

à la perche pole-vault(-ing); **~ d'obstacles** hurdles *pl.*; **~ en hauteur (en longueur)** high (long) jump.

sauter leap; jump; skip; blow, explode; **faire ~** blow up; *cuis.* fry quickly; **~ aux yeux** be obvious.

sauterelle [sotrɛl] *f* grasshopper.

sauterie *f fam.* knees-up, hop.

sautiller hop, skip.

sauvag|e [sova:ʒ] *m* savage, unsociable person; *adj.* savage, wild; shy; rude; untamed; **~erie** *f* savagery, wildness.

sauvegarde *f* safeguard; protection.

sauver save, rescue; *fig.* keep up (*appearances*).

sauvetage [sovta:ʒ] *m* rescue; *mar.* salvage; **bateau** *m* **de ~** lifeboat; **ceinture** *f* **de ~** lifebelt.

sauveur *m* deliverer; ≥ Savio(u)r.

savant *m* scholar; scientist; learned person; *adj.* learned; scholarly.

saveur *f* taste, flavo(u)r; **sans ~** tasteless, insipid.

savoir [savwa:r] *m* knowledge, learning; *v.* know; know how to; be able to; find out; **faire ~** let know; **à ~** namely; **~faire** *m* skill; know-how; **~vivre** *m* (good) manners *pl.*

savon [savɔ̃] *m* soap; *fig. fam.* dressing-down; **à b..rbe**

shaving-soap; **~ner** soap, lather.

savour|er [savure] relish, enjoy; **~eux** tasty, savo(u)ry.

scabreux rough; *fig.* difficult; shocking.

scandaliser scandalize; **se ~ de** be shocked at.

scaphandrier *m* (deep-sea) diver.

scarlatine *f méd.* scarlatina, scarlet fever.

sceau [so] *m* seal, stamp.

scélérat *m* scoundrel.

scell|é *m dr.* seal; **~er** seal; stamp; seal hermetically.

scène [sɛn] *f* scene; stage; scenery; **mettre en ~** stage.

sciatique *f méd.* sciatica.

scie [si] *f* saw; *zo.* sawfish; *fam.* bore, nuisance; **~ à chantourner** fret-saw; **~ circulaire** circular saw.

sciemment [sjamɑ̃] knowingly, willingly.

science [sjã:s] *f* science, knowledge, learning.

scientifique scientific.

scier saw; **~ie** *f* sawmill.

scinder divide, sever.

scintiller [sɛ̃tije] scintillate, twinkle.

scission *f* division, split.

sciure *f* sawdust.

scolaire: année *f* **~** school year.

scrupul|e [skrypyl] *m* scruple, doubt; qualms *pl.*; **avoir trop de ~es** be over-scrupulous; **sans ~es** unscrupulous(ly); **~eux** scrupulous; precise.

scrut|er [skʁyte] examine (closely); scrutinize; **~in** m ballot, vote, voting.

sculpt|er [skylte] sculpture, carve; **~eur** m sculptor; **~ure** [skylty:r] f sculpture.

se himself; herself; itself; themselves; one another, each other.

séance f sitting, meeting, session; **~ plénière** full session; **~ tenante** immediately, on the spot.

séant adj. proper, seemly; m: **se dresser** (or **mettre**) **sur son ~** sit up, start up.

seau [so] m bucket, pail.

sec (**sèche**) dry; lean; hard; dried up, dried out; stale; sharp; cold; unfeeling; **être à ~** be dried up; fig. be broke; **perte f sèche** dead loss; **coup m ~** sharp stroke.

sèche f pop. fag, cigarette.

sécher dry (up or out); wither; **~esse** [seʁɛs] f dryness; drought.

séchoir m (hair) dryer.

second [səgɔ̃] m second; second floor, Am. third floor; adj. second, other; inferior; **en ~ lieu** in the second place; **sans ~** matchless.

secondaire [səgɔ̃dɛ:r] secondary.

seconde [səgɔ̃:d] f second; second class; **~r** back, support, second.

secouer shake (off); agitate.

secours [səku:r] m help,

assistance; relief; **au ~!** help!; **roue f de ~** auto spare wheel; **sortie f de ~** emergency exit; **premiers ~** pl. first aid.

secousse f shake; shock; jolt.

secret [səkʁɛ] m secret; secrecy; adj. secret; furtive, stealthy; **en ~** confidentially, in secret.

secrét|aire m, f secretary; m writing-desk; **~ariat** m secretariat.

secte f sect.

secteur [sɛktœ:r] m sector; area, district; field (of activity), domain.

section [sɛksjɔ̃] f section; **~ner** divide into sections.

sécul|aire secular, a century old; **~ier** secular, worldly.

sécurité f security, safety.

sédatif m, adj. sedative.

sédentaire sedentary; person: stay-at-home.

sédiment m sediment.

séduction f seduction; seductiveness, charm.

séduire [sedɥi:r] seduce; charm.

séduisant tempting; charming.

seigle [sɛgl] m bot. rye.

seigneur m lord; landed proprietor; **le ⚡ God.**

sein [sɛ̃] m bosom; breast; fig. womb; heart, midst.

seize [sɛz] sixteen; **~ième** sixteenth.

séjour [seʒu:r] m abode, stay, dwelling; **~ner** stay, remain, sojourn.

sel *m* salt.

sélect|if *if radio* selective; **~ion** *f* selection; choice; **~ionner** select; choose.

sell|e *f* saddle; **aller à la ~e** go to the lavatory; **~er** saddle; **~erie** *f* saddler's trade; saddle and harness.

selon [salɔ̃] according to; **c'est ~** that depends; **~ que** according as.

Seltz: eau *f* **de ~** seltzer water.

semailles *f/pl.* sowing; seed.

semaine [səmɛn] *f* week; **jour** *m* **de ~** weekday; **en ~** during the week.

sémaphore *m* semaphore, signal-post.

semblable *m* like, similar; **mes ~s** *pl.* my equals *pl.*; **nos ~s** *pl.* our fellow-creatures *pl.*; *adj.* like, alike; similar; such.

sembl|ant [sɑ̃blɑ̃] *m* appearance, pretence; **faire ~ant** make believe; **faux ~ant** pretence; **~er** appear, seem; **il me ~e** it seems to me, I think.

semelle *f shoes:* sole.

semence *f* seed.

semer sow; scatter; spread about, propagate; *fam.* get rid of, shake off.

semestre [səmɛstr] *m* half-year; semester, term.

séminaire *m* seminary.

semi|-produit *m* semi-finished product; **~remorque** *f* semi-trailer.

semonce *f* rebuke; admonishment.

sénat *m* senate; **~eur** *m* senator.

sénile senile.

sens [sɑ̃:s] *m* sense; meaning; opinion, direction; interpretation; judgment; sentiment; *pl.* sensuality; **~ artistique** artistic taste; **le bon ~** common sense; **(rue** *f* **à) ~ unique** one-way street; **~ interdit!** no entry!; **~ dessus dessous** upside down, topsyturvy.

sensation [sɑ̃sasjɔ̃] *f* feeling; sensation; **~nel** sensational.

sens|é reasonable, sensible; **~ible** sensitive; obvious; lively; acute; perceptible, noticeable; **être ~ible à** feel, be susceptible to; appreciate.

sensitif sensitive, sensory.

sensualité *f* sensuality.

sentence [sɑ̃tɑ̃:s] *f* sentence; maxim.

sentier [sɑ̃tje] *m* trail, path; **~ pour piétons** footpath.

sentiment [sɑ̃timɑ̃] *m* feeling; sensation; sense; opinion; **~al** [sɑ̃timɑ̃tal] sentimental.

sentir [sɑ̃ti:r] feel; sense; appreciate; **~ qc.** smell of, reek of; **~ bon** smell good; **~ mauvais** smell (bad), stink; **se ~** feel.

seoir [swa:r] sit; suit, be becoming.

sépar|able separable; distinguishable; **~ation** *f* séparation; **~é** asunder; **~ément** separately; apart; **~er** separate; sever; **se ~er** divide; part.

sept [sɛt] seven.

septembre [sɛptɑ̃:br] *m* September.

septentrional northern.

septicémie *f* blood-poisoning.

septième [sɛtjɛm] seventh.

sépulcre *m* sepulchre.

séquelle *f* after-effects *pl.*

séquence [sekɑ̃:s] *f* sequence, run.

séquestrer isolate, shut up.

serein [sɔrɛ̃] serene, calm.

sérénité *f* calmness; serenity.

série *f* series; succession; sequence; **production *f* en ~** mass production; **hors ~** outsize; *fig.* extraordinary.

sérieux *m* seriousness; **prendre au ~** take seriously; *adj.* serious; important; earnest, reliable.

serin [sɔrɛ̃] *m* canary; *pop.* fool, sap.

seringue [sɔrɛ̃g] *f* syringe.

serment *m* oath.

sermon [sɛrmɔ̃] *m* sermon; *fam.* lecture.

serpent [sɛrpɑ̃] *m* snake, serpent; **~er** meander, wind.

serre [sɛr] *f* greenhouse; **chaude** hothouse; **~s** *pl.* claws *pl.*

serré [sɛre] *adj.* close, dense; tight; *adv.* (*play*) cautiously.

serrement *m* pressing, squeezing; **~ de main** handshake; **~ de cœur** *fig.* pang.

serre-papiers *m* paperweight.

serrer [sɛre] press, squeeze; tighten; grip; shake (*hands*); clench (*teeth*); keep close to, hug; **se ~** tighten; close up; crowd.

serre-tête *m* kerchief; headband; crash-helmet.

serrur|e *f* lock; **~e de sûreté** safety-lock; **trou *m* de ~** keyhole; **~ier** *m* locksmith.

sérum [serɔm] *m* serum.

serveuse *f* waitress.

serviable [sɛrvjabl] helpful, obliging.

service [sɛrvis] *m* service; duty; favo(u)r; attendance; office; **être de ~** be on duty; **hors de ~** out of order; **rendre ~** be useful; **rendre (un) ~** do a favo(u)r; **~ compris** charge included; **~ après-vente** after-sales service; **~ de dépannage** towing- (*Am.* wrecker) service; **~ de navette** shuttle service; **~ d'étage** room service; **~ (militaire) obligatoire** compulsory (military) service; **~ (de table)** dinner service; **~ divin** divine service.

serviette *f* serviette, napkin; towel; brief-case; **~ de bain** bath towel; **~ de table** napkin; **~ hygiénique** sanitary towel.

servile servile, menial.

servir serve; help; wait on; be useful; be used; ~ **à** be good for, be used for; ~ **de** serve as; se ~ *at table*: help o.s.; ~ **de** use, make use of; employ.

serviteur *m* servant.

ses (*pl. of* **son** *and* **sa**) his, her, its; one's.

session [sɛsjɔ̃] *f* session, sitting; period of sitting.

seuil [sœ:j] *m* sill, threshold.

seul [sœl] alone, single; only; by oneself; mere, bare; ~**ement** only, merely; but.

sève *f* sap; juice.

sévère severe, harsh; austere; stern; correct.

sevrer wean.

sexe [sɛks] *m* sex; **le beau ~** the fair sex.

shampooing [ʃɑ̃pwɛ̃] *m* shampoo.

si *cj.* if; whether, *adv.* yes; so, so much; ~ **bien que** so that.

sidéré *fam.* flabbergasted.

siècle [sjɛkl] *m* century.

siège [sjɛ:ʒ] *m* seat, bench; *mil.* siege.

siéger sit, be located.

sien (sienne) [sjɛ̃,sjɛn] *m* (*f*) his (her) property, his (her) possession; ~**s** *pl.* one's own people; *adj. poss.* his (her) own; *pron. poss.* his, hers, its.

siffler whistle; hiss; sizzle; *fam.* swig (*drink*).

sifflet *m* whistle; hiss; (**coup m de**) ~ *sound*: whistle.

signal [siɲal] *m* signal, sign; ~ **de l'heure** *radio* time-signal;

~**ement** *m* person: description; ~**er** signal; point out; describe.

signat|aire *m* signer, subscriber; ~**ure** [siɲaty:r] *f* signature.

sign|e [siɲ] *m* sign, mark; token; ~**er** sign.

signifi|cation [siɲifikasjɔ̃] *f* meaning, significance; import, signification; ~**er** signify, mean; notify; imply.

silence [silɑ̃:s] *m* stillness; silence; secrecy; pause; *mus.* rest; **passer sous ~** pass over in silence; ~**ieux** *m auto* silencer, *Am.* muffler; *adj.* silent.

sillage *m mar.* wake.

sillon *m* furrow; wake; path, trail; groove; ~**ner** furrow; groove.

similaire similar, analogous.

similitude *f* likeness, resemblance, similarity.

simpl|e [sɛ̃:pl] simple; single; plain, ordinary; simple-minded; ~**e soldat** *m* private; ~**ement** simply; ~**icité** *f* simplicity; simpleness; ~**ifier** simplify.

simul|ateur *m* pretender; simulator; ~**er** feign, simulate, sham.

simultané simultaneous; coincident.

sincère [sɛ̃sɛ:r] sincere, genuine; candid; open.

sing|e [sɛ̃ʒ] *m* monkey; imitator; ~**er** ape, imitate.

singulier [sɛ̃gylje] *m* singular,

particular; peculiar; queer; strange.

sinistre *m* disaster; *adj.* sinister, evil; ominous; menacing; threatening.

sinistré *m* victim (of a disaster).

sinon except, unless; if not; (or) else; otherwise.

sinueux sinuous, winding; wavy.

siphon [sifɔ̃] *m* siphon; ~ **d'eau de Seltz** soda-water siphon.

sirène *f* (**à vapeur**) fog-horn.

sirop *m* sirup, syrup.

siroter *fam.* sip.

site *m* site, spot, location.

sitôt so soon; ~ **que** as soon as.

situation [situɑsjɔ̃] *f* situation; site, position, place; job.

situé [situe] situated.

ski *m* ski; ~**er, faire du** ~ ski; ~**s** *pl.* **nautiques** water skis *pl.*; ~**eur** *m* skier.

slip *m* trunks *pl.*, *Am.* shorts *pl.*; ~ **de bain** bathing trunks *pl.*

smoking [smɔkiŋ] *m* dinner-jacket; *Am.* tuxedo.

S.N.C.F. (*short for:* **Société Nationale des Chemins de fer Français**) French National Railways.

sobre sober, abstemious; temperate; frugal; restrained.

sobriquet *m* nickname.

sociable [sɔsjabl] sociable, companionable.

social [sɔsjal] social; **raison** *f*

~**e** *com.* name of firm; ~**iser** socialize; ~**isme** *m* socialism; ~**iste** *adj.* socialist(ic); *m* socialist.

sociétaire *m* shareholder; partner; member.

société [sɔsjete] *f* society, company; partnership; fellowship; community; ~ **anonyme** (*or* **par actions**) joint-stock company, *Am.* corporation; ~ **coopérative** co-operative society.

socle *m arch.* pedestal, socle.

sœur [sœːr] *f* sister.

soi [swa] oneself; itself; **être chez** ~ be at home; ~-**disant** so-called, self-styled; ~-**même** oneself.

soie [swa] *f* silk.

soif [swaf] *f* thirst (*a. fig.*); **avoir** ~ be thirsty.

soigné carefully done; well cared for, well groomed; tidy; **rhume** *m* ~ *fam.* very bad cold.

soign|er [swaɲe] take care of, look after; treat with care; nurse; **se** ~**er** take care of o.s.; ~**eux** careful, mindful; attentive.

soin [swɛ̃] *m* care, attention, attendance; **avoir** (*or* **prendre**) ~ **de** *or* **que** take care that, see (to it) that, be sure that; **avec** ~ carefully; **manque** *m* **de** ~ carelessness; ~**s** *pl.* **de beauté** beauty treatment; **premiers** ~**s** *pl.* first aid; ~**s** *pl.* **médicaux** medical care.

soir [swaːr] *m* evening, afternoon; **ce ~** tonight; **~ée** *f* evening; evening party.

soit be it so! agreed! well and good! namely; **tant ~ peu** ever so little.

soixante [swasãːt] sixty; **~ dix** seventy.

sol *m* ground, soil.

solaire solar; **cadran** *m* ~ sun-dial; **huile** *f* ~ suntan oil.

soldat *m* soldier.

solde[1] *f soldier*: pay.

solde[2] *m com.* balance; **en ~** at reduced prices; **~s** *pl.* clearance sale.

solder pay, pay off; settle; liquidate, sell off.

sole [sɔl] *f fish*: sole.

soleil [sɔlɛj] *m* sun, sunshine; **il fait (du) ~** the sun is shining; **coup** *m* **de ~** sunburn; sunstroke.

solenn|el [sɔlanɛl] solemn; **~ité** *f* solemnity.

solid|e [sɔlid] solid; strong; substantial; stable; solvent; reliable; *colour*: fast; **~ité** *f* solidity; firmness; *com.* solvency.

solitaire *m* hermit; *adj.* lonely; solitary.

solitude [sɔlityd] *f* solitude; wilderness; loneliness; desert.

sollicit|er [sɔllisite] request; apply for; canvass; *fig.* attract; **~eur** *m* solicitor; canvasser; **~ude** *f* solicitude; anxiety; care.

solstice *m:* ~ **d'été** summer solstice; ~ **d'hiver** winter solstice.

solu|ble solvable; soluble; **~tion** [sɔlysjɔ̃] *f* solution; solving.

sommaire *m* abstract; summary; summary; *adj.* brief, cursory; concise.

somme[1] *f* sum; amount; **~ globale** lump sum; **~ toute, en ~** in short; after all.

somme[2] *m* (short) sleep.

sommeil [sɔmɛj] *m* sleep, sleepiness; **avoir ~** be sleepy; **~ler** doze, drowse, slumber.

sommelier *m* wine-waiter.

sommer summon; call upon; sum up.

sommet *m* summit; top; peak; *head:* crown.

sommier *m com.* ledger; ~ **élastique** spring mattress.

somnifère *m* sleeping-pill.

somnolent [sɔmnɔlã] somnolent, sleepy, drowsy.

somptu|eux sumptuous; **~osité** *f* sumptuousness.

son[1] [sɔ̃] *m* sound, noise.

son[2] his, her, its, one's.

son[3] *m* bran; **taches** *f/pl.* **de ~** freckles *pl.*

sondage *m* sounding; boring; **~ d'opinion** opinion poll.

sond|e [sɔ̃ːd] *f* sounding-lead; *méd.* probe; **~er** fathom, bore; *méd.* probe; *fig.* sound (*person*).

song|e *m* dream; *fig.* illusion; **~er** dream; imagine, think; **~erie** *f* daydream; reverie; **~eur** *m* dreamer; *adj.* dreamy.

sonnant resounding; ringing;

à midi ~ on the stroke of twelve; **espèces** f/pl. **~es** hard cash; ready money.

sonn|er ring, toll; strike; tinkle; **~erie** f ringing; peal (or set) of bells; tolling; **~ette** f bell; doorbell; **serpent** m à **~ettes** rattle-snake.

sorc|ellerie [sɔrsɛlri] f witchcraft; magic; **~ier** m wizard, sorcerer.

sordide sordid, filthy, dirty; fig. mean.

sort [sɔːr] m fate, destiny; lot; **tirer au ~** draw lots.

sorte [sɔrt] f kind, manner; **toutes ~s** pl. de all kinds of; **en quelque ~** to some extent; in a certain way; **de ~ que** so that, so as.

sortie [sɔrti] f going out; way out, exit; excursion; com. sale, export; mil. sortie; **~ de bain** bathrobe.

sortir go out, come out (or from); leave; emerge; take out; pull out; bring out; **au ~ de ...** on leaving ...

sot m fool; adj (f **sotte**) foolish, silly; **~tise** f folly, nonsense; foolish behavio(u)r.

sou m small coin; **sans le ~** broke; **~s** pl. fam. money.

souche [suʃ] f tree: stump; stock, stem; origin; fig. **~ (de contrôle)** ticket: counterfoil, stub.

souci [susi] m care, worry; concern; **sans ~** carefree; **se ~er de** care (for or worry)

about; **~eux** anxious.

soucoupe f saucer.

soudage m soldering.

soudain [sudɛ̃] sudden, unexpected; **~ement** suddenly, all of a sudden.

soude f soda.

souder solder; weld.

souffle m breath(ing); expiration; fig. inspiration.

souffler breathe, blow, whisper; pant; thé. prompt.

soufflet m bellows pl.; box on the ears; insult.

souffrance [sufrɑ̃:s] f suffering, pain.

souffr|ant suffering, ailing; injured; **~ir** suffer, endure; stand; tolerate.

soufre m sulphur.

souhait [swɛ] m wish; **à ~** according to one's wishes; **~able** desirable; **~er** wish (for).

souillé [suje] dirty, soiled.

souill|er [suje] soil, stain; taint; **~ure** f dirt, stain.

soûl [su] drunk; glutted; **se ~er** get drunk.

soulag|ement m relief, comfort; **~er** lighten, relieve; alleviate.

soulèvement m rising; heaving; revolt; **~ de cœur** sickly feeling.

soulever [sulve] lift; raise; stir up; rousé; **se ~** revolt.

soulier m shoe.

souligner underline; emphasize, stress.

soumettre subdue; subject;

se ~ **à** submit to.

soumis submissive; dutiful.

soumission [sumisjɔ̃] f submission; obedience; *com.* tender; **~ner** present; tender (*contract*).

soupape f valve, plug; ~ **de sûreté** safety-valve.

soupçon [supsɔ̃] m suspicion; bit, small quantity; **~ner** suspect; **~neux** suspicious, distrustful.

soupe f soup.

souper [supe] m supper; *v.* have supper; sup.

soupir [supi:r] m sigh, breath; *mus.* rest.

soupirer sigh; gasp; ~ **après** long for.

souple [supl] supple; pliant; yielding; flexible; **~sse** f flexibility; pliancy; compliance; versatility.

source [surs] f spring, source; origin.

sourcil [sursi] m eyebrow.

sourd [su:r] m deaf person; *adj.* deaf; muffled; dull; **~-muet** m deaf and dumb person.

sourdre spring (*or* gush) forth; *fig.* arise.

souriant smiling.

souricière f mousetrap; *fig.* trap, snare.

sourire [suri:r] m smile; *v.* smile; ~ **à** please; *fig.* favo(u)r.

souris f mouse (*pl.* mice).

sournois sly, cunning.

sous [su] under, below, beneath; ~ **bande** under wrapper (*or* cover); ~ **la main** at hand.

sous|cription [suskripsjɔ̃] f subscription; signature; **~crire** sign, subscribe; **~crire à** assent to; **~estimer** underestimate, underrate; **~-locataire** m subtenant; **~-main** m blotting-pad; **~-marin** m submarine; *adj.* underwater; **~signé** m, *adj.* undersigned; **~-sol** m basement; subsoil; **~-titre** m subtitle.

soustraire subtract; take away; abstract.

soutenir [sutni:r] sustain, support, hold up; maintain; affirm; bear, endure; keep up; ~ **une famille** support a family.

soutenu steady, constant; unremitting; *fig.* lofty.

souterrain [suterɛ̃] m underground passage; *adj.* underground.

soutien [sutjɛ̃] m support; supporter; prop; **~-gorge** m brassière, bra.

souvenir [suvni:r] m memory; remembrance; souvenir, keepsake; v. **se** ~ **de** remember; **faire** ~ **de** remind of; **il me souvient** I remember.

souvent [suvɑ̃] often, frequently.

souverain [suvrɛ̃] m, *adj.* sovereign.

soviet m soviet.

soyeux silky, silken.

spacieux spacious, ample, roomy.

sparadrap [sparadra] m adhesive tape.

spasme m *méd.* spasm.

spécial [spesjal] special; particular; ~ement especially, specially; ~isé specialized; se ~iser specialize (dans in); ~iste m specialist; ~ité f special(i)ty.

spécimen [spesimεn] m specimen, sample.

spectacle [spεktakl] m sight; show; *thé.* play; (industrie f or monde m du) ~ show business; aller au ~ go to the theatre; donner en ~ exhibit.

spectateur m spectator; onlooker; ~s *pl.* audience.

spectre m ghost, phantom; apparition; spectrum.

sphère [sfεr] f sphere.

spirale [spiral] f spiral; helix; en ~ winding.

spiritu|el religious, spiritual; witty; ~eux m/pl. spirits *pl.; adj.* alcoholic.

splend|eur [splɑ̃dœːr] f splendo(u)r; brilliancy; ~ide splendid.

spontané spontaneous.

sport [spɔːr] m (sport/s *pl.*); faire du ~ go in for sports; ~ nautique aquatic sports *pl.;* les ~s games *pl.;* ~if m sportsman; *adj.* sporting.

spumeux foamy; frothy.

square [skwaːr] m small public square (with trees and flowers).

squelette m skeleton.

stabili|sateur m stabilizer; ~ser stabilize; ~té f stability; durability.

stable [stabl] lasting, solid, stable; settled.

stade [stad] m stadium; *fig.* stage, period.

stage [staːʒ] m period of probation; stage; professional training.

stagnant [stagnɑ̃] stagnant; standing still.

stalle f stall; *thé.* stall.

stand [stɑ̃d] m stand; stall.

standard [stɑ̃daːr] m, adj. standard; ~iser standardize; ~iste m, f telephone operator.

station [stasjɔ̃] f station; position; (bus *etc.*) stop; ~ (de taxis) (taxi-)stand; ~ balnéaire seaside resort; ~ thermale spa; ~ centrale central electric station; ~naire stationary; ~nement [stasjɔnmɑ̃] m *auto* parking; ~ner station; park; ~-service f service station.

statistique f statistics *pl.*

statu|er decree, decide; ~er sur settle; ~t m statute; ~taire statutory.

sténo|dactylo f shorthand typist; ~graphe m, f stenographer; ~graphie f shorthand.

stéréo(phonie f) stereo(-phony).

stéril|e [steril] sterile, barren, unproductive; **~isé** sterilized; **~ité** *f* barrenness.

stimuler stimulate; excite; spur on; stir.

stipul|ation [stipylasjɔ̃] *f* stipulation; **~er** stipulate.

stock *m* stock; supply.

stop [stɔp] *m* red light; *auto* brake light; hitch-hiking.

stopp|age *m* invisible mending; **~er** stop, halt.

store [stɔːr] *m* roller blind; blind; awning.

strapontin [strapɔ̃tɛ̃] *m* folding-seat.

stratagème *m* stratagem; *fig.* artifice; trickery.

strict [strikt] strict, rigid.

strident [stridɑ̃] shrill, harsh, rasping.

studieux studious.

stupé|faction *f* stupefaction; bewilderment; consternation; **~fait** amazed, speechless, nonplussed; **~fiant** *m* narcotic, dope, drug; **~fier** amaze, dumbfound.

stup|eur *f* stupor, amazement; **~ide** stupid; foolish.

stylo *m* fountain-pen; **~ à bille** ball (point) pen.

suave [sɥaːv] sweet, soft, delicate; agreeable, bland.

subalterne *m, adj.* subordinate; inferior.

subdiviser [sybdivize] subdivide, split up.

subir endure, sustain; undergo, suffer.

subit sudden, unexpected.

subjuguer [sybʒyge] subdue; *fig.* conquer.

sublime [syblim] *m, adj.* sublime.

submer|ger submerge, flood, inundate; **~sion** *f* submersion; **mort** *f* **par ~sion** (death) by drowning.

subordonné *m, adj.* subordinate, inferior.

suborner suborn, corrupt.

subséquent [sybsekɑ̃] posterior, subsequent; ensuing.

subside [sypsid] *m* subsidy.

subsist|ance [sybzistɑ̃ːs] *f* subsistence; maintenance; **~ances** *pl.* provisions *pl.*, supplies *pl.*; **~er** exist, subsist; live (**de** on).

substan|ce [sypstɑ̃ːs] *f* substance; **en ~ce** in short; **~tiel** substantial, solid.

substituer [sypstitɥe] substitute (**à** for).

subterfuge [sypterfyːʒ] *m* shift, evasion, subterfuge.

subterrané [sypterane] subterranean; underground.

subtil subtle; acute, keen; fine, delicate; **~ité** *f* subtlety.

suburbain [sybyrbɛ̃] suburban; **colonie** *f* **~e** suburban settlement.

subvenir à provide for; meet (*expenses*).

subvention [sybvɑ̃sjɔ̃] *f* subsidy, grant; **~ner** subsidize.

subversion [sybversjɔ̃] *f* subversion; overthrow.

suc [syk] *m* juice.

succéder à succeed, follow;

replace.

succès [syksɛ] *m* success; **mauvais** ~ failure.

success|eur [syksɛsœ:r] *m* successor, heir; **~ion** *f* succession; inheritance; sequence.

succinct [syksɛ̃] succinct, concise; **~ement** briefly.

succomber succumb; die; yield (**à** to).

succulent [sykylɑ̃] succulent; juicy; tasty.

succursale *f* branch-office; chain store.

sucer suck.

sucr|e [syd] *m* sugar; **~é** sweet; sugary; **~er** sweeten; **~eries** *f/pl.* sweetmeats *pl.*, *Am.* candy.

sud [syd] *m* south.

Suède [sɥɛd] *f* Sweden.

suédois *adj.*, **≈** *m* Swedish.

suer perspire; sweat.

sueur [sɥœ:r] *f* sweat; perspiration.

suffire be sufficient, be enough; suffice; **se** ~ be self-sufficient.

suffisamment [syfizamɑ̃] sufficiently; **~ de ...** enough.

suffisan|ce [syfizɑ̃:s] *f* sufficiency; conceit; **à** (*or* **en**) **~ce** sufficient, enough, **~t** sufficient; enough; self-sufficient; necessary, required; conceited.

suffo|cation [syfɔkasjɔ̃] *f* choking; stifling; suffocation; **~quer** choke, stifle, suffocate.

suffrage [syfra:ʒ] *m* vote;

approval; ~ **féminin** female suffrage; ~ **universel** universal suffrage.

suggérer [sygʒere] suggest.

suggestion [sygʒɛstjɔ̃] *f* suggestion.

suicid|e *m* suicide; **se ~er** commit suicide.

suie [sɥi] *f* soot.

suinter [sɥɛ̃te] ooze, seep; drip.

Suisse *f* Switzerland; **≈** *adj.*, ~ *m* Swiss.

suite [sɥit] *f* continuation; sequel; consequence; series; coherence, consistency; suite; **de** ~ in succession, ... running; **par** ~ **de** because of, as a consequence of; **par la** ~ afterwards; **(tout) de** ~ at once, immediately, right away; **donner** ~ **à** carry out; **et ainsi de** ~ and so on, and so forth.

suivant *adj.* following; next; **au** ~! next please!; *prp.* according to; ~ **que** according as.

suivi continuous, coherent.

suivre [sɥi:vr] follow; attend (*course, etc.*); **à** ~ to be continued; **faire** ~ forward (*letter*).

sujet [syʒɛ] *m* subject; topic; reason; cause; motive; person, individual; **mauvais** ~ bad lot; **à ce** ~ in this connection; **au** ~ **de** about, concerning; *adj.*: ~ **à** subject to, liable to; ~ **à caution** rather doubtful.

sulfureux sulphurous.

super [sypɛr] super(...); m auto high-octane petrol (Am. gas).

superbe [sypɛrb] splendid, stately, superb.

supercherie [sypɛrʃəri] f deceit, fraud; trickery.

superfi|cie f surface, area; **~ciel** superficial.

superflu superfluous; unnecessary.

supéri|eur m superior; adj. superior; upper; higher; (on) top; **~orité** f superiority.

supermarché [sypɛrmarʃe] m supermarket.

superposer [sypɛrpoze] put on top of one another.

superstitieux [sypɛrstisjø] superstitious.

superstructure [sypɛrstrykty:r] f superstructure.

superviser supervise.

supplanter supplant; oust.

supplé|ant m substitute; adj. assistant; deputy; acting; **~er** [syplee] add; make up, fill; deputize for; **~er à** make up for; **~ment** [syplemɑ̃] m supplement; extra charge; ch. d. f. excess ticket; **~mentaire** supplementary; additional; **heures** f/pl. **~mentaires** overtime.

suppli|ce m torture; punishment; **~ier** torture.

supplique f petition.

support [sypɔ:r] m support; prop; **~able** bearable; **~er** support; bear, tolerate, stand (up to).

supposer suppose; imply; **à ~ que** supposing (that).

suppositoire m suppository.

suppression f suppression; abolition; removing; cutting down.

supprimer suppress; remove; do away with; cut down, lessen; cancel; leave out, skip; kill.

suppurant suppurating.

suppurer suppurate, discharge matter.

supputer calculate, evaluate.

suprématie [sypremasi] f supremacy.

suprêm|e [syprɛm] supreme; highest.

sur [sy:r] on, upon, above, concerning, by, about, towards.

sûr [sy:r] certain, sure; safe; secure; **à coup ~, pour ~** surely.

surabond|ance f superabundance; **~ant** superabundant; plentiful.

suralimentation f overfeeding.

suranné [syrane] antiquated; obsolete.

surcharge [syrʃarʒ] m overweight; excess weight; overcharge; surcharge; **~r** overload; overcharge.

surchauffer overheat.

surcroît [syrkrwa] m increase; **de ~, par ~** in addition, into the bargain.

surdité f deafness.

surélever raise; heighten.
surenchérir [syrɑ̃ʃeri:r] overbid.
surestimer overvalue.
sûreté [syrte] f safety, certainty; **la ⚓** the Criminal Investigation Department.
surexciter overexite.
surface [syrfas] f surface; area.
surfait overrated.
surgir [syrʒi:r] (a)rise, spring up; loom up.
surintendant m superintendent; overseer.
surmen|age m, **~er** overwork.
surmonter surmount; get over; overcome; be on top of.
surnaturel supernatural.
surnom [syrnɔ̃] m, **~mer** nickname.
surpasser surpass; tower above, outdo; rise above.
surpayer pay too much for.
surplomber overhang.
surplus [syrply] m remainder; **au ~** besides.
surprenant surprising.
surprendre [syrprɑ̃:dr] surprise; catch (unawares).
surpris [syrpri] surprised; **~e** [syrpri:z] f surprise; **~e-partie** f dancing party among young people.
surproduction f overproduction.
sursaut [syrso] m start; jump; **en ~** with a start.
sursis [syrsi] m respite, reprieve;

deferment.
surtaxe f surcharge; additional charge.
surtout [syrtu] above all, especially.
surveill|ance [syrvejɑ̃:s] f supervision, watch; observation; **~ant** m overseer, supervisor; **~er** superintend, watch over, supervise.
survenant coming (or entering) unexpectedly.
survenir occur; person: happen to come, drop in.
survente f overcharge.
survie [syrvi] f survival.
surviv|ance f survival; **~ant** m survivor; **~re** [syrvi:vr] (à) survive; outlive.
sus [sy(s)]: **en ~** in addition (**de** to).
susceptible susceptible; touchy; easily offended; **~ de** apt to; likely to.
susciter cause, stir up; rouse, kindle, instigate.
susdit [sysdi] above-said; aforesaid.
susmentionné [sysmɑ̃sjɔne] above-mentioned.
suspect [syspɛ] m suspect; adj. suspect; questionable.
suspendre [syspɑ̃:dr] hang (up); suspend; hold in abeyance; stop (payment).
suspendu suspended; hung up; **pont** m **~** suspension bridge.
suspens [syspɑ̃] : **en ~** in doubt; in suspense.
suspense [syspɛns] m

suspense.

suspension *f* suspension; *auto* springs *pl.*

suspicion [syspisjɔ̃] *f* suspicion.

suture *f* suture; join; **point** *m* de ~ stitch.

svelt|e slender; slim; **~esse** *f* slimness.

s.v.p. (*short for:* **s'il vous plaît**) please.

syllabe *f* syllable.

sympathie [sɛ̃pati] *f* sympathy.

sympathique, *fam.* **sympa** likeable, nice.

symptôme [sɛ̃ptom] *m* symptom.

synchroniser synchronize.

syndi|cat *m* syndicate; trade union; **se ~quer** join *or* form a trade union.

synthèse *f* synthesis.

systématique [sistematik] *f* systematic.

système [sistɛm] *m* system.

T

ta your.

tabac [taba] *m* tobacco; **bureau** *m* (*or* **débit** *m*) **de ~** tobacconist's, *Am.* cigar store.

table [tabl] *f* table; board; tablet; slab; index; **mettre la ~** set the table; **~ des matières** list of contents.

tableau [tablo] *m* picture, painting; scene; list; board; sight; catalogue; **~ de bord** *auto* dashboard; **~ de publicité** signboard, *Am.* billboard; **~ de distribution** *élec.* switchboard; **~ noir** blackboard.

tablette [tablɛt] *f* tablet; shelf; **~s** *pl.* writing-pad; notebook; **~ de chocolat** bar of chocolate.

tablier *m* apron; *bridge:* floor; **~ d'enfant** pinafore.

tache [taʃ] *f* stain; spot; *fig.* blemish; **sans ~** stainless;

undefiled, unblemished.

tâche [ta:ʃ] *f* task; **travail** *m* **à la ~** piece-work.

tacher stain; tarnish; blemish; **se ~** soil o.s.

tâcher **de** try to, endeavo(u)r to; **~on** *m* piece-worker.

tacheté [taʃte] freckled, spotted.

tacit|e tacit; implied; **~urne** taciturn.

tact [takt] *m* feeling, tact; touch; diplomacy.

tactique *f* tactics *pl.*; *adj.* tactical.

taie *f* pillowcase.

taillader [tajade] cut, slash; carve.

taille *f* cut, cutting; shape; trimming; *sword, etc.:* edge; waist; figure; height; size (*a.* of garments); **~crayon** *m* pencil-sharpener.

tailler [taje] cut, trim; sharpen; cut out.

tailleur [tɑjœːr] *m* tailor; cutter; tailored costume; **~ pour dames** ladies' tailor; **~ de pierres** stone-cutter.

taillis *m* coppice.

tain [tɛ̃] *m* tin foil.

taire [tɛːr] keep secret; hush up; not to tell; **se ~** fall silent; be quiet; **se ~ sur** (*or* **de**) not to speak about; **faire ~** silence; **tais-toi, taisez-vous!** be quiet, shut up!

talc [talk] *m* talcum powder.

talent [talɑ̃] *m* talent, capacity.

talion *m* retaliation.

talon [talɔ̃] *m* heel; sole; remainder; counterfoil; voucher; **~ner** pursue closely, tail, dog; urge, harass.

talus [taly] *m* slope, embankment.

tambour *m* drum; drummer.

tamis *m* sieve, strainer; **~er** sift; filter; screen; soften.

tampon *m* pad, plug; *ch.d.f.* buffer; **~nement** *m* plugging; shock; *ch.d.f.* collision; **~ner** run against *or* into, collide with; stamp; plug; stop; dab.

tandis que [tɑ̃diskə] while; whereas.

tangente [tɑ̃ʒɑ̃t] *f* tangent.

tangible [tɑ̃ʒibl] tangible.

tanière *f* den, lair, hole.

tann|er tan; dress; cure (*skins*); *fam.* get on *s.o.'s* nerves; **~eur** *m* tanner.

tant [tɑ̃] so (*or* as) much; so (*or* as) many; **en ~ que**

inasmuch as;' as, in the capacity of; **~ mieux (pis)** so much the better (the worse); **~ que** as long as; **~ soit peu** ever so little; **~ s'en faut** far from it.

tante [tɑ̃t] *f* aunt.

tantôt just now; a litte while ago; soon; by and by; **à ~!** *fam.* till (we meet) next time!; **~ ... ~ ...** now ... sometimes, ... at other times.

taon [tɑ̃] *m* gad-fly.

tapage [tapaːʒ] *m* uproar, noise; show; display; row.

tapageur noisy; loud, showy.

tape *f* tap, rap; slap.

taper strike, knock, tap; **~ de** *fam.* touch for (*money*); **~ (à la machine)** type(write); **~ sur les nerfs** get on one's nerves.

tapir: se ~ crouch, squat; cower down; nestle.

tapis [tapi] *m* carpet; rug; mat; cloth; cover; **être sur le ~** be the subject of conversation; **mettre sur le ~** bring up (for discussion); **~ser** hang with tapestry; paper (*room*); **~serie** [tapisri] *f* tapestry; tapestry-work; **faire ~serie** *girl:* be a wallflower.

tapoter tap; pat.

taquet [takɛ] *m* peg; wedge.

taquiner tease; kid; **~ie** *f* teasing; kidding.

tard late; **au plus ~** at the latest; **pas plus ~ que** only; **tôt ou ~** sooner or later.

tarder delay, dally; be late, be long; ~ **à** be long in; **il me tarde de** I am anxious to.

tardif late, tardy; sluggish.

tar|e f com. tare; deduction made for packages; fig. blemish, defect; **~é** deteriorated, damaged.

targette f slide-bolt.

targuer: se ~ de pride o.s. on.

tarif [tarif] m tariff; rate; price-list; fare.

tarir dry up (a. se ~).

tarte [tart] f cuis. tart; **~lette** f small tart.

tartine [tartin] f slice of bread and butter.

tas [ta] m heap, pile, lot; **des ~ de** lots of; **mettre en ~** heap up, pile up.

tasse f cup; cupful; **une ~ de café** a cup of coffee; **une ~ à café** a coffee-cup.

tasser heap up; compress; squeeze; cram; **se ~** settle (down).

tâter feel, touch; feel out, sound; **~ de** taste, try.

tatillon [tatijɔ̃] fussy (person).

tâtons [tatɔ̃]: **à ~** fumblingly; **chercher à ~** grope for.

taudis m hovel, dirty hole; **~** pl. slums pl.

taupe f mole; moleskin; **~inière** f molehill.

taureau [tɔro] m bull; **course** f **de ~x** bullfight.

taux [to] m rate; price; **~ d'escompte** bank-rate; **~ du change** rate of exchange;

~ d'intérêt rate of interest.

taverne [tavɛrn] f tavern.

taxe f tax, duty; rate, charge, dues pl.; toll; **~ supplémentaire** surcharge; **~ à l'achat** purchase tax; **~ sur la valeur ajoutée** value-added tax; **~r** tax (a. fig. de with).

taxi auto m taxi(-cab); **~phone** m telephone booth, telephone box.

Tchécoslovaquie f Czechoslovakia.

tchèque [tʃɛk] adj., **2** m Czech.

te (to) you.

technicien [tɛknisjɛ̃] m technical engineer, specialist.

technique [tɛknik] f technique; technics pl.; engineering; adj. technical.

teign|e [tɛɲ] f moth; **~eux** scurvy, mangy; moth-eaten.

teindre [tɛ̃:dr] dye, colo(u)r; tinge, stain.

teint [tɛ̃] m complexion; dye; **bon ~** colour: fast; **~e** f dye, colo(u)r, hue; tinge; **~ure** [tɛ̃ty:r] f dye; dyeing; hue; tincture; fig. smatterings pl.; **~urerie** f dye shop, dyeworks pl.

tel (telle) such; as, like; **~ que** such as; **~ quel** just as it is (or was).

télautographe m telautograph.

téléférique m cable ropeway.

télégramme m telegram, cable.

télégraph|e m telegraph;

~ier telegraph, cable; **~ique** telegraphic; **mandat** *m* **~ique** telegraphic money order.

télémètre *m* range-finder.

téléobjectif *m* telephoto lens.

téléphone *m* telephone; **abonné** *m* **au ~** telephone subscriber; **~ automatique** dial telephone; **~ interurbain** long-distance telephone; **coup** *m* **de ~** (telephone) call; **~r** (tele)phone; call (up), ring up (**à q.** s.o.).

téléphonique: annuaire *m* **~** telephone directory; **taxe** *f* **~** telephone fees *pl.*

téléphoniste *m*, *f* (telephone) operator.

téléphotographie *f* telephotography.

télescope *m* telescope; **~r** *auto, etc.:* run into, collide with.

téléscripteur *m* teletype.

télésiège *m* chair lift.

téléski *m* ski lift.

téléspectateur *m* televiewer, TV viewer.

télévis|er televise, telecast; **~eur** *m* TV set; **~ion** [televizjɔ̃] *f, fam.* **télé** *f* television, TV.

tellement [tɛlmã] so, in such a manner, to such a degree.

témér|aire bold, rash; daring; **~ité** *f* audacity; recklessness.

témoign|age *m* evidence; testimony; proof; **~er** [tem-

waɲe] bear witness, testify; show; **~er de** bear witness to, prove.

témoin [temwɛ̃] *m dr.* witness; spectator; **prendre à ~** call to witness.

tempe [tã:p] *f méd.* temple.

tempérament [tãperamã] *m* constitution; temper, temperament; **paiement** *m* **à ~** payment by instalments.

tempér|ature [tãperaty:r] *f* temperature; **~er** temper, moderate; calm down; soothe, allay.

tempête [tãpɛt] *f* storm; gale; **~ de neige** snow-storm, blizzard.

tempétueux stormy.

temporaire temporary.

temporel temporal; worldly, secular.

temporiser temporize.

temps [tã] *m* time; weather; **libre** spare time; **à ~** in (good) time; **il fait beau ~** the weather is fine; **de ~ en ~** from time to time; **en même ~** at the same time; **quel ~ fait-il?** how is the weather?

tenace [tənas] tenacious; stiff; dogged; obstinate.

tenailler harass, torment.

tenailles *f/pl.* pincers *pl.;* nippers *pl.*

tender *m* spreader; hanger.

tendon *m* sinew, tendon.

tendre[1] [tã:dr] tend, hold out; set (*trap*); stretch; **~ à** tend to.

terreur

tendre² [tã:dr] tender; soft; affectionate; loving.

tendresse *f* tenderness; affection; love; caress.

tendron *m* young shoot.

ténèbres [tenɛbr] *f/pl.* darkness; gloom.

ténébreux dark, gloomy.

teneur *f* tenor; import; terms *pl.*; ~ **m de livres** book-keeper.

tenir [t(ə)ni:r] hold, keep, have; hold (out); ~ **à** value, care for, want; be anxious to; result from, be due to; ~ **de** take after; ~ **sa parole** keep one's word; **se** ~ keep, stand, be, remain; contain o.s.; **se** ~ **tranquille** keep quiet; **se** ~ **debout** stand, up(right); **s'en** ~ **à** stick to.

tennis [tenis] *m* tennis.

tenon *m* bolt; tenon.

tension [tãsjɔ̃] *f* strain, tension; intensity; *élec.* voltage; ~ **artérielle** blood-pressure.

tentacule [tãtakyl] *m* tentacle, feeler.

tent|ant tempting, enticing; **~ateur** *m* tempter; *adj.* tempting.

tente [tãt] *f* tent.

tenter tempt; try, endeavo(u)r (**de** to).

tenture [tãty:r] *f* (painted) wall-paper.

tenu kept, bound; held.

ténu tenuous.

tenue *f* deportment; manners *pl.*; behavio(u)r, bearing; appearance; holding; *of house,*

etc.: keeping; **grande** ~ full dress; ~ **de soirée** evening dress; ~ **de ville** street dress; ~ **des livres** book-keeping.

ténuité *f* tenuity.

térébentine [terebãtin] *f* turpentine.

tergiverser tergiversate; beat about the bush.

terme [tɛrm] *m* term; expression; limit, end; due date; quarter's rent; à **long** ~ long-dated; **être en bons** ~**s avec q.** be on good terms with s.o.

termin|aison *f* termination; ending; **~er** end, terminate, finish.

terminus [terminys] *m ch.d.f.* terminus.

ternir tarnish (a. **se** ~).

terrain [terɛ̃] *m* (piece of) ground; ~ **d'aviation** air-field; ~ **de golfe** golf-links; ~ **de camping** camping site; ~ **de jeux** playground, recreation ground; **véhicule** tout ~ all terrain vehicle.

terrasse *f* terrace; pavement (*Am.* sidewalk) in front of a café; **~r** bank up; lay low, overwhelm.

terre *f* earth; world; ground; land; estate; ~ **ferme** mainland; **mettre pied à** ~ alight; ~ **à** ~ prosaic; matter-of-fact; commonplace; **ventre à** ~ at full speed.

terrestre earthly, worldly.

terreur [tɛrœ:r] *f* terror, fright; awe.

terrible [tɛribl] terrible, awful.

terrien *m* landowner.

terrier *m* burrow, hole; *dog:* terrier.

terrifier terrify; dismay.

territoire [tɛritwa:r] *m* territory; district.

terroir *m* soil, ground.

terror/isme *m* terrorism; **~iste** *m, adj.* terrorist.

tes your

tesson *m* potsherd; fragment.

test *m* test, trial.

testament [tɛstamɑ̃] *m* will, testament.

tête [tɛt] *f* head; mind; chief, leader; top; face; **signe** *m* **de ~** nod; **la ~ la première** headlong; **en avoir par-dessus la ~** *fam.* be fed up with it; **forte ~** strong-minded person; **en ~ à ~** in private; face to face; **faire à sa ~** do as one likes; **tenir ~ à** resist, oppose.

tête-à-queue *m* slew round, full turn.

tête-à-tête *m* private conversation; familiar interview.

téter suck.

têtu stubborn, headstrong, obstinate.

texte *m* text; textbook.

text/ile [tɛkstil] *m* textile; **~ure** *f* texture; disposition; arrangement.

thé [te] *m* tea; **boîte** *f* **à ~** tea-caddy.

théâtre [tea:tr] *m* theatre; **~ en plein air** open air theatre.

théière *f* teapot.

théorie [teɔri] *f* theory, doctrine.

thermoplongeur *m* immersion heater.

thon *m* tunny, tuna.

thym [tɛ̃] *m* thyme.

tic [tik] *m* twitching, tic; mania.

ticket [tikɛ] *m* ticket.

tiède tepid, lukewarm, mild, soft; *fig.* indifferent.

tien [tjɛ̃]: **le ~, la ~ne** yours.

tiers [tjɛ:r] *m* third person; *fig.* stranger; *adj.* third; **le ~ monde** the Third World.

tige [ti:ʒ] *f* stem, stalk; shaft; **~ de piston** piston rod.

tigre [tigr] *m* tiger.

tilleul *m* bot. lime-tree.

timbre [tɛ̃br] *m* bell; tone, sound, timbre; stamp; **~ poste** *m* postage stamp; **~r** [tɛ̃bre] stamp.

timide [timid] timid.

tint/ement *m* tinkling; tolling; buzzing; tingling; **~er** tinkle, buzz, ring.

tir *m* shooting; rifle-range; **~ à la cible** target firing.

tirage [tira:ʒ] *m* drawing; draught; towing; pulling; traction; *newspaper, etc.:* circulation; *fig.* difficulty; **~ au sort** drawing lots.

tiraill/ement *m* twinge; tugging pain; **~er** pull about; shoot at random; snipe.

tirant *m* boot-strap; **~ d'eau** *mar. of ship:* draught.

tire [ti:r] : **voleur** *m* **à la ~**

pickpocket.

tire|-au-flanc *m* malingerer;
~-bouchon *m* cork-screw; **à
~-d'aile** at full speed; **~lire** *f*
money-box, coin bank.

tirer pull (out), draw (out);
extract; tug; stretch; draw,
trace; print; fire, shoot (**sur**
at); derive, get (**de** from, out
of); **se ~** *fam.* make off, beat
it; **se ~ de** get out of
(*difficulty, etc.*); **s'en ~** manage, get along, get by.

tiret *m* hyphen, dash.

tiroir [tirwa:r] *m* drawer,
slide.

tisane *f* infusion; herb-tea.

tison [tizɔ̃] *m* fire-brand;
ember; **~ner** poker.

tisser weave; **~and** *m* weaver.

tissu [tisy] *m* fabric, tissue; **~
éponge** towelling.

titre [titr] *m* title; title-deed;
heading, headline; *gold, etc.*:
standard; **à juste ~** justly,
deservedly; **à ~ de** as; by way
of; **à ~ d'essai** by way of
trial; **à ~ gratuit** free (of
charge).

tituber [titybe] reel, stagger.

titulaire *m* holder, bearer.

toboggan [tɔbɔgɑ̃] *m* bob-
sleigh.

tocsin [tɔksɛ̃] *m* alarm-bell;
sonner le ~ ring the alarm-
bell.

tohu-bohu [tɔybɔy] *m* chaos,
hustle.

toi [twa] you; **c'est à ~** it is
yours; **~-même** yourself.

toile [twal] *f* linen, canvas;

mar. sail; oil-painting; *thé.*
curtain; oilcloth; **~
d'araignée** spider's web; **~
de coton** calico; **~ métallique** wire gauze; fine wire-
netting; **~ vernie** oilskin.

toilette [twalɛt] *f* toilet, dress;
dressing-table; **cabinet** *m* **de
~** dressing-room; **en grande
~** in full dress; **faire sa ~**
(wash and) get dressed; **~s** *pl.*
washroom, toilet, ladies' or
mens' room.

toiser size up.

toit [twa] *m* roof; **~ ouvrant**
sliding roof; **~ure** *f* roofing.

tôle *f* sheet iron; **~ ondulée**
corrugated iron.

tolér|ance [tɔlerɑ̃s] *f* toler-
ance; *com.* allowance; **~ant**
tolerant; broad-minded; **~er**
tolerate.

tomate [tɔmat] *f* tomato.

tombant falling, drooping.

tomb|e *f* grave; **~eau** *m*
monument on a grave; *fig.*
tomb.

tombée *f* fall; **à la ~ de la
nuit** at nightfall.

tomber fall (down); drop;
fell, overthrow; **~ sur** hit
upon; find; **faire ~** throw (*or*
knock) down; **laisser ~**
drop; **~ malade** fall (*or* be
taken) ill; **~ d'accord** agree.

tome [tɔm] *m* volume, tome.

ton¹ [tɔ̃] *m* tone; style; *mus.*
pitch, key; **de bon ~** good
form.

ton² your.

tondeuse *f* clippers *pl.*;

shearing-machine; lawn-mower.

tondre [tɔ̃dr] trim, shear, cut (*hair*); mow.

tonique [tɔnik] *adj.*, *m* tonic; **~ capillaire** hair tonic.

tonn|age [tɔnaʒ] *m* tonnage; **~e** *f* cask, ton (1000 kilograms); **~eau** *m* barrel; cask; **~elier** *m* cooper.

tonn|er [tɔne] thunder, boom; **~erre** [tɔnɛːr] *m* thunder; **coup** *m* **de ~erre** clap of thunder.

topaze *f* topaz.

toquade [tɔkad] *f* fad, craze.

toqué crazy (**de** about).

torche [tɔrʃ] *f* torch.

torch|er wipe; **~ette** *f* wisp of straw; **~on** *m* rag; dish-cloth.

tord|ant extremely funny; **~re** twist, wring; *fig.* disfigure; **se ~re** writhe.

torpeur *f* torpor, torpidity.

torpille *f* torpedo; mine; **~r** torpedo (*a. fig.*).

torréfier roast.

torrent [tɔrɑ̃] *m* torrent; *fig.* flood; **pluie** *f* **~ielle** cloudburst.

torride [tɔrid] torrid; scorching.

tort [tɔːr] *m* wrong; mistake; fault; injury; harm; prejudice; **à ~** wrongly; **à ~ et à travers** at random, helter-skelter; **avoir ~** be wrong; **donner ~ à q.** decide against s.o.; **faire (du) ~ à** wrong; harm.

tortiller [tɔrtije] twist, twirl;

fam. shilly-shally, shuffle; **se ~** writhe, wriggle.

tortu crooked, distorted.

tortue *f* tortoise; turtle.

tortueux [tɔrtɥø] winding; *fig.* underhand, crooked.

tortur|e [tɔrtyːr] *f* torture; **~er** torture, torment.

tôt soon, early; quickly speedily; **au plus ~** as soon as possible; **~ ou tard** sooner or later.

total [tɔtal] *m* whole; *adj.* total; whole; **~ité** *f* totality; **en ~ité** as a whole.

touchant *adj.* touching; affecting, moving; *prp.* concerning, regarding.

touche [tuʃ] *f* touch (*a. fig.*); hit, stroke; *typewriter, etc.:* key; **~à-tout** *m* meddler, busybody.

toucher *m* feeling; feel; (sense of) touch; *v.* touch; feel; hit; move, affect; cash (*cheque*); receive (*money*); **~ à** touch; meddle with; be close to; concern; **se ~** touch; adjoin.

touer [twe] *mar.* tow.

touff|e [tuf] *f* tuft; bunch; wisp; cluster; **~e d'arbres** clump of trees; **~u** bushy, thick.

toujours [tuʒuːr] always; ever; forever; still; anyhow; **~ est-il que** the fact remains that.

toupet [tupɛ] *m hair:* tuft; *fig.* cheek, impudence.

tour[1] [tuːr] *f* tower; *chess:* castle.

tour[2] [tuːr] *m* turn, turning;

walk, excursion; tour, trip;
lathe; trick; circumference;
round; revolution, circuit; ~
à ~ in turns; **en un** ~ **de
main** in an instant; **faire le**
~ **de** go (a)round; **c'est (à)
mon** ~ it's my turn.

tourb|e f peat; mob; **~eux**
turfy, peaty; **~ière** f peat-
bog.

tourbillon [turbijɔ̃] m whirlwind, whirlpool; eddy; fig.
bustle.

tourelle f turret.

touris|me [turism] m tour-
ism; **~te** m tourist.

tourment [turmɑ̃] m torment; anguish; pang; **~e** f
storm, gale, squall; fig. turmoil; **~é** uneasy, restless;
tormented; haggard; **~er**
torment; toss; agitate; distress; torture.

tournant [turnɑ̃] m turning;
turn, bend; (street) corner;
turning point; adj. turning,
revolving; **escalier** m ~
winding staircase.

tourne|broche m turnspit;
~-disque m record player;
~dos m fillet steak.

tournée [turne] f round; turn;
visit; tour.

tournemain [turnəmɛ̃]: **en
un** ~ in a jiffy, in no time.

tourner [turne] turn, spin,
wheel; turn over; turn (a-
round); get (a)round; change;
milk: turn (sour), curdle;
shoot (film); ~ **bien** (**mal**)
turn out well (badly); ~ **rond**

run smoothly; **se** ~ turn
round; **se** ~ **contre** turn
against.

tournesol m sunflower.

tournevis [turnəvis] m screw-
driver.

tourniquet m turnpike;
turnstile.

tournoyer [turnwaje] whirl
(or turn) round and round;
wheel; eddy.

tournure [turny:r] f turn,
shape, figure, form.

tourterelle f turtle-dove.

Toussaint f All Saints' Day.

touss|er cough; hem; **~oter**
cough slightly; give little
coughs.

tout¹ [tu] m whole, chief
point; only thing.

tout² [tu] (**toute** f, **tous** m/pl.,
toutes f/pl.) adj., pron. all,
whole, the whole of; every,
each; any; ~ **ce que** all (that),
whatever; **de tous côtés**
from all sides; **de** ~ **e(s)
sorte(s)** of all kinds; **toutes
les heures** hourly; **voilà** ~
that is all; adv. quite; entirely;
thoroughly; very; however;
wholly; fully; completely; ~ **à
coup** suddenly; ~ **à fait**
quite, entirely; altogether; ~
à l'heure just; a moment
ago; in a moment; **à** ~ **à
l'heure!** see you later!, so
long!; ~ **d'abord** in the
beginning, at first; ~ **droit**
straight ahead; ~ **d'un coup**
all at once; **pas du** ~ not at
all; **tous les deux** both of

them.

toutefois [tutfwa] however, yet; **si** ~ yet if; if however.

toux [tu] f cough.

toxique m poison; adj. poisonous, toxical.

trac m fright, fam. funk; thé. stage fright; **il a le** ~ he is scared, he is in a funk.

tracas [traka] m worry, bother, ~**ser** worry, bother, harass.

trac|e [tras] f trace, track; footprint; trail; clue; ~**é** m tracing; outline, sketch(ing); ~**er** trace, outline; draw (line); ~**eur** m tracer; designer.

trachée(-artère) f trachea; windpipe.

tract [trakt] m leaflet, pamphlet.

tracteur m tractor; traction-engine.

traction [traksjɔ̃] f traction, pulling; ~ **avant** (car with) front-wheel drive; ~ **arrière** (car with) rear-wheel-drive.

tradition [tradisjɔ̃] f tradition; ~**nel** traditional.

traduct|eur m translator; ~**ion** f translation.

traduire [tradɥiːr] translate; fig. express, interpret; ~ **en justice** jur. prosecute.

trafic [trafik] m (illicit) trading; traffic; ~ **téléphonique interurbain** trunk-line traffic; ~ **d'outre-mer** oversea traffic; ~ **des paiements** transfers pl.

trafiqu|ant m dealer; trader; ~**er** traffic; fam. fiddle with, tamper with.

tragédie [traʒedi] f tragedy.

tragique [traʒik] tragic; **prendre au** ~ take too seriously.

trahir betray; reveal (secret); deceive.

trahison [traizɔ̃] f treason; treachery; **haute** ~ high treason.

train [trɛ̃] m ch.d.f. train; pace; rate; way; manner; ~ **avant (arrière)** auto front (rear) assembly; ~ **de banlieue** suburban train; ~ **direct** through train; ~ **de marchandises** goods train, Am. freight train; ~ **de voyageurs** passenger train; ~ **omnibus** slow (local) train; **en bon** ~ in full swing; **en** ~ **de travailler**, etc. working, etc.; **mettre en** ~ set (thing) going, start.

traînard m straggler; sluggard.

traîneau [trɛno] m sledge; sleigh.

traîner drag, draw; pull; trail; tow; protract; straggle; linger; litter; droop; ~ **en longueur** drag on; **se** ~ creep, crawl, drag o.s. along.

train-train [trɛ̃trɛ̃] m (everyday) routine.

traire milk.

trait [trɛ] m line, stroke; trait, characteristic; bolt; dart; fig. deed, act, stroke (of genius).

~s pl. features; face; **avoir ~ à** have to do with; refer to; **tout d'un ~** at one gulp; **~ d'un esprit** witticism; **~ d'union** hyphen.

traite [trɛt] f way (or distance) covered without stopping; com. draft; **~ des blanches** white slavery.

traité m treatise; treaty; contract; agreement.

traitement [trɛtmã] m treatment; salary.

traiter [trɛte] treat; negotiate; entertain; **~ de** deal with; **~ q. de fou** call a person a fool; **~ en** treat as (a friend, etc.).

traître [trɛtr] m traitor; adj. treacherous; false.

trajet [traʒɛ] m distance; way; journey; passage; crossing.

tram|e [tram] f woof; fig. web, texture; plot; **~er** plot, contrive.

tramway [tramwɛ] m tramway, tram, Am. streetcar.

tranch|ant [trãʃã] m knife, etc.: edge; adj. sharp; cutting; decisive; **~e** f slice; rasher; slab; book: edge; **~ée** f trench; **~er** cut, cut off; slice; settle (question, etc.); contrast (**sur** with).

tranquille [trãkil] quiet; peaceful; calm; easy; **laisser ~** leave alone; **soyez ~** don't worry.

tranquillis|er [trãkilize] tranquillize, reassure, soothe, calm (down); **~ant** m méd. tranquillizer.

tranquillité f peace, stillness, calm, quiet; **~ d'esprit** peace of mind.

transaction [trãzaksjõ] f transaction; **~s** pl. dealings pl.

transatlantique m ocean liner; deck-chair; adj. transatlantic.

transborder mar. trans-ship; transfer; ferry.

trans|cription f transcription; **~crire** transcribe.

transe f fright; trance.

transférer transfer; convey.

transformer transform, change (**en** into); **se ~** change; be transformed, change, turn (**en** into).

transfuge m deserter; defector; turncoat.

transfus|er transfuse; **~ion** f transfusion.

transgress|er transgress, trespass against, break (law); **~eur** m trespasser.

transi [trãzi] chilled, shivering; benumbed (**de** with).

transiger [trãziʒe] compromise; come to terms.

transistor [trãzistɔr] m transistor.

transit [trãzit] m transit; **~aire** m forwarding agent; **~ion** f transition.

transmettre transmit; hand down; forward; élec. conduct.

transmission [trãsmisjõ] f transmission; sending; radio broadcast.

transparen|ce [trãsparã:s] *f* transparency; **~t** transparent.

transpercer pierce through; go through.

transpir|ation *f* perspiration; **~er** perspire.

transplanter transplant.

transport [trãspɔ:r] *m* transport; removal; rapture, extasy; **~er** transport; carry (off *or* away).

transvaser decant.

transversal [trãsvɛrsal] transversal; transverse.

trappe *f* trap, pitfall.

trapu thickset, squat.

traquer hunt down.

travail [travaj] *m* (**travaux** [travo] *pl.*) work, labo(u)r; piece of work; job, employment; **~ artisanal** handwork; **travaux** *pl.* works *pl.*; constructions *pl.*; sign: road works!; **~ler** work; labo(u)r; toil; **~leur** *m* worker; labo(u)rer; **parti** *m* **~liste** Labour Party.

travers [travɛ:r] *m* fault, shortcoming; **à ~, au ~ de** through, across; **au ~** across; **de ~** crooked; awry, amiss, the wrong way; **regarder de ~** look askance at; **en ~** across; crosswise; **~able** passable.

travers|e [travɛrs] *f* cross-bar; **rue** *f* **de ~** cross-road; short cut; **~ée** *f* crossing, passage; **~er** cross; travel (*or* pass) through; **~in** *m* bolster.

travestir disguise.

trébucher [trebyʃe] stumble, trip; stagger; slip; *fig.* blunder, fail.

trèfle [trɛfl] *m bot.* clover; *cards:* clubs.

treill|age *m* lattice, trellis; **~is** *m* trellis; (iron) grating.

treize [trɛz] thirteen; **~ième** thirteenth.

tremblant [trãblã] shaky.

tremblement *m* trembling, shaking; **~ de terre** earthquake.

trembl|er quiver, shake, tremble, shiver (**de** with); **~er devant** dread, fear; **~oter** tremble slightly, quaver.

trémousser: se ~ fidget, stir.

tremp|e *f steel:* temper; *fig.* stamp; character; **~é** wet, soaked; drenched; **~er** temper (*steel*); dip, soak; dilute (*wine*).

tremplin [trãplẽ] *m* springboard; **~ de ski** ski-jump.

trente [trãt] thirty.

trépass|é deceased (person); **~er** die.

trépider vibrate, shake.

trépied *m* tripod, trivet.

trépigner [trepine] stamp one's feet; trample.

très [trɛ] very, much, greatly; **~ bien** all right.

trésor [trezɔ:r] *m* treasure, safe; **le ⟳** the Treasury; **~ier** *m* treasurer.

tressaillir [tresaji:r] start up,

tresse [trɛs] f plait; tress; braid.

tréteau m trestle; **~x** pl. stage.

trêve [trɛ:v] f truce; respite, pause; **sans ~** without intermission; **~ de plaisanterie!** stop kidding!

triangle [triɑ̃gl] m triangle.

triangulaire triangular.

tribord m mar. starboard.

tribu f tribe.

tribunal [tribynal] m dr. court of justice; magistrates pl.

tribune f platform; rostrum; gallery; stand.

tributaire [tribyte:r] tributary; **être ~ de** depend on (**pour** for); **fleuve** m **~** affluent.

trich|er [triʃe] cheat; **~eur** m cheat; adj. cheating; deceptive.

tricolore three-colo(u)red; **drapeau** m **~** French flag.

tricot [triko] m knitting; knit ware; knitted garment; vest, undershirt; **~er** knit.

trictrac [triktrak] m backgammon.

trier [trie] sort; pick out; classify; arrange; screen.

trimer fam. work and slave.

trimestr|e m quarter; three months; term; quarter's rent; **~iel** quarterly.

tringle f rod, pole.

trinquer [trɛ̃ke] clink glasses.

triomphe [trijɔ̃f] m triumph; **~r de** triumph over; over-

come, master.

tripes [trip] f/pl. cuis. tripe.

triple triple, threefold.

triporteur m tricycle.

tripot m gambling-house; **~er** handle, fumble (at), tamper with, fool with; mess about; be up to, be engaged in; **~eur** m trafficker.

trist|e sad; gloomy; dreary; **le temps est ~e** the weather is dull; **~esse** f sadness; gloom; dreariness.

trivial [trivjal] trivial.

troc [trɔk] m barter, exchange.

trois [trwa] three; **~ quarts** three-quarter; **~ième** third.

trombe f: **~ d'eau** torrential rain; **~ de vent** whirlwind; **passer en ~** sweep by.

trombone [trɔ̃bɔn] m trombone; paper-clip.

trompe f horn; elephant: trunk.

trompe-l'œil m deception, eyewash; illusion; sham.

tromper deceive, take in; doublecross, cheat; **se ~** be mistaken, be wrong (**de** about); make a mistake; **se ~ de ... a.** take the wrong ...; **~ie** f cheating.

trompette f trumpet.

trompeur m deceiver; cheat; adj. deceitful; delusive; misleading.

tronc [trɔ̃] m body, tree: trunk; church: collecting-box.

tronçon [trɔ̃sɔ̃] m stump; section, part.

trône m throne.

tronquer mutilate; cut off; curtail; garble.

trop [tro] too, too much; too many; **pas ~ bon** not too good; **~ de peine** too much trouble.

trop-plein m overflow, waste; surplus.

tropical [trɔpikal] tropical.

tropique [trɔpik] f tropic; **les ~s** pl. the tropics pl.

trot [tro] m trot; **aller au ~** trot.

trott|er trot; trot along; toddle; pop. make off, beat it; **~eur** m trotter; **~in** m errand-boy; **~iner** trip; walk with short steps; **~inette** f scooter; **~oir** m pavement, Am. sidewalk.

trou [tru] m hole; gap.

trouble [trubl] m trouble; disorder; disturbance; adj. confused; muddy; blurred; dim, cloudy.

trouble-fête m killjoy, spoil-sport, wet blanket.

troubler disturb; make dull (or dim); confound; perplex; ruffle; annoy; **se ~** get dim; become confused.

trou|é full of holes; worn; **~ée** f gap; opening; **~er** pierce; make a hole in.

troupe f throng, gang; band; crew; thé. company; **~s** pl. troops pl.; **~au** m flock, herd.

trousse [trus] f bundle; case, kit; **aux ~s de** at the heels of; **~ de secours** first-aid kit; **~ de toilette** dressing-case.

trouss|eau [truso] m outfit (of bride or pupil); **~eau de clefs** bunch of keys; **~er** truss up; tuck up.

trouvaille [truva:j] f lucky find (or discovery), windfall, godsend.

trouv|er [truve] find; discover; think, guess; **comment ~ez vous ...?** how do you like ...?; **se ~** be, be found; feel (better; etc.); happen; **enfant** m **~é** foundling.

truc [tryk] m fam. trick, knack, knack; thing; gadget.

truelle f trowel.

truffe [tryf] f truffle.

truite [truit] f trout.

truqu|er fake; fam. fiddle with, cook; **~eur** m cheat.

T.S.F. (short for: **télégraphie sans fil**) f wireless telegraphy.

tu you.

tub [tœb] m tub; sponge-bath.

tuba [tyba] m snorkel.

tube [tyb] m tube; pipe.

tuberculose [tybɛrkylo:z] f tuberculosis.

tuer [tɥe] kill; while away (time).

tue-tête: crier à ~ shout at the top of one's voice.

tuile [tɥil] f tile; fam. hard luck, blow.

tulipe [tylip] f bot. tulip.

tumeur f méd. tumo(u)r.

tumulte m tumult, uproar.

tunnel [tynɛl] m tunnel.

turboréacteur [tyrboreak-

tœr [tœːr] *m* turbo-jet.
turbot [tyrbo] *m* turbot.
turbul|ence [tyrbylãːs] *f* unruliness; noisiness; **~ent** noisy, boisterous; wild; *fig.* stormy.
turc [tyrk] Turkish; ♀ *m* Turc.
Turquie *f* Turkey.
tutelle [tytɛl] *f* guardianship; protection.
tuteur *m* guardian; trustee; prop of plant.
tutoyer [tytwaje] address as ‹tu› and ‹toi›.
tuyau [tɥijo] *m* pipe, tube; *fam.* tip, hint; **~ d'arrosage** garden-hose; **~ d'échappement** *auto* exhaust-pipe; **~ de poêle** stove-pipe.
tuyauter [tɥiote] *fam.* give a tip (*or* a hint), to tip off.
TVA [tevea] *f* (*short for*: taxe sur la valeur ajoutée) VAT, value-added tax.
type [tip] *m* type; standard; model; symbol; *fam.* fellow, bloke, guy.
typhon *m* typhoon.
typique typical.
tyranniser [tiranize] tyrannize, oppress, bully.

U

ulcère *m méd.* ulcer; **~ à l'estomac** gastric ulcer.
ultérieur [ylterjœːr] ulterior; later; subsequent (à to); further; **~ement** later (on).
ultra-violet [yltravjolɛ] ultra-violet.
un (une) a, an; **~ seul** a single one; *adj.* one; **~ à** one by one; **l'~ ... l'autre** the one ... the other; **l'~ l'autre** each other; **l'~ et l'autre** both; **l'~ ou l'autre** either; **ni l'~ ni l'autre** neither; **~ autre** another, one more.
unanim|e unanimous; **~ité** *f* unanimity; **à ~ité** unanimously.
uni [yni] united; joint; harmonious; uniform; smooth; level; even; unicolo(u)red, plain.

uni|fication [ynifikasjõ] *f* unification; standardization; **~fier** unify; unite.
uniform|e [yniform] *m, adj.* uniform; **~ité** *f* uniformity.
unilatéral [ynilateral] one-sided, unilateral.
union [ynjõ] *f* union; coalition; combination; agreement; coupling.
unique [ynik] only, sole, unique; **sens ~** one-way street; **~ment** solely; only.
unir [yniːr] unite, join; combine, connect; **s'~ à** join forces with; marry.
unisson [ynisõ] *m* unison, harmony; *fig.* keeping.
unité *f* unit.
univers [yniveːr] *m* universe; **~el** universal.
universitaire [ynivɛrsitɛːr]

university, academic; students'…

université f university.

uranium m uranium.

urbain m citizen; adj. urban.

urbanité f urbanity.

urgen|ce f urgency; **d' ~ce** urgently, immediately, without delay; **~t** [yrʒɑ̃] urgent, pressing; **cas** m **~t** emergency.

urin|e f urine; **~er** urinate.

usage [yza:ʒ] m use, custom; **d'~** usual, customary; **hors d'~** out of use; obsolete; **~ externe** external application; fam. **faire de l'~** wear well.

usager [yzaʒe] m user.

usé worn-out, shabby; threadbare; frayed; trite.

user [yze] wear (out); use up; **~ de** use, make use of; resort

to; **s'~** wear down; wear o.s. out; be used, be spent.

usine [yzin] f factory, works pl., mill, plant.

usité used, usual.

ustensile m utensil; tool; implement.

usuel [yzɥɛl] usual, customary, common.

usure[1] [yzy:r] f wear and tear.

usur|e[2] f usury; **~ier** [yzyrje] m usurer.

usurpateur m usurper; adj. usurping, arrogating.

util|e useful, serviceable; convenient; of service; **en temps ~e** in due time; **~isable** usable; **~isation** f utilization; utilizing; **~iser** make use of; employ; utilize; **~ité** f utility; usefulness.

V

vacance [vakɑ̃s] f vacancy; **~s** pl. vacation, holiday(s pl.); **grandes ~s** pl. summer holidays pl. (or vacation).

vacant [vakɑ̃] vacant.

vacarme m uproar, great noise.

vaccin [vaksɛ̃] m vaccine; **~ation** f vaccination.

vache f cow; cowhide.

vachement fam. very, very much, a lot.

vaciller [vasije] vacillate; waver; flicker; twinkle.

vagabond m vagabond;

tramp; **~er** wander, rove, tramp; roam (about).

vague[1] [vag] f wave; **~ de chaleur** heat-wave.

vague[2] m emptiness; vagueness; adj. vague, uncertain, void; empty; indefinite; **terrains** m/pl. **~s** waste ground.

vaillan|ce [vajɑ̃:s] f valo(u)r, bravery; **~t** brave, gallant, valiant.

vain [vɛ̃] vain, idle; **en ~** in vain, vainly.

vainc|re [vɛ̃kr] defeat; conquer; overcome; **~u** defeated (person).

vainqueur *m* victor; conqueror; *adj.* victorious.

vaisseau *m* ship; vessel; ~ **école** training-ship; ~ **spatial** space ship.

vaisselle *f* plates and dishes *pl.*, tableware; **faire la** ~ wash up, wash the dishes.

valable [valabl] valid, good.

valet *m* (man)servant; farm hand.

valeur [valœ:r] *f* worth, value; **sans** ~ worthless; of no value; ~**s** *pl.* securities *pl.*; **mettre en** ~ emphasize; enhance.

valid|e [valid] valid; strong, sound, able-bodied; ~**er** validate; ratify; ~**ité** *f* validity.

valise *f* suitcase; bag.

vallée *f* valley.

valoir [valwa:r] be worth; be as good as; win, bring in (**qc. à q.** s.o. s.th); ~ **mieux** be better; **à** ~ *com.* on account; **faire** ~ bring into play.

valorisation [valɔrizasjɔ̃] *f* revalorization.

valse *f* waltz.

valve [valv] *f* valve.

vanille [vanij] vanilla.

vanit|é [vanite] *f* vanity, conceit; ~**eux** *m* vain person; *adj.* vain, conceited.

vantail *m* (**vantaux** *pl.*) door, *etc.*; leaf.

vantard *m* braggart, boaster; *adj.* boastful; boasting; swaggering.

vanter praise, extol; **se** ~

boast (**de** of).

vapeur[1] [vapœ:r] *f* steam; haze, fume; **machine** *f* **à** ~ steam-engine.

vapeur[2] *m* steamer.

vaporeux vapo(u)rous, hazy; *fig.* obscure.

vapor|isateur *m* vaporizer, sprayer; ~**iser** vaporize.

vaquer: ~ **à ses affaires** go about one's work.

vareuse *f* jacket; blouse.

variable [varjabl] changeable, variable; unsteady.

variation [varjasjɔ̃] *f* variation.

varice *f* méd. varicose vein.

varicelle *f* méd. chicken-pox.

varié [varje] varied; miscellaneous.

varier [varje] vary; change; differ.

variété *f* variety; diversity; ~**s** *pl.* miscellanies *pl.*; **spectacle** *m* **de** ~**s** variety show, vaudeville.

variole *f* méd. smallpox.

vase[1] [va:z] *m* vase, vessel.

vase[2] *f* mud; mire, slime.

vaseline *f* vaseline.

vaste vaste, wide, spacious.

vau-l'eau: aller à ~ come to nothing.

vaurien [vorjɛ̃] *m* scamp, good-for-nothing.

vautour *m* vulture.

veau [vo] *m* calf; calfskin.

vedette *f* patrol boat; *thé.* star; **mettre en** ~ make stand out.

végét|al [veʒetal] *m* plant; *adj.*

vegetable; **~arien** *m* vegetarian; **~ation** *f* vegetation; **~er** vegetate.

véhémen|ce [veemã:s] *f* vehemence; **~t** vehement.

véhicule [veikyl] *m* vehicle; **~r** transport, carry.

veille [vɛj] *f* staying up at night; night watch; day before, eve.

veiller be awake, be on guard; **~ à** see to, take care of, look after; **~ à ce que** see (to it) that, be sure; **~ sur** watch over; look after; **~ tard** sit up late.

veinard *fam.* lucky (fellow).

veine [vɛn] *f* vein; *mine:* lode; inspiration; *fam.* (good) luck.

veineux veined.

vélo *m* bicycle; **~cité** *f* rapidity; speed.

velours [valu:r] *m* velvet; **~ côtelé** corduroy; **~ de coton** velveteen.

velouté velvety, smooth.

velu hairy, shaggy.

venaison *f* venison.

vénal venal; **~ité** *f* venality.

vendable saleable, marketable.

vendange [vãdã:ʒ] *f* vintage, grape-gathering.

vendeur *m* seller; **~ m, vendeuse** *f* shop assistant, sales clerk.

vendre [vãdr] sell; *fig.* betray; **à ~** for sale.

vendredi [vãdrədi] *m* Friday; **☩ saint** Good Friday.

vénéneux *plants:* poisonous.

vénér|able venerable; **~ation** [venerasjõ] *f* veneration; **~er** venerate.

vénérien venereal.

vengeance [vãʒã:s] *f* revenge, vengeance.

venger [vãʒe] avenge; **se ~** be revenged (**de q.** on s.o.; **de qc.** for s.th.).

venimeux venomous; malignant.

venir [v(ə)ni:r] come, be coming; arrive; grow, thrive; **~ à** happen to; **en ~ à** happen to; **en ~ à** come to; **il vient d'arriver** he has just arrived; **~ chercher** call for; **faire ~** send for.

vent [vã] *m* wind; breeze; **~ coulis** draught; **~ debout**, **~ devant** *mar.* wind ahead.

vente [vã:t] *f* sale; **à tempérament** hire-purchase; **~ publique** public auction.

venteux windy.

ventil|ateur *m* ventilator, fan; **~ation** [vãtilasjõ] *f* ventilation, airing; **~er** ventilate.

ventre *m* belly; **bas ~** abdomen; **~ à terre** at full speed.

ventriloque *m* ventriloquist.

venu: le premier ~ anybody, no matter who.

venue *f* arrival; growth.

vêpres *f/pl.* vespers *pl.*

ver [vε:r] *m* worm; maggot; grub; **~ à soie** silkworm; **~ de terre** earth-worm; **~ luisant** glow-worm.

véracité f truthfulness.

véranda f veranda(h).

verbal [vɛrbal] verbal, spoken.

verbiage [vɛrbja:ʒ] m verbiage.

verbosité f verbosity.

verdâtre greenish.

verdeur f (youthful) vigo(u)r; tartness; crudeness.

verdir make green; turn green.

verdure [vɛrdy:r] f greenness; plants pl.; greens pl.

véreux maggoty; worm-eaten; fig. fishy, shady.

verge [vɛrʒ] f rod, wand; stick.

verger [vɛrʒe] m orchard.

verglas [vɛrgla] m thin coating of ice (after rain or thaw).

vergogne [vɛrgɔɲ] f: sans ~ shameless(ly).

véridicité f veracity.

véridique [veridik] veracious, truthful.

verifi|cation f verification; inspection; checking; **~er** overhaul (machinery); examine; check; confirm; **se ~er** be confirmed; come true.

véritable [veritabl] true, real, genuine; actual, authentic; thorough.

vérité [verite] f truth; **en ~** really, indeed; **à la ~** to tell the truth.

vermeil rosy, ruddy.

vermillon vermilion.

vermine [vɛrmin] f vermin.

verni varnished, glazed; fam. lucky; **~r** varnish; polish;

glaze (pottery); **~s** [vɛrni] varnish, polish; nail polish; **~s à ongles** nail polish; **~ssage** [vɛrnisa:ʒ] m opening of an art show.

verre m glass; glassful; spectacles: lens; watch: crystal; **~ à vin** wineglass; **~ de vin** glass of wine; **~ à vitre** sheet glass; **~ de sûreté** safety-glass; **~s** pl. **de contact** contact lenses pl.; **~rie** f glassware; glassworks pl.

verrière f stained glass window.

verrou [vɛru] m bolt; **~iller** bolt (door); bolt in (person).

verrue f wart.

vers[1] [vɛ:r] m verse, line.

vers[2] prp. towards; about; near (to); **~ le bas** downwards; **~ le haut** upwards; uphill; **~ (les) quatre heures** about four o'clock; **~ midi** towards noon.

versant m slope, hillside.

versatile changeable.

versé versed.

vers|ement m payment, instalment, deposit; pouring; spilling; **~er** pour (out); shed (tears); pay (in) (money); upset, overturn; **~er des fonds** invest money.

version [vɛrsjɔ̃] f version; translation from a foreign language.

verso m page: back.

vert [vɛ:r] green; unripe; fresh; sour; raw; fig. inexperienced; **~-de-gris** m verdigris.

vertébral vertebral; **colonne** f **~e** spinal column.

vertical [vɛrtikal] vertical.

vertige m giddiness; vertigo; dizziness; faintness.

vertu [vɛrty] f virtue; chastity; property, quality; **en ~ de** by virtue of; **~eux** virtuous.

verve f verve, zest.

verveine [vɛrvɛn] f bot. verbena.

vésicule f vesicle; **~ biliaire** gall-bladder.

vessie f bladder.

veste f jacket; sports coat.

vestiaire [vɛstjɛːr] m cloakroom, Am. checkroom.

vestibule [vɛstibyl] m vestibule, hall.

vestige [vɛstiːʒ] m footprint; trace; remains pl.

veston m man's suit coat; jacket.

vêtement [vɛtmɑ̃] m garment; clothing; **~s** pl. clothes pl.; **~s** pl. **de dessous** underwear, underclothes pl.

vétérinaire [veterinɛːr] m veterinary surgeon, vet.

vêtir clothe, dress; put on.

veuf [vœf] m widower.

veule adj. flabby; weak.

veuve [vœːv] f widow.

vex|ant vexing; **~ation** f annoyance; vexation.

vexer vex; annoy; **se ~** be annoyed (**de** at).

via [vja] via; by way of.

viaduc m viaduct.

viag|er adj. for life; **rente** f **~ère** annuity for life; **~er** m

life annuity.

viande [vjɑ̃d] f meat.

vibr|ation [vibrasjɔ̃] f vibration; **~er** vibrate.

vicaire m curate, vicar.

vice [vis] m vice, defect.

vice-président [visprezidɑ̃] m vice-president; vicechairman.

vichy [viʃi] m Vichy water, mineral water.

vici|er vitiate; pollute; **~eux** vicious; defective.

vicinal local; parochial; **chemin** m **~** parish road.

vicissitude [visisityd] f change, vicissitude; **~s** pl. ups and downs (of life).

victime f victim; casualty.

vict|oire f victory; **~orieux** victorious.

victuaille(s) f (pl.) victuals pl.; provisions pl.

vidange [vidɑ̃ʒ] m auto oil change.

vide [vid] m void; blank; vacuum; empty space; gap; adj. empty, void; unoccupied; **à ~** empty; idle.

vide-ordures m waste chute, Am. incinerator (chute).

vider [vide] empty; quit (rooms); vacate; drain; bare; gut (fish); core (apple); stone (fruit); end (quarrel); solve (question).

vie f life; living; livelihood; lifetime; **~ privée** privacy; **à ~ for life; en ~ alive; gagner sa ~** earn one's living.

vieill|ard [vjɛjaːr] m old man,

old fellow; **~ards** pl. the
aged; old people; **~e fille** f
spinster; **~erie** f old stuff; old
rubbish; **~esse** f old age; **~ir**
grow old; become obsolete;
~ot m little old man; adj.
oldish.

vierge [vjɛrʒ] f, adj. virgin; adj.
a. blank; spotless; unused.

vieux, vieil m (f **vieille**) old
man; old woman; what is old;
adj. old; aged.

vif m living flesh, quick; adj. (f
vive) alive; lively; keen; alert;
quick; brisk; ardent.

vif-argent m quicksilver.

vigilan|ce [viʒilɑ̃:s] f vigi-
lance; watchfulness; **~t** vigilant; watchful.

vigne [viɲ] f vine; vineyard;
cep m **de ~** stem of vine; **~
vierge** Virginia creeper.

vignoble [viɲɔbl] m vineyard.

vigoureux [vigurø] vigorous,
strong.

vigueur [vigœ:r] f strength,
vigo(u)r; energy; **entrer en
~** come into effect; **être en
~** law, etc.: be in force.

vil base, mean, vile; abject; **à
~ prix** at a low price.

vilain [vilɛ̃] ugly; nasty, mean;
shabby; wretched; wicked.

vilebrequin m crankshaft.

vilenie f mean action;
meanness.

villa [vila] f villa; country
house.

ville [vil] f town; **dîner en ~**
dine out.

villégiature f holiday(s pl.),

vacation.

vin [vɛ̃] m wine; **bouteille** f à
~ winebottle; **bouteille de
~** bottle of wine; **~ ordinaire** table-wine; **~
mousseux** sparkling wine.

vinaigre [vinɛgr] m vinegar.

vinaigrette f cuis. oil and
vinegar sauce.

vingt [vɛ̃] twenty; **~ième**
twentieth.

viola|teur m violator; trans-
gressor; **~tion** f violation;
transgression.

violâtre purplish.

viol|ence [vjɔlɑ̃:s] f violence;
~er violate; transgress (law).

violet [vjɔlɛ] violet, purple;
~te f bot. violet.

violon m fiddle, violin.

vir|age [vira:ʒ] m bend, curve,
turn; turning; **~age sans
visibilité** blind corner; **~er**
turn about; change colo(u)r;
com. transfer (money).

virgule f comma; **point** m **~**
semicolon.

viril manly; male; **~ité** f
manhood, manliness.

virus [viry:s] m virus.

vis [vis] f screw; **escalier** m à
~ winding staircase.

visa [viza] m visa.

visage [viza:ʒ] m face.

vis-à-vis opposite; facing
each other; **~ de** towards.

viser[1] aim à (at), take aim (à
at); fig. be after, have in view.

viser[2] visé (passport); initial.

viseur m phot. view-finder.

visibilité   [vizibilite]   f

visibility.

visible [vizibl] visible, perceptible; noticeable; *fig.* evident, obvious; *fam.* at home (to see visitors).

vision [vizjɔ̃] *f* (eye)sight; view.

visit|e [vizit] *f* visit, call; inspection; examination; *of town, country:* tour; **~e des bagages** examination of luggage; **~er** visit; inspect; examine; tour (*country, etc.*); **~eur** *m* visitor; inspector.

vison *m* mink.

visqueux sticky, viscous.

visser screw up (*or* on).

vital [vital] vital; **~ité** *f* vitality.

vitamine [vitamin] *f* vitamin.

vite *adj.* quick, fast; *adv.* rapidly, quickly; **au plus ~** as quickly as possible.

vitesse *f* speed; *auto* gear; **à toute ~** at top speed; **ultra-sonique** supersonic speed; **boîte** *f* **de ~s** gearbox.

viticulture [vitikylty:r] *f* vine-growing.

vitrail *m* stained glass window.

vitr|e [vitr] *f* window-pane; **~er** glaze (*window*); **~ier** *m* glazier; **~ine** *f* shop-window; show-case.

vivac|e long-lived; *bot.* perennial; **~ité** *f* liveliness; animation; promptness; acuteness.

vivant *m* living person; **du ~ de q.** in s.o.'s lifetime; *adj.*

living, alive; lively; animated; vivid; lifelike.

vivier *m* fish-pond.

vivoter live from hand to mouth; vegetate.

vivre *v.* live; be alive; **~s** *m/pl.* provisions *pl.*

vocabulaire *m* vocabulary.

vœu [vø] *m* vow; wish.

vogue [vɔg] *f* fashion, vogue; **être en ~** be much sought after, be "in".

voici [vwasi] here is, here are; this is, these are; **me ~!** here I am!; **nous ~ arrivés** here we are; **le ~ qui vient** here he comes.

voie [vwa] *f* way; road; *of road:* lane; track; means *pl.*; channel; *méd.* passage, tract; *fig.* course; **~ électrifiée** electric railway; **~ ferrée** *ch.d.f.* track; **~ hiérarchique** official channels *pl.*; **~ d'accès** access (road); **~ de communication** line of communication.

voilà [vwala] there is, there are; that's . . . ; **~! **here (it is)!; here you are!; **le ~** there he is; **en ~ assez** enough of that.

voile[1] [vwal] *m* veil; curtain; *fig.* mask; pretence.

voile[2] *f* (*sail*) sailing.

voil|er veil, cover, conceal; obscure; dim; muffle (*noise*); **~ée** husky voice; **se ~er** wear a veil.

voix *f* **~ée** husky voice; **se ~er** wear a veil.

voir [vwa:r] see; **aller ~** go to see (*person*); **se ~** be visible.

voisin [vwazɛ̃] *m* neighbo(u)r;

adj. neighbo(u)ring; **~ de** next to, close to; **habiter la maison ~e** live next door; **~age** *m* neighbo(u)rhood; vicinity.

voiture [vwaty:r] *f* car, automobile; carriage; **en ~!** take your seats!, all aboard!

voix [vwa] *f* voice; vote; **à haute ~** aloud; **à ~ basse** in a whisper; **~ publique** public opinion.

vol¹ *m* flight; **~ charter** charter flight; **~ de nuit** night-flight; **à ~ d'oiseau** as the crow flies; **~ à voile** *av.* gliding; **~ plané** *av.* glide.

vol² *m* theft; **~ à la tire** pocket-picking; **~ à l'étalage** shop-lifting.

volaille [vɔla:j] *f* poultry, fowl.

volant *m* *auto* steering-wheel; flounce; *adj.* flying; **feuille** *f* **~e** loose sheet.

volcan *m* volcano.

volée *f* flight, flying; *of birds:* flock; swarm, crowd; volley.

voler¹ fly; soar.

voler² steal, rob.

volet *m* shutter; **~er** flutter.

voleur *m* thief; robber.

volontaire [vɔlɔ̃tɛ:r] *m* volunteer; *adj.* voluntary; headstrong; obstinate.

volonté [vɔlɔ̃te] *f* will, energy; **à ~** at will, at pleasure, at discretion; **mauvaise ~** ill will; **~s** *pl.* testament; fancies *pl.*

volontiers [vɔlɔ̃tje] gladly,

with pleasure.

volt [vɔlt] *m* volt; **~age** *m* [vɔlta:ʒ] *m* voltage.

volte-face *f* about-face; **faire ~** about-face.

voltiger [vɔltiʒe] flutter.

voluble voluble, glib.

volum|e [vɔlym] *m* volume, bulk; mass; **~ineux** voluminous; bulky; capacious.

volupté *f* voluptuousness.

vom|ir vomit; **~issement** *m* vomiting; vomit; **~itif** *m* emetic.

vorace ravenous; voracious; greedy; gluttonous.

vos *pl.* your.

vote *m* vote; **~r** vote.

votre your.

vôtre: le (la) ~ yours; **les ~s** *pl.* yours *pl.*, your friends *pl.*; your family, your folks *pl.*

vouer [vwe] vow, consecrate; devote; pledge.

vouloir [vulwa:r] *m* will; *v.* wish, want, like; intend; **en ~ à** have a grudge against; be angry with; **~ dire** mean; **~ bien** be willing.

voulu required, requisite, deliberate; **en temps ~** in due time.

vous you, to you; **~-mêmes** yourselves.

voût|e [vut] *f* vault; arch; **~é** vaulted, arched, curved, bent.

voyage [vwaja:ʒ] *m* journey; excursion; trip; tour; **~ d'affaires** business trip; **~ d'agrément** pleasure-trip;

~ **à pied** walking tour.

voyager [vwajaʒe] travel, journey.

voyageur *m* travel(l)er; passenger; ~ **(de commerce)** commercial travel(l)er; *adj* travel(l)ing; **pigeon** ~ carrier-pigeon.

voyant *m* seer; *adj.* gaudy, showy; loud; conspicuous.

vrac: en ~ in bulk.

vrai [vrɛ] *m* truth, reality; *adj.* true; real; right; correct, proper; accurate; **à** ~ **dire** to tell the truth; **~ment** truly; really.

vraisemblable [vrɛsãblabl]

probable, likely; plausible.

vu [vy] *adj.* seen; considered; **bien (mal)** ~ well (ill) thought of; *cj.* considering.

vue [vy] *f* sight, view, eyes *pl.*; aspect, look; **avoir la** ~ **courte** be short-sighted; **à** ~ at sight; **à première** ~ at first sight; **en** ~ in order to; **point** *m* **de** ~ point of view.

vulcaniser vulcanize.

vulgaire common, low; trivial; vulgar; ordinary; everyday; *fig.* cheap.

vulnérable   [vylnerabl] vulnerable.

W

wagon [vagõ] *m ch.d.f.* car, carriage; coach; wag(g)on; ~ **frigorifique** refrigerator car; ~ **de marchandise** goods wag(g)on, *Am.* freight car; **~-citerne** *m* tank-car;

~-lit *m* sleeping-car; **~- restaurant** *m* dining-car, diner.

wallon [walõ] *adj.*, **2** *m* Walloon.

X

xénophobie [ksenofɔbi] *f* aversion to foreigners.

xérès [xerɛs; gzerɛs] *m* sherry.

Y

y *adv.* there; here; within; *pron.* to it; by it; at it; in it; **il y a** there is, there are; **il y a dix ans** ten years ago; **pendant que j'y pense** while I think of it; **ça y est!** here you are!; **vous y êtes?** do you follow

me?; **je n'y suis pour rien** I had nothing to do with it; I had no part in it; **vous y gagnerez** you will profit from it.

yacht [jɔt] *m* yacht; **~ing** [jɔtiŋ] *m* yachting.

yaourt [jaur(t)] *m*, **yog(h)-**
  ourt [jɔgur(t)] *m* yoghurt.
yeux [jø] *m/pl.* eyes *pl.*

yougoslave *adj.*, **ↄ** *m*
  Yugoslav.
Yougoslavie *f* Yugoslavia.

Z

zèbre [zɛbr] *m* zebra.
zébré striped, streaked.
zèle [zɛ:l] *m* zeal, ardo(u)r,
  enthusiasm; **avec ~** zeal-
  ously; **faire du ~** go to great
  pains.
zélé [zele] zealous.
zénith [zenit] *m* zenith.
zéro [zero] *m* zero, naught,
  cipher; freezing-point; *fig.*
  nothing.
zézayer lisp.
zibeline *f* sable.

zigzag [zigzag] *m* zigzag;
  ~uer zigzag.
zinc [zɛ̃g] *m* zinc; *fam.* bar,
  counter; airplane.
zinguer zinc, cover with zinc;
  galvanize (*iron*).
zodiaque *m* zodiac.
zone [zo:n] *f* zone, area.
zoo [zɔɔ] *m* zoo; **~logie** *f*
  zoology; **~logique** zoolog-
  ical; **jardin** *m* **~logique** zoo.
zut! [zyt] *int.* dash it!, rats!,
  hang it!

A

a, an un, une.

aback: taken ~ étonné, déconcerté.

abandon [ə'bændən] abandonner, renoncer à; **~ed** dévergondé, dépravé; **~ment** abandon *m*.

abase [ə'beis] abaisser, humilier.

abate supprimer (*abus*); se calmer, s'apaiser; **~ment** diminution *f*; remise *f*.

abb|ey abbaye *f*; **~ot** abbé *m*.

abbreviat|e abréger; **~ion** abréviation *f*.

abdicate abdiquer.

abdomen [æb'dəmen] abdomen *m*; ventre *m*.

abduct [æb'dʌkt] enlever; **~ion** enlèvement *m*.

abed au lit, couché.

abeyance [ə'beiəns] suspension *f*; **in ~** en suspens.

abhor [əb'hɔ:] abhorrer; **~rent** répugnant.

abide demeurer; supporter; **~ by** rester fidèle à (*promesse*); s'en tenir à.

ability capacité *f*; habileté *f*.

abject misérable; bas.

abjure [əb'dʒuə] abjurer.

able capable; **be ~ to** pouvoir; **~-bodied** fort, robuste.

aboard [ə'bɔ:d] à bord de; **all ~!** en voiture.

abode[1] *prét. et p.p. de* **abide**.

abode[2] domicile *m*.

abol|ish abolir, supprimer; **~ition** abolition *f*, suppression *f*.

abomina|ble [ə'bɔminəbl] abominable; **~tion** horreur *f*.

abort|ion avortement *m*; **~ive** avortif.

abound in *ou* with abonder en.

about [ə'baut] autour de; dans; au sujet de; vers; presque, à peu près; environ; **be ~ to** être sur le point de; **what is it (all) ~?** de quoi s'agit-il?

above [ə'bʌv] au-dessus de; plus haut (que); au-delà de; **~ all** surtout; avant tout; **~-mentioned** susdit.

abreast côte à côte; **keep ~ of** se tenir au courant de.

abridg|e [ə'bridʒ] abréger; **~(e)ment** abrégé *m*, résumé *m*.

abroad [ə'brɔ:d] à l'étranger.

abrupt [ə'brʌpt] brusque, précipité; abrupt.

abscess abcès *m*.

absence ['æbsəns] absence *f*; éloignement *m*.

absent ['æbsənt] absent **(from** de); **~-minded** distrait.

absolute absolu; autoritaire; **~ly** absolument.

absolve absoudre; affranchir (**from** de); remettre (*péché*).

absorb [ǝb'sɔːb] absorber.

absorption absorption *f*.

abstain s'abstenir (**from** de).

abstemious [æb'stiːmjǝs] sobre, tempérant.

abstention abstinence *f* (**from** de); abstention *f*.

abstinen|ce abstinence *f*; **~t** tempérant, sobre.

abstract abstrait; résumé *m*; abrégé *m*.

absurd [ǝb'sɔːd] absurde; **~ity** absurdité *f*.

abundan|ce abondance *f*; **~t** abondant, copieux.

abus|e abus *m*; insultes *f*/*pl*.; abuser de; injurier; maltraiter; **~ive** abusif; injurieux.

abyss [ǝ'bis] abîme *m*, gouffre *m*.

academ|ic académique; **~y** académie *f*.

accelerat|e accélérer; **~ion** accélération *f*; **~or** accélérateur *m*.

accent [ˈæksǝnt] accent *m*; **~uate** accentuer.

accept accepter; **~able** acceptable (**to** à); **~ance** acceptation *f*, accueil *m*.

access [ˈækses] accès *m*; **~ible** accessible; abordable.

accessor|y accessoire, subsidiaire (**to** à); **~ies** *pl.* accessoires *m*/*pl*.

accident [ˈæksidǝnt] accident

m; **~ insurance** assurance *f* (contre les) accidents; **~al** accidentel.

acclaim acclamer.

acclamation acclamation *f*.

acclimate, acclimatize [ǝˈklaimǝtaiz] (s')acclimater; naturaliser (*plante*).

acclivity montée *f*; pente *f*.

accommodat|e accommoder; recevoir, loger; **~e with** pourvoir de, munir de; **~ing** complaisant; **~ion** arrangement *m*; logement *m*.

accompan|iment accompagnement *m*; **~any** accompagner; **~lice** complice *m*.

accomplish accomplir; **~ed** accompli; **~ment** accomplissement *m*; talents *m*/*pl*.

accord [ǝˈkɔːd] (s')accorder; accord *m*; **in ~ance with** conformément à; **~ing to** selon, d'après; **~ing to** ce que.

accordion accordéon *m*.

accost accoster, aborder.

account [ǝˈkaunt] compte *m*, récit *m*; **on no ~** dans aucun cas; **on ~ of** à cause de; **~ for** expliquer; **~able** responsable, explicable; **~-book** livre *m* de compte(s).

accredit accréditer; **~ed** opinion etc.: reçu, admis, établi.

accumulat|e [ǝˈkjuːmjuleit] (s')accumuler; amasser; **~ion** accumulation *f*.

accura|cy [ˈækjurǝsi] exactitude *f*; précision *f*; **~te** exact, précis.

accursed [əˈkəːsid] maudit; exécrable.

accus|ation accusation *f*; **~e** accuser (**of** de).

accustom: **~ oneself to, get ~ed to** s'accoutumer à, se faire à; **~ed to** habitué à.

ace [eis] as *m*.

acet|ate acétate *m*; **alumina ~ate** acétate *m* d'alumine; **~ify** acétifier; **~ylene** acétylène *m*.

ache [eik] mal *m*, douleur *f*; faire mal.

achieve [əˈtʃiːv] accomplir, réaliser; **~ment** accomplissement *m*; exploit *m*.

acid aigre; acide *m*; **~ity** acidité *f*; *fig*. aigreur *f*; **~-proof** résistant à l'acide.

acknowledg|e [əkˈnɔlidʒ] reconnaître; avouer; **~(e)ment** reconnaissance *f*; aveu *m*.

acme [ˈækmi] comble *m*, apogée *m*.

acorn gland *m*.

acoustics *pl*. acoustique *f*.

acquaint [əˈkweint] **s.o. with s.th.** faire connaître qc. à q.; **be ~ed with** connaître; **~ance** connaissance *f*.

acquiesce [ækwiˈes] **in** *ou* **to** acquiescer à.

acquire [əˈkwaiə] acquérir; **~ment** acquisition *f*.

acquisition acquisition *f*.

acquit acquitter, absoudre (**of** de); **~tal** décharge *f*; **~tance** quittance *f*.

acre [ˈeikə] arpent *m*; acre *f*.

acrid âcre.

across en travers (de), de l'autre côté (de); **come ~** rencontrer, tomber sur

act agir; se conduire; *thé.* jouer; acte *m*; **~ion** action *f*; acte *m*; procès *m*.

activ|ate activer; **~e** actif; vif; **~ity** activité *f*; occupation *f*.

actor acteur *m*; comédien *m*.

actress actrice *f*.

actual actuel; présent; **~ity** réalité *f*; fait *m*; **~ly** en fait; à présent.

acute aigu; vif; fin.

ad *fam.* journal: annonce *f*.

A.D. = **Anno Domini** l'an du Seigneur.

adamant [ˈædəmənt] inflexible.

adapt adapter; accommoder; **~able** adaptable.

add ajouter; (*a.* **up**) additionner; **~ to** augmenter.

adder vipère *f*.

addition addition *f*; surcroît *m*; **in ~** en plus (**to** de).

address adresse *f*; discours *m*; **~ o.s.** s'adresser à; **~ee** destinataire *m*.

adept expert (**in** dans; **at** à).

adequa|cy suffisance *f*; **~te** [ˈædikwit] suffisant; raisonnable.

adhere [ədˈhiə] **to** adhérer à; rester fidèle à; **~nt** adhérent; partisan *m*.

adhesive adhésif; gommé; **~ tape** (*ou* **plaster**) sparadrap *m*.

adjacen|cy voisinage *m*; **~t**

contigu (**to** à).

adjoin [ə'dʒɔin] **to** être contigu à.

adjourn remettre; (s')ajourner.

adjudge décider, déclarer (*coupable*); adjuger.

adjunct accessoire *m*; adjoint *m*.

adjure [ə'dʒuə] adjurer (**to** de).

adjust ajuster; régler; **~able** ajustable, réglable; **~ment** ajustement *m*; réglage *m*.

adminis|ter administrer; **~tration** administration *f*; **~trator** administrateur *m*.

admir|able ['ædmərəbl] admirable; **~ation** admiration *f*; **~e** [əd'maiə] admirer.

admiss|ible admissible; **~ion** admission *f*, accès *m*; **~ion free** entrée *f* libre.

admit [əd'mit] admettre; laisser entrer; avouer; **~tance** accès *m*; entrée *f*; **no ~tance!** entrée interdite!

admixture mélange *m*; adjonction *f*.

admoni|sh [əd'mɔniʃ] réprimander; **~tion** réprimande *f*.

ado [ə'du:] bruit *m*; agitation *f*.

adopt adopter; *fig.* embrasser; **~ion** adoption *f*.

ador|able adorable; **~ation** adoration *f*; **~e** adorer.

adorn orner, parer; **~ment** ornement *m*, parure *f*.

adult ['ædʌlt] adulte.

adulter|ate adultérer; altérer; **~y** adultère *m*.

advance (faire) avancer; hausser (*prix*); présenter (*idée etc.*); progrès *m*; avance *f*; **~ment** avancement *m*.

advantage [əd'vɑ:ntidʒ] avantage *m*; **take ~ of** exploiter; **~ous** avantageux.

advent arrivée *f*; venue *f*; **2** l'Avent *m*.

adventur|e [əd'ventʃə] aventure *f*; **~er** aventurier *m*; **~ous** aventureux.

advers|ary adversaire *m*; **~e** contraire, défavorable; **~ity** adversité *f*.

advertise ['ædvətaiz] faire de la réclame pour; insérer une annonce; **~ment** [əd'vɜ:tismənt] *journal*: annonce *f*; publicité *f*, réclame *f*; **~ing board** panneau *m* à affiches; **~ing film** film *m* publicitaire.

advice [əd'vais] conseil *m*, avis *m*.

advisable recommandable; prudent.

advis|e [əd'vaiz] recommander; conseiller; **~ory board** conseil *m* consultatif.

advocate avocat *m*; défendre; préconiser.

aerial ['ɛəriəl] aérien; antenne *f*.

aero... ['ɛərou] aéro...; **~naut** aéronaute *m*; **~plane** avion *m*.

afar: from ~ de loin.

affab|ility affabilité *f*; **~le** affable, poli.

affair [əˈfɛə] affaire f.

affect toucher; affecter; **~ation** simulation f; **~ed** touché, ému; affecté; **~ion** affection f; tendresse f; **~ionate** affectueux.

affidavit [æfiˈdeivit] déclaration f sous serment.

affiliate affilier (**to, with** à).

affinity affinité f.

affirm affirmer, confirmer; **~ation** affirmation f; confirmation f; **~ative** affirmatif.

affix attacher.

afflict affliger, tourmenter; **~ed with** affligé de; **~ion** affliction f; infirmité f.

affluen|ce [ˈæfluəns] abondance f; **~t** riche; affluent m.

afford s'offrir; se payer; être à même de; fournir, offrir; **I can't ~ it** mes moyens ne le permettent pas.

affront [əˈfrʌnt] offenser; offense f.

afield: far ~ très loin.

afloat à flot; à la mer.

afoot à pied; en mouvement.

afore|said susdit, précité; **~thought** dr. prémédité.

afraid [əˈfreid] effrayé; **be ~ of** avoir peur de; craindre.

afresh de nouveau.

Africa Afrique f; **~n** Africain m; africain.

after après; ensuite; plus tard; après que; **~-effect** répercussion f; **~noon** après-midi m; **~shave lotion** aftershave m; **~wards** ensuite, plus tard.

again [əˈgen] encore; de nou-

veau; de plus; **now and ~** de temps en temps; **~ and ~** maintes et maintes fois.

against contre; vers.

age [eidʒ] âge m; époque f; **of ~** majeur; **under ~** mineur; **~d** âgé, vieux.

agen|cy [ˈeidʒənsi] agence f; bureau m; **~t** agent m.

agglomerat|e (s')agglomérer; **~ion** agglomération f.

aggravat|e aggraver, empirer; **~ion** aggravation f.

aggress|ion agression f; **~ive** agressif; **~or** agresseur m.

agil|e [ˈædʒail] agile, leste; **~ity** agilité f.

agitat|e agiter; fig. troubler; **~ion** agitation f; trouble m.

ago [əˈgəu]: **some years ~** il y a quelques ans; **long ~** il y a longtemps.

agon|izing atroce; navrant; **~y** angoisse f; douleur f; méd. agonie f.

agree être d'accord; consentir (**to** à); tomber d'accord (**on** sur); **I ~ with you** je suis de votre avis; **~able** agréable; aimable; **~ment** accord m; convention f; traité m.

agricultur|al agricole; peuple: agriculteur; **~e** [ˈægrikʌltʃə] agriculture f; **~ist** agronome m.

ahead [əˈhed] en avant (**of** de); sur l'avant; **go ~!** allez-y!, continuez!; **straight ~** tout droit.

aid [eid] aider; aide f.

ail [eil]: **what ~s him?** qu'est-ce qu'il a?; **~ing** souffrant; **~ment** mal *m*, maladie *f*, affection *f*.

aim lancer (*projectile*); pointer (*canon etc.*); **~ at** viser; *fig. a.* aspirer à; **but** *m*; *fig.* dessein *m*; **take ~** viser.

air air *m*; brise *f*; mine *f*, apparence *f*; mélodie *f*; aérer; **in the open ~** en plein air; **on the ~** à la radio; **~base** base *f* d'aviation; **~conditioned** climatisé; **~conditioning** climatisation *f*; **~cooled** refroidi par l'air; **~craft** avion *m*, avions *m/pl.*; **~craft carrier** porte-avions *m*; **~ force** forces *f/pl.* aériennes; **~ hostess** hôtesse *f* de l'air; **~ing** ventilation *f*; **~jacket** gilet *m* de sauvetage; **~line** ligne *f* aérienne; **~liner** avion *m* de ligne; **~mail** poste *f* aérienne; **by ~mail** par avion; **~port** aéroport *m*; **~plane** avion *m*; **~pump** pompe *f* à air; **~ raid** raid *m* aérien; **~ sickness** mal *m* de l'air; **~tight** hermétique; **~y** aéré; léger; *façon:* désinvolte.

ajar [ə'dʒɑː] entrouvert, entrebâillé.

akin to apparenté à.

alarm alarme *f*; *fig.* agitation *f*; alarmer; **~-clock** réveil *m*.

alas hélas!

alcohol alcool *m*; **~ic** alcoolique.

alderman magistrat *m* mu-

nicipal.

ale [eil] ale *f*; bière *f* anglaise (*ou* blonde).

alert alerte, éveillé; **on the ~** sur le qui-vive.

alien ['eiljən] étranger (*m*); **~ate** *dr.* aliéner; *fig.* s'aliéner (*sympathie etc.*); **~ation** aliénation *f*; désaffection *f*.

alight [ə'lait] allumé; en feu; *v.* descendre; **~ on** tomber sur.

alike semblable, pareil.

aliment aliment *m*; **~ary** alimentaire; **~ation** alimentation *f*.

alive vivant; **~ to** conscient de.

all tout; tous; tout à fait; **not at ~** pas du tout; **~ in** *prix:* tout compris; *assurance:* tous-risques; **the better** tant mieux; **~ right** bien; pour de bon; entendu!; d'accord!

allegation allégation *f*; **~e** [ə'ledʒ] alléguer; prétendre.

allegoric(al) allégorique.

alleviate|e [ə'li:vieit] soulager; apaiser (*soif*); **~ion** allégement *m*, soulagement *m*.

alley allée *f*; ruelle *f*.

All Fools' Day le 1er Avril.

alliance [ə'laiəns] alliance *f*.

allocution allocution *f*.

allot assigner; attribuer; **~ment** attribution *f*; portion *f*; lopin de terre.

allow [ə'lau] permettre; admettre; laisser; **~ for** tenir compte de, faire la part de; **~able** admissible; **~ance**

tolérance f; permission f; argent m de poche; allocation f; rabais m; **make ~ance for** tenir compte de.

alloy ['æləi] alliage m.

All| Saints' Day la Toussaint; **~ Souls' Day** le jour des morts.

allude to faire allusion à.

allure [ə'ljuə] attirer; séduire; **~ment** attrait m; appât m.

allusion allusion f.

ally [ə'lai] (s')allier; ['ælai] allié m.

almight|iness omnipotence f; **~y** tout-puissant (a. eccl.).

almond ['ɑːmənd] amande f.

almost presque, à peu près.

alms [ɑːmz] aumône f.

alone seul; **let** (ou **leave) ~** laisser tranquille.

along le long de; **all ~** tout le temps.

aloud [ə'laud] à haute voix; tout haut.

alp alpe f; **the ~s** pl. les Alpes f/pl.

already déjà.

also aussi; également.

altar ['ɔːltə] autel m; **High ~** maître-autel m.

alter ['ɔːltə] changer; **~ation** changement m.

altercation dispute f, querelle f.

alternat|e (faire) alterner; **~ing current** courant m alternatif; **~ion** alternation f; alternance f; **~ive** alternatif; alternative f, choix m.

although [ɔːl'ðəu] quoique,

bien que.

altitude ['æltitjuːd] altitude f.

altogether entièrement; tout à fait.

always toujours.

a.m. = ante meridiem avant midi; du matin.

amalgamat|e (s')amalgamer; **~ion** amalgamation f.

amass amasser.

amaze [ə'meiz] étonner; stupéfier; **~ment** étonnement m; **~ing** étonnant.

ambassador ambassadeur m.

ambigu|ity [æmbi'gjuiti] ambiguïté f; équivoque f; **~ous** ambigu; équivoque.

ambit|ion ambition f; **~ious** ambitieux.

ambulance ['æmbjuləns] ambulance f; **~ station** poste m d'ambulance.

ambush embuscade f; guet-apens m.

amend [ə'mend] (s')amender; **~ment** modification f; **~s** pl.: **make ~s for** réparer.

America Amérique f; **~n** Américain m; américain.

amiab|ility amabilité f; **~le** ['eimjəbl] aimable.

amicable amical.

amid(st) parmi, entre.

amiss mal; mal à propos; **take ~** prendre en mauvaise part.

ammonia ammoniac m.

ammunition munitions f/pl.

amnesty amnistie f; amnistier.

among(st) [ə'mʌŋ(st)] parmi, entre.

amortiz|ation amortissement *m*; **~e** [ə'mɔːtaiz] amortir.

amount [ə'maunt] somme *f*; montant *m*; **~ to** s'élever à.

ample ample, abondant.

amplifi|er amplificateur *m*; **~y** amplifier.

amplitude amplitude *f*; ampleur *f*; abondance *f*.

amputate amputer.

amus|e [ə'mjuːz] amuser, divertir; **~ement** amusement *m*; divertissement *m*; **~ing** amusant.

an(a)emi|a [ə'niːmjə] anémie *f*; **~c** anémique.

an(a)esthetic anesthésique (*m*).

analog|ic(al) analogue; **~ous** analogue; **~y** analogie *f*.

analys|e [ænəlaiz] analyser; **~is** analyse *f*; **~t** psychanalyste *m*.

anarch|ic(al) anarchique; **~ist** anarchiste *m*.

anatomy anatomie *f*.

ancest|or ancêtre *m*; **~ry** lignage *m*; aïeux *m/pl*.

anchor ['æŋkə] ancre *f*.

anchovy ['æntʃəvi] anchoi *m*.

ancient ['einʃənt] ancien; antique.

and et; **~ so on** et ainsi de suite.

anew de nouveau.

angel ange *m*; **~ic** angélique.

anger ['æŋgə] colère *f*; mettre

en colère.

angle ['æŋgl] angle *m*; fig. point *m* de vue.

angry fâché, irrité.

anguish angoisse *f*.

angular angulaire.

animal animal *m*.

animat|e animer; animé; **~ion** animation *f*.

animosity animosité *f*.

anise anis *m*.

ankle cheville *f*.

annals ['ænlz] *pl.* annales *f/pl.*; fig. histoire *f*.

annex|e annexe *f*; dépendances *f/pl.*; annexer; ajouter; **~ation** annexion *f*.

annihilate [ə'naiəleit] annihiler, anéantir.

anniversary [æni'vəːsəri] anniversaire *m*.

annotat|e annoter; commenter; **~ion** annotation *f*; commentaire *m*; note *f*.

announce [ə'nauns] annoncer; faire connaître; **~ment** annonce *f*, avis *m*; **~r** annonceur *m*.

annoy [ə'nɔi] gêner; vexer; **~ance** vexation *f*; **~ing** fâcheux.

annual annuel.

annuity rente *f* annuelle.

annul [ə'nʌl] annuler; **~ment** annulation *f*.

anonym|ity anonymat *m*; **~ous** anonyme.

another [ə'nʌðə] un autre; encore un; une autre; l'un l'autre.

answer ['aːnsə] répondre (à); **~ for** répondre de; être responsable de; ~ **the door** aller ouvrir; *su*, réponse *f* (**to** à); ~**able** responsable (**for** de).

ant [ænt] fourmi *f*.

antagonist antagoniste *m*.

ante|cedents [ænti'si:dənts] *pl.* antécédents *m/pl.*; ~**date** antidater.

anticipat|e [æn'tisipeit] anticiper; anticiper sur; devancer (*q.*); s'attendre à; ~**ion** anticipation *f*; prévision *f*.

anti-dazzle anti-aveuglant; pare-lumière *m*.

antidote antidote *m*.

anti-freeze antigel *m*.

antipathy antipathie *f*.

antiqu|e [æn'ti:k] antique; ancien; ~**ity** [æn'tikwiti] antiquité *f*.

antiseptic antiseptique.

antlers *pl.* bois *m/pl.*

anvil enclume *f*.

anxi|ety [æŋ'zaiəti] inquiétude *f*; ~**ety for, to** *do* désir *m* de; ~**ous** [æŋkʃəs] inquiet; **be** ~**ous to** tenir à; **I am** ~**ous to** *a.* il me tarde de.

any un; n'importe quel; du, des; *après négation:* aucun; ~**body**, ~**one** quelqu'un; n'importe qui; ~**how** n'importe comment; en tout cas; ~**thing** quelque chose; n'importe quoi; ~**way** de toute façon; ~**where** n'importe où.

apart à part; écarté; de côté; ~ **from** en dehors de.

apartment pièce *f*, chambre *f*; *Am.* appartement *m*; ~**s** *pl.*

appartement *m*; ~ **house** immeuble *m* d'habitation.

apath|etic(al) apathique; ~**y** apathie *f*.

ape singe *m*; imiter, singer.

aperient *méd.* laxatif *m*.

aperitif apéritif *m*, *fam.* apéro *m*.

aperture ouverture *f*.

apiece chacun; la pièce.

apolog|ize [ə'pɔlədʒaiz] s'excuser; ~**y** excuse *f*; apologie *f*.

apople|ctic fit attaque *f* d'apoplexie; ~**xy** [æpəpleksi] apoplexie *f*.

appal épouvanter; consterner.

apparatus [æpə'reitəs] appareil *m*, attirail *m*.

apparent [ə'pærənt] apparent, évident, manifeste.

appeal appel *m*; attrait *m*; supplication *f*; ~ **to** demander à; faire appel à; attirer, plaire à; ~**ing** suppliant.

appear [ə'piə] (ap)paraître; se montrer; comparaître; ~**ance** apparition *f*, apparence *f*; dehors *m*.

appease [ə'pi:z] apaiser; calmer.

appendicitis [əpendi'saitis] appendicite *f*.

appendix [ə'pendiks] appendice *m*.

appertain to appartenir à.

appeti|te appétit *m*; ~**zer** amuse-gueule *m*; ~**zing** appétissant.

applau|d applaudir; ~**se** applaudissements *m/pl.*

apple pomme *f*; ~**-pie** tarte *f* aux pommes; ~**-tree** pommier *m*.

appliance [ə'plaiəns] instrument *m*; appareil *m*.

applica|nt candidat *m*; ~**tion** application *f*; demande *f*.

apply [ə'plai] appliquer; s'appliquer; ~ **to** s'adresser à.

appoint nommer; désigner; assigner; ~**ment** nomination *f*; désignation *f*; rendez-vous *m*.

apprais|al estimation *f*; ~**e** estimer, évaluer; ~**er** estimateur *m*.

appreciat|e [ə'pri:ʃieit] apprécier; estimer, tenir à, faire cas de; ~**ion** appréciation *f*.

apprehen|d saisir; arrêter; comprendre; redouter; ~**sible** perceptible; ~**sion** arrestation *f*; crainte *f*; ~**sive** timide; craintif.

apprentice [ə'prentis] placer en apprentissage (**to** chez); apprenti *m*; ~**ship** apprentissage *m*.

approach [ə'prəutʃ] approcher; s'approcher de; *fig.* aborder; approche *f*; accès *m*; rapprochement *m*; ~**able** accessible; abordable.

approbation approbation *f*; consentement *m*.

appropriat|e [ə'prəupriit] s'approprier; affecter, destiner (**for** à); *adj.* [ə'prəupriit] approprié, convenable; ~**ion** appropriation *f*; affectation *f*.

approv|al approbation *f*; **on** ~**al** à l'essai; ~**e** [ə'pru:v]

(**of**) approuver.

approximate [ə'prɒksimit] approximatif.

apricot ['eiprikət] abricot *m*.

April avril *m*.

apron tablier *m*.

apt convenable, juste; intelligent; ~ **at** prompt à; ~ **to** apte à; ~**itude** talent *m* (**for** pour).

aquatic aquatique; ~**s** *pl.* sports *m/pl.* nautiques.

Arab Arabe *m*; *adj.* arabe.

arbitrar|iness arbitraire *m*; ~**y** ['a:bitrəri] arbitraire.

arbitrat|e arbitrer; trancher (*différend*); ~**ion** arbitrage *m*; ~**or** arbitre *m*.

arbo(u)r tonnelle *f*.

arc [a:k] arc *m*; ~**ade** [a:'keid] arcade *f*.

arch [a:tʃ] espiègle; malin; voûte *m*, arc *m*; arche *f*; (s') arquer.

archbishop archevêque *m*.

architec|t architecte *m*; ~**ure** architecture *f*.

archives ['a:kaivz] *pl.* archives *f/pl.*

arctic ['a:ktik] *adj.* arctique.

ardent ['a:dənt] ardent *m*.

ard|o(u)r ardeur *f*; chaleur *f*; ~**uous** ardu; *travail:* pénible; laborieux.

area ['ɛəriə] superficie *f*; région *f*; zone *f*; terrain *m*; ~ **code** indicatif *m* interurbain.

Argentina l'Argentine *f*.

argue ['a:gju:] discuter; raisonner; plaider.

argument argument *m*; discussion *f*; **~ation** argumentation *f*.

arid aride; **~ity** aridité *f*.

aright bien, correctement.

arise [əˈraiz] s'élever, surgir; se produire, résulter (**from** de).

arisen *p.p. de* **arise**.

aristocra|cy aristocratie *f*; **~t** aristocrate *m*; **~tic** aristocratique.

arithmetic [əˈriθmətik] arithmétique *f*; calcul *m*; **~al** arithmétique.

arm[1] bras *m*.

arm[2] armer; armer; **~ament** armement *m*.

arm|-chair fauteuil *m*; **~ful** brassée *f*.

armistice [ˈɑːmistis] armistice *m*.

armo(u)r armure *f*, blindage *m*; armer, blinder.

arm-pit aisselle *f*.

army armée *f*; *fig.* foule *f*.

aroma arôme *m*; bouquet *m*; **~tic** aromatique.

arose *prét. de* **arise**.

around [əˈraund] autour (de); environ.

arouse [əˈrauz] (r)éveiller; stimuler.

arrange [əˈreindʒ] (s')arranger, ranger, régler, fixer; **~ment** arrangement *m*; disposition *f*.

array [əˈrei] rangs *m/pl.*; étalage *m*; ranger; disposer.

arrears [əˈriəz] arriéré *m*; **in~** en retard.

arrest arrestation *f*; suspension *f*; arrêt *m*; arrêter.

arriv|al arrivée *f*, arrivage *m*; **~e** [əˈraiv] arriver (**at** à).

arrogan|ce [ˈærəugəns] arrogance *f*; **~t** arrogant.

arrow flèche *f*.

arsenal arsenal *m*.

arson [ˈɑːsn] crime *m* d'incendie.

art [ɑːt] art *m*; artifice *m*; **~ exhibition**, **~ show** exposition *f* d'art; **applied ~s** *pl.*, **~s and crafts** *pl.* arts et métiers *m/pl.*; **the fine ~s** *pl.* les beaux-arts *m/pl.*

arter|ial artériel; **~ial road** artère *f*; **~y** artère *f*.

artful ingénieux; rusé; habile; **~ness** ruse *f*; habileté *f*.

artichoke artichaut *m*.

article article *m*.

articulat|e articuler; **~ion** articulation *f*.

artificial [ɑːtiˈfiʃəl] artificiel; **~ silk** rayonne *f*.

artillery artillerie *f*.

artisan artisan *m*, ouvrier *m*.

artist [ˈɑːtist] artiste *m*; **~ic** artistique.

artless naïf; sans art(ifice); naturel.

as aussi, si; comme; parce que; puis que; à mesure que; **~ a matter of fact** en fait; **~ good ~** aussi bon que; **~ if**, **~ though** comme si; **~ of** à partir de; **~ soon ~** dès que; **~ it were** pour ainsi dire; **~ well** (**~**) aussi bien (que).

ascend [əˈsend] monter, s'éle-

ver; **~dancy** suprématie f;
influence f (**over** sur); **~sion**
ascension f; **⁎sion Day** fête f
de l'Ascension.

ascertain constater;
s'informer de.

ascetic [ə'setik] ascétique.

ascribe [əs'kraib] to attribuer
à, imputer à.

ash cendre f; **⁎ Wednesday**
le mercredi des Cendres.

ashamed [ə'feimd] honteux,
confus; **be** ou **feel ~** avoir
honte (**of** de).

ash-can boîte f à ordures;
poubelle f.

ashore à terre; échoué.

ash-tray cendrier m.

Asia ['eiʃə] Asie f; **~n**
asiatique.

aside a. de côté.

ask demander (**s.o.** à q.); prier;
inviter.

asleep endormi; *pieds:*
engourdi; **be ~** dormir; **fall
~** s'endormir.

asparagus [əs'pærəgəs]
asperge f.

aspect vue f; aspect m.

aspire [əs'paiə] **to** ou **after**
aspirer à, viser à.

aspirin aspirine f.

ass âne m.

assail assaillir; attaquer.

assassin [ə'sæsin] assassin m;
~ate assassiner; **~ation**
assassinat m.

assault [ə'sɔ:lt] assaut m;
attaque f; assaillir, attaquer.

assembl|age rassemblement
m; assemblage m; **~e** (s')as-

sembler; (se) réunir; **~er**
monteur m; **~y** assemblée f;
montage m; **~y line** chaîne f
de montage.

assent consentement m; **~ to**
admettre; consentir à.

assert affirmer; **~ion**
assertion f, affirmation f.

assess estimer; taxer; **~ment**
assiette f (des impôts).

asset(s pl.) actif m.

assid|uity assiduité f,
diligence f; **~uous** assidu;
diligent.

assign [ə'sain] assigner (**to** à).

assist aider, secourir; assister;
~ance [ə'sistəns] aide f,
secours m, assistance f; **~ant**
assistant m.

assizes pl. (cour f d') assises
f/pl.

associat|e [ə'səuʃiit] associé
(m); v. [ə'səuʃieit] **with**
(s')associer avec; **~ion** association f; société f.

assort|ed assorti; **~ment**
assortiment m; choix m.

assuage [ə'sweidʒ] apaiser,
calmer, soulager.

assum|e prendre; supposer;
assumer; **~ption** hypothèse
f; supposition f.

assur|ance [ə'ʃuərəns] affir-
mation f; promesse f;
assurance f, aplomb m; **~e**
assurer.

asthma ['æsmə] asthme m;
~tic asthmatique.

astonish étonner; **~ing** étonnant; **~ment** étonnement m,
surprise f.

astound [əs'taund] confondre; stupéfier; **~ing** stupéfiant.

astray égaré; **go ~** s'égarer.

astride à califourchon (sur).

astringent [əs'trindʒənt] astringent (m).

astronom|er astronome m; **~y** astronomie f.

asunder en deux; éloigné l'un de l'autre; séparé.

asylum [ə'sailəm] asile m, refuge m.

at prét. de (guerre), auprès de; sur; **~ the door** à la porte; **~ my aunt's** chez ma tante; **~ school** à l'école; **~ the age of ...** à l'âge de ...; **~ one blow** d'un seul coup; **~ home** chez soi, **~ best** au mieux; **~ the latest** au plus tard.

ate prét. de **eat**.

athlet|e ['æθliːt] athlète m; **~ic** athlétique; **~ics** sp. sports m/pl. (athlétiques).

at-home réception f; soirée f.

atmospher|e ['ætməsfiə] atmosphère f (a. fig.); **~ics** pl. [ætməs'feriks] radio parasites m/pl.

atom atome m; **~ic bomb** bombe f atomique; **~ic energy** énergie f atomique; **~ize** vaporiser; atomiser; **~izer** pulvérisateur m.

atone for expier, racheter.

atroc|ious atroce; **~ity** atrocité f.

attach [ə'tætʃ] attacher; lier, fixer (**to** à); **be ~ed to** être

attaché à; **~ment** attachement m.

attaché case [ə'tæʃi keis] porte-documents m.

attack attaquer; assaut m, attaque f.

attain [ə'tein] atteindre (**to** à); acquérir; **~ments** pl. connaissances f/pl.; acquisitions f/pl.

attempt essayer; tâcher; essai m, effort m; attentat m.

attend assister à; suivre (cours); **~ (upon)** servir; soigner (malade); **~ to** faire attention à; s'occuper de; **~ance** service m. assistance f; méd. soins m/pl.; présence f; **~ant** serviteur m; gardien m; préposé m.

atten|tion attention f; **~ive to** attentif à, soucieux de .

attenuate [ə'tenjueit] atténuer; amaigrir.

attest attester; certifier; **~ation** attestation f; témoignage m.

attic mansarde f.

attitud|e ['ætitjuːd] attitude f; **~inize** poser; faire des grâces.

attorney [ə'təːni] avoué m; mandataire m.

attract attirer; fig. séduire; **~ion** attraction f; attrait m; **~ive** attrayant, séduisant; **~iveness** attrait m, charme m.

attribute [ə'tribjut] **to** imputer à, attribuer à.

auburn châtain roux.

auction vente f aux enchères; vendre aux enchères; **~eer** commissaire-priseur m.

audaci|ous [ɔːˈdeiʃəs] audacieux, hardi; **~ty** audace f, hardiesse f.

audible [ˈɔːdəbl] perceptible; audible.

audience auditoire m; public m, spectateurs m/pl.

auditor auditeur m; vérificateur m aux comptes.

aught: for ~ I know autant que je sache.

augment [ɔːˈgˈment] augmenter; (s')accroître; **~ation** augmentation f; accroissement m.

August [ˈɔːgəst] août m; **z** [ɔːˈgʌst] auguste, imposant.

aunt [ɑːnt] tante f.

auspic|es auspices m/pl.; **~ious** favorable.

auster|e [ɔsˈtiə] austère; **~ity** austérité f.

Australia [ɔsˈtreiljə] Australie f; **~n** Australien m; australien.

Austria Autriche f; **~n** Autrichien m; autrichien.

autarchy autarchie f.

autarky autarcie f.

authentic authentique; **~ate** certifier.

author auteur m; écrivain m; **~ess** femme f écrivain; **~itative** autoritaire; péremptoire; **the ~ities** pl. les autorités f/pl., l'administration f; **~ity** autorité f; autorisation f; expert m (**on** en); on

good ~ity de bonne source; **~ize** autoriser.

auto|giro autogire m; **~graph** autographe m; **~mat** restaurant m à distributeurs automatiques; **~matic** automatique; **~(mobile)** [ˈɔːtəməbiːl] auto f, voiture f; **~nomous** autonome; **~psy** autopsie f.

autumn [ˈɔːtəm] automne m; **~al** automnal.

avail servir, être utile; ~ **o.s. of** profiter de; **su.:** of no ~ inutile; **~able** accessible; disponible.

avalanche [ˈævəlɑːnʃ] avalanche f.

avaric|e [ˈævəris] avarice f; **~ious** avare, avaricieux.

avenge [əˈvendʒ] venger.

average [ˈævəridʒ] moyenne f; avaries f/pl.; **on an** ~ en moyenne; moyen; ~ **person** homme m moyen; v. atteindre une moyenne de.

aver|se to ou **from** opposé à; **~sion** aversion f; répugnance f; **~t** détourner (**from** de).

aviat|ion [eiviˈeiʃən] aviation f; vol m; **~or** aviateur m.

avoid éviter; échapper à.

avow [əˈvau] avouer; déclarer; **~al** aveu m.

await attendre.

awake s'éveiller; éveillé; **be ~ to** être conscient de; **wide ~** tout éveillé.

award sentence f arbitrale; adjudication f; décerner (prix).

aware: be ~ of avoir connaissance de; **become ~ of** prendre connaissance de; sentir.

away loin, au loin; absent; **go ~** s'en aller, partir.

awe [ɔ:] crainte *f*; respect *m*; **~struck** intimidé.

awful terrible.

awhile [ə'wail] pendant quelque temps, un instant.

awkward ['ɔ:kwəd] gauche, maladroit; **~ness** gaucherie *f*.

awning tente *f*; banne *f*; marquise *f*.

awoke *prét. de* awake.

awoken *p.p. de* awake.

awry [ə'rai] de travers; de guingois.

ax(e) hache *f*.

axis axe *m*.

axle essieu *m*.

ay(e) [ai] oui.

azure ['æʒə] d'azur; azuré; azur *m*.

B

B.A. = **Bachelor of Arts** Licencié *m* ès lettres.

babble babiller, jaser; babil *m*; jabotage *m*.

baby ['beibi] bébé *m*; **~hood** première enfance *f*; bas âge *m*; **~-sitter** gardienne *f* d'enfant.

bachelor ['bætʃələ] garçon *m*; célibataire *m*.

back dos *m*; revers *m*; *chaise:* dossier *m*; fond *m*; derrière *m*; de derrière; (en) arrière; **be ~** être de retour; *v.* (faire) reculer; seconder, appuyer; **~ out (of)** se retirer (de), se dégager (de); **~bite** médire de; **~bone** colonne *f* vertébrale; *fig.* fermeté *f*, cran *m*; **~door** porte *f* de derrière; *fig.* petite porte *f*; **~ground** fond *m*, arrière-plan *m*; formation *f* (professionnelle); **~stairs** escalier *m* de service; **~ward** en arrière; arriéré; en retard; **~wards** en arrière; à reculons; à l'envers.

bacon ['beikən] lard *m*.

bad mauvais, méchant; malade.

bade *a. prét. de* bid.

badge [bædʒ] insigne *m*; brassard *m*.

badger blaireau *m*.

badly mal; **he is ~ off** il est dans la gêne; **want ~** avoir grand besoin de.

badness méchanceté *f*.

baffle dérouter; déjouer.

bag sac *m*; sacoche *f*; bourse *f*; poche *f*.

baggage ['bægidʒ] *Am.* bagages *m/pl.*; **~ check** bulletin *m* de bagages; **~ room** consigne *f*.

bagpipe cornemuse *f*.

bail [beil] garant *m*; caution *f*; cautionnement *m*; **~iff** huissier *m*.

bait amorce *f*; appât *m*.

bak|e cuire au four; **~er** boulanger *m*; **~ery** boulangerie *f*; **~ing-powder** levure *f* (en poudre).

balance ['bæləns] balance *f*; bilan *m*; équilibre *m*; (se) balancer; compenser; **~sheet** bilan *m*.

balcony ['bælkəni] balcon *m*; *thé. a.* deuxième galerie *f*.

bald [bɔːld] chauve; dénudé; **~ness** calvitie *f*.

bale [beil] balle *f*, ballot *m*.

balk [bɔːk] billon *m*; obstacle *m*; contrarier, frustrer; regimber (**at** devant).

ball balle *f*, ballon *m*; boule *f*; bal *m*; **~-bearings** *pl.* roulement *m* à billes; **~(point)-pen** stylo *m* à bille.

ballast *mar.* lest *m*; ballast *m*.

ballet ['bælei] ballet *m*.

balloon ballon *m*.

ballot vote *m*; scrutin *m*; voter au scrutin; **~-box** urne *f* de scrutin.

balm [bɑːm], **balsam** baume *m*.

Baltic baltique; balte; **~ Sea** (mer *f*) Baltique *m*.

balustrade [bælə'streid] balustrade *f*.

ban ban *m*; proscription *f*; interdire, proscrire.

banana [bə'nɑːnə] banane *f*; **~ plug** *f* banane.

band bande *f*; ruban *m*; orchestre *m*.

bandage ['bændidʒ] pansement *m*; mettre un pansement sur.

bang coup *m*; claquement *m*; claquer.

banish bannir; exiler.

banisters *pl.* rampe *f*.

bank banc *m*; rivage *m*; berge *f*; banque *f*; déposer en banque; **~ account** compte *m* en banque; **~-bill** effet *m*; **~-book** livret *m* de banque; **~er** banquier *m*; **~ holiday** jour *m* férié; **~ing-house** maison *f* de banque; **~-note** billet *m* de banque; **~-rate** taux *m* d'escompte; **~ruptcy** banqueroute *f*.

banns *pl.* bans *m/pl.*

banquet ['bæŋkwit] banquet *m*; dîner *m* de gala.

banter badinage *m*.

bapti|sm baptême *m*; **~st** baptiste *m*; **~ze** baptiser.

bar barre *f*; barrière *f*; barreau *m*; *bar m*; comptoir *m*; barrer, interdire.

barbed wire fil *m* de fer barbelé.

barbar|ian barbare *m*; **~ous** barbare.

barber barbier *m*; coiffeur *m*; **~('s) shop** salon *m* de coiffure.

bare [bɛə] nu; dénudé; **~foot(ed)** nu-pieds; **~-headed** nu-tête; **~ness** nudité *f*; pauvreté *f*.

bargain ['bɑːgin] marché *m*, contrat *m*; bonne affaire *f*; **into the ~** par-dessus le marché; *v.* marchander.

barge [bɑːdʒ] barque *f*; chaland *m*.

bark écorce f; barque f; *chien:* aboyer.

bar-keeper barman m.

barley orge f.

barmaid barmaid f.

barman barman m.

barn grange f.

barometer [bəˈrɔmitə] baromètre m.

baron orgue m de Barbarie.

barracks pl. caserne f.

barrage [ˈbærɑːʒ] barrage m.

barrel tonneau m; *fusil:* canon m; cylindre m; ~-organ orgue m de Barbarie.

barren [ˈbærən] stérile.

barricade barricade f; barricader.

barrier [ˈbæriə] barrière f; obstacle m; portillon m d'accès.

barrister avocat m.

bartender barman m.

barter échange m, troc m; échanger, troquer (**for** contre).

base [beis] bas, vil; ignoble; base f; fondement m; **be ~d on** être fondé sur; ~**ball** baseball m; ~**less** sans fondement; ~**ment** sous-sol m; ~**ness** bassesse f.

bashful timide; modeste.

basin [ˈbeisn] bassin m; cuvette f; jatte f.

basis base f.

bask: ~ **in the sun** prendre le soleil.

basket corbeille f; panier m.

bass¹ [bæs] bar m, perche f.

bass² [beis] basse f.

bat¹ chauve-souris f.

bat² *cricket etc.:* batte f.

batch fournée f (*a. fig.*); paquet m.

bath [bɑːθ] bain m; **have** (*ou* **take**) **a** ~ prendre un bain; ~**room** salle f de bain; ~**tub** baignoire f.

bathe [beið] baignade f; (se) baigner.

bathing-cap bonnet m de bain; ~-**costume** maillot m de bain; ~-**wrap** sortie f de bain.

batter frapper; maltraiter; cabosser.

battery pile f; batterie f.

battle bataille f; combat m; batailler.

bawl [bɔːl] brailler, crier à tue-tête.

bay¹ baie f, golfe m; laurier m.

bay² aboyer.

be [biː] être; **there is, there are** il y a.

beach [biːtʃ] plage f, grève f.

beacon [ˈbiːkən] phare m.

bead perle f; sueur: goutte f; ~s pl. collier m.

beak bec m.

beam poutre f, solive f; rayon m; rayonner.

bean [biːn] fève f; café: grain m.

bear¹ ours m.

bear² [bɛə] porter; souffrir; tolérer; ~ **out** confirmer, justifier; ~ **up** tenir bon, faire bonne contenance.

beard [biəd] barbe f; ~**ed** barbu; ~**less** imberbe; sans barbe.

bear|er porteur m; passeport: titulaire m; **~ing** allure f, maintien m; **take one's ~ings** s'orienter.

beast [bi:st] bête f; **~ly** bestial, brutal.

beat [bi:t] coup m; cœur; battement m; **~ (music)** (musique f) beat m; v. (a. prét.) battre; surpasser; **~ it** fam. se barrer.

beaten p.p. de beat.

beauti|ful beau; **~fy** embellir.

beauty ['bju:ti] beauté f; **~parlo(u)r**, **~ salon** institut m de beauté; **~-spot** mouche f; fig. coin m pittoresque.

beaver [bi:və] castor m; **eager ~** fam. bûcheur m.

became prét. de become.

because parce que; **~ of** à cause de.

beckon to faire signe à.

becom|e (a. p.p.) devenir; convenir à; aller bien à; **~ing** convenable; seyant.

bed lit m; fleurs: parterre m; **go to ~** se coucher; **put to ~** coucher, mettre au lit; **~ and board** pension f complète; **~ and breakfast** chambre f avec déjeuner m; **~-clothes** pl. draps m/pl. de lit; **~ding** literie f; **~linen** linge m de lit; **~ridden** alité; **~room** chambre f à coucher; **~side** chevet m; **~side rug** descente f de lit; **~stead** bois m de lit.

bee [bi:] abeille f.

beech [bi:tʃ] hêtre m.

beef bœuf m; **~steak** bifteck m; **~tea** bouillon m.

bee|hive ruche f; **~-keeper** apiculteur m; **make a ~-line for** aller droit vers.

been p.p. de be.

beer bière f.

beet betterave f.

beetle scarabée m, escarbot m.

befit convenir à.

before devant; (en) avant; avant que; **the day ~** la veille (de); **~hand** d'avance.

beg mendier; prier, supplier.

began prét. de begin.

beget engendrer.

beggar mendiant m.

begin commencer; **~ner** débutant m; **~ning** commencement m; début m.

begot prét. de beget.

begotten p.p. de beget.

begrudge [bi'grʌdʒ] envier.

beguile [bi'gail] tromper; faire passer (temps).

begun p.p. de begin.

behalf [bi'hɑ:f]: **on ~ of** au nom de, pour; (a. **in ~ of**) en faveur de.

behav|e [bi'heiv] se tenir, se comporter; **~io(u)r** [bi'heivjə] conduite f, comportement m.

behind (par) derrière; en arrière (de); en retard.

beige beige.

being être m; existence f.

belch éructer.

belfry ['belfri] beffroi m, clo-

bet

cher *m*.

Belgian Belge *m*; belge.

Belgium ['beldʒəm] Belgique *f*.

belie démentir; faire mentir.

belie|f croyance *f*; *fig.* confiance *f*; **~vable** croyable; **~ve** croire (**in** *à ou* en); **~ in** *à*. faire grand cas de; **make ~** faire semblant (de); **~ver** croyant *m*.

bell cloche *f*; sonnette *f*; timbre *m*; **~-boy, ~-hop** chasseur *m*, groom *m*; **~-flower** campanule *f*.

bellows *pl.* soufflet *m*.

bell-push bouton *m* (de sonnerie).

belly ventre *m*.

belong to appartenir à, être à; faire partie de; **~ings** *pl.* affaires *f/pl.*; effets *m/pl.*

beloved aimé.

below en bas; (en) dessous; au-dessous de, sous.

belt ceinture *f*; courroie *f*; **green ~** ceinture *f* verte.

bench banc *m*; *dr.* siège *m*.

bend tournant *m*, courbe *f*, coude *m*; (se) courber; plier; baisser (tête).

beneath [bi'ni:θ] = **below**.

benefact|ion bienfait *m*; **~or** bienfaiteur *m*.

benefi|cence bienfaisance *f*; **~cent** bienfaisant; utile; **~cial** salutaire; utile; **for the ~t of** dans l'intérêt de; *v.* profiter à; **~t from** *ou* **by** se trouver bien de.

benevolen|ce bienveillance *f*; bonté *f*; **~t** bienveillant; charitable.

benign [bi'nain] bénin (*a. méd.*); favorable; **~ity** bienveillance *f*; *méd.* bénignité *f*.

bent¹ *prét. et p.p. de* **bend**.

bent² penchant *m*, disposition *f*; **~ on** acharné à.

benumb [bi'nʌm] engourdir.

bequeath [bi'kwi:ð] léguer (**to** à); **~est** legs *m*.

bereave priver (**of** de).

beret béret *m*.

bereft *prét. et p.p. de* **bereave**.

berry baie *f*.

berth *mar.* évitée *f*; *ch. d. f.* couchette *f*; *fig.* place *f*; **give s.o. a wide ~** éviter q.

beseech [bi'si:tʃ] supplier, implorer; **~ing** suppliant.

beside auprès, à côté de; en outre, en plus; d'ailleurs.

besiege [bi'si:dʒ] assiéger (*a. fig.*).

besought *prét. et p.p. de* **beseech**.

besprinkle arroser.

best le meilleur, le mieux; **~ man** garçon *m* d'honneur; **do one's ~** faire de son mieux; **make the ~ of a bad job** faire bonne mine à mauvais jeu.

bestir [bi'stə:]: **~ o.s.** se remuer.

bestow on accorder à, conférer à.

bet pari *m*; parier; **~ting office** bureau *m* des paris.

betake: ~ **o.s. to** se rendre à.

betray trahir; ~**al** trahison *f*; ~**er** traître *m*.

betrothal [bi'trəuðəl] fiançailles *f*/pl.

better meilleur (*m*); mieux; **get the** ~ **of** l'emporter sur; **so much the** ~ tant mieux; **you had** ~ **go** vous feriez mieux de vous en aller; *v.* améliorer.

between entre; ~ **you and me** entre nous.

beverage ['bevəridʒ] boisson *f*.

bevy bande *f*, troupe *f*.

beware [bi'wɛə] **of** se méfier de; prendre garde à.

bewilder [bi'wildə] égarer; troubler; ~**ment** trouble *m*, confusion *f*.

bewitch ensorceler; enchanter.

beyond [bi'jɔnd] au-delà de; plus loin; au-dessus de; en dehors de; ~ **measure** outre mesure.

bias penchant *m* (**towards** pour); influencer.

Bible ['baibl] Bible *f*.

bicarbonate of soda bicarbonate *m* de soude.

bicycle ['baisikl] bicyclette *f*; aller à bicyclette.

bid offre *f*; *v.* (*a. prét. et. p.p.*) offrir.

bidden *a. p.p. de* **bid.**

bier [biə] civière *f*.

big grand, gros; lourd; **talk** ~ fanfaronner; faire l'important.

bigot ['bigət] bigot *m*, fanatique *m*.

bigwig *fam.* grand manitou *m*.

bike [baik] vélo *m*.

bilberry airelle *f*.

bile bile *f*; *fig.* colère *f*.

bill[1] bec *m*; se becqueter.

bill[2] note *f*, facture *f*, addition *f*; ~ **of exchange** traite *f*; ~ **of fare** carte *f* de jour; menu *m*; ~ **of lading** connaissement *m*.

billet ['bilit] billet *m* de logement; loger (**on** *ou* **with** chez).

billiard|-cue queue *f* de billiard; ~**s** *pl.* (jeu *m* de) billiard *m*.

billion billion *m*; *Am.* milliard *m*.

billow lame *f*, grande vague *f*; ondoyer; ~**y** houleux.

bill-sticker afficheur *m*.

bin poubelle *f*.

bind [baind] lier, resserrer; obliger; relier (*livres*); ~**ing** obligatoire; lien *m*; *livre*: reliure *f*.

binoculars [bi'nɔkjuləz] *pl.* jumelles *f*/pl.

biography [bai'ɔgrəfi] biographie *f*.

birch [bə:tʃ] bouleau *m*.

bird [bə:d] oiseau *m*; ~**'s-eye view** perspective *f* à vol d'oiseau.

birth [bə:θ] naissance *f*; accouchement *m*; ~~**control** contrôle *m* des naissances; procréation *f* dirigée; ~**day**

blood

anniversaire *m*; ~~**place** lieu *m* de naissance.

biscuit [biskit] biscuit *m*.

bit[1] *prét. et p.p. de* **bite.**

bit[2] morceau *m*, bout *m*.

bit|e morsure *f*; piqûre *f*; bouchée *f*; mordre; ~**ing** mordant.

bitten *a. p.p. de* **bite.**

bitter amer; aigre; bière *f* blonde; ~**ness** amertume *f*; rancune *f*; ~**s** amers *m/pl.*

black noir; sombre, triste; ~**berry** mûre *f*; ~~**currant** cassis *m*; ~**en** noircir; cirer (*bottes*); ~ **eye** œil *m* poché; ~~**head** comédon *m*; ~**leg** renard *m*, jaune *m*; ~ **market** marché *m* noir; ~**sheep** brebis *f* galeuse; ~**smith** forgeron *m*.

bladder vessie *f*.

blade herbe; brin *m*; couteau: lame *f*.

blam|able ['bleiməbl] blâmable; ~**e** reproches *m/pl.*; blâmer; ~**eless** irréprochable, sans tache; ~**eworthy** blâmable; répréhensible.

blank (en) blanc; vide (*m*); formulaire *m*; **fill in the** ~**s** remplir les vides.

blanket couverture *f*.

blasphem|e [blæs'fiːm] blasphémer; outrager; ~**y** ['blæsfimi] blasphème *m*.

blast rafale *f*; briser, ruiner; ~**ing** explosion *f*.

blaze [bleiz] flamme *f*; feu *m*; flamber; flamboyer.

blazer blazer *m*.

bleach [bliːtʃ] blanchir; décolorer.

bleak [bliːk] froid; triste, morne.

bled *prét. et p.p. de* **bleed.**

bleed saigner.

blemish défaut *m*; tache *f*; tacher, souiller.

blend mélange *m*; mêler; mélanger; couper (*vin*).

bless bénir; consacrer; ~**ed** bienheureux; saint; ~**ing** bénédiction *f*; bienfait *m*.

blew *prét. de* **blow.**

blind[1] aveugle (*a. fig.* **to** à); ~**alley** impasse *f*; ~**flying** *m* sans visibilité; aveugler (**to** à).

blind[2] store *m*; jalousie *f*; persienne *f*.

blind|fold aveuglément; bander les yeux à; ~**ness** cécité *f*; *fig.* aveuglement *m*.

blink clignoter; cligner des yeux; *fig.* fermer les yeux à.

bliss félicité *f*; béatitude *f*; ~**ful** bienheureux.

blister ampoule *f*; cloque *f*; vésicatoire *m*.

blizzard ['blizəd] tempête *f* de neige.

bloat [bləut] gonfler; ~**er** hareng *m* saur.

block bloc *m*; bille *f*; pâté *m* (de maisons); bloquer, obstruer; ~**head** imbécile *m*.

blood [blʌd] sang *m*; race *f*; ~~**poisoning** empoisonnement *m* du sang; ~~**pressure** tension *f* artérielle; ~~**shed** effusion *f* de sang; ~**shot**

injecté de sang; **~-vessel** vaisseau m sanguin; **~y** sanglant; *fam.* sacré.

bloom fleur f; épanouissement m; fleurir.

blot tache f; encre: pâté m; tacher; ternir; **~ out** effacer.

blouse [blauz] blouson m.

blow [blou] coup m; **come to ~s** en venir aux mains; souffler; *fusible*: sauter; **~ in** arriver à l'improviste; **~ over** se calmer; **~ one's nose** se moucher; **~ up** (faire) sauter; éclater; **~out** crevaison f.

blown *p.p. de* **blow.**

blue [blu:] bleu; bleuir.

blueprint photocalque m; bleu m; *fig.* plan m; **in the ~ stage** à l'état de projet (*ou* d'ébauche).

blues *mus.* blues m; **have the ~** voir le cafard; avoir le noir.

bluff bluff m; bluffer.

bluish bleuâtre.

blunder bévue f, maladresse f; faire une bévue *ou* gaffe.

blunt émoussé; brusque; émousser.

blur tache f; barbouiller; brouiller; rendre confus.

blurb annonce f sur le couvre-livre.

blurt [blə:t] **out** trahir par maladresse; laisser échapper.

blush rougeur f; rougir.

bluster vanterie f; fanfaronner; *vent*: souffler en rafales.

boar [bɔ:] sanglier m; verrat m.

board [bɔ:d] planche f; carton m; table f; pension f; commission f, conseil m; aller à bord de; **~ and lodging** pension f complète; **≈ of Trade** Ministère m du Commerce; **~er** pensionnaire m; **~ing-house** pension f; **~ing-school** internat m.

boast [boust] vanterie f; se vanter (de); posséder.

boat [bout] bateau m; **~ing** canotage m.

bob petite révérence f; s'agiter, sautiller; faire une petite révérence; **~bed hair** coiffure f à la Jeanne d'Arc.

bobbin bobine f.

bodice corsage m.

bodily corporel, physique.

body corps m; carrosserie f; **(dead) ~** cadavre m.

bog marécage m; **~ged down** embourbé; **~gy** marécageux.

boil [bɔil] ébullition f; furoncle m; (faire) bouillir; **~er** chaudière f.

boisterous ['bɔistərəs] bruyant; tumultueux; violent.

bold hardi, courageux; **~-ness** hardiesse f.

bolster traversin m; coussin m; **~ up** soutenir.

bolt carreau m; verrou m; verrouiller; décamper; filer; gober.

bomb [bɔm] bombe f; bombarder.

bond lien m; attache f; contrat m, engagement m; **in ~** entreposé.

bounty

bondage ['bɔndidʒ] esclavage *m.*

bone os *m; poisson:* arête *f.*

bonfire feu *m* de joie.

bonnet ['bɔnit] béret *m;* bonnet *m, Brit. auto* capot *m.*

bonus ['bəunəs] prime *f;* boni *m;* gratification *f.*

bony osseux; plein d'os *ou* d'arêtes.

book livre *m;* cahier *m;* prendre son billet; réserver, retenir, louer; **~binder** relieur *m;* **~case** bibliothèque *f;* **~ing réservation** *f;* **~ing-office** guichet *m;* **~-keeper** comptable *m;* **~-mark** signet *m;* **~seller** libraire *m;* **~shelf** rayon *m;* **~shop, ~store** librairie *f.*

boom *com.* hausse *f* rapide; vogue *f;* être en hausse; tonner.

boon faveur *f;* bienfait *m.*

boost faire de la réclame pour; **~ business** augmenter les affaires.

boot botte *f;* chaussure *f; Brit. auto* coffre *m* (à bagages); **~s** garçon *m* d'étage.

booty butin *m.*

border ['bɔːdə] bord *m;* marge *f;* frontière *f;* border; encadrer; **~ on** confiner à.

bore[1] *prét. et p.p. de* **bear**[2].

bore[2] creuser; percer; *fig.* ennuyer; raser; ennui *m;* raseur *m;* **~r** percer *m.*

boring ennuyeux, rasant.

born né; **be ~** naître; **I was ~ on . . .** je suis né le . . .

borne *p.p. de* **bear**[2].

borough ['bʌrə] bourg *m;* commune *f.*

borrow ['bɔrəu] emprunter **(from** à).

bosom ['buzəm] sein *m.*

boss patron *m,* chef *m.*

botan|ical botanique; **~ical garden** jardin *m* botanique; **~y** botanique *f.*

botch rafistoler; bousiller.

both [bəuθ] tous les deux; **~ of them** tous les deux; **~ . . . and** et . . . et.

bother ['bɔðə] ennui *m;* tracas *m;* tracasser; (s') inquiéter; **~ to** se donner *ou* prendre la peine de.

bottle ['bɔtl] bouteille *f;* **~d** en bouteilles; **~-opener** ouvre-bouteille *m.*

bottom ['bɔtəm] bas *m;* fond *m; chaise:* siège *m;* derrière *m;* **at the ~ of** au fond de; **at ~** dans le fond; **~less** sans fond; *fig.* insondable.

bough [bau] branche *f;* rameau *m.*

bought *prét. et p.p. de* **buy**.

bounce (re)bond *m;* (faire) (re)bondir.

bound[1] *prét. et p.p. de* **bind**.

bound[2] obligé; **be ~ to do** être obligé de faire, devoir faire; **~ for** en route pour; *v.* borner, limiter; bondir, sauter; **~ary** limite *f;* **~less** sans bornes; **~s** *pl. fig.* limite *f.*

bounty générosité *f;* gratification *f;* prime *f.*

bouquet [buˈkei] bouquet *m* (*a. du vin*).

bow[1] [bau] salut *m*; s'incliner (**to** devant; *a. fig.*).

bow[2] [bəu] arc *m*; ~ **tie** nœud *m* papillon.

bowels *pl.* entrailles *f/pl.*

bowl [bəul] bol *m*, coupe *f*; **pipe**: fourneau *m*; rouler; ~**er** (chapeau *m*) melon *m*.

box boîte *f*; coffret *m*; malle *f*; caisse *f*; *thé.* loge *f*; ~ **on the ear** gifle *f*; *v.* faire de la boxe; ~ **s.o.'s ears** gifler q.; ~**er** boxeur *m*; ~**ing** boxe *f*; ~ **number** case *f* postale; ~ **office** caisse *f*, guichet *m*.

boy garçon *m*; ~**hood** enfance *f*, jeunesse *f*.

bra soutien(-gorge) *m*.

brace fortifier; (*a.* ~**up**) ravigoter.

braces *pl.* bretelles *f/pl.*

bracelet [ˈbreislit] bracelet *m*.

bracket console *f*; crochet *m*; parenthèse *f*.

brag vanterie *f*; se vanter (**of** de); ~**gart** vantard *m*.

braid [breid] tresse *f*; galon *m*; tresser; galonner.

brain [brein] cerveau *m*; intelligence *f*; ~**less** stupide; *fig.* irréfléchi; ~ **wave** idée *f* lumineuse; ~~**worker** intellectuel *m*.

brake frein *m*; freiner; ~**lights** *pl.* stops *m/pl.*

bran son *m*.

branch [braːntʃ] branche *f*, rameau *m*; succursale *f*, filiale *f*; ~ **off** bifurquer; ~ **(out)** se

ramifier; ~~**line** embranchement *m*; ~~**office** agence *f*.

brand brandon *m*; marque *f*; stigmate *m*; marquer.

brand-new flambant neuf.

brandy cognac *m*.

brass cuivre *m* jaune; laiton *m*; ~ **band** fanfare *f*.

brassiere [ˈbræsiə] soutien (-gorge) *m*.

brave [breiv] courageux, brave; braver, affronter.

bravo bravo *m*.

brawl [brɔːl] bagarre *f*, querelle *f*; se bagarrer.

brazen d'airain; *fig.* effronté; ~**ness** effronterie *f*.

Brazil [brəˈzil] le Brésil; ~**ian** Brésilien *m*; brésilien.

breach [briːtʃ] rupture *f*.

bread [bred] pain *m*; *fam.* fric *m*; ~ **and butter** tartine *f*.

breadth [bredθ] largeur *f*, ampleur *f*.

break rupture *f*; fracture *f*; interruption *f*; (se) briser, (se) casser; ~ **down** tomber en panne; démolir; ~ **in** *auto* roder; ~ **into** cambrioler; ~ **out** éclater, se déclarer; ~ **up** mettre en morceaux; (se) briser; démolir; ~**able** fragile; ~**down** débâcle *f* de la santé; *auto.* panne *f*; ~**fast** [ˈbrekfəst] petit déjeuner *m*; prendre son petit déjeuner; ~**neck** à se casser le cou.

breast [brest] poitrine *f*; sein *m*; ~**pin** épingle *f* de cravate; ~~**stroke** brasse *f*.

breath [breθ] haleine *f*, respi-

ration *f*; **below one's ~** à mi-
voix; **out of ~** à bout de
souffle; **~e** [bri:ð] respirer;
~ing respiration *f*; souffle *m*;
~less essoufflé; **~-taking**
ahurissant.

bred *prét. et p.p. de* **breed.**

breeches *pl.* culotte *f*.

breed race *f*; espèce *f*; produire; élever (*bétail*).

breez|e [bri:z] brise *f*;
~y venteux; *fig.* (se)
tramer; breuvage *m*; **~er**
brasseur *m*; **~ery** brasserie *f*.

bribe pot *m* de vin; corrompre, acheter, soudoyer; **~ry**
corruption *f*.

brick brique *f*; **~layer** maçon *m*.

bridal nuptial, de noces.

bride [braid] (nouvelle)
mariée *f*; **~groom** (nouveau)
marié *m*.

bridge [bridʒ] pont *m*; enjamber (*rivière*).

bridle [braidl] bride *f*; *fig.*
frein *m*; brider; **~-path** piste
f cavalière.

brief bref; court; donner
des instructions à; **~ness**
brièveté *f*.

brigand brigand *m*, bandit *m*.

bright [brait] brillant; vif;
clair; intelligent; **~en** (s')
éclaircir; **~ness** clarté *f*;
intelligence *f*.

brilliant [briljənt] brillant;
éclatant.

brim bord *m*.

bring amener; apporter; **~
about** amener, occasionner;

provoquer; **~ along** amener;
apporter; **~ out** publier;
lancer (*actrice etc.*); **~ up**
(faire) monter; élever
(*enfant*); avancer (*question*);
~er porteur *m*.

brink bord *m*.

brisk vif, alerte, animé.

bristle [brisl] *cochon*: soie *f*;
poil *m*; (se) hérisser.

British britannique.

brittle fragile, cassant.

broach [brəutʃ] broche *f*;
percer, entamer (*fût*); aborder (*sujet*).

broad [brɔ:d] large, grand;
jour: plein; **~cast** émission *f*;
radiodiffuser; **~casting
station** station *f* de radio-
diffusion; **~-minded** tolérant; à l'esprit large.

broke[1] *prét. de* **break.**

broke[2] fauché, à sec.

broken *p.p. de* **break.**

broker courtier *m*; agent *m* de
change.

bronchitis [brɔŋ'kaitis]
bronchite *f*.

bronze bronze *m*; de bronze.

brooch [brəutʃ] broche *f*,
épingle *f*.

brood couvée *f*; volée *f*;
(ac)couver; *fig.* méditer.

brook ruisseau *m*; **~let** ruisse-
let *m*.

broom balai *m*.

Bros. = brothers.

broth bouillon *m*.

brother frère *m*; **~(s) and
sister(s)** frère(s) et sœur(s);
~hood fraternité *f*; **~in-**

law beau-frère *m.*

brought *prét. et p.p. de* **bring**.

brow [brau] sourcil *m*; front *m.*

brown brun; ~ **bread** pain *m* bis; ~ **paper** papier *m* d'emballage.

bruise [bru:z] contusion *f*; (se) meurtrir.

brush brosse *f*; pinceau *m*; brosser; ~ **up (on)** *fig.* dérouiller, rafraîchir.

Brussels Bruxelles; ~ **sprouts** *pl.* choux *m/pl.* de Bruxelles.

brut|al ['bru:tl] brutal; féroce; **~ality** brutalité *f*; **~e** brut; brutal; bête *f* brute.

bubble bulle *f*; bouillonner.

buck chevreuil *m*; mâle *m.*

bucket seau *m.*

buckle boucle *f*, agrafe *f*; boucler; serrer.

bud bourgeon *m*; bouton *m*; bourgeonner, boutonner.

buddy copain *m.*

budge [bʌdʒ] bouger.

budget ['bʌdʒit] budget *m.*

buffer tampon *m.*

buffet ['bʌfit] buffet *m.*

buffoon bouffon *m.*

bug punaise *f*; *Am.* insecte *m*; **~bear** objet *m* d'épouvante; cauchemar *m.*

bugger *fam.* type *m*, bougre *m.*

build [bild] bâtir, construire; *fig.* fonder (**on** sur); ~ **in** murer; ~ **up** édifier; (se) créer; **~er** constructeur *m*; **~ing** édifice *m*; maison *f*; **~ing**

trade (industrie *f* de) bâtiment *m.*

built *prét. et p.p. de* **build**.

bulb bulbe *m*; *élec.* ampoule *f.*

Bulgaria Bulgarie *f.*

bulge [bʌldʒ] bombement *m*; saillie *f*; bomber; faire saillie.

bulk masse *f*, grosseur *f*, volume *m*; **~y** gros, volumineux.

bull [bul] taureau *m*; haussier *m*; **~dog** bouledogue *m*; **~fight** corrida *f.*

bullet ['bulit] balle *f.*

bulletin bulletin *m*, communiqué *m.*

bull's-eye (verre *m* de) hublot *m*; *cible:* blanc *m.*

bumble-bee bourdon *m.*

bump coup *m*, cahot *m*, heurt *m*; (se) cogner; (bes. **against, on** contre); ~ **into** heurter, accrocher; tomber sur (*q.*).

bumper rasade *f*; *auto* pare-chocs *m.*

bumpy cahoteux.

bun petit pain *m* au lait; brioche *f*; chignon *m.*

bunch botte *f*, *fleurs:* bouquet *m*; *gens:* bande *f*; ~ **of keys** trousseau *m* de clefs.

bundle paquet *m*, fagot *m*; botte *f*; (*a.* ~ **up**) empaqueter; mettre en paquet.

bung bondon *m.*

bungalow ['bʌŋɡələu] bungalow *m.*

bung-hole bonde *f.*

bungle ['bʌŋɡl] gâchis *m*; gâcher, rater, bousiller.

bunk couchette *f*.

bunk(um) blague *f*., bêtises *f/pl*.

buoy [bɔi] bouée *f*.; ~**ancy** flottabilité *f*.; *fig.* entrain *m*; ~**ant** flottable; *fig.* optimiste, plein d'entrain.

burden ['bɜːdn] fardeau *m*; charge *f*.; charger, accabler (**with** de); ~**some** onéreux.

bureau ['bjuərəu] bureau *m*; *meuble:* secrétaire *m*.; *Am. a.* commode *f*.

burglar cambrioleur *m*.; ~**y** cambriolage *m*.

Burgundy bourgogne *m*, vin *m* de Bourgogne.

burial ['beriəl] enterrement *m*; ~**ground** cimetière *m*.

burlesque [bɜːˈlesk] burlesque; burlesque *m*.; parodie *f*.

burn [bɜːn] brûlure *f*.; brûler; cuire; ~**er** brûleur *m*, bec *m* de gaz; ~**ing** brûlant, ardent.

burnish brunir, polir.

burnt *prét. et p.p. de* **burn**.

burst [bɜːst] éclat *m*; explosion *f*, *v.* (*a. prét. et p.p.*) éclater, crever, exploser; ~ **into tears** fondre en larmes; ~ **out laughing** éclater de rire.

bury ['beri] ensevelir, enterrer.

bus [bʌs] autobus *m*; **miss the** ~ laisser échapper l'occasion.

bush [buʃ] buisson *m*.

bushel [buʃl] boisseau *m*.

bushy touffu; broussailleux.

business ['biznis] affaire *f*; occupation *f*.; **on** ~ pour affaires; ~ **hours** *pl.* heures

f/pl. d'ouverture; ~**like** pratique; ~**man** homme *m* d'affaires; ~ **trip** voyage *m* d'affaires.

bust[1] buste *m*, poitrine *f*.

bust[2] (*a.* ~ **up**) ruiner, bousiller; **go** ~ craquer, rater.

bustle ['bʌsl] mouvement *m*; remue-ménage *m*.; ~ **about** s'affairer; faire l'empressé.

busy ['bizi] actif, affairé; occupé; ~**o.s. with** s'occuper à.

but [bʌt] mais; excepté.

butcher ['butʃə] boucher *m*.; ~**'s (shop)** boucherie *f*.

butler *maison privée:* maître *m* d'hôtel.

butt [bʌt] crosse *f*. (*du fusil*); (*gros*) bout *m*.; *cigarette:* mégot *m*; ~ **in** interrompre; ~ **in on** se mêler de.

butter beurre *m*; beurrer; ~**fly** papillon *m*; ~**milk** petit-lait *m*, babeurre *m*.

button bouton *m*; ~ **up** boutonner; ~**hole** boutonnière *f*; accrocher (*q.*).

buy [bai] acheter; prendre (*billet*); ~**er** acheteur *m*, acquéreur *m*.

buzz [bʌz] bourdonnement *m*; bourdonner; ~**er** *télé.* sonnerie *f*.

by [bai] près de; à côté de; *passif:* par; temps; *moyen:* avant, pour (*huit heures etc.*); ~ **tomorrow** d'ici demain; ~ **day** de jour, le jour; ~ **far** de beaucoup; ~ **o.s.** tout seul; à l'écart; ~ **air** en avion; ~ **car** en auto; ~ **sea** en bateau; **day ~ day** de jour en jour; **~ the ~** à propos; **go ~** passer; **~gone** passé; d'autrefois; **~-pass** (voie f de) contournement m; con-

tourner; **~-product** sous-produit m; **~-stander** spectateur m; **~-street** rue f écartée.

bye-bye au revoir.

C

cab taxi m; **~ driver** chauffeur m de taxi.

cabbage ['kæbidʒ] choux m/pl.

cabin cabane f; cabine f; **~-boy** mousse m.

cabinet ['kæbinit] meuble m à tiroirs; pol. cabinet m; **~-maker** ébéniste m.

cable câble m; câbler; **~gram** câblogramme m.

cab|rank, **~stand** station f de taxis.

cackle caquet m; caqueter.

caddie golf: cadet m.

café ['kæfei] café m.

cafeteria [kæfi'tiəriə] (restaurant m) self-service m.

cage [keidʒ] cage f; volière f; mettre en cage.

cajole [kə'dʒəul] **into doing s.th.** amener à faire qc.

cake gâteau m; pâtisserie f; **~ of soap** pain m de savon; v. faire croûte.

calamit|ous calamiteux, désastreux; **~y** calamité f; désastre m.

calcify ['kælsifai] (se) calcifier.

calcula|ble calculable; **~te** calculer; estimer; **~ting machine** machine f à calculer; **~tion** calcul m.

calendar calendrier m;

calf [kɑːf] (pl. **calves**) veau m; mollet m; **~skin** veau m.

calibre ['kælibə] calibre m.

call appel m; visite f; coup m de téléphone; appeler, rendre visite; **~ for** faire venir; aller chercher; **~ on** aller visiter; **~ up** donner un coup de téléphone (à); **~-box** cabine f téléphonique.

callo|sity callosité f; **~us** calleux; fig. insensible, dur.

calm [kɑːm] calme (m), tranquille; v. down (se) calmer, (s')apaiser.

calorie ['kæləri] calorie f.

column|iate calomnier; diffamer; **~y** calomnie f.

came prét. de **come**.

camel chameau m.

camera appareil m (photographique); **~ store** magasin m de photographe.

camomile ['kæməumail] (**tea** infusion f de) camomille f.

camp camp m; camper; **~-stool** chaise f pliante.

campaign [kæm'pein] campagne f; **electoral ~** campagne f électorale.

camping camping m; **~ site** terrain m de camping.

can[1] pouvoir; être capable de.

can[2] boîte f (de conserves); ~ **opener** ouvre-boîtes m.

Canad|**a** Canada m; **~ian** Canadien/ne/; canadien.

canal canal m.

canary(-bird) [kə'nɛəri] serin m.

cancel biffer; annuler; **~lation** annulation f.

cancer ['kænsə] *méd.* cancer m; **~ous** *méd.* cancéreux.

candid franc; sincère.

candidate candidat m.

candied candi; confit.

candle bougie f; cierge m.

cando(u)r franchise f, sincérité f.

candy sucre m candi; *Am.* bonbons *m/pl.*

cane canne f; jonc m.

canister boîte f métallique.

canned en boîte(s).

cannery conserverie f.

cannon ['kænən] canon m.

cannot: I ~ je ne peux pas.

canoe [kə'nu:] canoë m.

canopy dais m; baldaquin m; auvent m; marquise f.

cant jargon m, argot m; hypocrisie f, cafarderie f.

canteen [kæn'ti:n] cantine f.

canter petit galop m.

canvas toile f; tableau m.

canvass faire une tournée électorale (dans *une région*); *com.* faire la place; faire (*une place*).

cap bonnet m, casquette f.

capab|**ility** [keipə'biliti] capacité f; faculté f; **~le**

['keipəbl] capable (**of** de).

capacity capacité f.

cape [keip] cap m, promontoire m; pèlerine m.

caper câpre f; cabriole f, gambader.

capital ['kæpitl] capital; excellent; capitale f; capital m; **~ism** capitalisme m; **~ist** capitaliste m; **~istic** capitaliste; **~ize** capitaliser.

capitulat|**e** capituler; **~ion** capitulation f.

capric|**e** [kə'pri:s] caprice m, lubie f; **~ious** capricieux.

capsize [kæp'saiz] (faire) chavirer.

capsule ['kæpsju:l] capsule f.

captain ['kæptin] capitaine m; chef m.

caption en-tête m; *cin.* sous-titre m.

captivate *fig.* captiver, fasciner.

captiv|**e** captif m; **~ity** captivité f.

capture ['kæptʃə] capture f; prise f, capturer, prendre (*ville*).

car [ka:] automobile f, voiture f; **~ crash** accident m de voiture; **~ ferry** bac m à voitures, car-ferry m; **~ hire** location f de voitures; **~ park** parc m à voitures, parking m; **~ train** train m à voitures.

caramel caramel m.

caravan caravane f; roulotte f.

caraway carvi m.

carbohydrate ['ka:bəu-'haidreit] hydrate *m* de carbone.

carbon carbone *m*; **~-paper** papier *m* carbone.

carbuncle escarboucle *f*; *méd.* anthrax *m*.

carburet(t)or carburateur *m*.

card carte *f*; **~board** carton *m*.

cardigan cardigan *m*.

cardinal ['ka:dinl] cardinal *m*; **~ number** nombre *m* cardinal.

card| index fichier *m*, classeur *m*; **~-sharper** tricheur *m*.

care [kɛə] souci *m*; soin *m*; attention *f*; **take ~ of (c/o)** … chez …; **take ~** faire attention (**of** à; **that** que); **~ for** soigner; aimer, tenir à; se soucier de; **I don't ~ about it** ça m'est égal.

career [kə'riə] carrière *f*.

care|ful soigneux (**of** de); attentif (**of** à); prudent; soigné; **~less** insouciant.

caress [kə'res] caresse *f*; caresser.

care|-taker concierge *m*, *f*; gardien *m*; **~-worn** usé par le chagrin.

carfare ['ka:fɛə] tarif *m*, prix *m* du trajet.

cargo cargaison *f*.

caricature [kærikə'tjuə] caricature *f*.

caries ['kɛərii:z] *méd.* carie *f*.

carnation [ka:'neiʃən] œillet *m*.

carnival carnaval *m*.

carol chant *m*, chanson *f*.

carp carpe *f*; **~ at** critiquer.

carpenter charpentier *m*.

carpet tapis *m*; **~-sweeper** balai *m* mécanique.

carriage ['kæridʒ] transport *m*; voiture *f*; frais *m/pl.* de transport; attitude *f*; **baby ~** voiture *f* d'enfant; **~-free**, **~-paid** franc de port.

carrier ['kæriə] porteur *m*, voiturier *m*.

carrot ['kærət] carotte *f*.

carry porter; mener; conduire; **~ away** emporter, emmener; **~ on** continuer; **~ out** exécuter, réaliser.

cart charrette *f*; charrier; **~age** (prix *m* du) charriage *m*.

carton [ka:tən] carton *m*.

cartoon [ka:'tu:n] caricature *f*; dessin *m* animé.

cartridge ['ka:tridʒ] cartouche *f*.

carve découper (*viande*); sculpter; ciseler.

carving sculpture *f*; **~-knife** couteau *m* à découper.

cascade [kæs'keid] chute *f* d'eau; cascade *f*; cascader.

case¹ caisse *f*; valise *f*; étui *m*; *outils:* trousse *f*.

case² cas *m*; **in ~** en cas que, au cas où; **in any ~** en tout cas; de toute façon.

casement battant *m* de fenêtre.

cash argent *m* comptant; toucher (*chèque*); encaisser; **~ down** argent *m* comptant;

~ **on delivery** contre remboursement; ~ **payment** payement *f* en (au) comptant; ~ **register** caisse *f* enregistreuse.

cashier [kəˈʃiə] caissier *m*; casser.

casing enveloppe *f*; étui *m*.

casino casino *m*.

cask fût *m*, tonneau *m*.

casket cassette *f*, coffret *m*; *Am.* cercueil *m*.

cast [kɑ:st] jet *m*; coup *m*; moulage *m*; *thé.* distribution *f* des rôles; *v.* (*a.* prét. *et* p.p) jeter; lancer; couler; ~ **iron** fonte *f*; ~ **steel** acier *m* fondu.

castaway naufragé *m*.

caste [kɑ:st] caste *f*; classe *f*; ~ **feeling** esprit *m* de caste.

castigate châtier; critiquer sévèrement.

castle [ˈkɑ:sl] château *m*.

castor oil huile *f* du ricin.

casual [ˈkæʒjuəl] fortuit, accidentel; ~ **wear** vêtements *m/pl.* de loisir; ~**ty** accident *m*; ~**ties** *pl.* victimes *f/pl.*, pertes *f/pl.*

cat chat *m*.

catalog(ue) [ˈkætələg] catalogue *m*, répertoire *m*.

cataract cataracte *f*.

catarrh catarrhe *m*.

catastrophe [kəˈtæstrəfi] catastrophe *f*, désastre *m*; ~**ic** désastreux.

catch prise *f*; attraper, prendre, saisir; ~ **on** réussir; prendre; ~ **up with** rattra-

per; ~**ing** contagieux; infectieux; ~**penny** camelote *f*; ~**y** entraînant; accrochant.

cater: ~ **for** (*ou* **to**) fournir des repas à; ~ **to** *fig.* alimenter, servir, être favorable à.

caterpillar chenille *f*.

cathedral [kəˈθi:drəl] cathédrale *f*.

Catholic [ˈkæθəlik] catholique (*m*, *f*).

cattle bétail *m*.

caught prét. *et* p. p. de **catch**.

cauliflower chou-fleur *m*.

cause [kɔ:z] cause *f*; raison *f*; occasionner, causer.

causeway chaussée *f*.

caustic caustique; *fig.* mordant.

cauterize [ˈkɔ:təraiz] cautériser.

caut|ion prudence *f*; avertissement *m*; avertir; ~**ous** prudent, circonspect.

cave caverne *f*; grotte *f*.

cavil at trouver à redire à.

cavity cavité *f*; trou *m*.

cease [si:s] cesser (de); ~**less** sans cesse.

cede [si:d] céder.

ceiling [ˈsi:liŋ] plafond *m* (*a. fig.*); ~ **price** prix *m* maximum.

celebrat|e [ˈselibreit] célébrer; glorifier; ~**ed** célèbre; renommé; ~**ion** célébration *f*.

celerity [siˈleriti] célérité *f*.

celery céleri *m*.

celestial céleste.

celibacy ['selibəsi] célibat *m.*

cell [sel] cellule *f*; cachot *m.*

cellar cave *f.*

cellul|oid celluloïd *m*; **~ose** cellulose *f.*

cement ciment *m*; cément *m*; cimenter.

cemetery ['semitri] cimetière *m.*

censor censeur *m*; interdire; expurger; **~ship** censure *f.*

censure ['senʃə] blâme *m*; réprimande *f*; blâmer, critiquer.

census recensement *m.*

cent [sent]: **per ~** pour cent.

centennial (anniversaire *m*) centenaire *m.*

center *Am.* = **centre**.

centigrade ['sentigreid] centigrade.

central central; **~ heating** chauffage *m* central; **~ office** centrale *f*; **~ station** gare *f* centrale; **~ization** centralisation *f*; **~ize** centraliser.

centre centre *m*; **~ forward** *sport* avant centre *m*; **~ half** demi centre *m*; *v.* (se) concentrer (**on** sur).

century ['sentʃuri] siècle *m.*

ceramics *pl.* céramique *f.*

cereals *pl.* ['siəriəlz] céréales *f/pl.*

cerebral cérébral.

ceremon|ial cérémonieux; **~y** ['seriməni] cérémonie *f.*

certain ['sə:tn] certain, sûr (**of** de); **~ty** certitude *f*; chose *f* certaine.

certificat|e [sə'tifikit] certi-

cat *m*, attestation *f*; **~ion** certification *f.*

certi|fy certifier, attester; **~tude** certitude *f.*

cession ['seʃən] cession *f*; abandon *m.*

cesspool fosse *f* d'aisance; *fig. a.* cloaque *m.*

chafe frictionner; irriter; s'écorcher.

chaff balle *f*; paille *f* hachée; taquinerie *f*; taquiner.

chain [tʃein] chaîne *f*; enchaîner; **~ store** succursale *f.*

chair [tʃɛə] chaise *f*; siège *m*; **~man** président *m.*

chalet ['ʃælei] chalet *m.*

chalk [tʃɔ:k] craie *f.*

challenge ['tʃælindʒ] défi *m*, provocation *f*; tâche *f*; défier, provoquer; mettre en doute; faire appel à (*attention etc.*).

chamber ['tʃeimbə] chambre *f*; salle *f*; **~ of Commerce** chambre *f* de commerce; **~maid** femme *f* de chambre.

champagne [ʃæm'pein] champagne *m.*

champion ['tʃæmpjən] champion *m*; **~ship** championnat *m.*

chance [tʃɑ:ns] chance *f*, hasard *m*; occasion *f*; **by ~** par hasard.

chancellor ['tʃɑ:nsələ] chancelier *m*; **~ of the Exchequer** ministre *m* des Finances.

chandelier [ʃændi'liə] lustre *m.*

change [tʃeindʒ] changement *m*; monnaie *f*; changer; transformer; changer de train; **~able** changeant; variable.

channel ['tʃænl] canal *m*; rigole *f*; **the (English) ~** la Manche; **through official ~s** par la voie hiérarchique.

chap crevasse *f*; *fam.* type *m*, gars *m*, bonhomme *m*.

chapel ['tʃæpəl] chapelle *f*; oratoire *m*.

chaplain chapelain *m*.

chapter chapitre *m*.

character ['kærɪktə] caractère *m*; personnalité *f*; réputation *f*; *thé.* rôle *m*; **~istic** caractéristique; **~ize** caractériser.

charcoal charbon *m* (de bois).

charge [tʃɑːdʒ] charge *f*; soin *m*, garde *f*; accusation *f*; **~s** *pl.* frais *m/pl.*; **~ account** compte *m* de crédit; **free of ~** exempt de frais; gratuit; **in ~ (of)** responsable (de), préposé (à); *v.* charger; accuser (**of** de); demander (*un prix* à *q.*).

charit|able charitable; indulgent; **~y** charité *f*; bienfaisance *f*.

charm [tʃɑːm] charme *m*; attrait *m*; porte-bonheur *m*; charmer.

chart diagramme *m*, graphique *m*; carte *f* marine.

charter (af)fréter; **~ flight** vol *m* nolisé; **~-party** charte-partie *f*.

charwoman femme *f* de ménage.

chase [tʃeis] chasse *f*; poursuite *f*; chasser; donner la chasse á.

chasm ['kæzəm] gouffre *m*; abîme *m*.

chassis ['ʃæsi] châssis *m*.

chaste chaste, pudique; pur.

chasti|se châtier; corriger; **~ty** chasteté *f*; *fig.* pureté *f*.

chat causerie *f*; causer; **~ter** bavarder; **~terbox** bavard *m*.

cheap [tʃiːp] (à) bon marché; *fig.* vulgaire; **~en** baisser le prix *ou* la valeur de, déprécier; **~ness** bon marché *m*.

cheat [tʃiːt] tromperie *f*; tricherie *f*; tricheur *m*; tromper; tricher.

check[1] *Am.* = **cheque**.

check[2] frein *m*; contrôle *m*; billet *m*; arrêter; retenir; vérifier; déposer (*bagages etc.*); **~ in** *hotel:* s'inscrire; arriver; **~ out** partir; **~-book** carnet *m* de chèques; **~-room** vestiaire *m*; *Am.* consigne *f*; **~-up** examen *m* (général).

cheek joue *f*; *fam.* toupet *m*; **~y** insolent, effronté.

cheer humeur *f*; gaieté *f*; **~s** *pl.* applaudissements *m/pl.*; **~s!** à la vôtre!; **three ~s for ...!** vive ...!; *v.* applaudir; **~ up** prendre courage; égayer; **~ful** gai; **~less** triste, sombre.

cheese [tʃiːz] fromage *m*; **~-monger** marchand *m* de fromage.

chemical ['kemikl] chimique; **~s** pl. produits m/pl. chimiques.

chemist ['kemist] chimiste m; pharmacien m; **~ry** chimie f.

cheque [tʃek] chèque m; **~book** carnet m de chèques.

chequered ['tʃekəd] à carreaux.

cherish chérir; nourrir, entretenir (espoir etc.).

cherry cerise f.

chess échecs m/pl.; **~board** échiquier m.

chest caisse f, coffre m; poitrine f; **~ of drawers** commode f.

chestnut ['tʃesnət] châtain; châtaigne f; marron m.

chew [tʃuː] mâcher; **~ing-gum** gomme f á mâcher, chewing-gum m.

chicken poulet m; poussin m; **~pox** varicelle f.

chief principal; chef m; fam. patron m; **~tain** chef m de clan.

chilblain engelure f.

child [tʃaild] (pl. **~ren** ['tʃildrən]) enfant m; **~hood** enfance f; **~ish** enfantin; puéril.

Chile Chili m.

chill froideur f; froid m; **take the ~ off** tiédir (liquide); **~ed meat** viande f frigorifiée; **~y** froid; frileux; **feel ~y** avoir froid.

chime [tʃaim] carillon m.

chimney cheminée f; **~sweep(er)** ramoneur m.

chin menton m.

China ['tʃainə] Chine f; **~** porcelaine f.

Chinese [tʃai'niːz] Chinois m; chinois.

chink fente f; lézarde f; crevasse f.

chip éclat m, copeau m; jeu: jeton m; **~s** pl. (pommes de terre) frites f/pl.; v. découper; (s')ébrécher.

chiropodist [ki'rɔpədist] pédicure m.

chirp pépier; grésiller.

chisel ciseau m; burin m; ciseler.

chivalr|ous ['ʃivalrəs] chevaleresque; courtois; **~y** chevalerie f; courtoisie f.

chives [tʃaivz] ciboulette f.

chloroform chloroforme m; chloroformer.

chocolate ['tʃɔkəlit] chocolat m.

choice choix m; de choix, de première qualité.

choir ['kwaiə] chœur m.

choke étranglement m; étouffer; suffoquer; **~(r)** starter m.

cholera choléra m.

choleric colérique; irascible.

choose [tʃuːz] choisir.

chop coup m de hache; côtelette f; couper, hacher; **~per** couperet m; **~py** mer: agité.

chord [kɔːd] corde f.

chorus ['kɔːrəs] chœur m.

chose prét. de **choose**.

chosen p.p. de **choose**.

christen ['krisn] baptiser;

~ing baptême *m*.

Christian ['krɪstjən] chrétien; **~ name** prénom *m*; **~ity** christianisme *m*.

Christmas ['krɪsməs] Noël *m*; **~-box** cadeau *m* de Noël, étrennes *f/pl*.

chromium-plated chromé.

chronic chronique.

chronicle chronique *f*.

chuck: **~ out** flanquer à la porte; **~ up** abandonner, planter là.

chuckle rire sous cape.

chum copain *m*.

church [tʃə:tʃ] église *f*; **~yard** cimetière *m*.

churn baratter; *fig.* agiter.

cider ['saidə] cidre *m*.

cigar [si'gɑ:] cigare *m*; **~-case** étui *m* à cigares; **~-cutter** coupe-cigare *m*; **~-holder** fume-cigare *m*; **~-store** *Am.* bureau *m* de tabac.

cigarette [sigə'ret] cigarette *f*; **~-holder** fume-cigarette *m*.

cinder cendre *f*.

cinema cinéma *m*.

cipher ['saifə] zéro *m*; chiffre *m*; chiffrer.

circle ['sə:kl] cercle *m*; *thé.* galerie *f*; entourer; faire le tour de.

circuit ['sə:kit] circuit *m*; parcours *m*; **short ~** court-circuit *m*.

circular ['sə:kjulə] circulaire; **~ letter** (lettre *f*) circulaire *f*.

circula|te ['sə:kjuleit] circuler; **~tion** circulation *f*; *journal*: tirage *m*.

circum|ference circonférence *f*; périphérie *f*; **~scribe** circonscrire; *fig.* limiter; **~stance** circonstance *f*; **~stantial** circonstancié; détaillé.

circus ['sə:kəs] cirque *m*.

cite [sait] citer.

citizen ['sitizn] citoyen *m*; bourgeois *m*; **~ship** *Am.* nationalité *f*.

city grande ville *f*; cité *f*.

civil civil; poli, courtois; **~ servant** fonctionnaire *m*; **~ization** civilisation *f*; culture *f*; **~ize** ['sivilaiz] civiliser.

clad revêtu.

claim demande *f*; *dr.* réclamation *f*; droit *m*, titre *m*; réclamer, revendiquer; affirmer.

clam palourde *f*.

clamber grimper.

clammy moite; froid et humide.

clamo(u)r ['klæmə] clameur *f*; cris *m/pl.*; vociférer, crier.

clamp crampon *m*.

clandestine [klæn'destin] clandestin.

clang bruit *m* métallique; (faire) retentir; (faire) résonner.

clap applaudissements *m/pl.*; applaudir; battre des mains.

claret vin *m* de table rouge (du Bordelais).

clash choc *m*; fracas *m*; désaccord *m*; conflit *m*; faire résonner; s'entrechoquer; s'opposer; se heurter; *cou-*

leurs: détonner.

clasp agrafe *f*; fermoir *m*; agrafer; étreindre; **~-knife** couteau *m* pliant.

class classe *f*; sorte *f*; cours *m*; classer.

classic (auteur *m*) classique *m*; **~al** classique; **~s** *pl*. humanités *f/pl*.

classi|fication classification *f*; classement *m*; **~fy** classifier; classer.

classroom salle *f* de classe.

clause [klɔːz] clause *f*, article *m*; démaquiller.

claw [klɔː] griffe *f*; serre *f*; écrevisse; pince *f*; griffer.

clay argile *f*; glaise *f*.

clean [kliːn] propre, net; nettoyer; **~ing** nettoyage *m*.

cleanliness [ˈklenlinis] propreté *f*; netteté *f*; **~ly** propre.

cleanse [klenz] nettoyer; purifier; démaquiller.

clear [kliə] clair; évident; *space*: libre; **~ up** (s')éclaircir; **~ of** débarrasser de; disculper de; **~ance** dégagement *m*; *space m* libre; jeu *m*; espace *m* libre; **~ance sale** soldes *m/pl*.

clearing clairière *f*; **≈ House** chambre *f* de compensation.

clearness clarté *f*.

cleft fente *f*, crevasse *f*.

clemency clémence *f*.

clench (se) serrer.

clergy [ˈkləːdʒi] clergé *m*; **~man** ecclésiastique *m*.

clerical clérical.

clerk [klɑːk] employé *m*.

clever adroit, habile, débrouillard; **~ness** habileté *f*; dextérité *f*; intelligence *f*.

click cliquetis *m*; cliqueter.

client [ˈklaiənt] client *m*.

cliff falaise *f*; escarpement *m*, rocher *m*.

climate [ˈklaimit] climat *m*.

climb monter, grimper (à, sur); **~ down** descendre; **~ over** franchir; **~er** alpiniste *m*; plante *f* grimpante; **~ing-iron** crampon *m*.

clinch river; *com.* conclure (*affaire*).

cling to s'attacher à; s'accrocher à.

clinic clinique *f*; **~al thermometer** thermomètre *m* médical.

clink tintement *m*; *fam.* prison *f*, bloc *m*; (faire) tinter; **~ glasses** trinquer.

clip attache *f*, pince *f*; *Am a.* vitesse *f*, allure *f*; tondre; **~pings** *pl.* rognures *f/pl.*; *journal*: coupures *f/pl.*

cloak [kləuk] manteau *f*; **~-room** vestiaire *m*; *ch. d. f.* consigne *f*.

clock horloge *f*; pendule *f*; **~-wise** dans le sens des aiguilles.

clog entrave *f*; sabot *m*; boucher, obstruer.

close [kləus] proche; serré; étroit; strict; fermé; *temps*: lourd; **~ by**, **~ to** tout près de; [kləuz] fin *f*; (se) fermer; (se) terminer; **~d** fermé.

closet [ˈklɔzit] cabinet *m*

armoire f.

close-up cin. gros plan m.

closing time heure f de fermeture.

cloth [klɔθ] drap m; toile f; nappe f; **lay the ~** mettre le couvert; **~e** [kləuð] (re)vêtir, habiller.

clothes [kləu(ð)z] pl. vêtements m/pl.; **~-brush** brosse f à habits; **~-peg, ~-pin** pince f.

clothier drapier m; marchand m de vêtements de confection.

cloud [klaud] nuage m; **~y** nuageux, assombri.

clove [kləuv] clou m de girofle.

clover ['kləuvə] trèfle m.

clown [klaun] clown m; rustre m; faire le pitre.

club massue f, assommoir m; cercle m, club m.

clue indication f; indice m; fig. a. piste f; clef f.

clums|iness gaucherie f; maladresse f; **~y** gauche, maladroit.

clung prét. et p.p. de **cling**.

cluster grappe f; arbres: groupe m; fleurs: bouquet m; (se) grouper.

clutch griffe f; serre f; mot. embrayage m; **put the ~ in (out)** embrayer (débrayer); **~ (at)** saisir; s'agripper à.

Co. = Company.

c/o = care of.

coach [kəutʃ] voiture f, diligence f; répétiteur m; sport

entraîneur m; sport entraîner.

coagulate [kəu'ægjuleit] (se) cailler.

coal [kəul] charbon m; houille f; **~-pit** houillère f.

coarse [kɔ:s] gros, grossier, rude; **~ness** grossièreté f.

coast [kəust] côte f, rivage m, littoral m.

coat [kəut] veste f, veston m; manteau m; peinture: couche f; **~ with** enduire de; revêtir de; **~ of arms** armoiries f/pl.; **~-hanger** cintre m; **~ing** enduit m; couche f.

coax [kəuks] **~ s.o. into doing s.th.** faire faire qc. à.

cobble rafistoler; (a. **~-stone**) caillou m.

cobweb toile f d'araignée.

cock coq m; **~-pit** poste m du pilote, cockpit m; **~roach** blatte f; **~sure** fam. outrecuidant; **~tail** cocktail m.

cocoa ['kəukəu] cacao m.

coco-nut ['kəukənʌt] noix f de coco.

cod morue f; **dried ~** merluche f.

code code m; chiffre m; chiffrer.

cod-liver oil huile f de foie de morue.

coefficient [kəui'fiʃənt] coefficient m; facteur m.

coexist coexister; **~ence** coexistence f.

coffee ['kɔfi] café m; **~-bar** café m; **~-bean** grain m de café; **~-mill** moulin m à café; **~-pot** cafetière f.

coffin cercueil *m.*

cog *roue:* dent *f.*

cogitate réfléchir, méditer.

cognac ['kɔnjæk] cognac *m.*

cog-wheel roue *f* dentée.

cohere [kou'hiə] tenir ensemble; *fig.* se tenir; **~nt** [kou-'hiərənt] cohérent.

coil rouleau *m;* bobine *f;* ~ **up** (s')enrouler.

coin pièce *f;* frapper (de la monnaie).

coincid|e [kɔuin'said] coïncider; **~ence** [kou'insidəns] coïncidence *f; fig.* accord *m.*

coiner faux monnayeur *m.*

coke coke *m;* cokéfier.

cold froid; froideur *f;* rhume *m;* **catch (a)** ~ attraper froid; ~ **cream** cold-cream *m.*

colic colique *f.*

collaborat|e [kə'læbəreit] collaborer; **~or** collaborateur *m.*

collapse effondrement *m;* s'effondrer; s'affaisser.

collar col *m;* collier *m;* saisir (au collet); **~-bone** clavicule *f.*

colleague ['kɔli:g] collègue *m.*

collect (se) rassembler; collectionner; percevoir (*impôts*); (aller) prendre *ou* chercher; **~ion** rassemblement *m;* collection *f;* **~or** collectionneur *m;* percepteur *m.*

college [kɔlidʒ] collège *m;* institut *m* d'enseignement supérieur.

collide [kə'laid] entrer en collision; ~ **with** heurter.

collier houilleur *m;* **~y** houillère *f.*

collision [kə'liʒən] collision *f;* conflit *m.*

colloquial [kə'loukwiəl] **language** langue *f* familière.

colonist colon *m.*

colon|ization colonisation *f;* **~ize** coloniser; former une colonie; **~y** colonie *f.*

colo(u)r ['kʌlə] couleur *f;* colorer; **~ed** de couleur; **~ed person** personne *f* de couleur; **~-film** film *m* en couleurs; **~less** sans couleur; pâle.

colt poulain *m.*

column ['kɔləm] colonne *f.*

comb [koum] peigne *m; coq:* crête *f;* peigner.

combat ['kɔmbæt] combat *m;* combattre.

combination combinaison *f.*

combine (se) réunir; (s')allier; *com.* cartel *m.*

combustible combustible; **~s** *pl.* matière *f* inflammable.

come [kʌm] (*a. p.p.*) venir, arriver; **to** ~ futur, à venir; ~ **across** rencontrer, tomber sur; ~ **along** arriver; ~ **back** revenir; ~ **for** venir chercher; ~ **in** entrer; *mode:* apparaître; ~ **off** se détacher; ~ **on!** allons!; ~ **up to** s'égaler; **~-back** retour *m* (en vogue).

comed|ian comédien *m;* **~y** comédie *f.*

comely ['kʌmli] avenant; gracieux.

comfort ['kʌmfət] aisance *f,*

confort *m*; consolation *f*; consoler; **~able** confortable; à son aise; **~er** cache-nez *m*.

comic comique; drôle; **~ strips** *pl.*, **~s** *pl.* bandes *f/pl.* dessinées.

comma virgule *f*.

command ordre *m*; commandement *m*; *langue:* maîtrise *f*; ordonner, commander; **at** (*ou* **by**) **~ of** d'après les ordres de; **~er** commandant *m*; **~ment** commandement *m*.

commemorat|e commémorer; célébrer le souvenir de; **~ion** commémoration *f*.

commence [kəˈmens] commencer (**to** de, à); **~ment** commencement *m*.

commend recommander; confier; **~able** louable.

comment [ˈkɔment] commentaire *m*; observation *f* (**on** sur); **~ on** commenter; **~ary** commentaire *m*.

commerc|e [ˈkɔmə:s] commerce *m*; affaires *f/pl.*; **~ial** [kəˈmə:ʃl] commercial; *télév.* publicité *f*; **~ialize** commercialiser.

commission commission *f*; ordre *m*; délégation *f*; commissionner; déléguer; **~er** commissaire *m*; délégué *m*.

commit [kəˈmit] commettre (*crime*); confier (**to** à); **~ o.s.** s'engager; **~ment** engagement *m*, obligation *f*; **~tee** comité *m*, commission *f*.

commodity marchandises *f/pl.*

common commun; public; coutumier; ordinaire; terrain *m* communal; **⚹ Council** conseil *m* municipal; **~ sense** bon sens *m*; **~er** bourgeois *m*; **~place** banal; banalité *f*.

Commons: House of ~ Chambre *f* des Communes.

commotion agitation *f*, tumulte *m*.

communal communal.

communicat|e communiquer; **~ion** communication *f*; **~ive** communicatif.

commun|ion rapport *m*; communion *f*; **~ism** communisme *m*; **~ist** communiste *m*, *f*; **~ity** communauté *f*.

compact [kɔmˈpækt] compact; serré; concis; [ˈkɔmpækt] poudrier *m*; (*a.* **~ car**) petite voiture *f*.

companion [kəmˈpænjən] compagnon *m*; camarade *m*; **~ship** camaraderie *f*; compagnie *f*.

company [ˈkʌmpəni] compagnie *f*; société *f*.

compar|able comparable; **~ative** relatif; **~e** comparer; **~ison** comparaison *f*.

compartment compartiment *m*.

compass boussole *f*; limite *f*; **~es** *pl.* compas *m*.

compassion [kəmˈpæʃən] compassion *f*, pitié *f*; **~ate** compatissant.

compatible [kəmˈpætəbl]

compatible (**with** avec).

compatriot [kəmˈpætriət] compatriote *m*.

compel contraindre, forcer.

compensat|e dédommager; compenser; **~ion** compensation *f*; dédommagement *m*.

compete [kəmˈpiːt] concourir; rivaliser; **~nce** capacité *f*; compétence *f*; **~nt** capable; compétent.

competit|ion [kɔmpiˈtiʃən] concurrence *f*; concours *m*; **~or** concurrent *m*; rival *m*.

complacent [kəmˈpleisnt] content de soi.

complain se plaindre (**of** de); **~t** plainte *f*; grief *m*; *méd*. maladie *f*, mal *m*.

complaisant [kəmˈpleizənt] complaisant, obligeant.

complet|e [kəmˈpliːt] complet, entier; total; compléter; achever; **~ion** achèvement *m*; accomplissement *m*.

complex complexe (*m*); **~ion** teint *m*; **~ity** complexité *f*.

compliance [kəmˈplaiəns] acquiescement *m*; **in ~ with** conformément à.

complicate compliquer.

compliment [ˈkɔmplimənt] compliment *m*, galanterie *f*; *v.* [ˈkɔmpliment] féliciter, complimenter.

comply [kəmˈplai] **with** se conformer à; se soumettre à; satisfaire à.

component part partie *f* constituante.

compos|e composer; arranger; **~e o.s.** se calmer; **~er** compositeur *m*; **~ition** composition *f*; **~itor** compositeur *m*; **~ure** sang-froid *m*; calme *m*.

compound [ˈkɔmpaund] composé; **~ fracture** *méd*. fracture *f* compliquée; **~ interest** intérêts *m/pl*. composés.

comprehen|d comprendre; **~sible** compréhensible; **~sion** compréhension *f*; **~sive** étendu; d'ensemble.

compress comprimer; condenser; compresse *f*; **~or** compresseur *m*.

comprise [kəmˈpraiz] contenir, comprendre.

compromise [ˈkɔmprəmaiz] compromis *m*; faire un compromis; exposer, compromettre.

compuls|ion contrainte *f*; **~ory** obligatoire.

computer ordinateur *m*.

comrade camarade *m*.

concave concave.

conceal [kənˈsiːl] cacher; voiler; (re)celer.

concede concéder; admettre.

conceit [kənˈsiːt] vanité *f*; suffisance *f*; **~ed** vaniteux; prétentieux; **~edness** vanité *f*; suffisance *f*.

conceive [kənˈsiːv] concevoir; imaginer.

concentr|ate (se) concentrer (**on** sur); **~ic** concentrique.

conception conception *f*.

concern rapport *m*; intérêt *m*; inquiétude *f*; entreprise *f*; concerner, intéresser; inquiéter; **~ed** affecté, inquiet; **~ing** quant à; au sujet de.

concert ['kɔnsət] concert *m*; **~ hall** salle *f* de concert.

concession concession *f*.

conciliat|e (ré)concilier; **~ory** [kən'siliətəri] conciliatoire.

concise [kən'sais] concis.

conclu|de terminer, achever; conclure; **~sion** conclusion *f*; fin *f*; **~sive** décisif; concluant.

concord concorde *f*.

concrete ['kɔnkri:t] concret; béton *m*.

concur coïncider; être d'accord; concourir.

concussion secousse *f*; **~ of the brain** commotion *f* cérébrale.

condemn [kən'dem] condamner; **~ation** condamnation *f*.

condense (se) condenser; **~d milk** lait *m* condensé.

condescend condescendre (**to** à); daigner; **~ing** condescendant (**to** envers).

condition condition *f*; état *m*; situation *f*; conditionner; **~al** conditionnel; **~al on** dépendant de.

condole [kən'dəul] **with** exprimer ses condoléances à; **~nce** condoléances *f/pl*.

conducive to favorable à.

conduct ['kɔndʌkt] conduite *f*; [kən'dʌkt] conduire; accompagner; **~ o.s.** se comporter; **~ed tour** excursion *f* accompagnée; **~or** conducteur *m*; *ch. d. f.* receveur *m*; *mus.* chef *m* d'orchestre.

cone cône *m*; pomme *f* de pin.

confection|er confiseur *m*; **~ery** confiserie *f*.

confedera|cy [kən'fedərəsi] confédération *f*; **~te** confédéré; **~tion** confédération *f*.

confer [kən'fə:] conférer; accorder (**on** à); entrer en consultation; **~ence** conférence *f*; consultation *f*.

confess (se) confesser; avouer; **~ion** confession *f*; aveu *m*; **~or** confesseur *m*.

confid|e [kən'faid] **~ to** confier à; **~ in** avoir confiance en; **~ence** ['kɔnfidəns] confiance *f*; confidence *f*; **~ent** confiant; **~ential** confidentiel.

confine limiter; **~d** alité; **~ment** emprisonnement *m*; accouchement *m*.

confirm [kən'fə:m] confirmer, affirmer; **~ation** confirmation *f*; **~ed** invétéré.

confiscat|e confisquer; **~ion** confiscation *f*.

conflagration conflagration *f*; incendie *f*.

conflict conflit *m*, lutte *f*; être en désaccord; **~ with** se heurter à; **~ing** opposé.

conform (se) conformer; **~ity** conformité *f*; **in ~ity with** conformément à.

confound [kən'faund] con-fondre; déconcerter.

confront confronter; faire face à.

confus|e confondre; **~ion** confusion f.

confute réfuter.

congenial [kən'dʒi:njəl] convenable; de même nature.

congestion congestion f.

conglomerate congloméré; conglomérat m; (se) conglomérer.

congratulat|e féliciter (**on** de); **~ions** pl. félicitations f/pl.

congregat|e (se) rassembler; **~ion** assemblée f; eccl. fidèles m/pl.

congress réunion f; congrès m; **~man** Am. membre du Congrès.

conic(al) conique.

conjecture [kən'dʒektʃə] conjecture f; conjecturer.

conjunctiv|a conjonctive f; **~itis** conjonctivite f.

conjur|ation conjuration f; **~e** ['kʌndʒə] conjurer; **~e up** évoquer.

connect (se) (re)lier, (se) joindre (**with** à); **~ing rod** bielle f.

connection rapport m; contact m; connection f; parent m; ch.d.f. correspondance f; **in this** ~ à ce propos.

conquer ['kɔŋkə] conquérir; vaincre; **~or** conquérant m; vainqueur m.

conquest ['kɔŋkwest] con-quête f.

conscien|ce ['kɔnʃəns] conscience f; **~tious** conscien-cieux.

conscious ['kɔnʃəs] conscient; **~ness** conscience f; **lose ~ness** perdre connaissance f.

consecrate consacrer (**to** à); sacrer; bénir.

consecutive consécutif; qui se suivent.

consent [kən'sent] consente-ment m; assentiment m; consentir (**to** à).

consequen|ce ['kɔnsikwəns] conséquence f; suites f/pl.; **it is of no ~ce** cela n'a pas d'importance; **in ~ce of** par suite de; **~tly** par conséquen-ce; donc.

conserva|tion conservation f; **~tive** [kən'sə:vətiv] conservateur.

consider considérer; réflé-chir; tenir compte de; tenir pour; **~able** considérable, important; **~ate** attentionné, plein d'égards; **~ation** consi-dération f; égard m; **~ing** étant donné, vu.

consign consigner; livrer, ex-pédier; **~ee** destinataire m; **~ment** expédition f; envoi m, livraison f; **~or** expéditeur m.

consist of consister de ou en; se composer de.

consisten|cy consistance f; logique f; **~t** logique; en accord.

consol|ation consolation f;

~e [kɔnˈsəul] consoler.

consolidat|e consolider; ~ion consolidation *f.*

conspicuous [kɔnˈspikjuəs] bien visible; frappant; **be ~ by one's absence** briller par son absence.

conspir|acy conspiration *f.* ~ator conspirateur *m;* conjuré *m;* ~e conspirer.

constable agent *m* (de police).

constan|cy constance *f;* fermeté *f;* ~t constant; fidèle.

consternation [kɔnstə'neiʃən] consternation *f.* stupéfaction *f.*

constipat|ed constipé; ~ion constipation *f.*

constituen|cy [kɔnˈstitjuənsi] circonscription *f* électorale; ~t élément *m* constituant.

constitut|e constituer; nommer; faire; ~ion constitution *f* (*a. méd.*).

constrain contraindre; ~t contrainte *f.*

construct construire; bâtir; ~ion construction *f;* édifice *m;* ~or constructeur *m.*

consul [ˈkɔnsəl] consul *m;* ~ **General** consul *m* général; ~ate consulat *m.*

consult consulter; ~ing **hours** heures *f/pl.* de consultation; ~ing **room** cabinet *m* de consultation.

consume [kɔnˈsju:m] consumer, dévorer; consommer; ~r consommateur *m;* ~r **goods** *pl.* biens *m/pl.* de consommation.

consummate [kɔnˈsʌmit] achevé; [ˈkɔnsəmeit] consommer.

consumption consommation *f;* *méd.* phtisie *f.*

contact [ˈkɔntækt] contact *m;* [kɔnˈtækt] contacter; ~ **lens-es** *pl.* verres *m/pl.* (*ou* lentilles *f/pl.*) de contact.

contagio|n [kɔnˈteidʒən] contagion *f;* ~us contagieux.

contain contenir; renfermer; ~er boîte *f;* récipient *m;* container *m.*

contemplat|e contempler; ~ion contemplation *f;* ~ive contemplatif; pensif.

contemporary [kɔnˈtempərəri] contemporain.

contempt mépris *m,* dédain *m;* ~ible méprisable; ~uous dédaigneux.

content content; satisfait (**with** de); contenter, satisfaire; **to one's heart's ~** à cœur joie; ~s *pl.* contenu *m;* **table of ~s** table *f* des matières; ~ion dispute *f;* **bone of ~ion** pomme *f* de discorde; ~ment contentement *m.*

contest lutte *f;* concours *m;* contester; ~ **for** disputer (*prix*); ~able contestable.

context contexte *m.*

continent [ˈkɔntinənt] continent *m;* ~al [kɔntiˈnentl] continental; de l'Europe.

continual [kɔnˈtinjuəl] continuel, incessant; ~ance continuation *f;* durée *f;* ~e [kən'tinju] continuer (**to** à, de); **to be ~ed** à suivre; **~ous** continu; **~ous current** courant *m* continu.

contour contour *m*, profil *m*.

contraband contrebande *f*.

contraceptive [kɔntrə'septiv] anticonceptionnel *m*, contraceptif *m*.

contract ['kɔntrækt] contrat *m*, pacte *m*; entreprise *f*; [kən'trækt] (se) contracter; **~ to** s'engager de; **~ing party** contractant *m*; **~or** entrepreneur *m*; fournisseur *m*; **~ual** contractuel.

contradict contredire; **~ion** contradiction *f*; **~ory** contradictoire.

contrary ['kɔntrəri] contraire, opposé; **on the ~** au contraire.

contrast contraste *m*; (faire) contraster.

contravention [kɔntrə'venʃən] contravention *f*, infraction *f*.

contribut|e [kən'tribjut] donner, fournir; **~e to** contribuer à, aider à; collaborer à; **~ion** contribution *f*; **~or** collaborateur *m*.

contrite ['kɔntrait] contrit, pénitent.

contriv|ance [kən'traivəns] invention *f*; artifice *m*; appareil *m*; **~e** inventer, imaginer; **~e to** trouver moyen de.

control [kən'trəul] domination *f*, empire *m*; autorité *f*; maîtrise *f*; **remote** (*ou* dis-

tant) **~** commande *f* à distance; *v.* diriger; dominer; être maître de; **~ o.s.** se maîtriser; **~s** *pl.* commandes *f/pl.*

controvers|ial controversé, controversable; **~y** ['kɔntrəvə:si] controverse *f*.

contus|e contusionner; **~ion** contusion *f*.

convalesce être en convalescence; **~nce** convalescence *f*; **~nt** convalescent *m*.

convenien|ce [kən'vi:njəns] commodité *f*, convenance *f*; **at your earliest ~ce** dès que possible; **~t** commode; agréable.

convent couvent *m*; **~ion** convention *f*; **~ional** conventionnel.

convers|ation conversation *f*; entretien *m*; **~e** [kən'və:s] **with** parler à, s'entretenir avec; **~ion** conversion *f*, transformation *f*.

convert [kən'və:t] convertir, transformer.

convey [kən'vei] transporter; (a)mener; **~ance** transport *m*; communication *f*; **~er belt** bande *f* transporteuse.

convict forçat *m*; déclarer coupable.

convince persuader, convaincre.

convocation convocation *f*.

convoy ['kɔnvɔi] convoi *m*; escorte *f*; escorter.

convulsion convulsion *f*; *fig.* bouleversement *m*.

cook cuisinier *m*; cuisinière *f*;

(faire) cuire; faire la cuisine, cuisiner; **~ed** cuit; **~ery-book** livre *m* de cuisine; **~ing** cuisine *f*.

cool frais; calme; de sang-froid; *pop.* bon, bien; (se) rafraîchir; **~ness** fraîcheur *f*; calme *m*, sang-froid *m*.

co-op coopé *f*.

cooper tonnelier *m*.

co-operat|e coopérer; **~ion** coopération *f*; **~ive** coopératif; serviable, obligeant; **~ive society** coopérative *f* de consommation; **~ive store** magasin *m* de coopérative de consommation.

cope se débrouiller; **~ with** tenir tête à, faire face à, affronter; venir à bout de; se tirer *m*.

copious abondant, copieux.

copper cuivre *m*; **~s** *pl.* petite monnaie *f*.

copy copie *f*; reproduction *f*; *livre:* exemplaire *m*; *journal:* numéro *m*; **fair ~** copie *f* au net; **rough ~** brouillon *m*; v. copier; transcrire; **~-book** cahier *m* d'écriture; **~right** droit *m* d'auteur; copyright *m*.

coral corail *m*.

cord corde *f*; ficelle *f*; corder; **~age** cordages *m/pl.*

cordial ['kɔ:djəl] cordial (*m*).

corduroy(s *pl.*) ['kɔ:dərɔi(z)] (pantalon *m* de) velours *m* côtelé.

cork liège *m*; bouchon *m*; boucher; **~-screw** tire-bou-

chon *m*.

corn grain *m*; blé *m*; *Am.* maïs *m*; *méd.* cor *m*; œil-de-perdrix *m*; **~ed beef** corned-beef *m*.

corner coin *m*; tournant *m*; acculer.

cornflakes *pl.* cornflakes *m/pl.*

coron|ation couronnement *m*; **~er** coroner *m*.

corpor|al ['kɔ:pərəl] corporel; **~ation** corporation *f*; corps *m* constitué.

corpse [kɔ:ps] cadavre *m*.

corpulen|ce corpulence *f*; **~t** corpulent.

Corpus Christi Day la Fête-Dieu *f*.

correct correct; juste; corriger, rectifier; reprendre (*enfant*); **~ion** correction *f*; rectification *f*.

correspond correspondre (**with, to** à); s'écrire; **~ence** [kɔris'pɔndəns] correspondance *f*; **~ent** correspondant *m*; **~ing** conforme.

corridor couloir *m*.

corroborate corroborer.

corro|de [kɔ'rəud] corroder, ronger; **~sion** corrosion *f*; **~sive** corrodant *v*.

corrugate onduler (*tôle*); **~d iron** tôle *f* ondulée.

corrupt corrompu; dépravé; corrompre; **~ion** corruption *f*; dépravation *f*.

corset corset *m*.

cosmetics *pl.* produits *m/pl.* de beauté.

cost prix *m*; frais *m/pl.*; **living**

~s *pl.*, ~ **of living** coût *m* de
la vie; **at all** ~s à tout prix; *v.*
coûter.

costermonger marchand *m*
des quatre saisons.

costly précieux; cher.

cost price prix *m* de revient;
prix *m* de fabrique.

costume ['kɔstjuːm] costume
m; costumer.

cosy confortable; commode.

cot lit *m* d'enfant.

cottage ['kɔtidʒ] chaumière *f*;
cottage *m*.

cotton ['kɔtn] de coton; coton
m; ~ **batting** *Am.*, ~ **wool**
ouate *f*.

couch divan *m*; chaise longue
f; se coucher; se tapir.

cough [kɔf] toux *f*; tousser; ~-
lozenges *pl.* pastilles *f/pl.*
contre la toux.

could *prét. et conditionnel de*
can[1].

council ['kaunsl] conseil *m*;
concile *m*; ~**(l)or** membre *m*
d'un conseil.

counsel consultation *f*; conseil *m*, avocat *m*; ~**(l)or**
conseiller *m*.

count [kaunt] compte *m*,
calcul *m*; comte *m*; compter;
~ **upon** compter sur; ~-
down compte *m* à rebours.

countenance mine *f*; *visage*:
expression *f*; contenance *f*.

counter compteur *m*; *jeu*:
jeton *m*; guichet *m*; comptoir
m; ~**act** contrecarrer;
~**balance** contrepoids *m*;
compenser; contrebalancer;

~-**clockwise** en sens inverse
des aiguilles; ~**feit** contre-
fait; faux; contrefaçon *f*;
contrefaire; simuler; ~**feiter**
faux-monnayeur *m*; ~**foil**
chèque: talon *m*; ~**part**
contrepartie *f*; pendant *m*;
homologue *m*; ~**sign** con-
tresigner.

countess comtesse *f*.

countless innombrable.

countri|fied campagnard; de
province; ~**y** ['kʌntri] pays *m*;
campagne *f*; patrie *f*; ~**yman**
paysan *m*; compatriote *m*;
~**yside** campagne *f*.

county ['kaunti] comté *m*.

coupl|e ['kʌpl] couple *m*; (*a.*
married ~**e**) ménage *m*; **a**
~ **e of** quelques; *v.* (ac)coupler;
~**ing** accouplement *m*.

coupon ['kuːpɔn] coupon *m*;
bon *m*.

courage ['kʌridʒ] courage *m*;
~**ous** [kə'reidʒəs] courageux.

course [kɔːs] cours *m*; route *f*;
direction *f*; *repas:* plat *m*; **in
the** ~ **of** au cours de; **in due**
~ en temps utile; **of** ~
naturellement, bien entendu.

court [kɔːt] cour *f*; tribunal *m*;
court *m* (de tennis); faire la
cour à; ~**eous** [kə:tjəs] courtois, poli; ~**esy** politesse *f*;
~**yard** cour *f*.

cousin ['kʌzn] cousin *m*; cou-
sine *f*.

cover couverture *f*; couvercle
m; couvert *m*; ~ **charge**
restaurant: couvert *m*; *v.* couvrir; ~**ing** couverture *f*; enve-

loppe *f*; ~**let** couvre-lit *m*; ~**t**
caché.

covetous ['kʌvitəs] avide;
cupide; ~**ness** cupidité *f*.

cow vache *f*.

coward ['kauəd] lâche *m*;
~**ice** lâcheté *f*; ~**ly** lâche.

cower se tapir (de peur).

cow-hide (peau *f* de) vache *f*.

coy modeste, timide.

crab crabe *m*, cancre *m*.

crack craquement *m*; fente *f*;
fissure *f*; *verre:* fêlure *f*; (faire)
craquer; (se) fêler; casser
(*noix*); ~ **a joke** lancer une
plaisanterie; ~**ed** fêlé; *fam.*
toqué; ~**er** pétard *m*; *Am.*
biscuit *m* sec; ~**le** crépiter.

cradle ['kreidl] berceau *m*;
bercer.

craft métier *m*; *mar.* navire *m*;
~**sman** artisan *m*; ~**sman-
ship** dextérité *f* manuelle; ~**y**
rusé, astucieux.

crag rocher *m* escarpé; ~**gy**
rocailleux.

cram fourrer, bourrer; *fam.*
bachoter.

cramp crampe *f*; ~ **s.o.'s
style** gêner q.

cranberry airelle *f*.

crane grue *f*; ~ **one's neck**
tendre le cou.

crank manivelle *f*; excentrique *m*; ~ **up** remettre à la
manivelle *f*; ~**shaft** vilebrequin *m*; ~**y** excentrique.

crape crêpe *m*.

crash fracas *m*; catastrophe *f*;
collision *f*; ~ **accident** *m*
(d'avion); tomber avec fra-

cas; s'écraser; ~ **into** rentrer
dans, tamponner; ~~**helmet**
serre-tête *m*.

crater ['kreitə] cratère *m*.

crav|e désirer ardemment;
~**ing** désir *m* ardent.

crawl [krɔ:l] ramper; nager le
crawl; ~ **with** grouiller de.

crayfish écrevisse *f*.

crazy ['kreizi] fou (**about**,
over de); **drive s.o.** ~ faire
enrager q.

creak craquer; grincer.

cream [kri:l] crème *f*; *fig.*
élite *f*; écrémer; ~**y** crémeux.

crease [kri:s] (faux) pli *m*; (se)
froisser.

creat|e [kri:'eit]créer, produi-
re; ~**ion** création *f*; ~**or**
créateur *m*; ~**ure** créature *f*.

credentials [kri'denʃəlz] *pl.*
lettres *f/pl.* de créance.

credib|ility crédibilité *f*; ~**le**
digne de foi; croyable.

credit ['kredit] croyance *f*;
crédit *m*; réputation *f*; **on** ~ à
crédit; ~ **card** carte *f* de
crédit; **letter of** ~ accréditif
m; *v.* créditer; ~**able** honorable; estimable; ~**or** créancier
m.

credulity [kri'dju:liti] crédu-
lité *f*.

creed credo *m*; croyance *f*.

creek crique *f*; *Am.* ruisseau
m.

creep ramper; se faufiler; ~**er**
plante *f* grimpante; **give s.o.
the** ~**s** donner la chair de
poule à q.; **feel** ~**y** avoir la
chair de poule.

cremat|ion incinération *f*; malhonnête.
crémation *f*; **~orium**, *Am.*
~ory crématorium *m*.

crept *prét. et p.p. de* **creep.**

crescent *lune*: croissant *m*; en demi-cercle.

crest cimier *m*; crête *f*; **~fallen** abattu, découragé.

crevice ['krevis] fente *f*; fissure *f*; lézarde *f*.

crew équipage *m*.

crib mangeoire *f*; lit *m* d'enfant; *fam. école*: clef *f*.

cricket grillon *m*; *sport* cricket *m*; **that's not ~** ce n'est pas de jeu.

cried *prét. et p.p. de* **cry.**

crim|e [kraim] crime *m*; **~inal** criminel; criminel *m*.

crimson ['krimzn] cramoisi.

cringe [krindʒ] **to** ramper devant.

cripple estropié *m*; estropier; *fig.* paralyser.

cris|is ['kraisis] (*pl.* **~es**) crise *f*.

crisp croustillant; croquant; *air*: frais, vif; *cheveux*: crêpé; **~ bread** pain *m* croustillant.

critic critique *m*; **~al** critique *f*; **~ize** ['kritisaiz] critiquer.

croak coasser; croasser.

crochet ['krəuʃei] crochet *m*; faire du (*ou* au) crochet.

crockery faïence *f*; poterie *f*.

crocodile ['krɔkədail] crocodile *m*.

crook crochet *m*; coude *m*, tournant *m*; *fam.* escroc *m*, filou *m*; **~ed** courbé; tordu;

crop récolte *f*; tailler; couper; **~ up** surgir.

cross croix *f*; croisement *m*; fâché; **be ~ with** en vouloir à; *v.* (se) croiser; traverser; passer (par); contrecarrer; **~ out** rayer, biffer; **~-examination** contre-interrogatoire *m*; **~ing** traversée *f*; passage *m* (clouté); croisement *m*; **~roads** carrefour *m*; **~-word** (**puzzle**) mots *m/pl.* croisés.

crotchet ['krɔtʃit] crochet *m*.

crouch [krautʃ] se tapir; s'accroupir.

crow [krəu] corneille *f*; chant *m* (du coq); *coq*: chanter; **~bar** levier *m* de fer.

crowd [kraud] foule *f*; **~ in** entrer en foule; **~ed** bondé, rempli à craquer.

crown couronne *f*; couronner.

crucible ['kru:sibl] creuset *m* (*a. fig.*).

crude [kru:d] brut; cru; grossier.

cruel cruel; **~ty** cruauté *f*.

cruise [kru:z] croisière *f*; faire une croisière; aller, rouler, se déplacer.

crumb miette *f*; **~le** (s')émietter, (s')effriter.

crumple (se) froisser, (se) friper.

crusade croisade *f*.

crush écrasement *m*; écraser; se presser en foule.

crust croûte *f*; faire croûte; durcir.

crutch béquille *f*.

cry [krai] cri *m*; crier; s'écrier; pleurer.

crystal cristal *m*; **~lize** (se) cristalliser.

cub [kʌb] *fauves*: petit *m*.

cub|e [kjuːb] cube *m*; **~ic** cubique.

cuckold cocu *m*; faire cocu.

cuckoo coucou *m*.

cucumber ['kjuːkʌmbə] concombre *m*.

cuddle serrer doucement dans ses bras; se peloter.

cudgel ['kʌdʒəl] gourdin *m*; **~ one's brain** se creuser la cervelle.

cue *billiard*: queue *f*; *thé.* réplique *f*; *fig.* avis *m*, mot *m*.

cuff manchette *f*; poignet *m*; revers *m*; **~-links** *pl.* boutons *m/pl.* de manchettes.

culminat|e culminer; **~ion** culmination *f*; apogée *m*.

culp|able ['kʌlpəbl] coupable; **~rit** coupable *m*.

cultivat|e cultiver; **~ion** culture *f*; **~or** cultivateur *m*, extirpateur *m*.

cultur|al culturel; **~e** ['kʌltʃə] culture *f*; **~ed** cultivé, lettré.

cumin cumin *m*.

cunning rusé, astucieux; ruse *f*; astuce *f*.

cup tasse *f*; gobelet *m*; **~board** ['kʌbəd] armoire *f*.

curable guérissable.

curb bride *f*; restreinte *f*; brider, réprimer; (*a.* **~stone**) *Am.* bordure *f* (de trottoir).

curd(s) fromage *m* blanc; **~le** (se) cailler; se figer.

cure [kjuə] guérison *f*; cure *f*; remède *m*; guérir; fumer (*viande*).

curio bibelot *m*; **~sity** curiosité *f*; **~us** curieux; singulier.

curl [kəːl] boucle *f*; (se) boucler; **~ers** *pl.* bigoudis *m/pl.*; **~y** bouclé.

currant ['kʌrənt] groseille *f*; raisin *m* sec.

curren|cy circulation *f*; monnaie *f*; **~t** ['kʌrənt] courant *m*; *fig.* cours *m*; courant, en cours.

curse malédiction *f*; juron *m*; maudire; jurer; **~d** ['kəːsid] maudit.

curtail [kəː'teil] raccourcir; tronquer.

curtain ['kəːtn] rideau *m*.

curtsey révérence *f*.

curve [kəːv] courbe *f*; tournant *m*; (se) courber.

cushion ['kuʃən] coussin *m*; amortir (*coup*); **air ~** coussin *m* pneumatique.

custard ['kʌstəd] crème *f*.

custody détention *f*.

custom coutume *f*, usage *m*; **~ary** habituel; d'usage; **~er** client *m*; *fam.* type *m*; **~-made** *Am.* fait sur mesure.

Customs *pl.* douane *f*; **~ duty** droit *m* de douane; **~ examination** visite *f* douanière; **~ house** poste *m* de douane; **~ officer** douanier *m*.

cut (*a.* prét. *et* p.p.) couper; tailler; trancher; sécher (*classe etc.*); *a.* vêtements: coupe *f*.

taille f; réduction f (de salaire ou de prix); coupure f; ~ **down** abattre; réduire; ~ **off** couper; ~ **out** éliminer; se passer de; arrêter (de); **be** ~ **out for** être taillé pour; ~ **short** couper court à; ~ **up** découper; ~ **glass** cristal m taillé.

cutlery couverts m/pl.

cutlet ['kʌtlit] côtelette f; escalope f; côte f.

cutter coupeur m; mar. cutter m.

cutting tranchant; coupure f; ~**s** pl. bouts m/pl.

cwt. = **hundredweight.**

cycl|e ['saikl] cycle m; période f; bicyclette f; aller à bicyclette; ~**ist** cycliste m.

cylinder ['silində] cylindre m; rouleau m.

cynic cynique (m); sceptique (m); ~**al** sarcastique, sceptique.

Czechoslovakia ['tʃekəuslɔu'vækiə] Tchécoslovaquie f.

D

dab coup m leger; tape f; tapoter.

dabble barboter (dans l'eau); ~ **in** s'occuper un peu de, se mêler de.

dad(dy) papa m.

dagger poignard m.

daily quotidien; journal m.

daint|iness délicatesse f; raffinement m; ~**y** délicat; friand; friandise f.

dairy ['dɛəri] laiterie f.

daisy pâquerette f.

dam [dæm] digue f; endiguer.

damage ['dæmidʒ] dégats m/pl.; endommager; ~**s** pl. dommages-intérêts m/pl.

damask damas m.

damn [dæm] condamner.

damp [dæm] humide; moite; humidité f; fig. froid m; mouiller; (a. ~**en**) fig. refroidir, glacer; ~**er** rabat-joie m; étouffoir m.

dance [dɑːns] danse f; bal m; danser; ~**r** danseur m.

dandruff pellicules f/pl.

dandy dandy m; élégant m.

Dane [dein] Danois m.

danger ['deindʒə] danger m; ~**ous** dangereux.

dangle (faire) pendre; balancer.

Danish ['deiniʃ] danois.

dappled tacheté; pommelé.

dar|e [dɛə] oser; ~**ing** audacieux; hardiesse f; audace f.

dark ténébreux; sombre; foncé; ~ **room** cabinet m noir; ~**en** (s')obscurcir; ~**ness** obscurité f.

darling chéri m; chérie f.

darn repriser, raccommoder; ~**ing-needle** aiguille f à repriser.

darned fam. sacré.

dart dard m, trait m; lancer; se précipiter, filer.

deception

dash coup *m*; élan *m*; trait *m* (de plume); *liquide*: filet *m*; **cut a ~** faire figure brillante; *v.* lancer; fracasser; anéantir (*espérances*); se jeter, s'élancer, filer; **~board** tableau *m* de bord; **~ing** plein d'élan; *fig.* brillant.

date[1] date *m*; jour *m*; terme *m*; rendez-vous *m*; dater; **out of ~** démodé; **up to ~** dans le vent; **bring up to ~** mettre à jour.

date[2] datte *f*.

daughter ['dɔ:tə] fille *f*; **~-in-law** belle-fille *f*.

dauntless [dɔ:ntlis] intrépide; sans peur.

dawdle ['dɔ:dl] traînasser.

dawn [dɔ:n] aube *f*, aurore *f*; point *m* du jour; *jour*: poindre.

day jour *m*; journée *f*; **the other ~** l'autre jour; **~break** point *m* du jour; aube *f*; **~light** (lumière *f* du) jour *m*; **~light saving time** heure *f* d'été.

daze étourdir, ahurir.

dazzle ['dæzl] éblouir, aveugler.

dead [ded] mort; ... de mort; **~beat** éreinté; sans vie; émousser; **~line** dernière limite *f*; **~lock** impasse *f*; **~ly** mortel.

deaf [def] sourd (**to** à); **~en** assourdir; rendre sourd; **~ness** surdité *f*.

deal [di:l] quantité *f*; marché *m*, affaire *f*; donner; distri-

buer; **~ with** traiter, s'occuper de; **a great** (*ou* **good**) **~** beaucoup (**of** de); **~er** marchand *m*; distributeur *m*; **~ings** *pl.* relations *f/pl.*; commerce *m*.

dealt *prét. et p.p. de* **deal**.

dear [diə] cher; coûteux.

dearth [də:θ] disette *f*.

death [deθ] mort *f*; décès *m*; **~rate** mortalité *f*.

debarkation débarquement *m*.

debase abaisser, avilir.

debate discuter, disputer; débat *m*, discussion *f*.

debauch [di'bɔ:tʃ] débauche *f*.

debenture obligation *f*.

debit ['debit] débit *m*, doit *m*; débiter.

debt [det] dette *f*; **~or** débiteur *m*.

decadence [dekədəns] décadence *f*.

decanter carafe *f*; carafon *m*.

decay décadence *f*; délabrement *m*; tomber en décadence; pourrir.

decease [di'si:s] décès *m*; décéder.

deceit tromperie *f*; **~ful** trompeur; faux.

deceive [di'si:v] décevoir, tromper.

December décembre *m*.

decen|cy bienséance *f*; pudeur *f*; **~t** ['di:snt] convenable; comme il faut.

deception tromperie *f*; illusion *f*.

decide décider, déterminer; **~d** décidé; résolu.

decipher [di'saifə] déchiffrer.

decisi|on décision f; jugement m; **~ve** décisif.

deck pont m; cartes: jeu m; **~chair** transat(lantique) m.

declaim déclamer.

declar|ation déclaration f; **~e** déclarer (a. douane).

decline [di'klain] déclin m; baisse f; décliner; refuser.

decode déchiffrer.

decompose (se) décomposer.

decorat|e décorer; orner; **~ion** décoration f.

decorous ['dekərəs] bienséant.

decrease [di:'kri:s] diminution f; diminuer; (s')amoindrir, tomber.

decree décret m; arrêté m; décréter, ordonner.

decry dénigrer, décrier.

dedicat|e dédier; **~ o.s.** to se vouer à; **~ion** dédication f.

deduce [di'dju:s] déduire, conclure (**from** de).

deduct retrancher; **~ion** déduction f; salaire: retenue f.

deed action f; acte m.

deem juger; croire.

deep profond; **~en** rendre ou devenir plus profond; **~~ frozen** surgelé; **~ness** profondeur f.

deer daim m; cerf m.

deface [di'feis] défigurer; mutiler.

defeat [di'fi:t] défaite f; vaincre; déjouer.

defect défaut m; imperfection f; **~ion** défection f; **~ive** défectueux; imparfait.

defen|ce [di'fens] défense f; protection f; **~celess** sans défense; **~d** défendre, protéger; **~dant** accusé m; **~sive** défensive f.

defer [di'fə:] déférer, ajourner, remettre; **~ence** ['defərəns] déférence f; respect m.

defi|ance [di'faiəns] défi m; **~ant** provocant.

defi|ciency manque m; insuffisance f; **~cient** [di'fiʃənt] défectueux; insuffisant; **be ~cient in** manquer de.

deficit ['defisit] déficit m.

defile défilé m; gorge f; défiler; souiller, salir.

define définir; délimiter; **~d** précis.

definit|e défini; bien déterminé; **~ely** décidément; **~ion** définition f; phot. etc. netteté f; **~ive** définitif.

deflat|e dégonfler; **~ion** dégonflement m; déflation f.

deform déformer, défigurer; **~ed** difforme; **~ity** difformité f.

defray couvrir (frais).

deft adroit, habile.

defy [di'fai] défier; mettre en défi; braver.

degenerat|e dégénérer (**into** en); **~ion** dégénération f.

degree degré m; université: grade m; **by ~s** graduellement, peu à peu; **to some ~** dans une certaine mesure.

deign [dein] daigner.

delay retard *m*; délai *m*; retarder; différer; arrêter; s'attarder.

delegate déléguer; délégué *m*.

deliberate délibérer; prémédité; avisé; **~ly** exprès.

delica|cy [de'likəsi] délicatesse *f*; friandise *f*; **~te** ['delikit] délicat; fin.

delicatessen charcuterie *f*.

delicious [di'liʃəs] délicieux.

delight délice *f*/*pl.*; joie *f*; plaisir *m*; enchanter; **~ in** se délecter de; **~ful** charmant; délicieux.

delinquent délinquant *m*, coupable *m*.

deliver délivrer; libérer; livrer; distribuer; **~ance** délivrance *f*; libération *f*; **~y** livraison *f*; *lettres:* distribution *f*.

delude abuser; tromper.

deluge ['delju:dʒ] déluge *m*.

delusi|on illusion *f*; erreur *f*; **~ve** illusoire; trompeur.

de luxe [di'lʌks] de luxe, de première qualité.

demand demande *f*; demander, exiger.

demeano(u)r [di'mi:nə] air *m*, tenue *f*; conduite *f*.

demi- ... demi ...

demilitariz|ation démilitarisation *f*; **~e** démilitariser.

demob(ilize) démobiliser.

democra|cy [di'mɔkrəsi] démocratie *f*; **~tic** démocratique; **~tize** (se) démocratiser.

demoli|sh démolir; **~tion** démolition *f*.

demon ['di:mən] démon *m*; diable *m*.

demonstrat|e démontrer; manifester; **~ion** démonstration *f*; *pol.* manifestation *f*.

demur [di'mə:] objection *f*.

demure [di'mjuə] grave; d'une modestie affectée.

den tanière *f*; antre *m*.

denial [di'naiəl] démenti *m*; déni *m*, refus *m*.

Denmark Danemark *m*.

denominat|e dénommer; **~ion** dénomination *f*; **~ional** confessionnel.

denote dénoter, indiquer.

denounce [di'nauns] dénoncer.

dens|e dense, épais; stupide; **~ity** densité *f*.

dent bosselure *f*; bosseler.

dent|ist dentiste *m*; **~ure** dentier *m*.

deny [di'nai] nier, démentir; refuser.

deodorant [di:'əudərənt] désodorisant *m*.

depart [di'pa:t] partir, s'en aller; mourir; **~ from** s'écarter de; **~ment** département *m*; rayon *m*; **~ment store** *Am.* grand magasin *m*; **State ~ment** ministère *m* des Affaires étrangères; **~ure** départ *m*.

depend (up)on dépendre de; compter sur; **it ~s** cela

dépend; **~able** digne de confiance.

depict dépeindre.

deplorable déplorable.

depopulation dépopulation f.

deport expulser (*étranger*); **~ation** expulsion f.

depose déposer; témoigner.

deposit sédiment m; gisement m; acompte m, arrhes f/pl.; *banque*: dépôt m; déposer; verser (*acompte*).

depot ['depəu] dépôt m; l'entrepôt m.

deprecate désapprouver.

depreciat|e [di'pri:ʃieit] déprécier; **~ion** dépréciation f.

depress déprimer; décourager; **~ion** dépression f.

deprive of priver de.

depth profondeur f.

deputy député m, délégué m.

derailed déraillé.

derange [di'reindʒ] déranger; désorganiser.

derision dérision f.

derive from venir de; tirer de.

derogate from diminuer.

descend descendre; **~ to** s'abaisser à; **be ~ed from** descendre de; **~ant** descendant m.

descent [di'sent] descente f; descendance f.

describe décrire, dépeindre.

description description f.

desert désert m (*m*); v. [di'zə:t] déserter; **~ion** [di'zə:ʃən] désertion f.

deserve [di'zə:v] mériter; être digne de.

design [di'zain] dessein m; plan m; modèle m; intention f; projeter; destiner (**for** à).

designat|e nommer; désigner; **~ion** désignation f.

desir|able souhaitable: avantageux; **~e** [di'zaiə] désir m; désirer; avoir envie de; **~ous** désireux.

desist from cesser de; renoncer à.

desk pupitre m; bureau m.

desolat|e ravager; désert, morne; **~ion** désolation f.

despair désespoir m; désespérer (**of** de).

desperate désespéré.

despi|cable ['despikəbl] méprisable; **~se** [di'spaiz] mépriser, dédaigner.

despite [di'spait] dépit m; **~ of** en dépit de; malgré.

despondency découragement m.

dessert [di'zə:t] dessert m.

destin|ation destination f; désignation f; **~e** destiner (**for** à); **~y** destin m, sort m.

destitut|e dénué, dépourvu (**of** de); **~ion** dénuement m; misère f.

destroy détruire; anéantir.

destruct|ion destruction f; **~ive** destructif.

detach [di'tætʃ] détacher; séparer; **~ment** détachement m; séparation f.

detail [di'teil] détail m; détailler; **~ed** détaillé.

detain retenir, détenir.

detect découvrir.

detective détective *m*; ~ **story** roman *m* policier.

detention détention *f*; arrêt *m*.

deter [di'tə:] **from** détourner de.

detergent [di'tə:dʒənt] détergent *m*.

deteriorate (se) détériorer.

determin|ate déterminé; défini; ~**ation** résolution *f*; décision *f*; ~**e** déterminer; ~ **to** (*ou* **on**) décider de; ~**ed** résolu.

detest détester, abhorrer; ~**able** détestable.

detonation détonation *f*, explosion *f*.

detour [deituə] déviation *f*.

detract from diminuer; nuire à.

detriment détriment *m*; préjudice *m*.

devalu|ation dévaluation *f*; ~**e** [di:'vælju:] dévaluer.

devastate dévaster, ravager.

develop (se) développer; ~**er** révélateur *m*; ~**ment** développement *m*.

deviate from s'écarter de; ~**ion** déviation *f*, écart *m*.

device [di'vais] expédient *m*; moyen *m*; appareil *m*, truc *m*; devise *f*.

devil ['devl] diable *m*; ~**ish** diabolique.

devise [di'vaiz] inventer; imaginer; concevoir.

devoid of dépourvu de.

devolve upon incomber à; tomber sur.

devot|e consacrer; vouer; ~**ed** dévoué, attaché; ~**ion** dévouement *m*.

devour [di'vauə] dévorer.

devout [di'vaut] dévot, pieux; ~**ness** dévotion *f*.

dew [dju:] rosée *f*; ~**y** couvert de rosée.

dexter|ity dextérité *f*; ~**ous** adroit, habile.

diabetes [daiə'bi:ti:z] diabète *m*.

diagnos|e *méd.* diagnostiquer; ~**is** (*pl.* ~**es**) diagnostic *m*.

diagonal [dai'ægənl] diagonal; diagonale *f*.

diagram ['daiəgræm] diagramme *m*; graphique *m*.

dial ['daiəl] cadran *m* (*a. télé.*); composer (un numéro).

dialect dialecte *m*.

diameter [dai'æmitə] diamètre *m*.

diamond diamant *m*; ~**s** *pl.* cartes: carreaux *m/pl.*

diaper ['daiəpə] *bébés:* couche *f*.

diaphragm diaphragme *m*.

diarrh(o)ea diarrhée *f*.

diary ['daiəri] journal *m*.

dice dés *m/pl.*; jouer aux dés; ~**box** cornet *m* à dés.

dictat|e dicter; ~**ion** dictée *f*; ~**or** dictateur *m*; ~**orship** dictature *f*.

dictionary dictionnaire *m*.

did *prét. de* **do**.

die [dai] mourir (**of** de); ~ **out**

s'éteindre; **never say~**! il ne faut jamais désespérer.

diet régime *m*; **(se) mettre au** régime.

differ différer (**from** de); **~ence** ['difrəns] différence *f*; dispute *f*; écart *m*; **it makes no ~ence** c'est bien égal; **~ent** différent.

difficult difficile; **~y** difficulté *f*; obstacle *m*.

dig bêcher; creuser; *fam.* aimer, tenir à; **~ up** dégoter; **~s** *pl. fam.* logement *m*.

digest [di'dʒest] digérer; ['daidʒest] abrégé *m*, sommaire *m*; **~ible** digestible; **~ion** [di'dʒestʃən] digestion *f*.

dignif|ied digne; **~y** rendre digne.

dignity dignité *f*.

digress faire une digression; **~ion** digression *f*; écart *m*.

dike digue *f*; protéger par des digues, endiguer.

dilapidated délabré.

dilate (se) dilater.

diligent ['dilidʒənt] diligent; assidu.

dilute [dai'lju:t] diluer; délayer.

dim terne; vague; (s')obscurcir; (s')estomper; **the headlights** se mettre en code.

dimension [di'menʃən] dimension *f*.

diminish diminuer.

diminution [dimi'nju:ʃən] diminution *f*; amoindrissement *m*.

dimple fossette *f*.

din fracas *m*; vacarme *m*.

din|e dîner; **~e out** dîner au restaurant; **~ing-car** wagon-restaurant *m*; **~ing-room** salle *f* à manger.

dinner dîner *m*; banquet *m*; **~-jacket** smoking *m*.

dint: by ~ of à force de.

dip immerser, plonger, tremper; **~ the headlights** se mettre en code; *su.* plongement *m*, immersion *f*.

diphtheria [dif'θiəriə] diphtérie *f*.

diplomacy [di'pləuməsi] diplomatie *f*.

direct direct, franc; **~ current** courant *m* continu; *v.* diriger, conduire; régir; adresser (*lettre*).

direction direction *f*; administration *f*; **~-finder** radiogoniomètre *m*; **~-indicator** indicateur *m* de direction; **~s** *pl.* instructions *f*/*pl.*, mode *m* d'emploi; *lettre*: adresse *f*.

director directeur *m*; **board of ~s** conseil *m* d'administration; **~y** annuaire *m*.

dirt [də:t] saleté *f*; ordure *f*; salir; **~-cheap** très bon marché; **~y** sale.

disability incapacité *f*.

disable [dis'eibl] mettre hors de service *ou* de combat; **~d** estropié, mutilé; **~d ex-serviceman** mutilé *m* de guerre.

disabuse désabuser (**of** de).

disadvantage [disəd'va:n-tidʒ] désavantage *m*; **~ous** défavorable.

disaffection désaffection *f*.

disagree ne pas être d'accord (with avec); différer; **~ with** ne pas convenir à; **~able** désagréable; **~ment** désaccord *m*; différend *m*.

disappear [disə'piə] disparaître; **~ance** disparition *f*.

disappoint décevoir; désappointer; **~ed** déçu; **~ment** déception *f*.

disapprov|al désapprobation *f*; **~e** [disə'pru:v] (of) désapprouver.

disarm désarmer (*a. fig.*); **~ament** désarmement *m*.

disast|er désastre *m*, catastrophe *f*; **~rous** désastreux.

disbelie|f incrédulité *f*; refus *m* de croire; **~ve** ne pas croire; refuser créance à.

disburse [dis'bə:s] débourser; **~ment** déboursement *m*.

disc disque *m*; plaque *f*.

discern [di'sə:n] discerner; distinguer; **~ing** judicieux.

discharge [dis'tʃɑ:dʒ] congédier; débarquer; lancer (*projectile*); libérer; s'acquitter de (*devoir*); décharge *m*, employé: renvoi *m*; devoir: accomplissement *m*.

disciple [di'saipl] disciple *m*; élève *m*.

discipline ['disiplin] discipline *f*; discipliner; punir.

disclaim désavouer; renoncer à; dénier.

disclos|e révéler, découvrir; **~ure** révélation *f*.

dis|colo(u)r (se) décolorer; **~comfort** malaise *m*, gêne *f*; **~concert** déconcerter; troubler; **~connect** débrancher; débrayer; couper; **~contented** mécontent; **~~contentment** mécontentement *m*; **~continue** discontinuer; suspendre.

discord discorde *f*; dissonance *f*.

discotheque discothèque *f*.

discount ['diskaunt] rabais *m*; escompte *m*; **~able** escomptable.

discourage [dis'kʌridʒ] décourager.

discourse ['diskɔ:s] discours *m*; allocution *f*; v. [dis'kɔ:s] **~on, upon, about** discourir sur; s'entretenir de.

discover trouver, découvrir; **~er** découvreur *m*; **~y** découverte *f*.

discredit discrédit *m*; doute *m*; discréditer; ne pas croire; mettre en doute.

discreet discret; avisé.

discretion [dis'kreʃən] discrétion *f*; prudence *f*; silence *m* judicieux; **at s.o.'s** ~ à la discrétion de q.

discriminat|e distinguer (**from** de); **~ing** avisé; judicieux; délicat; **~ion** discernement *m*; distinction *f*.

discuss discuter; délibérer; **~ion** discussion *f*; débat *m*.

disdain dédain *m*; dédaigner.

disease [di'zi:z] maladie *f*; ~**d** malade, souffrant.

disembark débarquer.

disengage (se) dégager; ~**d** libre; ~**ment** dégagement *m*; rupture *f* des fiançailles.

disentangle débrouiller; (se) démêler.

disfigure défigurer; gâter.

disgrace disgrâce *f*; honte *f*; disgracier; déshonorer; ~**ful** honteux.

disguise [dis'gaiz] déguiser; déguisement *m*; **in** ~ déguisé.

disgust dégoût *m*; ~**ed** dégoûté (**with** de); ~**ing** dégoûtant; écœurant.

dish plat *m*; assiette *f*; mets *m*; ~ **up** servir (*a. fig.*).

dish-cloth lavette *f*.

dishearten [dis'ha:tn] décourager.

dishonest [dis'ɔnist] malhonnête; ~**y** malhonnêteté *f*.

dishono(u)r déshonneur *m*; déshonorer; ne pas honorer (*traite*); ~**able** honteux.

dishwasher machine *f* à laver la vaisselle, lave-vaisselle *m*.

disillusion [disi'luʒən] désillusion *f*; désillusionner.

disinfect désinfecter; ~**ant** désinfectant *m*; ~**ion** désinfection *f*.

disinherit déshériter.

disinterested désintéressé.

disk disque *m*; plaque *f*.

dislike aversion *f*, répugnance *f*; ne pas aimer; détester; ~**d** mal vu.

dislocate disloquer; déboîter.

dismal ['dizməl] sombre; triste; morne.

dismantle démonter.

dismay consternation *f*; consterner; inquiéter.

dismember démembrer.

dismiss congédier; renvoyer; quitter (*sujet*); ~**al** congédiement *m*; renvoi *m*.

dismount démonter; descendre (**from** de).

disobedien|ce désobéissance *f*; ~**t** désobéissant.

disobey désobéir (à).

disobliging ['disə'blaidʒiŋ] désobligeant; peu complaisant.

disorder désordre *m*; *méd.* affection *f*, trouble *m*; déranger; ~**ly** désordonné; qui manque d'ordre.

disorganize désorganiser, embrouiller, mettre en désordre.

disown [dis'əun] désavouer; renier.

dispatch expédition *f*; promptitude *f*; dépêche *f*; envoyer; expédier.

dispens|able dont on peut se passer; ~**ary** pharmacie *f*; policlinique *f*; ~**e with** se passer de.

disperse [dis'pə:s] (se) disperser; (se) dissiper.

displace [dis'pleis] déplacer; supplanter; remplacer.

display étalage *m*; manifestation *f*; parade *f*; étaler, exposer; montrer.

displeased mécontent (with, at de).

dispos|al disposition f; at s.o.'s ~al à la disposition de q.; ~e arranger; se débarrasser de; jeter; vendre; ~ed to enclin à, disposé à; ~ition disposition f; fig. tendance f; humeur f.

disproportion ['dispra-'po:ʃən] disproportion f.

dispute [dis'pju:t] controverse f, querelle f; beyond ~ incontestable; v. disputer, contester.

disqualif|ication incapacité f; sport disqualification f; ~y sport disqualifier.

disquiet [dis'kwaiət] inquiétude f; agitation f; inquiéter.

disregard indifférence f; manque m de respect; négliger.

disreputable honteux.

dissatis|faction mécontentement m; ~fied mécontent (with, at de).

dissemble dissimuler, cacher; feindre.

dissen|sion dissension f; désaccord m; ~t différer; avis m contraire.

dissertation dissertation f.

dissimilar différent (from, to de); dissemblable.

dissipat|e (se) dissiper; ~ed dissipé; ~ion dissipation f.

dissociate [di'səuʃieit] désassocier (from de).

dissolv|able dissoluble; ~e (faire) dissoudre.

dissua|de [di'sweid] from dissuader de, détourner de; ~sive dissuasif.

distance ['distəns] distance f; éloignement m; fig. réserve f; it's some ~ il y a loin; in the ~ au loin.

distant éloigné; lointain; personne: réservé.

distaste dégoût m; aversion f.

distil (se) distiller; ~lation distillation f; ~ler distillateur m; ~lery distillerie f.

distinct [dis'tiŋkt] distinct (from de); clair, net; ~ion distinction f; ~ive distinctif.

distinguish distinguer; faire une distinction (between entre); ~ed distingué.

distort tordre; déformer; fausser; ~ion distorsion f; déformation f.

distract distraire (from de); brouiller (esprit); ~ed étourdi; distrait; ~ion distraction f.

distress détresse f, angoisse f; misère f; affliger, chagriner; ~ful angoissant, affligeant.

distribut|e [dis'tribjut] distribuer; répartir; ~ion distribution f; répartition f; ~or distributeur m; concessionnaire m.

district district m; quartier m; contrée f; région f.

distrust méfiance f, défiance f; se méfier de.

disturb [dis'tə:b] troubler; inquiéter; ~ance trouble m; dérangement m.

disunion [dis'ju:njən] désunion f; séparation f.

ditch fossé m.

dive plongeon m; piqué m; plonger; **~r** plongeur m.

divers|e [dai'və:z] divers, différent; varié; **~ion** détournement m; divertissement m; **~ity** diversité f.

divert [dai'və:t] détourner (**from** de); divertir.

divest dépouiller de.

divide (se) diviser; ligne f de partage des eaux.

divin|ation divination f; **~e** divin; **~ity** divinité f; théologie f.

division [di'viʒən] division f; partage m.

divorce divorce m; divorcer (d')avec; **~d** divorcé.

dizz|iness vertige m; **~y** pris de vertige.

do [du:] faire; **that will ~** cela suffit; **how do you ~?** enchanté!; **~ you like London? — I ~** aimez-vous Londres? — mais oui; **I could ~ with some coffee** je prendrais bien un café; **~ you see him?** le voyez-vous?; **I ~ not know him** je ne le connais pas; **~ be quick!** dépêchez-vous donc!; **~ without** se passer de.

docile ['dəusail] docile.

dock bassin m; *dr.* banc m des prévenus; couper; **~er** docker m; **~yard** chantier m maritime.

doctor docteur m; médecin m.

document ['dɔkjumənt] document m; pièce f; **~ary** [dɔkju'mentəri] documentaire; (*a.* **~ary film**) film m documentaire.

dodge [dɔdʒ] esquive f; ruse f; (s')esquiver; éviter; prendre la tangente; **~r** malin m; finaud m.

dog chien m; **go to the ~s** marcher à la ruine; **~-days** *pl.* canicule f; **~ged** tenace; **~-tired** éreinté.

doings [du:inz] *pl.* événements m/pl.

dole indemnité f de chômage; **go on the ~** s'inscrire au chômage; **~ out** distribuer; **~ful** triste, lugubre.

doll poupée f.

dolphin dauphin m.

dome dôme m.

domestic domestique; de ménage, ménager; domestique m, f; **~ate** domestiquer.

domicile ['dɔmisail] domicile m; **~d** domicilié, demeurant (**at** à).

domination domination f.

domineer [dɔmi'niə] tyranniser; **~ing** autoritaire; tyrannique.

dominion domination f; **~** Dominion m.

donation don m; donation f.

done [dʌn] *p.p. de* do; fait; achevé, fini; cuit; éreinté, fourbu; **what is to be ~?** que faire?

donkey âne m.

doom [du:m] sort m; destin m

tragique; mort f; ruine f; condamner.

door [dɔ:] porte f; **within ~s** chez soi; **out of ~s** dehors; en plein air; **~bell** sonnette f; **~keeper** concierge m; **~man** portier m; **~way** porte f.

dormitory ['dɔ:mitri] dortoir m.

dose dose f; doser.

dot note f; tache f; pointiller.

dote on dorloter, adorer.

double ['dʌbl] double; (*chambre*: à deux personnes; double m; doubler; plier en deux; courter; **~breasted** gilet *etc.*: croisé; **~cross** tricher, duper; **~park** stationner en double file.

doubt [daut] douter (*of*, de); doute m; **no ~** sans doute; **~ful** douteux.

dough [dəu] pâte f, fam. fric m.

dove[1] [dəuv] a. prét. de dive.

dove[2] [dʌv] colombe f.

down[1] [daun] duvet m; dune f.

down[2] [daun] en bas; par terre; **~hearted** déprimé, découragé; **~hill** en descendant; **~pour** averse f; **~right** tout à fait; complètement; **~stairs** en bas; en aval; **~stream** en aval; **~ward(s)** de haut en bas; en descendant.

dowry ['dauri] dot f.

doze [dəuz] petit somme m; sommeiller.

dozen ['dʌzn] douzaine f.

Dr. = debtor; doctor.

drab gris brunâtre; *fig.* terne.

draft [drɑ:ft] traite f; lettre f de change; désigner; *Am. s. a.* **draught**.

drag entrave f; *fam.* **it's a ~** c'est emmerdant; v. (se) traîner; (se) tirer.

dragon dragon m.

drain tranchée f; *méd.* drain m; assécher, égoutter; s'écouler; **~age** écoulement m; drainage m.

drama ['drɑ:mə] drame f; **~tist** auteur m dramatique.

drank prét. de **drink**.

drape draper; envelopper; **~r** *Br.* marchand m d'étoffes; **~ry** draperie f; **~s** *Am.* rideaux m/pl.

draught [drɑ:ft] tirage m; courant m d'air; *boisson:* coup m; **~s** pl. (jeu f de) dames f/pl.; **~sman** dessinateur m; traceur m; **~y** exposé aux courants d'air.

draw [drɔ:] tirer; attirer; dessiner; toucher (*argent*); aspirer (*air*); **~ up** tirer en haut; rédiger; tirage m; loterie f; attraction f; **~back** désavantage m; obstacle m; **~ee** tiré m; payeur m.

drawer ['drɔ:ə] dessinateur m; tireur m; **(pair of) ~s** pl. femmes: pantalon m; caleçon m.

drawer[2] [drɔ:] tiroir m; **chest of ~s** commode f.

drawing tirage m; dessin m; **~board** planche f à dessin; **~pin** *Br.* punaise f; **~room** salon m.

drawn p.p. de **draw.**

dread [dred] terreur f; épouvante f; redouter; craindre; **~ful** redoutable; terrible; atroce.

dream [dri:m] rêve m, songe m; rêver.

dreamt a. prét. et p.p. de **dream.**

dreary triste, morne.

dredge [dredʒ] drague f; draguer; saupoudrer.

drench tremper.

dress robe f; toilette f, costume m; **in full ~** en grande tenue; v. (s')habiller, (se) vêtir; panser (blessure); apprêter; **get ~ed** s'habiller; **~ down** réprimander, passer un savon à; **~ up** (s')endimancher; **~ circle** thé. (premier) balcon m; **~ coat** frac m; **~er** dressoir m.

dressing habillement m, toilette f, cuis. assaisonnement m; sauce f; **~-gown** robe f de chambre; **~-table** toilette f.

dress|maker couturière f; **~ suit** habit m (de soirée).

drew prét. de **draw.**

drift direction f, fig. tendance f; neige: amoncellement m; dériver; flotter; errer; (se laisser) aller.

drill perçoir m; foret m; exercices m/pl.; (faire) faire l'exercice (à).

drink boisson f; boire; **~able** potable; **~ing-glass** verre m (à boire); **~ing water** eau f potable.

drip dégoutter; **~-dry** qu'il ne faut pas repasser; **~ping** graisse f (de rôti).

drive promenade f en voiture; mot. traction f; fig. campagne f; chasser; conduire; faire marcher; mot. rouler; **what are you ~ing at?** à quoi voulez-vous en venir?; **~ on** continuer sa route; **~n** p.p. de **drive; ~r** conducteur m.

driving conduite f; **~ licence** permis m de conduire; **~ school** auto-école f.

drizzle ['drizl] bruine f; bruiner.

droll comique.

drone faux bourdon m; vrombir; fig. fainéant m.

droop [dru:p] baisser; (laisser) pendre; languir.

drop goutte f; pastille f; chute f; lâcher; (se) laisser tomber; déposer (passager); baisser; **~ in** entrer en passant; **~ a line** écrire un mot à.

dropsy hydropisie f.

drought [draut] sécheresse f.

drove prét. de **drive.**

drown [draun] (se) noyer (a. fig.); submerger; **be ~ed** se noyer.

drows|e [drauz] somnoler; s'assoupir; **~y** somnolent; assoupi.

drug drogue f; stupéfiant m; **take ~s** se droguer; v. (a. **~ up**) droguer; **~-addict, ~-fiend** toxicomane m; drogué m; **~gist** Am. pharmacien m; **~store** Am. pharmaciebazar f.

drum tambour m; battre le tambour.

drunk p.p. de drink; ivre; saoul; **get ~** se saouler; **~ard** ivrogne m; **~en** ivre; **~enness** ivresse f.

dry [drai] sec; aride; (faire) sécher; **~ up** (se) dessécher; **~cleaners** pl. nettoyage à sec; **~cleaning** nettoyage m à sec; **~ goods** articles m/pl. de nouveauté; **~ness** sécheresse f.

dual carriage-way route f à voies séparées.

dubious douteux; incertain.

duch|ess duchesse f; **~y** duché m.

duck canard m; plonger; (se) baisser.

ductile ['dʌktail] malléable; docile.

due [dju:] échu; mérité; payable; **fall ~** venir à échéance; **the train is ~ at** ... le train doit arriver à ...; **in ~ time** en temps utile; **~s** pl. droits m/pl.

duel duel m.

dug prét. et p.p. de **dig**.

duke duc m.

dull terne, mat; sans éclat; lourd; sombre; inactif; ennuyeux; **~ness** ennui m; lenteur f de l'esprit.

dumb [dʌm] muet; sot; **deaf and ~** sourd-muet; **~bell** haltère m; Am. fam. imbécile m.

dummy mannequin m; fig.

homme m de paille.

dumping dumping m.

dumpling boulette f.

dumps: be (down) in the ~ avoir le cafard.

dung engrais m.

dungeon ['dʌndʒən] cachot m.

dunghill fumier m.

dupe [dju:p] dupe f; duper, tromper.

duplicate ['dju:plikit] double m; **in ~** en double; v. ['dju:plikeit] copier; reproduire.

dura|bility durabilité f; **stability** f; **~ble** ['djuərəbl] durable; résistant; **~tion** durée f.

during pendant, durant.

dusk demi-jour m; crépuscule m; **~y** obscur; noirâtre.

dust [dʌst] poussière f; épousseter; **~bin** boîte f à ordures, poubelle f; **~-coat** cachepoussière m; **~man** boueur m, boueux m; **~-proof** imperméable (à la poussière); **~y** poussiéreux.

Dutch hollandais; néerlandais; **~man** Hollandais m.

duti|able ['dju:tjəbl] taxable; **~ful** soumis; respectueux.

duty ['dju:ti] devoir m (**to** envers); douane: droits m/pl.; **off ~** libre; **on ~** de service; **~-free** exempt de droits.

dwarf nain m.

dwell demeurer, rester; habiter; **~ upon** s'attarder sur; **~ing** habitation f; domicile m.

m; **~ing-house** maison *f*
d'habitation.

dwelt *prét. et p.p. de* **dwell.**

dye [dai] teint(ure *f*) *m;*
teindre; **~d-in-the-wool**
invétéré; **~r** teinturier *m;* **~-
works** *pl.* teinturerie *f.*

dying mourant; moribond;

dynam|ic(al) [dai'næmik(əl)]
dynamique; **~ics** *pl.* dynamique *f;* **~ite** ['dainəmait] dyna-
mite *f;* dynamiter.

dynamo ['dainəmou] dynamo
f.

mort *f.*

E

each [i:tʃ] chaque; chacun; **~
one** chacun; **~ other** l'un
l'autre; les uns les autres;
they cost a pound ~ ils
coûtent une livre chacun *ou*
(la) pièce.

eager ardent; empressé; **~ for**
avide de; **be ~ to do** brûler
de faire; **~ness** ardeur *f;*
empressement *m;* vif désir *m.*

eagle aigle *m.*

ear [iə] oreille *f;* blé: épi *m;*
anse *f;* **~ache** mal *m*
d'oreille; **~-drum** tympan
m.

earl comte *m.*

early ['ə:li] matinal; précoce;
de bonne heure; **~ in the
morning** de bon matin.

earn [ə:n] gagner; mériter.

earnest ['ə:nist] sérieux; sérieux *m;* **in (real) ~** pour de
bon; **be in ~** être sérieux.

earnings *pl.* gages *m/pl.;*
salaire *m;* gains *m/pl.*

ear|-phones *pl.* casques *m/pl.*
d'écoute; **~-plug** bouchon *m*
pour l'oreille; **~-ring** boucle
f d'oreille; **~-splitting** à
fendre les oreilles.

earth [ə:θ] terre *f;* sol *m;* relier
à la terre (*radio*); **~en** de
terre; **~enware** poterie *f;*
faïence *f;* **~ly** terrestre;
~quake tremblement *m* de
terre; **~-worm** lombric *m.*

eas|e [i:z] aise *f;* bien-être *m;*
aisance *f;* facilité *f;* **at ~e**
tranquille; à son aise; soulager (*douleur*); calmer; (*a.* **~
off**) se détendre; **~iness**
facilité *f;* complaisance *f.*

east est *m;* orient *m;* de l'est;
oriental.

Easter Pâques *m.*

eastern de l'est; oriental.

eastward(s) à l'est.

easy ['i:zi] facile; aisé; libre; à
l'aise; **take it ~** se la couler
douce; **~ chair** fauteuil *m;*
~-going insouciant, nonchalant.

eat [i:t] manger; ronger; consumer; **~ out** manger au
restaurant; **~ables** *pl.* comes-
tibles *m/pl.;* **~en** de eat;
poor (great) ~er petit
(gros) mangeur *m;* **~s** *pl. fam.*
manger *m.*

eaves [i:vz] *pl.* gouttière *f;*

~drop écouter aux portes.

ebb baisser; décroître; (*a.* **~tide**) reflux *m.*

ebony ébène *f.*

eccentric excentrique (*m*).

ecclesiastical ecclésiastique.

echo ['ekəʊ] écho *m*; faire écho; retentir.

eclipse éclipse *f*; éclipser.

econom|ic économique; **~ic crisis** crise *f* économique; **~ic policy** politique *f* économique; **~ical** ménager, économe; **~ics** *pl.* [i:kə'nɒmiks] économie *f* politique; **~ist** économiste *m*; **~ize** [i'kɒnəmaiz] économiser (**on** sur); faire des économies; *v.* économie *f.*

ecstasy transport *m*; extase *f.*

ed. = **edition, editor.**

edge [edʒ] tranchant *m*; angle *m*; bord *m*; orée *f*; lisière *f*; **be on ~** être nerveux; *v.* border; se faufiler; **~ways**, **~wise** de côté; de chant.

edible mangeable; comestible.

edifice ['edifis] édifice *m.*

edify édifier; **~ing** édifiant.

edit ['edit] éditer (*livre*); rédiger (*journal*); **~ion** édition *f*; **~or** rédacteur *m* en chef; **~orial** article *m* de fond.

educat|e instruire; former; **~ion** éducation *f*; enseignement *m*; instruction *f*; **Board of ~ion** Ministère *m* de l'Éducation nationale.

EEC = **European Economic Community** Com-

munauté Économique Européenne, CEE.

eel anguille *f.*

efface [i'feis] effacer (*a. fig.*).

effect [i'fekt] effet *m*; conséquence *f*; action *f*; teneur *f*; sens *m*; **~s** *pl.* effets *m/pl.*; biens *m/pl.*; **take ~** faire (son) effet, agir; **of no ~** sans effet; *v.* réaliser, effectuer; **~ive** efficace; effectif; **become ~ive** entrer en vigueur; **~ive capacity** rendement *m*; **~uate** effectuer; réaliser.

effeminate efféminé.

effervescent [efə'vesnt] effervescent.

efficacious efficace.

efficien|cy efficacité *f*; capacité *f*; **~t** [i'fiʃənt] efficace.

effort effort *m*; **~less** sans effort; facile.

effus|ion [e'fju:ʒən] effusion *f*; épanchement *m*; **~ive** expansif.

e.g. = **exempli gratia** par exemple, p.ex.

egg œuf *m*; **~-cup** coquetier *m*; **~-plant** aubergine *f*; **~-shell** coque *f.*

ego|ism égoïsme *m*; **~ist** égoïste *m*; **~istic(al)** égoïste.

Egypt ['i:dʒipt] Égypte *f*; **~ian** [i'dʒipʃən] Égyptien *m*; égyptien.

eight [eit] huit (*m*); **~ hours' day** journée *f* de huit heures; **~een** dix-huit; **~y** quatre-vingt.

Eire ['ɛərə] (la République d')

Irlande f.

either ['aiðə, 'i:ðə] chaque; l'un et l'autre de; l'un ou l'autre de; ~ ... **or** ou ... ou; soit ... soit.

eject éjecter; expulser; ~**ion** éjection f.; expulsion f.

eke [i:k] **out** augmenter, ajouter à; étoffer; ménager; ~ **a living** s'en tirer.

elaborate [i'læbərit] compliqué; recherché; soigné; v. [i'læbəreit] élaborer; ~**ness** complication f.

elapse (se) passer; s'écouler.

elastic élastique (m); flexible; ~**ity** élasticité f.

elbow ['elbəu] coude m; **at one's** ~ tout près; v. ~ **one's way through** se frayer un passage à travers.

elder plus âgé, aîné; ~**ly** d'un certain âge.

eldest aîné.

elect élu; choisir; élire; ~**ion** élection f.; ~**or** électeur m.

electri|c(al) électrique; ~**c razor** rasoir m électrique; ~**cal engineer** ingénieur m électricien; ~**cian** [ilek'tri-ʃən] électricien m; ~**city** [ilek'trisiti] électricité f; ~**fication** électrisation f; ch. d. f. électrification f; ~**fy** électriser; électrifier.

elegan|ce ['eligəns] élégance f; ~**t** élégant.

element élément m; ~**ary** élémentaire; ~**ary school** école f primaire.

elephant éléphant m.

elevat|e élever; (re)lever; exalter; ~**ed (railway)** chemin m de fer aérien; ~**ion** élévation f; altitude f; hauteur f; ~**or** ascenseur m.

eleven [i'levn] onze (m).

eligible ['elidʒibl] éligible; acceptable; admissible; **be** ~ **for** avoir droit à; ~ **(young) man** bon parti.

eliminate éliminer; supprimer, écarter.

elm orme m.

elope [i'loup] s'enfuir avec un amant; ~**ment** enlèvement m (consenti).

eloquen|ce ['eləkwəns] éloquence f; ~**t** éloquent.

else d'autre; encore; **anyone** ~? quelqu'un d'autre?; **or** ~ sinon, autrement; **what** ~? quoi encore?; ~**where** ailleurs.

elucidate éclaircir; élucider.

elu|de [i'lu:d] éluder; éviter; échapper à; ~**sive** insaisissable; *réponse:* évasif.

emaciate [i'meiʃieit] amaigrir; ~**ion** amaigrissement m.

emanate from émaner de.

emancipat|e émanciper; affranchir; ~**ion** émancipation f.

embalm [im'bɑ:m] embaumer; *fig.* parfumer.

embank endiguer; ~**ment** digue f; quai m.

embargo embargo m.

embark (s')embarquer; ~**ation** embarquement m.

embarrass [im'bærəs] embarrasser, gêner; **~ment** embarras m, gêne f.

embassy ambassade f.

embellish embellir.

embers pl. cendres f/pl. rouges.

embezzle [im'bezl] détourner (fonds); **~ment** détournement m de fonds.

embitter remplir d'amertume; envenimer.

emblem emblème m.

embod|iment incarnation f; personnification f; **~y** personnifier; incorporer.

embolden enhardir.

embrace [im'breis] prendre dans ses bras, (s')étreindre; a. fig. embrasser.

embroider broder; **~y** broderie f.

emerald émeraude f.

emerge [i'mə:dʒ] émerger, apparaître (**from** de); surgir.

emergency [i'mə:dʒənsi] urgence f; circonstance f critique; **~ exit** sortie f de secours.

emery émeri m.

emigra|nt émigrant m; **~te** émigrer; **~tion** émigration f.

eminen|ce ['eminəns] éminence f; élévation f; grandeur f; **~t** éminent.

emit émettre; dégager.

emotion [i'məuʃən] émotion f; sentiment m.

emperor empereur m.

empha|sis force f; intensité f; **~size** appuyer sur, souligner; mettre en relief; **~tic** énergi-

que; catégorique.

empire ['empaiə] empire m.

employ [im'plɔi] employer; faire usage de; se servir de; **in the ~ of** au service de; **~ee** employé m; **~er** patron m; **~ment** emploi m; occupation f; **~ment agency** bureau m de placement.

empower autoriser; donner pouvoir à.

empt|iness vide m; **~y** vide; (se) vider.

emulate ['emjuleit] imiter; rivaliser.

enable [i'neibl] à rendre capable de, mettre à même de, permettre de.

enact décréter; thé. jouer, représenter.

enamel émail m; vernis m; émailler.

enamo(u)r rendre amoureux; **be ~ed of** être épris ou amoureux de.

encamp (faire) camper.

encase mettre dans une caisse; envelopper.

enchant [in'tʃɑːnt] enchanter; ravir; **~ing** enchantant; ravissant.

encircle [in'sə:kl] ceindre; entourer.

enclos|e entourer; renfermer; **~ed please find** recevez ci-joint (ou ci-inclus); **~ure** enclos m; pièce f jointe.

encore bisser; crier bis; bis m.

encounter [in'kauntə] rencontre f; rencontrer; se trouver face à face avec *(a. fig.).*

encourage [inˈkʌridʒ] encourager; favoriser; **~ment** encouragement *m.*

encroach [inˈkrəutʃ] (up)on empiéter sur.

encumb|er encombrer; gêner; **~rance** encombrement *m*; embarras *m.*

end fin *f*; but *m*; **no ~ of** infiniment de, des tas de; **be at an ~** prendre fin; **in the ~** enfin; en fin de compte; **to this ~** dans ce but; **my hair stood on ~** mes cheveux se dressèrent; *v.* finir, (se) terminer.

endanger [inˈdeindʒə] mettre en danger.

endear faire aimer.

endeavo(u)r [inˈdevə] effort *m*; tentative *f*; essayer; s'efforcer.

ending fin *f*; achèvement *m*; terminaison *f.*

endive [ˈendiv] endive *f.*

endless sans fin; infini.

endorse endosser; *fig.* appuyer; **~ment** endossement *m*; **~r** endosseur *m.*

endow [inˈdau] doter, *fig.* douer.

endur|able supportable; tolérable; **~ance** endurance *f*; patience *f*; **past ~ance** insupportable; **~ance test** course *f* d'endurance; **~e** [inˈdjuə] endurer, supporter.

enemy ennemi *m.*

energ|etic énergique; **~y** [ˈenədʒi] énergie *f.*

enervate énerver, affaiblir.

enfeeble affaiblir.

enforce [inˈfɔːs] exécuter (*loi*); rendre effectif; imposer ([up]on à); **~ment** exécution *f*; contrainte *f.*

engage [inˈgeidʒ] (s')engager; embaucher; retenir (*place*); occuper, absorber; **~ in** s'occuper de, se mêler de; **~ed (to be married)** fiancé; **line ~d!** ligne occupée!; **~ment** engagement *m*; obligation *f*; promesse *f*; rendez-vous *m*; fiançailles *f/pl.*; **~ment ring** bague *f* de fiançailles.

engine [ˈendʒin] machine *f*; locomotive *f*; moteur *m*; **~ driver** mécanicien *m.*

engineer [endʒiˈniə] ingénieur *m*; *ch. d. f. Am. a.* mécanicien *m*; *fam.* machiner; **~ing** génie *m*, technique *f*, industrie *f.*

England Angleterre *f.*

English [ˈingliʃ] anglais; **the ~** *pl.* les Anglais *m/pl.*; **~man** Anglais *m*; **~woman** Anglaise *f.*

engrave graver; **~r** graveur *m.*

engross absorber (*attention*); s'emparer de, occuper.

enhance [inˈhɑːns] rehausser; augmenter; **~ment** rehaussement *m*; augmentation *f.*

enigma énigme *f.*

enjoin enjoindre, imposer (**on** à).

enjoy [inˈdʒɔi] prendre plaisir à; jouir de; aimer; **I ~ my**

dinner je trouve le dîner bon; **~able** agréable; **~ment** plaisir *m*; jouissance *f*.

enlarge agrandir (*a. phot.*); **~ (up)on** s'étendre sur; **~ment** agrandissement *m* (*a. phot*); élargissement *m*; accroissement *m*.

enlighten [in'laitn] éclairer; informer.

enlist *mil.* (s')enrôler.

enliven animer; *fig.* stimuler; égayer.

enmity hostilité *f*.

enorm|ity énormité *f*; **~ous** énorme; abominable.

enough [i'nʌf] assez.

enquiry *etc. cf.* **inquiry** *etc.*

enrage [in'reidʒ] rendre furieux.

enrapture ravir.

enrich enrichir.

ensign ['ensain] étendard *m*, drapeau *m*.

enslave asservir; réduire à l'esclavage; **~ment** asservissement *m*.

ensue [in'sju:] (s')ensuivre; **~ from** résulter de.

ensure [in'ʃuə] garantir; assurer.

entail entraîner; comporter.

entangle empêtrer; enchevêtrer; embrouiller.

enter entrer (dans); inscrire (*nom etc.*); **~** into entamer (*conversation*); **~ (up)on** commencer, amorcer.

enterpris|e ['entəpraiz] entreprise *f*; esprit *m* d'entreprise; **~ing** entreprenant.

entertain amuser, divertir; recevoir; **~ment** divertissement *m*.

enthuse over *fam.* raffoler de.

enthusias|m [in'θju:ziæzm] enthousiasme *m*; **~t** enthousiaste *m*; **~tic** enthousiaste.

entic|e séduire; attirer; **~ing** séduisant; attrayant.

entire [in'taiə] entier; complet; tout; **~ly** entièrement.

entitle intituler; **~ to** donner le droit de; **be ~d to** avoir droit à.

entrails *pl.* entrailles *f/pl.*

entrance [en'trɑns] entrée *f*; accès *m*; prix *m* d'entrée.

entreat [in'tri:t] supplier; demander instamment; **~y** supplication *f*; prière *f*.

entrust: **~ to** confier à; **~ with** charger de.

entry entrée *f*; inscription *f* (*dans une liste etc.*).

enumerate énumérer.

envelop envelopper.

envelope enveloppe *f*.

envi|able enviable; digne d'envie; **~ous** envieux; **~y** envie *f*; envier (*s.o. s.th.* qc. à q.).

epidemic épidémique; épidémie *f*.

epilepsy ['epilepsi] épilepsie *f*.

episcopa|l épiscopal; **~te** épiscopat *m*; évêché *m*.

episode ['episəud] épisode *m*.

epitaph épitaphe *f*.

epoch ['i:pɔk] époque *f*; **~making** qui fait époque.

equal ['i:kwəl] égal (m); ~ **to** à
la hauteur de; **my** ~**s** pl. mes
pareils m/pl.; v. égaler; **not to
be** ~**(l)ed** sans égal; ~**ity**
égalité f; ~**ize** égaliser.

equanimity tranquillité f
d'esprit; impassibilité f.

equation équation f.

equator équateur m.

equilibrium équilibre m.

equinox équinoxe m.

equip équiper; munir; ~-
ment équipement m; outil-
lage m; appareils m/pl.

equitable équitable; juste.

equivalent [i'kwivələnt] équivalent (m).

equivocal [i'kwivəkəl] équivoque; ambigu.

era ['iərə] ère f; époque f; âge
m.

erase [i'reiz] effacer (a. fig.);
fig. oblitérer; ~**r** grattoir m;
gomme f.

erect droit; debout; ériger;
élever (statue); ~**ion** érection
f; construction f.

eremite ermite m.

ermine hermine f.

erode [i'roud] éroder; ronger.

err [ə:] faire erreur; pécher; ~
from s'écarter de.

errand ['erənd] commission f;
course f; ~~**boy** garçon m de
courses.

erroneous [i'rəunjəs] erroné.

error erreur f, faute f.

erudition érudition f.

eruption [i'rʌpʃən] éruption f
(a. méd.).

escalator escalier m mé-

chanique.

escap|ade escapade f; ~**e**
(s')échapper (à); éviter;
s'évader; fuite f; **have a
narrow** ~**e** l'échapper belle.

escort escorte f; escorter.

especial [is'peʃəl] spécial;
particulier; ~**ly** particulière-
ment, surtout.

essay ['esei] essai m.

essential [i'senʃəl] essentiel,
indispensable.

establish [is'tæbliʃ] établir;
fonder; créer; mettre à point;
~**ment** établissement m;
fondation f; (train m de)
maison f; **the** ~**ment** les
milieux m/pl. établis.

estate [is'teit] propriété f
foncière; immeuble m; **personal** ~ biens m/pl. mobi-
liers; **real** ~ biens-fonds
m/pl.

esteem estime f, considération f; estimer.

estimable ['estiməbl] estimable; digne d'estime.

estimat|e [i'estimeit] estimer;
évaluer; juger; apprécier; ~**e**
[i'estimit] calcul m; devis m
(estimatif); ~**ion** opinion f;
estimation f.

estrange s'aliéner l'affection
de, éloigner; ~**ment** aliénation f.

etern|al éternel; sans fin; ~**ity**
éternité f.

ether ['i:θə] éther m; ~**eal**
éthéré; fig. impalpable.

ethics pl. éthique f.

Europe ['juərəp] Europe f;

~an européen; Européen *m*.

evacuate [i'vækjueit] évacuer.

evade éviter (de).

evaluat|e évaluer; ~**ion** évaluation *f*.

evaporat|e (faire) évaporer; s'évaporer.

evasive évasif.

eve [i:v] veille *f*.

even [i:vn] égal; plat, uniforme; *nombre*: pair; *adv.* même; encore; seulement; **not ~** même pas; **~ if, ~ though** même si; **~ so** tout de même.

evening soir *m*; soirée *f*; **~ dress** *hommes*: tenue *f* de soirée; *femmes*: robe *f* du soir.

evenness égalité *f*; calme *m*; sérénité *f*.

event [i'vent] événement *m*; cas *m*; sport réunion *f* sportive; **at all ~** en tout cas; **~ful** mémorable; mouvementé; **~uality** éventualité *f*; **~ually** finalement.

ever jamais; toujours; **~ so** très, infiniment; **~ since** depuis lors; **for ~** à tout jamais; **~lasting** éternel; **~more** pour toujours.

every chaque; tous les; **~ now and then** de temps en temps; **~ other day** tous les deux jours; **~day** de tous les jours; quotidien; **~one, ~body** chacun; tout le monde; **~thing** tout; **~ time** chaque fois (que); **~where** partout.

eviden|ce ['evidəns] évidence *f*; preuve *f*; témoignage *m*; **~t** évident, clair.

evil ['i:vl] mauvais; méchant; mal *m*; malheur *m*; **~-doer** malfaiteur *m*; **~-minded** malveillant.

evince manifester.

evolution [i:və'lu:ʃən] développement *m*; évolution *f*.

exact exact; précis; exiger; **~itude, ~ness** exactitude *f*; **~ly** précisément; (tout) au juste; **~ly!** *a.* c'est ça!

exaggerat|e [ig'zædʒəreit] exagérer; **~ion** exagération *f*.

exaltation exaltation *f*.

examin|ation [igzæmi'neiʃən] examen *m*; inspection *f*; **~e** examiner; visiter (*bagages*); interroger; **~er** examinateur *m*.

example exemple *m*; précédent *m*; **for ~** par exemple.

exasperat|e exaspérer; **~ion** exaspération *f*.

excavat|e excaver; **~ion** excavation *f*, fouille *f*.

exceed excéder, dépasser; surpasser (**in** en); **~ingly** extrêmement.

excel surpasser; exceller (**in, at** dans); **~lence** excellence *f*, perfection *f*; **⁀lency** Excellence *f*; **~lent** excellent; parfait.

except [ik'sept] excepter, exclure; *prp.* excepté; sauf; **~ for** à l'exception de; **~ion** exception *f*; objection *f*; **~ional** exceptionnel.

excess excès *m*; **~ fare** supplément *m*; **~ baggage, ~ luggage** excédent *m* de bagages; **~ postage** surtaxe *f* postale; **~ive** excessif; immodéré.

exchange [iks't∫eindʒ] échanger **(for** contre); faire un échange de; échange *m*; traite *f*; Bourse *f*; central *m* (téléphonique); **in ~** en échange **(for** de); **foreign ~** devises *f/pl.* étrangères; **~able** échangeable **(for** pour, contre).

Exchequer [iks't∫ekə] Trésor *m* public; ministère *m* des Finances.

excise régie *f*; contributions *f/pl.* indirectes.

excit|able excitable; irritable; **~e** exciter; **get ~ed** s'emballer; **~ement** agitation *f*; émoi *m*; **~ing** passionnant.

exclaim s'écrier.

exclamation exclamation *f*.

exclu|de exclure; écarter; **~sion** exclusion *f*; refus *m* d'admission **(from** à).

exclusive exclusif; *cercle:* très fermé; **~ of** non compris.

excursion [iks'kə:∫ən] excursion *f*, promenade *f*, sortie *f*; **~ist** excursionniste *m, f*.

excus|able excusable; **~e** [ik'skju:s] excuse *f*; prétexte *m*; *v.* [ik'skju:z] excuser; pardonner.

execrate exécrer; détester.

execut|e ['eksikju:t] exécuter; effectuer; **~ion** exécution *f*; **~ive** (pouvoir *m*) exécutif *m*.

exempl|ary exemplaire; typique; **~ify** démontrer; servir d'exemple à.

exempt [ig'zempt] **from** exempt de; exempter de.

exercise ['eksəsaiz] exercice *m*; devoir *m*, thème *m*; **take ~** prendre de l'exercice; *v.* exercer; pratiquer.

exert [ig'zə:t] **o.s.** se donner du mal; **~ion** effort *m*.

exhal|ation exhalaison *f*; **~e** [eks'heil] exhaler.

exhaust [ig'zɔ:st] épuiser; vider; échappement *m*; **~ gas** gaz *m* d'échappement; **~ion** épuisement *m*; **~ive** complet, approfondi, exhaustif; **~ pipe** tuyau *m* d'échappement.

exhibit [ig'zibit] exposer; montrer; faire preuve de; **~ion** exposition *f*; étalage *m*; démonstration *f*; **~or** exposant *m*.

exhilarate égayer; ranimer.

exhort exhorter; **~ation** exhortation *f*.

exile exil *m*; exilé *m*, exiler, bannir **(from** de).

exist exister; être; vivre; **~ence** existence *f*; vie *f*; **~ent** existant.

exit ['eksit] sortie *f*; **~ permit** permis *m* de sortir.

exorbitant [ig'zɔ:bitənt] exorbitant.

exotic [ig'zɔtik] exotique.

expan|d (s')étendre; (se) dilater; **~se** étendue *f*; **~sion** expansion *f*; dilatation *f*; **~sive** expansif; étendu.

expect attendre; **~ant** qui

attend; ~**ant mother** femme *f* enceinte; ~**ation** attente *f*; espoir *m*.

expedient [ik'spi:diənt] expédient (*m*).

expedit|e ['ekspidait] accélérer; hâter; ~**ion** [ekspi'diʃən] expédition *f*.

expel expulser, chasser.

expen|d dépenser; consacrer (*temps*); ~**diture** dépense *f*; ~**se** dépenses *f/pl.*; frais *m/pl.*; ~**sive** cher, coûteux.

experience [ik'spiəriəns] expérience *f*; aventure *f*; éprouver; ~**d** expérimenté.

experiment [ik'sperimənt] expérience *f*; essai *m*; [ik'speriment] expérimenter.

expert ['ekspə:t] expert (*m*); habile (**at** à).

expir|ation expiration *f*; échéance *f*; ~**e** [ik'spaiə] expirer; ~**y** expiration *f*; terme *m*.

expl|ain expliquer; ~**anation** explication *f*; ~**icable** explicable.

explicit [ik'splisit] explicite.

explode exploser; (faire) sauter.

exploit [ik'sploit] exploiter; ~**ation** exploitation *f*.

explor|ation exploration *f*; ~**e** explorer; ~**er** explorateur *m*.

explos|ion explosion *f*; ~**ive** explosif (*m*).

export ['ekspɔ:t] exportation *f*; ~**s** *pl.* marchandises *f/pl.* exportées; ~ **licence** licence *f*

d'exportation; ~ **trade** commerce *m* d'exportation; *v.* [ek'spɔ:t] exporter; ~**a-tion** exportation *f*; ~**er** exportateur *m*.

expos|e exposer (*a. phot.*) (**to** à); *fig.* démasquer, dévoiler; ~**ure** exposition *f* (*a. phot.*); ~**ure meter** photomètre *m*.

express formel; exprès (*m*); *ch. d. f.* rapide *m*; ~ **letter** lettre *f* exprès; *v.* exprimer; ~**ive** expressif.

expropriate exproprier; ~**ion** expropriation *f*.

exquisite ['ekskwizit] exquis; délicat; délicieux.

extant existant, qui existe.

extemporize [ik'stempəraiz] improviser.

extend (s')étendre; (se) prolonger; tendre (*main*).

extensi|ble extensible; ~**on** extension *f*; prolongation *f*; *télé.* poste *m*; ~**on cord** rallonge *f*; ~**on table** table *f* à rallonges; ~**ve** étendu; vaste.

extent étendue *f*; importance *f*; **to a certain** ~ jusqu'à un certain point.

extenuate atténuer.

exterior [ek'stiəriə] extérieur (*m*); en dehors.

exterminate exterminer.

external [ek'stə:nl] extérieur; du dehors.

extinct éteint (*a. fig.*); ~**ion** extinction *f*.

extinguish éteindre; exterminer; ~**er** extincteur *m*.

extirpat|e ['ekstə:peit] extir-

per; **~ion** extirpation *f*.
extol porter aux nues.
extort extorquer, arracher;
~ion extorsion *f*.
extra en plus; supplémentaire;
extra *m*; **~s** *pl.* dépenses *f/pl.*
supplémentaires; supplé-
ments *m/pl.*; à-côtés *m/pl.*
extract extrait *m*; concentré
m; extraire; **~ion** extraction
f; origine *f*.
extraneous [ek'streinjəs] extérieur; étranger.
extraordinary [ik'strɔ:dnri]
extraordinaire.
extravagan|ce [ik'stræ-
vəgəns] extravagance *f*; pro-
digalité *f*; **~t** extravagant;
prodigue.
extreme [ik'stri:m] extrême

(*m*).
extremity extrémité *f*; point
m extrême.
exuberan|ce exubérance *f*; **~t**
exubérant.
exult [ig'zʌlt] exulter; **~ation**
exultation *f*.
eye [ai] œil *m* (*pl.* yeux);
aiguille: trou *m*; **keep an ~**
on surveiller; **open s.o.'s ~s**
désabuser q.; *v.* observer,
regarder; **~ball** globe *m*
oculaire; **~brow** sourcil *m*;
~catching accrocheur;
~lash cil *m*; **~lid** paupière *f*;
~liner traceur *m* pour la
paupière; **~opener** révéla-
tion *f*; **~sight** vue *f*; **~wash**
boniments *m/pl.*; **~witness**
témoin *m* oculaire; assister à.

F

fab épatant.
fable fable *f*; conte *m*.
fabric tissu *m*; édifice *m*;
structure *f*; **~ate** fabriquer;
inventer.
faboulous ['fæbjuləs] fabuleux.
face [feis] visage *m*; cadran *m*;
on the ~ of it à première
vue; **~ cream** crème *f* de
beauté; **~ value** valeur *f*
nominale; *v.* faire face à.
facetious [fə'si:ʃəs] facétieux,
plaisant.
facile ['fæsail] facile; insouciant; complaisant; **~itate**
faciliter; **~ities** *pl.* moyen *m*;
installation *f*; possibilité *f*;

~ity facilité *f*.
facing revêtement *m*.
fact fait *m*; réalité *f*; **in ~** en
réalité.
faction faction *f*.
factitious [fæk'tiʃəs] faux;
factice.
factor facteur *m*.
factory fabrique *f*; usine *f*.
faculty faculté *f*.
fad marotte *f*; lubie *f*; toquade
f; mode *f*.
fade se faner; déteindre;
s'affaiblir; **~e away** disparaître; **~ing** *radio* fading *m*.
fag¹ (s')éreinter.
fag² *fam.* cigarette *f*, sèche *f*.
fail manquer, rater; échouer;

faire défaut (à); *com.* faire
faillite; ~ **to do** ne pas faire;
without ~ sans faute; ~**ure**
échec *m*; défaut *m*; raté *m*;
faillite *f*.

faint [feint] faible; léger; vague; s'évanouir; ~**hearted**
lâche; ~**ness** faiblesse *f*;
vertige *m*.

fair[1] [fɛə] beau; juste; loyal,
sport; (*a.* ~**haired**) blond; ~
copy mise *f* au net; ~ **play**
play *m*; traitement *m* juste.

fair[2] [fɛə] foire *f*.

fair|ly passablement, assez;
~**ness** beauté *f*; impartialité *f*.

fairy ['fɛəri] fée *f*.

faith [feiθ] foi *f*; confiance *f*;
croyance *f*; ~**ful** fidèle; loyal;
~**less** infidèle; perfide.

fake chose *f* truquée; trucage
m; faux, truqué; truquer; ~
up inventer, fabriquer.

falcon ['fɔːlkən] faucon *m*.

fall chute *f*; baisse *f*; *Am. a.*
automne *m*; tomber; baisser;
~ **for** être dupe de; tomber
amoureux de; ~ **in** s'écrouler; ~ **short of** ne pas
atteindre, être au-dessous de.

fallen *p.p.* de **fall**.

fallow-deer daim *m*.

false [fɔːls] faux; artificiel;
infidèle; ~ **key** fausse clef *f*;
rossignol *m*; ~ **teeth** *pl.*
dentier *m*; ~**hood** fausseté *f*;
mensonge *m*.

falsi|fication falsification *f*;
~**fy** falsifier; fausser.

falter chanceler; balbutier.

fame renommée *f*; ~**d for**

renommé pour.

familiar familier (**to** à);
intime; bien connu (**to** de);
~**ity** familiarité *f*; ~**ize**
familiariser.

family famille *f*; ~ **name**
nom *m* de famille.

famine ['fæmin] famine *f*.

famous ['feiməs] célèbre; renommé.

fan[1] éventail *m*; ventilateur *m*;
(s')éventer.

fan[2] *sport etc.* fervent *m*,
mordu *m*.

fanatic fanatique (*m*); ~**ism**
fanatisme *m*.

fanciful fantaisiste; fantas-
que.

fancy ['fænsi] imagination *f*;
fantaisie *f*; caprice *m*; goût *m*;
take a ~ **to** se prendre
d'affection pour; *v.* (s')ima-
giner, se figurer; avoir envie
de; ~ **articles** *pl.* objets *m/pl.*
de luxe; ~ **dress** costume
m; ~ **goods** *pl.*
nouveautés *f/pl.*; ~**work**
broderie *f*.

fantastic fantastique.

far loin; **as** ~ **as** jusqu'à;
autant que; ~ **better** beaucoup mieux; **by** ~ de beaucoup; **so** ~ jusqu'ici; ~**away**
éloigné.

farce farce *f*.

fare [fɛə] prix *m* (du voyage);
taxi: client *m*; manger *m*,
chère *f*; regime *m*; ~ **well!**
adieu!; ~**well party** soirée *f*
d'adieu.

far-fetched tiré par les cheveux; forcé.

farm ferme *f*; cultiver; **~er** fermier *m*; **~house** ferme *f*.

far-off lointain, éloigné.

far-sighted *méd.* presbyte; *fig.* clairvoyant.

farth|er ['fɑ:ðə] plus éloigné; plus loin; **~est** le plus éloigné; le plus loin.

fascinat|e fasciner; **~ing** captivant, séduisant.

fashion ['fæʃən] mode *f*; vogue *f*; façon *f*; manière *f*; façonner, former; **~able** à la mode; élégant.

fast[1] rapide; ferme, fixe; *montre:* en avance; *ami:* fidèle; *tissu:* bon teint; *vie:* dissolu; vite; fermement; **~ train** (train *m*) rapide *m*; be **~ asleep** dormir profondément.

fast[2] jeûner; **~-day** jour *m* de jeûne.

fasten ['fɑ:sn] (s')attacher; fixer; **~er** attache *f*, agrafe *f*; *patent* (*ou* **snap**) **~er** bouton-pression *m*.

fastidious difficile, délicat.

fat [fæt] gras; gros; graisse *f*.

fatal ['feitl] funeste; mortel; **~ity** fatalité *f*.

fate destin *m*; sort *m*.

father ['fɑ:ðə] père *m*; **~ in-law** beau-père *m*; **~ly** paternel.

fathom ['fæðəm] *mar.* brasse *f*; sonder; comprendre à fond, saisir; **~less** insondable.

fatigue [fə'ti:g] fatigue *f*; fatiguer.

fat|ness graisse *f*; embonpoint *m*; **~ty** gras; graisseux.

fatuity sottise *f*; imbécilité *f*.

faucet ['fɔ:sit] robinet *m*.

fault [fɔ:lt] défaut *m*; faute *f*; imperfection *f*; **find ~ with** trouver à redire à; **~iness** imperfection *f*; **~less** parfait; **~y** défectueux.

favo(u)r ['feivə] faveur *f*; grâce *f*; service *m*; favoriser; **~ with** honorer de; **~able** favorable; **~ite** favori (*m*); préféré.

fawn fauve; faon *m*; **~ on** flagorner.

fear [fiə] crainte *f*; peur *f*; craindre; avoir peur de; **~ful** craintif; affreux; **~less** intrépide; sans peur.

feasible faisable; praticable; vraisemblable.

feast fête *f*; festin *m*; régal *m*; fêter; (se) régaler (**on** de).

feat [fi:t] exploit *m*.

feather ['feðə] plume *f*; **~ed** emplumé.

featur|e ['fi:tʃə] trait *m* (du visage); caractéristique *m*; **~e film** grand film *m*; *v.* caractériser; mettre en vedette; **a film ~ing N.N.** un film avec N.N. en vedette.

February février *m*.

fed *prét. et p.p. de* **feed**; **be ~ up** *fam.* en avoir marre (**with** de).

federa|l fédéral; **~lize**, **~te** (se) fédérer; **~tion** fédération *f*; syndicat *m*.

fee honoraires *m/pl.*; frais

m/pl.; droit *m*; taxe *f*.

feeble faible; **~ness** faiblesse
f.

feed nourriture *f*; pâture *f*; (se)
nourrir, (s')alimenter (**on** de).

feeding alimentation *f*; **~-
bottle** biberon *m*.

feel sentir; ressentir; éprouver;
être sensible à; **how do you
~?** comment vous trouvez-
vous?; **I ~ like doing** j'ai
envie de faire; **~er** antenne *f*;
~ing sentiment *m*; émotion *f*.

feign [fein] feindre.

fell[1] *prét. de* **fall**.

fell[2] abattre; assommer.

fellow camarade *m*; compagnon *m*; type *m*, gars *m*;
membre *m*; **~ citizen** concitoyen *m*; **~-travel(l)er**
compagnon *m* de voyage.

felt[1] *prét. et p.p. de* **feel**.

felt[2] feutre *m*; (se) feutrer.

female ['fi:meil] féminin; *animal:* femelle *f*.

feminine ['feminin] féminin *f*.

fen marais *m*, marécage *m*.

fenc|e [fens] clôture *f*; (*a.* ~
in) enclore; *sport* faire de l'escrime; **~ing** clôture *f*; *sport*
escrime *f*; **~ing foil** fleuret *m*.

fend off détourner, parer.

fender garde-feu *m*; *Am.* mot.
garde-boue *m*.

ferment [fə:'ment] ferment
m; [ə:'ment] (faire) fermenter;
~ation [fə:men'teiʃən] fermentation *f*.

fern fougère *f*.

ferocious [fə'rəuʃəs] féroce.

ferret furet *m*; fureter; **~ out**

dépister.

ferry bac *m*; **~-boat** bac *m*;
ferry-boat *m*.

fertil|e fertile (**in** en); **~ity**
fertilité *f*; **~ize** [fə'tilaiz]
fertiliser; **~izer** engrais *m*.

ferv|ent ['fə:vənt] ardent
(*a. fig.*); **~o(u)r** ardeur *f*,
ferveur *f*.

festiv|al festival *m*; **~e** de fête,
joyeux; **~ity** fête *f*.

fetch aller chercher; apporter;
rapporter (*prix*).

feud inimitié *f*.

fever ['fi:və] fièvre *f*; **~ed**,
~ish fiévreux.

few [fju:] peu (de); peu
nombreux, rare; **a ~** quelques-uns *pl.*; quelques *pl*;
quite a ~ pas mal de.

fiancé(e) [fi'ã:nsei] fiancé(e *f*)
m.

fibr|e ['faibə] fibre *f*.

fickle inconstant, changeant;
~ness inconstance *f*.

fiction fiction *f*; littérature *f*
d'imagination.

fiddle violon *m*; jouer du
violon; *fam.* maquiller, truquer; **~ with** tripoter.

fidelity fidélité *f*, loyauté *f*.

fidget ['fidʒit] bouger, gigoter;
~y agité, nerveux.

field champ *m*; *sport* terrain
m; *fig.* domaine *m*; **~-
glasses** *pl.* jumelles *f/pl.*; **~-
sports** *pl.* la chasse et la
pêche.

fierce [fiəs] féroce; violent;
~ness férocité *f*; violence *f*.

fiery ['faiəri] de feu; enflammé; ardent.

fifteen quinze.

fifty cinquante.

fig figue f.

fight [fait] combat m; lutte f; combattre: se battre (avec).

figure ['figə] forme f; taille f; chiffre m; (se) représenter; (se) figurer; ~ **out** calculer.

filament filament m; filet m.

file¹ classeur m; fichier m; dossier m; file f; classer; enregistrer.

file² lime f; limer.

filigree filigrane f.

filings pl. limaille f de fer.

fill (se) remplir; ~ **in** ou **out** remplir (formule); ~ **up** auto faire le plein.

fillet ['filit] filet m.

filling remplissage m; dent: plombage m; ~~**station** station-service f.

film pellicule f; film m; filmer.

filter filtre m; filtrer; tamiser; ~ **into** s'infiltrer dans; ~~**tip** bout filtre m.

filth saleté f; ~**y** sale.

fin [fin] nageoire f.

final ['fainl] final; dernier; définitif; sport finale f.

financ|e ['fai'næns] finance f; financer; ~**ial** financier.

find découverte f; trouvaille f; trouver; ~ **guilty** déclarer coupable; ~ **out** découvrir, savoir; ~**er** trouveur m; phot. viseur m.

fine¹ [fain] fin; subtil; beau; excellent; délicat; **be feeling** ~ aller bien.

fine² [fain] amende f; contravention f; infliger une amende à; flanquer une contravention à.

finger ['fiŋgə] doigt m; manier, toucher; ~~**print** empreinte f digitale.

finish finir; (se) terminer; ~**ing touch** dernière main f; coup m de pouce.

Finland Finlande f.

Finn Finlandais m; ~**ish** finlandais.

fir [fə:] sapin m.

fire ['faiə] feu m; mettre le feu à; tirer (coup de fusil); faire partir (fusil); fam. renvoyer; flanquer à la porte; ~~**brigade**, ~ **department** sapeurs-pompiers m/pl.; ~~**escape** escalier m de secours; ~~**extinguisher** extincteur m; ~~**insurance** assurance-incendie f; ~~**place** cheminée f, foyer m; ~**proof** incombustible, ignifuge; ~~**work** feu m d'artifice.

firm [fə:m] ferme; solide; com. maison f; firme f; ~**ness** fermeté f, solidité f.

first [fə:st] premier; premièrement; d'abord; **at** ~ d'abord; ~ **of all** tout d'abord; ~ **aid** premier secours m; ~~**aid kit** trousse f de secours; ~~**class**, ~~**rate** de première qualité; ~ **name** prénom m.

fish poisson m; pêcher; ~~**bone** arête f.

fisher|man pêcheur m; ~**y**

pêche *f*; *lieu:* pêcherie *f*.

fishing pêche *f*; **~ licence** permis *m* de pêche; **~-rod** canne *f* à pêche; **~-tackle** attirail *m* de pêche.

fish|-shop poissonnerie *f*; **~y** louche, pas catholique.

fissure ['fiʃə] fissure *f*, fente *f*; fendre.

fist poing *m*.

fit en forme; en bonne santé; bon, propre **(to** à); capable **(for** de); digne **(for** de); **~ to drink** potable; **see ~** trouver bon; *v. vêtements etc.:* aller bien; (s')ajuster; (s')adapter; munir **(with** de); **~ in** (faire) cadrer **(with** avec); **~ out** équiper; (s')ajuster; **~ up** monter; *su. med:* crise *f*, attaque *f*, accès *m*; **~ness** convenance *f*; bonne forme; **~ter** monteur *m*; ajusteur *m*; **~ting** convenable, propre; montage *m*; *vêtements:* essayage *m*; **~tings** *pl.* installations *f/pl.*; appareillage *m*.

five [faiv] cinq.

fix fixer; préparer, faire; réparer; déterminer; nommer (*jour*); **~ up** arranger; installer; *su.* embarras *m*, pétrin *m*; **in a ~** dans le pétrin; **~ed** fixe; invariable.

fizz pétiller; siffler.

flabbergast abasourdir, épater, bouleverser.

flabby, flaccid flasque, mou.

flag drapeau *m*; pavillon *m*; languir, faiblir; **~stone** dalle *f*.

flake flocon *m*; écaille *f*; (s')écailler.

flame flamme *f*, *fig.* passion *f*; flamber (*a. fig.*); **~ up** s'enflammer.

flank flanc *m*; flanquer.

flannel flanelle *f*; **~s** *pl.* pantalon *m* en flanelle.

flap pan *m*; battre.

flare [flɛə] flamboyer; **~ up** *personne:* s'emballer.

flash éclair *m*, éclat *m*; briller; étinceler; **~bulb** ampoule *f* (de) flash; **~-light** torche *f* électrique; *phot.* flash *m*; **~y** tapageur.

flask [flɑːsk] flacon *m*.

flat (à) plat; insipide; *refus:* net; plaine *f*; appartement *m*; *Am. a.* pneu *m* crevé; *mus.* bémol *m*; **~-iron** fer *m* à repasser; **~let** studio *m*; **~ten** (s')aplatir; (s')aplanir.

flatter flatter; **~er** flatteur *m*; **~y** flatterie *f*.

flatulen|ce, ~cy flatulence *f*.

flavo(u)r ['fleivə] saveur *f*, goût *m*, arôme *m*; assaisonner; parfumer.

flaw [flɔː] défaut *m*; défectuosité *f*; imperfection *f*.

flax lin *m*.

flea [fliː] puce *f*.

fled *prét. et p.p. de* **flee.**

flee [fliː] fuir; **~ from** fuir.

fleece [fliːs] toison *f*; tondre; *fig.* écorcher; **~y** floconneux, moutonneux.

fleet flotte *f*.

flesh chair *f*; **~y** charnu.

flew *prét. de* **fly.**

flex *élec.* fil *m* souple; **~ibility** flexibilité *f*; **~ible** souple; pliant.

flicker vaciller, osciller.

flier ['flaiə] aviateur *m*.

flight [flait] vol *m*; fuite *f*; **~ of stairs** escalier *m*.

flims|iness légèreté *f*; *fig.* trivialité *f*; **~y** léger; fragile; *fig.* frivole.

flinch reculer (**from** devant); tressaillir.

fling lancer, jeter.

flint caillou *m*; pierre *f* à briquet.

flip jeter; *boisson:* flip *m*.

flirt [flə:t] flirter; **~ation** flirt *m*; amourette *f*.

flit voltiger, voleter.

flitch flèche *f* de lard.

float [fləut] flotteur *m*; radeau *m*; mettre à flot; flotter, nager.

floating *com.* floating *m*.

flock troupeau *m*; bande *f*; *fig.* foule *f*; s'attrouper.

flog fouetter; éreinter.

flood [flʌd] déluge *m*, inondation *f*; marée *f* montante; inonder; **~gate** écluse *f*; **~-light** illumination *f*; illuminer.

floor [flɔ:] plancher *m*; parquet *m*; étage *m*; **take the ~** prendre la parole; *v.* renverser; **~ show** spectacle *m* de variétés.

flop flèche *m*, four *m* (noir).

florist fleuriste *m, f*.

flounder ['flaundə] carrelet *m*; patauger, se débattre.

flour ['flauə] farine *f*.

flourish ['flʌriʃ] arabesque *f*; fanfare *f*; fleurir; prospérer; brandir.

flow [fləu] courant *m*, cours *m*; flux *m*; couler, s'écouler; circuler; flotter.

flower ['flauə] fleur *f*; **~ shop** fleuriste *m*.

flu [flu:] = **influenza** grippe *f*.

fluctuat|e fluctuer; varier; **~ion** fluctuation *f*.

fluen|cy facilité *f*; **~t** courant, facile.

fluff duvet *m*; **~y** duveteux.

fluid fluide (*m*).

flung *prêt. et p.p. de* **fling**.

flurry ['flʌri] agitation *f*; rafale *f* (de neige); exciter.

flush rougeur *f*; chasse *f* d'eau; (faire) rougir; **~ with** au même niveau que, à fleur de.

flute [flu:t] flûte *f*.

flutter voltiger; s'agiter.

fly [flai] mouche *f*; voler; survoler; **~ open** s'ouvrir subitement; **~er** = **flier.**

flying volant; d'aviation; **~-sickness** mal *m* de l'air; **~ squad** brigade *f* mobile; **~ visit** visite *f* courte.

foal [fəul] poulain *m*.

foam [fəum] écume *f*; mousse *f*; écumer; mousser; **~ rubber** caoutchouc *m* mousse; **~y** écumeux.

f.o.b. = **free on board.**

fob off refiler, fourguer (**on**[**to**] à); payer (**with** de *promesses etc.*).

focus foyer *m*; *opt.* (faire)

converger; (se) concentrer (on sur).

fog brouillard m; brume f; **~gy** brumeux.

foil lame f, feuille f; tain m; fig. repoussoir m; déjouer; faire échouer.

fold pli m, repli m; plier; plisser; **~ up** plier; **~er** plieur m; plioir m; prospectus m; classeur m.

folding| boat canot m pliable; **~ chair** pliant m.

foliage ['fouliidʒ] feuillage m.

folk [fouk] peuple m; gens m/pl.; **my ~s** pl. ma famille; **~lore** folklore m; **~song** chanson f populaire; chanson f de folk.

follow suivre; **~ up** poursuivre; **~er** partisan m; disciple m; **~ing** suivant.

folly folie f, sottise f.

foment [fou'ment] fomenter; exciter.

fond affectueux; tendre, aimant; **be ~ of** aimer; être amateur de.

fondle caresser.

fondness tendresse f; affection f.

food nourriture f; aliments m/pl.; **~ poisoning** intoxication f alimentaire; **~ shortage** pénurie f de vivres; **~stuff** aliments m/pl.

fool fou m; imbécile m; duper, berner; faire l'idiot; **~ish** bête; sot; **~proof** indétraquable; à toute épreuve.

foot (pl. **feet**) pied m; **on ~** à

pied; **~ball** football m; **~ball match** match m de football; **~ing** position f; état m; équilibre m; **~lights** pl. thé. rampe f; **~path** sentier m; trottoir m; **~step** pas m; trace f; **~wear**, Am. **~gear** chaussures f/pl.

fop fat m, dandy m.

for [fɔ:] pour; comme; car.

forbear [fɔ:'bɛə] s'abstenir (de); **~ance** abstention f, indulgence f.

forbid défendre; interdire.

force [fɔ:s] force f; contrainte f; **in ~** en vigueur; v. contraindre; forcer; **~ one's way in(to)** (or **through**) pénétrer de force; **~ open** ouvrir de force; **~d landing** atterrissage m forcé.

forcible ['fɔ:səbl] de (ou par) force; forcé.

fore|bode présager, pressentir; **~cast** prévision f; **~finger** index m.

foreign ['fɔrin] étranger; **~ currency** devises f/pl. étrangères; **the ɇ Office** le ministère des Affaires étrangères; **~ policy** politique f extérieure; **~ trade** commerce m extérieur; **~er** étranger m.

fore|land promontoire m; **~leg** jambe f de devant; **~man** chef m du jury; chef d'équipe; contremaître m; **~most** premier; le plus avancé; **~runner** précurseur m;

~see prévoir; ~sight pré-
voyance f.

forest forêt f; ~er, ~ranger
garde m forestier.

foretaste avant-goût m.

forfeit ['fɔ:fit] gage m; amende f; punition f; ~s pl. gages
m/pl.; perdre.

forge forge f; forger;
contrefaire; ~r forgeron m;
faussaire m.

forget oublier; ~ful oublieux
(of de); ~-me-not myosotis
m.

forgive pardonner; ~ness
pardon m; indulgence f.

forgot prét. de **forget.**

forgotten p.p. de **forget.**

fork fourchette f; fourche f;
bifurquer; ~ out fam. payer,
allonger.

form forme f; formule f; banc
m; école: classe f; **good ~** bon
ton m; v. (se) former; ~al
formel; ~ality formalité f.

former précédent; ancien;
the ~ celui-là; ~ly autrefois;
jadis.

formidable ['fɔ:midəbl] formidable.

formless informe.

formul|a formule f; ~ate (se)
formuler.

forsake abandonner.

forsaken p.p. de **forsake.**

forsook prét. de **forsake.**

forswear renoncer à; ~ oneself se parjurer.

fort [fɔ:t] fort m; château m
fort.

forth: **and so ~** et ainsi de

suite; ~coming prochain;
futur; ~with tout de suite.

fortify fortifier (a. fig.).

fortnight ['fɔ:tnait] quinze
jours m/pl.; quinzaine f; ~ly
bimensuel; tous les quinze
jours.

fortress forteresse f.

fortuitous [fɔ:'tju:itəs]
fortuit.

fortunate ['fɔ:tʃnit] fortuné;
propice; ~ly par bonheur.

fortune ['fɔ:tʃən] fortune f;
destinée f; chance f; ~-teller
diseuse f de bonne aventure.

forty quarante.

forward ['fɔ:wəd] de devant;
en avant; adj. avancé; effronté; indiscret; adv. football:
avant m; v. expédier; ~ing
agent expéditeur m.

foster nourrir; élever; encourager; ~child nourrisson m;
~-parents pl. parents m/pl.
nourriciers.

fought prét. et p.p. de **fight.**

foul [faul] infect; sale; dégoûtant; impur; grossier; déloyal;
salir, souiller; sport violer la
règle.

found[1] prét. et p.p. de **find.**

found[2] fonder; établir; ~a-
tion fondation f; fondement
m; ~er fondateur m.

foundling enfant m trouvé.

fountain ['fauntin] fontaine f;
jet m d'eau; ~-pen stylo m.

four [fɔ:] quatre; ~-seater
voiture f à quatre places;
~teen quatorze.

fowl [faul] poule f; volaille f;

oiseaux *m/pl.*

fox renard *m.*

fraction fraction *f*; *fig.* fragment *m.*

fracture ['frækt∫ə] fracture *f*; (se) fracturer, (se) briser.

fragil|e ['fræd3ail] fragile; fragile; **~ity** fragilité *f*; faiblesse *f.*

fragment ['frægmənt] fragment *m*; morceau *f.*

fragran|ce ['freigrəns] parfum *m*; bonne odeur *f*; **~t** parfumé; odoriférant.

frail fragile; délicat; **~ty** fragilité *f*; faiblesse *f.*

frame cadre *m*; forme *f*; châssis *m*; **~ of mind** état *m* d'esprit; *v.* former; façonner; encadrer; **~-up** coup *m* monté; **~work** charpente *f*; *fig.* cadre *m.*

France [frɑːns] France *f.*

franchise ['fræntʃaiz] droit *m* de vote.

frank franc; **~ly** franchement; fou.

frantic frénétique; fou.

fratern|al [frə'təːnl] fraternel; **~ity** fraternité *f*; *Am.* société *f* de collégiens.

fraud [frɔːd] fraude *f*; **~ulent** frauduleux.

fray bagarre *f*, rixe *f*; s'érailler.

freckles *pl.* taches *f/pl.* de son.

free libre, exempt (**from, of** de); généreux; aisé; gratuit; **~ on board** franco à bord; **~ kick** *sport* coup *m* franc; **~ trade** libre échange *m*; **set ~**

libérer; dégager; *v.* libérer (**from** de); **~dom** liberté *f*; exemption *f.*

freemason franc-maçon *m.*

freez|e [friːz] (se) geler; se glacer; **~ing-point** point *m* de congélation.

freight [freit] fret *m* (*a.* prix); (af)fréter; **~er** navire *m* de charge.

French [frentʃ] français; **~ dressing** sauce *f* à l'huile et au vinaigre; **~ fries** *pl.* *Am.* (pommes) frites *f/pl.*; **the ~** *pl.* les Français *m/pl.*; **~man** Français *m*; **~woman** Française *f.*

frequen|cy fréquence *f*; **~t** fréquent; fréquenter, hanter, courir.

fresh frais; nouveau; récent; novice; **~ water** eau *f* douce; **~ness** fraîcheur *f*; nouveauté *f.*

fret irritation *f*; s'irriter; s'en faire; user.

fret|-saw scie *f* à découper; **~work** découpage *m.*

friar ['fraiə] moine *m*, frère *m.*

friction friction *f* (*a.* fig.).

Friday ['fraidi] vendredi *m*; **Good ~** Vendredi *m* saint.

fridge [frid3] frigo *m.*

fried [fraid] frit; **~ eggs** œufs *m/pl.* sur le plat.

friend [frend] ami *m*; copain *m*; **~ly** amical; d'ami; **~ship** amitié *f.*

fright [frait] peur *f*, effroi *m*, épouvante *f*; **~en** effrayer; **~ful** affreux.

frigid ['fridʒid] glacial; froid.

frill ruche *f*; jabot *m*; **~s** *pl.* façons *f/pl.*

fringe [frindʒ] frange *f*; **~s** *pl.* coiffure *f* à la chien.

frivol|ity frivolité *f*; légèreté *f* d'esprit; **~ous** frivole; futile, vain.

fro: go to and **~** aller et venir.

frock robe *f*; froc *m*.

frog grenouille *f*.

frolic s'ébattre.

from de; depuis; à partir de; par; par suite de.

front front *m*; devant *m*; façade *f*; de devant; premier; **in ~ of** devant; **~ wheel drive** traction *f* avant.

frontier ['frʌntjə] frontière *f*.

frost gelée *f*; givre *m*; **~-bitten** gelé; **~y** glacial.

froth écume *f*, mousse *f*.

frown [fraun] froncer les sourcils.

froze *prét. de* **freeze**.

frozen *p.p. de* **freeze;** (con)gelé; **~ meat** viande *f* frigorifiée.

frugal frugale; économe.

fruit [fru:t] fruit *m*; fruits *m/pl.*; **~erer** fruitier *m*; **~ful** fructueux; fécond; **~less** stérile; *fig.* vain.

frustrate frustrer; déjouer.

fry [frai] frai *m*; *cuis.* friture *f*; **small ~** menu fretin *m*; *v.* (faire) frire; **~ing-pan** poêle *f* à frire.

ft. = **foot; feet.**

fuel ['fjuəl] combustible *m*; *mot.* essence *f*.

fugitive ['fju:dʒitiv] fugitif (*m*); exilé *m*.

fulfil [ful'fil] accomplir; réaliser; **~ment** accomplissement *m*.

full [ful] plein; rempli; entier; (*a. ~ up*) complet; **~ board** pension *f* complète; **~ dress** grande tenue *f*; **~-length** (portrait) en pied; **~ stop** point *m*.

ful(l)ness plénitude *f*.

fumble fouiller, farfouiller; tâtonner, tripoter.

fume [fju:m] fumée *f*; vapeur *f*; fumer (*a. fig.*).

fun plaisir *m*; plaisanterie *f*, rigolade *f*; **for ~** pour rigoler; pour s'amuser; **have ~** s'amuser; **make ~ of** rire de.

function fonction *f*; charge *f*; fonctionner.

fund fonds *m*, réserve *f*; **~s** *pl.* fonds *m/pl.*, argent *m*.

funeral ['fju:nərəl] enterrement *m*; obsèques *f/pl.*

fun fair foire *f*.

funicular railway funiculaire *m*.

funk frousse *f*, trac *m*.

funnel entonnoir *m*.

funny drôle, comique, rigolo; curieux; louche.

fur [fə:] fourrure *f*; **~ coat** manteau *m* de fourrure; **~red**, **~ry** fourré.

furious ['fjuəriəs] furieux.

furnace ['fə:nis] fourneau *m*; fournaise *f*.

furnish fournir (**to** à); munir (**with** de); meubler; **~ed**

room chambre *f* meublée.

furniture ['fə:nitʃ/ə] meubles *m/pl.*; mobilier *m*.

furrow sillon *m*; cannelure *f*; sillonner; canneler.

further ['fə:ðə] plus éloigné; ultérieur, de plus; favoriser; avancer; **~more** en outre, de plus.

furtive ['fə:tiv] furtif.

fury ['fjuəri] furie *f*; fureur *f*; acharnement *m*.

fus|e [fju:z] fondre; fusionner;

plomb: sauter; fusible *m*; plomb *m*; **~ion** fusion *f*.

fuss agitation *f*; façons *f/pl.*, chichis *m/pl.*, histoires *f/pl.*; faire des façons *etc.*; **~ about** s'affairer; faire l'empressé; **~y** affairé; chichiteux.

fusty qui sent le moisi; démodé.

futile ['fju:tail] futile; vain.

future ['fju:tʃə] futur (*m*); avenir *m*.

G

gab: have the gift of the **~** avoir la langue bien pendue.

gable pignon *m*.

gad about courir ça et là.

gadget ['gædʒit] machin *m*, truc *m*.

gag bâillon *m* (*a. fig.*); bâillonner (*a. fig.*); histoire *f*, blague *f*.

gaiet|y ['geiəti] gaieté *f*; **~ies** *pl.* réjouissances *f/pl.*

gain [gein] gain *m*; gagner; prendre (*poids etc.*); avancer; **~ful employment** travail *m* rémunéré.

gait [geit] allure *f*.

gale [geil] grand vent *m*; tempête *f*.

gall [gɔ:l] fiel *m*; bile *f*; *méd.* écorchure *f*; *fam.* culot *m*; toupet *m*; irriter.

gallery galerie *f*.

gallon gallon *m* (*4,54 litres*).

gallows potence *f*, gibet *m*.

gambl|e jouer (de l'argent); risque *m*; **~ing** jeu *m* de

game[1] jeu *m*; jouer.

game[2] gibier *m*; **~-licence** permis *m* de chasse.

game[3]: **I am ~** j'en suis.

gang clique *f*; bande *f*.

gangway passage *m*; couloir *m*; passerelle *f*.

gap trou *m*; brèche *f*; lacune *f*; vide *m*; interstice *m*.

gape bâiller; **~ at** regarder bouche bée.

garage ['gæra:ʒ] garage *m*.

garbage ['gɑ:bidʒ] ordures *f/pl.*; **~ can** poubelle *f*.

garden ['gɑ:dn] jardin *m*; **~er** jardinier *m*.

gargle gargarisme *m*; se gargariser.

garland ['gɑ:lənd] guirlande *f*; enguirlander.

garlic ail *m*.

garment ['gɑ:mənt] habit *m*.

garnish garnir (**with** de).

garret mansarde *f*.

garrison ['gærɪsn] garnison f.

garter jarretière f; Am. jarretelles f/pl.

gas [gæs] gaz m; Am. auto. essence f; ~ fam. marrant; **step on the ~** appuyer sur l'accélérateur; ~ **cooker** cuisinière f à gaz; ~ **station** Am. station-service f.

gash coupure f, balafre f, entaille f; entailler.

gasoline Am. essence f.

gasp souffler; haleter.

gastric ulcer ulcère m à l'estomac.

gate [geit] porte f, barrière f; ~**way** passage m; portail m.

gather (s')assembler; ramasser; (re)cueillir; (re)prendre; (s')amasser; ~ **from** conclure de.

gaudy ['gɔːdi] voyant, criard; fastueux.

gauge [geidʒ] calibre m; jauge f; indicateur m.

gauze [gɔːz] gaze f.

gave prét. de **give**.

gay gai, allègre; brilliant.

gaze [geiz] regarder fixement.

gazette journal m officiel; mettre à l'officiel.

gear [giə] appareil m, attirail m; auto vitesse f; ~ **to** adapter à; **change ~s, shift ~s** changer de vitesse; ~**box** boîte f de vitesses; ~**ing** engrenage m; ~**lever**, Am. ~**shift** levier m de vitesse.

gem [dʒem] pierre f précieuse; joyau m.

gender genre m.

general ['dʒenərəl] général m; en chef; général m; ~ **practitioner** généraliste m; ~**ize** généraliser; ~**ly** généralement; en général.

generation [dʒenə'reiʃn] génération f.

gener|osity générosité f; libéralité f; ~**ous** ['dʒenərəs] généreux; magnanime.

genial ['dʒiːnjəl] climat etc.: doux; jovial.

genius génie m.

gentian gentiane f.

gentle doux; noble; ~**man** monsieur m; gentleman m; ~**manlike**, ~**manly** comme il faut; ~**ness** affabilité f; douceur f.

gentry haute bourgeoisie f.

genuine ['dʒenjuin] authentique; véritable; sincère.

geography géographie f.

geometry géométrie f.

germ [dʒəːm] germe m.

German allemand; Allemand m; ~ **Ocean** mer f du Nord; ~**y** Allemagne f.

germinate (faire) germer.

germ-killing bactéricide.

gesture ['dʒestʃə] geste m; signe m.

get [get] obtenir, trouver; attraper; gagner; aller, venir; arriver; passer; aller chercher; se mettre; (se) faire; devenir; **you have got to obey** il faut que vous obéissiez; ~ **about** sortir; bruit: se répandre; ~ **along** s'en tirer; s'entendre bien (**with** avec); ~ **along** ou

on (s')avancer; ~ **away**
s'échapper; ~ **in** (r)entrer;
~ **off** descendre; ~ **out** sortir;
~ **over** surmonter; revenir de
(*surprise etc.*); ~ **over with**
en finir avec; ~ **through**
(faire) passer; passer par; *télé.*
obtenir la communication; ~
up se lever; ~**up** tenue *f*;
toilette *f*; *livre etc*: présentation *f*.

ghastly horrible; affreux.

ghost [gəust] fantôme *m*;
revenant *m*; spectre *m*.

giant ['dʒaiənt] géant (*m*).

gidd|iness vertige *m*; étourderie *f*; ~**y** ['gidi] vertigineux;
étourdi.

gift cadeau *m*; présent *m*;
talent *m*; ~**ed** doué.

gigantic [dʒai'gæntik] géant *m*;
gigantesque.

giggle ricaner.

gild [gild] dorer.

gin gin *m*; ~ **fizz** gin fizz *m*.

ginger ['dʒindʒə] gingembre
m; entrain *m*, énergie *f*;
~**bread** pain *m* d'épice.

gingerly tout doux.

gipsy bohémien *m*.

girdle ceinture *f*.

girl [gə:l] (jeune) fille *f*;
~**hood** jeunesse *f*; adolescence *f*; ~**ish** de jeune fille.

give donner; céder; ~ **away**
donner; trahir; ~ **back** rendre, retourner; ~ **in** (to)
céder (à); se rendre (à); ~ **out**
distribuer; émettre; être à
bout; ~ **up** abandonner;
renoncer à; arrêter de (*fumer*

etc.); ~ **way** céder (**to** à); ~
and take compromis *m*.

given *p.p.* de **give**; ~ **name**
prénom *m*; ~ **to** porté à.

glaci|al glacial; ~**er** ['glæsjə]
glacier *m*.

glad heureux, content; ~**ly**
volontiers; avec plaisir;
~**ness** joie *f*.

glamo(u)r charme *m*.

glance [gla:ns] regard *m*,
coup *m* d'œil; jeter un coup
d'œil (**at** sur).

gland glande *f*.

glar|e [gleə] lumière *f* éblouissante; éclat *m*; regard
furieux; ~**e at** foudroyer du
regard; ~**ing** éblouissant,
aveuglant.

glass verre *m*; miroir *m*; ~**es**
pl. lunettes *f/pl.*; ~**y** vitreux.

glaze [gleiz] glaçure *f*; vernir;
(se) glacer; vitrer; ~**ier** vitrier
m.

gleam [gli:m] lueur *f* (*a. fig.*);
(re)luire.

glean [gli:n] glaner.

glee joie *f*, allégresse *f*.

glide [glaid] (faire) glisser; planer.

glimmer faible lueur *f*.

glimpse aperçu *m*; *v.* (*a.*
catch a ~ of) entrevoir.

glitter étinceler, scintiller.

gloat [glaut] **over** couver
du regard; se réjouir de,
savourer.

global ['glaubl] global; mondial.

globe globe *m*; sphère *f*.

gloom ténèbres *f/pl.*; mélancolie *f*; ~**y** obscur, ténébreux;

morne, lugubre.

glori|fication glorification *f*;
~fy glorifier; **~ous** glorieux;
magnifique.

glory gloire *f*; splendeur *f*; **~
in** s'enorgueillir de.

gloss vernis *m*; lustre *m*; **~
over** farder; **~y** lustré,
luisant.

glove [glʌv] gant *m*.

glow lueur *f*; éclat *m*; chaleur
f; rutiler; rayonner; **~-worm**
ver *m* luisant.

glue [glu:] colle *f*; coller.

glut surabondance *f*; *marché*;
encombrement *m*; inonder,
encombrer; **~ton** gourmand
m; glouton *m*.

gnash [næʃ] grincer (des
dents).

gnat [næt] moucheron *m*.

gnaw [nɔ:] **(at)** ronger.

go aller; se rendre; marcher;
s'en aller, partir; devenir; **~
bad** se gâter; **~ mad** devenir
fou; **~ wrong** tourner mal;
just ~ and try! essayez
toujours!; let **~** lâcher; laisser
aller; **~ about** circuler, aller
çà et là; **~ back** retourner; **~
by** passer; se régler sur; **~
down** descendre; baisser; **~
in** entrer; **~ on** continuer; **~
out** sortir; **~ through** passer
par; endurer; examiner; **~ up**
monter.

goal but *m* (*a. sport*);
score a ~ marquer (un but);
~-keeper gardien *m* de but.

goat [gəut] chèvre *f*; **get s.o.'s
~** taper sur les nerfs de q.

god dieu *m*; *f*; **~child** filleul *m*;
~dess déesse *f*; **~father**
parrain *m*; **~like** divin.

goggles *pl.* lunettes *f/pl.*
protectrices.

going: be ~ to être sur le point
de; avoir l'intention de; **keep
~** continuer.

gold or *m*, en or, d'or; **~en**
d'or; **~en mean** juste milieu
m; **~smith** orfèvre *m*.

golf golf *m*. **~er** golfeur *m*;
joueur *m* de golf; **~-links** (*ou*
~-course) *pl.* terrain *m* de
golf.

gone *p.p. de* go; parti; passé; **~
on** fou de.

good [gud] bon; excellent;
avantageux; **~ morning** bonjour; **~ afternoon** bonjour; **~
evening** bonsoir; **~ night**
bonne nuit; **for ~** à tout
jamais; **that's no ~** cela ne
vaut rien; **no ~ talking about
it** inutile d'en parler; bien *m*;
~s *pl.* marchandises *f/pl.*

good|-bye adieu *m*; **~-for-
nothing** vaurien *m*; **~
humo(u)red**, **~-tempered**
de bonne humeur; **~-
looking** joli; **~-natured** aimable; d'un bon naturel;
~ness bonté *f*; bonne qualité
f.

goods| station gare *f* de
marchandises; **~ train** train
m de marchandises.

goodwill bienveillance *f*; *com.*
clientèle *f*; valeur *f* de la
raison sociale.

goose [gu:s] (*pl.* **geese**) oie *f*.

gooseberry groseille *f* verte.

gorge [gɔ:dʒ] gorge *f*; ~ **on** se gaver de.

gorgeous ['gɔ:dʒəs] magnifique; superbe.

gormandize ['gɔ:məndaiz] se gorger.

gospel évangile *m*.

gossip cancans *m/pl.*; ragot *m*; cancaner.

got *prét. et p.p. de* get.

gotten *a. a.p.p. de* get.

gourd [guəd] gourde *f*.

gout [gaut] goutte *f*; podagre *f*; ~**y** goutteux.

govern gouverner, diriger; ~**ess** gouvernante *f*; ~**ment** gouvernement *m*; ~**or** gouverneur *m*.

gown robe *f*; toge *f*.

grab saisir.

grace [greis] grâce *f*; bénédicité *m*; distinction *f*; faveur *f*; ~**ful** gracieux.

gracious ['greiʃəs] courtois; gracieux; **good** ~! bonté divine!

grade grade *m*, rang *m*; classe *f*; classer; graduer; ~ **crossing** passage *m* à niveau.

gradual ['grædʒuəl] progressif; graduel.

graduate graduer; obtenir un diplôme; diplômé *m*.

graft greffe *f*; greffer.

grain [grein] grain *m* (*a. fig.*); blé *m*; céréales *f/pl.*

grammar grammaire *f*.

gramme gramme *m*.

grand [grænd] grand; grandiose; magnifique; ~**daughter** petite-fille *f*; ~**eur** ['grændʒə] grandeur *f*; noblesse *f*; ~**father** grand-père *m*; ~**mother** grand-mère *f*; ~**parents** *pl.* grands-parents *m/pl.*; ~**son** petit-fils *m*.

grange [greindʒ] ferme *f*.

granite granite *m*.

grant concession *f*; subvention *f*; accorder; admettre; **take for** ~**ed** tenir pour assuré; ne pas douter de; être persuadé de.

granular granuleux.

grape grain *m* de raisin; ~**fruit** pamplemousse *f*; ~**sugar** sucre *m* de raisin, glucose *m*.

graph diagramme *m*, graphique *m*; ~**ic** graphique.

grapple with en venir aux prises avec; s'attaquer à.

grasp prise *f*; saisir; empoigner; *fig.* comprendre.

grass herbe *f*; gazon *m*; ~**hopper** sauterelle *f*.

grate [greit] grille *f*; foyer *m*; râper; grincer.

grateful reconnaissant; ~**ness** reconnaissance *f*.

gratify faire plaisir à; satisfaire.

gratis ['greitis] gratis, (à titre) gratuit.

gratitude ['grætitju:d] reconnaissance *f*; gratitude *f*.

gratuit|ous [grə'tju:itəs] gratuit; ~**y** gratification *f*; pourboire *m*.

grave [greiv] grave; sérieux; tombeau *m*, fosse *f*.

gravel gravier *m*.

graveyard cimetière *m*.

gravit|ation gravitation *f*; **~y** gravité *f*; importance *f*.

gravy jus *m*; sauce *f*.

gray gris (*m*).

graze [greiz] paître; pâturer.

grease [gri:s] graisse *f*; *v*. [gri:z] graisser.

greasy graisseux; gras.

great [greit] grand; important; magnifique; **⁂ Britain** Grande-Bretagne *f*; **~-grandchild** arrière-petit-fils *m*; **~-grandfather** arrière-grand-père *m*; **~ly** beaucoup; fortement; **~ness** grandeur *f*; importance *f*.

Greece [gri:s] Grèce *f*.

greed|iness voracité *f*; avidité *f*; **~y** avide; vorace.

Greek Grec *m*; grec.

green vert (*m*); inexpérimenté, jeune; **~ card** carte *f* verte; *su*. gazon *m*; **~s** *pl*. légumes *m/pl*. verts; **~grocer** marchand *m* de légumes; **~horn** blanc-bec *m*; **~ish** verdâtre.

greet saluer; **~ings** salutations *f/pl*.

grew prét. de **grow**.

grey gris (*m*); **~hound** lévrier *m*.

grid grille *f*, grillage *m*, réseau *m*; **~iron** gril *m*.

grief [gri:f] douleur *f*; chagrin *m*.

griev|ance grief *m*; offense *f*; **~e** (s')affliger; (se) chagriner.

grill gril *m*; **mixed ~** grillade

f; *v*. (faire) griller; **~-room** rôtisserie *f*.

grim sinistre; farouche.

grimace [gri'meis] grimace *f*; grimacer.

grimy ['graimi] sale; noirci.

grin grand sourire *m*; sourire.

grind [graind] moudre; broyer; *fam*. bûcher; grincer.

grip prise *f*; serrement *m*; empoigner; saisir (*a. fig.*); (*a. ~sack*) *Am*. valise *f*; sac *m* de voyage.

grizzly grisonnant; (*~ bear*) ours *m* gris.

groan [groun] gémissement *m*; soupir *m*; gémir.

groats *pl*. gruau *m* d'avoine.

grocer ['grousə] épicier *m*; **~ies** *pl*. (articles *m/pl*. d'épicerie); **~y** épicerie *f*.

grog grog *m*.

groov|e [gru:v] rainure *f*; ornière *f*.

gross (*m*); épais; grossier; brut; total.

ground[1] *prét. et p.p. de* **grind**.

ground[2] fond *m*; terre *f*; terrain *m* (*a. sport*); **~s** *pl*. terrain *m*; raisons *f/pl*.; marc *m* de café; *v*. fonder, baser (**on** sur); empêcher de décoller (*avion*); *élec*. mettre à terre; **~ floor** rez-de-chaussée *m*; **~less** sans fondement; sans motif; **~ staff** *av*. personnel *m* non-navigant.

group [gru:p] groupe *m*; (se) grouper.

grove bosquet *m*; bocage *m*.

grow [grəu] croître, pousser; devenir; cultiver; **~ angry** se fâcher; **~ used to** s'accoutumer à; **~ up** grandir; se développer; **~er** cultivateur *m*; planteur *m*.

growl [graul] grondement *m*; grognement *m*; gronder, grogner.

grown *p.p. de* **grow**.

grown-up adulte *m*.

growth [grəuθ] croissance *f*; augmentation *f*.

grudge [grʌdʒ] rancune *f*; donner à contrecœur.

gruel gruau *m* d'avoine.

gruff bourru; rude.

grumble grognement *m*; grommeler; grogner.

guarantee [gærən'tiː] garantie *f*; caution *f*; garantir.

guard [gɑːd] garde *f*; personne: garde *m*; protéger; garder; **~ against** se garder de, parer; **~ian** gardien *m*; tuteur *m*.

guess [ges] deviner, conjecturer; *Am.* croire; penser.

guest [gest] invité *m*; hôte *m*; **~-house** pension *f* de famille; **~-room** chambre *f* d'amis.

guidance conduite *f*; direction *f*; orientation *f*.

guide [gaid] guide *m*; guider; **~-book** guide *m*; **~-post** poteau *m* indicateur.

guile [gail] ruse *f*.

guilt [gilt] culpabilité *f*; **~y** coupable.

guitar [gi'taː] guitare *f*.

gulf golfe *m*; gouffre *m*.

gull mouette *f*.

gullet gosier *m*.

gulp gorgée *f*; avaler.

gum gencive *f*; gomme *f*; gommer.

gun canon *m*; fusil *m*; révolver *m*; **~-licence** *Am.* permis *m* de port d'armes; **~-powder** poudre *f*.

gust rafale *f*, coup *m* de vent; **~ y** venteux; orageux.

gut boyau *m*; intestin *m*; vider; éviscérer; *fig.* piller.

gutter toit: gouttière *f*; rue: ruisseau *m*, chaussée: caniveau *m*; **~ press** feuilles *f*/*pl.* de chou.

guy [gai] type *m*, gars *m*; bonhomme *m*.

gymnas|ium [dʒim'neizjəm] gymnase *m*; **~tics** *pl.* gymnastique *f*.

gym-shoes chaussures *f*/*pl.* de gymnastique.

gyn(a)ecologist [gaini'kɔlədʒist] gynécologue *m*.

H

haberdasher chemisier *m*; mercier *m*; **~y** mercerie *f*.

habit ['hæbit] habitude *f*; coutume *f*; **~ation** habitation *f*; demeure *f*; **~ual** habituel, d'usage.

hack pic *m*, pioche *f*; hache *f*; hacher.

had *prét. et p.p. de* **have**.

haddock aiglefin *m*.

h(a)emorrh|age ['heməridʒ] hémorragie *f*; **~oids** *pl.* hémorroïdes *f/pl.*

haggard fatigué, exténué, tiré.

haggle marchander.

hail[1] saluer; héler.

hail[2] grêle *f*; grêler; **~stone** grêlon *m*.

hair [hɛə] cheveux *m/pl.*; poil *m*; **~brush** brosse *f* à cheveux; **~cut** coupe *f* (de cheveux); **have a ~do** se faire couper; **~dresser** coiffeur *m*; **~-dryer** sèche-cheveux *m*; séchoir *m*; **~piece** postiche *f*; **~pin** épingle *f* à cheveux; **~set(ting)** mise *f* en plis; **~style** coiffure *f*; **~tonic** tonique *m* capillaire; **~y** chevelu; poilu, velu.

half [hɑːf] (à) demi; (à) moitié; demi *m*; moitié *f*; **~an hour** une demi-heure; **a pound and a ~** une livre et demie; **not ~** *fam.* vachement; **~breed**, **~caste** métis *m*; **~moon** demi-lune *f*; **at ~price** à moitié prix; **~time** *sport* mi-temps *m*; **~way** mi-chemin *m*.

halibut flétan *m*.

hall [hɔːl] grande salle *f*; vestibule *m*; **~mark** marque *f*.

Hallowmas la Toussaint.

halo ['heiləu] halo *m*; auréole *f*.

halt [hɔːlt] halte *f*; arrêt *m*; faire halte; s'arrêter.

halve [hɑːv] diviser en deux.

ham jambon *m*.

hammer marteau *m*; marteler.

hammock hamac *m*.

hamper panier *m*; gêner.

hand main *f*; écriture *f*; montre: aiguille *f*; ouvrier *m*; *mar.* matelot *m*; **at ~** à portée de la main; **on hand ~** d'une part; **on the other ~** d'autre part; **a good ~ at** adroit à; **come to ~** parvenir, arriver; **on ~** en magasin; *v.* donner, passer; **~ in** remettre; présenter; **~ over** remettre, passer; céder; **~bag** sac *m* à main; **~baggage** (*ou* **~luggage**) bagages *m/pl.* à main; **~book** manuel *m*; **~cream** crème *f* pour les mains; **~ful** poignée *f*; **~icraft** artisanat *m*.

handkerchief ['hæŋkətʃif] mouchoir *m*.

handle poignée *f*; manche *m*; manier; manipuler; **~bar** guidon *m*.

hand|made fait à la main; **~some** beau; élégant; **~writing** écriture *f*; **~y** commode; maniable; adroit; à portée de la main.

hang (sus)pendre; être pendu; accrocher; **get the ~ of** comprendre; saisir; **~ about** *ou* **around** flâner; rôder;

out *fam.* demeurer, nicher; ~
out in fréquenter, courir.
hangar ['hæŋə] hangar *m.*
hangman bourreau *m.*
hanky *fam.* mouchoir *m.*
happen événement: arriver (**to**
à), se passer; **he ~ed to be at
home** il se trouvait qu'il était
chez lui; **~ing** événement *m.*
happ|iness bonheur *m*; félici-
té *f*; **~y** heureux.
harass ['hærəs] harceler.
harbo(u)r ['ha:bə] port *m*;
héberger; entretenir (*soupçon*); garder (*rancune etc.*).
hard dur; difficile; *adv. a.* fort;
~ **luck** guigne *f*; ~ **of
hearing** dur d'oreille; **work**
~ travailler ferme; **~-boiled**
œuf: dur; *fam.* tenace; **~en**
(se) durcir; **~ly** à peine; ne ...
guère; **~ness** dureté *f*;
rigueur *f*; **~ship** pénurie *f*;
souffrance *f*; **~ware** quincaillerie *f*; **~ware store**
quincaillerie *f*; **~y** robuste;
vigoureux.
hare [hɛə] lièvre *m.*
harm mal *m*, tort *m*; faire du
mal à; nuire à; **~ful** nuisible;
~less inoffensif.
harmon|ize [ha:'mənaiz]
(s')harmoniser; **~y** harmonie
f.
harness harnais *m*; har-
nacher.
harp harpe *f*; ~ **on** *fig.*
râbacher.
harpoon [ha:'pu:n] harpon
m; harponner.
harrow ['hærəu] herse *f*;

herser; *fig.* navrer.
harsh rude; âpre; dur.
harum-scarum [hɛərəm-
'skɛərəm] écervelé *m.*
harvest moisson *f*; récolte *f*;
moissonner; récolter; **~er**
moissonneur *m.*
hash hachis *m*; hacher.
hast|e hâte *f*; **make ~e** se
dépêcher; se hâter; **~en** (se)
hâter; avancer; **~y** précipité;
irréfléchi.
hat chapeau *m.*
hatch couver; (faire) éclore;
fig. machiner.
hatchet hachette *f.*
hate haine *f*; haïr; détester;
~ful odieux; détestable.
hatred haine *f*; rancune *f.*
haught|iness ['hɔ:tinis]
arrogance *f*; **~y** arrogant,
hautain.
haul [hɔ:l] coup *m* (de filet);
trajet *m*; tirer, traîner.
haunch [hɔ:ntʃ] hanche *f*;
cuis. cuissot *m.*
haunt [hɔ:nt] hanter; repaire
m.
have [hæv] avoir; prendre
(*bain, thé etc.*); ~ **to** devoir; ~
on one avoir; porter.
haversack havresac *m.*
havoc: **make ~ of** (ou
among) dévaster.
hawk [hɔ:k] faucon *m*; *com.*
colporter.
hay foin *m*; ~ **fever** rhume *f*
des foins; **~-loft** grenier *m* à
foin; **~stack** meule *f.*
haywire: **go ~** se brouiller;
aller mal; *personne:* perdre la

tête.

hazard ['hæzəd] hasard *m*;
risque *m*; hasarder; risquer;
~ous périlleux; hasardeux.

haze brume *f* légère.

hazel-nut noisette *f*.

he il; lui; **~ who** celui qui.

head [hed] tête *f*; **come to a ~**
culminer; devenir critique; *v.*
être en tête de; **~ off** détourner,
parer; **~ache** ['hedeik] mal *m*
de tête; **~er** plongeon *m*;
~ing rubrique *f*; en-tête *m*;
~land promontoire *m*;
~light phare *m*;
~long la tête la première;
~master directeur *m*;
~phones *pl.* casque *m*;
~quarters quartier *m*
général; **~strong** entêté; **~-
waiter** maître *m* d'hôtel;
make ~way avancer, pro-
gresser; **~y** capiteux; impétueux.

heal [hi:l] guérir; (*a.* **~ up**) se
cicatriser; se refermer.

health [helθ] santé *f*; **~-
resort** station *f* balnéaire; **~y**
en bonne santé.

heap tas *m*; (*a.* **~ up**) entasser,
amasser.

hear [hiə] entendre; écouter;
apprendre; **~ing** ouïe *f*;
audition *f*; **by ~say** par oui-
dire.

heard *prét. et p.p. de* **hear**.

hearse corbillard *m*.

heart [ha:t] cœur *m*; **by ~** par
cœur; **~-breaking** dé-
chirant; **~burn** aigreurs *f/pl.*,

brûlures *f/pl.* d'estomac.

hearth [ha:θ] foyer *m*; âtre *m*.

hearty ['ha:ti] cordial; sincère; vigoureux; gros; copieux.

heat chaleur *f*; ardeur *f*; *fig.*
colère *f*; (faire) chauffer;
s'échauffer; **dead ~** course *f*
nulle.

heath [hi:θ] bruyère *f*; lande *f*.

heathen ['hi:ðən] païen (*m*).

heating chauffage *m*.

heat/-stroke coup *m* de chaleur; **~wave** vague *f* de
chaleur.

heave [hi:v] (se) lever; (se)
soulever; pousser (*soupir*).

heaven ['hevn] ciel *m*; **~ly**
céleste.

heaviness pesanteur *f*; lourdeur *f*; *fig.* tristesse *f*.

heavy ['hevi] lourd; considérable; gros; violent; **~-
weight** poids *m* lourd.

hectic hectique; *fig.* fiévreux.

hedge [hedʒ] haie *f*; **~hog**
hérisson *m*.

heed attention *f*; *v.* (*a.* **take ~
of**) faire attention à; **~ful**
attentif; **~less** insouciant.

heel [hi:l] talon *m*; *Am. fam.*
salaud *m*; **take to one's ~s**
montrer les talons.

height [hait] hauteur *f*; élévation *f*; **~en** augmenter; rehausser.

heir [ɛə] héritier *m*; **~ess**
héritière *f*.

held *prét. et p.p. de* **hold**.

helicopter hélicoptère *m*.

hell enfer *m*; **~ish** infernal.

helm barre *f* du gouvernail.

high

helmet casque m.

help aide f; secours m; assistance f; femme f de ménage; aider; secourir; servir; ~ **o.s.** se servir; **I cannot ~ it** ce n'est pas de ma faute; **I could not ~ laughing** je ne pouvais m'empêcher de rire; ~**er,** ~**mate** aide m; assistant m; ~**ful** utile; *personne:* serviable; ~**ing** portion f; ~**less** faible; impuissant; sans secours.

hem bord m; ourlet m; border; ourler; ~ **in** entourer, cerner.

he-man homme m virile.

hemisphere ['hemisfiə] hémisphère m.

hemp chanvre m.

hen poule f.

hence d'ici; d'où; désormais; ~**forth** désormais, à l'avenir.

hen|-party assemblée f de jupes; ~**pecked husband** mari m gouverné par sa femme.

her la; elle; lui; son, sa, ses; d'elle.

herald héraut m; annoncer.

herb herbe f.

herd [hə:d] troupeau m; (s')assembler en troupeau.

here [hiə] ici; ~**about(s)** près d'ici; ~**by** par là; par ce moyen; ~ **you are!** ça y est! ~ **is,** ~ **are** voici.

hereditary [hi'reditəri] héréditaire.

heresy hérésie f.

herewith avec ceci; ci-joint.

heritage ['heritidʒ] héritage m, patrimoine m.

hermit ['hə:mit] ermite m; solitaire m.

hernia *méd.* hernie f.

hero ['hiərəu] (*pl.* ~**es**) héros m; ~**ic** [hi'rəuik] héroïque; ~**ine** ['herəuin] héroïne f; ~**ism** héroïsme m.

herring hareng m.

hers à elle; le(s) sien(s), la sienne, les siennes.

herself elle-même; se; soi; soi-même.

hesitat|e hésiter; ~**ion** hésitation f; indécision f.

hew [hju:] couper, tailler.

hewn *p.p. de* **hew.**

hiccup hoquet m; avoir le hoquet.

hid *prét. et p.p. de* **hide²**.

hide¹ peau f; cuir m.

hide² se cacher (**from** de).

hidden *a. p.p. de* **hide²**.

hideous ['hidiəs] hideux, affreux; horrible.

hiding *fam.* raclée f; ~-**place** cachette f.

hi-fi (de) haute fidélité f.

high [hai] haut; élevé; fort; aigu; *fam.* ivre; drogué; **it is ~ time** il est grand temps; **leave ~ and dry** laisser en plan, planter là; ~**brow** intellectuel m; ~**colo(u)red** aux couleurs vives; ~ **dive** plongeon m du tremplin; ~**lands** *pl.* hautes terres f/pl.; ~ **life** la vie mondaine; ~**light** attraction f, clou m; faire ressortir; ~**ly** très; bien;

fortement; **~ road, ~way** route f principale; route f nationale; **~ spirits** pl. gaieté f; entrain m; **~ tension** haute tension f.

hijack détourner (avion).

hike (faire une) excursion f à pied.

hilarious [hi'lɛəriəs] gai, joyeux.

hill colline f; coteau m; **~side** coteau m, pente f; **~y** montagneux; accidenté.

hilt poignée f; manche m.

him le; lui; se; soi; soi-même; celui.

himself lui-même; se; **by ~** tout seul.

hind [haind]: **~ leg** jambe f (ou patte f) de derrière.

hind|er empêcher; retarder; **~rance** obstacle m.

hinge [hindʒ] gond m; charnière f.

hint allusion f; conseil m; suggérer; donner à entendre; **~ at** faire allusion à.

hip hanche f.

hire ['haiə] gages m/pl.; location f; **for ~** à louer; v. louer; engager; **~-purchase** vente f à tempérament.

his son, sa, ses; le(s) sien(s), la sienne, les siennes; à lui.

hiss sifflement m; siffler.

histor|ic historique; marquant; **~ical** historique; de l'histoire f; **~y** histoire f.

hit coup m; succès m; v. (à. prét et p.p.) frapper; atteindre, toucher; heurter.

hitch saccade f; fig. empêchement m; **~hike** faire de l'auto-stop, faire du stop; **~hiker** auto-stoppeur m.

hither ['hiðə] ici.

hive [haiv] ruche f.

H. M. S. = His (Her) Majesty's Ship.

hoard [hɔːd] accumulation f secrète; amas m; (a. ~ up) accumuler.

hoarding clôture f de bois.

hoarfrost gelée f blanche; givre m.

hoarse [hɔːs] rauque; enroué; **~ness** enrouement m.

hoax [həuks] mystification f, blague f; jouer un tour à; mystifier.

hobble clopiner.

hobby passe-temps m, violon m d'Ingres, hobby m.

hobo Am. chemineau m.

hock¹ vin m blanc du Rhin.

hock² fam. mettre au clou.

hockey hockey m.

hog porc m.

hoist [hɔist] hisser, arborer.

hold prise f; appui m; mar. cale f; **catch** (ou **get, lay, take**) **~ of** saisir, s'emparer de; v. tenir; retenir; contenir; (se) maintenir; **~ the line!** télé. ne coupez pas! **~ good** (ou **true**) être valable; **~ on** s'arrêter; tenir bon; s'accrocher (**to** à); **~ out** être étanche; fig. tenir debout; **~ up** (se) soutenir; retenir; **~er** possesseur m; locataire m; **~ing** tenue f;

possession *f*; **~up** attaque *f* à main armée, hold-up *m*.

hole trou *m*; trouer.

holiday jour *m* de fête; congé *m*; jour *m* ferié; **on** ~ en vacances; **~s** *pl.* vacances *f/pl.*

hollow ['hɔləu] creux (*m*); (*a*. ~ **out**) creuser.

holly ['hɔli] houx *m*.

holy ['həuli] saint; sacré.

homage ['hɔmidʒ] hommage *m*.

home foyer *m*; maison *f*; demeure *f*; patrie *f*; chez soi (*m*); **at** ~ chez soi, à la maison; ~ **Office** Ministère *m* de l'Intérieur; ~ **trade** commerce *m* intérieur; **bring** ~ **to** faire sentir à, convaincre de; **come** ~, **get** ~, **go** ~ rentrer; **see** ~ raccompagner; **strike** ~ frapper juste; **~less** sans foyer; **~ly** simple, ordinaire; *Am.* laid; **~made** fait à la maison; de ménage; **~sick** qui a le mal du pays; **~sickness** mal *m* du pays; **~wards** vers la maison; de retour; **~work** devoirs *m/pl.*

honest ['ɔnist] honnête; sincère; loyal; **~y** honnêteté *f*; probité *f*.

honey ['hʌni] miel *m*; **~moon** lune *f* de miel; **~suckle** chèvrefeuille *f*.

honk *mot.* klaxonner.

honorary honoraire.

hono(u)r ['ɔnə] honneur *m*; distinction *f*; honorer; **~able** honorable.

hood capuchon *m*; chaperon

m; capot *m* (du moteur); **~wink** tromper.

hoof sabot *m*.

hook crochet *m*; agrafe *f*; **by ~ or by crook** n'importe comment; *v.* accrocher; agrafer; prendre (*poisson*); **~ed** crochu.

hooligan ['hu:ligən] voyou *m*.

hoop *tonneau*: cercle *m*; cerceau *m* (d'enfant).

hooping-cough ['hu:piŋkɔf] coqueluche *f*.

hoot ululer; *mot.* klaxonner; **~er** sirène *f*; klaxon *m*.

hop saut *m*; sauter; sautiller; **~ it**, ~ **off** *fam.* se barrer, se tirer.

hop(s *pl.*) houblon *m*.

hope espoir *m*; espérance *f*; espérer; **~ful** plein d'espoir; prometteur; **~less** désespéré; sans espoir.

horizon [hə'raizn] horizon *m*; **~tal** horizontal.

horn corne *f*; *mus.* cor *m*; *mot.* klaxon *m*, avertisseur *m*; **~ed** à cornes; cornu.

hornet frelon *m*.

horri|ble ['hɔrəbl] horrible, affreux; **d** horrible, affreux; **~fy** horrifier; *fig.* scandaliser; épouvanter.

horror horreur *f*.

horse [hɔ:s] cheval *m*; **on ~back** à cheval; **~manship** équitation *f*; **~power** cheval-vapeur *m*; **~-race** course *f* de chevaux; **~-radish** raifort *m*; **~-sense** gros bon sens *m*; **~shoe** fer *m* à cheval; **~whip** cravache f.

hose bas m; tuyau m.

hosier ['həuziə] bonnetier m; **~y** bonneterie f.

hospitable ['hɔspitəbl] hospitalier.

hospital ['hɔspitl] hôpital m; infirmerie f; **~ity** hospitalité f; **~ize** hospitaliser.

host [həust] hôte m; hôtelier m; hostie f.

hostage ['hɔstidʒ] otage m.

hostel ['hɔstəl] foyer m; **youth ~** auberge f de la jeunesse.

hostess ['həustis] hôtesse f.

hostil|e ['hɔstail] hostile, ennemi; **~ity** hostilité f.

hot chaud; brûlant; ardent; goût: relevé; nouvelles: sensationnel; **be ~** personne: avoir chaud; temps: faire chaud; **~ air** bla-bla(-bla) m; **~ dog** saucisse f de Francfort; **~house** serre f chaude.

hound [haund] chien m de chasse.

hour ['auə] heure f; fig. moment m; **per ~** à l'heure; **~s** pl. heures f/pl. de bureau etc.; **~ly** d'heure en heure; (de) toutes les heures.

house [haus] maison f; v. [hauz] habiter, loger; héberger; **~-breaker** cambrioleur m; **~-hold** ménage m; **~-hunting** recherche f d'un logement; **~keeper** ménagère f; **~maid** bonne f; **~trained** dressé; propre; **~warming** pendaison f de la crémaillère; **~wife** ménagère f; **~work** travail m de ménage.

hove a. prét. et p.p. de **heave.**

hover ['həvə] planer, rôder; fig. hésiter; **~craft** hydroglisseur m.

how comment; **~ about ...?** et ...?, si on ...?; **~ever** cependant, pourtant; **~ much?** combien (de)?

howl [haul] hurlement m; hurler.

h.p. = **horsepower.**

huddle entasser; **~ together** s'entasser; se serrer.

hue [hju:] teinte f, couleur f.

hug étreinte f; étreindre; fig. chérir.

huge [hju:dʒ] immense, énorme, vaste.

hull cosse f, gousse f; mar. coque f; écosser.

hullabaloo [hʌləbə'lu:] vacarme m.

hum bourdonnement m; bourdonner; fredonner.

human ['hju:mən] humain; **~ being** être m humain; **~e** [hju:'mein] humain, humanitaire; **~ity** humanité f; nature f humaine; les hommes m/pl.

humble ['hʌmbl] humble; humilier; abaisser.

humbug charlatanisme m; boniment m; charlatan m.

humdrum monotone; banal; ennuyeux.

humid ['hju:mid] humide; **~ity** humidité f.

humili|ate humilier; morti-
fier; **∼ation** humiliation *f*;
∼ty humilité *f*.

humorous comique, drôle;
plein d'humeur; *écrivain*:
humoriste.

humo(u)r ['hju:mə] humeur
f, disposition *f*; humour *m*;
céder aux caprices de.

hump bosse *f*.

hunch: have a ∼ se douter.

hunchback bosse *f*; bossu *m*.

hundred cent; centaine *f*;
∼weight quintal *m*.

hung *prét. et p.p. de* **hang.**

Hungar|ian Hongrois *m*;
hongrois; **∼y** Hongrie *f*.

hung|er faim *f*; **∼er after** (*ou*
for) être affamé de; **∼ry**
affamé; **be ∼ry** avoir faim.

hunk morceau *m*, bouchée *f*.

hunt chasse *f*; chasser; ∼ **for**
chercher; **∼er** chasseur *m*; **go**
∼ing aller à la chasse.

hurdle clôture *f*; *sport* haie *f*;
∼-race course *f* de haies.

hurl [hə:l] lancement *m*; lancer, jeter, flanquer.

hurricane ['hʌrikən] ouragan
m.

hurr|ied précipité; pressé; **∼y**
hâte *f*; empressement *m*; **be**
in a ∼y être pressé; *v*. presser,

précipiter; (se) hâter; se
dépêcher.

hurt [hə:t] mal *m*; blessure *f*;
v. (*a. prét. et p.p.*) blesser (*a.
fig.*); faire (du) mal (à); nuire
à; **∼ful** nuisible (**to** à).

husband mari *m*.

hush silence!, chut!; calmer; ∼
up étouffer; **∼-money** pot *m*
de vin.

husk cosse *f*, gousse *f*; **∼y**
rauque.

hustle ['hʌsl] tohu-bohu *m*;
presse *f*; (se) presser; pousser.

hut cabane *f*.

hydro|gen ['haidridʒən] hy-
drogène *m*; **∼phobia**
hydrophobie *f*.

hyena [hai'i:nə] hyène *f*.

hygien|e ['haidʒi:n] hygiène *f*;
∼ic hygiénique.

hymn [him] hymne *f*.

hyphen ['haifən] trait *m*
d'union.

hypno|sis [hip'nəusis] hypno-
se *f*; **∼tist** hypnotiseur *m*;
∼tize hypnotiser.

hypo|chondria hypocondrie
f; spleen *m*; **∼crite** ['hipəkrit]
hypocrite *m*; tartufe *m*.

hyster|ia [his'tiəriə] hystérie
f; **∼ical** hystérique.

I

I je, moi.

ice [ais] glace *f*; **cut no** ∼ ne
faire aucune impression
(**with** sur), ne pas prendre; *v*.
(con)geler; ∼ **bag** sac *m* à

glace; **∼-cream** glace *f*; **∼d**
glacé.

icicle ['aisikl] glaçon *m*.

icy glacial (*a. fig.*).

idea [ai'diə] idée *f*; notion *f*.

ideal [ai'diəl] idéal; *le meil-leur*; idéal *m*; **~ism** idéa-lisme *m*; **~ize** idéaliser.

identi|cal identique; même; **~fication (card)** *Am.* carte *f* d'identité; **~fy** identifier; **~ty** identité *f*; **~ty card** carte *f* d'identité.

ideology idéologie *f*.

idiot ['idiət] idiot *m*.

idle ['aidl] inoccupé; oisif; **~ away** gaspiller (*temps*); **~ness** paresse *f*; oisiveté *f*.

idol ['aidl] idole *f* (*a. fig.*); **~ize** idolâtrer.

idyl|l(1) idylle *f*; **~lic** idyl-lique.

i.e. = id est, that is to say c'est-à-dire.

if si; **~ not** sinon.

ignition *mot.* allumage *m*; **~ key** clef *f* de contact.

ignor|ance ['ignərəns] igno-rance *f*; **~ant** ignorant (*m*); **~e** ne pas faire attention à; ne pas tenir compte de.

ill mal; malade; souffrant; **fall ~, be taken ~** tomber ma-lade; *su.* mal *m*; **~-bred** mal élevé.

illegal [i'li:gəl] illégal.

illegible [i'ledʒəbl] illisible.

illegitima|cy illégitimité *f*; **~te** [ili'dʒitimət] illégitime.

ill|-fated malheureux, infor-tuné; **~-gotten** mal acquis.

illiterate illettré; analphabète *m*.

ill|matched mal assorti; **~natured** méchant; desagréa-ble; **~ness** maladie *f*; **~**

~tempered de mauvaise hu-meur; **~treat** maltraiter.

illuminat|e illuminer; éclair-cir (*a. fig.*); **~ion** éclairage *m*; illumination *f*.

ill-use maltraiter.

illus|ion [i'lu:ʒən] illusion *f*; tromperie *f*; **~ive** illusoire, trompeur.

illustrat|e illustrer; expli-quer; **~ion** illustration *f*.

illustrious [i'lʌstriəs] illustre; célèbre.

image ['imidʒ] image *f*.

imagin|able imaginable; **~ary** imaginaire; **~ation** ima-gination *f*; **~e** [i'mædʒin] (s')imaginer; croire; se figu-rer.

imitat|e imiter; **~ion** imita-tion *f*; simil(i)...; **~or** imita-teur *m*.

immeasurable [i'meʒərəbl] immesurable; infini.

immediate [i'mi:djət] immé-diat; **~ly** tout de suite; immédiatement.

immense [i'mens] immense; vaste.

immers|e [i'mə:s] immerger, plonger; **~ion heater** ther-moplongeur *m*.

immigra|nt immigrant *m*; immigré *m*; **~te** immigrer; **~tion** immigration *f*.

imminent imminent, proche.

immoderate immodéré.

immodest immodeste.

immoral immoral; **~ity** im-moralité *f*.

immortal immortel; **~ity**

immortalité *f*.
immovable immobile; inébranlable.
immun|e [i'mju:n] *méd.* immunisé **(from, against** contre**);~ity (from)** exemption *f* (de); *méd.* immunité *f* (contre); **~ize** immuniser.
impair [im'pɛə] détériorer; affaiblir.
impalpable impalpable.
impart communiquer; donner.
im|partial [im'pɑ:ʃl] impartial; **~passable** *rivière etc.*: infranchissable; *chemin:* impraticable; **~passive** impassible; insensible.
impatien|ce [im'peiʃəns] impatience *f*; **~t** impatient **(to** de).
impeach [im'pi:tʃ] accuser; mettre en doute.
impediment empêchement *m*; obstacle *m*; **~ in one's speech** empêchement *m* de la langue.
impel to pousser à; forcer à.
impenetrable impénétrable.
imperative [im'perativ] impérieux; urgent.
imperceptible imperceptible.
imperfect imparfait.
imperious impérieux; arrogant; dominateur.
imperishable impérissable.
impersona|l impersonnel; **~te** personnifier; *thé.* représenter.
impertinen|ce [im'pə:tinəns]

impertinence *f*; **~t** impertinent.
imperturbable [impə'tə:-bəbl] imperturbable.
impervious [im'pə:vjəs] inaccessible; imperméable **(to** à).
impetuous impétueux.
implacable [im'plækəbl] implacable.
implant *fig.* implanter; inculquer.
implement instrument *m*; outil *m*.
implica|te impliquer dans; **~tion** implication *f*.
implicit [im'plisit] implicite; absolu.
implore implorer; supplier.
imply [im'plai] insinuer, suggérer, donner à entendre.
impolite [impə'lait] impoli.
imponderable impondérable (*m*).
import ['impɔ:t] importation *f*; importance *f*; signification *f*; **~ duty** taxe *f* d'importation; **~s** *pl.* importations *f/pl.*; *v.* [im'pɔ:t] importer; **~ance** importance *f*; **~ant** [im'pɔ:tənt] important; **~er** importateur *m*.
importunate insistant, pressant; harcelant.
impos|e imposer; **~e upon** abuser de; **~ing** imposant; grandiose; **~ition** imposition *f*; impôt *m*; tromperie *f*.
impossib|ility impossibilité *f*; **~le** [im'pɔsəbl] impossible.
impostor imposteur *m*.

impracticab|lity impraticabilité *f*; **~le** [im'præktikəbl] impraticable.

imprecation imprécation *f*; malédiction *f*.

impregna|ble imprégnable; **~te** imprégner; féconder.

impress empreinte *f*; imprimer; *fig.* impressionner, en imposer à; **~ion** impression *f*; **be under the ~ion that** avoir l'impression que; **~ive** impressionnant.

imprint imprimer; empreinte *f*.

imprison [im'prizn] emprisonner; **~ment** emprisonnement *m*.

improbab|lity improbabilité *f*; invraisemblance *f*; **~le** [im'prɔbəbl] improbable; invraisemblable.

improper impropre; inconvenant.

improv|able améliorable; **~e** [im'pru:v] (s')améliorer; (se) perfectionner; **~ement** perfectionnement *m*; amélioration *f*.

improvident imprévoyant.

improvise improviser.

impruden|ce [im'pru:dəns] imprudence *f*; **~t** imprudent.

impuden|ce [im'pju:dəns] impudence *f*; **~t** impudent.

impuls|e [im'pʌls] impulsion *f*; **~ive** impulsif.

impunity [im'pju:niti] impunité *f*; **with ~** impunément.

impure impur (*a. fig.*).

imput|ation imputation *f*;

~e to imputer à.

in dans, en, à, de, chez; sur; par; **be ~** être chez soi; **be all ~** être éreinté.

in|ability impuissance *f* (**to** à); incapacité *f* (**to** de); **~accessible** inaccessible; **~accurate** inexact; incorrect.

inacti|on inaction *f*; **~ve** inactif.

in|adequate [in'ædikwət] insuffisant; **~admissible** inadmissible; **~alterable** immuable; **~animate** inanimé, sans vie.

inane [i'nein] vide, vain; sot.

in|applicable inapplicable; **~appreciable** inappréciable; **~approachable** inabordable; **~apt** inapte; impropre.

inasmuch as en tant que; vu que, attendu que.

inatten|tion inattention *f*; **~ve** inattentif; distrait.

inaudible [in'ɔːdibl] inaudible; imperceptible.

inaugurate inaugurer; **~ion** inauguration *f*.

incalculable incalculable.

incandescent incandescent; **~ bulb** lampe *f* à incandescence.

incapa|bility incapacité *f*; **~ble** [in'keipəbl] incapable; **~city** incapacité *f*.

incautious [in'kɔːʃəs] imprudent; inconsidéré.

incendiary incendiaire (*m*).

incense encens *m*; exaspérer; courroucer.

incentive stimulant *m*; encouragement *m*.

incessant [in'sesnt] incessant, continuel.

inch pouce *m* (*2,54 cm*); **by ~es** peu à peu.

incident [insidnt] incident *m*; événement *m*; **~al** accidentel; *musique:* de fond.

incis|e inciser; **~ion** incision *f*; **~or** (dent *f*) incisive *f*.

incite [in'sait] inciter; animer; **~ment** incitation *f*; stimulant *m*.

inclin|ation inclination *f*; penchant *m* (*a. fig.*); **~e** [in'klain] (s')incliner; pencher; avoir (une) tendance (**to** à); **be ~ ed to** être incliné à; *su.* inclinaison *f*; pente *f*.

inclu|de renfermer, comprendre, comporter; **~ded, ~ding** y compris; **~sive** inclus; *prix:* global; **~sive of** y compris.

in|coherent [inkou'hiərənt] incohérent.

income ['inkəm] revenu *m*; **~ tax** impôt *m* sur le revenu; **~ tax return** déclaration *f* de revenu.

incoming entrant; qui arrive.

in|comparable [in'kɔmpərəbl] incomparable; **~compatible** incompatible; **~competent** incompétent; incapable *m*; **~complete** incomplet; inachevé; **~comprehensible**, **~conceivable** [inkən'si:vəbl] incompréhensible.

inconsidera|ble insignifiant; **~te** inconsidéré; irréfléchi.

in|consistent [inkən'sistənt] inconséquent; contradictoire; en désaccord (**with** avec); **~consolable** inconsolable; **~constant** inconstant; **~contestable** incontestable.

inconvenien|ce [inkən'vi:njəns] inconvénient *m*; incommodité *f*; incommoder, déranger; **~t** incommode; gênant.

incorporate incorporer; **~d company** société *f* constituée.

in|correct incorrect; inexact; **~corrigible** incorrigible; **~corruptible** incorruptible.

increase [in'kri:s] augmenter (**by** de); s'accroître; agrandir; *su.* ['inkri:s] augmentation *f*; accroissement *m*.

incred|ible [in'kredəbl] incroyable; **~ulous** incrédule.

incubator incubateur *m*; couveuse *f*.

inculcate inculquer (**in** à).

inculpate inculper, incriminer.

incur [in'kə:] encourir; s'exposer à; contracter (*dettes*).

incurab|ility incurabilité *f*; **~le** inguérissable; incurable (*m*).

indebted endetté; **~ to** *fig.* redevable à.

indecen|cy indécence *f*; inconvenance *f*; **~t** [in'di:snt] indécent; inconvenant.

indecision irrésolution *f*.

indeed [in'di:d] en effet; en
vérité; vraiment.

indefatigable [indi'fætigəbl]
infatigable; inlassable.

indefensible indéfendable;
insoutenable.

indefinite [in'definit] indéfini.

indelible ineffaçable; indélébile.

indemni|fication dédom-
magement *m*; indemnisation
f; ~**fy** indemniser (**for** de);
~**ty** indemnité *f*; compensation *f*.

indent denteler; ordre *m*,
commande *f*.

independen|ce [indi'pen-
dəns] indépendance *f* (**from**
de); ~**t** indépendant (**of** de).

in|describable indescripti-
ble; ~**destructible** indes-
tructible; ~**determinable**
indéterminable.

ind|ex (*pl.* ~**ices** ['indisi:z])
index *m*; indice *m*; *cadran:*
aiguille *f*; *table f* des matières.

India Inde *f*; ~**n** Indien *m*;
indien; **Red** ~**n** Peau-Rouge
m.

india-rubber gomme *f* (à
effacer).

indicat|e indiquer; marquer;
montrer; ~**ion** indication *f*;
marque *f*.

indict [in'dait] inculper;
~**ment** inculpation *f*.

indifferen|ce [in'difrəns] in-
différence *f*; ~**t** indifférent (**to**
à); médiocre.

indigest|ible [indi'dʒestəbl]
méd. indigeste; ~**ion** indiges-

tion *f*.

indign|ant indigné; ~**ation**
indignation *f*.

indirect indirect.

indiscre|et [indis'kri:t] indis-
cret; imprudent; ~**tion** indis-
crétion *f*; imprudence *f*.

indiscriminate [indis'krimi-
nit] sans discernement, aveugle; ~**ly** au hazard.

indispos|ed indisposé;
~**ition** indisposition *f*.

indisputable incontestable.

indistinct indistinct; vague.

indistinguishable indistinct; imperceptible.

individual [indi'vidjuəl] individu *m*; individuel.

indivisible indivisible.

Indo-China [indəu't∫ainə]
Indochine *f*.

indolen|ce ['indələns] indole-
nce *f*; paresse *f*; ~**t** indolent
(*a. méd.*); paresseux.

indoor d' intérieur; ~**s** à la
maison; à l' intérieur.

induce [in'dju:s] persuader;
produire, causer.

indulge [in'dʌldʒ] avoir de
l'indulgence pour, céder à; ~
in se livrer à; se permettre,
s'offrir; ~**nce** indulgence *f*;
complaisance *f*; ~**nt** indulgent.

industr|ial [in'dʌstriəl] in-
dustriel; ~**ialist** industriel *m*;
~**ialize** industrialiser; ~**i-
ous** laborieux, travailleur;
~**y** ['indəstri] industrie *f*;
heavy ~**ies** *pl.* industrie *f*
lourde.

ingenious

inebriate [i'ni:brieit] enivrer.

inedible immangeable.

ineffable ineffable.

ineff|ective, ~icient [in-'fiʃənt] incapable; inefficace.

inept inepte; déplacé, mal à propos.

inequitable injuste.

inert inerte; **~ia** inertie f.

in|estimable inestimable; in-appréciable; **~evitable** inévitable; **~excusable** inexcusable; **~exhaustible** inépuisable; **~exorable** [in-'eksɔrəbl] inexorable; implacable; **~expensive** bon marché, peu coûteux; **~experienced** inexpérimenté; **~explicable** inexplicable.

inexpress|ible inexprimable; **~ive** sans expression.

inextinguishable inextinguible.

infallible [in'fæləbl] infaillible; sûr.

infamous infâme; abominable.

infan|cy première enfance f; **~t** enfant m; **~tile** d'enfant; infantile; **~tile paralysis** poliomyélite f.

infatuate infatuer, affoler; **~d with** entiché de.

infect infecter; méd. contaminer; **~ion** infection f; contamination f; **~ious** infectieux; contagieux.

infer [in'fə:] déduire, inférer (**from** de); **~ence** déduction f; inférence f.

inferior [in'fiəriə] inférieur

(**to** à); subalterne; **~ity complex** complexe m d'infériorité.

infernal [in'fə:nl] infernal; diabolique.

infest infester (**with** de).

infiltrate (s')infiltrer.

infinit|e infini; illimité; **~y** infinité f.

infirm infirme, faible; **~ary** [in'fə:məri] infirmerie f; hôpital m; **~ity** infirmité f; faiblesse f.

inflame [in'fleim] enflammer; allumer.

inflamma|ble [in'flæməbl] inflammable; **~tion** inflammation f.

inflat|able gonflable; **~e** gonfler; **~ion** inflation f.

inflexib|ility inflexibilité f; **~le** inflexible (a. fig.).

inflict infliger (**on** à).

influence [in'fluəns] influence f; influer sur; influencer.

influential [influ'enʃəl] influent.

inform informer; avertir; **~al** sans cérémonie; **~ation** renseignements m/pl.; informations f/pl.; **~ gather ~ation** recueillir des renseignements; **~er** mouchard m.

infringe [in'frindʒ] enfreindre, violer (loi); **~ upon** empiéter sur; **~ment** infraction f.

infus|e infuser; inculquer; **~ion** infusion f (a. fig.).

ingen|ious [in'dʒi:njəs] ingénieux; **~uity** ingénuité f;

~uous [in'dʒenjuəs] ingénu; candide.

ingratitude [in'grætitju:d] ingratitude f.

ingredient [in'gri:djənt] ingrédient m.

inhabit habiter; **~able** habitable; **~ant** habitant m.

inhale inhaler; aspirer.

inherent inhérent (**in** à).

inherit hériter de (qc.); **~ s.th. from s.o.** hériter qc. de q.; **~ance** héritage m.

inhibit empêcher (**from** de), gêner, restreindre; **~ion** inhibition f.

inhospitable inhospitalier.

inhuman [in'hju:mən] inhumain; barbare.

initia|l initiale f.; parapher; **~te** initier (**into** à); **~tive** initiative f.

inject injecter; **~ion** injection f.

injunction injonction f.

injur|e ['indʒə] nuire à; endommager; blesser; **~ious** nuisible; **~y** dommage m; mal m; blessure f.

injustice [in'dʒʌstis] injustice f.

ink encre f.

inkling idée f, soupçon m.

inland intérieur m (d'un pays).

inlay incruster; marqueter.

inlet entrée f, admission f; crique f, anse f.

inmate habitant m; pensionnaire m.

inmost le plus profond; le plus intime.

inn auberge f.

inner intérieur; intime; **~ tube** mot. chambre f à air.

innkeeper aubergiste m.

innocen|ce ['inəsəns] innocence f; **~t** innocent.

innovation [inəu'veiʃən] innovation f; changement m.

innumerable [i'nju:mərəbl] innombrable.

inoculate inoculer; greffer.

inoffensive inoffensif.

inopportune inopportun; hors de saison.

inquir|e [in'kwaiə] demander; **~e about** (ou **on**) se renseigner sur, s'informer de; **~e into** faire des recherches sur; **~ing** curieux; **~y** enquête f; investigation f; recherche f; **~y office** bureau m de renseignements.

inquisitive curieux; investigateur.

insan|e fou; insensé; **~ity** folie f, démence f.

insatiable [in'seiʃəbl] insatiable.

inscribe [in'skraib] inscrire.

inscription inscription f.

insect insecte m.

insecure [insi'kjuə] peu sûr, incertain.

insensib|ility évanouissement m, insensibilité f; **~le** [in'sensəbl] insensible; indifférent (**to** à).

inseparable inséparable.

insert [in'sə:t] insérer; **~ion** insertion f.

inside dedans (m), intérieur (m); à l'intérieur (de); ~ **of** en (moins de); ~ **left** sport intérieur m gauche.

insight ['insait] perspicacité f, pénétration f; aperçu m.

insignificant insignifiant; peu important.

insincere [insin'siə] insincère.

insinuate insinuer; donner à entendre; ~ **o.s. into** s'insinuer dans.

insipid insipide, fade.

insist (up)on insister sur.

insolen|ce ['insələns] insolence f, effronterie f; ~**t** insolent.

insolvency insolvabilité f.

insomnia insomnie f.

inspect examiner; contrôler; ~**ion** inspection f; contrôle m; ~**or** inspecteur m.

inspir|ation inspiration f; ~**e** inspirer (a. fig.).

inst. = **instant**.

install [in'stɔːl] installer; ~**ation** installation f; montage m.

instal(l)ment acompte m; portion f; **on the** ~ **plan** à tempérament, à crédit.

instance ['instəns] instance f; **for** ~ par exemple.

instant ['instənt] instant (m); immédiat; urgent; ~ **coffee** café m en poudre; ~**aneous** instantané; ~**ly** immédiatement.

instead of au lieu de.

instep cou-de-pied m.

instigat|e inciter; provoquer; ~**ion** instigation f.

instinct ['instiŋkt] instinct m; ~**ive** instinctif.

institut|e institut m; instituer; établir; fonder; ~**ion** institution f.

instruct instruire; enseigner; ~**ion** instruction f; enseignement m; ordre m; ~**ions (for use)** mode m d'emploi; ~**ive** instructif.

instrument ['instrumənt] instrument m; appareil m.

in|subordinate insubordonné; ~**sufferable** intolérable; ~**sufficient** insuffisant.

insula|r insulaire; fig. borné; ~**te** isoler; ~**ting tape** chatterton m.

insult [in'sʌlt] insulte f, affront m; v. [in'sʌlt] insulter.

insuperable insurmontable.

insupportable insupportable, intolérable.

insur|ance [in'ʃuərəns] assurance f; ~**ance policy** police f d'assurance; ~**ant** assuré m; ~**e** assurer.

insurgent insurgé m.

insurmountable [insə'mauntəbl] insurmontable; infranchissable.

insurrection insurrection f.

intact [in'tækt] intact, indemne.

intake prise f; admission f; consommation f, ration f.

integr|al intégral; intégrant; ~**ity** intégrité f; probité f.

intellect intelligence f; entendement m; ~**ual** intellectuel; intellectuel m.

intellig|ence [in'telidʒəns] intelligence f; renseignement m; **~ent** intelligent; **~ible** intelligible.

intempera|nce intempérance f; **~te** intempérant.

intend avoir l'intention de; projeter de; **~ for** destiner à; **~ed** fam. fiancé m, fiancée f.

intense intense; ardent.

intensi|fication renforcement m; **~fy** intensifier; augmenter; **~ty** intensité f; force f; **~ve** [in'tensiv] intensif.

intention [in'tenʃən] intention f; but m; **~al** intentionnel, voulu.

intercede intercéder.

intercept intercepter.

intercession intercession f.

interchange échange m; échanger; changer de place; **~able** interchangeable.

intercom interphone m.

intercourse commerce m, relations f/pl; rapports m/pl. sexuels.

interdict interdire, défendre.

interest intérêt m (a. com.); participation f; profit m; intéresser; **be ~ed in** s'intéresser à; s'occuper de; **~ed party** intéressé m; **~ing** intéressant.

interfere [intə'fiə] intervenir; **~ in** se mêler de; **~ with** tripoter, gêner, déranger; **~nce** intervention f; radio parasites m/pl.; **~nce elimination** radio déparasitage m.

interior [in'tiəriə] intérieur (m); **(art of) ~ decoration** décoration f intérieure.

interlude interlude m.

intermedia|ry intermédiaire (m); **~te** intermédiaire (m).

interminable [in'tə:minəbl] interminable.

intermission arrêt m, pause f; Am. thé. a. entracte m.

intermittent intermittent.

intern interner; méd. interne m.

internal [in'tə:nəl] interne; intérieur; **~ revenue** le fisc.

international [intə'næʃənl] international.

interpellate interpeller.

interpose interposer; (a. **~ o.s.**) intervenir, s'interposer, s'entremettre.

interpret [in'tə:prit] interpréter; **~er** interprète m. f.

interrelated en relation mutuelle.

interrogat|e interroger, questionner; **~ion** dr. interrogatoire m; **~ion mark** (ou **point**) point m d'interrogation; **~ive** interrogateur; interrogatif.

interrupt interrompre; **~ion** interruption f.

intersection [intə'sekʃən] intersection f; auto carrefour m.

interval ['intəvəl] intervalle m; distance f; thé. entracte m.

interven|e intervenir; **~tion** intervention f.

interview ['intəvju:] entrevue f; interview f; interviewer.

intestine intestin *m*.

intima|cy ['intiməsi] intimité *f*; **~te** intime.

intimation insinuation *f*; notification *f*.

intimidate intimider.

into ['intu] dans, en; à.

intolera|ble [in'tɔlərəbl] intolérable; insupportable; **~nt** intolérant.

intoxicate enivrer; **~d** ivre.

intractable intraitable; obstiné.

intrepid intrépide; **~ity** intrépidité *f*.

intricate compliqué; confus; embrouillé.

intrigue intrigue *f*; intriguer.

introduc|e [intrə'dju:s] introduire; présenter; **~tion** introduction *f*; présentation *f*; **letter of ~tion** lettre *f* de recommandation.

intrude faire intrusion, déranger; imposer, faire admettre; **~ o.s. into** se faufiler dans; **~r** intrus *m*; importun *m*.

intrusive importun.

intuition [intju:'iʃən] intuition *f*.

inundat|e inonder; **~ion** inondation *f*.

invade envahir; **~r** envahisseur *m*.

invalid [in'vælid] invalide, nul; ['invəlid] malade, infirme; invalide *m*; malade *m*; ~ rendre nul; invalider; **~ation** invalidation *f*; **~ity** invalidité *f*.

invaluable [in'væljuəbl]

inestimable.

invariable [in'vɛəriəbl] invariable.

invasion invasion *f*; empiétement *m*; violation *f*.

invective invective *f*.

inveigh [in'vei] invectiver; **~ against** fulminer contre.

invent inventer; **~ion** invention *f*; **~or** inventeur *m*.

inver|se [in'və:s] inverse; **~t** renverser; intervertir.

invest placer, mettre (*argent*); **~ with** investir de.

investigat|e [in'vestigeit] examiner; enquêter *f/pl.*; **~ion** recherches *f/pl.*; enquête *f*.

investment *com.* placement *m*, investissement *m*.

inveterate invétéré; acharné; enraciné.

invidious odieux; haïssable.

invigorate fortifier; vivifier.

invincible invincible.

inviolable [in'vaiəbl] inviolable.

invisible [in'vizəbl] invisible.

invit|ation invitation *f*; **~e** [in'vait] inviter; **~ing** alléchant, séduisant.

invoice facture *f*; facturer.

invoke invoquer.

involuntary involontaire; irréflexi.

involve entraîner; avoir pour conséquence; ~ impliquer dans; mêler à (*affaire* etc.); **~d a.** en cause.

invulnerable [in'vʌlnərəbl] invulnérable.

inward intérieur; interne; **~ly** intérieurement; en dedans;

~s vers l'intérieur.

iodine ['aiəudi:n] iode *m*.

IOU = I owe you reconnaissance *f* de dette.

Ireland ['aiələnd] Irlande *f*.

Irish ['airiʃ] irlandais; **the ~** les Irlandais *m/pl.*; **~man** Irlandais *m*.

iron ['aiən] fer *m*; fer à repasser; de fer (*a. fig.*); repasser; **~~bound** *fig.* inflexible.

ironic(al) ironique.

iron|**ing** repassage *m*; **~-monger** quincaillier *m*; **~-mould** tache *f* de rouille; **~works** *pl.* usine *f* sidérurgique.

irony ['aiərəni] ironie *f*.

irradiant rayonnant.

irrational déraisonnable.

ir|**recoverable** irrécouvrable; *perte:* irréparable; **~refutable** irréfutable.

irregular [i'regjulə] irrégulier; **~ity** irrégularité *f*.

irrelevan|**ce** inconséquence *f*; **~t** inapplicable; hors de propos.

irremovable [iri'mu:vəbl] immuable.

irreparable [i'repərəbl] irréparable.

irreproachable [iri'prəutʃəbl] irréprochable.

irresistible irrésistible.

irresolute irrésolu; hésitant.

irrespective of sans considération de.

irresponsib|**ility** irresponsabilité *f*; **~le** [iris'pɔnsəbl]

irresponsable.

irretrievable irréparable.

irreveren|**ce** irrévérence *f*; manque *m* de respect; **~t** irrévérent.

irrevocab|**ility** irrévocabilité *f*; **~le** irrévocable.

irrigat|**e** arroser; irriguer; **~ion** irrigation *f*; arrosage *m*.

irrita|**bility** irritabilité *f*; **~ble** ['iritəbl] irritable; **~te** irriter; **~ting** irritant, agaçant; **~tion** irritation *f*.

is est; **that ~ to say** c'est-à-dire.

island ['ailənd] île *f*.

isolat|**e** ['aisəleit] isoler; **~ion** isolement *m*.

Israel Israël *m*; **~i** Israélien *m*; israélien.

issue ['isju:] issue *f*; sortie *f*; *fig.* fin *f*; résultat *m*; problème *m*, question *f*; descendance *f*; émission *f*; publication *f*; **at ~** dont il s'agit; *v.* sortir, provenir (**from** de); publier; distribuer.

it il, elle, le, la, lui; en, y.

Ital|**ian** Italien *m*; italien; **~y** Italie *f*.

itch démangeaison *f* (*a. fig.*); démanger; **I am ~ing to** il me tarde de.

item ['aitem] article *m*; détail *m*; question *f*.

itinerant ambulant.

itinerary itinéraire *m*.

its son, sa, ses.

itself lui-même; elle-même; soi-même; **by ~** tout seul; in **~** en soi.

ivory ['aivəri] ivoire *m*.

ivy lierre *m*.

J

jack *auto* cric *m*; *cartes*: valet *m*; ~ **up** soulever au cric.

jackal chacal *m*.

jackdaw choucas *m*.

jacket ['dʒækit] veste *f*; veston *m*; jaquette *f*; enveloppe *f*.

jack-knife couteau *m* de poche.

jackpot gros lot *m*.

jail [dʒeil] prison *f*; emprisonner; **~er** geôlier *m*.

jam confiture *f*; embouteillage *m*, encombrement *m*; *radio* brouillage *m*; (se) coincer; (s')enrayer; brouiller.

January janvier *m*.

Japan [dʒə'pæn] Japon *m*; **~ese** [dʒæpə'ni:z] (*pl.* **~ese**) Japonais *m*; japonais.

jar pot *m*; jarre *f*; choc *m*; grincer; secouer; *couleurs*: jurer; ~ (**up**)**on** choquer; agacer.

jaundice jaunisse *f*.

jaw [dʒɔ:] mâchoire *f*; caqueter; chapitrer; **~-bone** maxillaire *m*.

jazz up animer, égayer.

jealous ['dʒeləs] jaloux (**of** de); **~y** jalousie *f*.

jeans *pl.* [dʒi:nz] jeans *m/pl*.

jeer raillerie *f*; (*a.* ~ **at**) railler.

jelly gelée *f*.

jeopardize ['dʒepədaiz] mettre en péril; compromettre.

jerk [dʒə:k] saccade *f*; secousse *f*; **by ~s** par à-coups; **~y** saccadé.

jersey ['dʒə:zi] chandail *m*.

jet jet *m*; aller en jet; ~ **(plane)** avion *m* à réaction. jet *m*.

jetty jetée *f*.

Jew [dʒu:] juif *m*.

jewel ['dʒu:əl] bijou *m*; **~(l)er** bijoutier *m*; **~(le)ry** bijoux *m/pl*.

Jew|ess juive *f*; **~ish** juif.

jiffy: in a ~ en un tournemain.

jingle ['dʒiŋgl] tintement *m*; cliquetis *m*; tinter.

jingo chauvin *m*.

job travail *m*, boulot *m*; tâche *f*; emploi *m*; job *m*; **~ber** *com*. intermédiaire *m*; **~less** sans travail; **~ lot** articles *m/pl*. d'occasion; **~-work** travail *m* à la pièce.

jockey jockey *m*.

joggle secouer légèrement; branler.

join (re)joindre; unir; s'associer (à); se joindre à; s'inscrire à, entrer dans; ~ **in** prendre part à.

joiner menuisier *m*.

joint joint *m*; jointure *f*; pièce *f* de viande; charnière *f*; commun; **~ly** en commun, ensemble; **~-stock company** société *f* par actions.

joke [dʒouk] plaisanterie *f*; bon mot *m*; plaisanter.

jolly gai, joyeux.

jolt choc *m*; cahot *m*; cahoter.

jostle coudoyer; **~ against** heurter.

jot iota *m*; **~ down** prendre note de, noter.

journal ['dʒəːnl] journal *m*; **~ism** journalisme *m*; **~ist** journaliste *m*.

journey ['dʒəːni] voyage *m*; trajet *m*; voyager.

jovial jovial; enjoué.

joy joie *f*; **~ful**, **~ous** joyeux; enjoué; **~less** triste.

jubil|ate exulter; se réjouir; **~ee** jubilé *m*.

judge [dʒʌdʒ] juge *m*; juger.

judg(e)ment jugement *m*; opinion *f*; discernement *m*.

jug pot *m*; cruche *f*.

juggle ['dʒʌgl] jongler; **~r** jongleur *m*.

juic|e [dʒuːs] jus *m*; **~y** juteux; succulent.

July [dʒuˈlai] juillet *m*.

jump saut *m*, bond *m*; sauter, bondir; franchir; **~ at** sauter sur, saisir; **~er** sauteur

m; pull-over *m*; **~ing-pole** perche *f* à sauter.

junction ['dʒʌŋkʃn] jonction *f*; *ch. d. f.* nœud *m*, embranchement *m*.

June [dʒuːn] juin *m*.

jungle ['dʒʌŋgl] jungle *f*; *fig.* confusion *f*.

junior cadet; plus jeune.

junk [dʒʌŋk] rebut *m*; bric-à-brac *m*.

juris|diction juridiction *f*; compétence *f*; **~prudence** jurisprudence *f*.

juror juré *m*.

jury jury *m*.

just juste; équitable; précisément; seulement; **~ now** tout à l'heure.

justice ['dʒʌstis] justice *f*; juge *m*, magistrat *m*; **do ~ to** faire (*ou* rendre) justice à; **court of ~** tribunal *m*.

justification justification *f*.

justify ['dʒʌstifai] justifier.

juvenile ['dʒuːvənail] juvénile; de (la) jeunesse.

K

kangaroo [kæŋgəˈruː] kangourou *m*.

keen perçant; vif; pénétrant; perspicace; **~ness** perspicacité *f*; finesse *f*.

keep tenir, garder; maintenir; entretenir; nourrir; **~ company** tenir compagnie à; **~ time** montre; être juste; **~ waiting** faire attendre; **~**

away (se) tenir à l'écart; **~ on** garder; **~ out** empêcher d'entrer; se garantir de; **~ in with** rester en bons termes avec; **~ (on) doing** continuer à faire; **~ up with** se maintenir au niveau de.

keep|er gardien *m*; garde *m*; surveillant *m*; **~ing** surveillance *f*; garde *f*; **in ~ing with**

know

en harmonie avec; en accord avec; **~sake** souvenir *m.*
kennel chenil *m.*
kept *prét. et p.p. de* **keep.**
kernel ['kə:nl] grain *m;* noyau *m.*
kerosene pétrole *m.*
kettle marmite *f;* bouilloire *f;* **~drum** timbale *f.*
key [ki:] clé *f,* clef *f (a. fig.);* *piano etc.:* touche *f;* **~board** clavier *m;* **~hole** trou *m* de la serrure; **~ industry** industrie *f* clef; **~note** tonique *f;* **~ position** position *f* clef.
kick coup *m* de pied; *fam.* plaisir *m;* **for ~s** pour s'amuser; *v.* donner des coups de pied (à); *fam.* botter.
kick-off coup *m* d'envoi.
kid chevreau *m; fam.* enfant *m, f,* gosse *m, f;* **~-gloves** gants *m/pl.* de chevreau.
kidney rein *m; cuis.* rognon *m.*
kill tuer; abattre *(bête);* **~ing** meurtrier; *fam.* tordant; **~joy** rabat-joie *m.*
kilo|cycle ['kiləusaikl] kilocycle *m;* **~gram(me)** kilogramme *m;* **~metre** kilomètre *m;* **~watt** kilowatt *m.*
kin parenté *f;* parents *m/pl.*
kind [kaind] bon, aimable; affable; genre *m;* espèce *f.*
kindergarten école *f* maternelle.
kindle ['kindl] (s')enflammer.
kindness bonté *f;* amabilité *f;* bienveillance *f.*
king roi *m;* **~dom** royaume *m.*

kiosk kiosque *m.*
kipper hareng *m* fumé.
kiss baiser *m;* embrasser; **~proof** indélébile.
kitchen ['kitʃin] cuisine *f;* **~ware** ustensiles *m/pl.* de cuisine.
kite cerf-volant *m.*
kitten petit chat *m.*
knack tour *m* de main; truc *m;* **have the ~ of** avoir le chic pour.
knapsack havresac *m.*
knave [neiv] coquin *m;* fripon *m.*
knead [ni:d] pétrir.
knee genou *m;* **~cap**, **~pan** rotule *f.*
kneel s'agenouiller.
knell glas *m.*
knelt *prét. et p.p. de* **kneel.**
knew *prét. de* **know.**
knickerbockers *pl.* culotte *f* de golf; knickerbocker *m.*
knife *(pl.* **knives)** couteau *m;* poignarder.
knight [nait] chevalier *m;* faire chevalier.
knit tricoter; joindre; **~ the brows** froncer les sourcils.
knob *porte:* bouton *m;* bosse *f.*
knock coup *m;* choc *m;* frapper; cogner; **~ down** abattre, renverser; **~ out** mettre hors de combat; **~-out** knock-out *m.*
knot [nɔt] nœud *m;* nouer.
know [nou] savoir; connaître; reconnaître; **come to ~** apprendre; **make ~n** faire connaître; **~ing** intelligent;

rusé, instruit.

knowledge ['nɔlidʒ] connaissance f; savoir m; science f; **to my ~** autant que je sache.

known p.p. de **know.**

knuckle ['nʌkl] articulation f du doigt; nœud m.

L

label étiquette f; marque f; étiqueter.

laboratory [ləˈbɔrətəri] laboratoire m.

laborious laborieux; travailleur; pénible, fatigant.

labo(u)r ['leibə] travail m; labeur m; peine f; **hard ~** travail m forcé; **≈ Exchange,** Am. **Labor Registry Office** bureau m de placement; **≈ Party** parti m travailliste; v. travailler, peiner (a. fig.).

lace lacet m; ruban m; galon m; lacer; galonner.

lack manque m; absence f; manquer; avoir besoin de.

lackay laquais m; bref.

lacquer ['lækə] laque f; laquer.

lad garçon m.

ladder échelle f; bas: maille f qui file; **~proof** indémaillable.

lade charger.

laden p.p. de **lade.**

ladies' room toilettes f/pl. pour dames.

ladle ['leidl] louche f.

lady dame f; femme f du monde; **~'s maid** femme f de chambre.

lager (beer) bière f blonde.

lagoon [ləˈguːn] lagune f.

laid prét. et p.p. de **lay²**.

lain p.p. de **lie²**.

lake lac m.

lakeside bord m du lac.

lamb [læm] agneau m.

lame boiteux; estropié; estropier; paralyser.

lament complainte f; se lamenter; pleurer; **~able** déplorable; **~ation** lamentation f.

lamp lampe f; lanterne f; **~post** (poteau m de) réverbère m.

lance [lɑːns] lance f; percer.

land terre f; terrain m; pays m; atterrir (avion); **~-holder** propriétaire m foncier.

landing débarquement m; atterrissage m; palier m; **~gear** train m d'atterrissage; **~stage** débarcadère m.

land|lady propriétaire m; hôtelière f; **~lord** propriétaire m; hôtelier m; **~mark** borne f; (point m de) repère m; **~scape** paysage m; **~slide, ~slip** éboulement m.

lane ruelle f; chemin m.

language ['læŋgwidʒ] langue f; language m.

langu|id languissant; **~ish** languir; **~or** langueur f.

layer

lank(y) grand et maigre.

lantern lanterne *f.*

lap genoux *m/pl.; (a. fig.); eau:* clapotis *m;* laper.

lapel [ləˈpel] revers *m.*

lapse erreur *f;* faux pas *m; temps:* écoulement *m;* **~ into** (re)tomber dans.

lard saindoux *m;* larder; **~er** garde-manger *m.*

large [lɑːdʒ] grand; gros; vaste; nombreux; **~-minded** à l'esprit large; tolérant; **~-scale** de grande envergure; **~sized** de grand format.

lark alouette *f;* farce *f.*

laryn|x [ˈlæriŋks] (*pl.* **~ges**) larynx *m.*

lash coup *m* de fouet; mèche *f; œil:* cil *m;* fouetter; cingler.

lass jeune fille *f.*

last dernier; ultime; passé; durer; suffire; **~ but one** avant-dernier; **~ night** hier soir; **at ~** enfin; **~ing** durable; permanent; **~ly** en dernier lieu.

latch loquet *m;* verrou *m;* **~-key** clef *f* de la maison.

late tard; en retard; défunt; *heure:* avancé; **be ~** être en retard; *ch. d. f.* avoir du retard; **~-comer** venu en retard *m;* **~ly** récemment; dernièrement; **~r (on)** plus tard; **at the ~st** au plus tard.

lateral latéral.

lath latte *f;* latter.

lathe [leiθ] tour *m.*

lather *savon:* mousse *f;* écume *f;* savonner.

Latin latin (*m*).

Latin America Amérique *f* latine.

Latin American sud-américain; Sud-Américain *m.*

latitude [ˈlætitjuːd] latitude *f.*

latter dernier (de deux).

lattice treillis *m;* treillisser.

laudable louable.

laugh [lɑːf] rire *m;* rire; **~ at** se moquer de; **~able** risible, dérisoire; **~ter** rire *m.*

launch [lɔːntʃ] lancement *m; mar.* chaloupe *f;* lancer.

launderette blanchisserie *f* automatique.

laun|dress blanchisseuse *f;* **~dry** blanchisserie *f;* lessive *f.*

laurel [ˈlɔrəl] laurier *m.*

lava [ˈlɑːvə] lave *f.*

lavatory lavabo *m;* toilette *f.*

lavish immodéré; prodiguer.

law loi *f;* droit *m;* **~-court** tribunal *m;* **~ful** légal; légitime.

lawn pelouse *f;* gazon *m;* **~-mower** tondeuse *f.*

lawsuit procès *m.*

lawyer [ˈlɔːjə] avocat *m;* jurisconsulte *m.*

lax débonnaire; négligent; relâché; **~ative** laxatif *m.*

lay¹ *pret.* de **lie²**.

lay² poser; mettre; coucher; pondre (*œufs*); **~ down** déposer; formuler (*principe*); **~ out** disposer; arranger.

layer poseur *m;* couche *f; arch.* assise *f; poule:* pondeuse *f.*

layman laïque m.

lay-out tracé m; dessin m; disposition f; arrangement m.

laz|iness paresse f; **~y** ['leizi] paresseux; indolent.

lead¹ [led] plomb m; sonde f.

lead² [li:d] conduite f; direction f; laisse f; conduire; mener; diriger.

leaden de plomb (a. fig.).

lead|er chef m; meneur m; article m de fond; **~ing** principal; en chef.

leaf (pl. **leaves**) feuille f; feuillet m; porte: battant m; **~let** feuillet m; prospectus m.

league¹ lieue f.

league² [li:g] ligue f; union f; **~ match** match m de championnat; **¿ of Nations** Société f des Nations; (se) liguer.

leak voie f d'eau; mar. faire eau; liquide: fuir, couler; **~age** fuite f; coulage m.

lean maigre; émacié; (s')appuyer; se pencher; **~ness** maigreur f.

leant prét. et p.p. de **lean**.

leap saut m; bond m; sauter; bondir; **~-year** année f bissextile.

leapt prét. et p.p. de **leap**.

learn apprendre; étudier; **~ed** ['lə:nid] savant.

learnt prét. et p.p. de **learn**.

lease bail m; louer; prendre (à bail); **~holder** locataire m à bail.

least le moindre; le plus petit; **at ~** au moins.

leather ['leðə] cuir m; de cuir,

en cuir.

leave permission f; liberté f; congé m; laisser; s'en aller; partir; quitter; **~ off** renoncer à; cesser.

lecture ['lektʃə] conférence f; leçon f; réprimande f; **attend ~s** suivre un cours; v. faire des conférences; faire la morale à; **~r** conférencier m.

led prét. et p.p. de **lead**².

ledge [ledʒ] rebord m; saillie f; **~r** grand-livre m.

lee côté m sous le vent.

leech sangsue f (a. fig.).

lees pl. lie f (a. fig.).

left¹ prét. et p.p. de **leave**.

left² gauche; à gauche; gauche f; **~-handed** gaucher.

leftist gauchiste m.

left-luggage office consigne f.

leg jambe f; patte f; table etc.: pied m.

legacy ['legəsi] legs m.

legal légal; juridique; **~ize** légaliser; autoriser.

legation légation f.

legend légende f; **~ary** légendaire.

legible lisible.

legion ['li:dʒən] légion f.

legislat|ive ['ledʒislətiv] législatif; **~or** législateur m.

legitima|cy [li'dʒitiməsi] légitimité f; **~te** légitime; légitimer.

leisure ['leʒə] loisir m; **~ly** posé; adv. à loisir.

lemon ['lemən] citron m; **~ squash** citron m pressé.

lend prêter.

length longueur *f;* étendue *f;* durée *f;* **at** ~**enfin;** ~**en** allonger; prolonger; (s')étendre; ~**ways, ~wise** en long.

lenient ['li:njənt] indulgent; doux.

lens lentille *f;* phot. objectif *m.*

lent prét. et p.p. de **lend.**

Lent carême *m.*

lentil lentille *f.*

leprosy lèpre *f.*

less moindre; moins; ~**en** diminuer; amoindrir; ~**er** plus petit; moindre.

lesson leçon *f.*

lest de peur que; que . . . ne.

let (*a.* prét. et p.p.) laisser; permettre; louer; ~ **alone** laisser tranquille; ~ **down** baisser; laisser en panne; ~ **out** laisser sortir; laisser échapper.

letter lettre *f;* ~**s** pl. (belles-) lettres *f/pl.;* **by** ~ par lettre; ~**box** boîte *f* aux lettres; ~ **carrier** Am. facteur *m;* ~**gram** Am. télégramme *m* lettre; ~ **of credit** lettre *f* de crédit.

lettuce ['letis] laitue *f.*

level égal; horizontal; de niveau; ~ **crossing** passage *m* à niveau; su. niveau *m;* **on a** ~ **with** de niveau avec; fig. au niveau de; **on the** ~ fam. honnête, droit; v. niveler; équilibrer; ~**headed** bien équilibré.

lever levier *m.*

levy levée *f;* réquisition *f;* lever (*impôt*).

liabil|ity responsabilité *f;* ~**ies** pl. engagements *m/pl.*

liable ['laiəbl] responsable (**for** de); ~ **to** passible de; soumis à, sujet à; ~ **to duty** soumis à la douane.

liar menteur *m.*

libel ['laibl] libelle *m;* diffamation *f;* diffamer.

liberal libéral; généreux; ~**ity** libéralité *f;* générosité *f.*

liberat|e libérer; ~**ion** libération *f;* ~**or** libérateur *m.*

liberty liberté *f.*

librar|ian bibliothécaire *m;* ~**y** bibliothèque *f.*

licen|ce ['laisəns] permission *f;* permis *m;* autorisation *f;* ~**se** autoriser; accorder un permis à; permettre; ~**tious** licencieux, dissolu.

lick lécher; fam. battre, écraser; ~**ing** raclée *f.*

lid couvercle *m.*

lie[1] mensonge *m;* **tell a** ~ mentir.

lie[2] position *f;* être couché; reposer; pays: être situé.

life [laif] vie *f;* durée *f;* ~ **annuity** rente *f* viagère; ~**belt** ceinture *f* de sauvetage; ~**boat** canot *m* de sauvetage; ~ **insurance** assurance-vie *f;* ~**jacket** gilet *m* de sauvetage; ~**less** sans vie, inanimé; ~**size(d)** de grandeur naturelle; ~**time** vie *f;* vivant *m.*

lift élévation *f;* Br. ascenseur

m; **give s.o. a ~** *auto* emmener q. en auto; *v.* lever; soulever.

ligature ['ligətʃuə] ligature *f* (*a. méd.*).

light [lait] lumière *f*; clarté *f*; lueur *f*; feux *m/pl.*; éclairage *m*; allumer; éclairer; léger; éclairé; blond; **would you give me a ~?** voudriez-vous me donner du feu?; **~ on** tomber sur (*a. fig.*); **~en** illuminer; éclaircir; alléger, soulager; **~er** briquet *m*; **~house** phare *m*; **~ing** éclairage *m*; **~-minded** étourdi, frivole; **~ness** légèreté *f*; frivolité *f*.

lightning éclairs *m/pl.*; foudre *f*; **~-conductor** paratonnerre *m*.

like tel; semblable; pareil; comme; **~ that** de la sorte; **look ~** ressembler à; *v. aimer*; trouver à son goût; vouloir; **how do you ~ London?** comment trouvez-vous Londres?; **~lihood** vraisemblance *f*; probabilité *f*; **~ly** probable, vraisemblable; susceptible (**to** de); **he is ~ to come later** il est probable qu'il vienne plus tard; **~ness** ressemblance *f*; portrait *m*; **~wise** de même; pareillement.

liking goût *m*; penchant *m*.

lilac ['lailək] lilas; lilas *m*.

lily liş *m*.

limb [lim] membre *m*; partie *f* du corps.

lime chaux *f*; glu *f*; **~light** thé.

rampe *f*; **in the ~light** *fig.* en vedette; très en vue.

limit limite *f*; frontière *f*; **that's the ~!** ça c'est le comble!; *v.* limiter; borner; **~ation** limitation *f*; restriction *f*; **~ed company** société *f* à responsabilité limitée.

limp boiter; flasque, mou.

line ligne *f*; *ch.d.f.* voie *f*; *télé.* fil *m*; trait *m*; **not in my ~** pas de mon ressort; *v.* ligner, régler (*papier*); doubler (*vêtement*); **~ up** *Am.* faire la queue.

linen ['linin] toile *f* de lin; linge *m*; de (*ou* en) toile.

liner (*a.* **ocean ~**) paquebot *m*; (*a.* **air ~**) avion *m* de ligne.

linger ['liŋgə] s'attarder; traîner.

lining doublure *f*.

link chaînon *m*; anneau *m*; *fig.* lien *m*; (se) joindre; unir.

links *pl.* boutons *m/pl.* de manchette; terrain *m* de golf.

linseed graine *f* de lin.

lion ['laiən] lion *m*; **~ess** lionne *f*.

lip lèvre *f*; **~stick** rouge *m* à lèvres.

liqu|efy liquéfier; fluidifier; **~id** ['likwid] liquide (*m*); **~idate** liquider; solder.

liquor ['likə] alcool *m*, boisson *f* alcoolique.

liquorice réglisse *f*.

lisp zézayer.

list tableau *m*; liste *f*; registre *m*; énumérer; inscrire sur une liste.

listen ['lisn] écouter; prêter attention (**to** à); **~ in** écouter la radio; **~er** auditeur *m*.

listless inattentif; indolent.

lit *prét. et p.p. de* **light.**

litera|l littéral; mot à mot; **~ture** littérature *f*.

litter détritus *m*.

little petit; mesquin; peu; peu *m*; **~ by ~** peu à peu.

live [liv] vivre; demeurer, habiter; durer; **~ on** se nourrir de.

livel|ihood ['laivlihud] subsistance *f*; moyen *m* d'existence; **~iness** vivacité *f*; **~y** vif; animé; pétulant.

liver foie *m*.

livery livrée *f*.

livid livide.

living vivant; vif; subsistance *f*; vie *f*; **earn a ~** gagner sa vie; **~room** salon *m*; living-room *m*.

lizard ['lizəd] lézard *m*.

load fardeau *m* (*a. fig.*); charge *f*; charger.

loaf[1] (*pl.* **loaves**) pain *m*.

loaf[2] flâner.

loafer flâneur *m*.

loam glaise *f*.

loan prêt *m*; emprunt *m*; prêter.

loath [ləuθ] **to** peu enclin à; **~e** [ləuð] détester; **~ing** répugnance *f*; **~some** dégoûtant; répugnant.

lobby vestibule *m*, couloir *m*; thé. foyer *m*; lobby *m*, groupe *m* de pression.

lobe *méd.* lobe *m*.

lobster homard *m*.

local local; **~ call** communication *f* locale; **~ity** localité *f*: endroit *m*; **~ize** localiser.

locate [lou'keit] établir; repérer; **be ~d** *Am.* être domicilié.

lock serrure *f*; écluse *f*; fermer à clef; enfermer; **~et** médaillon *m*; **~-out** *m*; lock-out *m*; **~smith** serrurier *m*.

locomotive ['ləukəmoutiv] locomotive *f*.

locust sauterelle *f*.

lodg|e [lɔdʒ] (se) loger; porter (*plainte*); **~er** locataire *m*; **~ings** *pl.* logement *m*.

loft grenier *m*; *église*: tribune *f*; **~iness** hauteur *f*; élévation *f*; **~y** élevé; noble; pompeux.

log bûche *f*; **sleep like a ~** dormir à poings fermés.

loggerheads ['lɔgəhedz]: **be at ~ with** être en bisbille avec.

logic ['lɔdʒik] logique *f*; **~al** logique.

loin [lɔin] filet *m*; *bœuf*: aloyau *m*; **~s** *pl.* reins *m/pl.*

loiter flâner; rôder.

lonely solitaire; isolé.

long long; allongé; longtemps; **before ~** sous peu; **be ~ to** tarder à; **in the ~ run** à la longue; **~ for** languir après; désirer; **~-distance reception** *radio* réception *f* à grande distance; **~ing** aspiration *f*; désir *m* ardent; **~playing record** (disque *m*) microsillon *m*; **~-sighted** presbyte; *fig.* prévoyant.

look regard m; air m, apparence f; **have a ~ at** jeter un coup d'œil sur; v. regarder; sembler, paraître; **~ after** s'occuper de; **~ at** regarder; **~ for** chercher; **~ forward to** attendre; **~ into** examiner, étudier; **~ out!** attention!; **~ out for** être à la recherche de; **~ over** parcourir du regard; **~ to** voir à, faire attention à; **~ up** lever les yeux; **~ (up)on** regarder (as comme); **~er-on** spectateur m; **~ing-glass** miroir m; **~out** vigie f, fig. qui-vive m.

loom métier m à tisser; se dessiner; surgir; menacer, être imminent.

loop boucle f; ganse f; **~-hole** meurtrière f; trou m; fam. échappatoire f.

loose [lu:s] lâche; délié; détendu; relâché; ample; libre; lâcher, détacher, défaire; **~-fitting** ample, large; **~n** (se) défaire; (se) délier.

lop-sided qui manque de symétrie, déjeté.

loquacious [ləu'kwei∫əs] loquace.

lord seigneur m; maître m; titre: lord m; **the ℒ** le Seigneur; **ℒ's prayer** oraison f dominicale; le Pater; **ℒ's supper** la Cène; **lord|ly** noble; despotique; hautain; **~ship** seigneurie f.

lorry lorry m; (motor) camion m.

lose [lu:z] perdre; montre:

retarder; manquer (train).

loss perte f.

lost prét. et p.p. de **lose**.

lost property office bureau m des objets trouvés.

lot sort m (a. fig.); destin m, fortune f; **a ~ (of)** beaucoup (de), un tas (de).

lotion lotion f.

lottery loterie f.

loud bruyant; haut; fort; couleur: criard; **~-speaker** haut-parleur m.

lounge [laundʒ] flâner; se prélasser; foyer m; petit salon m; hôtel: hall m; **~-chair** chaise-longue f.

louse [laus] (pl. **lice**) pou m.

lovable aimable.

love [lʌv] amour m; affection f; **~ at first sight** coup m de foudre; **give (ou send) one's ~ to** envoyer ses meilleures amitiés à; **fall in ~ (with)** tomber amoureux (de); **make ~** faire l'amour; **~ly** adorable; charmant; beau; **~r** amoureux m; amant m; fig. amateur m; **pair of ~rs** couple m amoureux; **~-story** histoire f d'amour.

loving tendre; affectueux.

low bas; faible; vil; abattu; **~-brow** terre-à-terre; philistin m; **~-er** plus bas; inférieur; (a)baisser; diminuer; **~-necked** décolleté; **~ pressure** basse pression f; **~ season** morte-saison f; **~-spirited** abattu; découragé.

loyal loyal; fidèle; **~ty** loyauté f.

f; fidélité f.

lozenge ['lɔzindʒ] pastille f, tablette f.

lubricate lubrifier, graisser.

lubrication lubrification f; graissage m; ~ **oil** lubrifiant m.

luck destin m; chance f; fam. veine f; **bad** ~ mauvaise fortune f; **~ily** heureusement; par bonheur; **~y** chanceux; fortuné.

lucrative ['lu:krətiv] lucratif.

ludicrous ridicule, comique.

luggage ['lʌgidʒ] bagage m; **~-rack** filet m à bagages; **~ van** fourgon m.

lukewarm ['lu:kwɔ:m] tiède; tempéré.

lumbago lumbago m.

lumber objects m/pl. de rebut; bois m de charpente; **~-room** débarras m.

luminous lumineux.

lump motte f; masse f; morceau m; **in the** ~ en bloc; **~ sugar** sucre m en morceaux; ~ **sum** somme f globale.

lunatic ['lu:nətik] fou (m); aliéné (m); ~ **asylum** maison f d'aliénés.

lunch(eon) ['lʌntʃ(ən)] déjeuner m; déjeuner; ~ **time** heure f du déjeuner.

lungs pl. poumon m.

lurch [lə:tʃ]: **leave in the** ~ planter là, fam. plaquer.

lure [ljuə] leurre m; attrait m; leurrer; attirer.

lurk se tapir; se cacher.

luscious ['lʌʃəs] succulent; délicieux.

lustre ['lʌstə] éclat m; lustre m; **~less** sans éclat; terne.

lute [lju:t] luth m; lut m.

Luxembourg Luxembourg m.

luxurious [lʌg'zjuəriəs] luxueux; somptueux; **~ness** luxe m; somptuosité f.

luxury ['lʌkʃəri] luxe m.

lying-in hospital maternité f.

lynch [lintʃ] lyncher.

lyric lyrique; poème m lyrique; **~s** pl. poésie f lyrique.

M

M.A. = **Master of Arts.**

Ma'am = **madam.**

macaroon macaron m.

mace masse f.

machine [mə'ʃi:n] machine f; appareil m; **~-gun** mitrailleuse f; **~ry** machinerie f; fig. mécanisme m; ~ **tool** machine-outil f.

machinist machiniste m; mé-

canicien m.

mackerel maquereau m.

mackintosh imperméable m.

mad fou; furieux; **drive** ~ rendre fou.

madam ['mædəm] madame f.

madden rendre furieux.

made prét. et p.p. de **make.**

made-to-order fait sur commande.

mad|house maison f d'aliénés; ~man fou m; ~ness folie f.

magazine [mægə'zi:n] dépôt m; revue f, magazine f.

maggot ver m; larve f.

magic, ~al magique; ~ian magicien m.

magist|racy magistrature f; ~rate magistrat m.

magnanimous [mæg'næniməs] magnanime.

magnet aimant m.

magnificen|ce [mæg'nifisns] magnificence f; ~t magnifique.

magnify agrandir; amplifier; ~ing glass loupe f.

magnitude [ˈmægnitjuːd] grandeur f; importance f.

magpie pie f.

mahogany [məˈhɔgəni] acajou m.

maid fille f; servante f, bonne f; old ~ vieille fille f; ~en(ly) virginal; fig. inaugural, premier; ~en name nom m de jeune fille; ~servant servante f, bonne f.

mail [meil] poste f; courrier m; Am. mettre à la poste; air ~ poste f aérienne; ~box Am. boîte f aux lettres; ~ carrier (ou ~man) Am. facteur m; ~ train train-poste m.

maim [meim] mutiler; tronquer.

main [mein] principal; ~ road grand-route f; ~ street rue f principale; ~land continent m; terre f

ferme; ~ly principalement.

maintain [mein'tein] maintenir; soutenir; prétendre.

maintenance ['meintinəns] soutien m; maintien m.

maize [meiz] maïs m.

majest|ic [mə'dʒestik] majestueux; ~y majesté f.

major ['meidʒə] plus grand; majeur (a. mus.).

majority majorité f.

make faire; fabriquer; former; atteindre; fabrication f; forme f; marque f; ~ sure of s'assurer de; ~ out établir; discerner; ~ up (par)faire; inventer; se maquiller; ~ up one's mind se décider; ~ up for compenser, réparer; ~-believe feinte f; ~r auteur m; fabricant m; ~shift expédient m; ~-up maquillage m.

malady maladie f.

male [meil] mâle; masculin; mâle m.

malediction malédiction f.

malevolen|ce malveillance f; ~t malveillant.

malic|e ['mælis] malice f; méchanceté f; ~ious méchant; malveillant.

malign [mə'lain] méchant; diffamer; calomnier; ~ant méchant; méd. malin.

mallet maillet m.

malnutrition sous-alimentation f.

malt [mɔːlt] malt m; malter.

mammals pl. mammifères m/pl.

man (pl. men) homme m;

équiper (*bateau*).

manage ['mænidʒ] diriger; administrer; manier; **~ to** trouver moyen de, arriver à; **~able** maniable; docile; **~ment** administration *f*; direction *f*; maniement *m*; **~r** gérant *m*; imprésario *m*; manager *m*.

mane [mein] crinière *f*.

manful viril; vaillant.

manger ['meindʒə] mangeoire *f*; crèche *f*.

mangle calandre *f*; calandrer; déchirer; mutiler.

manhood virilité *f*.

mania ['meiniə] phobie *f*; manie *f*; **~c** fou *m*; furieux.

manicure soin *m* des mains et ongles; faire les ongles (de).

manicurist manucure *m*, *f*.

manifest manifeste; évident; manifester; **~ation** manifestation *f*.

manifold multiple; divers.

manipulate [mə'nipjuleit] manipuler; manier.

man|kind genre *m* humain; **~ly** viril.

manner ['mænə] manière *f*; façon *f*; **~s** mœurs *f/pl.*; savoir-vivre *m*; **~ism** maniérisme *m*; **~ly** poli; courtois.

manœuvre [mə'nu:və] manœuvre *f*; manœuvrer.

man-of-war navire *m* de guerre.

manor ['mænə] manoir *m*; **~house** manoir *m*.

manpower main-d'œuvre *f*.

mansion château *m*; hôtel *m*

(particulier).

manslaughter ['mænslɔ:tə] homicide *m* involontaire.

mantelpiece tablette *f* de cheminée.

mantle manteau *m*; couvrir; cacher, voiler.

manual manuel; manuel *m*.

manufacture [mænju-'fæktʃə] manufacture *f*; fabrication *f*; fabriquer; **~r** fabricant *m*; industriel *m*.

manure [mə'njuə] fumier *m*; fumer.

manuscript manuscrit *m*.

many beaucoup (de); **~ times** maintes fois.

map carte *f*.

maple érable *m*.

mar gâter, abîmer.

maraud [mə'rɔ:d] marauder.

marble marbre *m*; bille *f*; de marbre.

march marche *f*; pas *m*, allure *f*; (faire) marcher.

March mars *m*.

marchpane massepain *m*.

mare [mɛə] jument *f*.

margin ['ma:dʒin] bord *m*; marge *f*.

marine [mə'ri:n] marin; maritime; **~r** marin *m*.

maritime ['mæritaim] maritime.

mark marque *f*; signe *m*; cible *f*; *école*: note *f*; jalon *m*; *sport* but *m*; marquer; étiqueter; faire attention à.

market marché *m*; vendre (*ou* acheter) au marché; **~ place** place *f* du marché.

marking|-ink encre *f* indélébile; **~-tool** rouanne *f*.

marmalade ['mɑ:məleid] confiture *f* d'oranges.

marqu|ess, ~is marquis *m*.

marriage ['mærɪdʒ] mariage *m*; **~able** mariable; **~ certificate** acte *m* de mariage.

married marié; **~ couple** ménage *m*.

marrow moelle *f*.

marry (se) marier; épouser.

marsh marais *m*; marécage *m*; **~ fever** fièvre *f* paludéenne.

marshal ['mɑ:ʃəl] maréchal *m*; ranger, placer.

marshy marécageux.

marten martre *f*.

martial ['mɑ:ʃəl] martial; **~ law** lois *f/pl*. martiales.

martyr ['mɑ:tə] martyr(e) *m*, *f*; martyriser; **~dom** martyre *m*.

marvel merveille *f*; **~ at** s'émerveiller de; **~(l)ous** merveilleux.

mascot mascotte *f*; portebonheur *m*.

masculine masculin; mâle.

mash broyer; écraser; **~ed potatoes** *pl*. pommes *f/pl*. mousseline.

mask masque *m*; (se) masquer; (se) déguiser.

mason ['meisn] maçon *m*.

masquerade [mæskə'reid] mascarade *f*.

mass masse *f*; foule *f*; *eccl.* messe *f*; **~ media** mass

media *m/pl*; **~ meeting** réunion *f* en masse; **~ production** fabrication *f* en série; *v*. (se) masser.

massacre ['mæsəkə] massacre *m*.

massage ['mæsɑ:ʒ] massage *m*; masser.

massive massif.

mast mât *m*.

master maître *m*; patron *m*; **≈ of Arts** diplômé *m* ès lettres; *v*. maîtriser; diriger; subjuguer; gouverner; **~builder** entrepreneur *m* de bâtiment; **~ly** parfait; magistral; **~piece** chef-d'œuvre *m*; **~y** maîtrise *f*; supériorité *f*.

masticate mâcher.

mat natte *f*; dessous *m* de plat; mat, terne.

match allumette *f*; égal *m*, pendant *m*; mariage *m*; *sport* match *m*; (s')assortir; égaler, rivaliser avec; **~box** boîte *f* d'allumettes; **~less** sans égal; sans rival.

mate camarade *m*, compagnon *m*.

material matériel; essentiel; important; matière *f*; matériel *m*; **~ize** se réaliser.

maternal [mə'tə:nl] maternel.

maternity maternité *f*; **~ dress** robe *f* de grossesse; **~ hospital** maternité *f*.

mathematics [mæθi'mætiks] *pl*. mathématiques *f*.

matrimony mariage *m*.

matter matière *f*; affaire *f*;

chose *f*; sujet *m*; *méd.* pus *m*;
fait *m*; **printed** ~ imprimé
m; **no** ~ **how** de n'importe
quelle manière; **that is a** ~ **of
course** cela va sans dire;
what's the ~? qu'est-ce qu'il
y a?; *v.* importer; **it does not**
~ cela ne fait rien; **~-of-
fact** prosaïque.

mattress matelas *m*.

matur|e mûr; mûrir; *traite:*
arriver à échéance; **~ity**
maturité *f*; date *f* d'échéance.

Maundy ['mɔːndi] **Thursday**
jeudi *m* saint.

maxim maxime *f*; **~um** maximum *m*; **~um output** rendement *m* maximum.

May mai *m*.

may pouvoir; **~be** peut-être.

May Day premier mai.

mayor [mɛə] maire *m*.

maze [meiz] labyrinthe *m*.

me [miː] moi; me.

meadow ['medou] pré *m*;
prairie *f*.

meagre maigre; mince;
insuffisant.

meal repas *m*; farine *f*; **~-
time** heure *f* du repas.

mean médiocre; mesquin;
avare; moyen; *v.* vouloir dire,
signifier; ~ **to** avoir l'intention de; *su.* milieu *m*; moyen
m; **~s** ressources *f/pl.*; **by
all** ~**s**! certainement; **by no**
~**s** pas du tout; **by** ~**s of** au
moyen de; **~ing** signification
f; sens *m*; **~ness** avarice
f; **~time**, **~while** en
attendant.

meant *prét. et p.p. de* **mean.**

measles [miːzlz] *pl.* rougeole
f.

measurable mesurable.

measure ['meʒə] mesure *f*;
quantité *f*; **in some** ~ dans
une certaine mesure; *v.* mesurer; **~ment** mesurage *m*;
dimension *f*.

meat [miːt] viande *f*; **roast** ~
rôti *m*; **~-safe** garde-manger
m.

mechani|c mécanicien *m*;
~cal mécanique; **~cs** mécanique *f*; **~sm** mécanisme *m*; **~ze** mécaniser.

medal [medl] médaille *f*.

meddle ['medl] **with** se mêler
de.

media *pl.* media *m/pl.*

mediaeval [medi'iːvl]
médiéval.

median médian; moyen.

mediate servir d'arbitre.

medical ['medikl] médical.

medicin|al [me'disinl] mé-
dicinal; **~e** médecine *f*; mé-
dicament *m*; remède *m*; **~-
chest** armoire *f* à pharmacie.

medieval = mediaeval.

mediocr|e médiocre; **~ity**
médiocrité *f*.

meditat|e méditer; projeter;
~ion méditation *f*; **~ive**
méditatif.

Mediterranean (Sea) Méditerranée *f*.

medium (*pl.* **media**) moyen
m; milieu *m*; médium *m*;
moyen; *cuis.* à point.

meek doux; docile; **~ness**

docilité f; soumission f.

meet [mi:t] (se) rencontrer; faire face à; satisfaire (*demande*); **~ with an accident** avoir un accident; **~ing** réunion f; rencontre f; **~ing-place** lieu m de rencontre.

melancholy mélancolie f; mélancolique.

mellow mûr; moelleux.

melod|ious [mi'ləudʒəs] mélodieux; **~y** mélodie f.

melon ['melən] melon m.

melt (se) fondre; se dissoudre; **~ing-point** point m de fusion.

member membre m; député m; **~ship** qualité f de membre.

memo mémorandum m.

memor|able mémorable; **~andum** mémorandum m; **~ial** mémorial m; monument m; **~ize** apprendre par cœur; **~y** mémoire f.

menace ['menəs] menace f; menacer.

mend raccommoder; réparer.

mendacious [men'deiʃəs] menteur, mensonger.

men's room toilettes f/pl. pour hommes.

mental mental; **~ arithmetic** calcul m mental; **~ hospital** maison f de santé; **~ity** mentalité f.

mention ['menʃən] mention f; citer, mentionner; **don't ~it!** (il n'y a pas de quoi!; **not to ~ ...** sans compter ...

menu ['menju:] carte f.

mercantile mercantile; commercial; marchand.

mercer marchand m de soieries; **~y** soieries f/pl.

merchan|dise [ˈmɜːtʃəndaiz] marchandise f; **~t** marchand m; négociant m.

merci|ful miséricordieux; **~less** impitoyable; sans merci; **~y** pitié f; grâce f.

mere [miə] simple; seul; **~ly** seulement; purement.

merge [mɜːdʒ] fusionner; **~r** fusion f.

meridian méridien (m).

merit mérite m; mériter.

merry gai, joyeux; plaisant; **make ~** se divertir; se réjouir; **~-go-round** manège m de chevaux de bois.

mesh maille f; **~es** pl. filet m.

mess gâchis m; désordre m; pétrin m; (a. **~ up**) gâcher; salir.

mess|age message m; (petit) mot m; **~enger** messager m.

met prét. et p.p. de **meet**.

metal ['metl] métal m; métallique; **sheet ~** tôle f; **~lurgy** métallurgie f.

meteorolog|ical météorologique; **~y** météorologie f.

meter Am. = metre.

method méthode f; manière f; **~ical** méthodique.

meticulous [mi'tikjuləs] méticuleux.

metre ['mi:tə] mètre m.

metropolis métropole f; capitale f.

mettle courage m; enthou-

ministry

siasme *m*; fougue *f*.

Mexican mexicain; Mexicain *m*.

Mexico Mexique *m*.

micro|phone ['maikrəfəun] microphone *m*; **~scope** microscope *m*.

midday midi *m*.

middle milieu *m*; centre *m*; moyen; **⚹ Ages** *pl*. Moyen Age *m*; **~ classe(s** *pl*.) classe *f* moyenne; **~-sized** de taille moyenne.

middling médiocre; passable.

midnight ['midnait] minuit *f*.

midst: in the ~ of au milieu de.

mid|summer solstice *m* d'été; plein été *m*; **~way** à mi-chemin.

midwife sage-femme *f*.

might [mait] force *f*; puissance *f*; **~y** puissant, fort.

migraine ['mi:grein] migraine *f*.

mild [maild] doux; affable; paisible.

mildew ['mildju:] *plantes:* rouille *f*; mildiou *m*.

mildness douceur *f*; affabilité *f*.

mile mille *f*; **~age** kilométrage *m*; **~age indicator**, **~ometer** compteur *m* kilométrique; **~stone** borne *f* kilométrique.

military militaire (*m*).

milk lait *m*; traire; **~bar** milk-bar *m*; **~maid** laitière *f*; **~man** laitier *m*; **~shake**

milk shake *m*.

milky laiteux; **⚹ Way** Voie *f* lactée.

mill moulin *m*; usine *f*; moudre; fraiser; fouler; **~er** meunier *m*.

millet millet *m*.

milliner modiste *f*; **~y** modes *f*/*pl*.

million million; million *m*.

mimic mimer, singer.

mince [mins] hacher; **not to ~ matters** ne pas mâcher ses mots; **~d meat** hachis *m*.

mind esprit *m*; intellect *m*; intelligence *f*; mémoire *f*; opinion *f*; intention *f*; envie *f*; **change one's ~** se raviser; **bear in ~** tenir compte de; **I have half a ~ to** je n'ai pas mal envie de; *v.* faire attention à; s'occuper de; avoir des objections à: **never ~!** ça ne fait rien!; **I don't ~** ça ne me fait rien; **~ful** attentif; soucieux (**of** de).

mine[1] le(s) mien(s), la mienne, les miennes; à moi.

mine[2] mine *f*; miner; exploiter; **~r** mineur *m*.

mineral minéral (*m*); **~ water** eau *f* minérale.

mingle (se) mêler; mélanger.

miniature ['minətʃə] miniature *f*; en miniature.

minimum minimum *m*.

mining exploitation *f* des mines.

minister ministre *m*; prêtre *m*, pasteur *m*.

ministry ministère *m*.

mink vison *m.*

minor ['mainə] mineur; moindre; mineur *m;* **~ity** minorité *f.*

minster cathédrale *f.*

mint menthe *f;* (la) Monnaie; monnayer, frapper.

minus ['mainəs] moins.

minute [mai'nju:t] minuscule; détaillé; minutieux; ['minit] minute *f;* note *f;* **~s** *pl.* procès-verbal *m.*

mirac|le ['mirəkl] miracle *m;* **~ulous** miraculeux.

mirage mirage *m.*

mire boue *f;* fange *f;* bourbier *m.*

mirror miroir *m;* glace *f;* refléter.

mirth [mə:θ] joie *f,* gaieté *f;* **~ful** gai, joyeux.

misadventure [misəd'ventʃə] mésaventure *f.*

misanthrop|ist misanthrope *m;* **~y** misanthropie *f.*

misapply mal appliquer.

mis|apprehension malentendu *m;* **~behavio(u)r** mauvaise conduite *f.*

miscalculat|e mal calculer; **~ion** faux calcul *m.*

miscarriage insuccès *m;* échec *m;* fausse couche *f.*

miscellaneous [misi'leinjəs] divers; varié.

mischie|f ['mistʃif] mal *m;* tort *m;* dommage *m;* méchanceté *f;* **~vous** méchant; espiègle.

misconduct mauvaise conduite *f;* gérer mal.

misdeed méfait *m.*

miser ['maizə] avare *m.*

miser|able ['mizərəbl] misérable, pitoyable; **~y** misère *f;* détresse *f;* souffrance *f.*

mis|fire raté *m* (d'allumage); **~fortune** malheur *m;* **~giving** appréhension *m,* pressentiment *m;* **~guide** égarer; **~hap** malheur *m;* accident *m;* **~interpret** mésinterpréter; **~lay** égarer, perdre; **~lead** fourvoyer, égarer; **~print** faute *f* d'impression.

miss[1] mademoiselle *f.*

miss[2] coup *m* manqué; manquer, rater; omettre; regretter.

misshapen ['mis'ʃeipən] difforme; déformé.

missing absent; manquant; **~ person** disparu *m.*

mission mission *f;* **~ary** missionnaire *m.*

mist brume *f;* buée *f.*

mistake erreur *f;* méprise *f;* faute *f;* **by ~** par mégarde; *v.* se méprendre sur; **~ for** prendre pour; **~n** erroné; fait par erreur.

mister monsieur *m* (*abbr.* **Mr**).

mistress maîtresse *f;* madame *f* (*abbr.* **Mrs**).

mistrust se méfier de.

misunderstand mal comprendre; mal interpréter; **~ing** malentendu *m.*

misuse [mis'ju:s] abus *m;* mauvais usage *m;* [mis'ju:z] mésuser de; mal employer.

mitigate mitiger; atténuer.

mitten moufle *f*.

mix (se) mêler; (se) mélanger; **be ~ed up with** être mêlé dans (*ou* à); **~ture** mélange *m*; mixture *f*.

moan [məun] gémissement *m*; gémir.

mob foule *f*; populace *f*.

mobil|e ['məubail] mobile; **~ize** mobiliser.

mock faux; imité; ridiculiser; singer; **~er** railleur *m*; **~ery** moquerie *f*; parodie *f*.

mode mode *f*; façon *f*.

model modèle *m*; modeler.

moderat|e modéré; (se) modérer; **~ion** modération *f*; tempérance *f*.

modern moderne; **~ize** moderniser.

modest ['mɔdist] modeste; **~y** modestie *f*.

modi|fication modification *f*; **~fy** modifier.

modulate moduler.

moist humide; **~en** humecter; **~ure** humidité *f*.

moisturizing cream crème *f* hydratante.

molar: ~ tooth molaire *f*.

mole taupe *f*; môle *m*.

molest [məu'lest] molester; importuner; **~ation** molestation *f*.

molten *p. p.* de **melt**.

moment moment *m*; instant *m*; importance *f*; **~ary** momentané; **~ous** important.

monarch ['mɔnək] monarque *m*; **~y** monarchie *f*.

monastery ['mɔnəstəri] monastère *m*.

Monday ['mʌndi] lundi *m*.

money argent *m*; monnaie *f*; **ready ~** argent *m* comptant; **espèces** *f*/*pl.*; **~ order** mandat-poste *m*.

monk moine *m*.

monkey singe *m*; guenon *f*; **~ wrench** clef *f* anglaise.

mono|gram monogramme *m*; **~poly** monopole *m*; **~tonous** [mə'nɔtnəs] monotone.

monst|er monstre *m*; **~rosity** monstrosité *f*; **~rous** monstrueux.

month mois *m*; **~ly** mensuel; revue *f* mensuelle.

mood humeur *f*; état *m* d'âme; **~s** *pl.* lubies *f*/*pl.*

moon lune *f*; **~light** clair *m* de lune.

moor[1] lande *f*.

moor[2] (s')amarrer.

mop balai *m* à franges; éponger; balayer.

moral ['mɔrəl] moral; morale *f*; **~ity** moralité *f*; **~s** *pl* mœurs *f*/*pl.*

morbid morbide; malsain.

more plus; davantage; **no ~** pas plus; **once ~** encore une fois; **~ and ~** de plus en plus; **~over** de plus; en outre; d'ailleurs.

morning matin *m*; **tomorrow ~** demain matin; **in the ~** le matin.

morose [mə'rəus] morose,

grognard.

mor|phia, ~phine *méd.* morphine *f*.

morsel morceau *m*.

mortal ['mɔ:tl] mortel; **~ity** mortalité *f*.

mortgage ['mɔ:gidʒ] hypothèque *f*; hypothéquer.

mortif|ication mortification *f*; humiliation *f*; **~y** mortifier; humilier.

mortuary dépôt *m* mortuaire; morgue *f*.

mosaic [məu'zeiik] mosaïque *f*.

mosque [mɔsk] mosquée *f*.

mosquito [məs'ki:təu] moustique *m*; **~ bite** piqûre *f* de moustique.

moss mousse *f*; **~y** moussu.

most le plus; la plupart de; **at the ~** au plus; **~ly** pour la plupart; le plus souvent.

moth mite *f*; teigne *f*; **~-eaten** mité.

mother mère *f*; **~hood** maternité *f*; **~-in-law** belle-mère *f*; **~ly** maternel; **~-of-pearl** nacre *f*; **~ tongue** langue *f* maternelle.

motion ['məuʃən] mouvement *m*; motion *f*; faire signe; **~less** immobile.

motive motif *m*; mobile *m*.

motor ['məutə] moteur *m*; voyager en auto; **~ boat** canot *m* automobile; **~-car** automobile *f*; voiture *f*; **~ cycle, ~ bike** motocyclette *f*; **~ing** automobilisme *m*; **~ist** automobiliste *m*; **~ize** motoriser; **~ launch** bateau *m* automobile.

mottled marbré.

mo(u)ld [məuld] moisi *m*; terreau *m*; moule *m*; moisir; mouler; **~er** mouleur *m*; s'effriter; **~y** moisi.

mount monter (sur); mont *m*; support *m*.

mountain montagne *f*; mont *m*; **~eer** [maunti'niə] alpiniste *m*; montagnard *m*; **~ous** montagneux; **~ range** chaîne *f* de montagnes.

mourn [mɔ:n] (se) lamenter; porter le deuil (de), pleurer; **~ful** funèbre; lugubre; **~ing** affliction *f*; deuil *m*.

mouse (*pl.* **mice**) souris *f*; **~trap** souricière *f*.

moustache [məs'tɑ:ʃ] moustache *f*.

mouth [mauθ] bouche *f*; gueule *f*; orifice *m*; **~ful** bouchée *f*; **~-organ** harmonica *m*; **~-wash** eau *f* dentifrice.

movable mobile; mobilier *f*; **~s** *pl.* mobilier *m*.

move [mu:v] (se) mouvoir; remuer; transporter; déménager; proposer; émouvoir; **~ in** emménager; **~ out** déménager; mouvement *m*; échecs: coup *m*; **on the ~** en marche; **get a ~ on** se dépêcher; **make a ~** partir; **~ment** mouvement *m*; déplacement *m*.

movie film *m*; **~s** *pl. fam.* cinéma *m*; **~ camera**

caméra f.

moving mobile; fig. émouvant, touchant.

mow [məu] faucher.

mown p. p. de **mow**.

M.P. = **Member of Parliament.**

Mr; Mrs M; Mme.

much beaucoup (de); **as ~ (as)** autant (que); **make ~ of** attacher de l'importance à; comprendre.

mucous ['mju:kəs]: **~ membrane** méd. muqueuse f.

mud boue f; fange f.

muddle gâchis m, fam. pagaille f; **~ up** (em)brouiller.

muddy boueux; couvert de boue; confus.

mudguard garde-boue m.

muffle emmitoufler; assourdir; **~r** cache-nez m; amortisseur m de son; mot. silencieux m.

mug pot m; chope f.

muggy temps: lourd, mou.

mulberry mûre f.

mule [mju:l] mulet m; mule f.

mulled: ~ wine vin m chaud.

multiple multiple; **~ication** multiplication f; **~y** ['mʌlti-plai] (se) multiplier.

multitude ['mʌltitju:d] multitude f.

mumble marmottement m; marmotter, marmonner.

mummy fam. maman f.

mumps oreillons m/pl.

municipal [mju:'nisipl] municipal; **~ity** municipalité f.

murder meurtre m; assassi-

nat m; assassiner, tuer; **~er** meurtrier m; **~ess** meurtrière f; assassine f; **~ous** meurtrier.

murmur murmure m; grognement m; murmurer, gronder.

muscle ['mʌsl] muscle m; **~ular** musculaire; musculeux.

muse [mju:z] méditation f; rêverie f; 2 Muse f; v. rêver, méditer.

museum [mju:'ziəm] musée m.

mushroom champignon m.

music musique f; **~al** musical; **~hall** music-hall m; **~ian** musicien m; **~stand** pupitre m.

muslin mousseline f.

mussel moule f.

must[1] moût m; moisi m.

must[2] devoir; falloir; **I ~ not** je ne dois pas.

mustard ['mʌstəd] moutarde f.

muster rassemblement m; mil. revue f; (se) rassembler; passer en revue.

musty moisi.

muta|bility mutabilité f; **~ble** changeable, variable; **~tion** mutation f.

mute [mju:t] muet (m); mus. sourdine f.

mutilate mutiler; tronquer; **~ion** mutilation f.

mutin|eer [mju:ti'niə] mutin m; **~y** mutinerie f; se révolter.

mutter grondement m; marmotter; gronder.

mutton mouton m; **~ chop**

côtelette f de mouton.
mutual mutuel; réciproque;
ami etc.: commun.
muzzle ['mʌzl] museau m;
muselière f; museler.
my mon, ma, mes.
myrtle myrte m.
myself moi-même; moi; me.

myster|ious [mi'stiəriəs]
mystérieux; **~y** mystère m.
mystic mystique m, f.
mysti|fication mystification
f; désorientation f; **~fy** ['mis-
tifai] mystifier; dérouter.
myth [miθ] mythe m.

N

nag (at) gronder; critiquer.
nail clou m; ongle m; clouer; ~
file lime f à ongles; ~ **polish**
vernis m à ongles.
naive [nɑ·i·v] naïf, ingénu.
naked ['neikid] nu; **~ness**
nudité f.
name nom m; renom m;
réputation f; nommer; appeler; désigner; **~less** sans nom,
anonyme; **~-plate** plaque f;
~sake homonyme m.
nap somme f; **after-dinner**
~ sieste f.
napkin serviette f (de table);
bébé: couche f.
nappy couche f.
narco|sis narcose f; **~tic**
narcotique (m); stupéfiant m.
narrat|e raconter, narrer;
~ion narration f; **~ive** narra-
tif; récit m.
narrow étroit; rétréci; *fig.*
borné; (se) rétrécir; **~-gauge**
ch. d. f. à voie étroite; **~-
minded** à l'esprit étroit.
nasty ['nɑ·sti] sale; méchant;
désagréable.
nation ['neiʃən] nation f.
national national; **~ity** na-

tionalité f; **~ize** nationa-
liser.
native indigène m; natif;
originaire; natal; ~ **country**
pays m natal; ~ **language**
langue f maternelle; **a** ~ **of**
originaire de.
natural ['nætʃrəl] naturel;
normal; simple; **~ism** natu-
ralisme m; **~ist** naturaliste.
nature ['neitʃə] nature f; naturel m.
naught [nɔ·t] zéro m; **~y**
malicieux; méchant.
nause|a nausée f; **~ous**
nauséabond.
nautical naval; nautique; ~
mile mille m marin.
naval ['neivəl] naval.
nave [neiv] nef f; moyeu m.
navel ['neivəl] nombril m.
navig|able navigable; **~ate**
naviguer; gouverner; piloter;
~ation navigation f; **~ator**
navigateur m.
navvy terrassier m.
navy marine f; flotte f.
near [niə] près; près de;
proche; *ami:* intime; **~by**
(tout) proche; **~ly** presque;

nice

peu près; **~ness** proximité f; imminence f; **~-sighted** myope.

neat [ni:t] propre; net; soigné.

necess|ary nécessaire; **~itate** nécessiter; **~ity** nécessité f.

neck cou m, col m; **~erchief** foulard m; **~lace** ['neklis] collier m; **~tie** cravate f.

need besoin m; nécessité f; indigence f; avoir besoin de; **~ful** nécessaire.

needle aiguille f; **~work** ouvrage m (à l'aiguille).

needless inutile.

negat|ion négation f; **~ive** négatif (m).

neglect négligence f; oubli m; négliger; omettre de; **~ful** négligent; oublieux.

neglige|ble négligeable; **~nce** ['neglidʒəns] négligence f; **~t of** négligent de.

negotia|ble négociable; **~te** [ni'gouʃieit] négocier; **~tion** négociation f.

Negr|ess Négresse f; **~o** (pl. **~oes**) Nègre m, Noir m.

neigh [nei] hennir; hennissement m.

neighbo(u)r ['neibə] voisin m; **~hood** voisinage m; proximité f; environs f/pl.; quartier m; **~ing** voisin, contigu.

neither ['naiðə, 'ni:ðə] aucun, ni l'un ni l'autre; **~ ... nor** ni ... ni.

neon néon m.

nephew ['nevju] neveu m.

nerv|e nerf m; courage m; **~ous** nerveux; **~ous break-**

down dépression f nerveuse.

nest nid m; (se) nicher.

nestle ['nesl] se blottir.

net filet m; réseau m; net; pur; **~ profit** bénéfice m net.

Netherlands pl. Pays-Bas m/pl.

nettle ortie f; piquer, irriter.

network réseau m; **radio ~** réseau m radiophonique.

neur|algia [njuə'rældʒə] névralgie f; **~osis** névrose f; **~otic** névrosé.

neutral ['nju:trəl] neutre; **~ity** neutralité f; **~ize** neutraliser.

never jamais; **~more** jamais plus; **~theless** néanmoins; cependant; quand même.

new neuf; nouveau; récent; frais; moderne; **~ly** nouvellement; récemment.

news [nju:z] nouvelles f/pl.; informations f/pl.; **~-agency** agence f d'informations; **~-agent** marchand m de journaux; **~boy** crieur m de journaux; **~paper** journal m; **~reel** actualités f/pl.; **~stand** kiosque m à journaux.

New Year nouvel an m; **~'s Day** jour m de l'an.

next le plus proche; voisin; à côté; suivant; prochain; après; **~ day** le lendemain; **~ door (to)** à côté (de); **~ to** à côté de, près de; **~ to nothing** presque rien.

nib pointe f; plume: bec m.

nibble mordiller; grignoter.

nice [nais] agréable; aimable;

charmant; délicat; **~ty** délicatesse *f*; exactitude *f*.

nick encoche *f*; **in the ~ of time** juste à point.

nickel nickel *m*; *Am. fam.* pièce *f* de cinq cents.

nickname sobriquet *m*.

niece [niːs] nièce *f*.

niggard ['nigəd] ladre *m*; **~ly** avare.

night [nait] nuit *f*; soir *m*; **at ~**, **in the ~** (pendant) la nuit; **last ~** hier soir; **~-club** boîte *f* de nuit; **~-dress**, **~-gown** chemise *f* de nuit; **~-flight** vol *m* de nuit; **~ingale** rossignol *m*; **~ly** nocturne; de nuit; **~mare** cauchemar *m*; **~-rate** tarif *m* de nuit.

nimble agile; leste; vif.

nine neuf *m*; **~ty** quatre-vingt-dix.

nip pincement *m*; morsure *f*; pincer; **~ in the bud** écraser dans l'œuf.

nipple mamelon *m*.

nitrogen ['naitrədʒən] azote *m*.

no non; pas; aucun; pas de; **~ longer** ne ... plus; **~ one** personne ne ... plus; **~ one** personne; **~-smoking** défense de fumer.

No. = **number** numéro, N°.

nobility noblesse *f*.

noble noble (*m*); **~man** gentilhomme *m*.

nobody personne, aucun.

nod faire signe de la tête; sommeiller; hocher la tête; signe *m* de tête; hochement *m*.

nois|e bruit *m*; tapage *m*; **~eless** sans bruit; **~y** bruyant, tapageur.

nomina|l nominal; **~te** nommer; désigner; **~tion** nomination *f*; désignation *f*.

non-aggression pact pacte *m* de non-agression; **~-alcoholic** non alcoolisé; **~-creasing** infroissable.

none [nʌn] aucun; nul; ne ... aucun; **~ the less** pas moins; néanmoins.

non-party indépendant.

nonsens|e absurdité *f*; sottise *f*; **~ical** absurde.

non|-skid antidérapant; **~-skid chain** chaîne *f* antidérapante; **~-smoker** non-fumeur *m*; **~-stop** *av.* sans escale.

nook coin *m*; recoin *m*.

noon midi *m*.

noose [nuːs] nœud *m* coulant.

nor ni; **neither ... ~** ni ... ni.

norm norme *f*; **~al** normal.

north nord *m*; du nord; **~-east** nord-est *m*; **~erly**, **~ern** du nord; septentrional; **~ward** vers le nord; **~-west** nord-ouest *m*.

Norway Norvège *f*.

Norwegian [nɔːˈwiːdʒən] norvégien *m*.

nose nez *m*; flairer.

nostril narine *f*; naseau *m*.

not ne ... pas; non; **~ at all** pas du tout.

notable notable.

notary ['nəutəri] notaire *f*.

notation [nəuˈteiʃən] notation *f.*

notch entaille *f;* coche *m;* cran *m;* entailler; denteler.

note note *f;* remarque *f;* billet *m;* noter; **~book** carnet *m;* **~d** distingué; renommé; **~paper** papier *m* à lettres; **~worthy** notable.

nothing ['nʌθiŋ] rien; **for ~** pour rien; en vain.

notice ['nəutis] avis *m;* délai *m;* affiche *f;* congé *m;* **take ~ of** faire attention à; **give ~ to** donner un congé à; **at short ~** à bref délai; **until further ~** jusqu'à nouvel ordre; *v.* remarquer; **~able** perceptible; visible.

notify notifier; aviser; informer.

notion notion *f;* idée *f;* opinion *f;* **~s** *pl. Am.* mercerie *f.*

notorious notoire; fameux.

notwithstanding malgré; sans égard à; en dépit de; néanmoins.

nought [nɔːt] zéro *m.*

nourish ['nʌriʃ] nourrir; **~ing** nutritif; **~ment** nourriture *f.*

novel nouveau; récent; roman *m;* **~ist** romancier *m;* **~ty** nouveauté *f.*

November novembre *m.*

novice ['nɔvis] novice *m, f.*

now maintenant; actuellement; or; **~ and then** de

temps en temps; **~adays** de nos jours; aujourd'hui.

nowhere nulle part.

noxious nuisible; malsain.

nozzle ['nɔzl] ajutage *m,* bec *m.*

nuclear nucléaire.

nude [njuːd] nu (*m*).

nudge [nʌdʒ] coup *m* de coude; pousser du coude.

nuisance ['njuːsns] désagrément *m;* ennui *m; fam.* casse-pieds *m.*

null nul; **~ and void** nul et non avenu; **~ify** annuler.

numb [nʌm] engourdi.

number nombre *m;* chiffre *m;* numéro *m;* numéroter; compter; **~less** innombrable; **~ plate** *auto* plaque *f* d'immatriculation.

numer|al chiffre *m;* **~ical** numérique; **~ous** nombreux.

nun [nʌn] religieuse *f.*

nuptial nuptial; **~s** *pl.* noces *f/pl.*

nurse [nəːs] infirmière *f;* nurse *f;* nourrice *f;* **~ry** chambre *f* d'enfants; crèche *f.*

nut noix *f;* noisette *f;* écrou *m;* **~cracker** casse-noix *m;* **~s** *fam.* fou, dingue (**over** de).

nutri|ment nourriture *f;* **~tious, ~tive** nutritif.

nutshell: in a ~ en un mot.

nylon nylon *m.*

O

oak chêne m.

oar [ɔ:] rame f; ramer; ~sman rameur m.

oas|is [əu'eisis] (pl. ~es) oasis f.

oat (souvent ~s pl.) avoine f.

oath [əuθ] serment m; juron m; take an ~ prêter serment.

obduracy entêtement m.

obedien|ce [ə'bi:djəns] obéissance f; soumission f; ~t obéissant.

obey obéir (à).

obituary nécrologie f.

object objet m; v. [əb'dʒekt] objecter; ~ to s'opposer à; ~ion objection f; ~ionable répréhensible; désagréable.

obligat|ion obligation f; engagement m; ~ory obligatoire.

oblig|e [ə'blaidʒ] obliger; forcer; much ~ed! merci beaucoup!; ~ing obligeant.

oblique [ə'bli:k] oblique, en biais; indirect.

obliterate effacer; gratter; med. oblitérer.

oblivi|on oubli m; ~ous oublieux (of de).

oblong oblong; rectangle m.

obnoxious odieux; détestable; offensant.

obscure [əb'skjuə] obscur, sombre; voiler; obscurcir.

observ|ation observation f; remarque f; ~atory observatoire m.

observe [əb'zə:v] observer; remarquer.

obsolete vieilli; démodé.

obstacle ['ɔbstəkl] obstacle m.

obstina|cy obstination f; opiniâtreté f; ~te obstiné.

obstruct obstruer; ~ive obstructif.

obtain [əb'tein] obtenir, gagner; ~able disponible; trouvable.

obtru|de importuner; ~sive importun.

obtuse [əb'tju:s] obtus; Am. stupide.

obvious évident, manifeste.

occasion occasion f; cause f, raison f; occasionner; provoquer; on the ~ of à l'occasion de; à propos de; ~al occasionnel, intermittent; ~ally de temps en temps.

occidental occidental.

occup|ant occupant m; ~ation occupation f; profession f; ~ational disease maladie f professionnelle; ~ied occupé; ~y occuper.

occur [ə'kə:] arriver; survenir; avoir lieu; it ~s to me that il me vient à l'idée que; ~rence occurrence f; événement m.

ocean ['əuʃən] océan m.

October octobre m.

octopus pieuvre f.

oculist oculiste m.

odd dépareillé; étrange; bizarre; curieux; nombre: impair;

~s *pl.* inégalité *f;* disparité *f;* chances *f/pl.;* **~s and ends** bric-à-brac *m.*

odious odieux; détestable.

odo(u)r odeur *f;* parfum *m.*

of [ɔv, əv] de; du; des; à; sur; **of it en.**

off [ɔf] au loin; à distance; enlevé; **~ and on** de temps à autre; **~ be well** = être à son aise; **a day ~** un jour de congé; **~ season** hors de saison; morte-saison *f.*

offal abats *m/pl.,* déchets *m/pl.*

offen|ce offense *f;* infraction *f;* **take ~ce** s'offenser; **~d** offenser; froisser; enfreindre; **~sive** offensif; choquant; offensive *f.*

offer offre *f;* proposition *f;* (s')offrir; (se) présenter.

office fonction *f;* bureau *m;* service *m;* **~ hours** heures *f/pl.* de bureau *ou* de service.

officer officier *m;* agent *m* (de police).

official [ə'fiʃəl] officiel; fonctionnaire *m.*

officious officieux; importun.

off-licence magasin *m* de spiritueux.

offspring progéniture *f;* descendant *m.*

often ['ɔ:fn] souvent.

oil huile *f;* huiler; lubrifier; **~cloth** toile *f* cirée; **~gauge** jauge *m* de niveau d'huile; **~painting** peinture *f* à l'huile; **~well** puits *m* de pétrole; **~y** huileux; *fig.* onctueux.

old vieux, vieil; âgé; **~ age**

vieillesse *f;* **~-fashioned** démodé.

olive ['ɔliv] olive *f;* **~ oil** huile *f* d'olive.

Olympic games *pl.* jeux *m/pl.* Olympiques.

omelet(te) ['ɔmlit] omelette *f.*

omen présage *m,* augure *m.*

ominous sinistre, menaçant.

omission omission *f.*

omit [ə'mit] omettre.

omnibus autobus *m.*

on sur; à; en; de; contre; pour; dès; dessus; **and so ~** et ainsi de suite.

once [wʌns] une fois; jadis; **at ~** tout de suite, à la fois.

oncoming traffic circulation *f* en sens inverse.

one [wʌn] un, une; on; **~ day** un (certain) jour; **~self** soi, soi-même; **~-way street** (*ou* **traffic**) sens *m* unique.

onion ['ʌnjən] oignon *m.*

onlooker spectateur *m;* assistant *m.*

only seul, unique; seulement; ne ... que; **~ yesterday** hier encore.

onward en avant.

ooze [u:z] boue *f;* suinter; **~ out** *fig. nouvelles:* transpirer.

opaque [əu'peik] opaque.

open ouvert; exposé; franc; **(in the) ~ air** en plein air; *v.* (s')ouvrir; **~ing** ouverture *f;* embouchure *f;* orifice *m;* début *m.*

opera ['ɔpərə] opéra *m;* **~-glasses** *pl.* jumelles *f/pl.;* **~-house** opéra *m.*

operat|e opérer; faire marcher; **~e on s.o. for** opérer q. de; **~ing expenses** pl. frais m/pl. d'exploitation; **~ion** opération f; **~or** télé. standardiste f.

operetta opérette f.

opinion opinion f; avis m.

opponent adversaire m.

opportun|e opportun; à propos; **~ity** occasion f; possibilité f.

oppose opposer; s'opposer à; combattre.

opposit|e opposé; contraire; vis-à-vis; contraire m; **~ion** opposition f.

oppress opprimer; oppresser; **~ion** oppression f; accablement m; **~ive** opprimant; accablant; déprimant.

optic|ian opticien m; **~s** pl. optique f.

option option f; choix m.

opulen|ce opulence f; abondance f; **~t** opulent; riche.

or ou.

oral oral.

orange ['ɔrindʒ] orange f.

orator ['ɔrətə] orateur m.

orchard ['ɔ:tʃəd] verger m.

orchestra ['ɔ:kistrə] orchestre m; **~ seat** fauteuil m d'orchestre.

ordain [ɔ:'dein] ordonner; décréter.

order ordre m; consigne f; mandat m; ordonnance f; commande f; règlement m; **out of ~** hors de service; **put in ~** mettre en ordre; **in ~ to**

afin de; pour; v. ordonner; commander; **~ly** ordonné; discipliné; ordonnance f.

ordinance ordonnance f; décret m.

ordinary ordinaire.

ore [ɔ:] minerai m.

organ orgue m; organe m; **~ic** organique; **~ism** organisme m; **~ist** organiste m; **~ize** organiser; **~izer** organisateur m.

Orient orient m.

oriental oriental.

orientate orienter.

orifice orifice m; ouverture f.

origin ['ɔridʒin] origine f; provenance f; source f; **~al** original; primitif; original m; **~ate** faire naître; produire; provenir; dériver.

ornament ornement m; orner; **~al** décoratif.

orphan orphelin m.

orthodox orthodoxe.

oscillat|e (faire) osciller; **~ion** oscillation f.

ostensible prétendu.

ostenta|tion ostentation f; **~tious** ostentatoire.

ostrich ['ɔstritʃ] autruche f.

other ['ʌðə] autre; autrui; **the ~ day** l'autre jour; **every ~ day** tous les deux jours; **~wise** autrement; sans cela, sinon.

ought [ɔ:t]: **he ~ to do it** il devrait le faire.

ounce [auns] poids: once f.

our ['auə] notre, nos; **~s** le, la, nôtre, les nôtres; **~selves** nous, nous-mêmes.

out [aut] hors; dehors; découvert; lumière etc.: éteint; absent; ~ **of** hors de; par (pitié etc.); **voyage** ~ départ m; **way** ~ sortie f; **~bid** enchérir sur; fig. surpasser; **~board motor(boat)** hors-bord m; **~break** éruption f; tumulte m; **~burst** éruption f; explosion f; **~cast** exclus; proscrit m; **~cry** clameur f; **~distance** dépasser; **~do** surpasser; **~doors** en plein air; au dehors.

outer extérieur; externe.

out|fit équipement m; trousseau m; **~ing** excursion f, promenade f; **~last** survivre à; **~lay** dépense f, débours m/pl.; **~let** sortie f; issue f; débouché m; **~line** contour m; tracé m; tracer; **~look** vue f; fig. perspective f; **~number** surpasser en nombre; **~of-the-way** écarté; insolite; **~put** rendement m; production f.

outrage ['autreidʒ] outrage m; outrager; **~ous** outrageux; outré.

out|right franc; **~run** dépasser; **~side** extérieur m; dehors; **~sider** étranger m; sport outsider m; **~size** grande taille f; **~skirts** pl. banlieue f; **~standing** saillant, éminent; paiement: en retard; **~strip** surpasser; **~ward** ['autwəd] extérieur m; **~wards** vers l'extérieur; **~weigh** excéder en poids ou en valeur; **~wit** duper.

oven [ʌvn] four m.

over ['əuvə] sur; plus de; au-dessus de; en plus de; à travers; **all** ~ partout, par tout; **all ~ the country** dans tout le pays; ~ **there** là-bas; **~alls** pl. bleu m; salopette f; **~burden** surcharger; **~cast** couvert, nuageux; **~charge** surcharger; faire payer trop cher; **~coat** pardessus m; **~come** surmonter; vaincre; **~crowded** bondé, rempli à craquer; **~do** exagérer; cuis. faire trop cuire; **~draw** mettre à découvert (compte); **~due** échu, en retard; **~eat** manger trop; **~flow** inondation f; inonder; déborder; **~grow** envahir; **~haul** réviser; remettre en état; **~head** en haut, en l'air; **~heads** frais m/pl. généraux; **~heat** surchauffer; **~lap** (se) chevaucher; **~leaf** au verso; **~load** surcharger; **~look** donner sur; ignorer; **~night** (pendant) la nuit; **~power** vaincre; accabler; **~production** surproduction f; **~rate** surestimer; **~run** envahir; **~seas** d'outre-mer; **~seer** inspecteur m; **~sight** négligence f; oubli m; **~sleep** dormir trop longtemps; **~strain** épuiser; surmener; **~take** rattraper; mot. doubler; **~throw** renversement m; renverser; culbuter; **~time** heures f/pl. supplémentaires.

overture ['ouvətjuə] ouverture *f.*

over|turn renverser; *auto:* capoter; ~**value** surestimer; ~**weight** bagages etc.: excédent *m;* ~**whelm** accabler, écraser; envahir; ~**work** (se) surmener; surmenage *m.*

owe [əu] s.o. s.th. devoir qc. à q.

owing to à cause de; en raison de.

owl [aul] chouette *f;* hibou *m.*

own [əun] propre; à soi; **a house of his** ~ une maison à lui; posséder; avouer; ~**er** propriétaire *m;* ~**ership** propriété *f.*

ox (*pl.* oxen) bœuf *m.*

oxygen ['ɔksidʒən] oxygène *m.*

oyster ['ɔistə] huître *f.*

P

pace [peis] pas *m;* allure *f;* marcher au pas; arpenter.

Pacific Ocean (océan *m*) Pacifique *m.*

pacify pacifier; calmer.

pack paquet *m;* ballot *m;* sac *m;* troupe *f;* bande *f;* cartes: jeu *m;* (*a.* ~ **up**) emballer; empaqueter; ~ **with** remplir de; ~**age** paquet *m;* colis *m;* ~**er** emballeur *m;* ~**et** paquet *m;* ~**ing** emballage *m.*

pact pacte *m;* contrat *m.*

pad tampon *m;* bourrelet *m;* bloc *m;* étoffer.

paddle pagaie *f;* pagayer.

padlock cadenas *m.*

page [peidʒ] page *f;* paginer.

pageboy page *m.*

paid *prét.* et *p. p. de* pay.

pail [peil] seau *m.*

pain [pein] douleur *f;* souffrance *f;* affliger; **take** ~**s** se donner du mal; ~**ful** douloureux; pénible; ~**staking** assidu, soigneux.

paint couleur *f;* peinture *f;*

wet ~! attention à la peinture!; *v.* peindre; ~**box** boîte *f* de couleurs; ~**ed** peint; ~**er** peintre *m;* ~**ing** peinture *f.*

pair [pɛə] paire *f;* couple *m;* (s')accoupler.

palace ['pælis] palais *m.*

palat|able savoureux; ~**e** ['pælit] palais *m;* goût *m.*

pale [peil] pâle; blème; pâlir; blèmir; ~**ness** pâleur *f.*

pallid pâle; blafard.

palm [pɑːm] paume *f;* palmier *m;* palme *f;* ~ **off** fourguer (**on** à).

palpable palpable.

palpitate palpiter.

paltry ['pɔːltri] mesquin; chétif.

pamphlet brochure *f;* pamphlet *m.*

pan casserole *f;* poêlon *m;* ~**cake** crêpe *f.*

pane [pein] carreau *m,* vitre *f.*

panel panneau *m;* lambris *m;* jury *m;* groupe *m.*

pang tourment *m;* douleur *f*

aiguë.
panic panique *f.*
pansy pensée *f.*
pant haleter; panteler.
panties *pl.* slip *m.*
pantry garde-manger *m.*
pants *pl.* pantalon *m.*
pantsuit ensemble-pantalon *m.*
panty-hose collants *m/pl.*
pap bouillie *f.*
paper papier *m;* (**news-**) journal *m;* **~s** *pl.* documents *m/pl.;* tapisser; **~-back** livre *m* de poche; **~-bag** sachet *m;* **~-clip** trombone *m;* **~-hanger** tapissier *m.*
par pair *m;* égalité *f.*
parachute [ˈpærəʃuːt] parachute *m;* **~ist** parachutiste *m, f.*
parade [pəˈreid] défilé *m;* parade *f;* défiler; faire étalage de.
paradise [ˈpærədais] paradis *m.*
paradox paradoxe *m.*
paraffin pétrole *m.*
paragraph paragraphe *m.*
parallel parallèle *m;* parallèle (**with, to** à).
paralyse paralyser; **~sis** paralysie *f;* **~tic** paralytique (*m*).
paramount suprême.
parapet parapet *m.*
parasol parasol *m.*
parcel paquet *m;* colis *m;* parceller; **~ post** service *m* des colis postaux.
parch (se) dessécher; **~ment**

parchemin *m.*
pardon [ˈpɑːdn] pardon *m;* pardonner; **~able** pardonnable.
pare [pɛə] peler (*fruit*); tailler (*ongles*).
parent|age origine *f;* naissance *f;* parenté *f;* **~al** des parents.
parents [ˈpɛərənts] *pl.* parents *m/pl;* **~-in-law** *pl.* beaux-parents *m/pl.*
parish paroisse *f.*
parity égalité *f;* parité *f.*
park parc *m; auto* parquer; stationner.
parking stationnement *m;* **no ~** stationnement interdit; **~-light** feu *m* de position; **~-lot, ~-place** parking *m;* **~-meter** compteur *m* de stationnement, parc(o)mètre *m.*
parliament [ˈpɑːləmənt] parlement *m;* **~ary** parlementaire.
parlo(u)r salon *m;* **beauty ~** *Am.* salon *m* de beauté; **~-maid** bonne *f.*
parquet [ˈpɑːkei] parquet *m;* **~ry** parquetage *m.*
parrot perroquet *m.*
parsley persil *m.*
parson curé *m;* pasteur *m;* **~age** presbytère *m.*
part [pɑːt] part *f;* partie *f;* pièce *f; thé.* rôle *m;* **~s** *pl.* région *f;* **take ~ in** participer à; *v.* partager; (se) séparer.
partake participer (**in** à).
partial partiel; partial; **~ity** partialité *f.*

participate [pɑ:'tisipeit] participer.

particle particule *f.*

particular [pə'tikjulə] particulier; méticuleux; ~s *pl.* détails *m/pl.*; **-ity** particularité *f.*

parting séparation *f.*; raie *f.*

partisan [pɑ:ti'zæn] partisan *m.*

partition partition *f.*; cloison *f.*; partager; cloisonner.

partly en partie.

partner associé *m;* partenaire *m;* **sleeping ~** associé *m* commanditaire; **-ship** association *f;* société *f.*

partridge ['pɑ:tridʒ] perdrix *f.*

part-time (work) emploi *m* à mi-temps.

party parti *m;* groupe *m;* surprise-partie *f.*

pass [pɑ:s] col *m;* gorge *f;* passage *m;* laissez-passer *m;* passer; dépasser; doubler; être reçu à (*examen*); faire circuler; **~ away** mourir; passer; **~ through** traverser; **-able** passable; *rue:* praticable.

passage ['pæsidʒ] passage *m;* trajet *m;* couloir *m.*

passenger passager *m;* voyageur *m;* **~ train** train *m* de voyageurs.

passer-by passant *m.*

passion ['pæʃən] passion *f;* **-ate** passionné; ardent.

passive passif.

pass|port passeport *m.*

past passé (*m*); après; au-delà de; plus loin que; **ten ~ six** six heures dix.

paste pâte *f;* colle *f;* coller; **~board** carton *m.*

pastime passe-temps *m.*

pastry ['peistri] pâtisserie *f;* **~ shop** pâtisserie *f.*

pasture ['pɑ:stʃə] pâturage *m;* paître.

pat petite tape *f;* tapoter.

patch pièce *f;* tache *f;* petite portion *f;* rapiécer.

patent ['peitənt] patent; évident; brevet *m* (d'invention); **~ fastener** bouton-pression *m;* **~ leather** cuir *m* verni.

patern|al paternel; **-ity** paternité *f.*

path sentier *m;* chemin *m;* piste *f.*

pathological pathologique.

patien|ce ['peiʃəns] patience *f;* **-t** patient (*m*).

patriot ['peitriət] patriote *m, f;* **-ic** patriotique; **-ism** patriotisme *m.*

patrol patrouille *f;* ronde *f;* patrouiller.

patron patron *m;* protecteur *m;* client *m;* **-ize** protéger; le prendre de haut avec.

pattern modèle *m;* dessin *m;* échantillon *m.*

pause [pɔ:z] pause *f.*

pave paver; **-ment** pavé *m;* trottoir *m.*

pavilion [pə'viljən] pavillon *m.*

paw patte *f;* tripoter.

pawn gage *m;* mettre en gage;

~**broker** prêteur *m* sur gages; ~**shop** mont-de-piété *m*.

pay paie *f*; traitement *m*; gages *m/pl.*; salaire *m*; payer; ~ **in** verser; ~ **out** débourser; ~ **a visit** rendre visite; ~**able** payable; dû; ~ **attention to** faire attention à; ~**day** jour *m* de paie; ~**desk** caisse *f*; ~**envelope** sachet *m* de paie; ~**ing** rentable; ~**ment** paiement *m*; versement *m*; ~**roll**, ~**sheet** feuille *f* de paie.

pea pois *m*.

peace [pi:s] paix *f*; tranquillité *f*; ~**able** pacifique; ~**ful** paisible; tranquille.

peach pêche *f*.

peacock paon *m*.

peak cime *f*; sommet *m*; ~**hours** *pl.* heures *f/pl.* de pointe; ~**load** charge *f* maximum; ~**season** pleine saison *f*.

peal [pi:l] carillon *m*; (faire) retentir.

peanut cacahuète *f*.

pear [pɛə] poire *f*.

pearl perle *f*.

peasant [ˈpezənt] paysan *m*; ~**ry** paysans *m/pl.*

peat tourbe *f*; ~**moss** tourbière *f*.

pebble caillou *m*.

peck *fam.* bécot *m*; picoter.

peculiar [piˈkjuːljə] particulier; singulier; ~**ity** particularité *f*; singularité *f*.

pedal [ˈpedl] pédale *f*; pédaler.

peddle [ˈpedl] faire le colpor-

tage (de); ~**r** colporteur *m*.

pedestrian piéton *m*; ~**crossing** passage *m* clouté; ~**precinct** rues *f/pl.* piétonnières.

pedigree ascendance *f*; *animaux:* pedigree *m*.

peel [pi:l] pelure *f*; (se) peler; éplucher.

peep coup *m* d'œil; ~ **at** regarder à la dérobée.

peer pair *m*; noble *m*; ~**less** sans égal.

peevish grognon.

peg cheville *f*; patère *f*.

pen plume *f*.

penal [ˈpiːnl] pénal; ~ **servitude** travaux *m/pl.* forcés; ~**ty** [ˈpenlti] pénalité *f*; amende *f*.

penance pénitence *f*.

pencil crayon *m*; ~**sharpener** taille-crayon *m*.

pendant [ˈpendənt] pendentif *m*; pendant *m*; ~**ing** en attendant; ~**ulum** balancier *m*.

penetrate pénétrer.

penholder porte-plume *m*.

penicillin pénicilline *f*.

peninsula [piˈninsjulə] péninsule *f*.

penitent pénitent.

penknife canif *m*.

penniless sans le sou.

penny (*pl.* **pennies** *ou* **pence**) penny *m*.

penny-dreadful roman *m* de quatre sous.

pension [ˈpenʃən] pension *f*; retraite *f*; ~ **off** mettre à la retraite.

pensive pensif.

penthouse appentis *m*; hangar *m*; appartement *m* sur le toit.

penury misère *f*; pauvreté *f*.

people ['piːpl] peuple *m*; gens *m/pl.*; **my** ~ ma famille; peupler.

pep verve *f*; élan *m*.

pepper poivre *m*; poivrer; ~**mint** menthe *f*.

per: ~ **annum** par an; ~ **day** par jour.

perambulator voiture *f* d'enfant.

perceive [pəˈsiːv] percevoir, s'apercevoir de.

per cent pour cent.

percentage pourcentage *m*.

perch perchoir *m*; perche *f*; se percher.

perchance par hasard.

percolator percolateur *m*.

peremptory péremptoire; absolu.

perfect ['pəːfikt] parfait; achevé; accompli; *v.* [pəˈfekt] perfectionner; ~**ion** perfection *f*.

perfidious perfide.

perforate perforer; trouer.

perform accomplir; exécuter; *thé. etc.* jouer; ~**ance** accomplissement *m*; représentation *f*; performance *f*.

perfume [pəˈfjuːm] parfum *m*; parfumer; ~**ry** parfumerie *f*.

perhaps peut-être.

peril péril *m*; ~**ous** périlleux; dangereux.

period ['piəriəd] période *f*; durée *f*; *meubles etc.:* de style; ~**ic(al)** périodique; ~**ical** périodique *m*; revue *f*.

perish périr; mourir; *fig.* se gâter; ~**able** périssable.

perjur|e ['pəːdʒə] ~**e oneself** se parjurer; ~**y** parjure *m*.

perm permanente *f*; **have one's hair** ~**ed** se faire permanenter.

permanen|ce ['pəːmənəns] permanence *f*; ~**t** permanent; ~**t (wave)** permanente *f*.

permi|ssion permission *f*; permis *m*; ~**t** permettre.

pernicious pernicieux.

perpetrate perpétrer.

perpetua|l [pəˈpetʃuəl] perpétuel; ~**te** perpétuer.

perplex embarrasser; compliquer; ~**ed** perplexe; ~**ity** perplexité *f*.

persecut|e persécuter; ~**ion** persécution *f*; ~**or** persécuteur *m*.

persever|ance [pəːsiˈviərəns] persévérance *f*; ~**e** persévérer; ~**ing** persévérant.

persist persister (**in** dans); s'obstiner; ~**ent** persistant.

person personne *f*; individu *m*; **in** ~ en personne; ~**age** personnage *m*; ~**al** personnel; ~**ality** personnalité *f*; personnage *m*; ~**ify** personnifier.

personnel personnel *m*.

perspir|ation transpiration *f*; ~**e** transpirer, suer.

persua|de persuader; **~sion** persuasion *f*; **~sive** persuasif, convaincant.

pert effronté; insolent.

pertinent pertinent.

pertness effronterie *f*.

perturbation perturbation *f*.

peruse [pə'ru:z] lire attentivement; examiner.

pervade se répandre dans, pénétrer.

perver|se pervers; **~t** pervertir; égarer.

pessimis|m pessimisme *m*; **~t** pessimiste *m, f*.

pest peste *f*; *fig.* fléau *m*; **~er** importuner.

pet animal *m* favori; *fam.* chéri *m*; caresser; **~ name** nom *m* d'affection; **mother's ~** enfant *m* gâté.

petition pétition *f*; adresser une pétition à.

petrol ['petrəl] essence *f*.

petroleum pétrole *m*.

petrol| station poste *m* d'essence; **~ tank** réservoir *m* d'essence.

petticoat jupon *m*.

pettifogger pinailleur *m*.

pettiness petitesse *f*; insignifiance *f*.

petty insignifiant; mesquin; **~ cash** petite monnaie *f*.

pew [pju:] banc *m* d'église.

pewter ['pju:tə] étain *m*; potin *m*.

phantasm chimère *f*.

phantom fantôme *m*.

pharmaceuticals *pl.* produits *m/pl.* pharmaceutiques.

pharmacy pharmacie *f*.

pheasant ['feznt] faisan *m*.

phenomen|on [fi'nɔminɔn] (*pl.* **~a**) phénomène *m*.

philanthropist philanthrope *m*.

philatel|ist philatéliste *m*; **~y** philatélie *f*.

philolog|ical philologique; **~ist** philologue *m*; **~y** philologie *f*.

philosoph|er [fi'lɔsəfə] philosophe *m*; **~y** philosophie *f*.

phone *fam.* téléphone *m*; téléphoner.

phonograph tourne-disque *m*, électrophone *m*.

photo photo *f*; **~copy, ~stat** photocopie *f*; photocopier; **~graph** photographie *f*; photographier; **~grapher** photographe *m*; **~graphy** [fə'tɔgrəfi] photographie *f*; **~print** photocopie *f*; **~ shop, ~ store** magasin *m* de photographie.

phrase [freiz] phrase *f*; expression *f*; exprimer, formuler; **~book** guide *m* de langue.

physic|al physique; **~al culture** hygiène *f* du corps; **~ian** médecin *m*; **~ist** physicien *m*; **~s** *pl.* physique *f*.

piano piano *m*; **grand ~** piano *m* à queue.

pick (*a.* **~axe**) pic *m*, pioche *f*; faire (*trou*); becqueter; curer (*dents*); ronger (*os*); cueillir; choisir; **~ up** ramasser; venir prendre (*q.*); *mot.* reprendre.

picket piquet *m* de grève.

pickle marinade f; mariner;
~**s** pl. pickles m/pl.

pick|pocket voleur m à la tire,
pick-pocket m; ~**-up** pick-up
m.

picnic pique-nique m; pique-
niquer.

picture ['piktʃə] tableau m;
image f; peinture f; **the** ~**s** pl.
le cinéma m; v. représenter;
imaginer; ~**-book** livre m
d'images; ~ **(post)card**
carte f illustrée.

pie [pai] pâté m; tourte f.

piece [pi:s] pièce f; morceau
m; ~ **of advice** conseil m; **in**
~**s** rompu; v. ~ **together**
rassembler.

pier [piə] jetée f; pilier m.

pierc|e [piəs] percer; pénétrer;
~**ing** perçant; pénétrant.

piety ['paiəti] piété f.

pig porc m; cochon m.

pigeon ['pidʒin] pigeon m; ~
hole casier m; caser; classer.

pigskin peau f de porc.

pike pic m; barrière f; poisson:
brochet m.

pile tas m; monceau m; ~ **up**
(s')entasser.

pilgrim pèlerin m; ~**age**
pèlerinage m.

pill pilule f, comprimé m.

pillage ['pilidʒ] pillage m;
piller.

pillar pilier m; colonne f; ~
box boîte f aux lettres.

pillion mot. siège m arrière;
ride ~ monter en croupe.

pillow oreiller m; coussinet m;
~**-case**, ~**-slip** taie f

d'oreiller.

pilot ['pailət] pilote m; guide
m; piloter; guider.

pimple bouton m.

pin épingle f; cheville f;
épingler; clouer.

pincers pl. tenailles f/pl.;
pince f.

pinch pincée f; prise f; fig.
embarras m; pincer; fam.
voler, chiper.

pine [pain] pin m; languir; ~
for soupirer après.

pineapple ananas m.

pink rose; œillet m; mot.
cogner.

pinnacle ['pinəkl] pinacle m;
cime f.

pioneer pionnier m (a. fig.).

pious ['paiəs] pieux.

pipe tuyau m; tube f; pipe f;
siffler; ~**line** pipe-line m; ~
tobacco tabac m pour pipe.

pirate ['paiərət] pirate m.

pistol pistolet m.

piston piston m; ~**-rod** tige f
de piston.

pit trou m; mine f; thé.
parterre m.

pitch lancement m; degré m;
niveau m; pente f; poix f;
dresser (tente); ranger; jeter,
lancer; ~**fork** fourche f à
foin.

pitfall piège m; trappe f.

pit|iful pitoyable; ~**iless** im-
pitoyable; ~**y** pitié f; avoir
pitié de; **it is a** ~**y!** c'est
dommage!

pivot ['pivət] pivot m; (faire)
pivoter.

plug

placard placard *m*; affiche *f*;
placarder, afficher.

place [pleis] place *f*; lieu *m*;
endroit *m*; localité *f*; emplacement *m*; **out of ~** déplacé;
mal à propos; **take ~** avoir
lieu; *v.* placer; mettre.

placid placide; **~ity** placidité
f.

plague [pleig] peste *f*; *fig.*
fléau *m*; tourmenter,
harceler.

plaice carrelet *m*, plie *f*.

plaid [plæd] plaid *m*; tissu *m*
écossais.

plain [plein] uni; plat; simple;
laid; évident; franc; plaine *f*;
~ness simplicité *f*; clarté *f*.

plaint|iff demandeur *m*; **~ive**
plaintif.

plait tresse *f*; tresser.

plan plan *m*; projet *m*; projeter; planifier.

plane [plein] plat; égal; rabo-
ter; planer; plan *m*; avion *m*;
bot. platane *m*; rabot *m*.

planet planète *f*.

plank planche *f*; madrier *m*.

plant plante *f*; usine *f*; machinerie *f*; planter; implanter;
~ation plantation *f*; **~er**
planteur *m*.

plaster emplâtre *m*; plâtre *m*;
plâtrer; *méd.* mettre un emplâtre à.

plastic (matière *f*) plastique
m.

plate plaque *f*; assiette *f*;
cliché *m*; plaquer.

platform estrade *f*; quai *m*;
tribune *f*.

platinum ['plætinəm] platine
m.

platitude ['plætitju:d] platitude *f*; banalité *f*.

play jeu *m*; activité *f*; *thé.* pièce
f; jouer; **~er** joueur *m*;
~ground cour *f*; **~ing-card**
carte *f* à jouer; **~wright**
dramaturge *m*.

plea [pli:] excuse *f*; demande *f*;
~d plaider.

pleasant ['pleznt] agréable;
sympathique.

pleas|e [pli:z] faire plaisir à;
s'il vous plaît; **~ed** content;
~ing agréable; charmant;
~ure ['pleʒə] plaisir *m*; gré *m*;
volonté *f*.

pleat plissé *m*; plisser.

pledge gage *m*; nantissement
m; promesse *f*; mettre en
gage; promettre.

plent|iful abondant; **~y** abon-
dance *f*; **~y of** beaucoup de.

pleurisy pleurésie *f*.

pliable ['plaiəbl] flexible;
souple.

pliers *pl.* pinces *f/pl.*

plight [plait] situation *f* difficile; condition *f*.

plot conspiration *f*; *thé. etc.*:
intrigue *f*; parcelle *f*; complo-
ter; conspirer.

plough [plau] charrue *f*;
labourer.

pluck courage *m*; *fam.* cran *m*;
arracher; cueillir; pincer
(*guitare*); **~ up courage**
reprendre courage; **~y** courageux; *fam.* crâne.

plug tampon *m*; bouchon *m*;

élec. prise *f;* boucher; ~ **in** *élec.* brancher.

plum [plʌm] prune *f;* pruneau *m.*

plumb [plʌm] plomb *m;* sonder; ~**er** plombier *m.*

plump dodu; rebondi; tomber lourdement.

plunder pillage *m;* piller.

plunge [plʌndʒ] (se) plonger; s'enfoncer.

plural pluriel *m;* ~**ity** pluralité *f.*

plus [plʌs] plus.

plush peluche *f.*

plywood ['plaiwud] contreplaqué *m.*

p.m. = **post meridiem** de l'après-midi, du soir.

pneumonia [nju:'məunjə] pneumonie *f.*

poach [pəutʃ] braconner; ~**er** braconnier *m;* ~**ing** braconnage *m.*

pocket poche *f;* empocher; encaisser (*insultes*); ~**book** livre *m* de poche; portefeuille *m;* calepin *m.*

pod cosse *f.*

poem ['pəuim] poème *m.*

poet ['pəuit] poète *m;* ~**ic**(**al**) poétique; ~**ry** poésie *f.*

point point *m;* essentiel *m;* pointe *f;* question *f;* ~**-blank** à bout portant; ~ **of view** point *m* de vue; **the** ~ **is that** ce dont il s'agit c'est que; **make a** ~ **of** se faire une règle de; **be on the** ~ **of** être sur le point de; **to the** ~ à

propos; *v.* pointer; ponctuer; aiguiser; ~ **out** indiquer; ~ pointu; ~**er** baguette *f;* chien *m* d'arrêt; *fam.* conseil *m,* tuyau *m.*

poise [pɔiz] aplomb *m;* balancer.

poison ['pɔizn] poison *m;* empoisonner; ~**ous** poison *m;* *serpent:* venimeux; *plante:* vénéneux.

poke attiser; pousser; fourrer; ~ **fun at** se moquer de.

poker tisonnier *m;* ~**-face** visage *m* impassible.

Poland Pologne *f.*

pole pôle *m;* mât *m;* poteau *m.*

Pole Polonais *m.*

pole-jumping saut *m* à la perche.

police [pə'li:s] police *f;* ~**man** agent *m* (de police); ~ **station** commissariat *m.*

policy ['pɔlisi] politique *f;* diplomatie *f;* police *f.*

poliomyelitis [pəuliəumaiə-'laitis] poliomyélite *f.*

polish ['pɔliʃ] poli *m;* vernis *m;* polir; cirer; faire briller.

Polish ['pəuliʃ] polonais *m.*

polite [pə'lait] poli, courtois; ~**ness** politesse *f.*

politic|al politique; ~**ian** homme *m* politique; ~**s** *pl.* politique *f.*

pollut|e [pə'lu:t] polluer; ~**ion** pollution *f.*

pomp pompe *f;* ostentation *f;* ~**ous** pompeux.

pond étang *m;* mare *f.*

ponder| (**over**) méditer sur;

considérer; **~ous** pesant.

pony poney *m.*

P.O. = post office bureau *m* de poste.

poodle caniche *m.*

pool étang *m*; bassin *m*; pool *m*; fonds *m* commun; mettre en commun.

poor [puə] pauvre; indigent; **the ~** les pauvres *m/pl.*

pop[1] bruit *m* sec; **~ in** entrer à l'improviste; **~ up** apparaître.

pop[2]: **~ music** musique *f* pop; **~ song** chanson *f* pop.

popcorn popcorn *m.*

pope pape *m.*

poplar peuplier *m.*

poplin popeline *f.*

poppy pavot *m.*

popular populaire; **~ity** popularité *f*; **~ize** populariser; rendre populaire.

populate peupler; **~ion** population *f.*

populous populeux.

porcelain ['pɔ:slin] porcelaine *f.*

porch porche *m.*

pore[1] pore *m*; **~ over** être plongé dans.

pork porc *m.*

porous poreux, perméable.

porridge ['pɔridʒ] bouillie *f* de flocons d'avoine, porridge *m.*

port[1] *poste:* porte *f.*

port[2] port *m*; **~ of transshipment** port *m* de transbordement.

portable portatif.

portal portail *m.*

portentous de mauvais augure.

porter portier *m*; porteur *m.*

portfolio [pɔ:t'fəuljəu] serviette *f.*

portion portion *f*; part *f*; dot *f*; **~ out** partager.

port|liness corpulence *f*; embonpoint *m*; **~ly** gros.

portrait ['pɔ:trit] portrait *m.*

portray peindre; décrire.

Portugal Portugal *m.*

Portuguese portugais; Portugais *m.*

pose pose *f*; poser; **~ as** se faire passer pour.

position position *f*; situation *f*; rang *m*; état *m*; **be in a ~ to** être à même de.

positive positif (*m*); certain; convaincu.

possess [pə'zes] posséder; **~ed with** obsédé de; **~ion** possession *f*; **~or** possesseur *m.*

possib|ility possibilité *f*; **~le** possible; **~ly** peut-être.

post poste *m*; emploi *m*; poste *f*; poteau *m*; poster; mettre à la poste; **~age** affranchissement *m*; port *m*; **~age stamp** timbre-poste *m*; **~al cheque** chèque *m* postal; **~al order** mandat *m* postal; **~card** carte *f* postale; **~er** affiche *f.*

poste restante [pəust'rest̃ã:nt] poste restante *f.*

posteri|or postérieur; **~ty** postérité *f.*

post|man facteur *m*; **~mark** timbre *m*; **~ office** (bureau *m* de) poste *f*; **~-office box** boîte *f* postale.

postpone remettre à plus tard; ajourner; **~ment** ajournement *m*.

postscript post-scriptum *m*.

posture ['pɔstʃə] posture *f*; attitude *f*; prendre une posture; poser.

pot pot *m*; marmite *f*; *fam.* marijuana *f*, herbe *f*.

potable potable.

potato [pə'teitəu] (*pl.* **~es**) pomme *f* de terre.

poten|cy puissance *f*; force *f*; **~t** puissant, fort; **~tial** potentiel.

pot-hole trou *m*; caverne *f*; *mot.* nid-de-poule *m*.

potter potier *m*; **~y** poterie *f*.

pouch [pautʃ] poche *f*; blague *f* (à tabac).

poultice ['pəultis] cataplasme *m*.

poultry ['pəultri] volaille *f*.

pounce [pauns] **on** fondre sur.

pound [paund] livre *f*; broyer; piler.

pour [pɔ:] verser; répandre; pleuvoir à verse.

pout [paut] faire la moue.

poverty pauvreté *f*.

powder poudre *f*; (se) poudrer; **~ed milk** lait *m* en poudre; **~-room** toilettes *f*/*pl.* pour dames.

power pouvoir *m*; puissance *f*; force *f*; autorité *f*; **~ful** puissant; **~-station** centrale *f* électrique.

practica|ble praticable; faisable; **~l** pratique; **~l joke** farce *f*, (mauvais) tour *m*.

practi|ce ['præktis] pratique *f*; habitude *f*; exercice *m*; art *m*; **~se** pratiquer; exercer; étudier.

practitioner [præk'tiʃnə] praticien *m*.

praise éloge *m*; louange *f*; louer; **~worthy** louable.

pram voiture *f* d'enfant.

prank escapade *f*; farce *f*.

prattle jaser; jacasser.

prawn crevette *f* rose.

pray prier; demander; **~er** prière *f*; supplication *f*.

preach [pri:tʃ] prêcher; **~er** prédicateur *m*.

precarious [pri'kɛəriəs] précaire.

precaution précaution *f*.

precede [pri:'si:d] (faire) précéder; **~nce** préséance *f*; priorité *f*; **~nt** précédent, antérieur; précédent *m*.

precept précepte *m*.

precinct enceinte *f*; **~s** *pl.* environs *m*.

precious ['preʃəs] précieux.

precipi|ce précipice *m*; **~tate** hâter; (se) précipiter; **~tation** précipitation *f*.

precis|e [pri'sais] précis, exact; **~ely!** précisément!; **~ion** précision *f*; exactitude *f*.

pre|cursor précurseur *m*; **~decessor** prédécesseur *m*;

~**destinate** prédestiner.

predict prédire; ~**ion** prédiction f; prévision f.

pre|dilection préférence f; ~**dominant** prédominant; ~~**eminent** prééminent; remarquable (**in** par).

pre-emption: right of ~ droit m de préemption.

preface ['prefis] préface f; avant-propos m; préfacer.

prefer [pri'fəː] préférer (**to** à); ~**able** préférable; ~**ence** préférence f.

pregnant enceinte; fig. gros.

prejudic|e ['predʒudis] préjugé m; dommage m; ~**ial** nuisible (**to** à).

preliminar|ies pl. préliminaires m/pl.; ~**y** préliminaire.

prelude prélude m (**to** à, de).

premature [premə'tjuə] prématuré; avant terme.

premier ['premjə] premier; premier ministre m.

premises ['premisiz] pl. locaux m/pl.; immeubles m/pl.; **on the** ~ sur les lieux; sur place.

premium prime f; récompense f.

preoccupied préoccupé; absorbé.

prepaid payé (d'avance).

prepar|ation préparatif m; préparation f; ~**e** (se) préparer; ~**e for** préparer (*examen etc.*).

prepossess prévenir en faveur; préoccuper.

prescri|be [pri'skraib] pres-

crire; ordonner; ~**ption** prescription f; méd. ordonnance f.

presence ['prezns] présence f; ~ **of mind** présence f d'esprit.

present ['preznt] présent (m); actuel; cadeau m; **at** ~ à présent; **for the** ~ pour le moment; v. [pri'zent] (se) présenter; offrir.

presently tout à l'heure; Am. a. à présent.

preservation préservation f; conservation f.

preserve [pri'zəːv] préserver; conserver; ~**s** pl. conserves f/pl.

preside [pri'zaid] présider; ~**nt** président m.

press presse f; foule f; pression f; (se) presser; repasser (*vêtements*); ~**ing** urgent; pressé; ~ **meeting** conférence f de presse; ~**ure** pression f; ~**ure gauge** manomètre m.

prestige [pre'stiːʒ] prestige m.

presume [pri'zjuːm] présumer, supposer.

presumpt|ion présomption f; supposition f; ~**ive** probable.

preten|ce [pri'tens] semblant m; prétexte m; **false** ~**ce** faux semblant m; ~**d** simuler; prétendre; faire semblant; ~**sion** prétention f (**to** à); titre m.

pretext prétexte m.

pretty joli; mignon; assez; ~ **much the same** à peu près la même chose.

prevail [pri'veil] prévaloir; prédominer.

prevalent ['prevələnt] dominant; courant; répandu.

prevent empêcher (**from** de); détourner; **~ion** empêchement *m*; mesure *f* préventive; **~ive** préventif *m*.

previous ['pri:vjəs] antérieur (**to** à); préalable; **~ly** auparavant.

pre-war d'avant-guerre.

prey [prei] proie *f*; **~ upon** tourmenter (*esprit*).

price [prais] prix *m*; fixer (*ou* marquer) le prix de; **~less** inestimable; *fam.* impayable; **~list** prix-courant *m*.

prick pointe *f*, piqûre *f*; piquer; percer; **~ up one's ears** dresser les oreilles; **~ly** épineux.

pride fierté *f*; orgueil *m*.

priest prêtre *m*.

prig poseur *m*, petit saint *m*.

prim guindé; compassé; collet monté.

prima|cy ['praiməsi] primauté *f*; **~ry** primitif; primordial; primaire.

prime [praim] premier; principal; de première qualité; **~ Minister** Premier ministre; apogée *m*; force *f* (de l'âge).

primitive primitif; grossier.

prim|ness raideur *f*; préciosité *f*; **~rose** primevère *f*.

prince [prins] prince *m*; **~ly** princier; *fig.* magnifique; **~ss** princesse *f*.

principal ['prinsəpl] princi-

pal (*m*); **~ity** principauté *f*.

principle ['prinsəpl] principe *m*; **on ~** par principe.

print impression *f*; empreinte *f*; *phot.* épreuve *f*; imprimé *m*; tirage *m*; **out of ~** épuisé; *v.* imprimer; **~ed matter** imprimés *m/pl.*; **~er** imprimeur *m*.

printing impression *f*; **~-office** imprimerie *f*.

prior ['praiə] prieur *m*; **~ to** antérieur(ement) à; **~ity** priorité *f*.

prism prisme *m*.

prison ['prizn] prison *f*; **~er** prisonnier *m*; captif *m*.

priva|cy retraite *f*; intimité *f*; **~te** privé, particulier; **~tion** privation *f*.

privilege [prividʒ] privilège *m*; **~d** privilégié.

prize [praiz] prix *m*, récompense *f*; lot *m*; estimer; **~ open** forcer avec un levier; **~-winner** lauréat *m*.

probab|ility probabilité *f*; **~le** probable.

probation probation *f*; épreuve *f*; stage *m*.

probity probité *f*.

problem problème *m*.

procedure [prə'si:dʒə] procédure *f*; procédé *m*.

proceed [prə'si:d] procéder; continuer son chemin; aller; **~ against** intenter un procès à; **~ from** provenir de; **~ings** *pl.* procès *m*; poursuites *f/pl.*; **~s** ['prəusi:dz] *pl.* profit *m*.

process ['prəuses] procédé
m; processus m; procès m; **in
the ~ of construction** en
construction; **~ion** procession f.
procla|im proclamer; **~ma-
tion** proclamation f.
procur|ation procuration f;
~e (se) procurer; obtenir.
prodig|ious [prə'didʒəs] prodigieux; **~y** prodige m, merveille f; **infant ~y** enfant m prodige.
produce ['prɒdjuːs] produit
m; rendement m; v. [prə'djuːs]
produire; **~r** producteur m;
thé. metteur m en scène; cin.
directeur m de production.
product produit m; denrée f;
~ion production f; thé. représentation f; **~ive** productif.
profane [prə'fein] profane,
impie; profaner.
profess déclarer; professer;
~ion profession f; métier m;
~ional professionnel (m);
~or professeur m.
proffer offrir; proposer.
proficien|cy compétence f,
capacité f; **~t** compétent.
profile ['prəufail] profil m;
profiler.
profit ['prɒfit] profit m; **~ by**
(ou **from**) tirer parti de;
~able profitable; lucratif;
~eer profiteur m.
profligate débauché.
profound profond.
profuse profus; prodigue.
prognos|is (pl. **~es**) prognose f; **~ticate** pronostiquer.

program(me) programme
m; programmer.
progress ['prəugres] progrès
m; avancement m; v. [prəu-
'gres] (s')avancer; faire des
progrès; **~ive** progressif.
prohibit prohiber; interdire;
~ed interdit, défense de...;
~ion prohibition f; défense f;
Am. régime m sec.
project ['prɒdʒekt] projet m;
intention f; v. [prə'dʒekt]
projeter; lancer; **~ion** projection f.
proletaria|n prolétaire (m);
~t prolétariat m.
prolog(ue) prologue m.
prolong prolonger.
promenade [prɒmə'naːd]
promenade f; se promener.
prominent éminent; saillant.
promis|e ['prɒmis] promesse
f; promettre; **~ing** qui promet bien; **~sory note** billet
m à ordre.
promot|e [prə'məut] promouvoir; avancer; encourager; **~ion** promotion f; avancement m.
prompt prompt; rapide;
ponctuel; suggérer; thé. souffler; **~er** souffleur m.
promulgate promulguer.
prong dent f de fourche;
pointe f.
pronounce [prə'nauns] prononcer; déclarer.
pronunciation [prənʌnsi-
'eiʃən] prononciation f.
proof à l'épreuve de; résistant
à; preuve f; justification f;

épreuve *f*; **~-sheet** épreuve *f*.

prop appui *m*; soutien *m*; **~s** *pl. thé.* accessoires *f*/*pl.*; **~ up** caler, soutenir.

propaganda propagande *f*.

propaga|te ['prɔpəgeit] (se) propager; **~tion** propagation *f*.

propeller propulseur *m*; hélice *f*.

proper propre; convenable; à propos; juste; **~ly** *a.* comme il faut; **~ty** propriété *f*.

prophe|cy ['prɔfisi] prophétie *f*, **~sy** prophétiser; **~t** prophète *m*.

prophylactic *méd.* prophylactique (*m*).

propitious [prə'piʃəs] propice; favorable.

proportion [prə'pɔːʃən] proportion *f*; part *f*; **~al** proportionnel; **~ate** proportionné (**to** à).

propos|al proposition *f*; demande *f* en mariage; **~e** proposer; faire une demande en mariage; **~ition** proposition *f*, *fam.* affaire *f*.

propriet|ary article article *m* de marque; **~or** [prə-'praiətə] propriétaire *m*; **~y** convenance *f*, bienséance *f*.

prose prose *f*.

prosecut|e ['prɔsikjuːt] poursuivre; **~ion** continuation *f*; poursuites *f*/*pl.* judiciaires; **~or** plaignant *m*; **the Public ~or** le procureur de la République.

prospect ['prɔspekt] perspec-

tive *f*; espérances *f*/*pl.*; avenir *m*; **~ive** en perspective; prospectif; **~us** prospectus *m*.

prosper réussir (*bei*); prospérer; **~ity** prospérité *f*; **~ous** prospère; fleurissant.

prostitute prostituée *f*; prostituer.

prostrate ['prɔstreit] prosterné; *méd.* prostré; *v.* [prɔ'streit] abattre; prosterner.

protect (from) protéger (de); défendre (de); **~ion** protection *f*, **~ive** protecteur; **~or** protecteur *m*.

protest ['prɔutest] protestation *f*, *com.* protêt *m*; *v.* [prə'test] protester de (*innocence etc.*); protester (*Am.* contre); **~ant** Protestant *m*.

protract prolonger.

proud [praud] fier; orgueilleux; **~ flesh** *méd.* chair *f* fongueuse.

prov|able [pruːvəbl] prouvable; **~e** prouver; éprouver; démontrer; se montrer, se révéler.

proven *p.p.* de prove.

proverb proverbe *m*; maxime *f*; **~ial** proverbial.

provide: ~ for pourvoir aux besoins de; **~ with** fournir de; munir de; **~d that** pourvu que.

providence providence *f*; prévoyance *f*.

province ['prɔvins] province *f*, *fig.* domaine *m*.

provincial provincial; de province.

provision disposition *f*; stipulation *f*, clause *f*; **~s** *pl.* provisions *f/pl.*; **~al** provisoire.

provocation provocation *f*.

provoke provoquer; fâcher; irriter.

prowl [praul] rôder.

proxim|ate proche; prochain; **~ity** proximité *f*.

proxy procuration *f*; mandataire *m*; **by ~** par procuration.

pruden|ce ['pru:dəns] prudence *f*; **~t** prudent.

prud|ery pruderie *f*; **~ish** prude.

prune [pru:n] pruneau *m*; élaguer; émonder.

prussic acid acide *m* prussique.

P.S. = postscript.

psalm [sɑ:m] psaume *m*.

psychiatr|ist [sai'kaiətrist] psychiatre *m*; **~y** psychiatrie *f*.

psychoanalyst [saikəu'ænəlist] psychanalyste *m*.

psycholog|ical [saikə'lɔdʒikl] psychologique; **~ist** psychologue *m*; **~y** psychologie *f*.

psychos|is (*pl.* **~es**) psychose *f*.

pub *fam.* bistrot *m*.

puberty ['pju:bəti] puberté *f*.

public publique; **~-address system** installation *f* de haut-parleurs; **~ house** café *m*; **~ notice** avis *m* au public; **~ relations** *pl.* relations

f/pl. publiques.

publication publication *f*.

publicity publicité *f*.

publish publier; éditer; **~er** éditeur *m*; **~ing-house** maison *f* d'édition.

pudding pudding *m*.

puff soufflé *m*; bouffée *f*; houppe *f*; vantardise *f*; réclame *f*; souffler; tirer des bouffées; **~ up** gonfler.

puff-paste pâte *f* feuilletée.

pull [pul] traction *f*; tirer; traîner; ramer; **~ down** démolir; **~ in** rentrer; **~ off** ôter; **~ out** sortir; **~ o.s. together** se ressaisir; **~ up** s'arrêter; **~ s.b's leg** faire marcher q.

pulley poulie *f*.

pullover pull(-over) *m*.

pulp pulpe *f*; pâte *f*.

pulpit ['pulpit] chaire *f*.

puls|ate battre, palpiter; **~e** pouls *m*; *méd.* palpiter.

pulverize pulvériser; réduire en poudre.

pump pompe *f*; **~ up** pomper; *mot.* gonfler; **~kin** potiron *m*; **~-room** buvette *f*.

pumpernickel pain *m* noir.

pun calembour *m*; jeu de mots; faire des jeux de mots.

punch percevoir *m*; poinçon *m*; coup *m* de poing; *cuis.* punch *m*; percer; perforer.

Punch and Judy show *thé.* guignol *m*.

punching-ball punching-ball *m*.

punctual ['pʌŋktjuəl] ponc-

tuel; exact; ~ity ponctualité
f.

puncture ['pʌŋktʃə] crevaison f.; ponction f.; ~**d** crevé.

punish punir, châtier; ~**able** punissable; ~**ment** punition f.; châtiment m.

pupil[1] ['pju:pl] pupille f.

pupil[2] élève m, écolier m.

puppy chiot m; jeune chien m.

purchas|e ['pə:tʃəs] achat m; acquisition f.; acquérir; ~**er** acheteur m; ~**ing power** pouvoir m d'achat.

pure [pjuə] pur; ~**bred** Am. de race.

purgat|ive purgatif (m); ~**ory** purgatoire m.

purge [pə:dʒ] purge f.; purgation f.; purger; purifier.

puri|fy purifier; dépurer; ~**ty** pureté f.; propreté f.

purple ['pə:pl] pourpre, violet; pourpre f, m.

purpose ['pə:pəs] but m; objet m; intention f; **on** ~ exprès; **to no** ~ en vain; ~**ful** réfléchi; personne: énergique; ~**less** inutile; sans but; ~**ly** exprès.

purr ronronner.

purse [pə:s] bourse f; portemonnaie m; Am. a. sac m à main; pincer (lèvres).

pursu|ance: in ~**ance** of conformément à; ~**e** poursuivre; exercer (profession); ~**it** poursuite f.

purvey fournir; ~**ance** approvisionnement m; ~**or** fournisseur m.

push [puʃ] poussée f; coup m;

initiative f, dynamisme m; **give s.b. the** ~ flanquer q. à la porte; v. pousser; presser; inciter; ~-**button** poussoir m; ~**ing** entreprenant; arriviste.

put [put] (a. prét. et p.p.) mettre; poser; placer; sport lancer; ~ **away** ranger; écarter; ~ **back** remettre; retarder (horloge); ~ **by** mettre de côté; ~ **down** déposer; noter; ~ **in** introduire; mettre dans; insérer; placer (mot); ~ **off** renvoyer; ajourner; enlever (vêtement); ~ **on** mettre (vêtement); ~ **on airs** se donner des airs; ~ **out** mettre dehors; étendre; éteindre (feu); déconcerter; ~ **through** to télé. mettre en communication avec; ~ **up** construire; installer; ouvrir (parapluie); mettre (en vente); loger; ~ **up at** descendre à, loger à; ~ **up with** s'accommoder de, prendre son parti de.

putr|efaction putréfaction f; ~**efy** ['pju:trifai] putréfier; pourrir; ~**id** putride.

putty: glaziers' ~ mastic m à vitres.

put-up job coup m monté.

puzzle ['pʌzl] énigme f; rébus m; embarras m; intriguer; embarrasser.

pyjamas [pə'dʒɑ:məz] pl. pyjama m.

pylon ['pailən] pylone m.

pyramid ['pirəmid] pyramide f.

Q

quack *son:* couac *m*; charlatan *m*; médicastre *m*; faire des couacs.

quadrangle ['kwɔdræŋgl] quadrilatère *m*; carré *m*.

quadrup|ed quadrupède *m*; **~le** quadruple; (se) quadrupler.

quail caille *f*.

quaint curieux, étrange.

quake trembler; frémir.

quali|fication qualification *f*; aptitude *f*; capacité *f*; réserve *f*; **~fy** (se) qualifier; rendre capable; être capable; **~ty** qualité *f*.

quantity quantité *f*.

quarantine ['kwɔrənti:n] quarantaine *f*; mettre en quarantaine.

quarrel ['kwɔrəl] querelle *f*; brouille *f*; se quereller; se disputer; **~some** querelleur.

quarry carrière *f*; extraire d'une carrière.

quarter quart *m*; quartier *m*; trimestre *m*; **from all ~s** de toutes parts; *v.* partager *ou* diviser en quatre; **~ly** trimestriel; tous les trois mois.

quartz quartz *m*.

quaver ['kweivə] tremblement *m*; *mus.* croche *f*; trémolo *m*; trembler.

quay [ki:] quai *m*.

queen reine *f*.

queer bizarre; étrange; excentrique; **feel ~** se sentir tout chose.

quench [kwentʃ] apaiser (*soif etc.*); éteindre (*feu*); réprimer.

question question *f*; demande *f*; problème *m*; **ask s.b. a ~** poser une question à q.; **the ~ is** il s'agit de savoir si …; **in ~** en question; dont il s'agit; *v.* questionner; douter de; **~able** douteux; contestable; **~~mark** point *m* d'interrogation; **~naire** questionnaire *m*.

queue [kju:] queue *f*; **~ up** faire la queue.

quick prompt; rapide; preste; fin; vite; **cut to the ~** tailler dans le vif; **~en** vivifier; animer; **~~lunch bar** (restaurant *m*) self-service *m*; **~ness** rapidité *f*; vitesse *f*; vivacité *f*; **~silver** vif-argent *m*; mercure *m*; **~~witted** à l'esprit vif.

quiet ['kwaiət] tranquille; calme (*m*); **~ness** tranquillité *f*; calme *m*.

quilt courtepointe *f*.

quince [kwins] coing *m*.

quinine [kwi'ni:n] quinine *f*.

quit quitter; s'en aller; quitte, libéré.

quite [kwait] tout à fait; entièrement; assez; **~ so!** parfaitement!

quiver tremblement *m*; frisson *m*; trembler; frissonner.

quiz *télév.* programme-concours *m*, devinette *f*; examiner, interroger.

quota quote-part *f*, contingent *m*.

quotation citation *f*; cours *m*, cote *f*; **~marks** *pl.* guillemets *m/pl.*

quote citer; coter (*prix*).

quotidian quotidien.

R

rabbi rabbin *m*.

rabbit lapin *m*.

rabble cohue *f*; racaille *f*.

rabid ['ræbid] acharné; féroce; *chien:* enragé.

race [reis] race *f*; course *f*; (faire) courir; **~course** champ *m* de courses; piste *f*; **~r** coureur *m* (*a.* mot.); cheval *m* de course; **~track** piste *f*.

racing courses *f/pl.*; ~ **car** voiture *f* de course.

rack râtelier *m*; porte-bagages *m*; chevalet *m*; portemanteau *m*; torturer; tourmenter.

racket raquette *f*; vacarme *m*; tapage *m*; affaire *f*, combine *f*; **~eer** escroc *m*.

rack-railway chemin *m* de fer à crémaillère.

racy vif; plein de verve.

radar ['reidə] radar *m*; ~ **set** appareil *m* de radar.

radia|nt ['reidjənt] rayonnant; radieux; **~te** rayonner; **~tion** radiation *f*; rayonnement *m*; **~tor** radiateur *m* (*a.* mot.).

radical radical (*m*).

radio ['reidiəu] radio *f*; ~ **car** voiture-radio *f*; ~ **play** pièce *f* radiophonique; **~gram** ra-diogramme *m*; **~graph** radiographie *f*; radiographier; **~scopy** radioscopie *f*.

radish radis *m*.

radium radium *m*.

radius rayon *m*.

raffle loterie *f*; (*a.* ~ **off**) mettre en tombola.

raft [rɑ:ft] radeau *m*.

rag chiffon *m*; haillon *m*; *journal:* feuille *f* de chou.

rage [reidʒ] rage *f*; fureur *f*; **for** manie *f* de; **be all the ~** être du dernier cri *ou* chic; *v.* être furieux; *fig.* sévir.

ragged ['rægid] déguenillé; en haillons; déchiqueté.

raid raid *m*; coup *m* de main; razzia *f*; faire un coup de force; razzier.

rail barre *f*; rampe *f*; rail *m*; **run off** *ou* **jump the ~s** dérailler; **~car** autorail *m*; **~ing** balustrade *f*; grille *f*; **~way**, *Am.* **~road** chemin *m* de fer; **~wayman** cheminot *m*.

rain [rein] pluie *f*; pleuvoir; **it is ~ing** il pleut; **~bow** arc-en-ciel *m*; **~coat** imperméable *m*; **~proof** imperméable; **~y** pluvieux.

raise [reiz] lever; élever; soulever; hausser; augmenter; se procurer (argent).

raisin ['reizn] raisin m sec.

rake râteau m; roué m; râteler.

rally ralliement m; (se) rallier; reprendre ses forces.

ram bélier m; mouton m; battre; heurter; enfoncer.

ramble rôder; se promener.

ramify se ramifier.

ramp rampe f.

ran prét. de **run**.

ranch [rɑːntʃ] ranch m.

rancid rance.

ranco(u)r rancune f.

random: at ~ au hasard.

rang prét. de **ring**.

range [reindʒ] rangée f; chaîne f; étendue f; portée f; gamme f; fourneau m de cuisine; aligner; s'étendre; **~-finder** télémètre m.

rank rang m; ordre m; classe f; ranger; classer; adj. grossier; fétide.

ransack saccager; piller.

ransom rançon f; rançonner; racheter.

rap [ræp] tape f; frapper.

rapac|ious [rə'peiʃəs] rapace; **~ity** rapacité f.

rape viol m; violer; **~ and murder** assassinat m avec viol.

rapid rapide; prompt; **~ity** rapidité f; vélocité f; **~s** pl. rapides m/pl.

rapt ravi, transporté; **~ure** ravissement m.

rar|e [rɛə] rare; précieux; bifteck: saignant; **~eness**,

~ity rareté f; curiosité f.

rascal coquin m; fripon m.

rash irréfléchi; méd. éruption f.

rasher tranche f de lard (frite).

rasp [rɑːsp] râpe f; râper; **~berry** framboise f.

rat rat m; **smell a ~** flairer un piège.

rate taux m; pourcentage m; cours m; vitesse f; **~ of exchange** cours m du change; **~ of interest** taux m d'intérêt; **at any ~** en tout cas; v. estimer; taxer.

rather ['rɑːðə] plutôt; assez; **I should (ou had) ~** j'aimerais mieux.

rati|fication ratification f; **~fy** ratifier; approuver.

ration ['ræʃən] ration f; rationner; ravitailler.

rational raisonnable; logique; **~ization** rationalisation f; **~ize** rationaliser.

rattle cliquetis m; crécelle f; branler; cliqueter; faire du bruit.

ravage ['rævidʒ] ravager; piller.

rave délirer; s'extasier.

raven ['reivn] corbeau m; **~ous** ['rævənəs] vorace.

ravine [rə'viːn] ravine f.

ravish ravir; enchanter; **~ing** ravissant.

raw [rɔː] cru; brut; **~ material** matière f première.

ray rayon m; radiation f.

rayon ['reiɔn] rayonne f; soie f

artificielle.

razor ['reizə] rasoir m; **~blade** lame f de rasoir.

Rd. = **road** route; rue.

reach extension f, portée f; étendue f; **out of ~** hors d'atteinte; **within easy ~** tout près; v. atteindre; s'étendre.

react [ri'ækt] réagir; **~ion** réaction f; **~ionary** réactionnaire.

read (a. prét. et p. p.) lire; **~over** parcourir; **~er** lecteur m.

readi|ly promptement; volontiers; **~ness** promptitude f; bonne volonté f.

reading lecture f; **~lamp** lampe f de travail; **~room** salle f de lecture.

readjust [ri:ə'dʒʌst] rajuster.

ready ['redi] prêt; prompt; **~ to** disposé à, sur le point de; **get ~** (se) préparer; **~made** tout fait; vêtements: prêt à porter.

real [riəl] réel; véritable; matériel; **~ estate** ou **~ property** biens m/pl. immobiliers; **~ity** réalité f.

realize ['riəlaiz] réaliser; comprendre; saisir; convertir en argent; se rendre compte de.

really ['riəli] vraiment; en vérité.

realm [relm] royaume m; domaine m.

reap moissonner; récolter.

reappear [ri:ə'piə] reparaître.

rear arrière m, derrière m; élever; cultiver; (se) dresser; **~ light** feu m arrière.

rearrange arranger de nouveau.

rear|-view mirror rétroviseur m; **~ wheel** roue f arrière.

reason ['ri:zn] raison f; cause f; motif m; raisonner; **~able** raisonnable; modéré.

reassemble [ri:ə'sembl] rassembler; remonter (machine).

reassure rassurer.

rebel rebelle m; se révolter; se rebeller; **~lion** rébellion f; **~lious** rebelle, mutin.

rebuild reconstruire.

rebuke blâme m; reproche m; réprimander.

recall rappel m; révocation f; (se) rappeler; révoquer; se souvenir de.

recast refondre; fig. remanier.

receipt [ri'si:t] reçu m.

receive [ri'si:v] recevoir; **~r** destinataire m; télé. récepteur m.

recent ['ri:snt] récent; nouveau; frais.

reception réception f; accueil m; **~ clerk** ou **~ manager** réceptionniste m, f; **~ office** réception f.

recess coin m solitaire; niche f; dr. vacances f/pl.

recipe ['resipi] recette f; méd. ordonnance f.

reciprocal [ri'siprəkəl] réciproque; mutuel.

recit|al [ri'saitl] récit m; dr. exposé m; mus. récital m; ~e déclamer; raconter.

reckless téméraire; imprudent; insouciant (of de).

reckon calculer, compter; penser, croire; ~ upon compter sur; ~ with tenir compte de.

reclaim réformer; récupérer.

recogni|tion reconnaissance f; ~ze reconnaître.

recoil: ~ from reculer devant; ~ (up)on retomber sur.

recollect se souvenir de, se rappeler; ~ion mémoire f; souvenir m.

recommend recommander; ~ation recommandation f; ~ed recommandé.

recompense récompense f; dédommagement m; récompenser; dédommager.

reconcil|e ['rekənsail] réconcilier; mettre d'accord; ~iation (ré)conciliation f.

reconsider reconsidérer.

reconstruct reconstruire; ~ion reconstruction f.

record ['rekɔ:d] dossier m; procès-verbal m; registre m; disque m; record m; break a ~ battre un record; v. [ri'kɔ:d] enregistrer; ~er flûte f à bec; (a. tape ~er) magnétophone m; ~player tourne-disque m, électrophone m.

recourse recours m.

recover recouvrer; regagner; guérir; ~y rétablissement m; guérison f.

recreat|e (se) récréer; divertir; ~ion récréation f; divertissement m; ~ion centre centre m récréatif; ~ion ground terrain m de jeux.

recruit [ri'kru:t] recrue f; recruter; se renforcer.

rectangle ['rektæŋgl] rectangle m.

rectif|ier élec. redresseur m; ~y rectifier.

rector recteur m; curé m; ~y cure f; presbytère m.

recuperate [ri'kju:pəreit] (se) remettre, (se) rétablir.

recur revenir; se reproduire; ~rence renouvellement m; méd. récidive f; ~rent périodique.

recycle [ri'saikl] recycler.

red rouge; roux; ≿ Cross Croix f Rouge; ~ tape paperasserie f.

red|breast rouge-gorge m; ~den rougir; ~dish rougeâtre.

redeem racheter; ~er rédempteur m.

redemption rachat m; amortissement m; rédemption f.

red-hot chauffé au rouge.

redress redressement m; réparation f; redresser; réparer; corriger.

reduc|e [ri'dju:s] réduire; diminuer; ~tion réduction f; diminution f.

reef récif m.

reek mauvaise odeur f; puer, empester.

reel [ri:l] bobine f; rouleau m; dévidoir m; bobiner; tituber;

~ **off** dévider.

re-|elect réélire; **~engage**
rengager; **~enter** rentrer; ~
establish rétablir.

refer [ri'fə:] **to** renvoyer à; se
référer à; parler de.

referee arbitre m; arbitrer.

reference ['refrəns] référence
f; allusion f; rapport m;
renvoi m; **work of ~**, **~ book**
ouvrage m de référence; ~
number numéro m de
référence.

refill remplir; recharge f.

refine [ri'fain] raffiner; polir;
~ment épuration f; fig.
raffinement m; **~ry** raffinerie
f.

reflect refléter; réfléchir; ~ **on**
méditer sur; **~ion** reflet m;
réflexion f; **~or** réflecteur m;
cataphote m.

reform réforme f; réformer;
~ation réformation f; réforme
f; **~er** réformateur m.

refract|ion réfraction f;
~ory réfractaire m.

refrain from s'abstenir de.

refresh (se) rafraîchir; (se)
restaurer; **~ment** rafraîchis-
sement m.

refrigera|te réfrigérer; **~tor**
frigidaire m.

refuel [ri:'fjuəl] mot. prendre
de l'essence.

refuge ['refju:dʒ] refuge m.

refugee [refju'dʒi:] réfugié m.

refund rembourser; restituer.

refurnish remeubler.

refus|al [ri'fju:zl] refus m; **~e**
['refju:s] ordures f/pl.; v.

[ri'fju:z] refuser; repousser;
rejeter.

refute réfuter.

regain regagner.

regard égard m; attention f;
estime f; respect m; **~s** pl.
compliments m/pl.; v. regarder, considérer; tenir compte
de; **as ~s**, **~ing** en ce qui
concerne; **~ful** soigneux (of
de); **~less** inattentif (of à).

regatta régate f/pl.

regenerate (se) régénérer.

regent ['ri:dʒənt] régent m.

regimen méd. régime m.

regiment régiment m.

region ['ri:dʒən] région f; **~al**
régional.

register registre m; liste f;
compteur m; enregistrer; inscrire; **~ed letter** lettre f
recommandée.

registr|ar officier m de l'état
civil; **~ation** enregistrement
m; immatriculation f; recommandation f; **~y office** bureau m de l'état civil.

regret regret m; regretter;
~table regrettable.

regular régulier; réglé; véritable; **~ity** régularité f.

regulat|e régler; **~ion** règle-
ment m; réglementation f;
réglage m; **traffic ~ions** pl.
code m de la route.

rehears|al [ri'hə:sl] thé.
répétition f; **~e** répéter;
énumérer.

reign [rein] règne m; régner.

reimburse [ri:im'bə:s] rembourser; **~ment** rembourse-

removal

ment m.

rein [rein] rêne f; bride f.

reinforce [ri:in'fɔ:s] renforcer; **~d concrete** béton m armé; **~ment** renfort m.

reinsurance réassurance f.

reject rejeter; repousser; refuser; **~ions** pl. rebuts m/pl.

rejoice (se) réjouir; égayer; **~ing** réjouissance f.

rejoin rejoindre; répliquer; **~der** réplique f.

rejuvenate rajeunir.

relapse rechute f; retomber; récidiver.

relate relater; raconter; (se) rapporter (**to** à); **~d** apparenté; allié.

relation relation f; récit m; **~s** pl. rapports m/pl.; parents m/pl.; **~ship** parenté f.

relative relatif (**to** à); parent m.

relax relâcher; (se) détendre; **~ation** relâchement m; détente f; relaxation f.

relay relais m; relève f.

release [ri'li:s] délivrance f; phot. déclencheur m; relâcher; délivrer; libérer; phot. déclencher.

relegate reléguer.

relentless implacable.

relevant ['relavant] pertinent, approprié.

relia|bility sûreté f; véracité f; crédibilité f; **~ble** sûr; digne de confiance; **~nce** confiance f.

relic relique f; **~s** pl. restes m/pl.

relief soulagement m; secours m; relief m; **~ work** travaux m/pl. de secours.

relieve soulager; secourir; mettre en relief.

relig|ion [ri'lidʒən] religion f; **~ious** religieux.

relinquish abandonner; renoncer à.

relish goût m, saveur f; goûter; savourer.

reluctant peu disposé (**to** à); qui agit à contre-cœur; **~ly** à contre-cœur.

rely [ri'lai] (**up)on** compter sur; se fier à.

remain [ri'mein] rester; demeurer; **~s** pl. restes m/pl.; **~der** reste m; restant m; **~ing** de reste.

remark remarque f; observation f; remarquer; **~able** remarquable.

remedy remède m; remédier à.

remember se rappeler, se souvenir de; **~er me to him** présentez mes amitiés; **~rance** souvenir m; mémoire f.

remind [ri'maind] **of** faire penser à, rappeler, évoquer; **~er** memento m; rappel m.

remit remettre; pardonner; relâcher; **~tance** remise f (d'argent).

remnant reste m; résidu m.

remorse [ri'mɔ:s] remords m/pl.; **~ful** plein de remords.

remote éloigné; écarté.

remov|al [ri'mu:vl] enlève-

ment *m*; révocation *f*;
déménagement *m*; déplacement *m*; **~e** enlever; déménager; déplacer; révoquer;
éliminer.

remunerate [ri'mju:nəreit]
rémunérer.

render rendre; **~ing** inter-
prétation *f*.

renew renouveler; renouer;
~al renouvellement *m*.

renounce [ri'nauns] renoncer
à; abandonner; renier.

renovate rénover; remettre à
neuf.

renown renom *m*; renommée
f; **~ed** renommé; réputé.

rent loyer *m*; louer; **~al** loyer
m.

renunciation renoncement
m; renonciation *f*.

reopen [ri:'əupən] rouvrir.

reorganiz|ation réorganisa-
tion *f*; **~e** réorganiser.

repair réparation *f*; **in good
~** en bon état *m*; *v.* réparer;
raccommoder; **~ shop** atelier *m* de réparations.

reparation réparation *f*; dédommagement *m*.

repartee [repa:'ti:] riposte *f*.

repatriat|e rapatrier; rapa-
trié *m*; **~ion** rapatriement *m*.

repay rendre (*argent*); rembourser (*q.*); **~ment** remboursement *m*.

repeat [ri'pi:t] répéter; réitérer; **~ed** réitéré.

repel rebuter; repousser;
~lent repoussant *m*.

repent| (of) se repentir de,

regretter; **~ance** repentir *m*.

repetition répétition *f*.

replace replacer; remplacer;
~ment remplacement *m*.

reply [ri'plai] réponse *f*; répondre (**to** à); **~ postcard**
carte-réponse *f*.

report [ri'pɔ:t] rapport *m*;
compte rendu *m*; *école:* bulletin *m*; réputation *f*; rumeur *f*;
détonation *f*; rendre compte
de; dénoncer; se présenter (**to**
à); **~er** reporter *m*.

repose [ri'pəuz] repos *m*; (se)
reposer.

reprehen|d blâmer; répri-
mander; **~sion** blâme *m*;
réprimande *f*.

represent représenter; symboliser; *thé.* jouer; **~ation**
représentation *f*; **~ations** *pl.*
remontrance *f* courtoise;
~ative représentatif; typique;
représentant *m*.

repress réprimer; refouler;
~ion répression *f*.

reprimand ['reprima:nd] réprimande *f*; réprimander.

reprint réimpression *f*; réim-
primer.

reproach [ri'prəutʃ] reproche
m; disgrâce *f*; **~ s.o. for** (*ou*
with) **s.th.** reprocher qc. à q.;
~ful plein de reproches.

reproduc|e [ri:prə'dju:s] (se)
reproduire; (se) multiplier;
~tion reproduction *f*; réplique *f*.

reproof reproche *m*.

reptile ['reptail] reptile *m*.

republic [ri'pʌblik] républi-

que f; **~an** républicain (m).
repugnan|ce répugnance f; aversion f; **~t** répugnant.
repulsive répulsif.
reput|able ['repjutəbl] honorable; estimé; **~ation** réputation f; renommée f; **~e** réputation f.
request demande f; requête f; pétition f; **at the ~ of** à la demande de; v. demander (qch. of à q.); prier (q. to à).
require [ri'kwaiə] exiger; avoir besoin de; **~ment** exigence f; nécessité f; besoin m.
requisite requis; nécessaire; requis m.
requite récompenser; répondre à (amour).
rescue délivrance f; sauvetage m; délivrer; sauver.
research [ri'sə:tʃ] recherches f/pl.; **~ work** recherches f/pl.; **~ worker**, **~er** chercheur m.
resembl|ance ressemblance f; **~e** ressembler à.
resent s'offenser de; **~ful** rancunier; irrité; **~ment** ressentiment m.
reserv|ation réserve f; place; location f; **~e** réserve f; réserver; retenir (place); **~ed** réservé; **~oir** réservoir m.
reshuffle rebattre (cartes); fig. remanier.
reside [ri'zaid] résider; habiter; **~nce** ['rezidəns] résidence f; séjour m; **~nce permit** permis m de séjour; **~nt** résidant; habitant m;

~ntial area quartier m résidentiel.
resign [ri'zain] résigner; démissionner; **~ation** résignation f; démission f.
resist résister à; s'opposer à; **~ance** résistance f.
resolut|e ['rezəlu:t] résolu; déterminé; **~eness** fermeté f; **~ion** résolution f; détermination f.
resolve (se) résoudre (**to** à).
resort recours m; ressource f; ressort m; **summer ~** villégiature f; v. **~ to** avoir recours à.
resound [ri'zaund] résonner; retentir.
resource [ri'sɔ:s] ressource f; **~ful** débrouillard; plein de ressources.
respect respect m; égard m; considération f; **in this ~** à cet égard; v. respecter; avoir égard à; **~able** respectable; **~ful** respectueux; **~ive** respectif.
respiration [respə'reiʃən] respiration f.
respond to répondre à; obéir à.
responsi|bility responsabilité f; **~ble** responsable; digne de confiance; **~ve** sensible (**to** à).
rest [rest] reste m; repos m; pause f; **~ cure** cure f de repos; v. (se) reposer; **~ (up)on** s'appuyer sur.
restaurant restaurant m.
rest-house maison f de repos.

restitution restitution *f*; **make ~ of** restituer.

restless inquiet; sans repos; **~ness** inquiétude *f*.

restor|ation restauration *f*; restitution *f*; réintégration *f*; **~e** rétablir; restaurer; restituer.

restrain retenir; contraindre; empêcher (**from** de); **~t** contrainte *f*; réserve *f*.

restrict restreindre; limiter; **~ion** restriction *f*; limitation *f*.

result résultat *m*; **~ from** résulter de; **~ in** aboutir à.

resume [ri'zju:m] reprendre; se remettre à; récapituler.

retail (au) détail (*m*); détailler; **~er** détaillant *m*.

retain retenir; conserver.

retard (re)tarder; retard *m*.

retire [ri'taiə] (se) retirer; prendre sa retraite; **~d** retraité; **~ment** retraite *f*.

retort réplique *f*; riposte *f*; répliquer; riposter.

retouch [ri:'tʌtʃ] retoucher.

retrace retracer.

retreat [ri'tri:t] retraite *f*; se retirer; reculer.

retribution châtiment *m*; vengeance *f*.

retrieve [ri'tri:v] recouvrer; réparer; rétablir.

retro|active rétroactif; **~spective** rétrospectif.

return [ri'tə:n] retour *m*; renvoi *m*; **~s** *pl.* profit *m*, recette *f*; **by ~ (of post)** par retour du courrier; **~ jour-**ney voyage *m* de retour; **~ ticket** (billet *m*) aller (et) retour *m*; **many happy ~s (of the day)!** mes meilleurs vœux (pour votre anniversaire)!; *v.* retourner; revenir; renvoyer; rembourser; rentrer; rendre.

Rev. = Reverend.

revaluation réévaluation *f*.

reveal [ri'vi:l] révéler; dévoiler.

revel ['revl] festoyer; **~ in** se délecter à; **~ry** orgie *f*; fête *f*.

revenge revanche *f*; vengeance *f*; **~ oneself** se venger (**for** de); **~ful** vindicatif; vengeur.

revenue ['revənju:] revenu *m*.

revere [ri'viə] révérer, vénérer; **~nce** vénération *f*; respect *m*; **~nd** révérend, vénérable; **2nd** Révérend *m*.

reverse contraire *m*; revers *m*; **~ gear** marche *f* arrière; *v.* renverser; inverser; révoquer.

revert to retourner à; revenir à.

review [ri'vju:] revue *f*; révision *f*; critique *f*; examen *m*; réviser; critiquer; passer en revue.

revis|e réviser; corriger; modifier; **~ion** révision *f*.

reviv|al [ri'vaivəl] renaissance *f*; renouvellement *m*; **~e** (se) ranimer; réveiller.

revocation révocation *f*.

revoke révoquer.

revolt révolte *f*; rébellion *f*; se révolter.

revolution [revə'lu:ʃən] révo-

lution f; rotation f; tour m;
~ary révolutionnaire (m);
~ist révolutionnaire m; **~ize**
révolutionner.

revolve tourner; retourner;
pivoter; **~r** révolver m.

revulsion sentiments: revirement m.

reward récompense f; récompenser.

rheumatic [ru:'mætik] rhumatismal; **~ism** rhumatisme m.

rhubarb rhubarbe f.

rhyme [raim] rime f; (se)
rimer.

rhythm rythme m; **~ical**
rythmique.

rib côte f.

ribbon ruban m; bande f.

rice [rais] riz m.

rich riche; fertile; fécond; **~es**
pl. richesse f.

rickets méd. rachitisme m.

rid (a. prét. et p. p.) débarrasser; délivrer (**of** de); **get ~ of**
se débarrasser de.

ridden p. p. de **ride**.

riddle[1] énigme f; expliquer.

riddle[2] crible m; cribler.

ride promenade f; voyage m;
course f; monter à cheval;
voyager; aller; **~r** cavalier m.

ridge [ridʒ] crête f; arête f.

ridicule [ri'dikju:l] ridicule
m; moquerie f; ridiculiser;
~ous [ri'dikjuləs] ridicule.

riding équitation f.

rifle fusil m; carabine f (de
chasse).

rift fente f; fissure f.

rigging gréement m.

right [rait] droit; exact; juste;
vrai; à droite; droit m; **~**
away (tout) de suite; **be ~**
avoir raison; **~ of way**
priorité f (de passage); **~-**
hand de droite.

rigid ['ridʒid] rigide; raide.

rigo|rous rigoureux; **~(u)r**
rigueur f; rigidité f.

rim (re)bord m; lunettes:
monture f; roue: jante f.

ring bague f; cercle m; boxe:
ring m; coup m de sonnette;
sonner; tinter; résonner; **~off**
télé. raccrocher; **~ up** téléphoner; **~leader** chef m de
bande.

rink sport patinoire f.

rinse rincer.

riot ['raiət] émeute f; faire une
émeute.

rip fendre; déchirer.

ripe mûr; **~n** mûrir; **~ness**
maturité f.

ripple clapoter; se rider.

rise ascension f; montée f;
élévation f; augmentation f;
se lever; monter; augmenter;
surgir.

risen p. p. de **rise**.

risk risque m; danger m;
hasard m; risquer; hasarder;
run a ~ courir un risque; **~y**
risqué; aléatoire.

rival ['raivl] rival m; concurrent m; rivaliser (avec); **~ry**
concurrence f.

river rivière f; fleuve m; **~side**
rive f, bord m de l'eau.

rivet rivet m; river; riveter; river.

roach zo. gardon m.

road [rəud] route f; voie f; chaussée f; ~ **up** attention, travaux!; ~**house** auberge f, motel m; ~**map** carte f routière; ~**side** bord m de la route; ~**way** chaussée f.

roar [rɔː] rugir; mugir; gronder; éclater (de rire etc.).

roast [rəust] rôtir; griller; rôti m.

rob voler; cambrioler; ~**ber** voleur m; ~**bery** cambriolage m.

robe robe f; toge f.

robust [rəu'bʌst] robuste; vigoureux.

rock rocher m; roc m; roche f.

rock(-'n-roll) rock (and roll) m.

rocket fusée f; monter en flèche; ~ **plane** avion-fusée m.

rocking-chair chaise f à bascule.

rocky rocailleux; rocheux.

rod baguette f; canne f; tige f.

rode prét. de ride.

rogue [rəug] fripon m; espiègle m; ~**ish** malin.

roll rôle m; rouleau m; petit pain m; (faire) rouler; ~ **up** enrouler; retrousser (manches); ~**er** rouleau m; ~**er-skating** patinage m à roulettes.

rolling-mill laminoir m; ~ **stock** matériel m roulant.

romance idylle f; roman m; romance f.

romantic romantique; romanesque.

romp gambader; s'ébattre.

roof toit m; ~ **of the mouth** palais m; ~**ing felt** carton m bitumé.

room salle f; pièce f; chambre f; espace m; ~ **and board** pension f complète; ~ **service** service m d'étage; ~**y** spacieux.

root racine f; prendre racine; ~ **out** déraciner.

rope corde f; cordage m; câble m; (en)corder.

rosary rosaire m.

rose¹ prét. de **rise**.

rose|e² rose f; ~**y** rose, rosé.

rot pourriture f; carie f; pourrir; se carier.

rota|ry rotatif; rotatoire; ~**te** (faire) tourner.

rotten corrompu; pourri; gâté; fam. moche, sale.

rouge [ruːʒ] rouge m; fard m; mettre du rouge; farder.

rough [rʌf] rude; brut; grossier; brutal; ~**ness** rudesse f; grossièreté f; rugosité f.

roulette roulette f.

round [raund] rond; circulaire; plein; arrondir; contourner; autour de; rond m; cercle m; boxe: round m; tournée f (de boissons); ~ **trip** (voyage m) aller-retour m; **all the year** ~ (pendant) toute l'année; ~ **off** arrondir; compléter.

roundabout indirect; (manège m de) chevaux m/pl. de

bois; *auto* rond-point *m.*

round-up rassemblement *m;* rafle *f.*

rouse [rauz] réveiller; ranimer; provoquer.

route [ru:t] route *f;* voie *f.*

routine [ru:'ti:n] travail *m* courant; courant, quotidien.

rove rôder; vagabonder; errer; **~r** vagabond *m.*

row[1] [rau] rang *m;* rangée *f;* ligne *f;* file *f;* ramer; canoter.

row[2] [rau] tapage *m;* vacarme *m;* dispute *f;* **kick up a ~** chahuter; **~dy** tapageur *m;* voyou *m.*

row|**er** rameur *m;* **~ing-boat** bateau *m* à rames.

royal ['rɔiəl] royal; **~ty** royauté *f;* droit *m* d'auteur.

rub (se) frotter; frictionner; **~ out** effacer.

rubber caoutchouc *m;* gomme *f;* **~s** caoutchoucs *m/pl;* **~ stamp** tampon *m.*

rubbish débris *m/pl.;* ordures *f/pl.;* fatras *m;* **talk ~** débiter des bêtises.

ruby rubis *m.*

rucksack ['raksæk] sac *m* à dos.

rudder gouvernail *m.*

ruddy rouge; haut en couleur.

rude [ru:d] rude; grossier; impoli; **~ness** rudesse *f;* grossièreté *f.*

rudiments *pl.* éléments *m/pl.;* rudiments *m/pl.*

ruffian bandit *m;* brute *f.*

rug couverture *f;* descente *f* de lit; carpette *f.*

ruin [ruin] ruine *f;* ruiner; abîmer; **~ous** ruineux; désastreux.

rule [ru:l] règle *f;* ordre *m;* règlement *m;* pouvoir *m;* régler; gouverner; **~ of the road** code *m* de la route; **as a ~** en général; **~r** souverain *m;* dirigeant *m;* règle *f.*

rumble gronder; résonner.

rumo(u)r bruit *m;* on-dit *m.*

run *v.* (*a. p.p.*) courir; fuir; (faire) couler; (faire) marcher; diriger; **~ into** rencontrer; *auto etc.:* heurter, rentrer dans; **I have ~ out of tobacco** je n'ai plus de tabac; **~ up to** se monter à; s'élever à; *su.* course *f;* suite *f;* série *f; fig.* marche *f;* **the common ~** l'homme ordinaire; **~about (car)** *mot.* voiturette *f;* **~away** fugitif (*m*); **~ner** coureur *m;* **~ner-up** *sport* deuxième *m;* **~ning-board** marchepied *m;* **~ning water** eau *f* courante; **~way** piste *f* (d'envol).

rung *p.p. de* ring.

rupture rupture *f;* hernie *f.*

rural rural; rustique.

rush mouvement *m* précipité; élan *m;* **~ hour** heure *f* de pointe; *v.* s'empresser; bousculer; **~ at** se ruer sur.

Russia ['rʌʃə] Russie *f;* **~n** Russe *m;* russe.

rust rouille *f;* se rouiller.

rustic rustique; paysan *m.*

rustle froufrouter; bruire.

rusty rouillé.

rut ornière f.
ruthless ['ruːθlis] impitoyable; sans scrupules.
rye [rai] seigle m.

S

sable zibeline f.
sabre ['seibə] sabre m.
saccharin saccharine f.
sack sac m; mettre en
sac; saccager; congédier
(employé).
sacred sacré.
sacri|fice sacrifice m; sacrifier;
~lege sacrilège m; ~sty
sacristie f.
sad triste; mélancolique; déplorable; ~den (s')attrister.
saddle selle f; seller; ~r sellier
m.
sadness tristesse f.
safe [seif] sûr; sain et sauf;
coffre-fort m.
safety sûreté f; protection
f; ~-belt ceinture f de
sécurité; ~-lock serrure f de
sûreté; ~-pin épingle f de
sûreté.
said prét et p.p. de say.
sail [seil] voile f; naviguer;
sport faire de la voile; ~ing-
boat bateau m à voiles;
~ing-ship voilier m; ~or
marin m.
saint [seint] saint m.
sake: for the ~ of (pour
(l'amour de); dans l'intérêt
de; for my ~ pour moi.
salad salade f; ~ oil huile f de
table.
salami [sə'laːmi] salami m.
salary rémunération f; traite-

ment m; salarier.
sale [seil] vente f; débit m;
public ~ vente f aux enchères; ~s pl. soldes m/pl.;
~sgirl vendeuse f; ~sman
vendeur m; ~ swoman ven-
deuse f.
salient saillant; proéminent.
saliva salive f.
sallow blême; jaune.
salmon ['sæmən] saumon m.
saloon [sə'luːn] salon m; bar
m; Am. a. débit m de boissons.
salt [sɔːlt] sel m; salé; saler;
~-cellar salière f; ~petre
salpêtre m; ~-works pl.
saline f; ~y salé.
salubrious [sə'luːbriəs] salubre.
salutary salutaire.
salute salut m; salve f;
saluer.
salvage ['sælvidʒ] sauvetage
m; récupération f; sauver;
récupérer.
salvation salut m; ⁂ Army
Armée f du Salut.
salve sauver; récupérer.
same: the ~ le même, la
même, les mêmes; it's all the
~ to me cela m'est égal.
sample échantillon m; échan-
tillonner; goûter.
sancti|fy sanctifier; ~imoni-
ous cafard; papelard; ~ion
sanction f; approbation f.

~**uary** sanctuaire m.

sand sable m.

sandwich ['sændwidʒ] sandwich m.

sandy sableux, sablonneux.

sane sain; raisonnable.

sang prét. de **sing**.

sanguine sanguin.

sanitary sanitaire; hygiénique; ~ **napkin**, ~ **towel** serviette f (ou bande f) hygiénique.

sanit|ation hygiène f; ~**y** équilibre f mental.

sank prét. de **sink**.

sap sève f (a. fig.).

sapphire ['sæfaiə] saphir m.

sarcasm sarcasme m.

sardine sardine f.

sash écharpe f; ~-**window** fenêtre f à guillotine.

sat prét. et p.p. de **sit**.

satchel cartable m, carton m (d'écolier).

sati|ate ['seiʃieit] rassasier; assouvir; ~**ation**, ~**ety** [sə'taiəti] satiété f.

satin ['sætin] satin m.

satir|e ['sætaiə] satire f; ~**ical** satirique; mordant.

satis|faction satisfaction f; contentement m; ~**factory** satisfaisant; ~**fied** satisfait; content; ~**fy** satisfaire; contenter.

saturate saturer; imprégner (**with** de).

Saturday samedi m.

sauce [sɔːs] sauce f; ~-**boat** saucière f; ~-**pan** casserole f; ~**r** soucoupe f.

saucy effronté.

saunter ['sɔːntə] flâner; se balader.

sausage ['sɔsidʒ] saucisse f; ~**s** pl. saucisses f/pl.

savage ['sævidʒ] sauvage; féroce, cruel; sauvage m.

save [seiv] sauver; économiser; épargner; éviter (difficulty etc.); ~ **from** préserver de; prp. excepté, sauf.

saveloy cervelas m.

savings pl. économies f/pl.; ~-**bank** caisse f d'épargne.

savio(u)r ['seivjə] sauveur m; ♈ Sauveur m.

savo(u)r ['seivə] saveur f; goût m; savourer; ~ **of** avoir un goût de; ~**y** savoureux.

saw[1] prét. de **see**.

saw[2] scie f; scier; ~-**dust** sciure f de bois; ~-**mill** scierie f.

sawn p.p. de **saw**[2].

say dire; **that is to** ~ c'est-à-dire; **I** ~! dites donc!; **you don't** ~ **so!** vraiment!; **he is said to be rich** on dit qu'il est riche; **they** ~ on dit; **have a** ~ **in the matter** avoir voix au chapitre; ~**ing** adage m; proverbe m.

scab croûte f; fam. jaune m.

scaffold échafaud m; ~**ing** échafaudage m.

scald [skɔːld] échauder; ébouillanter.

scale écaille f; échelle f; mus. gamme f; ~**s** pl. balance f; v. (s')écailler; escalader; peser.

scallop coquille f Saint-Jacques.

scandal scandale *m*; honte *f*; **~ize** scandaliser; **~ous** scandaleux.

scant|iness rareté *f*; insuffisance *f*; **~y** rare; insuffisant.

scape/goat bouc *m* émissaire; **~grace** vaurien *m*.

scar [skɑː] cicatrice *f*; balafre *f*; balafrer; (*a.* **~ over**) se cicatriser.

scarc|e [skɛəs] rare; **~ely** à peine; ne … guère; **~ity** rareté *f*; manque *m*.

scare [skɛə] (s')effrayer; be **~d** avoir peur; **~crow** épouvantail *m*; **~-monger** alarmiste *m*.

scarf écharpe *f*; foulard *m*; fichu *m*.

scarlet écarlate; **~ fever** *méd.* scarlatine *f*.

scarred balafré; grêlé.

scatter répandre; (se) disperser.

scavenger balayeur *m*.

scene [siːn] scène *f*; vue *f*; lieu *m*; **~ry** paysage *m*; décors *m/pl.*

scenic ['siːnik] pittoresque.

scent [sent] parfum *m*; odorat *m*; parfumer; flairer.

sceptic ['skeptik] sceptique *m*, *f*; **~al** sceptique.

sceptre sceptre *m*.

schedule ['ʃedjuːl] plan *m*; liste *f*; programme *m*; *Am.* horaire *m*; **behind ~** en retard.

scheme [skiːm] plan *m*; projet *m*; intrigue *f*, combine *f*; intriguer.

scholar savant *m*; érudit *m*; **~ship** érudition *f*; bourse *f* (d'études).

school école *f*; **~boy** écolier *m*; **~fellow** camarade *m* d'école; **~girl** écolière *f*; **~ing** enseignement *m*; instruction *f*; **~teacher** instituteur *m*.

sciatica [sai'ætikə] *méd.* sciatique *f*.

scien|ce ['saiəns] science *f*; **~tific** scientifique; **~tist** homme *m* de science, savant *m*.

scissors *pl.* ciseaux *m/pl.*

scoff railler; *fam.* bouffer.

scold gronder; réprimander; **~ing** réprimande *f*.

scoop cuiller *f*; pelle *f* à main; **~ out** excaver; écoper.

scooter ['skuːtə] trottinette *f*; *mot.* scooter *m*.

scope portée *f*; étendue *f*.

scorch brûler; roussir.

score entaille *f*, marque *f*; vingtaine *f*; compte *m*; *sport* score *m*; *mus.* partition *f*; sujet *m*; *sport* marquer; inscrire; entailler.

scorn mépris *m*; mépriser; **~ful** méprisant.

Scot Écossais *m*.

Scotch écossais; **~** whisky *m* écossais, scotch *m*; **~man** Écossais *m*.

Scotland l'Écosse *f*.

Scottish écossais.

scoundrel coquin *m*; salaud *m*.

scourge [skəːdʒ] fléau *m*.

scout [skaut] scout *m*; éclaireur *m*; reconnaître; **Boy ~s** scouts *m/pl*.

scrabble griffonner; gratter.

scramble aller à quatre pattes; ~ **for** se battre pour; **~d eggs** *pl.* œufs *m/pl.* brouillés.

scrap fragment *m*; morceau *m*; ~ **of paper** bout *m* de papier; *v.* mettre au rebut.

scrape grattage *m*; *fam.* difficulté *f*; racler; décrotter; **~r** racloir *m*.

scrap-iron ferraille *f*.

scratch égratignure *f*; rayure *f*; **start from** ~ partir de zéro; *v.* égratigner; gratter.

scrawl [skrɔːl] griffonner.

scream cri *m* perçant; pousser un cri aigu; **a perfect ~** désopilant, marrant.

screen écran *m*; paravent *m*; masquer; protéger, abriter; *télév.* mettre à l'écran.

screw [skruː] vis *f*; hélice *f*; visser; (res)serrer; **~driver** tournevis *m*.

scribble griffonnage *m*; griffonner.

script écriture *f*; *cin.* scénario *m*; **(Holy) ~ure** Écriture *f* (sainte).

scrounge [skraundʒ] *fam.* chiper.

scrub broussailles *f/pl.*; nettoyer; récurer; **~bing-brush** brosse *f* dure.

scruple ['skruːpl] scrupule *m*.

scrupulous scrupuleux; méticuleux.

scrutin|ize scruter; dévisager; **~y** examen *m* minutieux.

scuffle rixe *f*; mêlée *f*; se bousculer.

sculp|tor ['skʌlptə] sculpteur *m*; **~ture** sculpture *f*.

scum [skʌm] écume *f*, *fig.* lie *f*, rebut *m*.

scurf pellicules *f/pl.*

scurry se hâter.

scurvy *méd.* scorbut *m*.

scythe [saið] faux *f*; faucher.

sea mer *f*; **~coast** littoral *m*, côte *f*; **~food** fruits *m/pl.* de mer; **~gull** goéland *m*.

seal[1] phoque *m*.

seal[2] sceau *m*; sceller; cacheter; plomber.

sea level niveau *m* de la mer.

seam [siːm] couture *f*.

seaman matelot *m*.

seamless sans couture.

seamstress couturière *f*.

seaport port *m* de mer.

search [səːtʃ] chercher; scruter; fouiller; **in ~ of** à la recherche de; **~light** projecteur *m*; phare *m*.

seasick: **be ~** avoir le mal de mer; **~ness** mal *m* de mer.

seaside bord *m* de la mer; **~ resort** station *f* balnéaire.

season ['siːzn] saison *f*; **peak ~** haute saison *f*; **cherries are in ~** c'est la saison des cerises; *v.* assaisonner; tempérer; acclimater; **~able** opportun; **~ing** assaisonnement *m*; **~ ticket** carte *f* d'abonnement.

seat siège *m*; banc *m*; place *f*; résidence *f*; (faire) asseoir; placer; **be ~ed** être assis; **~ belt** ceinture *f* de sécurité.

sea|-urchin oursin *m*; **~weed** algue *f*.

seclude séparer; écarter.

second second; deuxième; secondaire; seconde *f*; **~ary** secondaire; **~-class** de seconde classe; de deuxième qualité; **~-hand** d'occasion; aiguille *f* de secondes; **~-rate** de qualité inférieure.

secre|cy discrétion *f*, **~t** secret (*m*); **~tary** secrétaire *m*, *f*; ministre *m*.

secret|e *méd*. sécréter; **~ion** sécrétion *f*.

sect secte *f*.

section section *f*; tranche *f*; paragraphe *m*.

secular séculaire; temporel.

secure [si'kjuə] sûr; mettre en sûreté; s'emparer de; se procurer; retenir.

securit|y sécurité *f*; sûreté *f*; garantie *f*; caution *f*; **~ies** *pl*. valeurs *f*/*pl*.

sedan *mot.* limousine *f*.

sedative ['sedətiv] calmant (*m*), sédatif (*m*).

sedentary ['sedntəri] sédentaire.

sediment sédiment *m*.

seduce [si'dju:s] séduire; **~r** séducteur *m*.

see [si:] voir; rendre visite à; consulter (*médecin etc.*); **I ~** je comprends; **~ out** reconduire; **~ to** veiller à,

s'occuper de; **~ s.th. through** mener qc. à bien.

seed [si:d] graine *f*; germe *m*; semence *f*; *pomme*: pépin *m*.

seek (re)chercher; solliciter.

seem [si:m] sembler; paraître; **~ingly** apparemment; **~ly** convenable, décent.

seen *p.p. de* **see**.

seesaw balançoire *f*.

seethe bouillonner; bouillir.

segregate séparer; isoler.

seiz|e [si:z] saisir; empoigner; confisquer; **~ure** saisie *f*; confiscation *f*.

seldom rarement.

select choisir; choisi; **~ion** sélection *f*; choix *m*; **~ivity** *radio* sélectivité *f*.

self (*pl.* **selves**) même; **~-centered** égoïste; **~-confident** sûr de soi; **~-conscious** embarrassé; **~-control** sang-froid *m*; **~-deception** illusion *f*; **~-defence** légitime défense *f*; **~-drive** *voiture*: sans chauffeur; **~-government** autonomie *f*; **~ish** égoïste; **~-preservation** conservation *f* de soi-même; **~-service** libre service *m*; **~-service restaurant** (restaurant *m*) self-service *m*; **~-starter** démarreur *m* automatique.

sell [sel] vendre; **~ off**, **~ out** liquider; vendre; **best ~er** best-seller *m*; **~ing price** prix *m* de vente.

semblance apparence *f*.

semi... demi...; **~circle**

demi-cercle *m*; **~final** demi-finale *f*; **~-manufactured product** demi-produit *m*.

semolina [semə'li:nə] semoule *f*.

senate ['senit] sénat *m*.

senator ['senətə] sénateur *m*.

send envoyer; expédier; **~ back** renvoyer; **~ for** envoyer chercher, faire venir; **~ off** expédier.

senile ['si:nail] sénile.

senior aîné; supérieur *m*.

sensation sensation *f*; sentiment *m*; **~al** sensationnel.

sense sens *m*; sentiment *m*; bon sens *m*; signification *f*; (pres)sentir; **~less** inanimé; insensé.

sensi|bility sensibilité *f*; **~ble** raisonnable; sensé; **~tive** sensible (**to** à).

sensual ['sensjuəl] sensuel.

sent prét. et p.p. de **send**.

sentence phrase *f*; *dr.* jugement *m*; **~ to** condamner à.

sentiment sentiment *m*; **~al** sentimental.

sentinel, sentry sentinelle *f*.

separat|e ['sioriol] distinct; isolé; (se) séparer; diviser; **~ion** séparation *f*.

September septembre *m*.

septic *méd.* septique.

sequel suite *f*; résultat *m*.

sequence suite *f*; série *f*; succession *f*.

serene [si'ri:n] serein; calme.

serial ['siəriəl] en série; (roman-)feuilleton *m*.

series (*a. pl.*) série *f*.

serious sérieux; grave.

sermon sermon *m*.

serpent serpent *m*.

serum sérum *m*.

servant serviteur *m*; domestique *m, f*; servant *m*.

serve servir; être utile à; suffire à; **~ as** servir de; (**it**) **~s him right** c'est bien fait pour lui.

service ['sə:vis] service *m*; emploi *m*; entretien *m*; **~ charge** service *m*; **~ station** station-service *f*; **~able** utile; pratique.

servicing entretien *m*.

servile ['sə:vail] servile.

servitude servitude *f*; esclavage *m*.

session session *f*; séance *f*.

set (*a. prét. et p.p.*) poser; placer; mettre; arranger; établir (*règle*); *soleil:* se coucher; placé; fixe; immuable; ensemble *m*; assortiment *m*; jeu *m*; service *m*; **~ menu** menu *m* à prix fixe; **~ out** se mettre en route, partir; **~back** échec *m*; recul *m*; **~ting** position *f*; monture *f*; cadre *m*.

settle (s')établir; décider; organiser; régler (*compte*); se poser; **~ down** s'établir; **~ up** régler le compte; établir; tranquille; **~ment** établissement *m*; arrangement *m*; règlement *m*; colonisation *f*; **~r** colon *m*.

seven sept; **~teen** dix-sept; **~ty** soixante-dix.

sever ['sevə] (se) séparer;

couper.

several plusieurs; divers.

sever|e sévère; austère; rigoureux; ~**ity** sévérité *f*; rigueur *f*.

sew [səu] coudre; ~ **on**, ~ **up** recoudre.

sewer[1] ['səuə] couturière *f*.

sewer[2] ['sjuə] égout *m*.

sewing couture *f*; ~~**-machine** machine *f* à coudre.

sewn *p.p.de* sew.

sex sexe *m*.

sexton sacristain *m*; fossoyeur *m*.

sexual sexuel.

shabby minable; mesquin.

shade [ʃeid] abat-jour *m*; nuance *f* (de couleur); ombrager; ombrer; obscurcir; nuancer.

shadow ['ʃædəu] ombre *f*; obscurité *f*; fantôme *m*; ombrager; filer (*personne*); ~**y** ombreux.

shady ombragé; *caractère*: douteux.

shaft *outil*: manche *m*; brancard *m*; *mine*: puits *m*; *lumière*: rayon *m*.

shaggy poilu; hirsute.

shake secousse *f*; tremblement *m*; secouer; agiter; trembler; ~ **s.o.'s hands** serrer la main à q.

shaken *p.p. de* shake.

shaky tremblant; chancelant.

shall: ~ **I go?** dois-je aller?; **I** ~ **go** j'irai.

shallow peu profond; basfond *m*.

sham [ʃæm] feint; faux; feindre; faire semblant (de); trompe-l'œil *m*, frime *f*.

shame [ʃeim] honte *f*; pudeur *f*; faire honte à; ~**faced** honteux; ~**ful** déshonorant; ~**less** informe; ~**ly** sans vergogne.

shampoo [ʃæm'pu:] shampooing *m*.

shank jambe *f* inférieure; tige *f*.

shape forme *f*; tournure *f*; façon *f*; **in good** ~ en forme; **take** ~ prendre forme; *v.* former; façonner; modeler; ~**less** informe; ~**ly** beau.

share [ʃeə] part *f*; portion *f*; valeur *f*; titre *m*; partager; ~ **(in)** participer à; ~**holder** actionnaire *m*.

shark [ʃɑːk] requin *m*; *fam.* escroc *m*.

sharp aigu; tranchant; clair; net; âcre; acide; rusé; *mus.* dièse; **at 10 o'clock** ~ à dix heures précises; **look** ~! dépêchez-vous!; ~**en** aiguiser; tailler (*crayon*); ~**ener** taille-crayon *m*; ~**ness** acuité *f*; rigueur *f*; âpreté *f*; acidité *f*; finesse *f*; ~**shooter** bon tireur *m*.

shatter briser; fracasser; détraquer (*nerfs, santé*).

shave (se) raser; effleurer; ~**r** rasoir *m* électrique.

shaving copeau *m*; ~~**brush** blaireau *m*; ~~**cream** crème *f* à raser; ~~**soap** savon *m* à barbe.

shaven *p.p.de* shave.

shawl [[ɔːl] châle *m*; fichu *m*.

she elle.

sheaf gerbe *f*; faisceau *m*.

shear [[iə] tondre; **(a pair of) ~s** *pl.* cisailles *f/pl.*

shed hangar *m*; abri *m*; réduit *m*; *v.* (*a. prét.* et *p.p.*) répandre; verser.

sheep mouton *m*; brebis *f*.

sheer [[iə] pur; transparent; **~ nonsense** pure sottise *f*.

sheet feuille *f*; tôle *f*; drap *m* de lit; **~ iron** fer *m* en feuilles; **~ lightning** éclairs *m/pl.* de chaleur.

shelf (*pl.* **shelves**) planche *f*; rayon *m*; étagère *f*; **be on the ~** être au rancart; avoir coiffé sainte Catherine.

shell cosse *f*; coquille *f*; obus *m*; écorcer; **~fish** coquillage *m*, crustacé *m*.

shelter abri *m*; refuge *m*; (s')abriter; protéger.

shelve mettre sur un rayon; *fam. fig.* mettre au rancart.

shepherd berger *m*.

sheriff shérif *m*.

sherry xérès *m*, vin *m* de Xérès.

shield bouclier *m*; défendre; protéger, abriter.

shift changement *m*; expédient *m*; déplacement *m*; équipe *f*; changer; transférer; **~y** rusé; retors.

shin(-bone) [[in] tibia *m*.

shine [[ain] éclat *m*; lustre *m*; briller; luire; cirer (*chaussures*).

shingle bardeau *m*.

shiny lustré; reluisant.

ship bateau *m*; vaisseau *m*; navire *m*; expédier; **~ment** chargement *m*; transport *m*; expédition *f*, **~owner** armateur *m*; **~per** expéditeur *m*; **~(ping) line** compagnie *f* de navigation; **~wreck** naufrage *m*; **~yard** chantier *m* maritime.

shire [['aiə] comté *m*.

shirt [[ɔːt] chemise *f*.

shiver éclat *m*; tremblement *m*, frisson *m*; fracasser; frissonner; **~y** frissonnant.

shock choc *m*, secousse *f*; coup *m*; heurter; choquer; offenser; **~ed** se scandaliser; **~-absorber** amortisseur *m*; **~ing** choquant.

shoddy camelote *f*; de camelote.

shoe [[uː] soulier *m*, chaussure *f*; **~black** cireur *m*; **~horn** chausse-pied *m*; **~-lace, ~string** lacet *m*; **~maker** cordonnier *m*; **~-polish** cirage *m*; **~-shop** magasin *m* de chaussures.

shone *prét.* et *p.p.* de **shine**.

shook *prét.* de **shake**.

shoot rejeton *m*; chasser au fusil; tirer (**at** sur); filer; foncer; filmer, photographier.

shooting tir *m*; décharge *f*; chasse *f*; *douleur*; poignant; **go ~** partir en chasse; **~ star** étoile *f* filante.

shop magasin *m*; boutique *f*; **talk ~** parler boutique; *v.*

faire des achats; **~-assistant** vendeur m; **~-keeper** boutiquier m; **~-lifter** voleur m à l'étalage.

shopping emplettes f/pl.; **go ~** faire ses courses (ou provisions); **~ bag** sac m (ou filet m) à provisions; **~ centre, ~ plaza** centre m commercial.

shop-window devanture f; vitrine f.

shore côte f; plage f; rivage m.

shorn p.p. de **shear**.

short court; bref; **~ wave** onde f courte; **in ~** bref; **~age** manque m; pénurie f; **~-coming** insuffisance f; défaut m; **~n** raccourcir; abréger; **~hand** sténographie f; **~ly** bientôt; **~ness** brièveté f; insuffisance f; **~s** pl. caleçon m; short m; **~sighted** myope.

shot coup m de feu; tireur m; photographie f; **big ~** fam. grosse légume; prét. et p.p. de **shoot**.

shoulder [´ʃəuldə] épaule f; **put one's ~ to the wheel** s'y mettre; v. mettre sur les épaules.

shout [ʃaut] cri m; crier; s'écrier.

shove [ʃʌv] poussée f; pousser.

shovel pelle f; pelleter.

show [ʃəu] apparence f; parade f; spectacle m (de variétés), show m; cin. séance f; montrer; indiquer; exposer; **~ off** poser; faire étalage de; **~ business** (monde m ou industrie f du) spectacle m.

shower [´ʃauə] averse f; combler (**with** de); **~-bath** douche f; **~y** pluvieux.

shown p.p. de **show**.

show|-room salle f d'exposition; **~-window** devanture f; **~y** criard; prétentieux.

shrank prét. de **shrink**.

shred lambeau m; fragment m; lacérer.

shrewd [ʃru:d] rusé, perspicace.

shriek cri m perçant; pousser des cris aigus.

shrill aigu; perçant.

shrimp crevette f; nain m.

shrink rétrécir; diminuer; **~ from** reculer devant.

Shrove Tuesday mardi m gras.

shrub arbuste m.

shrug haussement m des épaules; hausser les épaules.

shrunk(en) p.p. de **shrink**.

shudder frémissement m; frisson m; frémir; frissonner.

shuffle mêler; battre (cartes); traîner (pieds).

shun éviter; esquiver.

shunt ch.d.f. manœuvre f; manœuvrer; aiguiller.

shut (se) fermer; **~ up!** taistoi!; **~-down** fermeture f; **~ter** contrevent m; phot. obturateur m.

shuttle navette f; faire la navette; **~ service** navette f.

shy [ʃai] timide; **~ness** timidité f.

sick malade; **be ~** vomir; fam.

be ~ of en avoir marre de; ~
bed lit *m* de malade.

sickle faucille *f.*

sick|-leave congé *m* de maladie; ~**ly** maladif; malsain;
~**ness** maladie *f.*; nausée *f.*;
~**room** chambre *f* de
malade.

side côté *m*; bord *m*; parti *m*;
~**board** buffet *m*; ~**burns**
pl. favoris *m/pl.*; ~**lights**
mot. feux *m/pl.* de position;
~**walk** *Am.* trottoir *m*;
~**ways**, ~**wise** de côté.

siege [si:dʒ] siège *m.*

sieve [siv] tamis *m*; crible *m.*

sift tamiser; passer au crible.

sigh soupir *m*; soupirer.

sight [sait] vue *f.*; spectacle
m; **catch** ~ **of** apercevoir;
out of ~ hors de vue; ~**s** *pl.*
curiosités *f/pl.*, monuments
m/pl.; ~**seeing: go** ~**seeing**
visiter les curiosités; ~**seer**
visiteur *m*, touriste *m.*

sign [sain] signe *m*; symbole
m; enseigne *f.*; signer.

signal ['signl] signal *m*; signe
m; signaler.

signature ['signitʃə] signature *f.*

signboard enseigne *f.*

significan|ce, ~**cy** importance *f.*; signification *f.*; ~**t**
significatif.

signify ['signifai] signifier;
vouloir dire.

signpost poteau *m* indicateur.

silen|ce ['sailəns] silence *m*;
faire taire; ~**cer** amortisseur

m; *mot.* silencieux *m*; ~**t**
silencieux; muet.

silk soie *f.*; ~**en** de soie; ~**y**
soyeux.

sill seuil *m*; rebord *m.*

sill|iness bêtise *f.*; ~**y** sot;
bête.

silver argent *m*; argenter;
d'argent; ~**ware** argenterie *f.*;
~**y** argenté; argentin.

similar pareil, semblable.

simple simple; ingénu.

simpli|city simplicité *f.*; naïveté *f.*; ~**fication** simplification *f.*; ~**fy** simplifier.

simply simplement; nettement; ne ... que.

simulate ['simjuleit] feindre;
simuler.

simultaneous [siməl'teinjəs]
simultané.

sin péché *m*; pécher.

since depuis que; puisque;
depuis; **long** ~ il y a
longtemps.

sincer|e [sin'siə] sincère;
franc; ~**ity** sincérité *f.*

sinew tendon *m*; ~**y** tendineux; musculeux.

sing chanter.

singe [sindʒ] roussir; brûler;
flamber.

singer ['siŋə] chanteur *m.*

single seul; unique; célibataire; ~ **bed** lit *m* pour une
personne; ~**room** chambre *f*
à un lit; ~ **(ticket)** aller *m*
(simple); ~~**breasted** *veston:*
droit.

singular ['siŋgjulə] singulier;
étrange, curieux; singulier *m.*

sinister sinistre; menaçant.

sink évier m; couler; s'enfoncer, baisser; (faire) sombrer; **~er** plomb m.

sinner pécheur m.

sinuous ['sinjuəs] sinueux.

sip petite gorgée f; siroter.

siphon ['saifən] siphon m.

sir [sə:] monsieur m.

siren ['saiərən] sirène f.

sirloin aloyau m.

sister sœur f; **~-in-law** belle-sœur f.

sit s'asseoir; être assis; dr. siéger; **~ down** s'asseoir; **~ up** se redresser; veiller tard; **~-down strike** grève f sur le tas.

site site m; emplacement m.

sitting séance f; session f; **~-room** living(-room) m.

situat|ed situé; **~ion** situation f; position f; place f; emploi m.

six six; **~teen** seize; **~ty** soixante.

size [saiz] taille f, dimension f; format m; chaussures etc.: pointure f; vêtements: taille f.

skat|e patin m; patiner; **~ing** patinage m; **~ing-rink** patinoire f, skating m.

skeleton ['skelitn] squelette m; arch. charpente f.

sketch croquis m, esquisse f; faire le croquis de.

ski [ski:] ski m; skier.

skid dérapage m; glisser; déraper.

ski|er skieur m; **~ing** ski m.

skilful adroit, habile.

ski-lift remonte-pente m, téléski m.

skill habileté f; dextérité f; adresse f; talent m; **~ed** habile; spécialisé; ouvrier: qualifié.

skim écumer; écrémer; raser; effleurer; **~(med) milk** lait m écrémé.

skin peau f; pelure f; écorcher, peler; **~-deep** à fleur de peau; **~-diving** plongée f sous-marine.

skip saut m, bond m; sauter, bondir; omettre; **~per** fam. capitaine m; **~ping-rope** corde f à sauter.

skirt [skə:t] jupe f; border; longer; **~s** pl. bord m.

skittle ['skitl] quille f.

skulk se tenir caché; rôder; tirer au flanc.

sky [skai] ciel m; **~light** lucarne f; **~line** horizon m; **~ scraper** gratte-ciel m.

slab dalle f; plaque f; chocolat: tablette f.

slack lâche; mou; (se) relâcher, (se) détendre; **~en** (se) relâcher, (se) détendre; diminuer; **~er** fam. flemmard m; **~s** pl. pantalon m.

slag scorie f; scorifier.

slam (faire) claquer.

slander ['sla:ndə] calomnie f; calomnier; **~er** calomniateur m.

slang argot m.

slant pente f, inclinaison f; être en pente; (s')incliner; **~ing** incliné, en pente.

slap tape f; gifle f; taper; gifler.

slash entaille f; balafre f; tailler; balafrer.

slate [sleit] ardoise f; *fam.* éreinter.

slaughter ['slɔːtə] massacre m; *animaux:* abattage m; tuer; massacrer; abattre (*animaux*); **~house** abattoir m.

slave [sleiv] esclave m; s'échiner; **~ry** esclavage m.

sled(ge) [sled(ʒ)] traîneau m; se promener en traîneau.

sledge(-hammer) marteau m de forgeron.

sleek lisse; luisant.

sleep sommeil m; dormir; **~ on** (*ou* **over**) **it!** la nuit porte conseil; **go to ~** s'endormir; **~er** dormeur m; *fam.* ch.d.f.: wagon-lit m; **~iness** assoupissement m, somnolence f.

sleeping(-bag sac m de couchage; **~-car** wagon-lit m; **~-pill** somnifère m.

sleep|less sans sommeil; **~lessness** insomnie f; **~walker** somnambule m; **~y** somnolent; engourdi; **be** (*ou* **feel**) **~y** avoir sommeil.

sleet pluie f mêlée de neige.

sleeve [sliːv] manche f.

sleigh [slei] = **sled(ge).**

slender mince, svelte; élancé; **~ness** minceur f.

slept *prét. et p.p. de* **sleep.**

slice tranche f; *cuis.* truelle f; découper (en tranches).

slid *prét. et p.p. de* **slide.**

slide glissoire f; glissade f; *phot.* diapositive f; (faire)

glisser; **~-rule** règle f à calcul.

sliding: ~ scale échelle f mobile; **~ seat** siège m à coulisse.

slight [slait] léger, peu considérable; manque m d'égards; négliger.

slim svelte, mince; (se faire) maigrir.

slime limon m; vase f.

slimy vaseux; visqueux.

sling fronde f; écharpe f; lancer; suspendre.

slip jupon m; glissade f; taie f (d'oreiller); inadvertance f; (faire) glisser, *fig.* faire un faux pas; **let ~** lâcher; **~ on** passer (*vêtement*); **~ of paper** bout m de papier; **~per** pantoufle f; **~pery** glissant; rusé.

slit fente f, fissure f; v. (a. *prét. et. p.p.*) fendre.

slogan ['sləugən] slogan m, devise f.

slop fange f; lavasse f; répandre (*liquide*); **~ over** déborder.

slope pente f, inclinaison f; pencher; aller en pente.

slot rainure f, mortaise f; mortaiser; **~-machine** distributeur m automatique; machine f à sous.

slouch [slautʃ] **(along)** marcher d'un pas traînant; **~ hat** chapeau m mou.

slovenly ['slʌvnli] malpropre, mal soigné; négligent.

slow [sləu] lent; lourd, indo-

lent; **be ~** *montre:* retarder;
~ down ralentir; **~-motion
picture** *cin.* ralenti *m.*

sluggard paresseux *m.*

sluggish paresseux, indolent;
lourd.

sluice [slu:s] écluse *f.*

slum taudis *m;* **~s** *pl.* bas
quartiers *m/pl.*

slumber sommeil *m;* sommeiller.

slump baisse *f;* effondrement
m (des cours); s'effondrer.

slung *prét. et p.p. de* **sling.**

slush neige *f* fondue; boue *f;
fig.* sensiblerie *f.*

slut salope *f,* garce *f.*

sly [slai] rusé; fin, malin.

smack[1] claque *f,* gifle *f;* (faire)
claquer; donner une claque à;
gifler.

smack[2] léger goût *m;* **~ of
s.th.** sentir qc.

small [smɔ:l] petit; médiocre;
peu important; **~pox** *méd.*
petite vérole *f.*

smart [smɑ:t] vif, éveillé;
pimpant; élégant; chic; *v.
plaie etc.:* cuire, brûler;
souffrir.

smash fracas *m;* ruine *f;* **car
~** accident *m,* collision *f; v.*
(se) briser; écraser; ruiner.

smattering teinture *f,*
connaissance *f* superficielle.

smear [smiə] tache *f;* barbouiller; enduire (**with** de).

smell odeur *f,* senteur *f;*
odorat *m;* sentir.

smelt[1] *prét. et p.p. de* **smell.**

smelt[2] fondre.

smile sourire *m;* sourire.

smirk [smə:k] minauder.

smith forgeron *m.*

smithy ['smiði] forge *f.*

smog brouillard *m* chargé de
fumée.

smoke fumée *f;* fumer; **~r**
fumeur *m.*

smoking: no ~! défense de
fumer!; **~ carriage** (*Am.*
car) wagon *m* de fumeurs; **~-
compartment** comparti-
ment *m* pour fumeurs.

smoky plein de fumée;
enfumé.

smooth [smu:ð] uni, lisse;
mielleux, doucereux; calme,
paisible; *v.* lisser; aplanir;
calmer.

smoulder ['smɔuldə] couver.

smuggle faire passer en
contrebande; **~r** contreban-
dier *m.*

smuggling contrebande *f.*

smut tache *f* de suie; saleté *f;*
obscénité *f.*

smutty obscène.

snack casse-croûte *m;* **~ bar**
snack bar *m.*

snag *fig.* obstacle *m* (*ou*
difficulté *f*) caché(e); hic *m.*

snail limaçon *m;* escargot *m.*

snake serpent *m.*

snap coup *m* de dents; claquement *m,* rupture *f;* **cold ~**
coup *m* de froid; *v.* (se) briser;
(faire) claquer; **~ at** happer;
~fastener (bouton-)pression
f (*m*); **~shot** instantané *m;*
prendre un instantané.

snare [snɛə] (prendre au)

piège *m*.

snarl [snɑ:l] gronder, grogner.

snatch saisir brusquement; ~ **at** chercher à saisir; *su.* courte période *f*; ~**es** *pl. conversation:* bribes *f/pl.*

sneak [sni:k] se faufiler; *fam.* moucharder.

sneakers *pl.* chaussures *f/pl.* de tennis.

sneer ricanement *m*; sarcasme *m*; ricaner; ~ **at** railler.

sneeze [sni:z] éternuer.

sniff renifler; ~ **at** dédaigner.

snipe bécassine *f*.

snob snob *m*; ~**bery** snobisme *m*; ~**bish** affecté, poseur.

snooze [snu:z] *fam.* roupillon *m*.

snore ronflement *m*; ronfler.

snort *cheval:* renâcler.

snorkel tuba *m*.

snout [snaut] museau *m*.

snow [snəu] neige *f*; neiger; ~**storm** tempête *f* de neige.

snub rabrouer, rembarrer.

snub-nosed camard, camus.

snuff tabac *m* à priser; priser.

snug confortable; coquet.

so aussi; aussi; tellement; alors; donc; ~ **as to** de manière a; ~ **do I, ~ can I, ~ shall I** moi aussi.

soak [səuk] tremper; (s')imbiber.

soap [səup] savon *m*; savonner.

soar [sɔ:] s'élever; planer.

sob sanglot *m*; sangloter.

sober sobre, modéré; qui n'a pas bu; ~ **up** (se) dégriser;

(se) détromper.

so-called soi-disant.

sociable ['səuʃəbl] sociable; affable.

social ['səuʃl] social; sociable; ~ **insurance** assurances *f/pl.* sociales; ~**ism** socialisme *m*; ~**ist** socialiste *m, f*.

society [sə'saiəti] société *f*.

sock chaussette *f*; semelle *f* intérieure.

socket emboîture *f*; *dent:* alvéole *m*; *œil:* orbite *f*.

socle socle *m*.

soda soude *f*; ~**fountain** buvette *f*; ~**water** eau *f* gazeuse.

sodden détrempé.

sofa sofa *m*, canapé *m*.

soft doux; mou; tendre; ~**drink** boisson *f* non-alcoolique; ~**en** amollir; calmer, adoucir; ~**ness** douceur *f*; tendresse *f*; mollesse *f*.

soil[1] sol *m*; terrain *m*.

soil[2] se salir; (se) souiller.

sold *prét. et p.p. de* **sell**; ~ **out** épuisé.

solder soudure *f*; souder.

soldier ['səuldʒə] soldat *m*; ~**y** troupe *f*; soldatesque *f*.

sole[1] sol *m*; seul, unique.

sole[2] semelle *f*; ressemeler.

sole[3] *zo.* sole *f*.

solemn solennel; grave.

solemnity solennité *f*.

solicit [sə'lisit] solliciter; inviter.

solicitor *dr.* avoué *m* et notaire *m*.

solid solide, massif; grave;

~arity solidarité *f;* **~ity** solidité *f.*

solitary solitaire; isolé.

solitude solitude *f.*

solubility solubilité *f.*

soluble soluble.

solution solution *f.*

solve résoudre; solutionner; deviner (*énigme*). **~ncy** solvabilité *f.* **~nt** solvable.

some quelque; certain; du, de la; quelques-uns; **~body, ~one** quelqu'un; **~how** d'une manière ou d'une autre.

somersault ['sʌməsɔ:lt] culbute *f;* culbuter.

some|thing quelque chose; **~time** ancien; un jour; **~times** quelquefois; **~what** quelque peu; **~where** quelque part.

son [sʌn] fils *m.*

song chanson *f;* chant *m.*

son-in-law gendre *m.*

sonority sonorité *f.*

sonorous sonore.

soon bientôt; de bonne heure; **~er** plus tôt; plutôt.

soot suie *f.*

soothe [su:ð] apaiser, calmer, soulager.

sooty couvert de suie.

soporific somnifère *m.*

sorcer|er sorcier *m;* **~ess** sorcière *f;* **~y** magie *f.*

sore [sɔ:] plaie *f;* douloureux, endolori; **have a ~ throat** avoir mal à la gorge.

sorrow ['sɔrəu] chagrin *m;* tristesse *f.*

sorry navré; triste; pauvre; **I**

am ~ je regrette; **I am ~ for you** je vous plains.

sort espèce *f,* sorte *f,* genre *m;* classer; trier.

SOS signal *m* de détresse.

sot ivrogne *m.*

sought *prét. et p.p.* de **seek.**

soul [soul] âme *f;* **~less** sans âme; inexpressif.

sound[1] [saund] sain, solide; en bon état; *sommeil:* profond.

sound[2] sonde *f;* sonder.

sound[3] son *m,* bruit *m;* (ré)sonner; **~film** film *m* sonore; **~less** insonore; **~proof** insonorisé; **~wave** onde *f* sonore.

soup soupe *f;* potage *m.*

sour ['sauə] aigre, acide; morose; *lait:* tourné.

source [sɔ:s] source *f;* origine *f.*

south [sauθ] sud *m;* midi *m;* du sud; **~east** sud-est *m.*

souther|ly ['sʌðəli], **~n** du sud, méridional.

south-west sud-ouest *m.*

souvenir souvenir *m.*

sovereign souverain; souverain *m,* souveraine *f.*

Soviet soviétique; soviet *m.*

sow[1] [sau] truie *f.*

sow[2] [sou] semer.

sown *p.p.* de **sow**[2].

spa station *f* thermale.

space espace *m;* intervalle *m;* **~ out** espacer.

spacious spacieux, vaste.

spade bêche *f; cartes:* pique *m.*

Spain Espagne *f.*

span[1] *prét. de* **spin.**

span[2] ouverture *f*, portée *f*; **ailes:** envergure *f*; mesurer; embrasser.

spangle paillette *f*.

Spaniard Espagnol *m*.

Spanish espagnol.

spank fesser.

spanner clé *f* à écrous.

spare [spɛə] disponible; libre; maigre, chétif; ménager; épargner; se passer de; **~ room** chambre *f* d'ami; **~ part** pièce *f* de rechange; **~ time** heures *f/pl.* libres; **~ tyre** pneu *m* de rechange.

spark étincelle *f*; jeter des étincelles; **~(ing)-plug** bougie *f* d'allumage; **~le** étinceler; mousser; **~ling wine** vin *m* mousseux.

sparrow passereau *m*.

spasm [ˈspæzəm] spasme *m*; **~odical** spasmodique.

spat *prét. et p.p. de* **spit.**

spatter éclabousser.

speak [spiːk] parler (**to** à; **about, of** de); **~ out** parler à haute voix; **~er** orateur *m*.

spear [spiə] lance *f*; brin *m*.

special [ˈspeʃl] spécial; particulier; **~ delivery** exprès; **~ist** spécialiste *m*; **~ity** spécialité *f*; **~ize** se spécialiser.

specif|ic spécifique; **~ication** spécification *f*, **~y** spécifier, déterminer.

specimen [ˈspesimin] spécimen *m*; exemple *m*, échantillon *m*.

speck petite tache *f*; **~(l)ed** tacheté, moucheté.

spectacle spectacle *m*; (**a pair of**) **~s** *pl.* lunettes *f/pl.*

spectator [spekˈteitə] spectateur *m*.

speculate [ˈspekjuleit] spéculer; méditer (**on, about** sur).

sped *prét. et p.p. de* **speed.**

speech [spiːtʃ] langue *f*; discours *m*; **~less** muet; interloqué.

speed vitesse *f*; hâte *f*; se hâter; filer, foncer; **~ up** accélérer; **~ing** excès *m* de vitesse; **~ limit** limite *f* de vitesse; **~-meter** indicateur *m* de vitesse; **~y** rapide, vite.

spell[1] charme *m*.

spell[2] (courte) période *f*; tour *m*.

spell[3] épeler; **~ing** orthographe *f*; **~ing-book** abécédaire *m*.

spelt *prét. et p.p. de* **spell**[3].

spend dépenser, consumer; passer (*temps*); **~thrift** prodigue *m, f*.

spent *prét. et p.p. de* **spend.**

sphere [sfiə] sphère *f*.

spice épice *f*; épicer.

spick and span tiré à quatre épingles.

spicy épicé; relevé.

spider araignée *f*.

spike pointe *f*; **blé:** épi *m*.

spill répandre; verser; renverser.

spilt *prét. et p.p. de* **spill.**

spin (faire) tourner; filer (*laine etc.*).

spinach ['spinidʒ] épinards *m/pl.*

spindle fuseau *m*; essieu *m*.

spine épine *f* dorsale, colonne *f* vertébrale; épine *f*.

spinning-mill filature *f*.

spinster célibataire *f*; *fam.* vieille fille *f*.

spirit esprit *m*; caractère *m*; courage *m*; élan *m*, entrain *m*; fantôme *m*; **~s** *pl.* spiritueux *m/pl.*; **in high ~s** plein d'entrain; **in low ~s** déprimé; **~ed** vif, animé; **~ual** ['spiritjuəl] spirituel.

spit[1] broche *f*; embrocher.

spit[2] crachat *m*; cracher.

spite dépit *m*; **in ~ of** malgré; **~ful** plein de rancune, vindicatif.

spittle salive *f*.

splash éclaboussement *m*; éclaboussure *f*; éclabousser.

spleen rate *f*; *fig.* bile *f*.

splend|id resplendissant, magnifique; **~o(u)r** splendeur *f*; magnificence *f*.

splint *méd.* éclisse *f*; **~er** éclat *m* (de bois); écharde *f*.

split fente *f*, fissure *f*; *v.* (*a. prét. et p.p.*) (se) fendre; (se) diviser; (faire) éclater; **~ one's sides** crever de rire; **~ting headache** mal *m* de tête atroce.

splutter bredouiller; *plume:* cracher; *moteur:* bafouiller.

spoil pillage *m*; butin *m*; piller, ravager; (se) gâter; **~~sport** trouble-fête *m*.

spoilt *prét. et p.p. de* **spoil.**

spoke[1] *prét. de* **speak.**

spoke[2] roue *f*; rayon *m*.

spoken *p.p. de* **speak.**

sponge [spʌndʒ] éponge *f*; éponger; **~ on** vivre aux crochets *m*.

sponsor parrain *m*, marraine *f*; répondant *m* (**for** de); patron *m*; payer les frais de (*programmes de télévision etc.*), patronner.

spontaneous [spɔn'teinjəs] spontané.

spool bobine *f*; bobiner.

spoon cuiller *f*; *fam.* se faire des mamours, se peloter; **~ful** cuillerée *f*.

sport jeu *m*, amusement *m*; sport *m*; (*a.* **good ~**) *fam.* chic type *m*; **~ing** sportif; **~s-car** voiture *f* (de) sport; **~s-jacket** veston *m* sport; **~sman** sportsman *m*; sportif *m*; **~swear** vêtements *m/pl.* (de) sport; **~swoman** sportswoman *f*, sportive *f*.

spot tache *f*, souillure *f*; endroit *m*; lieu *m*; secteur; souiller; **~less** sans tache; immaculé; **~light** projecteur *m*; **in the ~light** en vedette.

spout [spaut] gouttière *f*; tuyau *m* de décharge; (faire) jaillir.

sprain [sprein] entorse *f*; foulure *f*; (se) fouler.

sprang *prét. de* **spring**[1].

sprawl [sprɔːl] se vautrer.

spray atomiser *m*; liquide *m* atomisé; vaporiser; arroser.

spread [spred] étendue *f*,

expansion *f*; envergure *f*; *fam.* festin *m*; (s')étendre; se répandre; (se) propager.

sprig brindille *f*, brin *m*.

sprightly ['spraitli] vif; enjoué.

spring[1] saut *m*, bond *m*; ressort *m*; source *f*; sauter; bondir; **~ from** naître de, provenir de; **~-board** tremplin *m*; **~y** élastique.

spring[2] printemps *m*.

sprinkle répandre; arroser; saupoudrer (**with** de).

sprint sprint *m*; sprinter.

sprinter sprinter *m*.

sprout [spraut] pousse *f*, germe *m*; pousser, germer; **Brussels ~s** *pl.* choux *m/pl.* de Bruxelles.

sprung *p.p. de* **spring**[1].

spun *prét. et p.p. de* **spin**.

spur [spə:] éperon *m*; éperonner; stimuler.

spurt [spə:t] effort *m* soudain; (faire) jaillir; sprinter.

spy [spai] espion *m*; espionner; **~ on** épier.

squabble ['skwɔbl] querelle *f*, dispute *f*; se disputer.

squadron escadron *m*.

squall cri *m*; coup *m* de vent, rafale *f*; brailler, piailler; **~y** à rafales.

squander gaspiller.

square [skwɛə] carré; catégorique; en ordre; honnête, loyal; carré *m*; place *f*; balancer, régler; **~ with** cadrer avec.

squash écraser; aplatir; **lem-**

on **~** citron *m* pressé.

squat [skwɔt] trapu; s'accroupir.

squatter squatter *m*.

squeak crier; grincer; *fam.* moucharder.

squeeze serrer; presser.

squint loucher.

squirrel écureuil *m*.

squirt [skwə:t] giclée *f*; (faire) gicler.

S.S. = **steamship**.

St. = **Street** Rue; **Saint** Saint.

stab coup *m* de poignard; poignarder.

stabili|ty stabilité *f*; constance *f*; **~zation** stabilisation *f*; **~ze** ['steiblaiz] stabiliser; **~zer** stabilisateur *m*.

stable[1] ['steibl] stable; constant; fixe; solide.

stable[2] écurie *f*.

stack meule *f*, pile *f*; mettre en meule; empiler.

stadium ['steidjəm] stade *m*.

staff bâton *m*; *mar.* drapeau; mât *m*; personnel *m*.

stage [steidʒ] *thé.* scène *f*; estrade *f*; échafaud(age) *m*; phase *f*; étape *f*; monter (*pièce*; *coup*); **~ box** loge *f* d'avant-scène; **~ fright** trac *m*; **~ manager** régisseur *m*.

stagger chanceler; tituber; échelonner.

stagnant stagnant; inactif, mort.

stag-party *fam.* réunion *f* d'hommes.

stain tache *f*; tacher, souiller; **~ed glass window** vitrail *m*;

~less sans tache; *acier:* inoxydable; **~ remover** détachant *m.*

stair [stɛə] marche *f*; **~s** *pl.* escalier *m*; **~case,** *Am.* **~way** escalier *m.*

stake [steik] pieu *m*; bûcher *m*; enjeu *m*; mettre en jeu, hasarder, miser; **be at ~** être en jeu; s'agir de.

stale éventé; *pain:* rassis; défraîchi, vieilli.

stalk[1] [stɔ:k] tige *f*; *verre:* pied *m.*

stalk[2] marcher dignement.

stall échoppe *f*, boutique *f*; stand *m*; *thé.* fauteuil *m* d'orchestre; *mot.* caler.

stammer bégayer; bredouiller.

stamp estampe *f*, marque *f*; caractère *m*, genre *m*; timbreposte *m*; frapper du pied; timbrer (*lettre*); *fig.* marquer (**as** comme).

stand tribune *f*; être debout; rester; se tenir; se placer; supporter; **~ up** se lever.

standard ['stændəd] standard; normal; **~ time** heure *f* légale; *su.* étendard *m*; norme *f*, standard *m*; **~ of living** niveau *m* de vie; **~ize** normaliser.

standing durée *f*; renom *m*; debout; établi, permanent.

standpoint point *m* de vue.

standstill arrêt *m.*

stand-up *col:* droit; *repas:* debout; **~ buffet** buffet-bar *m.*

stank *prét. de* stink.

star astre *m*; étoile *f*; *thé.* vedette *f*, étoile *f*; **~s and Stripes** *Am.* bannière *f* étoilée; *v. thé.* être (*ou* mettre) en vedette.

starboard tribord *m.*

starch [sta:tʃ] amidon *m.*

stare [stɛə] regard *m* fixe; regarder fixement.

start commencement *m*; départ *m*; démarrage *m*; sursaut *m*; partir; démarrer; commencer; sursauter; **~er** *sport* starter *m*; *mot.* démarreur *m*; **~ing point** point *m* de départ.

startl|e faire tressaillir; effrayer; **~ing** sensationnel; effrayant.

starv|ation famine *f*; **~e** affamer; mourir de faim.

state état *m*; condition *f*; rang *m*; déclarer, affirmer; **the States** *pl.* les États-Unis *m/pl.*; **~liness** grandeur *f*; **~ly** imposant, noble; **~ment** déclaration *f*; compte *m* rendu; **~ment of account** relevé *m* de compte; **~sman** homme *m* d'État.

statics *pl.* radio parasites *m/pl.*

station poste *m*, place *f*; station *f*; gare *f*; **~ary** stationnaire; **~er** papetier *m*; **~ery** papeterie *f*; **~master** chef *m* de gare.

statistic|al statistique; **~s** *pl.* statistique *f.*

statue ['stætju:] statue *f.*

stature ['stætʃə] stature *f*, taille *f*.

statute ['stætju:t] loi *f*; décret *m*; **~s** *pl*. règlements *m/pl*.

stave douve *f*; **~ off** écarter, éloigner; détourner.

stay séjour *m*; séjourner; rester, demeurer; **~ away** ne pas venir; **~-at-home** casanier *m*.

stead [sted]: **in his ~** à sa place; **~fast** ferme, constant; **~iness** fermeté *f*, constance *f*; **~y** ferme, constant, sûr; sérieux, posé.

steak [steik] bifteck *m*, steak *m*; tranche *f*.

steal [sti:l] voler, dérober; **~ into** se glisser dans.

stealth [stelθ]: **by ~** à la dérobée; **~y** furtif; dérobé.

steam vapeur *f*; buée *f*; dégager de la vapeur; fumer; **~boat** bateau *m* à vapeur; **~-engine** machine *f* à vapeur; **~er** steamer *m*; **~ship** vapeur *m*, paquebot *m*.

steel acier *m*; aciérer; endurcir.

steep[1] escarpé; à pic; raide; *prix*: excessif.

steep[2] tremper; infuser.

steeple clocher *m*; **~chase** steeple(-chase) *m*.

steer piloter; conduire; **~ing-wheel** volant *m*.

stem tige *f*; *verre*: pied *m*; *mar*. étrave *f*; arrêter, endiguer; **~ from** provenir de.

stench puanteur *f*.

stencil stencil *m*, pochoir *m*.

step pas *m*; marche *f*; démarche *f*; faire un (*ou* des) pas, marcher; **~ up** augmenter.

step|father beau-père *m*; **~mother** belle-mère *f*.

sterile ['sterail] stérile.

sterilize ['sterilaiz] stériliser.

sterling: a pound ~ une livre sterling.

stern[1] *mar*. poupe *f*.

stern[2] austère; sévère; **~ness** austérité *f*; sévérité *f*.

stereo disque *m etc.*: stéréo.

stevedore ['sti:vədɔ:] débardeur *m*.

stew [stju:] ragoût *m*; (faire) mijoter.

steward ['stjuəd] intendant *m*; maître *m* d'hôtel; steward *m*.

stick bâton *m*; canne *f*; baguette *f*; piquer; coller; mettre; s'enfoncer; **~ing-plaster** sparadrap *m*; **~y** gluant, collant.

stiff raide, rigide; inflexible; opiniâtre; **~en** raidir; durcir; **~ness** raideur *f*.

stifle ['staifl] étouffer.

still[1] encore, toujours; pourtant, malgré cela.

still[2] calme, tranquille; calmer, apaiser; **~ness** calme *m*, silence *m*.

stimul|ant stimulant; tonique *m*; **~ate** stimuler; **~ation** stimulation *f*; **~us** stimulant *m*.

sting aiguillon *m*; dard *m*; piqûre *f*; piquer; irriter.

stinginess avarice *f*.

stingy ['stindʒi] avare, ladre.

stink puanteur *f*; puer (**of s.th.** qc.).

stint rationner; lésiner sur.

stipulate stipuler.

stipulation stipulation *f*.

stir [stə:] mouvement *m*; agitation *f*; remuer; agiter, troubler; **~ up** exciter.

stirrup ['stirəp] étrier *m*.

stitch point *m*; maille *f*; piquer, coudre; brocher.

stock| bûche *f*; race *f*, famille *f*; marchandises *f/pl.* en magasin; capital *m*; bétail *m*; approvisionner; **~s** *pl.* actions *f/pl.*, valeurs *f/pl.*; **~~broker** agent *m* de change; **♂ Exchange** bourse *f*; **~~holder** Am. actionnaire *m*.

stocking bas *m*.

stock| phrase cliché *m*; **~~taking** inventaire *m*.

stoic ['stouik] stoïcien (*m*).

stoke entretenir, tisonner (*feu*); **~r** chauffeur *m*.

stole *prét. de* **steal.**

stolen *p. p. de* **steal.**

stolid lourd; flegmatique.

stomach ['stʌmək] estomac *m*; ventre *m*; *fam.* digérer; **~~ache** mal *m* d'estomac.

stone pierre *f*; *fruit:* noyau *m*; lapider (*q.*); énoyauter (*fruit*); **~~blind** complètement aveugle; **~~deaf** sourd comme un pot.

stony pierreux; *fig.* insensible.

stood *prét. et p.p. de* **stand.**

stool tabouret *m*; *méd.* selle *f*.

stoop se baisser.

stop halte *f*; pause *f*; interruption *f*; arrêter; empêcher (**from** de); boucher; plomber (*dent*); s'arrêter, cesser; **~~gap** bouche-trou *m*; **~~page** [stɔpidʒ] obstruction *f*; arrêt *m*; blocage *m*; **~~per** bouchon *m*; **~~press** *journal:* dernière heure *f*; **~~watch** compte-secondes *m*.

storage ['stɔ:ridʒ] emmagasinage *m*.

store provisions *f/pl.*; boutique *f*; magasin *m*; **department** **~~ment** *~* grand magasin *m*; *v.* emmagasiner; mettre en réserve; **~~house** entrepôt *m*, magasin *m*; **~~keeper** *Am.* boutiquier *m*.

stor(e)y étage *m*.

stork cigogne *f*.

storm tempête *f*; orage *m*; tempêter; **~y** orageux.

story histoire *f*, récit *m*.

stout [staut] fort, robuste; corpulent; ferme, courageux; bière *f* brune, stout *m*; **~~ness** embonpoint *m*.

stove poêle *m*; fourneau *m*.

stow [stou] mettre en place, arranger; **~~away** passager *m* clandestin.

straight [streit] droit; juste; **~ ahead**, **~ on** tout droit; **~ away** tout de suite; **put ~** rendre droit, arranger; **~en** (se) redresser; **~~forward** direct; franc.

strain tension *f*; effort *m*; fatigue *f* excessive; tendre, se forcer; faire un effort; *méd.* fouler; suinter; **~~er** filtre *m* passoire f.

strait [streit] détroit m; embarras m; ~ **jacket** camisole f de force.

strand[1] rive f, plage f, grève f; échouer.

strand[2] brin m; tresse f.

strange [streindʒ] étrange, singulier; ~**r** inconnu m, étranger m.

strangle étrangler.

strap courroie f; attacher; fermer.

stratagem ['strætədʒəm] stratagème m; ruse f.

strateg|ic(ally) stratégique (-ment); ~**y** stratégie f.

straw [strɔ:] paille f; ~**berry** fraise f; ~ **hat** chapeau m de paille.

stray s'égarer; égaré.

streak raie f, bande f; rayer, strier; ~**y** entrelardé.

stream courant m; cours m d'eau, fleuve m; flot m; couler; ruisseler; ~**er** banderole f; ~**line** profiler; rationaliser.

street rue f.

streetcar Am. tramway m.

strength force f, intensité f; ~**en** fortifier; renforcer.

strenuous ['strenjuəs] énergique; ardu.

stress force f, emphase f; accent m; méd. surmenage m, tension f, stress m; accentuer.

stretch étendue f, tension f; étendre, tendre; élargir; ~**er** brancard m, civière f.

strew [stru:] répandre; parse-

mer (**with** de).

strewn p.p. de **strew**.

stricken with frappé de; méd. atteint de.

strict strict; rigide.

stridden p.p. de **stride**.

stride grand pas m; marcher à grands pas.

strike[1] frapper; battre, cogner; horloge: sonner; frotter (allumette); ~ **out** rayer, biffer.

strike[2] grève f; ~**-breaker** briseur m de grève.

striking frappant.

string ficelle f, fil m; cordon m; série f; mus. corde f; ficeler; enfiler.

strip[1] dépouiller; déshabiller; ~ **of** dépouiller de.

strip[2] bande f; ruban m.

stripe raie f; barre f; rayer, barrer; ~**d** rayé.

strive: ~ **for** s'efforcer d'obtenir; ~ **against** (ou **with**) lutter contre.

striven p.p. de **strive**.

strode prét. de **stride**.

stroke[1] coup m; trait m de plume; piston: course f; méd. apoplexie f.

stroke[2] caresser, flatter.

stroll flânerie f; flâner.

strong fort, ferme, solide; vigoureux; résolu; ~**hold** forteresse f.

strove prét. de **strive**.

struck prét. et p.p. de **strike**[1].

structure ['strʌktʃə] construction f, structure f.

struggle lutte f, effort m;

lutter, se démener.

strung *prét. et p.p. de* **string.**

strut démarche *f* fière; se pavaner.

stub *chèque:* talon *m.*

stubble chaume *m.*

stubborn ['stʌbən] obstiné, entêté.

stuck *prét. et p.p. de* **stick.**

stuck up affecté, suffisant.

stud[1] bouton *m* de chemise; ' clou *m*; clouter.

stud[2] haras *m.*

student ['stju:dnt] étudiant *m.*

studied ['stʌdid] calculé, prémédité.

studio ['stju:diəu] atelier *m.*

studious studieux; appliqué.

study étude *f*; cabinet *m* de travail; étudier.

stuff matière *f*; étoffe *f*, *fam.* sottise *f*; rembourrer; ~ed *cuis.* farci; ~ing rembourrage *m*; *cuis.* farce *f*; ~y mal aéré.

stumble trébucher, broncher; ~ **upon** tomber sur.

stump souche *f*; bout *m*; faire une campagne électorale; marcher lourdement; ~y trapu; court.

stun étourdir; *fig.* foudroyer.

stung *prét. et p.p. de* **sting.**

stunk *prét. et p.p. de* **stink.**

stunt rabougrir.

stupe|**faction** stupéfaction *f*; étonnement *m*; ~**fy** stupéfier; étonner.

stupid ['stju:pid] stupide, sot, bête; ~**ity** stupidité *f.*

sturdy ['stə:di] robuste,

vigoureux.

stutter bégayer.

sty[1] [stai] *a. fig.* porcherie *f.*

sty[2] [stai] *méd.* orgelet *m.*

style [stail] style *m*; manière *f*, mode *f*; ~**ish** à la mode, chic.

subaltern subalterne *m.*

subconscious subconscient.

subdivi|**de** subdiviser; ~**sion** subdivision *f.*

subdue [səb'dju:] subjuguer; amortir; adoucir.

subheading sous-titre *m.*

subject ['sʌbdʒikt] soumis; sujet (**to** à); sujet *m*; matière *f*, question *f*; *v.* [səb'dʒekt] assujettir; ~ **to** soumettre à.

sublime [sə'blaim] sublime.

submarine sous-marin (*m*).

submerge [səb'mə:dʒ] plonger; submerger.

submiss|**ion** soumission *f*; déférence *f*; ~**ive** docile.

submit (se) soumettre (**to** à).

subordinate subordonné; subalterne.

subscribe souscrire; ~ **to** s'abonner à; ~**r** abonné *m.*

subscription souscription *f*; abonnement *m.*

subsequent subséquent; ~**ly** par la suite.

subsid|**e** s'affaisser; se calmer, s'abaisser; ~**iary** subsidiaire; ~**ize** subventionner; ~**y** subvention *f.*

subsist subsister, exister; ~**ence** existence *f*; moyens *m/pl.* d'existence.

substance ['sʌbstəns] substance *f*; fond *m*, matière *f.*

substantial substantiel; *repas:* copieux; cossu.

substitute ['sʌbstitju:t] substitut *m*, remplaçant *m*; succédant *m*; **~ for s.o.** remplacer q.

subtenant sous-locataire *m*.

subterfuge ['sʌbtəfju:dʒ] subterfuge *m*.

subterranean souterrain.

sub-title sous-titre *m*.

subtle ['sʌtl] subtil; ingénieux.

subtract soustraire.

suburb ['sʌbə:b] faubourg *m*; **~an** suburbain, de banlieue.

subversion subversion *f*.

subway passage *m* souterrain; *Am.* métro *m*.

succeed [sək'si:d] succéder à; réussir (**in** à).

success succès *m*; **~ful** réussi; qui réussit; **~ion** succession *f*; **~ive** successif; **~or** successeur *m*.

succumb [sə'kʌm] succomber (**to** à).

such tel, pareil, semblable; **~ as** tel que.

suck sucer; **~ in** absorber.

suckle allaiter.

sudden soudain; **~ly** tout à coup.

suds *pl.* eau *f* de savon.

sue [sju:] poursuivre en justice.

suède [sweid] daim *m*; *gants:* suède *m*.

suffer souffrir (**from** de); subir, tolérer; **~ance** tolérance *f*; **~ing** souffrance *f*.

suffice [sə'fais] suffire.

sufficien|cy suffisance *f*; **~t** suffisant, assez.

suffocat|e suffoquer, étouffer; **~ion** suffocation *f*.

suffrage ['sʌfridʒ] suffrage *m*.

sugar ['ʃugə] sucre *m*; sucrer.

suggest [sə'dʒest] suggérer; proposer; **~ion** suggestion *f*; proposition *f*; idée *f*; **~ive** suggestif.

suicide ['sjuisaid] suicide *m*; suicidé *m*.

suit [sju:t] *hommes:* costume *m*, complet *m*, *femmes:* tailleur *m*; procès *m*; adapter (**to** à); convenir à; **~able** convenable, à propos; **~case** valise *f*; **~e** [swi:t] suite *f*; **~e of rooms** appartement *m*; **~or** prétendant *m*; *dr.* plaideur *m*.

sulk faire la moue, bouder.

sulky boudeur.

sullen maussade, morose.

sulphur ['sʌlfə] soufre *m*.

sult|riness chaleur *f* étouffante; **~ry** étouffant.

sum somme *f*; total *m*; calcul *m*; **~ up** additionner; résumer.

summar|ize résumer; **~y** sommaire; résumé *m*.

summer été *m*; **~ time** heure *f* d'été.

summit sommet *m*, cime *f*; **~ conference** conférence *f* au sommet.

summon appeler; convoquer; citer; **~s** convocation *f*; citation *f*.

sun soleil *m*; **~bathe** prendre

le soleil; **~beam** rayon *m* de
soleil; **~burn** coup *m* de
soleil; **~burnt** bronzé.

Sunday dimanche *m*.

sundown coucher *m* du soleil.

sundries *pl.* choses *f/pl.* diverses; frais *m/pl.* divers.

sung *p. p.* de **sing.**

sun-glasses *pl.* lunettes *f/pl.* de soleil.

sunk *p. p.* de **sink.**

sunken enfoncé; creux.

sunny ensoleillé; gai.

sun|rise lever *m* du soleil;
~set coucher *m* du soleil;
~shade parasol *m*; **~shine**
soleil *m*; **~stroke** coup *m* de
soleil; **~tan** hâle *m*; **~tan
oil** huile *f* solaire; **~up** *fam.*
lever *m* du soleil.

superb [sju:'pə:b] superbe.

super|ficial superficiel; **~fluous** [sju:'pə:fluəs] superflu, inutile; **~intend** surveiller; **~intendence** surveillance *f*.

superior [sju:'piəriə] supérieur (*m*); **~ity** supériorité *f*.

super|man surhomme *m*;
~market supermarché *m*;
~numerary thé. figurant *m*;
~scription suscription *f*;
inscription *f*; **~stition** superstition *f*; **~vise** surveiller;
~vision surveillance *f*, **~visor** surveillant *m*.

supper souper *m*; **the Lord's
~** la Cène.

supplant [sə'plɑ:nt] supplanter.

supple souple, flexible.

supplement supplément *m*;
annexe *f*; ajouter à; **~ary**
supplémentaire.

suppleness souplesse *f*.

suppl|ier fournisseur *m*; **~y**
[sə'plai] approvisionnement
m; provision *f*; fournir; approvisionner, ravitailler; **~y
with** pourvoir de, fournir de.

support appui *m*, soutien *m*;
soutenir, supporter; faire vivre (*famille*); **~able** tolérable; soutenable.

suppos|e supposer; croire;
adv. si, en cas que; **be ~ed to**
être censé, devoir; **~ition**
supposition *f*.

suppository suppositoire *m*.

suppress supprimer; réprimer; **~ion** répression *f*.

suprem|acy suprématie *f*; **~e**
[su'pri:m] suprême, souverain.

surcharge surcharge *f*; supplément *m*; surcharger.

sure [ʃuə] sûr, certain; stable;
make ~ of s'assurer de; **~ly**
certainement, assurément;
~ness certitude *f*, sûreté *f*;
~ty garant *m*.

surface surface *f*.

surf-board aquaplane *f*;
planche *f* de surfing.

surge [sə:dʒ] houle *f*; vague *f*;
être houleux.

surge|on ['sə:dʒən] chirurgien
m; **~ry** chirurgie *f*; *Br.*
médecin: cabinet *m* de
consultation.

surly hargneux.

surmise [sə:'maiz] conjecturer.

surmount [səˈmaunt] surmonter.

surname nom m de famille.

surpass surpasser, excéder.

surplus surplus m.

surpris|e [səˈpraiz] surprise f; surprendre; **~ed** surpris; **~ing** étonnant.

surrender capitulation f; cession f; capituler.

surround [səˈraund] entourer, environner; **~ings** pl. alentours m/pl., environs m/pl.

survey [ˈsəːvei] examen m, inspection f; arpentage m; v. [səːˈvei] examiner; arpenter; **~or** arpenteur m; intendant m (de douane).

surviv|al [səˈvaivl] survie f; **~e** (s.th.) survivre (à qc.); **~or** survivant m.

susceptib|ility sensibilité f; **~le** sensible (**to** à).

suspect suspect (m); soupçonner; suspecter.

suspend suspendre, cesser (paiement); **~ers** pl. jarretelles f/pl.; Am. bretelles f/pl.

suspense suspens m.

suspension suspension f.

suspic|ion soupçon m; dr. suspicion f; **~ious** soupçonneux; suspect.

sus|tain [səˈstein] soutenir; entretenir, nourrir; **~tenance** subsistance f, nourriture f.

swagger fam. crâner.

swallow[1] hirondelle f.

swallow[2] avaler.

swam prét. de **swim.**

swamp [swɔmp] marais m.

swan cygne m.

swarm essaim m; foule f; **~ with** fourmiller de.

sway domination f, empire m; (se) balancer; diriger, influencer.

swear [swɛə] (faire) prêter serment; jurer; **~ at** injurier; **~ in** assermenter.

sweat [swet] sueur f, transpiration f; suer, transpirer; **~er** chandail m.

Swed|e Suédois m; **~en** Suède f; **~ish** suédois.

sweep balayer; ramoner; draguer; ramoneur m; **make a clean ~ of** faire table rase de; **~ing** complet, général; **~ings** pl. ordures f/pl.

sweet [swiːt] doux; sucré; gentil; délicieux; dessert m; **~en** sucrer; adoucir; **~heart** chéri(e) f; **~ness** douceur f; fraîcheur f; charme m; **~s** pl. sucreries f/pl.; **~-shop** confiserie f.

swell Am. fam. formidable; chic; houle f; enfler, gonfler; **~ing** gonflement m; méd. enflure f.

swept prét. et p.p. de **sweep.**

swerve s'écarter; mot. faire une embardée.

swift vite, léger; rapide; **~ness** rapidité f, vélocité f.

swim nager; **~mer** nageur m; **~ming** nage f, natation f; **~ming-pool** piscine f;

~ming-trunks pl. caleçon m de bain; **~-suit** maillot m de bain.

swindle escroquerie f; **~r** escroc m, filou m.

swine cochon m, porc m.

swing balancement m; entrain m; escarpolette f; **be in full ~** battre son plein; v. se balancer; brandir.

swirl [swə:l] remous m, tourbillon m; (faire) tourbillonner.

Swiss Suisse adj. suisse.

switch ch.d.f. aiguille f; interrupteur m; **~ off** fermer (radio); **~ on** allumer; mettre (radio); **~board** tableau m de distribution.

Switzerland Suisse f.

swollen p.p. de **swell**.

swoon évanouissement m; s'évanouir.

sword [sɔ:d] épée f.

swore prét. de **swear**.

sworn p.p. de **swear**.

swum p.p. de **swim**.

swung prét. et p.p. de **swing**.

syllable syllabe f.

symbol symbole m; **~ic(al)** symbolique; **~ize** symboliser.

symmetrical symétrique.

symmetry symétrie f.

sympath|etic compatissant; **~ize with** compatir à; approuver; **~y** sympathie f.

symphony ['simfəni] symphonie f.

symptom méd. symptôme m; **~atic** symptomatique.

synagogue synagogue f.

syndicate syndicat m; syndiquer.

synonymous [si'nɔniməs] synonyme.

synthes|is ['sinθisis] synthèse f; **~ize** synthétiser.

synthetic [sin'θetik] synthétique.

syringe seringue f.

syrup sirop m.

system système m, méthode f; **~atic(al)** systématique; **~atize** systématiser.

T

tab attache f; étiquette f.

table ['teibl] table f; **~-cloth** nappe f.

table d'hôte [ta:bl'dəut] menu m à prix fixe.

tablet ['tæblit] plaque f commémorative; méd. comprimé m.

table-tennis ping-pong m.

tacit tacite; **~urn** taciturne.

tack punaise f, broquette f; clouer; mar. louvoyer.

tackle attirail m; palan m; se mettre à, attaquer.

tact tact m; **~ful** plein de tact.

tact|ical tactique; **~ics** tactique f.

tag ferret m; étiquette f; **~ on** attacher (**to** à).

tail [teil] queue f; bout m.

tail-light feu *m* arrière.

tailor tailleur *m*; **~-made** sur mesure.

taint tache *f*, souillure *f*; corrompre; (se) gâter.

take prendre; saisir; porter; mettre (*temps*); demander (*temps, etc.*); **~ place** avoir lieu; **~ a walk** se promener; **~ away** emmener; **~ for** prendre pour; **~ in** prendre; tromper; **~ off** enlever, ôter; *avion:* décoller; **~ out** (faire) sortir; enlever; **~ up** ramasser; occuper (*place*); aborder (*études*); **~n** *p.p. de* **take**; **~-off** départ *m*; *av.* décollage *m*.

talcum-powder talc *m*.

tale [teil] conte *m*, récit *m*.

talent talent *m*; **~ed** bien doué.

talk [tɔ:k] conversation *f*; parler (**to** à); s'entretenir (**to** avec); **~ative** bavard.

tall [tɔ:l] grand; haut.

tallow suif *m*.

tame apprivoisé; apprivoiser; dompter.

tamper with tripoter.

tan hâle *m*; hâlé; (se) hâler; tanner.

tangerine [tændʒə'ri:n] mandarine *f*.

tangible tangible, palpable.

tangle embrouillement *m*; confusion *f*; embrouiller.

tank réservoir *m*; citerne *f*.

tanker bateau-citerne *m*.

tantalize [tæntəlaiz] tantaliser, tourmenter.

tap[1] tape *f*; petit coup *m*;

taper, frapper doucement.

tap[2] robinet *m*; **on ~** en perce; *fig.* disponible.

tape ruban *m*; bande *f*; **~-measure** centimètre *m*; **~-recorder** magnétophone *m*.

taper cierge *f*; s'effiler.

tapestry tapisserie *f*.

tar goudron *m*; goudronner.

tardy tardif, lent, traînard.

target ['tɑ:git] cible *f*; objectif *m*.

tariff tarif *m*.

tarnish (se) ternir; souiller.

tarpaulin bâche *f*.

tart[1] tarte *f*, tartelette *f*.

tart[2] acide, aigre.

task tâche *f*, besogne *f*.

tassel gland *m*; pompon *m*.

taste goût *m*; goûter; **~ of** avoir un goût de; **~less** insipide.

tasty savoureux.

tatter haillon *m*, lambeau *m*; **~ed** déguenillé.

tattoo tatouage *m*; tatouer.

taught *prét. et p.p. de* **teach**.

taunt [tɔ:nt] sarcasme *m*.

tax impôt *m*, taxe *f*; imposer; taxer; **~ation** taxation *f*; **~-collector** percepteur *m*; **~-free** exempt d'impôts.

taxi ['tæksi] taxi *m*; **~-cab** taxi *m*; **~-driver** chauffeur *m* de taxi; **~-rank**, **~-stand** station *f* de taxi.

tea thé *m*; **have ~** prendre le thé.

teach [ti:tʃ] enseigner, instruire.

teacher instituteur *m*.

teaching enseignement *m.*
teacup tasse *f* à thé.
team [ti:m] attelage *m*; équipe *f*; ~**work** travail *m* d'équipe; collaboration *f.*
tea-party thé *m*; ~**pot** théière *f.*
tear[1] [tíə] larme *f.*
tear[2] [tɛə] déchirure *f*; déchirer.
tea-room salon *m* de thé.
tease tenter, tracasser.
tea|-shop salon *m* de thé; ~**spoon** cuiller *f* à thé; ~**things** *pl.* service *m* à thé.
techni|cal technique; ~**cian** technicien *m*; ~**que** [tek'ni:k] technique *f.*
tedious ennuyeux, fatigant.
teem [ti:m] **with** fourmiller de.
teenager adolescent(e *f*) *m.*
teens *pl.* âge *m* de treize à dix-neuf ans.
teetotaller [ti:'təutlə] abstinent *m.*
telecast téléviser.
telegram télégramme *m.*
telegraph télégraphe *m*; télégraphier; ~**ist** télégraphiste *m, f.*
telephone ['telifəun] téléphone *m*; ~**-booth** cabine *f* téléphonique; ~ **book,** ~ **directory** annuaire *m* des téléphones; ~ **call** appel *m* téléphonique; ~ **exchange** central *m* téléphonique; ~ **number** numéro *m* de téléphone; ~ **operator** téléphoniste *m, f.*

telephoto lens télé-objectif *m.*
telescope télescope *m.*
television ['teliviʒn] télévision *f*; ~ **set** téléviseur *m.*
telewriter télautographe *m.*
telex télex *m.*
tell dire, raconter; compter; ~ **from** distinguer de; **I have been told** on m'a dit; ~**tale** révélateur.
temper humeur *f*, caractère *m*; **lose one's** ~ se mettre en colère; *v.* tempérer.
temperature ['temprətʃə] température *f.*
tempest tempête *f*; orage *m*; ~**uous** orageux.
temple[1] temple *m.*
temple[2] tempe *f.*
tempor|al temporel; ~**ary** temporaire; intérimaire; ~**ize** temporiser.
tempt tenter; ~**ation** tentation *f*; ~**ing** alléchant.
ten dix.
tenac|ious [ti'neiʃəs] tenace, opiniâtre; ~**ity** ténacité *f*, attachement *m.*
tenant locataire *m, f.*
tend garder, soigner; surveiller.
tend to avoir tendence à.
tendency ['tendənsi] tendance *f.*
tender tendre; délicat; sensible; ~**ness** tendresse *f.*
tenderloin filet *m.*
tenement logement *m.*
tennis-court court *m* (de tennis).

tenor ['tenə] *mus.* ténor *m*; teneur *f*, contenu *m*.

tense tendu, raide.

tension tension *f*; high ~ haute tension *f*.

tent tente *f*.

tenuity [te'nju:əti] ténuité *f*.

tepid tiède.

term [tə:m] terme *m*; fin *f*, limite *f*; trimestre *m*; ~s **(of payment)** conditions *f/pl.* (de payement); **be on good ~s with** être bien avec.

termin|al terminus *m*; ~**ate** (se) terminer.

terrace ['terəs] terrasse *f*.

terri|ble terrible, épouvantable; ~**fic** formidable; ~**fy** terrifier, épouvanter.

territory territoire *m*.

terror terreur *f*, effroi *m*; ~**ize** terroriser.

test épreuve *f*; examen *m*; test *m*; tester.

testament testament *m*.

testify ['testifai] témoigner **(to** de).

testimony témoignage *m*.

text texte *m*; ~**book** manuel *m*.

textile textile (*m*).

texture ['tekstʃə] tissu *m*; texture *f*.

than que.

thank remercier **(for** de); ~ **you!** merci!; ~**s** *pl.* remerciements *m/pl.*; merci; ~**s to** grâce à; ~**ful** reconnaissant **(for** de); ~**less** ingrat.

that ce, cet, cette; ce ...-là; qui, que, ce que; *cj.* que.

thaw [θɔ:] dégel *m*; dégeler; *neige:* fondre.

the [ðə, ði:] le, la, les; ~ ... ~ ... plus ... plus ...

theater *Am.* = theatre.

theatre ['θiətə] théâtre *m*.

theft vol *m*.

their [ðɛə] leur, leurs; ~**s** le (la) leur, les leurs; à eux.

them eux, elles; leur; les.

theme thème *m*, sujet *m*.

themselves [ðəm'selvz] eux-mêmes, elles-mêmes.

then alors, puis; ensuite; donc; à cette époque.

theology théologie *f*.

theoretical théorique.

theory théorie *f*.

there [ðɛə] là, y; là-bas; ~ **is,** ~ **are** il y a; ~**about(s)** dans les environs; à peu près, environ; ~**fore** donc, par conséquent; ~**upon** sur ce, là-dessus.

thermometer thermomètre *m*.

thermos thermos *m*.

these [ði:z] (*pl. de* **this**) ces, ceux-ci, celles-ci.

they ils, elles, eux; ~ **who** ceux qui, celles qui.

thick épais, gros; dense, solide; *voix:* pâteuse; ~**en** (s')épaissir; ~**et** fourré *m*; ~**ness** épaisseur *f*.

thief (*pl.* **thieves** [θi:vz]) voleur *m*.

thigh [θai] cuisse *f*.

thimble dé *m* à coudre.

thin mince; *maigre:* léger, fin; (s')amincir; maigrir.

thing chose *f*; objet *m*; créature *f*; **~s** *pl.* affaires *f/pl.*; vêtements *m/pl.*; **how are ~?** comment ça va?

think penser (**about, of** à); **I ~ so** je crois; **~ it over** y réfléchir.

thirst soif *f*; **~y: I am ~y** j'ai soif.

thirteen treize; **~y** trente.

this ce, cet, cette; ce ...-ci, cet(te) ...-ci; ceci.

thistle ['θisl] chardon *m*.

thorn épine *f*; **~y** épineux.

thorough ['θʌrə] exhaustif, complet; parfait; **~fare** voie *f* de communication; **no ~fare** passage interdit.

those (*pl. de* **that**) ces; ceux-là, celles-là.

though [ðou] quoique, bien que; pourtant, cependant; **as ~** comme si.

thought[1] [θɔ:t] *prét. et p.p. de* **think**.

thought[2] [θɔ:t] pensée *f*; idée *f*; **~ful** pensif; attentif, soucieux; **~less** irréfléchi; inconsidéré; insouciant.

thousand mille; millier *m*.

thrash battre, rosser; **a sound ~ing** *fam.* une fessée.

thread fil *m*; filet *m*; enfiler; **~bare** usé jusqu'à la corde.

threat menace *f*; **~en** menacer.

three trois; **~fold** triple.

thresh battre (*blé*).

threshold ['θreʃəuld] seuil *m*.

threw *prét. de* **throw**.

thrifty économe; prospère.

thrill frisson *m*; (faire) frémir.

émouvoir; **~ing** émouvant; palpitant.

thrive [θraiv] prospérer, réussir.

thriven *p.p. de* **thrive**.

throat gorge *f*; gosier *m*; **clear one's ~** s'éclaircir la voix (*ou* la gorge).

throb palpitation *f*, pulsation *f*; palpiter, battre.

throne trône *m*.

throng foule *f*; se presser; encombrer.

throttle étrangler, étouffer; **~ down** fermer les gaz.

through [θru:] à travers; par; au moyen de; direct; **~ carriage** voiture *f* directe; **~ train** train *m* direct.

throughout d'un bout à l'autre (de).

throve *prét. de* **thrive**.

throw jet *m*, coup *m*; jeter, lancer; **~ away** jeter; gaspiller; **~ off** se débarrasser de; **~ out** jeter dehors; expulser; **~ up** jeter en l'air; vomir.

thrown *p.p. de* **throw**.

thrust coup *m*; botte *f*; pousser; presser; enfoncer.

thumb [θʌm] pouce *m*; feuilleter; **~ a lift** faire de l'autostop; **~ tack** punaise *f*.

thump bourrade *f*; bourrer de coups; coup *m* énorme.

thunder tonnerre *m*; tonner; *fig.* gronder; **~bolt** (coup *m* de) foudre (*m*); **~storm** orage *m*.

Thursday ['θə:zdi] jeudi *m*.

thus ainsi; donc; **~ far**

jusqu'ici.

thwart [θwɔːt] déjouer, frustrer.

tick tic-tac m; marque f; faire tic-tac; **~ off** répr. réprimander.

ticket ['tikit] billet m; ticket m; étiquette f; **~ collector** contrôleur m de tickets; **~ machine** distributeur m de tickets; **~ office** guichet m.

tickle chatouillement m; chatouiller.

ticklish chatouilleux.

tide marée f; courant m.

tidy propre, net; bien rangé.

tie lien m, attache f; cravate f; lier, attacher.

tier [tiə] rangée f; gradin m.

tiger tigre m.

tight [tait] serré; raide, tendu; *vêtements:* étroit; *fam.* soûl; **~en** (se) serrer; tendre; **~-fisted** avare; **~s** pl. collant m.

tile carreau m; tuile f.

till[1] jusqu'à (ce que).

till[2] tiroir-caisse m.

till[3] labourer.

tilt inclinaison f, pente f; (s')incliner, pencher.

timber bois m de construction.

time temps m; fois f; **at ~s** de temps à autre; **at the same ~** en même temps; **in ~** à temps; **for the ~ being** pour le moment; **have a good ~** s'amuser; **on ~** à l'heure; **what ~ is it?** quelle heure est-il? v. calculer; **~-table** horaire m.

timid timide, craintif.

tin étain m; fer-blanc m; boîte f de conserve.

tincture ['tiŋktʃə] teinture f.

tinfoil papier m argent.

tinge [tindʒ] teinte f, nuance f; teinter.

tingle tinter; picoter.

tinned food conserves f/pl.

tin-opener ouvre-boîte m.

tinsel clinquant m.

tint teinte f; teinter.

tiny menu; tout petit.

tip[1] bout m; pointe f.

tip[2] pourboire m; donner un pourboire à.

tip[3] tape f; taper.

tip[4] information f, fam. tuyau m.

tip[5] basculer; (se) renverser.

tipsy gris.

tiptoe ['tiptəu]: **on ~** sur la pointe des pieds.

tire[1] Am. pneu(matique) m.

tire[2] fatiguer; **~d** fatigué; **~some** ennuyeux.

tissue ['tiʃuː] tissu m; **~-paper** papier m de soie.

tit: ~ for tat du tac au tac.

titbit bon morceau m.

title ['taitl] titre m; droit m; titrer; **~d** titré.

to à; en; vers; jusqu'à; pour, afin de.

toad crapaud m; **~y** flagorneur m.

toast[1] pain m grillé.

toast[2] toast m; porter un toast à.

tobacco [tə'bækəu] tabac m; **~nist** marchand m de tabac;

~**nist's** bureau *m* (*ou* débit *m*) de tabac.

toboggan luge *f*; luger.

today aujourd'hui.

toe orteil *m*; bout *m*.

toffee caramel *m*.

together ensemble.

toil travail *m* dur, labeur *m*; trimer, peiner.

toilet toilette *f*; W.-C. *m*; ~ **case** nécessaire *m* de toilette.

token témoignage *m*, signe *m*; *télé. etc.* jeton *m*.

told *prét.* et *p.p.* de **tell**.

tolera|ble tolérable; passable; ~**nce** tolérance *f*; ~**nt** tolérant; ~**te** tolérer.

toll *prét.* péage *m*.

tomato [tə'mɑ:təu] (*pl.* ~**es**) tomate *f*.

tomb [tu:m] tombeau *m*.

tomcat matou *m*.

tomorrow [tə'mɔrəu] demain.

ton tonne *f*.

tone ton *m*; timbre *m*.

tongs *pl.* pincettes *f/pl.*

tongue [tʌŋ] langue *f*; **hold one's** ~ se taire.

tonic tonique (*m*).

tonight ce soir.

tonnage tonnage *m*.

tonsil amygdale *f*; ~**litis** amygdalite *f*.

too [tu:] trop; aussi; ~ **much**, ~ **many** trop (de).

took *prét.* de **take**.

tool outil *m*, instrument *m*; ~**kit** boîte *f* (*ou* trousse *f*) à outils.

tooth [tu:θ] (*pl.* **teeth**) dent *f*;

~**ache** ['tu:θeik] mal *m* de dents; ~**brush** brosse *f* à dents; ~**paste** pâte *f* dentifrice; ~**pick** cure-dent *m*.

top supérieur; haut *m*, tête *f*; sommet *m*; dessus *m*; *auto:* capote *f*; **on** ~ **of** au-dessus de; ~**coat** pardessus *m*.

topic sujet *m*; ~**al** actuel.

topsy-turvy [tɔpsi'tə:vi] sens dessus dessous.

torch torche *f*; *Br.* lampe *f* de poche.

tore *prét.* de **tear**[2].

torment supplice *m*, torture *f*; tourmenter.

torn *p.p.* de **tear**[2].

torpedo torpille *f*; torpiller.

torpid engourdi; inactif.

torrent torrent *m*; déluge *m*.

torrid brûlant, torride.

tortoise ['tɔ:təs] tortue *f*.

torture ['tɔ:tʃə] torture *f*; torturer.

toss secousse *f*; jeter en l'air; (s')agiter.

total ['təutl] total; total *m*; s'élever à; ~**ity** totalité *f*.

totter chanceler; branler.

touch [tʌtʃ] toucher *m*; contact *m*; pointe *f*, soupçon *m*; **get in** ~ **with** prendre contact avec; *v.* toucher (à); émouvoir; ~ **up** retoucher.

tough [tʌf] dur, résistant, tenace; ~**ness** dureté *f*, ténacité *f*.

tour [tuə] tour *m*, voyage *m*; voyager (en).

tourism tourisme *m*.

tourist touriste *m*, *f*; ~

agency, ~ **office,** *Am.* ~ **bureau** bureau *m* de tourisme; ~ **class** classe *f* touriste.

tow [təu] remorque *f*; remorquer.

towards [tə'wɔːdz] vers; envers; pour, à l'égard de.

towel ['tauəl] essuie-main *m*; serviette *f*.

tower tour *f*; s'élever; **~ing** élevé; violent.

town ville *f*; ~ **hall** hôtel *m* de ville; **~speople** *pl.* citadins *m/pl.*

toy jouet *m* (*a. fig.*).

trace [treis] trace *f*; tracer; suivre.

track piste *f*; chemin *m*; cours *m*; traquer, pister.

tractable maniable; docile.

tractor tracteur *m*.

trade commerce *m*, négoce *m*; métier *m*, profession *f*; faire le commerce (**in** de); échanger (**for** contre); ~ **in** donner en reprise; ~ **mark** marque *f* de fabrique; ~ **union** syndicat *m*.

trader commerçant *m*, marchand *m*; vaisseau *m* marchand.

tradition tradition *f*.

traffic ['træfik] commerce *m*; circulation *f*; ~ **jam** embouteillage *m*; ~ **lights** *pl.* feux *m/pl.* (de circulation).

trafficator clignotant *m*.

tragedy ['trædʒidi] tragédie *f*.

tragic tragique.

trail traînée *f*; trace *f*, piste *f*;

trainer; **~er** remorque *f*.

train train *m*; suite *f*, cortège *m*; (s')entraîner; former, élever; **~ferry** ferry-boat *m*; **~er** entraîneur *m*; **~ing** entraînement *m*; formation *f*.

trait trait *m*.

traitor traître *m*.

trajectory [trə'dʒektəri] trajectoire *f*.

tram(-car) tramway *m*.

tramp bruit *m* de pas; vagabond *m*; aller à pied.

tramway tramway *m*.

trance [traːns] extase *f*; transe *f*.

tranquil tranquille.

tranquilliser calmant *m*.

transaction transaction *f*.

transatlantic transatlantique.

trans|cribe transcrire; **~fer** copie *f*; transport *m*; cession *f*; transfert *m*; transporter; transférer.

transfiguration transfiguration *f*.

transform transformer (**into** en); **~ation** transformation *f*, conversion *f*; **~er** transformateur *m*.

transgression transgression *f*; infraction *f*.

tranship = **trans-ship.**

transient ['trænziənt] transitoire, passager.

transistor transistor *m*.

transit ['trænsit] transit *m*, passage *m*.

transition transition *f*.

translat|able traduisible; **~e**

traduire; ~**ion** traduction *f*; ~**or** traducteur *m*.

transmission transmission *f*; *mot.* embrayage *m*.

transmit transmettre.

transparent transparent.

transpire [træn'spaiə] transpirer.

transplant transplanter.

transport transport *m*; transporter; ~**ation** *Am.* transport *m*.

trans-ship transborder.

trap piège *m*; prendre au piège, attraper.

trash rebut *m*; camelote *f*; ~**y** sans valeur.

travel voyage *m*; voyager; parcourir; ~ **agency** bureau *m* de voyages; ~ **agent** agent *m* de tourisme; ~ **insurance** assurance-voyages *f*.

travel(l)er voyageur *m*; ~'**s cheque** chèque *m* de voyage.

traverse ['trævəs] traverser.

trawl [trɔ:l] chalut *m*; trainer.

tray plateau *m*.

treacher|ous ['tretʃərəs] traître, perfide; ~**y** trahison *f*, perfidie *f*.

treacle ['tri:kl] mélasse *f*.

tread pas *m*; marche *f*; *pneu:* chape *f*; fouler; piétiner.

treadle pédale *f*.

treason ['tri:zn] trahison *f*.

treasur|e ['treʒə] trésor *m*; ~**y** Trésor *m* (public); trésorerie *f*.

treat [tri:t] régal *m*; banquet

m; fête *f*; traiter; ~ **s.o. to s.th.** offrir qc. à q.; ~**ise** traité *m*; ~**ment** traitement *m*; ~**y** traité *m*; accord *m*.

treble triple; triple *m*.

tree arbre *m*.

trellis treillis *m*; treilliser.

tremble trembler, trembloter.

tremendous [tri'mendəs] énorme; extraordinaire.

tremor tremblement *m*.

tremulous tremblant; *fig.* craintif.

trench tranchée *f*; fossé *m*; creuser un fossé; ~ **coat** imperméable *m*.

trend direction *f*, tendance *f*.

trespass entrer sans permission; **No** ~**ing** défense d'entrer; propriété privée.

trial ['traiəl] épreuve *f*, essai *m*; procès *m*; **on** ~ à l'essai.

triangle triangle *m*.

tribe tribu *f*.

tribunal [trai'bju:nl] tribunal *m*, cour *f* de justice.

tribut|ary ['tribjutəri] tributaire; *fleuve:* affluent *m*; ~**e** tribut *m*, hommage *m*.

trick ruse *f*; tour *m* (de main); duper.

trickle couler (goutte à goutte); laisser dégoutter.

tricky difficile, délicat; malin, rusé.

trifl|e ['traifl] bagatelle *f*, rien *m*; ~**e with** jouer avec; ~**ing** insignifiant.

trigger détente *f*; déclic *m*; déclencher.

trill trille *m*; triller.

trim soigné, net; arranger; garnir, orner; tailler; **~mings** *pl. cuis.* garniture *f*.

Trinity *eccl.* Trinité *f*.

trinket colifichet *m*; bibelot *m*.

trip excursion *f*, voyage *m*; (faire) trébucher.

trip|le triple; **~licate** tripler.

triumph ['traiəmf] triomphe *m*; triompher (**over** de).

trivial trivial; banal.

trod *prét. de* tread.

trodden *p.p. de* tread.

troll(e)y bus trolley *m*.

trombone trombone *m*.

troop troupe *f*; défiler.

trophy ['traufi] trophée *m*.

tropical tropical.

tropics *pl.* tropiques *m/pl.*

trot trot *m*; trotter.

trouble ['trʌbl] trouble *m*; souci *m*, chagrin *m*, peine *f*; difficulté *f*; troubler; chagriner; (se) déranger; (s')inquiéter; **~some** ennuyeux; fâcheux, pénible.

trough [trɔf] auge *f*; abreuvoir *m*; pétrin *m*.

trousers *pl.* pantalon *m*.

trout truite *f*.

truant ['tru:ənt] **play ~** faire l'école buissonnière.

truce [tru:s] trêve *f*.

truck fardier *m*, camion *m*; **~ driver** camionneur *m*.

true [tru:] vrai; exact; loyal; **come ~** se réaliser; **be ~ of** en être de même pour.

truffle truffe *f*.

truism truisme *m*, vérité *f* banale, lapalissade *f*.

truly vraiment; sincèrement.

trump atout *m*; *cartes:* couper; **~ up** inventer.

trumpet trompette *f*; **~er** trompette *m*.

truncheon ['trʌntʃən] bâton *m*.

trunk tronc *m*; trompe *f*; *Am.* auto coffre *m* à bagages; **~s** *pl.* slip *m*; **~-call** appel *m* interurbain.

trust confiance *f* (**in** en); *m*; se fier à; faire confiance à; **~ s. o. with s. th.** confier qc. à q.; **~ee** administrateur *m*; syndic *m*; **~ful** confiant; **~worthy** digne de confiance.

truth [tru:θ] vérité *f*; **~ful** vrai, véridique.

try [trai] essayer (**to** de); mettre à l'épreuve, éprouver; *dr.* juger; **~ on** essayer; **~ing** ardu, fatigant.

tub baignoire *f*, tub *m*.

tube [tju:b] tube *m*; tuyau *m*; *Br.* métro *m*; **inner ~** chambre *f* à air; **~less tyre** pneu *m* sans chambre.

tuberculosis tuberculose *f*.

tuck pli *m*, plissé *m*; **~ up** retrousser, relever.

Tuesday ['tju:zdi] mardi *m*.

tug remorqueur *m*; saccade *f* violente; tirer fort; traîner; remorquer; **~ of war** lutte *f* de traction.

tulip ['tju:lip] tulipe *f*.

tumble ['tʌmbl] (faire) tomber; dégringoler; **~r** gobelet *m*.

tumo(u)r *méd.* tumeur *f*.

tumult ['tju:mʌlt] tumulte *m*; tohu-bohu *m*.

tun tonne *f*; cuve *f*.

tuna thon *m*.

tune [tju:n] air *m*, mélodie *f*.

tunnel tunnel *m*.

turbine ['tə:bain] turbine *f*.

turbot turbot *m*.

turbulent ['tə:bjulənt] turbulent, tumultueux.

tureen [tə'ri:n] soupière *f*; saucière *f*.

turf gazon *m*; tourbe *f*.

Turk Turc *m*.

turkey dindon *m*.

Turkey Turquie *f*.

Turkish turc; ~ **towel** serviette-éponge *f*.

turmoil ['tə:mɔil] agitation *f*.

turn tour *m*; tournant *m*, virage *m*; tournure *f*; occasion *f*; **by** ~**s** alternativement; **it is my** ~ c'est mon tour; *v.* (se) tourner; changer, transformer; devenir; ~ **back** retourner; ~ **down** rabattre; refuser; ~ **off** fermer; ~ **on** ouvrir; ~ **out** (faire) sortir, chasser; se montrer; ~ **up** (se) relever; retrousser; arriver; ~**ing** tournant *m*.

turnip navet *m*.

turn|-out rendement *m* total; ~**over** chiffre *m* d'affaires; ~**pike** tourniquet *m*; ~**-up** revers *m*.

turpentine térébenthine *f*.

turtle ['tə:tl] tortue *f*.

tusk [tʌsk] défense *f*.

tutor précepteur *m*; répétiteur *m*; *dr.* tuteur *m*.

tuxedo [tʌk'si:dəu] *Am.* smoking *m*.

tweezers *pl.* pince *f*.

twelve douze.

twenty vingt.

twice deux fois.

twig brindille *f*, ramille *f*.

twilight ['twailait] crépuscule *m*, demi-jour *m*.

twin beds *pl.* lits *m/pl.* jumeaux.

twine ficelle *f*; (s')enrouler; (s')entrelacer.

twinkl|e étinceler; clignoter; **in the ~ing of an eye** en un clin d'œil.

twins *pl.* jumeaux *m/pl.*

twist cordonnet *m*; torsion *f*, contorsion *f*; (se) tordre; (se) tortiller.

twitch élancement *m*; contraction *f* spasmodique; (se) crisper.

two [tu:] deux; ~**-piece** deux-pièces *m*.

tycoon [tai'ku:n] magnat *m*.

type type *m*, genre *m*; taper à la machine; ~**writer** machine *f* à écrire; ~**written** dactylographié.

typhoon [tai'fu:n] typhon *m*.

typical typique (**of** de).

typist dactylo *f*.

tyranny ['tirəni] tyrannie *f*.

tyrant ['taiərənt] tyran *m*.

tyre pneu(matique) *m*.

U

udder mamelle *f.*
ugliness laideur *f.*
ugly [ˈʌɡli] laid; vilain.
U.K. = United Kingdom.
ulcer ulcère *m.*
ulterior [ʌlˈtiəriə] ultérieur.
ultimate dernier; final.
ultra-violet ultra-violet.
umbrella parapluie *m.*
umpire [ˈʌmpaiə] arbitre *m.*
un|abashed [ʌnəˈbæʃt]
être déconcerté; **~able** incapable; **~abridged** non abrégé; complet; **~acceptable**
inacceptable; désagréable;
~accountable inexplicable;
~accustomed inaccoutumé
(**to** à); **~acquainted with**
peu versé dans; **~affected**
naturel, insensible (**by** à);
~alterable inchangeable.

unanimity [juːnəˈnimiti]
unanimité *f.*
unanimous unanime.
un|answerable irréfutable;
~approachable inaccessible, inabordable; **~armed**
sans armes; **~asked** sans
avoir été invité; spontané
(-ment); **~assuming** modeste; **~attainable** impossible à atteindre; **~attended**
seul, sans escorte; **~at-
tractive** peu séduisant;
~authorized sans autorisation; illicite; **~avoidable**
inévitable.

unaware: be ~ of ignorer; **~s**

au dépourvu, à l'improviste;
par mégarde.
un|balanced déséquilibré;
~bearable insupportable;
~becoming peu conve-
nable; malséant; **~bend** (se) détendre; **~bias(s)ed** impartial; **~bidden** sans être invité; **~bind** délier, détacher;
~bolt déverouiller.
unbound libre; *livre:* non
relié; **~ed** illimité, infini.
un|breakable incassable;
~broken non brisé; continu;
~button déboutonner;
~canny mystérieux; sinistre;
~ceasing incessant; continuel; **~certain** incertain;
irrésolu; **~changeable** immuable; **~checked** effréné;
~civil impoli; **~claimed**
non réclamé; *lettre:* au rebut.
uncle [ˈʌŋkl] oncle *m.*
un|clean malpropre; **~com-
fortable** inconfortable; mal
à l'aise; **~common** peu
ordinaire; rare; **~con-
cerned** indifférent; in-
souciant; **~conditional** catégorique; **~conscious** inconscient; évanoui; **~con-
tested** incontesté; **~con-
trollable** absolu; irrésistible;
~cooked cru; **~cork** débou-
cher; **~couple** [ʌn-
ˈkʌpl] découpler; **~cover**
découvrir; **~cultivated** in-

culte; **~daunted** [ʌn'dɔ:ntid] intrépide; **~decided** indécis; **~defined** indéfini; indéterminé; **~deniable** incontestable.

under sous, au-dessous de; dessous; **~bid** offrir moins que (q.); **~clothes** pl. vêtements m/pl. de dessous, linge m de corps; **~developed** sous-développé; **~done** saignant; **~estimate** sousestimer; **~expose** sousexposer; **~fed** sous-alimenté; **~go** subir; supporter; **~graduate** étudiant m non diplomé; **~ground** souterrain; métro m; **~line** souligner; **~lying** fondamental; **~mine** saper; miner; **~neath** [ʌndə'ni:θ] sous, au-dessous de; dessous; **~pants** pl. caleçon m; **~pass** passage m souterrain; **~shirt** gilet m (de corps); **~signed** soussigné m; **~sized** de taille non suffisante; **~stand** comprendre; **~standing** entente f, accord m; **~stood** prét. et p.p. de **understand**; **~take** entreprendre; promettre; **~taking** entreprise f; **~water** sous-marin; **~wear** vêtements m/pl. de dessous.

un|deserved non mérité; **~desirable** indésirable, désagréable; **~did** prét. de **undo**; **~digested** non digéré; **~diminished** sans diminution; **~disturbed** sans être troublé; **~do** défaire;

délier, détacher; **~done** p.p. de **undo**; **~doubted** incontestable; **~dress** (se) déshabiller; **~duly** indûment, trop; **~earthly** [ʌn'ə:θli] surnaturel; **~easiness** malaise m; inquiétude f; **~easy** mal à l'aise; **~eatable** immangeable; **~educated** inculte; vulgaire; **~employed** sans travail.

unemployment chômage m; **~ benefit** allocation f de chômage.

un|equal inégal; **~even** inégal; impair; **~exampled** sans exemple; **~expected** inattendu; imprévu; **~explored** inexploré; **~exposed** phot. vierge; **~failing** infaillible; **~fair** injuste; **~fasten** défaire; détacher; **~fathomable** insondable; **~favo(u)rable** défavorable; contraire; **~feeling** insensible; **~finished** incomplet; **~fit** incapable; déplacé; **~fold** déplier; exposer (projet); se déployer; **~foreseen** imprévu; inattendu; **~forgiving** implacable; **~fortunately** malheureusement; **~friendly** peu amical; hostile; **~furnished** non meublé; **~gainly** maladroit, dégingandé; **~grateful** ingrat; **~guarded** sans défense; irréfléchi; **~happy** malheureux; **~healthy** malsain; maladif; **~heard-of**

inouï; **~hinged** *esprit:* dérangé; **~hoped-for** inespéré; **~hurt** sain et sauf.

uniform ['juːnifɔːm] uniforme; uniforme *m*.

un|impaired intact; non diminué; **~important** insignifiant; **~inhabited** inhabité; **~injured** indemne; sain et sauf; **~insured** non assuré; **~intelligent** inintelligent; **~intelligible** inintelligible; **~intentional** involontaire; **~interesting** sans intérêt.

union ['juːnjən] union *f*; syndicat *m*; concorde *f*, harmonie *f*, ⚓ Jack pavillon *m* britannique.

unique [juːˈniːk] unique.

unit [ˈjuːnit] unité *f*; élément *m*; **~e** (s')unir; (se) réunir; the **~ed Kingdom** le Royaume-Uni; the **~ed States (of America)** *pl.* les États-Unis *m/pl.* (d'Amérique); **~y** unité *f*; concorde *f*.

univers|al [juːniˈvəːsl] universel; **~ality** universalité *f*; **~e** univers *m*; **~ity** université *f*.

un|just injuste; **~kind** peu aimable; **~known** inconnu; **~lace** délacer; **~lawful** illégal, illicite; **~learned** inculte.

unless [ənˈles] à moins que (*ou* de); si ... ne ... pas.

unlike différent, dissemblable; autrement que.

unlikely invraisemblable; **this is ~ to happen** il est peu probable que cela se produise.

un|limited illimité; **~load** décharger.

unlock ouvrir; **~ed** ouvert.

un|looked-for inattendu; imprévu; **~lucky** infortuné; malchanceux; **~manageable** intraitable; **~married** célibataire; **~matched** sans pareil; **~mentionable** dont on ne parle pas; **~merciful** impitoyable; **~mindful of** peu soucieux de; **~mistakable** typique; indiscutable.

unmoved non ému; impassible.

un|natural anormal; contre nature; **~necessary** inutile; excessif; **~noticed** inaperçu; **~occupied** libre; **~pack** déballer; **~paid** non payé; **~palatable** désagréable au goût; **~perceived** inaperçu; **~pleasant** désagréable; **~popular** impopulaire; **~practised** inexpérimenté; **~precedented** sans précédent; **~prejudiced** sans préjugés; **~prepared** non préparé; improvisé; **~pretentious** modeste; **~profitable** peu lucratif; inutile; **~proved** non éprouvé; **~provoked** non provoqué; **~qualified** incompétent; sans restriction; **~questionable** incontestable; **~ravel** (se) démêler, (se) débrouiller; **~reasonable** déraisonnable; absurde; **~refined**

inculte, grossier; **~relenting** implacable; **~reliable** douteux; instable; **~rest** agitation *f*; **~restrained** sans contrainte; **~rewarded** sans récompense; **~ripe** vert; pas mûr; **~rival(l)ed** sans égal; **~roll** (se) dérouler; **~ruly** mutin, insoumis; **~safe** dangereux; **~satisfactory** peu satisfaisant; **~screw** dévisser; **~scrupulous** sans scrupules; **~seasonable** inopportun; **~seemly** peu convenable; **~seen** inaperçu, à la dérobée; **~selfish** sans égoïsme; **~serviceable** inutile, bon à rien.

unsettle déranger; **~d** dérangé; non réglé; indécis; instable; en suspens.

unshapely [ʌnˈʃeipli] informe.

unshrink|able irrétrécissable; **~ing** inébranlable.

un|sightly laid; **~skilled** inexpérimenté; *ouvrier;* non qualifié; **~sociable** insociable; **~sold** invendu; **~solved** non résolu; **~sound** malsain; **~speakable** inexprimable; **~steady** incertain, irrésolu; **~studied** naturel; **~successful** sans succès; raté; **~suitable** mal approprié; **~suspicious** crédule; **~systematic** sans méthode; **~thinkable** inconcevable; **~thinking** irréfléchi; **~tidy** négligé; en désordre; **~tie** dénouer, défaire; détacher.

until [ənˈtil] jusqu'a; jusqu'à ce que; avant.

un|timely [ʌnˈtaimli] inopportun; prématuré; **~tiring** infatigable; **~touched** non touché; intact; indifférent (**by** à); **~translatable** intraduisible; **~tried** non essayé; inexpérimenté; **~true** faux, inexact; déloyal; **~truth** mensonge *m;* **~used** inutilisé; neuf; **~usual** insolite; exceptionnel; **~veil** dévoiler, découvrir; **~welcome** importun; **~well** indisposé; **~wholesome** malsain; **~wieldy** peu maniable; gauche; **~wise** imprudent; **~wittingly** à son insu; **~worthy** indigne; **~wrap** déballer; **~written** non écrit; **~yielding** inébranlable, inflexible.

up en haut; en l'air; debout; levé; **be hard ~** avoir peu d'argent; **be ~ to s.th.** être à la hauteur de qc.; **what's he ~ to?** qu'est-ce qu'il fricote?; **what's ~?** qu'est-ce qu'il y a?

up|hill montant; *travail;* ardu; **~hold** soutenir.

upholster tapisser.

upkeep entretien *m.*

upon [əˈpɒn] sur.

upper supérieur, (plus) haut; d'en haut; de dessus; **the ~ class** la haute société.

upright droit, vertical; intègre; debout, d'aplomb.

uproar [ˈʌprɔː] tumulte *m,* tapage *m.*

value

upset [ʌp'set] renverser; bouleverser.

upside-down sens dessus dessous.

upstairs en haut.

upstart parvenu *m*.

uptake: to be slow in the ~ avoir l'esprit bouché.

up-to-date moderne.

upward ['ʌpwəd] ascendant, montant.

urban urbain.

urge [əːdʒ] pousser, presser; ~ncy urgence *f*; ~nt urgent.

urn urne *f*.

us [ʌs] nous.

U.S.(A.) = United States (of America).

usable utilisable.

usage ['juːzidʒ] usage *m*; traitement *m*.

use usage *m*, emploi *m*; utilité *f*; **of** ~ utile; **what's the** ~ **(of)?** à quoi bon?; *v.* se servir

de, employer; ~ **up** épuiser; **~d** usagé; habitué (**to** à); **he ~d to say**, *etc.* il disait, *etc.*; **be ~d to** avoir l'habitude de; **~ful** utile; **~less** inutile; **~r** usager *m*.

usher *thea.* ouvreur *m*, ouvreuse *f*; ~ **in** introduire; **~ette** ouvreuse *f*.

usual ['juːʒuəl] habituel, accoutumé; **as** ~ comme d'habitude; **~ly** d'habitude.

usur|er usurier *m*; **~y** usure *f*.

utensil [juː'tensl] ustensile *m*.

utili|ty [juː'tiləti] utilité *f*; **~zation** utilisation *f*; **~ze** utiliser.

utmost dernier, extrême.

utter[1] total, entier; absolu.

utter[2] pousser (*cri*); prononcer (*mot*); **~ance** parole *f*; expression *f*.

uttermost extrême.

V

vacancy vacuité *f*, vide *m*; poste *m* vacant.

vacant vacant, libre; vide; vague.

vacation vacances *f/pl.*

vaccinat|e vacciner; **~ion** vaccination *f*.

vacillate vaciller; hésiter (**between** entre).

vacuum ['vækjuəm] vide *m*; ~ **cleaner** aspirateur *m*; ~ **flask** thermos *m*.

vagabond vagabond *m*.

vague [veig] vague.

vain [vein] vain; vaniteux; futile; **in** ~ en vain.

valerian valériane *f*.

valet valet *m* de chambre.

valiant ['væljənt] vaillant.

valid valide, valable; **~ity** validité *f*.

valley vallée *f*; vallon *m*.

valo(u)r ['vælə] valeur *f*; vaillance *f*.

valuable précieux; **~s** *pl.* objets *m/pl.* de valeur.

value ['væljuː] valeur *f*, prix *m*; évaluer; tenir à; **~-added**

tax taxe *f* sur la valeur ajoutée.

valve soupape *f*; *radio* valve *f*.

vamp[1] empeigne *f*.

vamp[2] femme *f* fatale.

van camionnette *f*; *ch.d.f.* fourgon *m*.

vanilla vanille *f*.

vanish disparaître.

vanity vanité *f*; ~ **case** poudrier *m*.

vaporize (se) vaporiser.

vapo(u)r vapeur *f*.

variable variable.

variance désaccord *m*.

variation variation *f*; différence *f*; changement *m*.

varicose vein varice *f*.

variety [vəˈraiəti] variété *f*; diversité *f*; ~ **show** spectacle *m* de music-hall.

various divers, différent.

varnish vernis *m*, vernir, vernisser; *fig.* farder.

vary varier, changer.

vase [vɑːz] vase *m*.

vast vaste, immense.

vault[1] [vɔːlt] voûte *f*; cave *f*.

vault[2] saut *m*; (~ **over**) sauter.

veal [viːl] veau *m*; **roast** ~ rôti *m* de veau.

vegeta|ble [ˈvedʒtəbl] légume *m*; ~**rian** végétarien *m*; ~**tion** végétation *f*.

vehemence véhémence *f*.

vehement véhément.

vehicle véhicule *m* (*a. fig.*).

veil voile *m*; (se) voiler.

vein [vein] veine *f*.

velocity vélocité *f*, vitesse *f*.

velvet de velours; velours *m*.

vend vendre; ~**or** vendeur *m*.

vending machine distributeur *m* automatique.

venerate vénérer.

veneration vénération *f*.

venereal disease maladie *f* vénérienne.

Venetian [vəˈniːʃən] **blind** jalousie *f*.

vengeance [ˈvendʒəns] vengeance *f*.

venison [ˈvenzn] venaison *f*; chasse *f*.

vent issue *f*, passage *m*; trou *m*; **give** ~ **to** donner libre cours à.

ventilate ventiler; aérer.

ventilation ventilation *f*; aérage *m*.

ventriloquist ventriloque *m*.

venture [ˈventʃə] aventure *f*, entreprise *f* hasardeuse; (se) risquer; (s')aventurer; ~**some** audacieux.

veracious [vəˈreiʃəs] véridique.

veranda(h) véranda *f*.

verb verbe *m*; ~**al** verbal; *traduction:* mot à mot.

verdict verdict *m*.

verdigris vert-de-gris *m*.

verge bord *m*, bordure *f*; ~ **on** frôler, friser.

verify [ˈverifai] vérifier.

veritable véritable.

vermin vermine *f*.

verse vers *m*.

versed in versé dans.

version version *f*.

versus contre.

vertical vertical.

very très, fort, bien; **the ~ best** tout ce qu'il y a de mieux; **this ~ day** aujourd'hui même; **in the ~ act** en flagrant délit; **~ well** très bien.

vessel vaisseau *m*; navire *m*.

vest¹ gilet *m*.

vest² investir de; **~ed rights** *pl*. droits *m*/*pl*. acquis.

vestibule ['vestibju:l] vestibule *m*.

vestige ['vestidʒ] vestige *m*.

vestry sacristie *f*.

veteran ancien combattant *m*.

veterinar|ian, **~y surgeon** vétérinaire *m*.

veto ['vi:təu] (*pl*. **~es**) veto *m*; mettre son veto à.

vex fâcher, vexer, ennuyer; **~ation** ennui *m*; **~atious** fâcheux.

via via; par (la voie de).

viaduct viaduc *m*.

vibrat|e [vai'breit] vibrer; osciller; **~ion** vibration *f*.

vicar curé *m*; ministre *m*.

vice¹ vice *m*; défaut *m*.

vice² étau *m*.

vice|-consul vice-consul *m*; **~-president** vice-président *m*.

vice versa [vaisi'və:sə] vice versa, inversement.

vicinity voisinage *m*.

vicious ['viʃəs] vicieux.

victim victime *f*.

victorious victorieux.

victory victoire *f*.

victuals ['vitlz] *pl*. vivres *m*/*pl*.

vie [vai] **with** rivaliser avec.

view [vju:] vue *f*, coup *m* d'œil; regard *m*; intention *f*, but *m*; opinion *f*; regarder; voir, examiner; **point of ~** point *m* de vue; **~finder** viseur *m*.

vigilance ['vidʒiləns] vigilance *f*.

vigorous vigoureux, robuste.

vigo(u)r vigueur *f*.

vile vil, abject, bas.

villa villa *f*.

village ['vilidʒ] village *m*.

villain infâme *m*; gredin *m*.

vindicate défendre, justifier; prouver.

vine vigne *f*.

vinegar ['vinigə] vinaigre *m*.

vineyard ['vinjəd] vignoble *m*.

vintage vendange(*s pl*.) *f*; vin *m*, cru *m*.

viol|ate violer, **~ence** violence *f*; **~ent** violent.

violet *fleur*: violette *f*; *couleur*: violet (*m*).

violin [vaiə'lin] violon *m*.

viper vipère *f*.

virgin vierge *f*; **~al** virginal, de vierge.

virtue ['və:tju:] vertu *f*; mérite *m*; **by ~ of** en vertu de.

virtuous vertueux.

visa visa *m*.

viscount ['vaikaunt] vicomte *m*.

visibility visibilité *f*.

visible visible.

vision ['viʒən] vision *f*; vue *f*.

visit visite *f*; aller voir, rendre visite à; visiter; **~ing-card**

carte f de visite; **~ing hours**
pl. heures f/pl. de visite; **~or**
visiteur m; invité m.

visual ['viʒjuəl] visuel; **~ize** se
représenter.

vital ['vaitl] vital; essentiel;
~ity vitalité f.

vitamin vitamine f.

vivaci|ous [vi'veiʃəs] vivace,
vif, animé; **~ty** vivacité f;
verve f.

vivid vif; net, clair.

vocabulary vocabulaire m.

vocal vocal; **~ chords** pl.
cordes f/pl. vocales.

vocation vocation f; profession f, métier m; **~al guiding**
orientation f professionnelle.

vogue [voug] vogue f.

voice voix f.

void vide (m); **~ of** dépourvu
de, dénué de.

volcano (pl. **~es**) volcan m.

volley volée f.

volt volt m.

voltage voltage m.

voluble ['vɔljubl] volubile.

volume volume m, masse f;

tome m; **~ control** radio
régulateur m de puissance.

voluntary volontaire.

volunteer volontaire m, f;
s'offrir (**for** pour); offrir (**to**
de).

voluptuous [və'lʌptʃuəs]
voluptueux.

vomit vomir.

voracious [və'reiʃəs] vorace.

vote vote m, scrutin m; voter;
~r votant m.

voting|-booth cabine f de
vote; **~-box** urne f de vote.

vouch [vautʃ] **for** se porter
garant de; **~er** pièce f justifi-
cative; reçu m, bon m.

vow [vau] vœu m; jurer.

vowel voyelle f.

voyage ['vɔiidʒ] voyage m sur
mer (ou Am. en avion);
traversée f; voyager sur mer;
naviguer; **~r** passager m.

vulgar vulgaire, commun, de
mauvais goût; **~ity** vulgarité
f, grossièreté f.

vulnerable vulnérable.

vulture ['vʌltʃə] vautour m.

W

wad tampon m, bouchon m;
~ding rembourrage m.

waddle ['wɔdl] se dandiner.

wade marcher dans l'eau;
passer à gué.

wafer gaufrette f; hostie f.

waffle gaufre f.

wag farceur m; (se) remuer,
(s')agiter.

wage-earner salarié m.

wages pl. salaire m.

waggon ['wægən] charrette f,
chariot m; fourgon m; wagon
m.

wail plainte f; gémir; se
lamenter (**over** sur).

wainscot boiserie f.

waist ceinture f, taille f; **~coat**
['weiskət] gilet m.

wait attendre; **~ for** attendre

(*q., qc.*); ~ **upon** servir (*q.*); **keep** ~**ing** faire attendre; ~**er garçon** *m*; ~**ing-list** liste *f* d'attente; ~**ing-room** salle *f* d'attente; ~**ress** serveuse *f*.

wake[1] sillon *m*; sillage *m*.

wake[2] (se) réveiller; (s')éveiller; ~ **up** (se) réveiller; ~**n** (s')éveiller.

walk [wɔːk] promenade *f*; marche *f*; marcher; aller à pied; se promener; ~**er** promeneur *m*, marcheur *m*.

walking|-**stick** canne *f*; ~**tour** marche *f*.

walk|-**out** grève *f*; ~**over** victoire *f* facile.

wall muraille *f*, mur *m*; *a*. ~ **in** (*ou* **up**) murer.

wallet portefeuille *m*.

wallow se vautrer, se rouler.

wallpaper papier *m* peint.

walnut noix *f*; noyer *m*.

waltz [wɔːls] valse *f*; valser.

wand [wɔnd] baguette *f*.

wander errer, rôder, divaguer; ~**er** vagabond *m*.

wane [wein] déclin *m*; *lune*: décours *m*; décroître *f*.

want besoin *m*, manque *m*; **for** ~ **of** faute de; *v.* manquer de, avoir besoin de; désirer, souhaiter; vouloir.

war guerre *f*; lutte *f*.

ward garde *f*; tutelle *f*; *hôpital*: salle *f*; ~ **off** parer, détourner; ~**en** gardien *m*.

wardrobe ['wɔːdrəub] garderobe *f*; armoire *f*; ~**trunk** malle-armoire *f*.

ware marchandise *f*; ~**house** entrepôt *m*; mettre en entrepôt.

warlike guerrier, martial.

warm chaud; *fig.* cordial, animé; (se) (ré)chauffer.

warmonger ['wɔːmʌŋgə] belliciste *m*.

warmth [wɔːmθ] chaleur *f*.

warn avertir; prévenir; ~**ing** avertissement *m*.

warp (faire) gauchir.

warrant garantie *f*; ~ **of arrest** mandat *m* d'arrêt; *v.* garantir; justifier.

wart verrue *f*.

wary ['wɛəri] avisé, prudent; **be** ~ **of** se méfier de.

wash lessive *f*; (se) laver; ~ **up** faire la vaisselle; ~**able** lavable; ~ **and wear** sans repassage; ~**basin** lavabo *m*.

washing lessive *f*; ~**machine** machine *f* à laver; ~**powder** savon *m* en poudre, lessive *f*.

wash|-**out** *fam.* fiasco *m*, four *m* (noir); ~**rag** *Am.* gant *m* de toilette; ~**room** toilettes *f/pl.*; ~**stand** lavabo *m*.

wasp guêpe *f*.

waste perdu *m* de rebut; *terre*: inculte; gaspillage *m*; gâcher, gaspiller; ~**ful** prodigue; ~**paper basket** corbeille *f* à papier.

watch montre *f*; garde *f*; observer; regarder; ~ **for** guetter; ~ **out** prendre garde; ~ **out!** attention! ~ **over** garder, veiller sur; ~**band**

bracelet *m*; ~**ful** vigilant; ~~**maker** horloger *m*; ~**man** veilleur *m*, gardien *m*.

water eau *f*; arroser; boire; se mouiller; **make a person's mouth** ~ faire venir l'eau à la bouche; ~~**colo(u)r** aquarelle *f*; ~~**cooling** refroidissement *m* par eau; ~**cress** cresson *m*; ~**fall** cascade *f*; ~**ing-place** abreuvoir *m*; station *f* thermale; ville *f* d'eau; ~**melon** pastèque *f*; ~**pipe** tuyau *m* d'eau; ~**proof** imperméable *m*; ~ **skiing** ski *m* nautique; ~ **skis** *pl.* skis *m/pl.* nautiques; ~~**supply** approvisionnement *m* en eau; ~~**tight** étanche; ~~**way** voie *f* d'eau; ~**y** aqueux; humide.

watt watt *m*.

wave vague *f*; onde *f*; ondulation *f*; onduler; (s')agiter; flotter; faire signe de la main; ~~**length** longueur *f* d'onde.

waver ['weivə] vaciller; *fig.* hésiter.

wavy ondulé.

wax¹ cire *f*; cirer.

wax² *lune:* croître.

waxworks *pl.* figures *f/pl.* de cire.

way chemin *m*, route *f*, voie *f*; sens *m*; manière *f*, mode *f*; moyen *m*; ~ **in** entrée *f*; ~ **out** sortie *f*; **by the** ~ à propos; **by** ~ **of** à titre de; **out of the** ~ *fig.* extraordinaire; **have one's** ~ en faire à sa tête; ~**lay** embusquer; ~**side** bord

m de la route; ~**ward** capricieux, entêté.

we nous.

weak [wiːk] faible; ~**en** (s')affaiblir; ~**ly** faible; ~~**ness** faiblesse *f*.

wealth [welθ] richesse *f*, opulence *f*; ~**y** riche, opulent.

weapon ['wepən] arme *f*.

wear porter (*vêtements*); user; fatiguer, épuiser; ~ **away** (**down, out**) (s')user; (s')effacer; *su.* usure *f*; ~ **for hard** ~ de bon usage.

weariness fatigue *f*.

weary ['wiəri] fatigué; las (**of** de).

weather temps *m*; ~~**beaten** usé par le temps; ~~**bureau** office *m* météorologique; ~~**forecast,** ~ **report** bulletin *m* météorologique, *fam.* météo *f*; ~**proof** étanche, imperméable.

weave tisser; tresser.

weaver tisserand *m*.

web tissu *m*; toile *f*.

wed (se) marier; épouser.

wedding noce(s *pl.*) *f*; mariage *m*; **golden** (**silver**) ~ noce *f/pl.* d'or (d'argent); ~~**dress** robe *f* de mariée; ~~**ring** alliance *f*.

wedge [wedʒ] coin *m*; cale *f*; caler; ~ **in** insérer; coincer.

Wednesday ['wenzdi] mercredi *m*.

weed mauvaise herbe *f*.

week [wiːk] semaine *f*; **a** ~ **ago** il y a huit jours; **today** ~ d'aujourd'hui en huit; ~**day**

jour *m* ouvrable; **~-end** fin *f* de la semaine; week-end *m*; **~ly** hebdomadaire (*m*); *adv.* par semaine; tous les huit jours.

weep pleurer.

weigh [wei] peser; estimer, évaluer; **~ anchor** lever l'ancre; **~ down** accabler.

weight poids *m*; lourdeur *f*; importance *f*; **~y** lourd; important.

welcome bienvenu; bienvenue *f*; souhaiter la bienvenue à; accueillir; **(you are) ~!** pas de quoi!

weld souder.

welfare bien-être *m*; **social ~** assistance *f* sociale.

well[1] puits *m*; jaillir.

well[2] bien *m*; bien portant; **as ~ as** aussi bien que; **I am ~** je vais bien; **~-done** cuis. bien cuit; **~-known** célèbre; **~-meaning** bien intentionné; **~-off, ~-to-do** cossu, aisé.

went *prét. de* **go.**

wept *prét. et p.p. de* **weep.**

west ouest *m*; occident *m*; **~ern** de l'ouest; occidental; **~ward(s)** à (*ou* vers) l'ouest.

wet mouillé, humide; **~ through** trempé; *su.* humidité *f*; *v.* mouiller; humecter; arroser.

whale baleine *f*; **~bone** baleine *f.*

wharf [wɔ:f] quai *m*; **~age** quayage *m.*

what qu'est-ce qui?; qu'est-ce que?; ce qui, ce que; qui, que,

quel; **~ else** quoi d'autre; **~-ever** quoi que ce soit; quelque … que; tout ce que; **~ for** pourquoi; à quoi.

wheat [wi:t] froment *m*; blé *m.*

wheel roue *f*; rouler; tournoyer; **~barrow** brouette *f.*

when quand, lorsque; où.

whence d'où.

whenever toutes les fois que.

where où; **~abouts** où?; lieu *m* où l'on se trouve; **~as** tandis que; **~upon** sur quoi; là-dessus.

wherever n'importe où; partout où.

whet aiguiser; *fig.* exciter.

whether si; soit que; **~ … or** si … ou.

which [witʃ] qui, que, lequel; ce qui, ce que; **~ever** n'importe (le)quel.

while pendant que, tandis que; temps *m*, moment *m*; **~ away** faire passer (*temps*).

whim caprice *m*; lubie *f.*

whimper pleurnicher.

whimsical capricieux.

whine geindre, pleurnicher.

whip fouet *m*; fouetter; battre (*œufs*); **~ped cream** (crème *f*) Chantilly *m.*

whirl [wə:l] tourbillon *m*; (faire) tournoyer (*ou* tourbillonner); **~pool** tourbillon *m*; **~wind** tourbillon *m*, cyclone *m.*

whisk époussette *f*; agiter; **~ away** faire disparaître, chasser.

whiskers *pl.* favoris *m/pl.*

whisper chuchotement *m*; chuchoter; parler bas.

whistle ['wisl] sifflet *m*; sifflement *m*; siffler.

white [wait] blanc; **~ lie** pieux mensonge *m*; **~-hot** chauffé à blanc; *su. œuf:* blanc *m*; **~n** blanchir; **~ness** blancheur *f*; pâleur *f*; **~wash** blanc *m* de chaux; blanchir à la chaux; *fig.* disculper.

Whitsuntide Pentecôte *f*.

whiz(z) [wiz] siffler.

who [hu:] qui; qui est-ce qui; **~ever** quiconque.

whole [houl] entier, intégral, tout; totalité *f*, tout *m*; **on the ~** à tout prendre; **~sale** vente *f* en gros; de gros; en gros; **~saler** grossiste *m*; **~some** salubre; salutaire.

whom [hu:m] qui; que; lequel.

whoop [hu:p] huer, crier; **~ing-cough** *méd.* coqueluche *f*.

whose [hu:z] dont, de qui, duquel; **~ hat is this?** à qui (est) ce chapeau?

why [wai] pourquoi.

wick mèche *f*.

wicked ['wikid] méchant, mauvais; **~ness** méchanceté *f*.

wicker chair fauteuil *m* d'osier.

wide large, vaste, étendu; immense; **~ awake** bien éveillé; **~n** (s')élargir; **~spread** répandu.

widow veuve *f*; **~er** veuf *m*.

width [widθ] largeur *f*, étendue *f*.

wield manier.

wife (*pl.* **wives**) femme *f*, épouse *f*.

wig perruque *f*.

wild [waild] sauvage; féroce; fou; **run ~** se dévergonder; faire des fredaines; **~cat strike** grève *f* illégale; **~erness** ['wildənis] désert *m*; **~fire: spread like ~fire** se répandre comme une traînée de poudre.

wilful têtu; fait à dessein.

will volonté *f*; décision *f*; testament *m*; **at ~** à volonté; *v.* vouloir; avoir l'habitude de; **be ~ing to** vouloir bien, être prêt à; **~ingly** volontiers.

willow saule *m*.

win gagner.

wince tressaillir; **not to ~** ne pas broncher.

wind[1] [waind] tourner; (s')enrouler; serpenter; **~ up** remonter (*montre*); finir.

wind[2] [wind] vent *m*; **get ~ of** avoir vent de; **~bag** bavard *m*; **~fall** *fig.* aubaine *f*.

winding ['waindiŋ] sinuosité *f*; en spirale; **~ stairs** *pl.* escalier *m* en colimaçon; **~ up** *affaire:* liquidation *f*.

windlass treuil *m*.

window ['windou] fenêtre *f*; **~-dressing** étalage *m*; *fig.* trompe-l'œil *m*; **~-pane** carreau *m*; **~-shopping: go ~-shopping** faire du lèche-vitrines; **~-shutter** contrevent *m*; **~-sill** appui *m* de fenêtre.

windpipe trachée f.

windscreen, Am. **windshield** mot. pare-brise m; ~ **wiper** essuie-glace m; ~ **washer** lave-glace m.

windy venteux.

wine vin m; ~**glass** verre m à vin; ~**-list** carte f des vins; ~ **merchant** marchand m de vins.

wing aile f.

wink ['wiŋk] clin m d'œil; cligner de l'œil; clignoter.

winner gagnant m; vainqueur m.

winning gagnant; séduisant, charmeur.

winter hiver m; hiverner.

wipe essuyer; ~ **out** effacer; ~ **up** nettoyer.

wire ['waiə] fil m de fer; télégramme m; télégraphier.

wireless sans fil; Br. radio f; ~ **message** radiogramme m; ~ **'set** Br. poste m, radio f.

wire|-netting grillage m; ~**puller** meneur m.

wisdom ['wizdəm] sagesse f.

wise sage; prudent, discret; ~**crack** faire le malin, faire de l'esprit.

wish désir m; souhait m; désirer; souhaiter.

wistful désireux, nostalgique; rêveur; pensif.

wit esprit m; bon sens m; **be at one's** ~**'s end** être au bout de son rouleau.

witch [witʃ] sorcière f.

with avec; de; par; dans; chez; parmi; contre.

withdraw (se) retirer; se dégager; ~**al** retrait m; retraite f.

wither (se) dessécher, (se) flétrir; dépérir.

withhold from refuser à.

within dedans; à l'intérieur (de); dans.

without sans; dehors; **do** ~ se passer de.

withstand résister à.

witness témoin m; témoignage m; témoigner; assister à; ~**-box,** Am. ~ **stand** barre f des témoins.

witty spirituel; plaisant.

woke prét. de wake[2].

woken p.p. de wake[2].

wolf [wulf] (pl. wolves) loup m.

woman ['wumən] (pl. women ['wimin]) femme f; ~**ish** efféminé; ~**ly** féminin.

won prét. et p.p. de win.

wonder étonnement m, merveille f, surprise f; s'étonner; se demander; vouloir bien savoir; ~**ful** merveilleux.

woo courtiser.

wood bois m; forêt f; ~**en** de (ou en) bois; ~**land** pays m boisé; bois m; ~**work** boiserie f; charpente f; ~**y** boisé.

wool laine f.

woollen de laine, en laine.

word [wə:d] mot m; parole f; nouvelle f; **have** ~**s** se disputer avec; ~**ing** expression f, style m.

wore prét. de wear.

work [wə:k] travail m; besogne *f*; œuvre *f*; ouvrage *m*; travailler; fonctionner, aller; **~s** (*pl.*) usine *f*; rouage *m*; **~ out** (se) développer; **~ permit** permis *m* de travail; **~ up** exciter; **~er** travailleur *m*, ouvrier *m*.

working: in ~ order en état de fonctionner; **~ capital** fonds *m/pl.* d'exploitation; **~ classes** *pl.* classe *f* ouvrière; **~ day** jour *m* ouvrable; **~ hours** *pl.* heures *f/pl.* de travail.

workman ouvrier *m*; artisan *m*; **~ship** ouvrage *m*, travail *m*; façon *f*, exécution *f*.

workshop atelier *m*.

world [wə:ld] monde *m*; l'univers *m*; **~ championship** championnat du monde; **~-famous** de renommée mondiale; **~ly** du monde; **~ power** puissance *f* mondiale; **~ war** guerre *f* mondiale; **~- wide** universel; mondial.

worn *p.p.* de **wear**.

worn-out usé; épuisé.

worry souci *m*, ennui *m*; (se) tourmenter, (s')inquiéter.

worse [wə:s] pire; plus mauvais; plus malade; **~ and ~** de mal en pis.

worship culte *m*; vénération *f*; adorer.

worst le plus mauvais, le pire; **get the ~ of it** avoir le dessous.

worsted ['wustid] laine *f* peignée.

worth valeur *f*; prix *m*; **a**

dollar's, *etc.*, **~ of ...** pour un dollar, *etc.* de ...; **~less** sans valeur; **be ~ (one's) while**, **~-while** en valoir la peine; **~y** digne, de mérite.

would *prét. et conditionnel de* **will**.

would-be prétendu; soi-disant.

wound[1] [wu:nd] blessure *f*; blesser.

wound[2] [waund] *prét. et p.p. de* **wind**[1].

wove *prét.* de **weave**.

woven *p.p.* de **weave**.

wrap [ræp] (en)rouler, envelopper; emmitoufler; **be ~ped up in** être absorbé dans; **~per** couverture *f* (**postal ~per**) bande *f* de journal; **~ping-paper** papier *m* d'emballage.

wrath [rɔ:θ] colère *f*; courroux *m*.

wreath [ri:θ] guirlande *f*; tresse *f*, couronne *f* (de fleurs); **~e** [ri:ð] enguirlander.

wreck naufrage *m*; navire *m* naufragé; épave *f*, débris *m*; ruiner; faire naufrage; **~er service** *Am.* mot. service *m* de dépannage.

wrench torsion *f*; clef *f* (à écrous); tordre; forcer.

wrest [rest] **from** arracher à.

wrestle [resl] lutter; **~r** lutteur *m*, catcheur *m*.

wretched ['retʃid] misérable.

wriggle *se* tortiller; **~ into** se faufiler dans.

wring [riŋ] tordre; (**~ out**)

essorer (*linge*); ~ **from** arracher à.

wrinkle faux pli *m*; ride *f*; (se) rider; (se) plisser; froncer (*les sourcils*); **~-resistant** infroissable.

wrist poignet *m*; **~-watch** montre-bracelet *f*.

writ mandat *m*, ordonnance *f*.

write [rait] écrire; **~r** écrivain *m*, auteur *m*.

writing écriture *f*; écrit *m*; ~ **pad** bloc-notes *m*;

paper papier *m* à lettres.

written *p.p.* de **write**.

wrong faux; mauvais; mal *m*, tort *m*; faire tort à, nuire à; **be** ~ avoir tort, se tromper; ~ **number** *télé.* erreur *f* de numéro.

wrote *prét.* de **write**.

wrung *prét. et p.p.* de **wring**.

wry [rai] tordu; de travers; **pull a** ~ **face** faire la grimace.

X

Xmas ['krisməs] = **Christmas.**

X-ray rayon *m* X; radiographier; ~ **examination** exa-

men *m* radiographique; ~ **photography** radiographie *f*.

Y

yacht [jɔt] yacht *m*; faire du yachting; ~ **club** yacht-club *m*; **~ing** yachting *m*.

Yankee Yankee *m*.

yard[1] cour *f*.

yard[2] yard *m*.

yarn fil *m*; *fam.* conte *m*.

yawn [jɔːn] bâillement *m*; bâiller.

year [jəː] an *m*; année *f*; **~ly** annuel; tous les ans.

yearn [jəːn] désirer; ~ **for** soupirer après.

yeast levure *f*, ferment *m*.

yell hurlement *m*; hurler.

yellow jaune; **~ish** jaunâtre.

yelp jappement *m*; japper.

yes oui; si.

yesterday hier; **the day before** ~ avant-hier.

yet cependant; néanmoins, tout de même; encore; toujours; as ~ jusqu'à présent; **not** ~ pas encore.

yield donner, rapporter; céder (**to** à); rendement *m*, récolte *f*; **~ing** souple; *fig.* complaisant.

yoke attelage *m*; atteler.

yolk [jouk] jaune *m* d'œuf.

you vous, tu; on.

young jeune; neuf.

youngster jeune *m*.

your votre, vos, à vous; **~s** le (la) vôtre, les vôtres; **~self** (*pl.* **~selves**) toi-même vous-mêmes.

youth [ju:θ] jeunesse *f*; jeune homme *m*; ~**ful** jeune; de

jeunesse; ~ **hostel** auberge *f* de la jeunesse.

Yugoslavia Yougoslavie *f*.

Z

zeal [zi:l] zèle *m*; ~**ous** ['zeləs] zélé; enthousiaste.

zebra zèbre *m*; ~ **crossing** passage *m* clouté.

zenith ['zeniθ] zénith *m*.

zero ['ziərəu] zéro *m*.

zest goût *m*, saveur *f*; entrain *m*, verve *f*.

zigzag zigzag *m*; zigzaguer.

zinc zinc *m*.

zip code *Am.* code *m* postal.

zip(-fastener), zipper fermeture *f* à glissière.

zone zone *f*; ceinture *f*.

zoolog|**ical** [zəuə'lɔdʒikl] **garden** jardin *m* zoologique, zoo *m*; ~**y** [zəu'ɔlədʒi] zoologie *f*.

zoom lens objectif *m* transfocateur.

zoom (up) monter en flèche.

Nombres
Numbers

Nombres cardinaux — Cardinal Numbers

0 zéro *nought, zero*
1 un, une *one*
2 deux *two*
3 trois *three*
4 quatre *four*
5 cinq *five*
6 six *six*
7 sept *seven*
8 huit *eight*
9 neuf *nine*
10 dix *ten*
11 onze *eleven*
12 douze *twelve*
13 treize *thirteen*
14 quatorze *fourteen*
15 quinze *fifteen*
16 seize *sixteen*
17 dix-sept *seventeen*
18 dix-huit *eighteen*
19 dix-neuf *nineteen*
20 vingt *twenty*
21 vingt et un *twenty-one*
30 trente *thirty*
40 quarante *forty*
50 cinquante *fifty*
60 soixante *sixty*
70 soixante-dix *seventy*

80 quatre-vingt(s) *eighty*
81 quatre-vingt-un *eighty-one*
90 quatre-vingt-dix *ninety*
91 quatre-vingt-onze *ninety-one*
100 cent *a (ou one) hundred*
101 cent un *one hundred and one*
150 cent cinquante *one hundred and fifty*
200 deux cent(s) *two hundred*
1000 mille *a (ou one) thousand*
1001 mille un *thousand and one*
1100 onze cents *eleven hundred*
5000 cinq mille *five thousand*
100.000 cent mille *hundred thousand*
1.000.000 un million *a (ou one) million*

Nombres ordinaux — Ordinal Numbers

1er le premier } *the first*
1re la première }
2e le (la) deuxième } *the second*
le (la) second(e) }
3e le (la) troisième *the third*

4e le (la) quatrième *the fourth*
5e le (la) cinquième *the fifth*
6e le (la) sixième *the sixth*
7e le (la) septième *the seventh*

8ᵉ le (la) huitième *the eighth*

9ᵉ le (la) neuvième *the ninth*

10ᵉ le (la) dixième *the tenth*

11ᵉ le (la) onzième *the eleventh*

12ᵉ le (la) douzième *the twelfth*

20ᵉ le (la) vingtième *the twentieth*

100ᵉ le (la) centième *the hundredth*

1000ᵉ le (la) millième *the thousandth*

Pays européens et leurs capitales

European Countries and their Capitals

Angleterre *f* (Londres) *England (London)*
Autriche *f* (Vienne) *Austria (Vienna)*
Belgique *f* (Bruxelles) *Belgium (Brussels)*
Bulgarie *f* (Sofia) *Bulgaria (Sofia)*
Danemark *m* (Copenhague) *Denmark (Copenhagen)*
Espagne *f* (Madrid) *Spain (Madrid)*
Finlande *f* (Helsinki) *Finland (Helsinki)*
Grèce *f* (Athènes) *Greece (Athens)*
Hongrie *f* (Budapest) *Hungary (Budapest)*
Irlande *f* (Dublin) *Ireland (Dublin)*
Italie *f* (Rome) *Italy (Rome)*
Norvège *f* (Oslo) *Norway (Oslo)*
Pays-Bas *m/pl.* (Amsterdam) *the Netherlands (Amsterdam)*
Pologne *f* (Varsovie) *Poland (Warsaw)*
Portugal *m* (Lisbonne) *Portugal (Lisbon)*
République *f* fédérale d'Allemagne (Bonn) *German Federal Republic (Bonn)*
République *f* démocratique allemande (Berlin-Est) *German Democratic Republic (East Berlin)*
Roumanie *f* (Bucarest) *Romania (Bucharest)*
Russie *f* (Moscou) *Russia (Moscow)*
Suède *f* (Stockholm) *Sweden (Stockholm)*
Suisse *f* (Berne) *Switzerland (Bern)*
Tchécoslovaquie *f* (Prague) *Czechoslovakia (Prague)*
Turquie *f* (Ankara) *Turkey (Ankara)*
Yougoslavie *f* (Belgrade) *Yugoslavia (Belgrade)*

Abréviations françaises

French Abbreviations

A.C.F.	Automobile-Club de France
A.F.P.	Agence France-Presse
A.N.A.	Armée Nord-Atlantique
Bd.	Boulevard
B.(D.)F.	Banque de France
Benelux	Belgique-Nederland-Luxembourg
C.A.	Communauté Atlantique, Conseil Atlantique
c.-à.-d.	c'est-à-dire
C.D.	Corps Diplomatique
C.E.	Communauté Européenne, Conseil de l'Europe
C.P.S.	Conseil Permanent de Sécurité
C.R.I.	Croix-Rouge Internationale
Dépt.	Département
F	franc
F.L.N.	Forces de la Libération Nationale
F.N.U.	Forces des Nations Unies
F.O.	Force Ouvrière
I.O.	Internationale Ouvrière
L.D.H.	Ligue des Droits de l'Homme
No	numéro
O.C.E.E.	Organisation de Coopération Economique Européenne
O.N.U.	Organisation des Nations Unies
O.P.A.	Organisation du Pacte Atlantique
O.R.T.F.	Office de la Radiotélévision française
O.T.A.N.	Organisation du Traité de l'Atlantique Nord
p.	page
P.A.N.	Pacte Atlantique-Nord
P. et T.	Postes et Télécommunications
p.ex.	par exemple
R.D.A.	République Démocratique Allemande
R.F.	République Française

R.F.A.	République Fédérale Allemande
S.N.C.F.	Société nationale des chemins de fer français
St(e)	Saint(e)
s.v.p.	s'il vous plaît
T.A.N.	Traité Atlantique-Nord
U.E.P.	Union Européenne des Paiements
U.R.S.S.	Union des Républiques Socialistes Soviétiques
v.	voir

Abréviations anglaises et américaines
British and American Abbreviations

AA	Automobile Association (*U.K.*)
AEC	Atomic Energy Commission (*of SC*)
AFL-CIO	American Federation of Labor and Congress of Industrial Organizations
AFN	American Forces Network
a.m.	ante meridiem = before noon
AP	Associated Press (*U.S.*)
ASA	American Standards Association
B.A.	Bachelor of Arts
BBC	British Broadcasting Corporation
BR	British Railways
BRCS	British Red Cross Society
Bros.	Brothers
BSI	British Standards Institution
CBC	Canadian Broadcasting Corporation
CBS	Columbia Broadcasting System
CENTO	Central Treaty Organization
CIA	Central Intelligence Agency (*U.S.*)
CID	Criminal Investigation Department (*U.K.*)
Co.	Company
C.O.D.	Cash (*U.S.* collect) on delivery
COMECON	Council for Mutual Economic Aid
DC	District of Columbia
doz.	dozen
EC	East Central (*London*)
ECSC	European Coal and Steel Community

EEC	European Economic Community
EFTA	European Free Trade Association
EPU	European Payments Union
ESRO	European Space Research Organization
EURATOM	European Atomic Energy Community
FBI	Federal Bureau of Investigation (*U.S.*)
GATT	General Agreement on Tariffs and Trade
GB	Great Britain
GLC	Greater London Council
GPO	General Post Office
H.M.	His (*or* Her) Majesty
IAEA	International Atomic Energy Agency
IATA	International Air Transport Association
ICJ	International Court of Justice
IMF	International Monetary Fund
INTERPOL	International Criminal Police Organization
IOC	International Olympic Committee
IRA	Irish Republican Army
ISBN	International Standard Book Number
ISO	International Standards Organization
ITA	Independent Television Authority (*U.K.*)
ITO	International Trade Organization
£	pound sterling
lb.	pound(s)
Ltd.	limited
M.A.	Master of Arts
M.D.	Doctor of Medicine
MHR	Member of the House of Representatives (*U.S.*)
MP	Member of Parliament (*U.K.*); Military Police (*U.S.*)
m.p.h.	miles per hour
Mt.	Mount
NASA	National Aeronautics and Space Administration (*U.S.*)
NATO	North Atlantic Treaty Organization
NHS	National Health Service (*U.K.*)
OAS	Organization of American States
OAU	Organization of African Unity
OECD	Organization for Economic Co-operation and Development
oz(.)	ounce(s)

p	(new) penny
PEN	Poets, Playwrights, Editors, Essayists and Novelists
Ph.D.	Doctor of Philosophy
p.m.	post meridiem = afternoon
PO	Post Office
RAC	Royal Automobile Club
RAF	Royal Air Force
RC	Red Cross
Rd.	Road
RM	Royal Mail
RN	Royal Navy
SACEUR	Supreme Allied Commander Europe
SALT	Strategic Arms Limitation Talks
SC	Security Council (*UN*)
SEATO	South-East Asia Treaty Organization
SHAPE	Supreme Headquarters Allied Powers Europe
Sq.	Square
St.	Street, Saint
STD	subscriber trunk dialling (*U.K.*)
STOL	short take-off and landing
TGWU	Transport and General Workers' Union (*U.K.*)
TUC	Trade(s) Union Congress (*U.K.*)
UFO	unidentified flying object(s)
UK	United Kingdom
UN	United Nations
UNESCO	United Nations Educational, Scientific and Cultural Organization
UNICEF	United Nations International Children's Emergency Fund
UP(I)	United Press (International)
US(A)	United States (of America)
VAT	value-added tax
VHF	very high frequency
VIP	very important person
VLF	very low frequency
VTO(L)	vertical take-off (and landing)
WC	West Central (*London*); water-closet
WEU	Western European Union
WFTU	World Federation of Trade Unions
WHO	World Health Organization